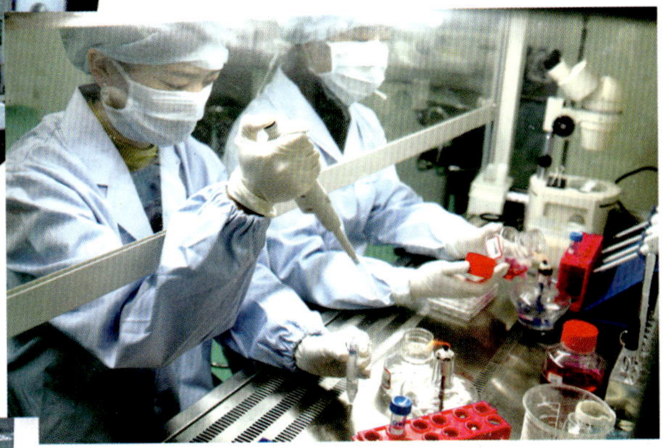

湖州年鑑

谭建丞题

2010

湖 州 市人民政府　　主办
湖州年鉴编纂委员会　　编纂

方志出版社

图书在版编目（CIP）数据

湖州年鉴．2010/《湖州年鉴》编纂委员会编．—北京：方志出版社，2010.11
ISBN 978－7－80238－920－5

Ⅰ．①湖… Ⅱ．①湖… Ⅲ．①湖州市—2010—年鉴
Ⅳ．①Z525.53

中国版本图书馆 CIP 数据核字（2010）第 198481 号

湖州年鉴（2010）

编　　者：《湖州年鉴》编纂委员会
责任编辑：梅中英

出 版 者：方 志 出 版 社
（北京市建国门内大街 5 号中国社会科学院科研大楼 12 层）
邮编　100732
网址：http：//www.fzph.org
发　　行：方志出版社发行部
（010）85195814　85196281
经　　销：新华书店总店北京发行所
法律顾问：北京市大禹律师事务所
印　　刷：杭州余杭人民印刷有限公司

开　　本：787×1092　1/16
印　　张：27
字　　数：872 千
版　　次：2010 年 11 月第 1 版　2010 年 11 月第 1 次印刷

ISBN 978-7-80238-920-5/K·555　　定价：150.00 元

首届中国·湖州国际生态（乡村）旅游节

2009年11月10日，由国家旅游局和省政府主办，省旅游局和市政府承办的“2009首届中国·湖州国际生态(乡村)旅游节”在湖州市隆重开幕。副省长王建满宣布开幕。市委书记、市人大常委会主任孙文友会见出席旅游节的代表。国家旅游局党组成员、中国旅游协会副会长吴文学，市委副书记、市长马以，省旅游局局长赵金勇，长三角生态旅游城市代表、上海市旅游局副局长沈山州，亚太旅游协会(PATA)理事会专家波特·范·沃尔比克等在开幕式上致辞。

国际休闲产业协会主席王军、联合国世界旅游组织专家徐汎；浙江日报报业集团总编辑李丹、省政府办公厅副主任谢济建、省农办副主任余振波、省农业厅副厅长叶新才、省环保厅副厅长方敏、浙江广播电视集团副总裁何跃新；市领导吴水霖、吴哲勇、李建平、魏明，以及来自韩国、日本和我国台湾、香港等地的嘉宾，有关旅游专家，兄弟城市旅游局负责人等参加了开幕式。

浙江省人民政府副省长王建满宣布“2009首届中国·湖州国际生态（乡村）旅游节”开幕

亚太旅游协会（PATA）理事会专家波特·范·沃尔比克在开幕式上致辞

浙江省旅游局局长赵金勇在开幕式上致辞

上海市旅游局副局长沈山州在开幕式上致辞

湖州市人民政府市长马以在开幕式上致辞

国家旅游局党组成员、中国旅游协会副会长吴文学在开幕式上致辞

开幕式文艺表演1

开幕式文艺表演2

开幕式文艺表演3

代表观看文艺演出

高峰论坛

中央电视台著名主持人张泉灵主持2009届首届中国·湖州国际生态（乡村）旅游节高峰论坛

2009年11月11日，以“走进绿色旅游，感受生态文明”为主题的2009首届中国·湖州国际生态（乡村）旅游高峰论坛在湖州市举行。市委副书记、市长马以，国家旅游局机关党委常务副书记、全国红色旅游工作协调小组办公室常务副主任罗迪辉，省政府办公厅副主任谢济建致辞。国际休闲产业协会主席王军等出席。

亚太旅游协会（PATA）理事会专家波特·范·沃尔比克、中央党校报刊社社长兼总编肖勤福、中国旅游研究院副院长戴斌、联合国世界旅游组织专家徐汎作主题演讲。上海、杭州、宁波、温州、湖州、无锡、黄山等生态旅游城市旅游局负责人，全国各重点生态旅游景区负责人，以及来自韩国、日本和我国台湾、香港、澳门地区的嘉宾参加论坛。

国际旅游局机关党委常务副书记、全国红色旅游工作协调小组办公室常务副主任罗迪辉在高峰论坛上致辞

浙江省人民政府办公厅副主任谢济建在高峰论坛上致辞

湖州市人民政府市长马以在高峰论坛上致辞

中国旅游研究院副院长戴斌在高峰论坛上主题发言

出席高峰论坛代表

东部新区

新区

仁皇山新区

建设

太湖旅游度假区渔人码头全景

城市新貌

龙溪夜景1

龙溪夜景2

双桥

北街影象

文化

湖州大剧院

湖州博物馆

湖州图书馆

湖州群艺馆

特色公园

长岛公园

潜山公园

元代书画家赵孟頫别墅——湖州莲花庄公园

白鱼潭公园

陈英士故居

府庙牌楼

历史文脉

铁佛寺

钱业会馆

衣裳街

城市雕塑

霅溪公园内茅盾手书“苕霅流长”

驼桥繁华图

韩世中父子像

湖剧

湖州首位骑自行车环游世界——潘德民

书法

晋韵流衍

——沈尹默书法艺术精品展

2009年9月25日，由省文物局和市人民政府联合主办的“晋韵流衍——沈尹默书法艺术精品展”在市博物馆隆重开展，市委副书记、市长马以宣布开展，省文物局局长鲍贤伦和市委常委、宣传部长胡菁菁致辞。来自北京、上海、辽宁、成都等21个省、市的专家和学者及沈尹默的子孙参加了这场书法艺术盛会。

沈尹默（1883—1971），原名君默，号秋明，祖籍浙江吴兴，出身于陕西汉阴。现代著名学者、书法家、诗人，曾任北京大学教授、北平大学校长等职，并与陈独秀、鲁迅、胡适等轮流主编《新青年》，是中国新诗的开拓者，也是“五四”新文化运动的旗手。建国后，沈尹默先后当选为第二、三届全国政协委员，第三届全国人大代表，历任中央文史馆馆长、上海市文联副主席等职。

沈尹默先生是当代书坛才华超群、成就斐然、贡献卓著的泰斗式人物，其书法艺术融碑贴于一体，达到炉火纯青的境界。先生在晚年还总结撰写了一系列书法论稿，揭开了右军（王羲之）用笔“左转右移”的奥秘，由此建立他的书法体系。同时，先生倾力于书法教育的普及和后备人才的培养，为我国当代书法艺术的复兴做出了卓越的贡献。

本次展览汇集了北京故宫、辽宁博物馆、成都杜甫草堂、上海朵云轩、浙江博物馆、上海沈尹默故居等知名收藏机构及沈老亲友收藏的作品106件，基本涵盖了先生在各个时期的代表性作品。

市委副书记、市长马以宣布开展

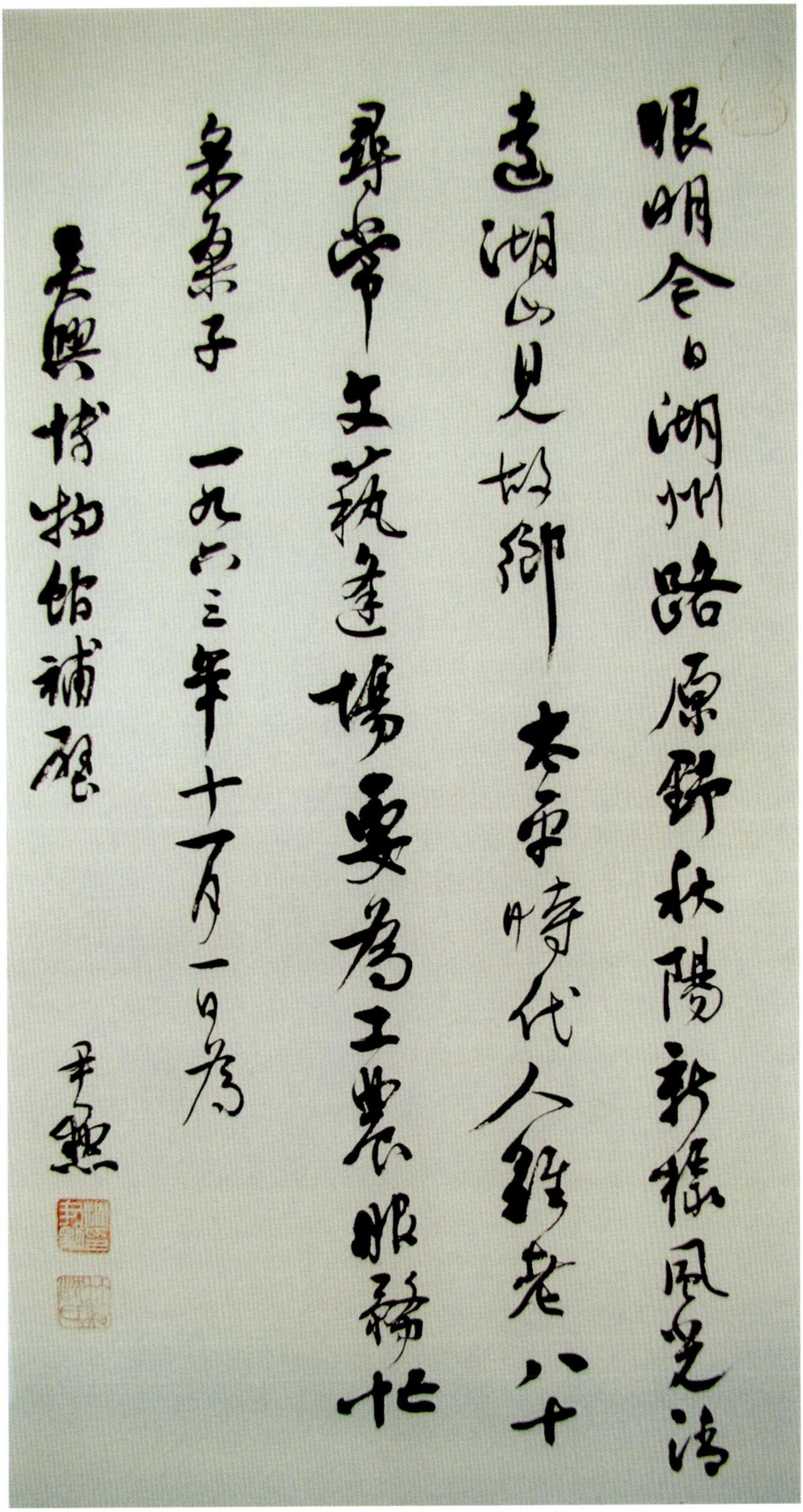

眼明今日湖州路原野秋陽新綠風光清
遠湖山見故鄉 太平時代人難老八十
尋常生藝逢場要為工農服務忙
采桑子 一九六三年十月一日為
吴興博物館補壁
尹默

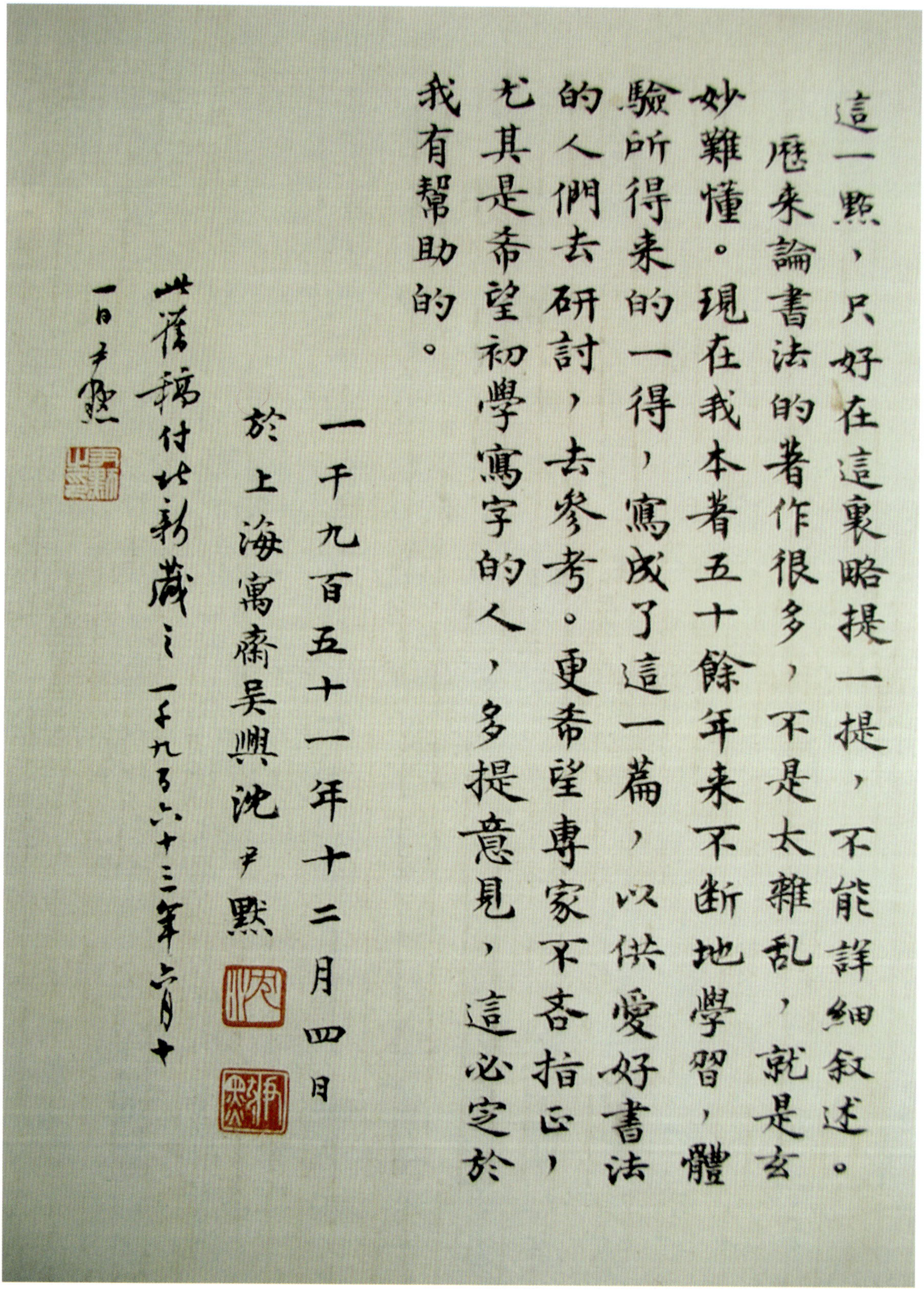

這一點，只好在這裏略提一提，不能詳細敘述。歷来論書法的著作很多，不是太雜乱，就是玄妙難懂。現在我本着五十餘年来不斷地學習，體驗所得来的一得，寫成了這一篇，以供愛好書法的人們去研討，去參考。更希望專家不吝指正，尤其是希望初學寫字的人，多提意見，這必定於我有幫助的。

一千九百五十一年十二月四日

於上海寓齋吳興沈尹默

此舊稿付杜新藏之 一千九百六十三年六月十一日尹默

我們在書法中看出我們民族和平正直的特性，是極其顯著的啊。我並不希望人人都成為書家，至少懂得了筆法後，可以寫得周正些，而且可以寫得快一些，這又何樂而不為呢。至於思想問題，也是書家應該十分注意的一件事，若果不能時時刻刻吸收新思想，作品便會停滯在舊階段上，不能前進一步。前人有「言為心聲，字為心畫」之說，又杜子美題張旭草書帖詩有這樣兩句：「峻拔為之主，暮年思轉極。」由此可以見得寫字的人，單靠練習技能，不去洗鍊思想，是不可能有高度藝術的成就的。本文所論有一定範圍，對於

《湖州年鉴》编纂委员会

主 任 委 员： 马　以

副主任委员： 吴水霖　周　杰　方新旗　杨建新　李建平

沈建平　钟　鸣　徐克强

委　　　员： （按姓氏笔画为序）

干永福　车少宏　方永庆　王伯安　王志芳

王海龙　孔培康　史兴华　冯罗宗　叶理中

朱　鸿　朱仲华　吕志良　孙佳华　张国兴

杨六顺　杨建明　杨新宇　吴庆荣　吴宝宏

吴继平　宋　营　宋　捷　宋培鹤　沈志华

沈财根　沈晓蓝　陆永良　陆剑英　陆菊良

陈友明　陈亚明　房石磊　周建明　罗安生

罗景华　单锦炎　祝时伟　胡国荣　姚新兴

高　屹　夏坚定　凌伯勋　莫雨民　唐建章

曹吉民　宿竞平　章根明　董立新　蒋学武

谢银根　褚连荣　蔡小凡　蔡森宝　蔡旭昶

《湖州年鉴》主编　副主编

主　　　编： 董立新　杨新宇

副　主　编： 吕　行　刘自力　汪蚕清　王晓军　张卫平

倪跃田　曹毅平

常务副主编： 吕　行

《湖州年鉴》编辑部

主　　任： 杨洪权

副 主 任： 李建发　周昳文　钟建林　沈斌章　吴振振

特约文字编辑： 王克文

县（区）编辑室主任：

德清县： 杨力平　　**长兴县：** 施建国

安吉县： 马联国　　**吴兴区：** 张志宏

南浔区： 杨少章

协办单位： 德清县发展改革和经济委员会

长兴县发展改革和经济委员会

安吉县发展和改革委员会

吴兴区发展改革与经济贸易局

南浔区发展改革与经济贸易局

编辑说明

一、《湖州年鉴》是湖州市人民政府主办的大型地方性年度资料性文献。旨在逐年全面、系统地记述湖州市行政区域中自然、政治、经济、文化和社会等方面情况的年度资料性文献，记载着湖州市改革开放和现代化建设的历史进程，资料丰富翔实，为宣传湖州、研究湖州、建设湖州提供服务。

二、《湖州年鉴（2010）》以邓小平理论和“三个代表”重要思想为指导，翔实地反映2009年全市人民在市委、市政府的领导下，紧紧围绕“深入学习实践科学发展观，全力促进经济社会又好又快发展”这一主题，牢牢把握“保增长、促转型、增活力、重民生、促和谐、强保障”这一主线，坚定信心，团结拼搏，攻坚克难，扎实做好各项工作，保持了经济平稳较快发展、社会和谐稳定、民生不断改善、党建全面加强的良好态势。

同时，还记载了在前进道路上遇到的新情况和新问题，使本书更好地为各级领导提供科学决策服务，为社会各界和海内外人士了解湖州提供信息资料。

三、《湖州年鉴（2010）》根据湖州市的发展和机构变化情况，对部分类目、分目设置和次序作适当调整，从而优化了选题，增强了规范性。今后，我们将继续随着经济和社会发展的实际，不断完善年鉴内容。

四、《湖州年鉴（2010）》为本年鉴总第17部，在编辑中继续采用分类编辑法，保持卷首、百科、卷尾3个基本组成部分，和类目、分目、条目3个层次的框架结构。卷首设特载和大事记、总述。百科部分设党政群团、农村经济、工业经济、科学技术、经济管理、商品流通、对外开放旅游、城乡建设、交通、邮政通信、财政税务审计、金融保险、政法、劳动人事、外事侨务台务、地方军事、教育、文化卫生体育、新闻报刊广播电视、民政社会、县（区）等21个类目。卷尾设统计资料、文件选编、名录等。类目以下按行业设分目，并以条目为记载资料的基本单位。类目和分目标题使用不同的字体、字号，条目标题一律以黑体字并加【】号。

五、《湖州年鉴（2010）》内容按照年鉴编辑部的组稿意见和撰稿要求，由湖州市各有关部门、单位和各县区指定专人负责撰写并经主管领导审核，撰稿人姓名加括号列在条目后面。主要数据以湖州市统计局提供为准，保持了资料和数据的准确性和权威性。年鉴中凡使用“湖州市”、“全市”的，其范围包括德清县、长兴县、安吉县和吴兴区、南浔区，凡使用“湖州市区”、“市本级”的，其范围包括吴兴区和南浔区。

六、《湖州年鉴（2010）》在编辑过程中得到市委、市政府的关心和全市各有关部门的真诚合作，以及一些专家学者的指导和帮助，在此深表谢意。本年鉴在编印过程中的疏漏、错误之处，敬请有关方面和广大读者批评指正。

《湖州年鉴》编辑部

2010年7月

目　录

特　载

大事记

总　述

党政群团

农村经济

工业经济

科学技术

经济管理

商品流通

对外开放　旅游

城乡建设

交　通

邮政　通信

财政　税务　审计

金融　保险

政　法

劳动　人事

外事　侨务　台务

地方军事

教 育

文化 卫生 体育

新闻报刊 广播电视

民政 社会

县（区）

统计资料

文件选编

名　录

特 载

在市委六届九次全体（扩大）会议上的报告

2009 年 12 月 4 日

中共湖州市委书记　孙文友

各位委员、候补委员、同志们：

这次全会的主要任务是：深入学习贯彻党的十七届四中全会和省委十二届六次全会精神，由市委常委会向全会报告市委六届七次全会以来的工作，研究部署新形势下我市党建工作，审议通过《中共湖州市委关于以改革创新精神加强和改进党的建设的实施意见》，部署岁末年初有关工作。

下面，我代表市委常委会，向全会作报告。

一、市委六届七次全会以来的主要工作

即将过去的一年是不平凡的一年。面对严峻复杂的国际国内形势，市委常委会始终坚持以科学发展观为指导，全面贯彻落实党的十七大和中央、省委全会精神，紧紧围绕“深入学习实践科学发展观，全力促进经济社会又好又快发展”这一主题，牢牢把握“保增长、抓转型、增活力、重民生、促和谐、强保障”这一主线，坚定信心，团结拼搏，攻坚克难，扎实做好各项工作，保持了经济平稳较快发展、社会和谐稳定、民生不断改善、党建全面加强的良好态势。预计全年地区生产总值增长 9%左右；全社会固定资产投资增长 15%以上。其中，工业性投入增长 10%以上；社会消费品零售总额增长 14%左右；外贸进出口总额下降 16%左右，其中出口下降 17%左右；财政总收入增长 9%左右，其中地方财政收入增长 10%左右；万元生产总值综合能耗下降 5.5%左右；COD 排放量削减 3.6%左右，SO_2 排放量削减 4%左右；城镇居民人均可支配收入增长 6%左右，农村居民人均纯收入增长 7%左右。除外贸出口等个别指标外，预计其他各项指标均能完成和超额完成年初预期目标。

（一）全力以赴保增长、促转型，努力实现经济平稳较快发展

面对国际金融危机冲击，市委常委会坚决贯彻中央和省委、省政府的一系列决策部署，及早谋划、积极应对，先后召开经济工作会议、工业发展大会、“保增长、促转型”工作会议和季度经济形势分析会等会议，出台一系列政策措施，全力以赴打好“保增长、促转型”攻坚战。经过全市上下的共同努力，在较短时间内扭转了经济下滑局面，从 3 月份开始，主要经济指标逐步回升，呈现出平稳较快发展的态势。

一是积极主动应对危机，全力促进经济增长。坚持把保增长作为首要任务，全力做好提信心、扩投资、稳出口、促消费等各项工作。想方设法优服务、扶企业。牢固树立“想企业所想、急企业所急，为企业服务、助企业发展”意识，深入开展“百名领导联系服务百家企业、百个项目”和“千名干部助千企”活动，千方百计激励企业强信心、抢机遇、闯难关。积极开展“十大银行对接百个项目、支持百家重点企业”、“百家银行助推万家小企业成长”等活动，努力缓解企业资金制约。1～10 月新增贷款达到 322.44 亿元，是去年同期的 3 倍，同比增长 43.92%，增速列全省第二。采取向上争取、向内挖潜、盘活存量、加大土地整理复垦和低丘缓坡开发利用等各种途径，确保土地有效供给。全面落实“减免缓”税费政策，着力减轻企业负担，去年来取消或暂停征收行政事业性收费 72 项，减免收费约 10 亿元。建立企业运行联席会议制度，实施金融机构对企业大额收贷、企业裁员关停、涉企行政处罚、部门各类检查评比活动等涉企“四报告”制度，千方百计帮扶企业渡过难关。抢抓机遇抓项目、增投入。坚决贯彻中央扩内需政策，迅速排出和实施了“两个计划”（2009～2010 年政府导向性重大项目计划、向上争取重中之重项目计划）和“三个单子”（2009 年实施类、预备类、一季度开工类项目），能早则早、能快则快推进一批在建项目、启动实施一批新建项目、论证推进一批前期项目。1～10 月，完成全社会固定资产投资 503.77 亿元，增长 21%，其中限额以上投资同比增长 22.7%，增幅在全省排名第二位。积极争取中央扩内需项目，在中央扩内需第一批 1000 亿资金中，我市共争取到 1.27 亿元，占全省的十分之一；在中央二、三、四批扩内需资金中共争取 2.2 亿元，织里中国童装城、金恒数控等项目列入了中央产业振兴和技术改造计划。千方百计稳

外贸、拓市场。坚持国际国内两个市场一起抓，及时出台扶持出口的“48条”政策，精心组织外贸企业参加境内外各类展会，积极引导企业抱团竞争，着力巩固传统市场、开拓新兴市场；全面落实出口退税政策，健全贸易摩擦预警机制，完善出口信用保险制度，强化部门联动服务，帮助外贸企业提升抗风险能力。目前，全市外贸出口虽同比下降，但降幅收窄、回升明显。全面进军国内市场，助推建材、装备、轻工企业与大飞机、城际铁路等大型项目对接，认真做好组织企业参与“浙江名品进名店”工程等工作，努力提高我市产品市场占有率。多措并举促消费、扩需求。全面落实中央促消费各项政策，及时出台配套措施，深挖城乡消费潜力。集中发放旅游、购房、就业培训消费券，深入开展家电、农机、汽车“三下乡”和家电“以旧换新”等促销活动，大力实施农村“千万”、社区“双进”等工程，有力促进了消费增长。1~10月，社会消费品零售总额增长15%。

二是加快调整经济结构，努力推进转型升级。制定实施推进经济转型升级《意见》，全力促进产业优化升级和发展方式转变。加快构建现代产业体系。深入推进工业结构调整，全力实施“三个一百工程”（100项亿元以上重大项目、100项产业转型升级重点项目、100亿元转型升级投资）和“五大专项”，建立“六个一”培育发展机制（一个重点特色产业由一名市领导牵头、一个专项协调推进小组主抓、一个部门主推、一个发展规划引导、一个保障体系扶持、一个工作计划推进），积极推动生物医药、新能源、装备制造、金属管道及不锈钢、特色纺织品、木地板等六大重点特色产业做大做优做强。特别是突出生物医药、新能源重点，制定专项规划，打造专业园区，强化政策扶持，加快发展高新技术产业。国家级、省级高新技术产业基地分别达到3个和6个。大力推进现代服务业发展，加快服务业重大项目和集聚区建设，积极推动工业企业主辅分离，休闲旅游、文化创意、现代物流和现代商贸等产业发展提速、贡献增加。1~9月第三产业增加值增长13.1%，超过GDP增幅4.5个百分点。尤其是认真贯彻全省旅游业发展大会精神，召开全市旅游业发展大会及浙台旅游合作大会，举办首届国际生态（乡村）旅游节，制定实施政策《意见》，加强资源整合，加快景区建设，大力推进旅游经济强市建设。1~10月，全市旅游总收入同比增长19.6%。着力提升自主创新能力。加快推进创新平台建设，健全南太湖科创中心运行管理机制，累计引进16家科研机构入驻。积极推进政产学研合作，赴合肥、北京开展科技项目对接洽谈活动，新成立“现代农业生物技术产业创新中心”等8家创新载体。充分发挥企业创新主体作用，新增省级高新技术企业研发中心7家，新认定国家重点扶持的高新技术企业53家。扎实推进国家知识产权试点城市创建，1~10月全市专利、发明专利授权量分别增长94.52%和30.61%。大力推进节能减排。全面实施资源节约和环境保护行动计划，强化节能减排考核和问责制，深入推进节能降耗十大行动，加快省级开发区（工业园区）生态化改造，严格项目准入，加快淘汰落后，大力发展循环经济和清洁生产，确保完成节能减排年度目标。认真抓好太湖水环境综合治理，大力开展矿山企业环境专项整治，深入实施苕溪清水入湖工程，强化蓝藻监测防治，确保了入湖水质全面达标和饮用水源安全。高度重视农业面源污染防治，突出抓好规模畜禽养殖场治理，有效解决农村环境突出问题。

三是不断深化改革开放，切实增强发展活力。召开市委六届八次全会，制定出台《关于深化改革开放，推动科学发展的实施意见》和六个配套文件，全面推进深化改革开放各项工作。着力深化思想解放。今年3月，结合深入学习实践科学发展观活动，组织150多人的党政代表团到江苏无锡、常州等地学习考察，召开“解放思想、科学发展”专题读书会，在新闻媒体开设“解放思想大家谈”专栏，组织开展“十破十立”征集活动，在全市进一步形成了解放思想、更新观念、创业创新的浓厚氛围。着力加快改革创新。充分利用金融危机倒逼机制，加快推进重点领域和关键环节改革。认真落实扩权强县各项政策，大力推进扩权强区改革，充分调动市、县（区）多方面的积极性。深入推进行政审批制度改革，最大限度地提高审批服务效率。大力推动资源要素配置市场化改革，深化矿产资源补偿费制度改革和污水、垃圾处理等收费制度改革，加快实施排污权有偿使用和交易制度。深入推进企业股改上市工作，新增2家上市公司，培育了一批上市后备企业。积极推进金融业创新发展，大力引进外地银行，积极发展村镇银行、小额贷款公司、农村资金互助社等新型农村金融机构，进一步完善金融组织体系。启动区域性新农村综合改革试点，积极稳妥地推进农村土地经营权流转，不断深化集体林权制度改革，探索建立新农村建设投资公司，切实增强农村发展活力。着力扩大对内对外开放。狠抓招商选资“一号工程”，强化产业招商、专业招商、委托招商，大力引进一批“大好高”项目。出台改进招商引资工作政策意见，实施内外资考核并轨。精心组织项目对接洽谈活动，重视做好央企、国企和上市公司招商工作。在浙江（北京）推进经济转型升级洽谈会上，我市签约12个项目，吸引央企投资165亿元，项目数和投资额居全省第1和第2位。加大“接轨大上海、融入长三角”力度，扎实做好服务世博工作，成功举办“世博论坛·绿色生态与宜居城市”活动，在争取借世博宣传湖州、推广世博主题体验之旅、开发世博市场等方面取得了实质性进展。加快推进各开发区、工业园区基础设施建设，临杭、临沪工业区规划建设全面展开。鼓励有条件的企业“走出去”建立加工基地，开展多种形式的并购联合，收购知名品牌、营销网络和研发机构。认真参与山海协作工程，扎实做好青川县马鹿、七佛、楼子三个乡对口援建工作，列入省年度计划的10个实物援建工程进展顺利。

四是注重城乡统筹发展，不断提升建设水平。进一步加大新农村和中心城市建设力度，城乡统筹协调发展取得新进展。努力促进新农村建设上水平。认真贯彻落实十七届三中全会和省委关于《加快推进农村改革发展的意见》精神，召开市校合作第三次年会，深入实施"1381 行动计划"，健全完善"党政主导、农民主体、社会各方积极参与"推进机制，全面拓展军民共建、村企结对、部门参建等载体，安吉"美丽乡村"、德清"和美家园"、长兴"魅力乡村"、吴兴"幸福社区"、南浔"魅力水乡"建设加快推进，形成了各方参与、整体推进、争创特色的良好局面，得到了上级领导的充分肯定和社会各界的广泛好评。突出合作平台和项目建设重点，不断深化市校合作，今年来新增合作项目 98 个，累计完成投资约 18 亿元。深入实施新一轮"百千工程"，连片推进整治建设，初步建成长兴县长水示范带、安吉县递铺—皈山—报福示范带、南浔区浔练线示范带等示范带，26 个村新开展示范村创建、171 个村新开展村庄环境整治。扎实推进农村基础设施"八大网络"建设，等级公路、城乡公交、有线电视、电信宽带网络进一步完善提升，新建成新农村电气化村 69 个、改善农村饮用水条件 8 万人、完成河道清淤 1140 公里。探索形成具有湖州特色的农房改造"四型"模式，农房改造建设工作走在了全省前列。全力实施"4231"产业培育计划，加快发展高效生态现代农业，新增市级现代农业示范园区 22 个、农业龙头企业 24 家、示范性农业专业合作社 28 家。努力促进中心城市建设出形象。深入实施中心城市建设四年行动纲要，六大片区建设全面提速，城市面貌显著变化。加快中心城市有机更新，"一港两区"建设、"六路一河"整治、老居住区改造等加快推进；城市规划设计、建设管理水平不断提升，一批标志性建筑陆续开工；高度重视历史文化遗址修复利用，陈英士故居纪念馆建成开放。加快滨湖新区开发建设，温泉高尔夫、渔人码头等项目建成运营，滨湖大道、太湖明珠等工程进展顺利，奥特莱斯世界名牌折扣店、太湖游艇俱乐部项目奠基动工。努力促进基础设施建设大推进。加快交通、水利、能源等重点项目建设。1～10 月，全市 118 个重点项目动工建设，开工率为 93.7%，完成投资 181.2 亿元，完成年度计划 90.2%。宁杭铁路湖州段、杭长高速二期、特高压输变电等工程加快推进，杭宁高速公路拓宽、铁路综合枢纽站等项目前期进展顺利，合湖杭、湖苏沪铁路等项目向上争取工作正在扎实推进。

（二）千方百计保民生、保稳定，努力促进社会和谐

坚持保增长与保民生、保稳定有机统一、相互促进，着力保障和改善民生，统筹推进平安、法治和文化建设，努力促进全面协调发展。

一是扎实做好民生工作。始终坚持富民惠民，进一步加大民生投入，深入实施改善民生"八大工程"，扎实推进"百件实事惠民生"专项行动，年初确定的十大类为民办实事项目基本完成。高度重视创业就业工作。深入推进创业就业"845"工程，积极鼓励以创业带动就业。出台促进就业"18 条"和支持大学生创业就业政策措施，强化创业就业服务，认真解决高校毕业生、失业人员、就业困难人员等群体的就业问题，就业形势基本保持稳定。积极完善城乡社保体系。深入贯彻中央、省委关于建立健全新型农村社会养老保险制度的决策部署，建立城乡居民社会养老保险制度。完善被征地农民基本生活保障办法，再次提高保障待遇。大力推进医疗保障体系建设，市区职工门诊医疗保险制度全面推开，大学生纳入城镇居民基本医疗保险，新型农村合作医疗筹资水平进一步提高。完善住房保障体系，加快廉租房、经济适用房、拆迁安置房建设步伐，东湖家园廉租房、经济适用房小区竣工交付，北白鱼潭"三房"工程建设加速推进；加大中心城市老居住区和农村困难群众危房改造力度，今年新改造农村困难群众住房 1367 户，超额完成 1335 户的年度目标。深入实施低收入群众增收行动计划，健全最低生活保障标准与城镇职工最低工资标准联动机制，低收入群众人均可支配收入进一步提高。完善社会救助体系，加强"五统一"社会救助信息平台建设。切实抓好教育、卫生和体育工作。高度重视城乡基础教育发展，不断改善农村办学条件，全面落实义务教育学校教师绩效工资制度；统筹抓好高等教育、职业教育、成人教育和特殊教育，促进各级各类教育协调发展。加快发展卫生事业，大力推进城乡社区卫生服务体系规范化建设。切实加强公共卫生安全，认真抓好甲型 H1N1 流感、手足口病等重大传染病防控工作。认真做好计划生育工作，着力提高出生人口素质。全面推动体育事业发展，建成市全民健身中心，成功举办第十届全国极限运动大赛。

二是全力维护社会稳定。紧紧围绕创建平安湖州"三连冠"目标，突出国庆 60 周年安保维稳重点，明确提出"四三二一"目标要求，全面做好信访维稳、社会治安、公共安全等各项工作，圆满完成了敏感时段、重大活动期间安保维稳任务。切实抓好信访和维稳工作。深入推进"信访积案化解年"活动和信访基础工作"五个一"工程，深化领导包案、挂牌督办和县区委书记大接访工作，有效化解了一批矛盾纠纷，妥善处置了一批历史遗留问题，有力控制了特殊群体的串访活动，确保了社会政治稳定。特别是着眼全局，加强组织领导，讲究方式方法，妥善处置了"5·2"副市长坠楼、"5·16"德清涉警伤害案等事件，积累了新形势下应对突发事件、加强舆论引导的宝贵经验，得到了中央有关部门和省委领导的充分肯定。切实加强社会管理工作。强化隐蔽战线斗争，深化反邪教工作，依法打击境内外敌对势力渗透破坏活动。深入推进"护航"系列行动，集中开展打黑除恶、打击整治"两抢"犯罪大会战，铲除了一批涉黑涉恶势力，确保了社会平安。继续推进减刑假释、社区矫

正、社区戒毒工作，加大对违法青少年帮教工作力度。深入开展“安全生产年”活动，加强重点领域、重点行业监控管理，有效遏制了重特大安全生产事故发生。切实深化平安创建工作。创新发展“枫桥经验”，完善提升“两中心一协会”、“两所一庭”和公安“三基”工程建设，全市乡镇（街道）综治中心规范化创建率达100%，“六位一体”的乡镇公共安全监管中心实现全覆盖，安吉县诉前调解中心、南浔区治安联勤百户长制度等入选省典型经验。扎实推进平安细胞创建活动，进一步形成人人保平安、护平安的浓厚氛围。

三是切实加强法治建设。深入实施“法治湖州”建设“八项工程”，积极开展法治市、县区工作先进单位创建活动，不断提升法治化水平。切实加强人大、政协工作。充分发挥党委总揽全局、协调各方的领导核心作用，先后召开全市人大工作专题会议和全市政协工作会议，进一步加强和改进新形势下人大、政协工作。积极支持各民主党派、工商联及工青妇等群众团体依法照章、独立负责开展工作，重视做好民族、宗教、侨务和对台工作，着力发挥各方作用，凝聚强大合力。坚持党管武装，召开国防动员委员会第九次全体会议，加强国防教育和后备力量建设，深入开展“双拥”共建活动，积极争创“双拥模范城”六连冠，不断巩固军政军民关系。不断加强基层民主建设。深化完善“四民主、三公开”制度，提高基层民主管理水平。深入开展“民主法治村（社区）”、和谐社区、劳动关系和谐企业等创建活动。全市县级以上“民主法治村”创建达标率达92.7%，有4个村成为全国民主法治村。全面提升依法治理水平。加大法治政府建设力度，着力提高依法行政水平。深入推进司法体制改革，大力促进公正司法。积极营造全社会学法、用法、守法的良好环境，我市被评为全国“五五”普法中期先进单位。

四是大力推进文化建设。全面实施《推动文化大发展大繁荣的意见》，加快文化建设步伐，努力提升文化软实力。着力构建社会主义核心价值体系。以庆祝新中国成立60周年为契机，深入开展“六个为什么”宣传教育活动和爱国主义教育；以宣传第二届全国道德模范提名人物王法金、陆松芳和援建模范张启标等先进典型为重点，切实加强社会主义荣辱观教育和思想道德教育。精心组织“保增长、促转型”等主题宣传活动，建立健全重大突发事件新闻宣传和信息发布机制，切实唱响主旋律、打好主动仗。着力提高公共文化服务水平。全面实施农村文化“八有”保障工程，加快构建覆盖城乡的公共文化服务体系。至10月底，全市已有332个村实现“八有”目标。积极开展“送文化”、“种文化”活动，推出“公益演出季”、“幸福大舞台”、“欢乐湖州”等群众性文化载体，创新开展城乡“文化走亲”，着力丰富群众文化生活。抓好文艺精品生产，大型风情音舞《太湖之州》成功上演，电影《民警王法金》等四部作品获省“五个一工程”奖。数字电视传播实现市县同网，截至10月底，全市数字电视用户突破28万户。着力推进文化产业发展。加快文化产业示范基地和项目建设，大力推进德清钢琴、安吉文体用品、南浔湖笔产业转型升级，推动长兴文化休闲产业创品牌、出效益，扶持吴兴多媒体创意产业园引企业、出成果。上海新长宁多媒体产业园以及《湖笔小子》、《湖丝仔》等一批文化创意产业项目顺利推进。深化文化体制改革，成功组建湖州广电传媒集团。

（三）坚持不懈抓党建、提能力，着力为改革发展稳定大局提供坚强保障

坚持以党的执政能力建设和先进性建设为主线，认真开展深入学习实践科学发展观活动，以改革创新精神全面推进党的建设。

一是精心组织开展学习实践活动。根据中央和省委统一部署，坚持“联系实际、突出实践、注重实干、务求实效”原则，以“千方百计保增长，齐心协力促转型，科学发展创新业”为总实践载体，深入实施“双百双千”大实践专项行动，扎实开展学习实践活动。特别是在已结束的第二批学习实践活动中，重视学习调研，举办学习培训班2198期，市领导牵头开展16个课题调研，979名领导干部到657个行政村、772家企业蹲点调研；重视解放思想，广泛开展“解放思想、科学发展”学习讨论活动；重视检查整改，广泛听取意见，深入查找问题，坚持边学边改，有效破解了一批影响科学发展的突出问题；重视促进工作，把学习实践活动与贯彻落实中央、省委各项决策部署结合起来，与应对金融危机、保持经济平稳较快发展结合起来，与推动市委、市政府各项重点工作结合起来，形成了学习实践活动与各项工作互促共进的良好局面。在我市第二批学习实践活动满意度测评中，满意和比较满意率达99.7%，其中满意率95.2%。当前，正按照中央“五个更加注重”的要求，扎实有序推进第三批学习实践活动。

二是大力加强思想理论建设。切实加强和改进党委理论中心组学习，各级领导干部学理论、议大事、谋发展的氛围更加浓厚，市委理论学习中心组被评为全省先进单位。精心组织机关干部学习，认真抓好基层党员轮训工作，扎实推进党员理论学习经常化、制度化、规范化。充分发挥“南太湖大讲堂”等载体作用，全力推进马克思主义大众化。加强兼职讲师团、政治教师、基层宣讲员等队伍建设，组建“大学生村官宣讲团”，为基层干部群众宣讲形势政策5000多场次。

三是切实加强领导班子和干部队伍建设。认真贯彻落实全国、全省领导班子思想政治建设座谈会精神，深化“创业创新好班子”创建，着力加强领导班子建设。开展县局级领导班子和领导干部集中考核，配合省委考察组做好市党政领导后备干部考察和县区党政正职考核工作。按照重在培养、梯次配备的要求，认真抓好年轻干部、后备干部工作。深化干部人

事制度改革，进一步健全干部选拔任用、考核评价、管理监督和激励保障机制。继续开展大规模干部教育培训，切实加强干部日常管理监督。重视做好老干部工作。

四是扎实推进基层党组织和党员队伍建设。认真贯彻落实全省农村基层组织建设工作会议精神，积极拓展基层党建工作领域，启动实施“区域党建一体化共建”行动计划，着力构建城乡统筹基层党建新格局。高度重视农村基层组织建设，深化“领头雁”工程，培育宣传一批先进党组织典型，调整整顿一批软弱班子。扎实推进“克难攻坚当先锋、转型升级促发展”专项行动，充分发挥基层党组织和广大党员服务保增长、促转型作用。有序推进党内基层民主建设，逐步扩大基层党组织书记直选范围，进一步深化党务公开，着力激发党员主体活力。

五是重视抓好人才工作和人才队伍建设。坚持党管人才，加大各类创新人才引进使用力度，扎实推进“南太湖精英计划”，今年共有17位海外领军人才及其项目入选。继续深化市校人才合作开发，统筹抓好企业经营管理人才、科技研发人才、职业技能人才等人才队伍建设，切实加强农村实用人才培养，不断强化转型升级人才支撑。

六是深入推进作风建设和反腐倡廉建设。按照省委“双服务”要求，广泛组织机关干部下基层、扶企业、破难题，认真开展“万名群众评议机关”活动，着力推动干部作风转变和机关效能提高。认真抓好精简会议活动文件工作，在党政机关扎实开展“勤俭节约、共度时艰”活动。全面落实中央“四个文件”精神，扎实推进党风廉政建设和反腐败工作。严格落实党风廉政建设责任制，实行分级、分口、分项负责。切实改进巡察工作，重点加强对中央、省、市委重大决策部署贯彻落实情况的监督检查和责任追究。深入推进惩治和预防腐败体系建设，召开全市领导干部警示教育大会，扎实开展党性党风党纪教育和廉洁从政教育，认真抓好“三重一大”保廉工作。坚决纠正损害群众利益的不正之风，严肃查处各类违纪违法案件。今年以来，全市各级纪检监察机关共立案查处党员干部违纪违法案件279件，其中涉及县处级干部4件，乡科级干部43件。

一年来，市委常委会紧密结合深入学习实践科学发展观活动，不断加强自身建设。重视加强思想政治建设，市委六届七次全会以来，市委理论学习中心组和常委会共组织了18次集体学习；召开了学习实践活动专题民主生活会，形成了市委常委会贯彻落实科学发展观情况分析检查报告，扎实做好整改落实和建章立制工作。自觉贯彻民主集中制，不断完善并严格执行常委会议事规则和决策程序，坚持重大问题集体讨论、集体决定。始终坚持党的群众路线，健全完善市委常委基层工作联系点、蹲点调研破难、接访约访下访等一系列制度，组织开展民主恳谈、民主听证、网上互动交流等活动，在下基层调研和听取意见中体察民情、了解民意、集中民智。认真落实廉洁自律要求，自觉加强党性锻炼和道德修养，严格执行领导干部廉洁从政各项规定，带头执行压缩行政经费、精文减会等相关制度。积极配合省委巡视组新一轮巡视工作，认真抓好有关问题整改。

同志们，以上报告的是市委常委会近一年来的主要工作。这些工作的开展和各项成绩的取得，是上级党委正确领导的结果，是全市各级党组织团结带领广大干部群众共同奋斗的结果，是各民主党派、工商联和各人民团体共同努力，驻湖部队、武警官兵大力支持的结果。总结一年来的工作，我们深刻体会到：一是必须自觉坚定地贯彻落实科学发展观。科学发展观是指导发展的世界观和方法论的集中体现，也是当前我们应对国际金融危机冲击、促进经济社会持续平稳较快发展的指导思想。面对困难挑战，我们按照科学发展观的要求，在全力以赴保增长的同时，坚定不移地加快经济转型升级，努力促进了经济平稳较快发展；在抓发展的同时，更加有力地改善民生、维护稳定，努力巩固了社会和谐稳定的好局面；在抓经济的同时，全面推进经济社会协调发展、城乡统筹发展、人与自然和谐发展，努力形成了经济、政治、文化、社会各方面相适应，城乡、区域发展相促进，人口、资源、环境相协调的发展格局。实践证明，只要我们始终自觉、坚定地以科学发展观来统揽各项工作，就能有效地应对困难挑战，真正化压力为动力、变挑战为机遇，在克难攻坚中实现又好又快发展。二是必须持续深入解放思想。解放思想是我们战胜困难、加快发展的法宝。面对困难挑战，我们深入开展“解放思想、科学发展”学习讨论活动，在解放思想中统一思想、振奋精神、凝聚力量、激发干劲；在解放思想中坚决贯彻中央、省委各项决策部署，创造性地开展工作，着力创新破难、加快发展；在解放思想中不断深化改革开放，积极推进发展理念、发展机制、发展举措等各方面的创新，努力实现了科学发展、和谐发展。面对新形势、新挑战、新任务，我们必须始终牢牢扭住解放思想这个总开关，切实以思想的大解放推进大改革、大开放、大创新、大发展。三是必须不断提高工作的前瞻性、预见性和针对性。面对国际金融危机冲击，我市经济恢复增长相对较平稳，关键在于我们能够坚决贯彻落实中央、省委的各项决策部署，紧密结合湖州实际，及时研判形势，迅速采取行动，全力打好“保增长、促转型”的主动仗、攻坚战；在几起重大突发性事件处置上，能够把负面影响降到最低，主要也在于我们能够未雨绸缪、讲究策略、果断处置。实践启示我们，在谋划各项工作、处理各类矛盾，特别是在应对复杂局面中，必须敏锐把握形势、牢牢掌握大局、超前科学谋划、迅速决策行动，真正做到见事早、行动快、措施实。四是必须致力形成各方齐心协力、共克时艰的强大合力。我们能够夺取应对国际金融危机挑战的阶段性胜利，根本的一条，在于切实加强和改善党的领导，充分发挥各级党委的领导核心作用和广大党员干部的模范带头作用，充分调动广大人民群众的积极性、主动性和创造性，充分发挥政府部门的职能作用，充分激发基层和企业的信心，切实形成了全市上下、政银企各方齐心协力、攻坚克难的强劲合力。实践证明，只要全市上下心往一处想、劲往一处使，同心同德，团结拼搏，我们就能克服前进道路上的各种艰难险阻。这些工作体会既是对一年来工作实践的总结提炼，也是今后工作中必须坚持的基本要求。

在回顾总结工作时，我们也清醒地认识到，当前经济社会发展和党的建设中还存在一些不足和问题，需要引起高度重视，切实采取有力措施加以改进和解决。一是经济企稳回升的基础还不巩固、不稳定、不平衡。部分行业和企业生产经营仍较困难，工业性投资相对偏低，外部需求仍无明显好转，平台建设有待加强，新的经济增长点有待进一步培育。二是经济转型升级的成效还不明显。经济的结构性、素质性矛盾仍然比较突出，高新技术产业发展不快，招商引资形势严峻，“大好高”项目储备不足，面临着现有产业结构不优、层次不高与产业升级推进不快、后劲不足的双重压力和矛盾。三是持续改善民生的压力仍然较大。财政持续增收困难加大，改善民生的刚性支出不断增多，保障和改善民生工作与群众的期望还有较大差距。四是信访维稳形势不容乐观。历史遗留问题、工程建设、征地拆迁等引发的矛盾纠纷有增无减，特殊群体串联上访活动频繁，因政策调整产生的不稳定因素时有发生，对网络、手机等新兴媒体的舆论引导和管控能力有待进一步加强。五是党的建设还存在薄弱环节。一些基层党组织凝聚力、战斗力还不够强；一些干部特别是少数领导干部应对复杂局面、领导和推动科学发展的能力与新形势新要求还不相适应；一些干部缺乏工作热情，存在庸懒现象；腐败案件时有发生，党风廉政建设和反腐败工作还需不断加强。

以上这些问题需要引起重视，认真加以解决。希望同志们对市委常委会的工作多提意见和建议，帮助我们把工作做得更好。

二、关于加强和改进新形势下党的建设

今年9月，党中央召开十七届四中全会，专题研究加强和改进新形势下党的建设问题并作出《决定》。10月份，省委召开十二届六次全会，认真贯彻落实中央全会精神，制定出台了相应的《实施意见》。中央和省委全会召开后，市委高度重视，迅速部署，层层进行传达学习，并就抓好贯彻落实提出了开展一次专题调研、召开一次市委全会、出台一个实施意见的工作要求。市委常委会经过认真研究，决定市委六届九次全会专题研究加强和改进党的建设问题，审议《中共湖州市委关于以改革创新精神进一步加强和改进党的建设的实施意见》。下面，我讲几个问题：

（一）《实施意见》的说明

市委六届九次全会《实施意见》的起草工作，是在市委常委会领导下进行的。前阶段，市委组织有关部门开展了党的建设专题调研，在调研基础上，经过反复修改和完善，起草了《实施意见（讨论稿）》。起草过程中，主要把握了五个方面的总体要求：一是贯彻上级精神，重点是学习贯彻党的十七届四中全会和省委十二届六次全会精神，充分体现和落实中央《决定》、省委《实施意见》对党的建设提出的总体要求、目标任务和重大举措。二是围绕发展大局，把围绕发展抓党建的思想贯穿于《实施意见》之中，使党的建设能够更加有效服务和有力保障全市经济社会又好又快发展。三是突出抓重破难，在总体把握党的建设“五位一体”布局和中央《决定》提出六项主要任务的基础上，做到突出重点、突破难点，带动党建工作整体推进。四是体现湖州特色，坚持继承与创新相结合，既认真总结并坚持近年来党的建设的成功经验，又根据当前面临的新形势、新任务、新要求，探索具有湖州特色的新思路、新举措、新办法。五是力求务实管用，按照实际、实践、实干、实效的要求，研究提出具体量化的目标和切实可行的措施，切实增强《实施意见》的针对性、指导性和操作性。

《实施意见》形成后，又广泛征求了市委委员、候补委员，市各民主党派负责人，各县区委，部分党内老同志、党代表和有关专家学者的意见建议，市委第65次常委会进行了讨论，现提交全会审议。整个《实施意见》主要分三大块，共九个方面、33条：第一大块为总体要求和目标。重点提出了探索构建服务党建、惠民党建、科学党建、活力党建、责任党建等“五个党建”的新格局和“六个进一步”的工作目标。特别是这“五个党建”，既借鉴运用了近年来我市党建工作的成功经验，又较好体现了十七届四中全会关于提高党的建设科学化水平等重要观点，是我市党的建设主动顺应时代要求、努力彰显湖州特色的具体体现，是当前和今后一个时期党建工作总的定位和抓手。第二大块为重点工作和举措。共七个方面：一是按照建设学习型政党要求，着力用科学理论武装党员干部、指导发展实践。二是适应社会主义民主政治发展趋向，着力扩大党内民主，调动激发党员干部的创造活力。三是抓住干部人事制度改革关键，着力加强能力建设，打造高素质干部队伍。四是坚持党管人才原则，着力统筹资源开发，加快推进人才强市战略。五是构建城乡统筹的基层党建新格局，着力打造“五型”组织，巩固夯实党的执政基础。六是着眼保持党同人民群众的血肉联系，着力弘扬优良党风，团结凝聚党心民心。七是健全惩治和预防腐败体系，着力深化反腐倡廉，永葆党的先进性和纯洁性。在每个方面，《实施意见》中都提出了当前和今后一个时期要着力抓好的重点工作和具体措施。第三大块为组织领导和保障。提出要落实党要管党责任，着力强化组织领导，不断增强党建工作实效。重点是全面落实党建工作责任制，加强党建工作调查研究，大力建设高素质党务工作者队伍。

以上是《实施意见》稿起草过程和主要内容的说

明，供大家讨论时参考。

（二）充分认识加强和改进新形势下党的建设的重要性和紧迫性

党的建设是各项工作的根本保证，是常抓常新的重大任务。在新的形势下，我们一定要自觉站在全局和战略的高度，紧密联系湖州实际，深刻认识加强和改进党的建设的重要性和紧迫性。

第一、加强和改进党的建设，是实现市第六次党代会提出的奋斗目标，加快建设现代化生态型滨湖大城市的迫切需要。市第六次党代会以来，全市各级党组织和广大党员干部紧紧围绕建设现代化生态型滨湖大城市奋斗目标，始终坚持发展第一要务，着力实施“创业富民、创新强市”、加快经济转型升级、深化改革开放、全面改善民生等一系列重大举措，保持了经济社会平稳较快发展的良好势头。当前，我市发展正处于关键时期，本届党委、政府正处于届中的关键阶段，实现市第六次党代会确定的奋斗目标，迫切需要我们进一步坚持关键在党、关键在人的思想，把推进党的建设伟大工程同推进党领导的伟大事业紧密结合起来，通过抓党的建设，进一步增强各级党组织的创造力、凝聚力和战斗力，不断激发广大党员干部群众解放思想、创业创新的热情，为加快建设现代化生态型滨湖大城市提供坚强保证。

第二、加强和改进党的建设，是积极应对当前复杂局面，努力保持经济平稳较快发展的迫切需要。当前，全市经济运行总体呈现企稳向好、结构改善的良好态势，各方面工作都在扎实、稳步、有序推进。但我们也要清醒看到，发展中面临的环境和形势仍然严峻复杂，特别是国际金融危机的影响尚未消除，经济运行中的困难和矛盾依然存在，各种不确定、不稳定因素仍然较多，经济企稳回升的基础还不稳固，要保持经济持续平稳较快发展还需要付出艰苦努力。严峻复杂的形势也对党的建设提出了新考验、新挑战，迫切要求我们必须始终坚持围绕发展抓党建、抓好党建促发展这个指导思想不动摇，着力为发展配优班子、建好队伍、聚强人才、打实基础，更好地发挥各级党委的领导核心作用、基层党组织的战斗堡垒作用和广大党员的先锋模范作用，切实把党的政治优势和组织优势转化为推动经济社会发展的强大力量，团结带领全市人民坚定信心、扎实工作、共克时艰，全力打好打赢“保增长、促转型”攻坚战，推动经济平稳较快发展。

第三、加强和改进党的建设，是深入学习实践科学发展观，着力提升党的建设科学化水平的迫切需要。提升党的建设科学化水平，是党的十七届四中全会提出的全新命题和重大任务。近年来，我市各级党组织积极探索实践，在理论武装工作、干部人事制度改革、基层组织建设、人才队伍建设和党风廉政建设等方面，创造了许多特色做法和经验，特别是在今年开展的深入学习实践科学发展观活动中，各级党组织和广大党员按照实际、实践、实干、实效的要求，着力转变不适应不符合科学发展要求的思想观念，着力解决影响和制约科学发展的突出问题，着力构建有利于科学发展的体制机制，探索形成了许多推进党的建设的新经验新举措。下一步，我们要继续巩固扩大学习实践活动成果，以改革创新的精神，进一步探索加强和改进党的建设的有效举措，不断健全完善党的领导体制、工作机制和活动方式，更好地把科学发展观要求体现在党的建设工作中，落实到各级党组织和广大党员干部的行动上，不断提高党建工作的科学化水平，推动科学发展观在湖州的生动实践。

第四、加强和改进党的建设，是切实解决自身存在的突出问题，不断提高执政能力、保持和发展党的先进性的迫切需要。应该说，当前我市党员干部队伍主流是好的，各级党组织具有较强的创造力、凝聚力、战斗力。但对照科学发展观的要求，与人民群众的期望相比，党的建设中还存在一些突出问题，比如，一些党员干部先进性意识淡薄，理想信念动摇；一些领导班子素质结构不优，整体功能不强；一些领导干部作风不够务实，领导科学发展、处理复杂问题、做群众工作的能力比较欠缺，工作热情衰退；一些基层党组织软弱涣散、缺乏活力，难以带领广大群众创业致富；一些行业和领域腐败现象易发多发，违纪违法问题屡禁不止，等等。这些问题虽然不是主流，但如果放任不管，小问题也会酿成大祸害，长此以往，就会严重影响党的整体形象，甚至危及党的执政地位。要解决这些突出问题，必须始终坚持党要管党、从严治党，从思想、组织、作风、制度和反腐倡廉等各个方面，全面加强党的自身建设，不断增强党的执政能力，保持和发展党的先进性。

（三）以改革创新精神全面推进我市党的建设

当前和今后一个时期，我市加强和改进党的建设的总体要求是：高举中国特色社会主义伟大旗帜，全面贯彻党的十七大、十七届四中全会和省委十二届六次全会精神，深入贯彻落实科学发展观，按照党章要求，始终着眼于加快科学发展、促进社会和谐，立足于加强党的执政能力和先进性建设，致力于提高党的建设科学化水平，改革创新、抓重破难、务实增效，全面推进党的思想、组织、作风、制度建设和反腐倡廉建设，探索建立具有湖州特色的党建工作新格局，为全面建设小康社会、加快建设现代化生态型滨湖大城市提供坚强保证。

工作中，要切实做到“五个坚持”，努力打造“五个党建”：

一要坚持围绕大局、紧贴中心，打造“服务党建”。服务和保障经济社会又好又快发展，是党建工作的第一要务。从当前来看，履行好这个第一要务，最突出最重要的就是要把打好“保增长、促转型”这场攻坚战，作为党的建设服务大局的切入点和着力点，善于发挥党的思想政治优势，引导广大党员干部进一步认清当前形势、凝聚思想共识、坚定工作信心，切实做到咬定目标不动摇，创新实干不松劲，全力冲刺今年的各项目标任务。善于发挥党的组织人才优势，把最优秀的干部人才配置到保增长最急需、促转型最关键的地方去，创造性地开展工作、攻克难关、打开局面，推动各项工作的有效落实。善于发挥党的联系服务优势，引导广大党员干部进一步转变作风、深入基层，加大帮扶企业、助推项目力度，切实巩固经济企稳回升势头，加快经济转型升级步伐。

二要坚持以人为本、执政为民，打造“惠民党建”。维护好、发展好、实现好最广大人民群众的根本利益，是党建工作的出发点和落脚点。把以人为本、执政为民要求落实到党的建设中，就是要坚持群众满意标准、突出惠民富民目标，充分尊重群众的主体地位，深入贯彻党的群众路线，注重问政于民、问需于民、问计于民，善于把党的主张转化为人民群众的自觉行动。着眼维护群众的切身利益，进一步增强各级党组织的凝聚服务功能，完善党员干部密切联系群众的各项制度，健全为民办实事的长效机制，促进民生的持续改善。主动接受群众的监督评议，坚持以开放的思维、民主的手段，保障和落实群众的“四权”，不断提高党建工作的公开化、透明度，使党的建设真正成为有效凝聚服务群众的民心工程和广大群众支持拥护的满意工程。

三要坚持遵循规律、完善制度，打造“科学党建”。提高党的建设的科学化水平，是党建工作面临的时代新课题。加强和改进新形势下党的建设，要在自觉坚持“六条基本经验”，遵循执政党建设规律的基础上，更加注重科学理论指导，认真总结运用学习实践活动的成果，把用科学发展观指导经济社会发展实践与指导党的建设实践有机统一起来，善于在服务保障科学发展中实现党的建设的科学发展。更加注重科学制度保障，把制度建设作为管根本、管全局、管长期的一项重要工作贯穿于党的建设全过程，既及时把实践中的成功做法转化为管用的制度，又切实抓好制度的执行和落实，不断推进党的建设的科学化、制度化、规范化。更加注重科学方法运用，积极引入现代管理学、组织学、心理学等现代科学方法和信息网络技术等现代管理技术，不断优化党建工作运行效能，增强党建工作的实际成效。

四要坚持改革创新、积极探索，打造“活力党建”。党的组织和广大党员干部的主体活力是党的创造力、凝聚力、战斗力的集中体现，而改革创新则是党的活力之源。在新的历史条件下党要永葆生机活力，就要善于用改革的办法破解党的建设中的难题，用创新的思路探索提高党的执政能力、保持和发展党的先进性的途径。特别是要积极推进党内民主制度建设，在党内大力倡导既讲党性、讲原则、讲集中，又讲团结、讲和谐、讲民主的良好风气，切实增强党的组织运行活力。不断深化干部人事制度改革，坚持正确的用人导向，健全干部选拔任用和管理监督机制，完善体现科学发展观和正确政绩观要求的综合考核评价体系，切实增强广大干部的干事创业活力。探索创新党管人才体制机制，形成各级组织爱才重才、广大党员争先成才的良好局面，把更多的优秀人才集聚到党的周围和改革发展稳定一线，切实增强党的肌体细胞活力。

五要坚持党要管党、从严治党，打造“责任党建”。全面落实管党治党责任，是党的建设适应新形势、提升新水平、开创新局面的重要保障。尤其在我们党面临的执政考验、改革开放考验、市场经济考验和外部环境考验面前，管党治党的任务显得尤为重要和紧迫，必须坚定不移地抓紧抓实抓好。要按照党建工作责任制要求，着力强化组织领导，进一步健全完善党委统一领导、部门齐抓共管、一级抓一级、层层抓落实的党建工作格局，推动各级党委重视管党建、一把手亲自抓党建。着力强化工作落实，重视加强对党建工作的分类指导、统筹协调、监督检查和综合考核，推动重点工作创优、特色工作创新和整体工作创强，提高党的建设的整体水平。着力强化资源整合，统筹开发党的组织资源、人力资源和工作资源，全面实施党带群团、一体共建行动，形成抓党建、促发展的整体合力。

根据上述要求，当前和今后一个时期，要重点抓好以下几方面工作：

一是按照建设学习型政党要求，着力在加强思想理论建设上取得新成效。思想建设是党的根本建设。要按照科学理论武装、具有世界眼光、善于把握规律、富有创新精神的要求，切实加强党的思想理论建设。要坚持用中国特色社会主义理论体系武装党员干部，以党委理论学习中心组为龙头，各级党校为主阵地，引导党员干部系统学习和掌握党的科学理论，不断推动思想解放，推动事关湖州改革发展重大问题的研究和解决，推动马克思主义大众化。当前要善始善终抓好学习实践科学发展观活动，巩固扩大活动成果，进一步凝聚加快科学发展的思想共识和整体合力。要自觉践行社会主义核心价值体系，加强理想信念教育、爱国主义教育、优良传统教育和世情国情党情教育，深入开展“六个为什么”宣传教育和“做一个有道德的人”主题实践活动，加大模范典型的宣传和表彰力度，引导党员干部坚定理念信念，保持昂扬奋发的精神状态。要大力推进学习型组织建设，充分利用学习日、读书网、理论在线等载体，广泛开展学习型领导班子、学习型党组织、学习型党员争创活动，组织广大党员干部深入学习经济、政治、文化、科技、法律、社会等各方面的知识，在读书学习中优化知识结构、提高综合素质，进而带动全社会形成重视学习、崇尚学习的浓厚氛围。要加强舆论宣传和引导，坚持团结稳定鼓劲、正面宣传为主，加强和改进重大主题报道，抓好传统媒体、网络媒体和新兴媒体的建设与管理，探索建立新闻发言人、网络评论员队伍，切实提高对突发公共事件和社会热点的舆论引导能力，努力为我市加快科学发展、构建和谐社会创造良好的舆论环境。

二是着眼激发党的生机活力，着力在发展党内民主上取得新成效。党内民主是党的生命。要以保障党员民主权利为根本，以加强党内基层民主建设为基础，切实推进党内民主，充分激发党的活力。要改进党委领导方式，健全“一个核心、三个党组、几个口子”的领导体制和工作机制，充分发挥党委总揽全局、协调各方的作用，支持人大、政府、政协、司法机关和人民团体依法照章独立负责、协调一致地开展工作，支持各民主党派履行参政议政和政治协商职能；全面推行任用重要干部票决制，健全重大事项决策社会征询、专家论证、听证公示制度，提高科学民主决策水平。要完善党代表大会制度，全面实施市、县（区）、乡镇党代会代表任期制，推行乡镇党代会年会制，在有条件的县（区）试行党代表大会常任制，抓好党代表提案议案、联系党员群众、列席党内重要会议、重要情况通报、重大事项征求意见等制度的落实，畅通党代表发挥作用渠道。要健全党内选举制度，进一步完善党内选举办法，探索采取组织提名、党代表联合提名和党员群众推荐提名相结合的办法，改进候选人提名方式；继续坚持和完善基层党组织“两轮公推、差额直选”等选举制度，逐步扩大乡镇党委班子成员公推直选试点范围，探索开展县、乡两级党代会代表直选试点。要丰富基层党内民主实现形式，注重发挥基层组织在保障党员民主权利方面的作用，完善党组织领导的基层群众自治机制，深化拓展“阳光党务”，推广村级事务民主决策“七步法”和“三重两轮票决制”，形成党内基层民主和基层人民民主相互促进、共同发展的良好局面。

三是抓住干部人事制度改革关键，着力在建设高素质干部队伍上取得新成效。办好湖州的事情，关键在人，关键在各级领导班子和党员干部。要突出能力建设重点，加大选育管用力度，努力建设一支善于推动科学发展、促进社会和谐的高素质干部队伍。要深化干部人事制度改革，坚持德才兼备、以德为先用人标准和正确的用人导向，加大分类有限公选等竞争性选拔干部的力度，大力选拔政治上靠得住、工作上有本事、作风上过得硬、人民群众信得过的干部，真正使选拔出来的干部组织放心、群众满意，让能干事者有机会、干成事者有舞台，不让老实人吃亏，不让投机钻营者得利。要加强领导班子和领导干部能力建设，选好配强各级领导班子尤其是“一把手”，努力形成年龄、经历、专长、性格互补等合理配备，增强班子的整体功能。深入开展“创业创新好班子”争创，健全领导班子思想政治建设长效机制。全面实施大规模干部教育培训，提高干部队伍的整体素质。要加强后备干部和优秀年轻干部队伍建设，坚持重在培养、同样使用，优进拙退、动态管理，及时充实调整后备干部队伍。重视加强年轻干部的培养锻炼，舍得把优秀年轻干部放到艰苦地区、复杂环境和关键岗位上，在实践中磨炼意志、锤炼作风、增长才干。注重培养选拔女干部、党外干部，不断优化干部队伍结构。要强化干部管理监督，坚持完善谈心谈话、述职述廉、个人事项报告等制度，加强对领导干部工作圈、生活圈、社交圈的经常性监督。健全干部正常退出机制，完善干部问责制度，着力治“庸”、治“懒”，切实加大对不胜任、不称职干部的调整力度。

四是紧贴经济社会发展需求，着力在加强人才队伍建设上取得新成效。在区域竞争日趋激烈、科技创新不断加快的新形势下，人才日益成为一个地方发展的决定性因素，也是各地竞相争夺的宝贵资源。要坚持党管人才原则，加大人才引育力度，不断发展壮大我市人才队伍。要大力实施“南太湖精英计划”，着眼湖州产业发展需求，以“南太湖精英计划”为抓手，统筹推进“南太湖特聘专家计划”、“南太湖紧缺急需人才引进计划”，完善海外引才网络，创新柔性引才方式，大力引进带项目、带技术、带资金的领军人才及其创新团队。要加快培养适应经济转型升级要求的企业人才，扎实推进企业经营管理人才素质提升、科技研发人才培育、南太湖新技师培养等工程，加快实施百名优秀科技型企业家、千名企业骨干研发人才、万名生产一线创新型高技能人才的“百千万”人才引育计划，为企业创新发展提供有力支撑。要统筹推进各类人才开发，适应我市新农村实验示范区建设需要，扎实推进市校人才合作开发，组织开展“一人一训一技一证一岗”培训，加强新农村实用人才队伍建设。深入实施“一村（社区）一名大学生”计划，健全选聘高校毕业生到农村和社区工作的长效机制。适应和谐社会建设需求，探索完善社会工作职业水平评价体系，加强社会人才队伍建设。要创新人才工作体制机制，认真编制实施《湖州市人才队伍建设中长期规划纲要（2009～2020）》，健全科学化、社会化的人才评价机制，发挥科技创业园等平台的作用，加强留学人员创业园区、海外高层次人才创新创业基地建设，不断优化人才发展环境。

五是坚持抓基层打基础，着力在发挥基层党组织和党员队伍作用上取得新成效。基层党组织处在改革发展稳定第一线，是党的全部战斗力的基础。要深入实施“三级联创”和“创业创新先锋工程”，着力建设领头型、育才型、实力型、创业型、活力型“五型”基层党组织，加快构建城乡统筹基层党建新格局。要扩大基层党组织覆盖领域，调整和整合城乡组织体系，探索建立区域型基层党组织；推广“党支部＋合作社＋人才”模式，加大在农民专业合作社、专业协会、产业链、市场、流动党员集聚区等建立党组织力度，推进中介机构、协会、学会及各类新社会组织等领域党的组织和工作覆盖。要加强基层组织“带头人”队伍建设，深入实施“领头雁”工程，进一步拓宽基层干部选拔渠道，大力选拔“一好双强”的优秀党员进入基层领导班子。全面推行村干部创业承诺制，完善村党组织书记和村委会主任任期和离任经济责任审计、年度履职报告和考核制度，落实村两委主职干部的基本报酬待遇财政统筹等制度，激发基层干部干事创业的积极性。要探索创新基层组织作用发挥载体，全面推行“网格化管理、组团式服务”和干部“六百工作制”等做法，深入开展农村党员干部“双带双创”、非公企业“克难攻坚当先锋、转型升级促发展”、和谐社区创建、党员人才工程等活动，健全党员设岗定责、创业承诺、绩效公示等制度，促进各类基层党组织充分发挥推动发展、凝聚人心、服务群众、促进和谐的作用。要优化城乡基层党建资源配置，组织实施机关党组织与农村党组织结对帮扶、社区党组织与农村党组织结对共进、企业党组织与农村党组织结对共建等“三结对”行动，深化党带群团、一体共建，健全城乡一体的党员动态管理机制，促进基层党组织之间的资源共享、优势互补、互帮互助、协调发展。

六是始终保持党同人民群众的血肉联系，着力在以优良党风带政风促民风上取得新成效。党的作风事关党的生死存亡。要按照四中全会提出的“四个大兴”的要求，突出思想教育、完善制度、集中整顿、严肃纪律多管齐下，加强和改进党的作风建设，形成凝聚党心民心的强大力量。要加强领导班子和领导干部作风建设，深入开展讲党性、重品行、作表率活动，坚持和完善领导干部蹲点调研、接访下访和联系薄弱村、贫困户、重点企业、重点项目等制度，严格规范领导干部公务消费、公务接待、公车使用等行为，加强对领导干部党性的定期分析和作风状况的专项检查，切实引导广大领导干部争做良好作风的实践者、推动者和引领者。要建立健全干部下基层长效机制，继续深化“双服务”活动、“双百双千”大实践专项行动，切实抓好选派农村工作指导员、科技特派员等制度的落实，探索完善干部下基层长效机制，不断提高为基层、企业和群众服务的水平。要坚持和完善社会监督评议制度，切实把作风建设的评判权交给广大群众，建立健全作风建设的民意调查机制，深入开展“万名群众评议机关”、“创建群众满意基层站所和办事窗口”等活动，并重视加强评议结果的分析和运用，督促抓好整改落实工作，促进各级机关依法、文明、高效办事。要认真查处涉及群众切身利益的不正之风，着重解决在教育医疗、环境保护、安全生产、征地拆迁、涉农利益、涉法涉诉等方面群众反映强烈的突出问题，切实维护群众的合法权益，不断提高群众的满意率。

七是健全和完善惩防体系，着力在推进反腐倡廉建设上取得新成效。坚决反对腐败是党必须始终抓好的重大政治任务。各级党委必须充分认清当前反腐倡廉建设面临的严峻形势，充分认清反腐败斗争的长期性、复杂性和艰巨性，始终坚持标本兼治、综合治理、惩防并举、注重预防，坚持教育、制度、监督并重，全面落实党风廉政建设责任制，加快推进具有湖州特色的惩防体系建设。要加强领导干部的廉洁从政教育，采取岗位教育、示范教育、警示教育等多种形式，深入抓好党性党风党纪教育，不断提高教育的整体水平和实际效果，切实打牢各级领导干部拒腐防变的思想防线。要加大查办违纪违法案件工作力度，始终保持惩治腐败的高压态势，严肃查办领导机关和领导干部滥用职权、贪污贿赂、腐化堕落、失职渎职案件，查办商业贿赂和严重侵害群众利益案件，查办群体性事件和重大责任事故背后的腐败案件，坚决遏制一些领域腐败现象易发多发的势头。要健全权力运行制约和监督机制，认真贯彻党内监督条例，以领导干部特别是主要领导干部为重点，加强对人、财、物等关键部位权力运行的监督制约。同时，要重视把党内监督与党外监督、专门机关监督、群众监督结合起来，发挥好舆论监督的作用，增强监督合力。要推进反腐倡廉制度创新，坚持用制度管权、管事、管人，深化重要领域和关键环节改革，最大限度地减少体制障碍和制度漏洞，不断提高反腐倡廉的科学化、制度化、法制化水平。

加强和改进新形势下党的建设是一项重大政治责任。全市各级党组织要切实按照党的十七届四中全会和省、市委全会作出的部署，认真抓好中央《决定》和省、市两个《实施意见》的贯彻实施。要全面落实党建工作领导责任，尤其是各级党组织书记要切实履行好抓党建第一责任人职责，时刻把党建工作放在心上、抓在手中，做到经常过问、直接参与、具体指导，善于通过抓党建来推动经济社会又好又快发展。要健全完善党建工作考核综合评价体系，把党的建设纳入各级党委领导班子和领导干部综合考核的重要内容，注重考核党建责任制的执行落实情况，考核抓党建、促发展的实绩实效，考核干部群众对党建工作的公认度和满意度，以考核来推动党建工作创新发展。要认真研究党建工作面临的新情况新问题，精心组织实施年度党建工作重点课题调研，着重围绕构建“五个党建”新格局加强理论研究和实践探索，围绕党的建设的重点问题和关键环节加大创新破难力度，围绕培育特色品牌和特色文化加强党建工作的典型宣传，不断扩大党的建设的影响力，走出一条具有湖州特色的新路子。要重视加强党务工作者队伍建设，按照政治强、业务精、作风正的标准，大力选拔优秀人才从事党务工作，特别是要重视加强乡镇（街道）党委专职组织员队伍建设，探索社会化选聘和职业化管理等办法，解决基层党务干部队伍后继乏人问题；要关心关爱党务干部特别是基层党务干部，加大思想教育、业务培训、轮岗交流和待遇保障力度，进一步激发党务工作者队伍的生机活力。

同志们，加强和改进新形势下党的建设，责任重大，任务艰巨。让我们始终坚持以科学发展观为指导，进一步解放思想、改革创新、真抓实干，不断开创我市党建工作新局面，为实现经济社会又好又快发展，加快建设现代化生态型滨湖大城市提供坚强保证。

湖州市人民代表大会常务委员会工作报告

2010年2月28日在湖州市第六届人民代表大会第五次会议上

湖州市人大常委会常务副主任　沙铁勇

各位代表：

我受湖州市人民代表大会常务委员会委托，向大会报告市六届人大四次会议以来的工作，请予审议。

2009年是新中国成立60周年和地方人大设立常委会30周年，也是我市应对国际金融危机、克难攻坚，实现经济平稳较快发展的一年。一年来，常委会在中共湖州市委的领导下，坚持以邓小平理论和“三个代表”重要思想为指导，深入学习实践科学发展观，紧紧围绕“保增长、抓转型、增活力、重民生、促和谐、强保障”的工作主线，依法履行宪法和法律赋予的职责，共召开7次常委会会议，18次主任会议，听取和审议专项工作报告25项，开展2次执法检查，作出决议决定8项和审议意见12项，依法任免和批准任命国家机关工作人员37名，完成了市六届人大四次会议确定的各项任务，为推进民主法制建设进程，加快建设现代化生态型滨湖大城市作出了积极贡献。

一、坚持和依靠市委的领导，充分发挥常委会服务大局共同应对金融危机的积极作用

过去的一年，常委会在市委领导下，高度关注金融危机影响下全市发展面临的新情况新挑战，按照市委决策部署谋划和开展人大工作，发挥人大在服务和促进经济平稳较快发展中的作用。

常委会自觉强化学习，开展以“学习实践提素质、强化服务促发展、履职为民树形象”为主题的学习实践科学发展观活动，加强理论学习、把坚持解放思想和改进创新贯穿始终，突出实践特色、把查找和解决问题贯穿始终。通过学习实践，进一步认清形势，振奋精神，深刻认识到越是经济面临较大困难的时候，越是需要把思想统一到市委对形势的研判上来，坚定不移地服务发展、推进工作；越是需要把人大工作融入全市工作大局，发挥人大在保稳促调中的职能作用，从而提升工作理念，改进工作方法，坚持有所作为和积极有为，牢牢抓住事关保增长、保民生、保稳定的重大问题，积极主动履行各项职权，推动市委重大决策部署的落实。

常委会深入开展调研，针对金融危机对我市经济发展的影响和冲击，联系人大实际，就构建生态环保监管长效机制、发展生物医药和新能源等六大重点特色产业、现代产业集群、开发区建设等情况开展调研，为市委决策当好参谋，为政府应对危机提出建议。特别是密切关注发展环境，深入部门、企业和基层，开展“加强法治建设、营造良好环境、推动科学发展”的调研，提出要以建设“法治湖州”为平台，以市委关于加强法治建设的实施意见为抓手，营造良好的思想舆论环境、公平有序的政务环境、公正权威的司法环境、和谐稳定的社会环境等建议，引起市委高度重视，得到市委充分肯定，要求有关部门认真研究落实。

常委会认真围绕工作主线，按照“保增长、抓转型、增活力、重民生、促和谐、强保障”的要求统筹安排人大各项工作，明确任务，依法作为，真抓实干。面对危机，精心组织召开市六届人大四次会议，把人代会开成贯彻市委决策部署，提振发展信心的大会，对于动员和带领全市人民认清形势、奋力拼搏起到了重要作用。广大代表认真行使职权，积极建言献策，共提出183件议案、建议。面对危机，积极参与市委中心工作，联系帮扶重点企业和项目，牵头和参与破难活动，推动重点工作抓落实；面对危机，注意发挥代表沟通上下、宣传政策、凝聚人心的优势和作用；面对危机，凡事从有利于大局、有利于发展的角度考虑，寓服务于监督之中，在依法依规的前提下积极稳妥支持重大项目建设等，形成在市委领导下，与“一府两院”各司其职、共克时艰、促进发展的良好格局。

二、坚持深入践行科学发展观，紧紧围绕保增长保民生保稳定履行常委会各项法定职责

过去的一年，常委会深入贯彻落实科学发展观，把服务全市大局作为工作出发点，把推动科学发展作为工作着力点，把增强履职实效作为工作立足点，把维护群众利益作为工作落脚点，依法履行各项职责，切实加强监督，有力推动了保增长保民生保稳定各项工作。

围绕保增长，扎实推进全市经济平稳较快发展。保增长是去年全市工作的首要任务，也是人大工作服务发展的重点所在。常委会一是密切关注金融危机下宏观经济的运行，适时听取和审议市政府以保增长、抓转型、促发展为主要内容的政情报告，充分肯定市政府积极应对危机，着力化解不利因素所做的工作，作出审议意见交政府研究处理，督促和支持政府咬定全年目标不放松，坚持转型升级不动摇，巩固经济企稳回升的良好势头。二是密切关注重点项目建设，创新监督手段，开展“合心合力推项目、依法履职促发展”工作评价，在深入调研、充分审议的基础上，对市本级六大类、24个重点项目建设情况分“推进有力、进展正常、进度滞缓”三个等次作评价，对部门服务项目情况分“满意、基本满意、不满意”三个等次作评价，并进行“回头看”，整个评价工作有力度、有成效。三是密切关注计划、预算执行情况，听取和审议市政府有关情况报告，重视审计查明问题整改，延伸部门预算审查监督领域，强化对政府性债务、非税收支工作的监督，推动政府及职能部门更好发挥财税在经济平稳较快增长中的调控作用。

围绕调结构，扎实推进经济发展方式转变。结构调整和产业升级是解决当前经济运行中突出矛盾的根本出路。常委会一是积极助推科技发展和自主创新。听取和审议市政府专项工作报告，在肯定成绩、指出问题的同时，就增强企业自主创新能力、加快高新技术产业发展等提出具体审议意见，推动科技强市战略的深入实施。二是积极助推社会主义新农村建设。持续监督，跟踪问效，再次听取和审议政府关于落实新农村建设审议意见和工作推进情况的报告，督促和支持政府加快发展现代农业，完善公共服务，强化规划引导，增加各方投入。对农业法及相关法律法规的实施情况进行检查，审议执法检查报告并作工作评价。听取和审议市政府关于全市农用土地流转情况的专项工作报告，提出规范农村土地承包经营权流转的审议意见。通过运用多种监督方式，对于促进我市农业发展方式转变，推动新农村建设继续走在前列起到了积极作用。三是积极助推接轨上海工作。在深入调研的基础上，听取和审议市政府有关情况的报告，要求政府以产业、旅游、农业接轨为重点，加快融入世博，推进湖沪合作，实现互利双赢。四是积极助推环保和生态市建设。专题听取和审议市政府关于城镇污水处理设施建设和运行管理情况的报告，跟踪督查节能降耗与污染物减排工作审议意见的落实，调研森林法执行情况，督促有关部门把资源节约和环境保护这一经济转型升级的内在要求落到实处。

围绕重民生，扎实推进群众关注问题的解决。改善民生、维护民利是人大工作的出发点和落脚点。常委会一是力促食品和饮用水安全工作。围绕食品生产、食品加工和流通、农产品安全等方面，分组深入调研，改进审议方式，对市政府关于食品安全工作的报告进行联组审议。政府高度重视，加强食品安全监管，努力构建长效机制。认真办理关于加强老虎潭水源保护、尽快实施生态修复及划定水库生态保护区的议案，推动政府编制相关规划，拟订保护办法，采取有力举措，加强水源保护，让人民群众喝上放心水。二是力促住房保障工作。就住房难这一代表和群众高度关注的问题，听取和审议了市政府关于保障性住房建设有关情况的报告，对经济适用房建设情况开展视察，提出要加快推进保障性住房建设，让低收入家庭“住有所居”等审议意见。三是力促政府为民办实事工作。就促进就业、低收入农户脱贫、扩大社保覆盖面等10件为民办实事项目的完成情况，进行集中视察，促使政府及有关部门善始善终抓好落实。此外，常委会通过多种方式，推动甲型H1N1流感防控、中心城市建设、体育设施建设、民族宗教等工作。

围绕促和谐，扎实推进法治湖州建设。加强民主法制建设，对于促进社会和谐稳定具有重要作用。常委会一是加强对法律法规实施情况的监督。上下联动开展声势较大的道路交通安全法执法检查，发挥市县区人大监督的整体效应。通过执法检查和整改，市政府及有关部门严厉查处醉驾、飙车、超载等严重违法行为，加快完善城市道路框架，坚持优先发展公交，打造安全、畅通的道路交通环境。视察检查安全生产法、文物保护法、台湾同胞投资保护法、城市房屋拆迁条例等的执行情况，推动法律法规的正确实施。同时，还配合全国、省人大开展立法调研和执法检查。二是加强对司法工作的监督。着眼破解执行难问题，听取和审议市中级人民法院关于执行工作情况的专项工作报告，提出要强化依法执行，提高有效执行率，维护当事人合法权益。着眼强化法律监督、维护公平正义，听取和审议市人民检察院关于开展侦查监督工作情况的报告，提出要强化侦查监督职能，加强对自侦案件的监督，完善监督制约机制。还视察了公安、行政执法、社会救助等工作，推动依法行政、公正司法。三是加强规范性文件备案审查。共接收、登记、审查规范性文件备案34件，积极维护法制统一。四是加强人大信访工作。共受理群众来信310件、来访190批251人次。依法督促有关部门认真处理信访，配合做好国庆等重大活动期间的信访工作，加强综合分析，为常委会开展监督提供依据，发挥人大信访察民情、解民忧、促和谐的作用。

常委会在着力加强和改进监督工作的同时，立足全市工作大局，依法讨论决定重大事项，作出批准财政决算、与上海长宁区缔结友好城市等决议、决定。依法行使任免权，认真贯彻市委意图，切实规范任免程序，完善任前法律知识考试、与常委会组成人员见面、供职报告等制度，增强了国家机关工作人员的人大意识、法治意识和公仆意识。

三、坚持代表主体地位，切实保障和支持代表依法执行职务

过去的一年，常委会着眼夯实人大工作基础，始终坚持代表主体地位，不断改进和加强代表工作，为代表履职创造条件、提供保障。

抓学习培训，提升代表素质。采取举办培训班、以会代训、专题讲座等方式，多形式、分层次、经常性地组织代表学习履职必备的知识。重点对代表提出议案、建议工作进行集中培训，邀请有关专家学者和优秀全国、省人大代表，从理论与实践的结合上作专题辅导。坚持代表小组组长、联络员联席会议制度，定期开展学习和工作交流。组织代表小组联络员异地培训，拓展视野，保证代表进一步增强综合素质，熟悉履行职责的程序和方法。

抓代表活动，拓展履职平台。深化常委会领导接待代表工作，确定民生改善、营造良好发展环境、保增长促转型、水环境治理等主题，定期接待基层代表，认真听取民情民意，督促解决有关问题。围绕事关全局和代表关注的就业、农民增收等问题，首次组织开展政府及部门负责人与代表“双向约见”活动，开展专业代表小组活动，定向视察教育、环保等政府部门的工作，保证代表更好地知情明政。组织部分代表旁听重要案件庭审，增强代表对“两院”工作的了解，为加强对司法工作的监督创造条件。推行代表履职工作量登记制度，评比优秀代表建议件，激发代表履职热情。

抓建议督办，注重办理实效。加强重点建议督办，适时听取和审议市政府有关办理情况的报告，实行市政府领导领办、常委会领导督办和专委会对口联系分工督办制度。加强与承办部门的联系，继续实行预交办、网上公开等制度，及时召开建议交办会，沟通情况，协调推进，注重解决实际问题。加强与代表的衔接，要求承办单位在办理全过程都要听取代表意见。目前，代表提出的182件建议已办理完毕，解决率45%，比上年提高5个百分点，代表满意、基本满意率达95%以上，其中采取措施应对金融危机、稳定扩大就业、整合市区旅游资源、居家养老、规范民间借贷等7件重点建议件得到较好落实。

四、坚持改进创新提升能力，不断加强常委会及机关自身建设

过去的一年，常委会深入贯彻省、市人大工作会议精神，坚持改进创新，加强自身建设，提高履职能力，保证了各项工作顺利进行。

加强人大工作理论和实践研究。强化理论武装，举办科学发展观专题讲座，召开学习党的十七届四中全会精神务虚会，举办食品安全、道路交通安全法、农业法等辅导讲座，提高理论和法律素养，适应履职需要。配合市委督查调研省、市人大工作会议精神贯彻情况，认真分析研究人大工作和建设中的新情况新问题，就加强和改进新形势下人大工作提出若干意见。以纪念地方人大设立常委会30周年为契机，编辑《履职为民促发展——湖州市第六届人民代表大会珍藏册》，认真总结30年来全市人大工作基本经验，并在《湖州日报》上发表署名文章，以更好指导今后人大工作实践。

加强改进和创新人大工作举措。在依法规范的前提下，积极探索人大工作规律，把创新和继承、借鉴结合起来，推出十个方面改进和创新的工作内容和措施，如首次召开政府组成部门和“两院”负责人会议通报年度监督工作安排，年中听取政情报告，探索开展工作评价，试行常委会会议联组审议和重点发言，实行重点监督工作上下联动和重要议题一年多审，完善专项工作报告满意度测评，同时，改进人大宣传信息工作，确保人大工作更加体现时代精神，更加富有生机和活力。

加强常委会工作制度建设。建立健全规章制度，增强制度的可操作性，为人大工作规范高效运转奠定坚实基础。制定关于深入贯彻实施监督法和省监督条例的实施意见，为加强监督工作提供有力的制度保障。修订了提高常委会会议质量的意见，改进审议工作，提升议决质量。出台规范视察的办法，对视察的原则、内容、方法、组织等作出明确规定。修订任免国家机关工作人员暂行办法，推动人事任免工作更趋规范。修订“一府两院”报送重要文件、报告重要情况的试行规定，进一步科学界定重大事项报送范围。

加强人大机关和干部队伍建设。倡导“坚定政治方向、践行民主法制、善于传承创新、恪守严谨务实、弘扬和谐清正”的人大机关精神，开展文明和谐人大机关创建活动，加强专委会和常委会各工作机构之间的综合协调，提高了机关工作效率和服务保障能力。关心培养干部，加大轮岗力度，完善考核激励机制，调动机关干部的工作积极性。改进工作作风，营造和谐融洽的工作环境。密切与县区人大的联系，加强工作指导，形成全市人大工作的合力。

回顾过去一年的工作，我们深深体会到，在经济形势严峻的情况下，常委会要履行好职责，发挥好作用，必须把自觉接受党的领导和充分发挥人大主观能动性结合起来，把深入学习科学发展观和联系人大工作的实践结合起来，把发挥代表作用和关注民生结合起来，把注重程序和增强实效结合起来，把坚持解放思想和具体创新人大工作内容形式结合起来。

各位代表，过去一年常委会各项工作取得的成绩和进步，是市委正确领导、常委会组成人员和全体代表共同努力的结果，是“一府两院”积极配合的结果，也是全市人民和各县区人大全力支持的结果。在此，我谨代表市人大常委会，向所有关心和支持人大工作的同志们，表示衷心的感谢，致以崇高的敬意。

在肯定成绩的同时，我们也清醒地认识到，常委会工作还存在需要努力改进的方面，主要是：依法履职能力有待进一步提升；监督工作的针对性和实效性有待进一步增强；对审议意见研究处理情况的跟踪督查有待进一步强化；代表建议办理尤其是解决问题的力度有待进一步加大。对此，常委会将采取有效措施，努力加以改进。

各位代表，2010年是完成“十一五”规划目标和谋划“十二五”规划的关键一年，也是本届人大常委会在良好工作基础上继续推进的一年。面对新形势、新任务，市人大常委会工作的指导思想是：**在中共湖州市委的领导下，全面贯彻党的十七大和十七届三中、四中全会精神，以邓小平理论和“三个代表”重要思想为指导，深入贯彻落实科学发展观，努力提高依法履职能力，按照市委提出的“转型提升、改革创新、统筹协调、好中求快”的总要求，紧紧围绕中心，强化责任，抓重抓精，改进创新，增强实效，积极有效做好人大工作，关注经济发展方式转变，促进**

经济社会持续平稳较快发展，为加快建设现代化生态型滨湖大城市作出新的贡献。

根据上述指导思想，在新的一年，常委会要更加自觉地坚持和依靠市委领导加强和改进人大工作，认真参加市委统一部署开展的“转型升级加速年、城乡建设提升年、作风建设加强年”活动，依法保障市委各项决策的落实，牢牢把握“在形成合力、服务全市大局上积极有为，在围绕中心、依法有效履职上积极有为，在提高素质、发挥代表作用上积极有为，在关注民生、维护群众利益上积极有为”的工作要求，认真履行宪法和法律赋予的职责，确保人大工作更好地做到与科学发展同向、与全局工作同步、与人民群众同心。

一、始终突出转变发展方式主题，努力在围绕中心服务大局中抓重抓精依法履职

新的一年，常委会要更加自觉地以科学发展观为统领，按照市委的部署和要求，紧贴中心，依法履职，督促和支持“一府两院”做好抓转型稳增长各项工作。

着眼于促进转变发展方式依法履职。要立足全市大局依法决定重大事项，进一步完善议事机制，适时就深入推进新农村建设、建设平安湖州等事关经济社会发展的重大事项，作出决议、决定，并继续抓好建设现代化生态型滨湖大城市、改善民生等决定的落实，做到决定事项重实质、贯彻执行出成效。要加强对“十一五”规划执行情况的督查，调研、推动“十二五”规划的编制工作。要密切关注经济运行质量，督促和支持“一府两院”深入开展市委提出的“三个年”活动，适时听取和审议市政府政情报告，听取和审议市政府关于开放型经济发展、建设大平台、培育六大重点特色产业等情况的专项工作报告，着力推进大平台大产业大项目大企业建设。要继续依法开展工作评价，抓好评前调研、审议报告、评价发言、投票测评等环节，就市劳动和社会保障局、市科技局在调结构促转型中履职情况，认真作出评价，加强跟踪问效，推动部门工作。要加强对计划、预算执行情况的监督，听取和审议专项报告，在人代会重点审查4个市级部门预算的基础上认真审查50个部门的预算，强化对政府债务预算执行、财政性资金绩效评价以及政府投资项目财政评审等的监督，防范和化解财政风险。

着眼于推动改善民生依法履职。始终坚持以人为本，问情于民、问需于民、问计于民，努力发挥人大在表达、平衡、调整社会利益中的职能作用。深入调研市委提出的改善民生“八大工程”的落实情况，积极提出加强民生工作的意见建议，推动市委决策部署的落实，继续促进住房、上学、就业、看病等事关群众利益问题的解决。认真听取和审议市政府关于农产品质量安全、落实加快推进我市农村卫生事业审议意见等情况的专项工作报告，保障人民群众的生命安全。加强人大信访工作，抓住涉法涉讼特别是群众反映强烈的问题，加强协调，强化督办，化解矛盾纠纷，维护群众合法权益，促进社会和谐稳定。

着眼于营造良好法治环境依法履职。深入开展执法检查，采取上下联动的方式，对水污染防治法及省水污染防治条例、省人口与计划生育条例的执行情况开展检查，委托专委会视察、调研有关法律执行情况，配合省人大开展立法调研，保证法律法规的正确贯彻实施。听取和审议市中级人民法院关于行政审判、市人民检察院关于刑事诉讼监督等情况的报告，组织部分代表旁听法院庭审，扎实推进公正司法。强化法律监督，建立健全规范性文件备案审查日常工作机制，做好备案接收、登记、存档和审查工作，维护法制统一，促进依法行政。

同时，要认真做好人事任免工作，把依法任免与党管干部结合起来，完善会前通报制度、任免审查制度、任前考法制度、主要负责人提请审议制度、供职发言制度、任后报告年度工作制度。

二、切实加强代表工作，努力在强化服务保障中充分发挥代表主体作用

新的一年，常委会要加强代表工作，为代表履职提供更有力的服务保障，让代表学起来、动起来、履职效果好起来，发挥代表在促进科学发展中的议政督政作用、桥梁纽带作用和模范表率作用。

进一步密切联系代表。继续坚持和完善常委会领导接待代表日、常委会组成人员联系代表等制度，更好地听取广大代表特别是基层代表的呼声，推动代表关注问题的解决。继续扩大代表对常委会工作的参与，完善邀请代表列席常委会会议机制，保障代表意见的充分发表，为常委会议事履职提对策、建良言。继续发挥代表与基层群众联系紧密的优势，健全以代表为主要渠道、畅通有序的民意表达机制，办好《人大代表民情反映》。

进一步丰富闭会期间代表活动。加强对代表中心组、代表小组活动的指导，使代表活动有计划、有步骤开展。围绕常委会重要议题、政府重点工作和代表关注的问题，精心组织代表进行视察、检查和专题调研，开展代表与“一府两院”负责人“双向约见”活动，深化代表小组定向视察工作。继续推行代表履职登记制度，开展推荐、确定市六届人大代表履职先进个人活动，激励代表既干好本职、创新创业，又不断强化代表意识，积极执行代表职务。

进一步强化代表建议督办。更加注重提高建议办理的质量，坚持和完善办理建议的公示制、交办制、督办制、答复制和回访制，听取和审议市政府办理建议情况的报告，适时组织代表跟踪督查办理情况，确定优秀建议件和评选先进承办单位，加大督办力度，不断提高建议办结率、满意率，特别是解决率。

进一步积极服务代表履职。组织多层次的代表专题培训，提高代表履职能力。拓宽代表知情悉政渠道，探索开展代表进部门活动，及时向代表公开常委会开展监督工作情况，定期寄送有关资料。着眼为代表履职创造条件、提供保障，对代表法贯彻实施情况进行视察、调研，帮助协调解决代表履职中遇到的困难和问题，依法查处妨碍、阻挠代表执行职务或侵犯代表合法权益的行为，进一步营造代表职务得到充分尊重、代表履职得到广泛支持、代表作用得到充分发挥的良好氛围。

三、深入推进解放思想，努力在改进创新中不断增强人大工作实效

新的一年，常委会要在依法办事的前提下，继续解放思想，坚持改进创新，保证人大工作充满生机，更富成效。

着力加强调研求实效。改进调研方法，把调查研究与监督工作相结合，与支持工作相结合，与解决问题相结合，与服务群众相结合。突出调研重点，就加强南太湖流域水环境综合治理、推进滨湖大城市建设，推动科技创新、促进转型升级等重点课题，以及常委会会议审议的重点问题开展调研，做到选题准、调研深、分析透、建议实，为市委决策提供参考，为常委会履职提供依据。

着力深化监督求实效。按照常委会关于深入贯彻监督法实施意见的规定，进一步规范和改进监督工作。坚持抓重抓精，改进创新，围绕服务发展强监督，围绕推进“法治湖州”建设强监督，围绕民生问题强监督，更好地寓服务和支持于监督之中。坚持讲究方法，综合运用监督方式，从实际出发研究实施刚性监督，完善上下联动、工作评价、“两审两评”、专项工作报告满意度测评等具体监督工作举措。坚持完善程序，依法、规范、有序实施监督，既不越权，又不缺位，既敢于监督，又善于监督，同时强化跟踪问效，巩固监督成果。

着力提高审议质量求实效。切实抓好提高常委会会议质量意见的落实，进一步健全审议工作机制，规范议题形成，坚持议前调研，强化议中询问、质询，提高审议意见质量，抓好整改落实，视情听取和审议“一府两院”研究处理审议意见情况的报告或组织跟踪检查，并进一步完善向社会公开的程序、步骤和方法。

着力彰显工作活力求实效。主动适应人大工作面临的新形势、新任务，深入推进解放思想，认真总结履职实践，努力提高改进创新能力，善于把法律规定和我市人大工作实际结合起来，继续推出改进、加强和创新的工作举措，推动人大工作发展提高。

四、创建文明和谐人大机关，努力在加强自身建设中提高常委会履职水平

新的一年，常委会要深入推进文明和谐人大机关建设，不断提高履职能力，为依法履行好各项职责提供有力保障。

注重强化理论武装，增强以科学发展观统领人大工作的理念。巩固扩大学习实践科学发展观活动成果，按照党的十七届四中全会的要求推进学习型班子建设，完善常委会理论学习中心组、读书会、法制辅导讲座、人大论坛等学习形式，深入学习科学理论，牢固树立要做好人大工作，必须不断强化服务发展的理念、依法治国的理念、与时俱进的理念、以人为本的理念，提高把市委决策通过法定程序转化为全市人民共同意愿的能力、贴紧中心做好人大工作的能力、推动重点工作抓落实的能力、维护人民群众根本利益的能力。

注重建立健全制度，保证常委会工作更趋规范。坚持民主集中制原则，依法按程序办事，切实抓好常委会及机关各项制度的落实。根据新形势新任务，适时制订和修订有关制度，并汇编成册，巩固制度建设成果，进一步形成职责明确、规范有序、务实高效的运行机制，促进人大工作的规范化、制度化和程序化。

注重文明和谐建设，树立人大机关良好形象。落实“营造浓厚的学习氛围、构建和谐的人际关系、健全优质的服务机制、建立规范的工作秩序、树立强烈的创新意识、培育舒心的良好环境、塑造良好的机关形象”等创建举措，扎实推进文明和谐人大机关建设，充分发挥各专委会作用，加强干部培养交流，大力弘扬优良作风，牢固树立求真务实的形象、讲法守制的形象、开拓创新的形象和团结协作的形象。

注重加强联系指导，推动全市人大工作发展提高。进一步加强对县区人大工作的指导，认真学习借鉴外地人大先进工作经验，帮助基层人大解决工作中的实际困难，坚持和完善上下联动开展重点监督等方法，形成人大工作合力，共同开创我市人大工作新局面。

各位代表，当前我市改革开放和社会主义现代化建设已进入一个新的历史发展阶段，责任和使命激励着我们。让我们在中共湖州市委的领导下，深入贯彻落实科学发展观，进一步解放思想，坚定信心，奋发进取，依法履职，为推动经济社会又好又快发展，加快建设现代化生态型滨湖大城市而努力奋斗！

政 府 工 作 报 告

2010年2月27日在湖州市第六届人民代表大会第五次会议上

湖州市市长　马　以

各位代表：

现在，我代表市人民政府向大会作工作报告，请予审议，并请市政协委员和其他列席人员提出意见。

一、2009年工作回顾

2009年，是新世纪以来湖州经济发展最为困难的一年，也是我们砥砺奋进、经受严峻考验的一年。面对国际金融危机的严重冲击，在中共湖州市委的领导下，我们紧紧围绕“深入学习实践科学发展观，全力促进经济社会又好又快发展”这一主题，牢牢把握“保增长、抓转型、增活力、重民生、促和谐、强保障”这一主线，克难攻坚，扎实工作，全市经济稳步回升向好，城乡建设加快推进，群众生活继续改善，社会保持和谐稳定。

全市生产总值1111.5亿元，比上年增长10.2%；财政总收入146.7亿元，其中地方财政收入80亿元，分别增长9.7%和11.7%；全社会固定资产投资637.8亿元，增长20.8%，其中工业性投入337.7亿元，增长16%；社会消费品零售总额442.6亿元，增长15.8%；外贸进出口总额48.3亿美元，下降13.6%，其中出口40.8亿美元，降幅由上半年的23.1%收窄到全年的16.9%；城镇居民人均可支配收入23280元，农村居民人均纯收入11745元，分别增长7.8%和9.2%；城镇新增就业5.6万人，登记失业率3.2%；居民消费价格总水平下降0.8%；人口自然增长率0.16‰。预计全社会研究与试验发展经费支出占生产总值比例1.35%左右，单位生产总值能耗下降5.5%左右，化学需氧量、二氧化硫排放量分别下降3.6%和4%左右。较好地完成了市六届人大四次会议确定的主要预期目标和十方面为民办实事项目。

一年来，我们主要做了以下工作：

（一）着力保增长促转型，确保经济持续平稳较快发展

坚决贯彻中央和省应对国际金融危机冲击、保持经济平稳较快发展的各项决策部署，把保增长作为经济工作的首要任务。坚持政企联动，开展“百名领导联系服务百家企业、百个项目”和“千名干部助千企”活动，切实加强对企业的帮扶和引导。全面落实相关税费“减免缓”政策，减轻企业负担超过20亿元。加大金融保障和创新力度，全市金融机构新增贷款358.9亿元，是上年的3倍，小企业贷款占新增企业贷款的47.5%；争取到小额贷款公司扩大试点5个，新引进股份制银行分支机构2家；新增上市公司3家，企业债券发行工作再获突破，信用担保体系建设成效明显。迅速实施向上争取重中之重项目、政府导向性重大项目两个计划，115个项目列入中央新增投资计划，88个项目列入省重点工程，126个市重点项目完成投资232.1亿元。老虎潭水库引水工程、大钱港整治主体工程、向上线特高压湖州段、申嘉湖杭高速公路练杭段如期竣工，宁杭铁路湖州段、杭长高速公路二期建设加快推进，合湖杭、湖苏沪铁路项目争取工作进展顺利。完成项目供地2万亩，建设用地需求得到较好保障。提高出口信用保险补助比例，加快外贸扶持政策兑现速度，积极组织企业参加重大展会，有效强化外经贸、财税、金融、海关、商检、外管等部门联动服务，外贸出口实现止跌回升。引导和鼓励企业加快国内营销体系建设，有效对接国家重大项目、大型采购集团，大力开拓国内市场。开展家电、农机、汽车摩托车“三下乡”和家电、汽车“以旧换新”，深入实施“千镇连锁超市、万村放心店”和“便民消费进社区、便民服务进家庭”工程，组织举办全市性大型促销活动，集中发放旅游消费券，积极促进居民消费。经过各方努力，我市在全省较早扭转了经济增速下滑态势，主要经济指标逐月企稳、逐季回升，规模以上工业产值、利润和工业用电量增幅居全省前列。

扎实推进经济转型升级。加大工业转型升级投资推进力度，开工建设转型升级工业项目429项，千万元以上工业项目完成投资187.1亿元，增长14.9%。建立“六个一”培育发展机制，推动生物医药、新能源、装备制造、金属管道与不锈钢、特色纺织品、木地板六大重点特色产业做优做强。启动服务业集聚区建设，实施服务业“双百”计划，开展工业企业分离发展生产性服务业试点，第三产业增加值增幅高出生产总值增幅4.6个百分点。推进旅游资源整合提升，举办浙台旅游合作大会和首届国际生态（乡村）旅游节，休闲旅游品牌进一步打响。文化创意、现代物流、现代商贸等产业实现新提升。加快区域科技创新体系建设，新增科技企业孵化器面积14.3万平方米，南太湖科技创新中心项目引进取得新进展。组织实施科技金融服务专项行动，探索建立专利权质押贷款制度，开展“太湖之星”科技型企业信托贷款工作。新增省级高新技术特色产业基地3个，新认定国家重点

扶持的高新技术企业64家，新列入省以上重大重点科技产业化项目94个，规模以上工业企业新产品产值增幅高出总产值增幅5.7个百分点。切实做好人才、品牌、专利、标准化等工作，“南太湖精英计划”新签约17个项目，新增驰名商标5件、省级名牌产品28只，专利申请量、授权量大幅增加，行业联盟标准在块状经济中广泛推行。严格执行项目准入标准，实施100项节能降耗技改项目和57项主要污染物减排项目，加快淘汰落后产能，大力推行清洁生产。加快污水处理厂改造提升和配套管网建设，建立跨行政区域河流交接断面水质保护管理考核制度，太湖蓝藻防治工作扎实有效。完成3个省级开发区（工业园区）和2个市级重点环境问题整治工作，矿山企业整合和环境专项整治等工作扎实推进。深入开展生态创建工作，我市成为全省唯一的省级生态文明建设试点市，德清县通过国家生态县考核验收。

（二）统筹城乡建设，大力促进城乡协调发展

社会主义新农村建设深入推进。全面实施“1381”行动计划，健全市校合作机制，合作项目累计达到591项，一批重点合作项目成效明显。军民共建、村企结对、部门联建取得新进展。完善村级集体经济发展和低收入农户奔小康政策措施，新增集体经济发展项目140个，累计60%的低收入农户脱贫。全面实施现代农业“4231”产业培育计划，超额完成粮食生产任务，特色优势农业产值增长16.2%，农业龙头企业、专业合作社、规模经营大户快速成长，农业产业化经营水平得到新提高。扎实推进农业基础设施建设，超额完成耕地垦造任务，新增现代农业园区22个、省级标准鱼塘3.8万亩，强塘固房工程深入实施。国家现代林业示范市建设全面推进。加大新农村实验示范重点区域建设力度，推进“百村示范、千村整治”工程扩面提标。完成河道清淤1506公里，新改善8万农民的饮水条件，新增电气化村110个，有线广播通村率达到100%，新建农村社区综合服务中心298家，农村道路硬化、污水处理、垃圾收集、卫生改厕等加快推进。制定农村住房改造建设规划和政策意见，完成农房改建13668户、危旧房改造1610户。农村社会保障、教育、卫生、文化、体育等各项公共事业加快发展。各县区因地制宜推进新农村建设的格局全面形成，安吉“美丽乡村”、德清“和美家园”、长兴“魅力乡村”、吴兴“幸福社区”、南浔“魅力水乡”建设各显特色。

城市面貌显著改善。全面推进中心城市“一港两区”开发建设，星海栈道、长岛公园、项王公园、大桥公园等项目建成开放，新浙北大厦、星际广场等项目进展顺利；爱山广场步行街区土建基本完工；衣裳街历史文化街区南街主入口工程全面建成。实施人民路（府庙）、白鱼潭路和龙溪港东段等“六路一河”综合整治，主要道路景观和市民出行条件进一步改善。加快推进市陌路、堂子村、定安街等10个老居住区综合改造，白地街、眠佛寺街改造基本完成。渔人码头一期建成，滨湖大道、太湖明珠等项目进展顺利，滨湖新区初见形象。仁皇山新区、东部新区、西南分区、湖东西区、织里新区、南浔城区建设力度明显加大，中心城市组团式空间形态进一步完善，城市功能进一步提升。继续加大武康、雉城、递铺三大县城建设力度，全市各中心镇建设和发展步伐进一步加快。切实加强城市管理，探索建立“五位一体”城市管理新模式，全面启动“数字城管”建设，大力开展中心城区重点区域环境秩序综合整治，市容市貌得到改善。

（三）切实保障和改善民生，推动和谐社会建设

围绕解决群众就业、社保、医疗、教育、住房等现实问题，加大民生改善投入力度，全市财政支出增量的75.2%用于民生。制定和实施新一轮促进就业政策，加大劳动关系协调力度，着力稳定就业岗位、稳定职工收入。全面开展创建创业型城市试点工作，大力推动创业促就业。加大促进高校毕业生就业力度，应届毕业生就业率达到88.9%。稳步推进社会保障扩面提标，五大社会保险参保任务超额完成，2.4万名在湖大学生纳入城镇居民基本医保，企业退休人员养老金、城乡居民最低生活保障金、被征地农民基本生活保障金、失业保险金等都得到新提高，企业退休人员门诊医疗统筹、免费健康体检全面实施，新型农村合作医疗人均筹资标准和补偿水平继续提高，新农合“一卡通”报销管理系统开通运行。廉租房、经济适用房等保障性住房加快建设，东湖家园竣工交付，住房公积金惠民利民水平进一步提升。社会救助、社会福利、社会优抚等工作取得新成绩，农村敬老院建设和五保供养工作得到加强。加大教育投入力度，扎实推进农村学校“三进”工程，启动实施中小学校舍安全工程，各级各类学校办学条件明显改善。义务教育主要质量指标高于省均水平，高考上线率继续位居全省前茅。学前教育、特殊教育和成人教育持续健康发展，高等教育、职业教育服务地方经济社会发展水平不断提升。推进社区卫生服务规范化建设，着力提高服务水平。全力抓好甲型H1N1流感、手足口病等疫情防控工作，深入开展爱国卫生运动，公共卫生安全进一步加强。全面实施“健康宝宝计划”，计划生育综合治理和优质服务水平继续提升。加快公共文化服务体系建设，农村文化“八有”保障工程启动实施，一批文化品牌成功打响，陈英士故居纪念馆建成开放。文化遗产保护、文化市场监管等取得新成绩。加快体育事业发展，完善全民健身服务体系，成功举办第十届全国极限运动大赛。加强流动人口服务和管理，依法维权得到新推进。老龄、妇女儿童和统计、档案、地方志等事业取得新进步。

全力维护社会和谐稳定。进一步加强社会治安综合治理，“属地管理”和“谁主管、谁负责”原则同步有效推进。加强“两所一庭”建设，乡镇综治工作中心规范化建成率提前一年达到100%。推进基层民主法治建设，深入开展“五五普法”，切实加强法律

援助工作，行政村法律顾问在全省率先实现全覆盖。广泛开展“平安细胞”创建活动，加强人民调解和信访基础工作，建立健全维稳工作“十大机制”，一批历史遗留问题及重大不稳定因素得到妥善处置和有效化解，国庆安保工作成效显著。切实加强隐蔽战线斗争，完善社会治安防控体系，除黑恶、打“两抢”等专项行动取得积极成效。有效加强监狱劳教管理，全面推进社区矫正工作，健全归正人员帮教安置网络。认真落实安全生产责任，完善公共安全监管体系，扎实开展安全生产执法、治理、宣传教育“三项行动”，安全生产事故次数、死亡人数、直接经济损失，分别下降11.6%、2.9%和4.7%。切实加强食品药品安全监管，“十小”行业质量安全整治取得积极成效。加强应急管理体系建设，突发事件得到平稳处置。重视和加强社会组织建设，扎实推进和谐社区创建活动，城市社区工作服务用房全部达到省定标准，社区工作者待遇得到改善。民族、宗教、国防、“双拥”、人防、气象等工作进一步加强。

（四）不断深化改革开放，增强经济社会发展活力

深化改革迈出新步伐。完成扩权强县事权下放，积极推进扩权强区改革，20个市级部门向两区下放经济社会管理权限159项。启动新一轮行政审批制度改革，积极推进行政审批职能整合归并。民营企业发展环境进一步优化，国有资产监管体制进一步完善，城投集团、广电传媒集团等相继组建。部门预算、国库集中支付、政府采购、投资评审、绩效评价等公共财政改革深入推进，行政事业单位经营性资产管理得到加强。农村改革不断深化，耕地、林地流转面积比例分别达到38%和15.9%，农村住房和林权抵押贷款稳步推进，63个村完成集体资产股份制改革。继续推进资源要素价格市场化改革，经营性基础设施用地使用权有偿出让、排污权有偿使用和交易制度启动实施。稳步推进收入分配制度改革，义务教育学校绩效工资全面实施。社会领域改革取得新进展，城乡居民社会养老保险、医药卫生体制改革等工作全面启动。

对内对外开放深入推进。实施内外资综合考核，创新和完善利用外资工作体系，加大与京、沪、杭、温等地区的合作力度，着力吸引大型国有企业、国内知名上市公司来湖投资，实到外资8.1亿美元、市外内资61.5亿元。海信惠而浦、富钢盛特隆等一批项目竣工投产，三一重工、奥特莱斯、新长宁多媒体、川空设备等一批项目动工建设，中国高纤、亚太机电等一批项目成功签约。大力推动民营企业开展对外合作、扩大有效投入，永兴特钢、久立特材、金洲管道、振兴阿祥等一批企业均实施了新的产业化项目。加快平台建设步伐，开发区整合提升工作加快实施，临杭工业区、临沪工业区规划建设全面启动。积极支持有效进口和外经合作，进口额增长10.2%，境外投资取得新进展。积极参与“长三角”区域合作与交流，接轨沪杭、服务世博各项工作有力推进。认真落实对口帮扶任务，15个省定实物援建青川项目全面完成。外事、侨务、对台等工作扎实推进。

（五）加强政府自身建设，努力提升科学发展能力

认真开展深入学习实践科学发展观活动，“双百双千”专项行动取得实效，一批影响科学发展的体制性、机制性矛盾得到有效破解。广泛开展解放思想大讨论，加快科学发展的紧迫感和创新驱动发展的责任感进一步增强。坚持重大事项向人大报告和政协通报制度，继续推行政府领导领办人大代表建议、政协提案制度，积极支持民主党派、工商联及工青妇等人民团体开展工作。广泛推行重大事项决策社会征询、专家论证、听证公示制度，积极推进政府信息公开。畅通社情民意反映渠道，切实解决群众关心的热点难点问题，市长热线办结率、满意率进一步提高。深入推进依法行政，严格行政执法，强化执法监督，做好行政复议，开展公务员法制轮训，依法办事的能力和水平不断提高。全面清理行政规范性文件，废止、修订文件931件。切实降低行政成本，党政机关出国（境）经费压缩20%，车辆运行费压缩15%，公务接待费压缩10%。认真落实廉政建设责任制，全面实施政府投资建设项目派驻廉政监察组制度，探索实施政府投资项目代建制，进一步加强招投标平台规范化建设，开展“小金库”专项治理，充分发挥审计监督的职能作用，努力从源头上预防和治理腐败。

各位代表！回顾过去一年，全市人民以坚定的信心、辛勤的工作，迎难而上，共克时艰，经济社会发展取得了来之不易的成绩。在此，我代表市人民政府，向奋战在各条战线的建设者、劳动者，向给予政府工作支持和监督的人大代表、政协委员以及社会各界人士，向所有关心湖州发展的同志们、朋友们，表示衷心的感谢并致以崇高的敬意！

我们十分清醒地看到，当前我市经济回升向好的基础还不稳固、不平衡，外贸出口增长依然乏力，部分行业和企业仍然面临较大困难，财政收支平衡压力加大，区域发展不够协调；经济转型升级成效还不明显，结构性、素质性矛盾仍然突出，传统产业改造提升任务艰巨，新兴产业成长步伐不快，科技、人才等创新要素缺乏，发展后劲仍显不足；改善民生工作仍有差距，一些涉及群众切身利益的问题有待更好地解决，由社会转型、政策调整等引发的矛盾纠纷仍然不少，影响社会稳定的因素依然较多，公共安全形势比较严峻；政府自身建设存在不少薄弱环节，少数政府工作人员作风不实、效率不高，腐败现象在一些领域还比较突出。对于这些问题，我们必须高度重视、认真研究、有效解决。

二、2010年工作总体要求和主要目标

2010年，是进一步有效应对国际金融危机冲击、巩固经济回升基础，为“十二五”规划启动实施创造良好条件至关重要的一年。总的来看，今年经济社会

发展环境将好于去年，但不确定、不稳定因素仍然很多。今年政府工作的总体要求是：坚持以邓小平理论、“三个代表”重要思想为指导，深入贯彻落实科学发展观，认真贯彻党的十七届四中全会、省委十二届六次全会和市委六届九次全会精神，全力实施增强“三力”、奋力崛起发展战略，深入推进解放思想、创业创新，以“转型提升、改革创新、统筹协调、好中求快”为总要求，以开展“转型升级加速年、城乡建设提升年、作风建设加强年”活动为主抓手，以大平台大产业大项目大企业建设为突破口，加快推动产业结构调整和经济转型升级，扎实推进改革开放和自主创新，全面促进城乡统筹和经济社会统筹，着力改善民生和维护社会稳定，保持经济社会持续平稳较快发展，努力完成“十一五”规划目标，为“十二五”发展奠定坚实基础。

综合考虑各种因素，建议今年全市经济社会发展的主要目标为：生产总值增长10%以上；财政总收入、地方财政收入均增长8%以上；全社会固定资产投资增长15%以上，其中工业性投入增长12%以上；社会消费品零售总额增长14%；外贸进出口总额增长6%左右，其中出口增长8%左右；全社会研究与试验发展经费支出占生产总值比例达到1.45%左右；单位生产总值能耗、化学需氧量排放量完成“十一五”规划目标，二氧化硫排放量无净增；城镇居民人均可支配收入、农村居民人均纯收入均增长8%；城镇新增就业4.3万人，登记失业率控制在4%以内；居民消费价格总水平涨幅和全省基本保持一致；人口自然增长率控制在2.1‰以内。

具体工作中，着力把握好以下四个方面：一是着力调结构、促转型。把保持经济平稳较快发展与推进经济结构调整更好地结合起来，在巩固经济回升向好基础的同时，切实加快经济转型升级步伐，努力提高经济增长的质量、效益和可持续性。二是着力抓项目、促增长。花大力气抓好一批事关长远发展的大项目，不断加大有效投入力度，努力优化投资结构，切实增强经济发展后劲，促进经济持续平稳较快增长。三是着力惠民生、促和谐。坚持经济发展与民生改善有机统一，在办好惠民生、得民心的各项事业中体现执政为民的宗旨，增强广大居民的消费能力，为保持经济平稳较快发展和促进社会和谐稳定提供有力支撑。四是着力提素质、促创新。充分发挥政府主导和企业主体作用，加快推动科技、人才等创新要素集聚发展，切实提升经济发展整体素质；坚持勤政优政廉政，狠抓工作落实，改善发展环境，进一步激发全社会创业创新活力。

三、加快推进经济转型升级和保持经济平稳较快发展

发展是主题，转型是主线。必须把保持经济平稳较快发展作为基本目标，把调结构促转型作为重中之重，把大平台大产业大项目大企业建设作为突破口，扎实开展“转型升级加速年”和“城乡建设提升年”活动，努力增强经济综合实力和竞争力。

（一）大力调整经济结构。加快产业优化升级。着力强二产、兴三产、优一产，加快调整产业结构，构建现代产业体系。坚持工业强市不动摇，狠抓工业经济转型升级。围绕六大重点特色产业，全面实施振兴升级规划，完善培育发展机制，确保产值总量突破1000亿元。以长兴绿色动力能源、德清生物医药、安吉竹业椅业、市区金属管道与不锈钢、织里童装、南浔木地板等特色块状经济为基础，加大龙头企业培育、产业链延伸、重大共性技术攻关、区域品牌创建、联盟标准推进、行业协会（商会）建设力度，加快培育一批现代产业集群。强化对明星企业、重点骨干企业的培育和扶持，加快发展一批转型升级领航企业，大力发展总部经济，营业收入超50亿元的企业达到5家，其中1家力争达到百亿元；新增上市公司4家，融资额超过20亿元。切实加大对中小企业的帮扶力度，促进初创型、科技型、成长型企业创业创新。积极推动建筑业转型提升、创新发展。突出服务业四大重点产业，统筹发展生产性和生活性服务业，力争服务业增加值增长11%以上。旅游业要在资源整合、景区开发、景点提升、市场营销上取得新突破，组织举办第二届国际生态（乡村）旅游节；文化创意产业要在园区建设、项目引进上取得新进展，物流业要在基地建设、企业培育上取得新成效，商贸业要在项目推进、市场拓展上实现新跨越。深入实施现代农业“4231”产业培育计划，特色优势农业产值占农业总产值比重达到70%以上。加快培育现代农业经营主体，新增“三五”农业龙头企业10家、示范性农民专业合作社20家。积极推进农科教、产学研一体化的农技推广联盟建设，加快农业新品种、新技术的推广和运用。

加快市场创新拓展。坚持和完善外贸扶持政策，精心组织企业参加境内外重大展会，切实加强贸易摩擦预警机制和应对体系建设，规范企业进出口行为，促进外贸出口持续稳定增长。积极培育国际服务外包产业，进一步优化出口商品结构、市场结构、贸易方式结构和贸易主体结构，大力推进外贸品牌和营销网络建设，加快转变外贸增长方式。改造提升商品交易专业市场，大力发展连锁经营、物流配送、电子商务、会展经济等新型业态，继续组织相关企业参与国家重大项目建设，加快推进湖州产品进入大型零售商采购网络，积极为企业开拓市场搭建有效平台。组织开展“接轨上海、参与世博”系列活动，积极推介世博体验之旅，精心办好“友谊日”、“网上世博会”等活动，努力放大世博效应。以旅游、购物、餐饮、娱乐、大宗生产资料和大件生活资料等为重点，着力推进商旅工互动，加快商品流通体系和消费服务体系建设，全力促进本地消费，大力吸引外来消费。

加快科技创新和生态建设步伐。推进科技创新公共平台建设，新增创新、创业、创意载体面积50万平方米以上，重点规划建设一批高新技术产业园区，并争取成为省级园区。深入推进产学研合作和科技成果产业化，新引进共建创新载体10家，组织实施省以上重大重点科技项目和科技成果转化产业化项目各100个。进一步加大对科技型企业的培育和扶持力度，新认定国家重点扶持的高新技术企业30家以上、“三型”企业80家以上，新增省级创新型试点企业4家，鼓励企业建立研发（技术）中心。探索建立创业风险投资引导基金，开展科技保险试点工作。继续抓好国家知识产权试点城市创建工作，扎实推进质量强市、品牌强市建设，推行政府质量奖励。深入实施“南太湖精英计划”，新引进领军人才及其创新团队20个左右。统筹实施“南太湖特聘专家计划”和“南太湖紧缺急需人才引进计划”，启动实施“365”优秀创新团队培养工程。继续加大节能减排工作力度，确保完成“十一五”规划节能减排目标。坚决遏制低水平重复建设，加快淘汰低效落后产能，重点关停日产2000吨以下水泥熟料生产线、直径2.4米及以下水泥磨机以及小印染、小造纸、小化工、小锅炉等，力争腾出20万吨标煤能耗空间。大力推进以水环境为重点的污染治理，强化水源地保护，突出抓好重点环境问题整治。加大矿产资源规划实施力度，严格规范管理并整合提升一批矿山企业。积极发展生态产业和低碳经济，推广一批环保先进适用技术，培育一批绿色示范企业。加快推进生态文明建设，全面启动生态区创建工作，确保生态创建各项工作继续走在前列。

（二）全力抓好平台建设和项目推进。突出产业平台建设。把大平台建设放到更加突出的位置，为经济可持续发展拓展新空间、增添新动力。根据中长期发展需要，结合“十二五”规划编制和新一轮土地利用总体规划修编，积极谋划建设在全省和长三角具有较强影响力和较大竞争优势的产业集聚新平台。重点围绕铁路、高速公路沿线以及内河临港沿岸等区块，加快临沪工业区、临杭工业区和临港产业平台的开发与建设，构筑大平台、建设新载体，大力发展先进制造业、临港物流业。按照布局集中、产业集聚、用地集约的要求，加快推进现有经济开发区、工业园区、工业功能区整合提升工作，大力推进省级重点服务业集聚区建设，着力优化资源配置、增强承载能力。省级开发区整合提升方案年内全部完成申报工作，工业功能区重点推进百项基础设施项目。

狠抓“大好高”产业项目。密切跟踪新能源、新材料、装备制造、生物医药、信息网络等产业发展动向，深入研究和充分发挥我市比较优势，进一步加大战略性新兴产业和“大好高”项目培育、引进和建设力度。工业领域继续实施“三个一百”工程和六大重点特色产业专项投资年度推进计划，确保千万元以上工业项目完成投资215亿元；服务业继续实施“双百”计划，确保百个服务业重大项目完成投资160亿元以上；农业领域重点抓好现代农业产业化项目建设。继续强化招商选资，大力引进世界知名企业、大型国有企业、实力型民营企业，确保实到外资8亿美元、市外内资65亿元。充分利用世博效应，积极推进区域合作，努力在承接产业转移上取得新突破。深入整合招商资源，大力推进以商引商、增资扩股，积极引导湖商回归创业发展。注重项目的效益产出、科技含量、带动能力和环境影响，严格执行准入条件和标准，进一步完善考核激励机制，切实提高招商质量和项目存活率。

全力推进重点建设。实施重点建设“三百三千”计划，在重大项目建设、前期、储备三大环节，各安排百个项目和千亿元总投资，确保全年市重点建设完成投资235亿元。进一步加强与国家、省的项目对接和政策争取，健全重点项目政策扶持体系和工作推进机制，统筹抓好重大产业项目、基础设施项目和民生项目建设。加快推进宁杭铁路湖州段、杭长高速公路二期、长湖申航道扩建、合溪水库、特高压及500千伏妙西输变电等一批在建项目，有效深化太湖流域水环境综合治理“四项工程”、天荒坪第二抽水蓄能电站、京杭运河“四改三”、杭宁高速公路拓宽等一批拟建项目的前期工作，全力抓好合湖杭铁路、湖苏沪铁路、杭长高速公路北延、申嘉湖高速公路西延等一批规划项目的争取和推进工作。花更大力气激活社会资本，促进民间投资，加快形成政府性投资与社会投资双轮驱动、基础设施投资与产业投资统筹并进的格局。全力争取建设用地指标，有效清理低效闲置土地，大力开发低丘缓坡，全面实施城乡建设用地增减挂钩制度，努力保障重点项目建设需求。

（三）着力推进城乡统筹发展。不断提升新农村建设水平。健全强农惠农政策体系，继续加大财政对“三农”的投入力度，引导社会资源投向农业农村。深入实施“1381”行动计划，全力推进10个新农村建设示范带（区）建设，新增市校合作项目100项，创建实验示范乡镇3个、村20个。以农村土地整治为重点，大力开展万亩耕地垦造工程，确保完成粮食生产任务。启动实施“121”工程，推进十大现代农业综合园区建设，新增特色农业精品园区20个。全面实施以村庄连片整治建设为重点的新一轮“百千工程”，重点推进十大中心村建设。着力提升农村交通、水利、电力、信息化等“八大网络”建设水平，完善农村环境整治和公共设施养护长效机制。坚持因地制宜、统筹推进，通过集中新建型、中心聚居型、保护改建型、危房改造型等多种模式，高标准、高质量推进农村住房改造建设。加快构建农村社会保障体系，切实加强农村劳动力技能培训，不断提高农村教育、卫生、文化、体育等各项公共事业发展水平。扎实做好省级新农村建设综合配套改革试点市各项工作，大力推进区域性改革创新，积极争取省配套扶持政策。加快农村土地承包经营权规范有序流转，新增土地流转面积10万亩。深入推进集体非农建设用地流转试点工作，深化农村集体资产股份制和林权制度改革，促进农村金融服务创新。深入实施集体经济薄弱村发展和低收入农户奔小康工程，累计三分之一的薄弱村集体可支配收入超过20万元，70%的低收入农户家庭人均纯收入超过4000元。

继续加快城市建设步伐。坚持旧城改造与新区建设并举、品位提升与民生改善并举、功能完善与特色营造并举、历史文化挖掘与现代文明培育并举、城市建设与城市经营并举，强力推进中心城市建设。积极打造现代化中央商务区，衣裳街历史文化街区年底前竣工率达到80%以上，爱山广场步行街区国庆节前开街。加快推进星际广场、新浙北大厦、双子大厦等一批标志性项目，全面启动龙溪港A、D等地块建设，着力打造一批新地标、形成一批新亮点。实施勤劳街、环城西路、东街拓宽和劳动路南延、所前街西延、莲花庄路东延，启动小西街区域、凤凰路、太湖路南段综合改造，努力缓解老城区行车难、停车难问题。加快老居住区改造步伐，完成市陌路堂子村、定安街等区块拆迁，启动学宫兜、承天寺巷等老居住区改造。整体推进仁皇山、滨湖、西南、东部、湖东五大新区建设，基本完成太湖明珠、奥特莱斯等项目建设，抓紧启动仁皇山公园、南太湖湿地奥体公园等一批重点项目，加快推进南郊发展规划论证工作。继续支持南浔城区建设，着力推进公共基础设施延伸和覆盖。开工建设城市外环线，加快滨湖大道建设步伐。继续推进县城建设，加快提升县城功能品位。深入实施中心镇培育工程，鼓励有条件的中心镇发展成为小城市。进一步加强城市规划设计工作，强化规划监管机制，切实提升规划调控服务能力。完善“数字城管”平台建设，健全城市管理长效机制，进一步改善生态宜居环境。

积极推动区域协调发展。充分发挥市、区两个积极性和主动性，切实增强整体合力，促进市区经济加快发展。吴兴区继续加快东部新区建设，着力推进重大项目，全面启动八里店南片、织里织东片和104国道沿线、滨湖新农村“两片两带”建设。南浔区以接轨上海为龙头，突出抓好临沪工业区和内河临港产业带的建设发展，全力推动“大好高”项目落户。湖州开发区大力拓展西南分区、杨家埠工业区、南太湖科技创新中心、高新技术产业园等产业主平台，加快发展生物医药、现代物流、文化创意等新兴产业，全力冲刺国家级开发区。太湖度假区进一步加快国内一流休闲度假中心、华东地区世界名牌购物中心、长三角有影响力的健身康乐中心和太湖南岸旅游观光中心建设，着力打造现代化生态型滨湖新区。继续高度重视和积极支持三县经济社会发展，在改革创新、政策争取、重大项目建设等方面给予更多的支持、协调和服务，进一步增强县域经济综合实力。德清县紧紧抓住临杭优势，切实加快临杭工业区和科技新城建设，大力发展金融、物流等现代服务业。长兴县加速推进工业平台和科技创新平台建设，加快产业集群发展和大项目引进，全力打造浙北主体工业功能区。安吉县着力打造开发区、天子湖、临港经济区工业“金三角”，纵深推进美丽乡村建设，巩固和扩大良好发展态势。

四、努力促进民生改善和社会和谐

民生改善是经济发展的根本目的，和谐稳定是社会进步的重要基石。必须把改善民生、维护稳定与推动经济发展、促进社会和谐更好地结合起来，努力解决人民群众最关心、最直接、最现实的利益问题。

（一）扎实做好就业和社会保障工作。继续实施更加积极的就业政策，引导各类企业创造更多就业岗位，做好重点人群特别是困难人员的就业引导和援助工作，促进以创业带动就业，推进各种形式的灵活就业。继续实施促进高校毕业生就业行动计划，实现就业1万名以上。加强劳动者就业技能和创业能力培训，大力培养和引进技能型人才和经营性人才，努力缓解劳动力供求结构性矛盾。加强劳动关系协调，积极构建和谐劳动关系。深化收入分配制度改革，积极推行企业职工工资集体协商制度，扎实推进事业单位实施绩效工资。加快完善覆盖城乡居民的社会保障体系，继续推进社保扩面提标工作，全面实施城乡居民社会养老保险制度，提高企业退休人员基本养老金。进一步完善城乡社会救助体系和新型社会福利体系。加强住房保障工作，确保北白鱼潭“三房”等一批项目年内竣工交付，进一步扩大住房公积金制度的覆盖面和受益面，积极探索解决“夹心层”困难人群住房保障问题。综合运用规划、土地、财税等调节手段，有效加强对房地产市场的稳控，促进房地产业持续健康发展。

（二）努力提升社会事业发展水平。坚持教育优先发展方针不动摇，继续加大公共教育投入力度，加强师资队伍建设，不断促进教育公平，提升教育质量。加快完善城乡教育布局规划，健全学前教育管理体制，进一步改善农村小学办学条件，建好一批区域性初中，深化高中段招生改革，促进城乡教育、区域教育均衡发展。加快实施中小学校舍安全工程，深入推进农村学校“三进”工程。积极推进湖州师院新校区工程，努力提升地方高等教育、职业教育发展水平。进一步鼓励、支持和规范社会力量办教育。以完善基本医疗保障制度、实施国家基本药物制度、健全基层医疗卫生服务体系、促进基本公共卫生服务均等化等为重点，积极稳妥地做好深化医药卫生体制改革各项工作。继续发展中医药事业。推进计划生育公共服务机构建设，深入实施“健康宝宝计划”，着力提高出生人口素质。认真做好全国第六次人口普查工作。切实加强公民道德建设，不断提升城乡文明素质。以农村文化“八有”保障工程为重点，深入推进公共文化服务体系建设，努力实现乡镇综合文化站全覆盖。鼓励文艺精品创作，积极保护文化遗产，加强文化市场监管，着力提升文化事业和文化产业发展水平。组织举办第五届国际湖笔文化节。完成赵孟頫故居旧址改造。加强广播电视、新闻出版工作，全面完成有线电视数字化工程。广泛开展群众性体育活动，打造全民健身服务体系。积极组团参加省十四届运动会和首届体育大会，力争取得好成绩。支持档案、地方志等事业发展。继续做好对口支援帮扶工作，全面完成青川援建任务。

（三）切实维护社会稳定。围绕创建“平安湖州”，突出世博“环沪护城河工程”安保重点，全力做好维护社会稳定各项工作。全面开展重大事项实施前社会稳定风险评估，完善源头防范、预警预测、应急处置和维稳责任考核机制，努力从源头上预防和减少不稳定因素。切实加强民主法治建设，深入推进“五五普法”，推动律师、公证、司法鉴定等法律服务健康发展，做好对困难群众的法律援助工作。强化人民调解，健全大信访、大调解格局，加大矛盾纠纷排查调处力度，着力化解一批信访疑难积案。加快推进社会治安防控体系建设，加强社区警务和群防群治组织建设，集中整治突出治安问题和治安乱点，努力预防和严厉打击黑恶等违法犯罪活动。加强城乡社区建设，实施流动人口居住登记制度，强化监狱劳教安全监管工作，切实加强对社区矫正对象、刑释解教人员的管理和违法青少年的帮教，加强对网络社会的引导和管理。突出企业主体责任落实、事故隐患排查治理、乡镇安全监管体制机制建设三个重点，进一步加强对重点领域、重点行业、重点环节的安全生产监管，努力实现安全生产事故次数、死亡人数、直接经济损失零增长。强化以食品药品为重点的产品质量安全监管，继续抓好“十小”行业质量安全整治。完善应急管理体制机制，加强队伍建设和装备配置，进一步提高突发事件处置能力。加强国防教育和国防后备力量、人民防空建设，认真做好国家安全工作，重视做好民族、宗教、外事、侨务、对台、气象等工作。深入开展“双拥”共建活动，进一步加强军政军民团结，密切军政军民关系。

今年，我们要继续抓好十方面为民办实事项目。一是社会保险方面，为60周岁以上无养老保障的城乡居民发放基础养老金；新增企业职工基本养老保险参保3.2万人、城镇职工基本医疗保险参保3万人、城镇居民基本医疗保险参保2万人、失业保险参保3万人、工伤保险参保2万人。二是就业方面，完成创业培训1000人，失业人员和进城务工农村劳动者培训2万人；帮扶失业人员再就业1.7万人，其中困难人员再就业5000人。三是住房方面，完成农房改造建设2.47万户，其中改造农村困难群众危旧房1200户；新开工廉租房1.45万平方米、经济适用房13万平方米，完成600户廉租房和1450户经济适用房分配；新增住房公积金缴存职工2万人。四是医疗保障方面，新型农村合作医疗人均筹资标准达到240元，全面实施城镇在职职工基本医疗保险门诊医疗统筹制度，提高城镇居民基本医疗保险待遇水平。五是养老和助残方面，建成市、县（区）养老服务指导中心6个、乡镇服务中心15个、社区服务站30个；对4500名低保、低保边缘重度残疾人全额发放低保金或低保补助金，对200名生活不能自理的重度残疾人实施安养照料，为780名贫困残疾人免费提供康复服务。六是助学方面，对符合条件的低保家庭子女就学实施教育助学券制度，对本市中职学校一、二年级学生给予每生每年政府助学金1500元，并免除中职农业种养技术类专业学生的学费。七是农村文化方面，进村放映电影12000场、文艺演出1000场，新建农家书屋100家、农民大舞台100个、行政村文体活动室100个、农村体育健身设施150处。八是中心城区改造和农村社区建设方面，完成建设路等6条主次道路和梳妆台南区、新开河街等8个老居住区及背街小巷的综合整治改造，建成城图广场和丘城遗址公园一期工程；全市新增村级社区综合服务中心200家、村级连锁便利店50家。九是交通方面，开通湖州至上海世博旅游直通车；中心城区新增停车位3000个；全市新建250公里农村联网公路，改造50座农村公路桥梁，完善100公里农村公路安全防护设施。十是生态环境方面，完成18个全面小康示范村建设和11个小城镇环境综合整治；新增5个市级生态乡镇、20个市级生态村；新增城市绿地面积310万平方米；完成河道清淤1200公里；建成三济桥—双林—练市供水管网。

五、以改革创新的精神加强政府自身建设

做好新一年工作，实现“十一五”规划目标，促进经济社会持续平稳较快发展，必须以开展“作风建设加强年”活动为契机，切实加强政府自身建设，依靠改革创新破解发展难题，通过高效作为提供有力保障。

（一）深入推动改革创新。完善扩权强县、扩权强区工作，积极推进强镇扩权改革。扎实推进新一轮政府机构改革，探索建立大部门体制。建立事业单位岗位设置管理制度，规范发展社会中介机构。深化财税体制改革，完善公共财政体系，加强审计监督和绩效评价，不断提升财政科学化、精细化管理水平。严肃执行政府性债务预算，努力防范财政风险。全面推进行政机关内部行政审批职能整合和集中改革工作，最大限度减少前置条件、审批环节和审批时间。进一步推进公共资源交易中心建设，稳步推进水价改革，完善污水、垃圾处理运营机制，加快实施经营性基础设施用地使用权有偿出让、排污权有偿使用和交易制度。按照保护与保障并重的要求，进一步完善土地保护、开发、利用机制，努力提升依法用地和节约集约用地水平。充分发挥主观能动性，积极推进金融改革创新，加快信用担保体系建设，努力争取信贷规模和优化信贷结构，合理把握信贷投放节奏，完善多元化融资渠道和融资机制，不断提升金融经济发展水平。

（二）全面推进依法行政。推进阳光政府建设，健全科学民主决策机制，完善重大事项专家咨询论证、社会公示与听证制度，主动听取和认真吸收各方面的意见。自觉接受人大及其常委会的依法监督，认真执行决议，定期报告工作，积极支持政协履行政治协商、民主监督和参政议政职能，努力提高人大代表建议和政协提案办理工作质量。进一步加强与民主党派、工商联及工青妇等人民团体的沟通和联系，努力增强工作合力。深入推进政府信息公开，加强政务信息共享平台建设，加大市长热线受理和督办力度，畅通媒体沟通渠道，依法保障公民的知情权、表达权、参与权和监督权。全面落实行政执法责任制，积极推进行政机关负责人出庭应诉工作。认真贯彻行政复议法，严格执行行政规范性文件备案和监督制度。开展规范行政处罚裁量权工作，完善相对集中行政处罚权制度。在全面总结“十一五”规划执行情况的基础上，正确把握今后一个时期发展环境和趋势，科学制订好“十二五”规划。

（三）切实加强作风建设。强化目标任务分解、责任主体落实、进展情况督查、完成结果考核，坚决做到言必行、行必果，切实提高行政执行力。致力团结协作、创新破难、求真务实，加强公务员队伍建设，不断提高新形势下谋划发展、统筹发展、优化发展、和谐发展的本领。着力治懒问责、治庸问效，开展百个部门比服务、千个项目问责效、万名群众评机关活动，努力提升行政效率和服务水平。巩固深化“服务企业、服务基层”专项行动成果，全面推行“1+3+6”服务企业长效机制。深入实施“123”行政服务创新计划，不断完善电子监察联网系统。认真执行廉政建设责任制，深入推进惩治和预防腐败体系建设，健全权力运行制约和监督机制，坚决纠正损害群众利益的不正之风，严肃查处违法违纪案件，以反腐倡廉的实际成效取信于民。严格控制一般性行政支出，促进节约型政府和廉洁政府建设，各级党政机关公用经费预算压缩5%，出国（境）经费、公务用车购置及运行费、公务接待费支出严格执行上级政策要求。

各位代表！湖州发展充满希望，美好前景催人奋进。让我们深入贯彻落实科学发展观，在中共湖州市委领导下，凝聚全市人民的智慧和力量，坚定信心，振奋精神，扎实工作，奋勇向前，为加快建设现代化生态型滨湖大城市而努力奋斗！

《政府工作报告》词语解读

1．主要经济指标逐月企稳、逐季回升：2009年，我市经济运行逐月企稳、逐季回升的运行态势较为明显。生产总值增幅从一季度的5.3%，上升到上半年的7.2%、前三季度的8.6%和全年的10.2%；财政总收入一季度下降2.8%，上半年增长0.6%，前三季度增长7%，全年增长9.7%；全社会固定资产投资增幅从一季度的6.4%，上升到上半年的13.8%、前三季度的18.7%和全年的20.8%。

2．规模以上工业产值、利润和工业用电量增幅居全省前列：2009年，我市规模以上工业总产值2186.8亿元，规模以上工业利润总额100.3亿元，工业用电量95.8亿千瓦小时，分别增长9.6%、30.9%和8.8%，增幅分别居全省11个市第3、第4和第3位。

3．“六个一”培育发展机制：即围绕六大重点特色产业，针对每一个产业，建立由一名市领导牵头、一个专项协调推进小组主抓、一个部门主推、一个发展规划引导、一个保障体系扶持、一个工作计划推进的“六个一”培育发展机制。

4．服务业“双百”计划：即实施服务业重大建设项目100项、完成投资100亿元以上。

5．现代农业“4231”产业培育计划：指加快发展特种水产、蔬菜、茶叶、水果四大优势产业，稳定提升粮油、蚕桑两大传统产业，优化发展畜牧、笋竹、花卉三大特色产业，大力发展休闲观光农业。

6．中心城市“一港两区”：“一港”指龙溪港东岸，“两区”指爱山广场步行街区、衣裳街历史文化街区。

7．“六路一河”：“六路”指劳动路、东街、人民路（府庙）、白鱼潭路、勤劳街、青铜路，“一河”指龙溪港东段。

8．“五位一体”城市管理新模式：指以社区为基本单元，将中心城区划分为若干网格，街道社区牵头有关职能部门（单位）开展城市网格化管理工作，建立集环境卫生、道路交通、园林绿化、社区服务、城管执法“五位一体”的城市管理联动工作新机制。

9．农村学校“三进”工程：即多媒体进普通教室，电脑、空调器进教师办公室，塑胶跑道进学校。

10．“健康宝宝计划”：从“恋、婚、孕、产”四个环节，推行婚前生殖健康服务、免费婚前医学检查、孕前风险评估与指导、免费孕前优生检测、孕产期保健、新生儿疾病筛查六大服务项目，实行出生缺陷全程干预，努力提高出生人口素质。

11．农村文化“八有”保障工程：即保障农民有演出看、有电影看、有广播听、有电视看、有书读、有报读、有文体活动室、有室外文体活动场所。

12．“两所一庭”：指乡镇派出所、司法所和基层人民法庭。

13．维稳工作“十大机制”：即情报信息预警预测机制、两级维稳形势季度分析机制、重大事项社会稳定风险评估机制、维稳工作网络机制、重大敏感时段长效维稳工作机制、领导包案机制、涉稳专项组协作联动工作机制、三级维稳联动工作机制、维稳日常督查指导机制、维稳考核机制。

14．打“两抢”专项行动：即打击抢劫、抢夺两类侵财案件的专项行动。

15．“十小”行业质量安全整治：“十小”指食品加工小作坊、小食杂店、小餐饮店、小药店（包括小诊所药品、药品零售专柜）、小农资店、小菜场、小音像（包括网吧）、小美容美发店、小客运、小液化气供应点。整治的重点区域是县城及县城以下的城乡结合部、中心镇和“十小”行业比较集中的区域、无证照生产经营突出的区域，重点解决“十小”行业生产经营中“脏、乱、差”和“无、散、低”等问题。

16．“双百双千”专项行动：即“百个项目促转型”、“百件实事惠民生”、“千名领导破难题”、“千名干部助千企”四个专项行动。

17．“三五”农业龙头企业：指年销售额5000万元、实现利税500万元、带动农户500户以上的农业龙头企业。

18．“友谊日”活动：在上海举办世博会期间，长三角相关城市将确定一到两天为“友谊日”。届时，这些城市将邀请参加上海世博会的参展官员前去参观访问、观光游览以及进行文化艺术交流等活动。

19．“三型”企业：即高新技术产业领航企业、科技型小巨人企业、科技型初创企业。

20．“365”优秀创新团队培养工程：从2010年开始，用3年时间，在生物医药、新能源、装备制造、金属管道与不锈钢、特色纺织品、木地板六大重点特色产业，打造50个左右的市优秀创新团队。

21．低碳经济：是一种温室气体排放量尽可能低的经济发展方式，尤其是二氧化碳这一主要温室气体的排放量要有效控制。低碳经济以低能耗、低排放、低污染为基础，其实质是提高能源利用效率和创建清洁能源结构，核心是技术创新、制度创新和发展观的改变。发展低碳经济是一场涉及生产模式、生活方式、价值观念和国家权益的全球性革命。

22．“三个一百”工程：即100项投资亿元以上重大工业项目、100项工业转型升级重点项目、100项重点特色产业前期储备项目。

23．太湖流域水环境综合治理“四项工程”：即苕溪清水入湖河道整治工程、杭嘉湖地区环湖河道整治工程、太嘉河工程及扩大杭嘉湖南排工程，这四项工程均已正式列入国家《太湖流域水环境综合治理总体方案》和《浙江省太湖流域水环境综合治理实施方案》。

24．“121”工程：到2015年，力争建成10个现代农业综合园区（核心区2万亩，辐射5万亩），20个现代农业产业园区（核心区3000亩，辐射1万亩），100个特色农业精品园区（核心区1000亩，辐射3000亩），努力形成100万亩现代农业园区的新格局。

25．“八大网络”：指农村公路、城乡公交、电力、供水、邮政、信息、电信、广电等农村基础设施。

26．世博“环沪护城河工程”：为加强世博会期间上海周边地区治安防控工作，由中央综治办牵头，按照“政府主导、属地负责、专群结合、以面保点”的原则，上海、江苏、浙江、福建、安徽、江西、山东六省一市共同参与的一项重大安保工程。湖州是“环沪护城河”重要组成部分，承担着上海世博会“城市关卡”的职责，通过在入沪通道安检、区域矛盾排查化解、救助管理、治安联防、警务协作、重点区域和重点场所的重点防控、对重点人员的管控等方面加强协调配合，协助上海共同做好世博安保工作。

27．“123”行政服务创新计划：“1”即建立完善以工程建设审批项目为重点的“一站式”全程协调服务机制；“2”即全面推进行政服务大厅和网上审批服务平台建设；“3”即建立健全市、县（区）、乡（镇）行政服务三级联动网络体系。

28．“1+3+6”服务企业长效机制：指乡镇（街道）对辖区内企业和在建在谈项目发放“一卡通服务卡”，明确联系人和联系方式，建立一般问题当日办结、复杂问题一周办结、重大问题半月办结“三项承诺”，实行一企一月报、一天一搜索、一旬一联系、一月一例会、一季一驻企、半年一座谈“六项机制”，并在县（区）、乡镇（街道）分别成立服务企业协调中心和分中心，负责联系协调和办理结果反馈。

中国人民政治协商会议
第六届湖州市委员会常务委员会工作报告

2010年2月26日在政协第六届湖州市委员会第四次会议上

湖州市政协主席　王金根

各位委员：

我受中国人民政治协商会议第六届湖州市委员会常务委员会的委托，向大会作工作报告，请予审议，并请列席会议的同志提出意见。

一、2009年工作回顾

2009年，是新中国和人民政协成立60周年，也是我市积极应对国际金融危机冲击，努力保持经济平稳较快发展的一年。一年来，市政协常委会在中共湖州市委的领导下，坚持以邓小平理论和"三个代表"重要思想为指导，认真学习贯彻中共十七大和十七届四中全会精神，全面落实科学发展观，牢牢把握团结、民主两大主题，广泛动员政协各参加单位和广大政协委员，按照市政协六届三次全会确定的各项目标任务，积极履行政治协商、民主监督、参政议政职能，为推动全市上下形成合力、攻坚克难、加快发展作出了积极贡献。

（一）围绕保稳促调，精心组织协商议政

面对国内外经济形势发生的急剧变化和我市经济运行遇到的严峻挑战，常委会把服务保增长、促转型作为重要任务，充分发挥政协人才荟萃、智力密集的优势，广泛参政议政，努力建睿智之言、献务实之策。

紧扣发展大局积极建言。认真组织党派团体和各界别委员，围绕全市经济社会发展大局，开展了多层面、多渠道、多形式的协商议政活动。六届三次全会期间，广大委员积极运用大会发言、小组讨论、联组讨论等形式，就政府工作报告、国民经济和社会发展计划报告、财政预算报告、"两院"报告等相关报告，进行全面协商讨论，共形成了25份大会发言，提出了100多条意见建议。各专委会充分发挥自身优势，就加快乡镇工业功能区建设、推动纺织行业转型升级、转变矿业经济增长方式、工业安全生产等事关保稳促调的重大问题开展专题调研，提出了一大批富有针对性和前瞻性的对策建议，得到了党委、政府的重视和采纳。其中"提升外贸企业竞争能力"等4个课题被列入湖州市软科学课题，为党政决策提供了有效服务。

大力推动农业转型升级。加快现代农业发展、促进农民持续稳定增收是关系到农村发展的全局性和根本性问题。上半年，常委会就市委交办的"大力培育农业龙头企业，加快促进农业转型升级"课题，专门组成由政协领导牵头、民主党派人士和政协委员共同参与的课题组，进行了深入调查研究，并赴河南、山东等现代农业发展先进地区学习考察，形成了1份建议案、1份综合调研报告，对我市农业龙头企业的发展现状、存在问题以及国内农业龙头企业的发展趋势进行了全面分析。围绕如何做大企业、做强基地、做精产品、做优质量、做响品牌和做亮特色等方面的问题，提出了要进一步把握发展机遇、细化发展规划、强化科技创新、加快产业融合、推进标准生产、加大扶持力度等许多富有建设性的意见建议，得到了中央农业农村办公室和市委、市政府领导的高度重视。市政府常务会议进行了专题研究，很多建议被吸收到了市政府出台的《关于大力培育现代农业经营主体的若干意见》中。其中，提出的以世博会为契机，加大湖州特色农产品营销力度的建议，有效推动了有关特色"老字号"产品成功进入世博会。

针对发展环境专题议政。优化企业发展环境是保持经济持续健康发展的重要环节。为进一步凝聚发展合力，推进保稳促调、转型升级战略的实施，精心组织举办了"转变作风、优化环境与服务企业发展"民主监督议政会。10多名政协委员和企业家代表，在广泛调研的基础上，分别围绕减少项目审批环节、完善政策法规、提升服务质量、规范行政收费、加强政务公开等问题，与市发改委、市经委、市劳动和社会保障局、市行政服务中心等16个部门的领导进行面对面交流，直言不讳，坦诚建言，共同为改进机关作风、优化发展环境"搭脉开方"，推动了有关政策措施的落实。省政协《联谊报》、《湖州日报》、湖州电视台等新闻媒体都做了大篇幅的专题深度报道，引起了良好的社会反响。

积极助推民营经济科学发展。民营经济是湖州经济发展的重要力量。面对国际金融危机的严峻形势，如何帮助民营企业特别是中小企业做好攻坚克难的文章，常委会主动急党政之所想、帮企业之所需，及时会同市民营经济研究会和民营企业协会组织举办了"民营经济科学发展——转型升级"论坛。邀请了工业和信息化部、复旦大学等国家部委、高校的专家学者和省内有关知名企业人士，围绕技术创新、产业升级、品牌战略、网络营销、科学管理等问题，与我市200多名民营企业家共商加快发展之计、共谋转型升级之策，对进一步提振企业家发展信心，克服困难，化危为机，保持民营经济健康发展起到了积极的推动和促进作用，受到了省政协周国富主席以及市委、市政府领导的充分肯定。

（二）真情履职为民，切实关注民生民本

一年来，常委会始终坚持履职为民，把协助市委和市政府解决人民群众最关心、最直接、最现实的切身利益问题作为促进和谐社会建设的重点，真心诚意为人民群众做好事、办实事、解难事，使发展成果惠及全体人民。

积极促进就业再就业。就业乃民生之本。下半年，常委会选择“全面实施就业工程，推动全民创新创业”作为重点协商课题，深入县区、乡镇、企业，组织相关的政府职能部门、高等院校、金融单位、用工企业、社区干部、创业明星和大学生“村官”等进行了多层面、多形式的座谈交流，广泛听取群众的意见建议。市政协六届十二次常委会议进行了专题协商讨论，形成了1份建议案和1份调研报告，全面分析了近年来我市就业工作出现的新趋势新特点，并针对存在的问题，提出了要切实强化统筹规划、充分拓展就业空间、认真落实帮扶措施、努力完善长效机制、不断加强组织领导等5个方面15条富有针对性和可操作性的意见建议，得到了市委、市政府的充分肯定，市主要领导作出了批示，为进一步促进就业发挥了积极作用。

广泛关注社情民意。常委会始终把了解和反映社情民意作为维护群众利益、履行政协职能的一项重要工作，充分发挥人民政协联系广泛、渠道畅通、位置超脱等优势，积极通过政协例会、委员信箱、主席邮箱、走访约谈、特邀信息员等形式，及时了解群众的愿望和呼声。一年来，收集了一大批来自社会各界反映社情民意信息，整理编发《社情民意专报》、《委员建议书》等各类信息116期，其中《紧急呼吁出台政府保护价，鼓励蚕农补养春蚕》、《筹建开放式古桥博物馆，打造湖州“桥文化”名片》等25户信息，得到了市委、市政府领导的批示，为党委、政府提供了真实情况和决策参考。市政协反映社情民意信息工作获得全省政协系统评比二等奖。

真心实意为民解忧。按照市委部署，市政协主席会议成员积极参与蹲点调研，联系重点企业、重点项目建设。主要领导带头深入太湖旅游度假区俞家田村，为当地群众制定发展思路、改善基础设施、推动项目建设、解决实际困难。认真组织委员就农产质量安全、规范乡镇卫生院建设、加快中心市区水系治理改造、强化农村土地流转依法管理、促进体育事业发展等热点问题，通过视察督查、专题调研、对口协商等形式，推动民生问题的改善和解决。坚持开展科技、卫生、文化、法律“四下乡”为民服务，组织20多位委员和专家，为南浔等地农民群众开展医疗义诊、科普宣传、传授农业技术，受到了当地群众的欢迎。

（三）突出团结民主，广泛凝聚发展合力

团结凝聚力量，民主可收众智。常委会坚持把团结和民主贯穿于履职始终，充分发挥政协的独特优势，广泛凝聚发展合力。

发挥党派团体重要作用。人民政协是中国共产党领导的多党合作和政治协商的重要机构。常委会充分发挥党派团体的重要作用，不断增进参加人民政协的各民主党派、工商联、人民团体和无党派人士的团结合作。坚持党组成员联系走访民主党派、工商联制度，积极支持他们发挥自身优势，围绕湖州经济社会发展中的重大问题，认真开展政治协商和民主监督。不断探索与民主党派、工商联的联系沟通与工作联动机制，为各民主党派、工商联和无党派人士参与我市重大方针政策的讨论协商创造条件、搭建平台，努力营造团结民主、和谐共事的良好氛围。

广泛团结各阶层人士。充分发挥政协联系广泛的组织优势，大力加强与港澳台侨人士的联络联谊，积极邀请省政协港澳华侨委员视察我市休闲生态观光农业和“美丽乡村”建设。深入走访在湖的外商投资企业，为港澳台侨人士来我市投资兴业牵线搭桥。积极促成了台湾著名雕塑家陈一帆向湖州中学赠送孔子立像。精心筹划举办了社会各界人士中秋联谊会、“君子之风”第二届和谐之春书画展等。首次聘请18名社会各界的知名人士为政协特聘人士，扩大了政协组织的团结面。

充分发挥文史作用。编辑出版了《改革开放亲历记》，以“亲历、亲见、亲闻”的形式，真实记录了我市改革开放30年的辉煌历程。积极配合全国政协、省政协完成了《大运河画册》、《我与人民政协六十年》等专辑的征编工作。主动参与文化大市建设，就衣裳街历史文化街区的保护开发，赵孟頫纪念馆、沈家本纪念馆、民国文化纪念馆等项目建设建言献智。承担了省政协首届“兰亭杯”中小学生书法大赛湖州赛区的组织实施工作，并获优秀组织奖，为进一步弘扬优秀传统文化发挥了积极作用。

（四）积极探索创新，不断拓展履职形式

创新是人民政协事业不断发展的源泉和动力。常委会始终坚持解放思想，与时俱进，积极探索履行职能的新方法、新载体，不断增强政协工作活力，推动政协工作在继承中发展，在开拓中前进。

精心组织跨省联合议政。太湖流域的保护治理一直是党和国家领导高度关心的问题。上半年，湖州、无锡两市政协共同开展了以“携手保护太湖，实现永续发展”为主题的系列活动，对两市太湖保护治理工作进行交叉视察，并与全国政协人资环委联合主办了议政建言会。全国政协、两省政协、水利部太湖局等相关领导、专家学者以及两市政协委员共100余人，围绕太湖保护治理，从流域规划、节能减排、畅通水系、生态清淤、环境补偿等多角度提出了意见建议。会上，无锡、湖州、苏州、嘉兴、常州等环太湖五市政协还联合发出了共同保护太湖的倡议。这种横向联手、纵向联动的议政建言方式极大地拓展了政协履职的空间，开创了全省政协跨省联手议政的先河，得到了全国政协、两省政协领导的充分肯定，受到了社会各界的广泛关注。10多家新闻媒体进行了跟踪采访，《人民政协报》、《中国环境报》、《联谊报》等都在头版头条做了重点报道。根据会议成果形成的《关于切实加强太湖水环境保护的建议》得到了国务院副总理回良玉的批示。

积极开展主席会议专题协商。主席会议是人民政协政治协商的重要形式。常委会进一步丰富和创新了主席会议形式，除研究事务性工作外，将会议与情况通报、调研视察、专题协商结合起来，先后就中心城市、外环道路、仁皇山公园和南太湖湿地奥体公园规划设计等项目建设，听取情况汇报，开展协商讨论。特别是六届二十三次主席会议围绕加快农村土地承包经营权流转问题，开展实地视察，进行专题议政，并形成了《关于进一步推进我市农村土地承包经营权流转的意见建议》，从流转规划制订、宣传教育引导、重点领域拓展、执法监管规范、服务平台构建和保障体系建设等6个方面提出了一系列意见建议，受到了市政府领导的高度重视，进一步促进了农村土地承包经营权的健康有序流转。

不断创新提案办理模式。提案是政协的一项全局性工作。市委、市政府对政协提案高度重视，党政主要领导亲自批阅和领办重点提案。常委会在坚持政协领导督办重点提案和专委会督办重要提案制度、公开征集提案线索、推行提案工作网络化管理的同时，不断创新提案办理模式。首次组成有提案者参加的评议小组，采用“听、看、评、测”的方法，对公安、交通两个部门的提案办理情况开展了民主评议，进一步推动了提案办理落实到位。经提案委员会审查立案的305件提案全部办复，《关于加强老虎潭水库水环境保护及尽快实施生态修复的建议》等7件重点提案和《加强我市工业遗产保护的建议》等7件重要提案得到了较好的办理落实，有效推动了一批重点问题的解决。

(五) 把握形势要求，努力夯实工作基础

去年是新中国和人民政协成立60周年。常委会准确把握新形势下政协工作面临的新任务、新要求，着力加强政治思想、组织制度、工作作风等建设，努力夯实履职基础，营造良好履职氛围。

始终坚定政协工作的正确方向。认真组织学习了中共十七届四中全会、胡锦涛总书记在庆祝人民政协成立60周年大会上的重要讲话精神。积极协助市委各开了全市政协工作会议，组织举办了全市政协主席读书会。围绕新中国和人民政协成立60周年，成功举办了征文、座谈会、书画摄影展、60米书画长卷创作等“九个一”系列庆祝活动。通过回顾光辉历程，总结实践经验，把握工作规律，谋划发展思路，进一步深化了参加政协的各党派团体和各族各界人士对人民政协这一政治组织和民主形式的认识，巩固了多党合作和政治协商制度的政治基础，更加坚定了政协工作的正确方向。

扎实开展深入学习实践科学发展观活动。按照市委关于深入学习实践科学发展观活动的统一部署，市政协党组高度重视，专门成立领导小组，制定工作计划，集中抓好学习教育，尤其是在整改阶段，通过召开民主恳谈会、上门走访等形式，广泛征求社会各界意见建议。对征集到的意见建议，进行专题研究，制定整改方案，逐条明确责任，并结合贯彻落实省、市政协工作会议精神，特别是《中共湖州市委关于进一步加强人民政协工作的意见》，制定了《关于市政协委员履行职责的若干规定（试行)》、《关于加强政协界别工作的意见》等4项配套制度，以制度建设推动学习实践活动长效化。通过学习实践活动，进一步加深了对科学发展观的准确理解和全面把握，增强了围绕党政中心工作、服务科学发展的自觉性和坚定性，同时，也有力地促进了政协机关的思想作风建设，提升了工作水平和业务能力。

合力营造良好的履职氛围。进一步加大新闻宣传工作力度，与湖州电视台联合编播了6期《政协时空》，在《湖州日报》编发了“湖州市政协发展历程回眸”专版。一年来，共在《人民政协报》、《联谊报》等各级各类新闻媒体上刊播报道近200篇，广泛宣传和展示了政协工作成效，扩大了政协工作影响。圆满完成了全国政协3位副主席来湖视察调研的服务保障工作，密切了与全国政协、省政协、兄弟市政协的联系与协作，加强了对县（区）政协工作的指导，为不断推进我市政协事业新发展营造了良好的氛围，打下了坚实的基础。

一年来，我们也十分欣喜地看到，各县（区）党委对政协工作高度重视，都相继召开了政协工作会议，进一步加强了对政协工作的领导。各县（区）政协结合实际，积极探索，开拓创新，通过建立委员工作室、强化委员履职管理、完善课题转化机制、加强政协机关建设、规范专委会设置等形式和载体，为推进我市政协事业的发展创造了新鲜经验、作出了积极贡献。

各位委员，回顾过去的一年，常委会较好地完成了各项工作任务。这是市委正确领导，市人大、市政府大力支持的结果；是各民主党派、工商联、各人民团体和各县（区）政协通力合作的结果；也是广大政协委员共同努力的结果。在此，我代表市政协常委会表示衷心的感谢！

回顾总结一年来的工作，常委会也清醒地看到，工作中还存在着不少差距，主要是：履行政协职能的工作机制有待进一步完善，政协界别优势和委员主体作用有待进一步发挥，人民政协的理论建设和制度创新有待进一步加强。在今后的工作实践中，常委会将认真加以研究，切实予以改进。

二、2010年工作任务

2010年，是“十一五”规划完成和“十二五”规划编制的重要一年，也是我市继续有效应对国际金融危机冲击、着力推动经济转型升级、实现经济社会持续平稳较快发展的重要一年。面对新形势新任务，今年政协工作的指导思想是：高举中国特色社会主义伟大旗帜，以中共十七大、十七届四中全会和中央经济工作会议精神为指导，深入贯彻落实科学发展观和省市政协工作会议精神，按照“维护核心、围绕中心、服务发展、关注民生、促进和谐”的工作主线，开拓创新，真情履职，为加快建设现代化生态型滨湖大城市作出积极贡献。根据这一指导思想，主要做好以下五方面工作。

（一）坚持理论武装，着力加强学习型政协建设

加强学习是人民政协有效开展工作、发挥作用的重要保证。我们要把理论学习放在各项工作的首位，运用常委会集体学习会、主席读书会、理论中心组学习会等形式，认真组织全市各级政协组织、政协各参加单位、广大政协委员和政协机关干部，深入学习中国特色社会主义理论体系、中共十七大、十七届四中全会和中央经济工作会议精神，特别是要结合贯彻落实《中共中央关于加强人民政协工作的意见》，重点学习胡锦涛总书记在庆祝人民政协成立60周年大会上的重要讲话，学习省市政协工作会议精神，真正做到认清形势、把握大局、明确任务，更加坚定不移地走中国特色社会主义政治道路。要积极适应新形势新任务的要求，进一步加强对政协工作特点和规律的学习研究，精心组织举办以“建设政协文化与发展政协事业”为主题的全市政协主席读书会暨政协工作理论研讨会，切实强化理论引领，把握政治方向，指导工作实践，努力使政协工作把握规律性、体现时代性、富有创造性。

（二）坚持服务发展，着力提高议政建言的质量

今年是我市“转型升级加速年、城乡建设提升年”。我们要认真按照市委、市政府提出的“转型提升、改革创新、统筹协调、好中求快”的总要求，积极围绕发展谋划工作，紧贴发展履行职能。就非公经济健康发展、发展高新技术产业、民间养老机构建设等课题，以主席会议视察调研的形式，开展专题协商；就发展低碳经济、加大生产性服务业、房地产市场健康发展、加强农村环境保护、促进职业教育、民主法治村建设、推进万亩耕地垦造工程、传统历史文化街区与历史名人故居的保护利用、发挥文化场馆作用、食品安全与“菜篮子”工程建设等课题，开展专题调研、督查视察，努力形成一批高质量的调研视察报告。继续深化保护太湖系列活动，做好太湖生态环境保护文章。积极参与接轨上海、服务世博工作。今年要着重就“关于湖州中长期发展的重点问题研究”课题，开展调研协商；围绕“加快我市经济转型升级”议题，召开常委议政会，广泛协商建言；选择社会各界关注的重点难点问题，建立监督小组，进行集体监督，为加快经济转型升级和发展方式转变，推动我市经济平稳较快发展贡献力量。

（三）坚持两大主题，着力服务和谐社会建设

人民政协的基本属性、主要职能、组织构成、工作原则和活动方式，与构建社会主义和谐社会的各项要求和各项工作，完全一致，紧密相连。我们各级政协组织、政协各参加单位和广大政协委员要牢牢把握团结和民主两大主题，进一步加强与各族各界人士的联系合作，拓展与港澳台侨人士、民族宗教界人士和在外湖商的联谊交往，不断扩大团结面，凝聚发展合力。要始终坚持履职为民的理念，积极围绕就业、就医、就学、住房、社保等人民群众最关心、最直接、最现实的利益问题建言献策，切实做到参政为民着想、议政为民谋利、监督为民维权。要认真做好扶贫结对、希望工程、慈善捐赠和“四下乡”等活动，为困难群众真心实意办实事、尽心竭力解难事、坚持不懈做好事。要积极围绕人民群众思想认识的困惑点、利益关系的交织点、现实矛盾的易发点，主动协助市委、市政府做好宣传政策、协调关系、理顺情绪的工作，努力实现最大范围的联合、最大限度的团结、最大程度的和谐。

（四）坚持完善提高，着力做好政协经常性工作

经常性工作是人民政协履行职能的基本方式，也是履职成效的重要体现。我们各级政协组织、政协各参加单位和广大政协委员一定要适应时代发展的新要求，进一步做好政协的各项经常性工作。要加强提案工作研究，加大提案征集力度，公开提案征集线索，围绕全市经济社会发展中的重大问题，深入调查研究，努力提出高质量提案；进一步健全重点提案和重要提案办理机制，完善提案民主评议工作，不断提高办理实效。要扎实做好反映社情民意信息工作，引导委员围绕中心、突出重点、紧扣热点，及时反映全局，睦、倾向性、动态性和苗头性问题，为党委、政府掌握民意、科学决策提供依据参考。要切实加强文史资料工作，积极关注衣裳街历史文化街区保护工程，组织有关文史专家加强对我市历史文化的研究，鼓励政协委员和社会各界人士撰写“三亲”史料，精心做好《湖州中医》的征编工作。要加大新闻宣传工作力度，完善“政协网站”建设，开设“委员风采”专栏，提高《湖州政协》的办刊质量，不断扩大政协的社会影响。

（五）坚持固本强基，着力提升政协工作的科学化水平

加强自身建设，是人民政协有效履行职能的迫切需要。我们一定要准确把握中共十七届四中全会对人民政协工作提出的新要求，以更高的标准、更实的举措，扎扎实实推进政协的自身建设。要进一步发挥好政协委员的主体作用，加强对委员的履职管理，强化激励和约束机制，充分调动委员参政议政的积极性和创造性。要注重发挥政协界别的特色作用，丰富界别

活动的形式，拓展界别民意的通道，及时有效地反映各界群众的愿望和诉求，不断扩大公民的有序政治参与。要着力健全完善与政协各参加单位的联系和合作，加强对县（区）政协工作的指导，推进乡镇政协委员联络室建设，进一步形成政协组织纵向指导、横向联合、整体联动的工作机制。要以市委部署的“作风建设加强年”活动为主抓手，巩固和深化学习实践科学发展观活动的成果，不断提高机关干部的理论水平、业务能力和服务质量，为政协履行职能提供有力保障。

各位委员，风雨同舟昌国运，和衷共济谱新篇。面对新的形势和任务，政协工作肩负的使命更加光荣、责任更加重大。让我们在中共湖州市委的领导下，高举中国特色社会主义伟大旗帜，全面贯彻落实科学发展观，顽强拼搏、开拓创新、团结前进，为不断开创政协工作新局面，加快建设现代化生态型滨湖大城市作出新的更大的贡献！

关于湖州市2009年国民经济和社会发展计划执行情况与2010年国民经济和社会发展计划草案的报告

2010年2月27日在湖州市第六届人民代表大会第五次会议上

湖州市发展和改革委员会

各位代表：

受市人民政府委托，向大会书面报告全市2009年国民经济和社会发展计划执行情况与2010年国民经济和社会发展计划草案，请予审议，并请市政协委员和其他列席人员提出意见。

一、2009年全市国民经济和社会发展计划执行情况

2009年，受国际金融危机的严重冲击，我市经济发展经历了新世纪以来最严峻的挑战。在中共湖州市委的正确领导下，在市人大、市政协的监督和支持下，全市上下深入学习实践科学发展观，按照“保增长、抓转型、增活力、重民生、促和谐、强保障”的总要求，攻坚克难，扎实工作，保持了经济社会平稳协调发展的良好态势。市六届人大四次会议确定的主要目标基本完成（除外贸指标外）。

（一）经济稳步回升向好，保增长取得积极成效

经济增速逐季回升。全市生产总值增速从一季度5.3%回升到上半年7.2%、前三季度8.6%、全年10.2%。全年生产总值达1111.5亿元，其中一、二、三产分别实现增加值89.74亿元、617.76亿元、404.00亿元，增长3.0%、8.3%和14.8%。

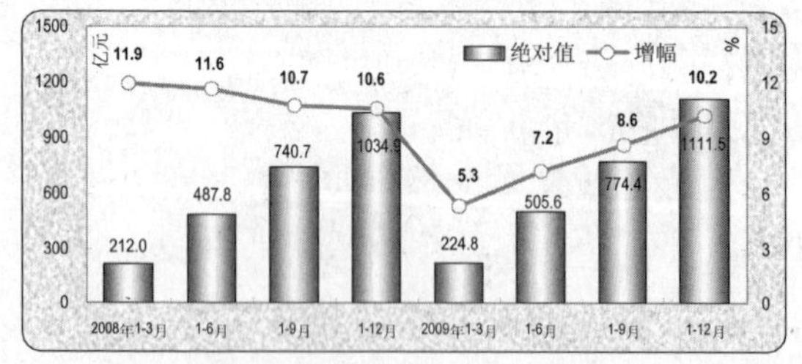

图一：2008年1季度至2009年4季度全市生产总值及其增幅

投资消费较快增长。投入力度继续加大，全社会固定资产投资完成637.84亿元，增长20.8%，其中工业投资完成337.73亿元，增长16.0%，占全社会固定资产投资总额的53%。从限额以上看，基础设施投资完成140.47亿元，增长36.7%；房地产投资完成110.47亿元，增长3.4%；新开工项目1390个、完成投资295.66亿元，分别增长23.4%和62.6%。扩大消费成效明显，社会消费品零售总额完成442.57亿元，增长15.8%。其中，城镇和农村市场分别完成324.97亿元、117.60亿元，增长16.1%和15.2%。汽车消费成为一大亮点，限额以上批发零售贸易企业实现汽车类零售额34.16亿元，增长48.7%，拉动全市零售总额增长2.9个百分点。

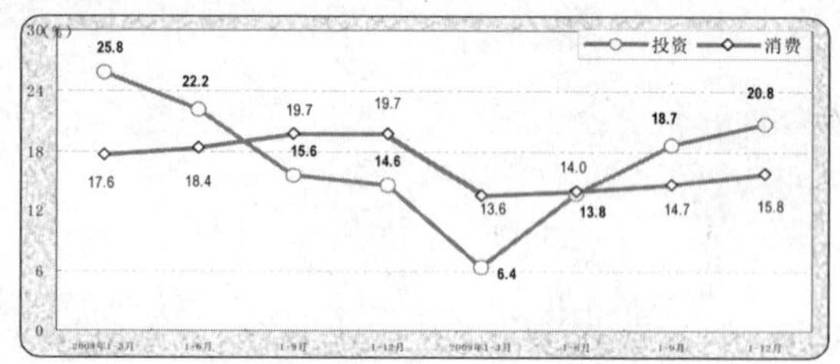

图二：2008年1季度至2009年4季度全市投资、消费增幅

运行质量总体良好。财政收入平稳增长，全市实现财政总收入146.69亿元、地方财政收入80.01亿元，分别增长9.7%和11.7%。企业效益明显改善，规模以上工业实现利税167.63亿元、利润100.27亿元，分别增长18.9%和30.9%。居民收入继续提高，城镇居民人均可支配收入23280元、农村居民人均纯收入11745元，分别增长7.8%和9.2%。

（二）产业结构逐步优化，发展方式积极转变

服务业加快发展。服务业增加值增长14.8%（列全省第一位），增速快于GDP 4.6个百分点；占GDP比重36.3%，比上年提高1.6个百分点。休闲旅游业加快发展，全年接待国内外游客2349.96万人次、旅游总收入达166.24亿元，分别增长19.1%和26.2%。金融总量继续扩大，金融机构新增贷款358.89亿元，为上年的3倍，年末金融机构本外币存贷款余额分别达1397.69亿元和1150.71亿元，增长37.9%和46.4%。房地产业快速增长，商品房销售面积432.01万平方米、销售额218.76亿元，分别增长120%和165.9%。现代物流业稳步发展，货运周转量187.60

亿吨公里，增长 6.5%，内河港口吞吐量达 1.49 亿吨，增长 4.3%。文化创意、信息服务等新兴服务业发展趋势较好，湖州多媒体产业园等 9 个平台纳入省级服务业集聚区规划。

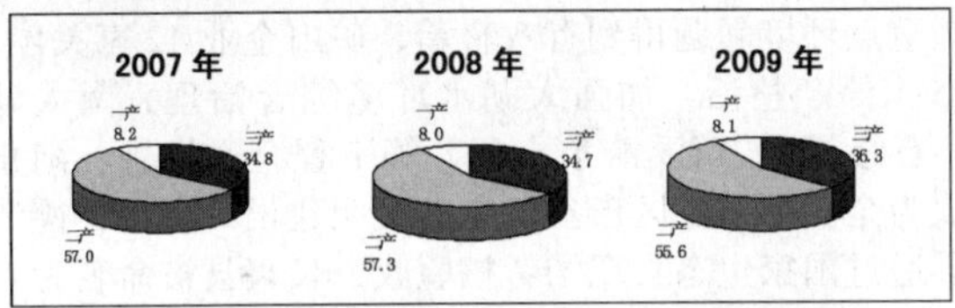

图三：2007 年至 2009 年全市三次产业占比情况

工业生产加快回升。全市规模以上工业总产值增幅从一季度 2.6%、回升到上半年 4.7%、前三季度 5.9%，全年 3323 家规模以上工业企业完成总产值达到 2186.85 亿元，增长 9.6%，列全省第三位。十大先进制造业中心产值增幅从一季度下降 1.0%、回升到全年增长 4.3%，总产值达到 1084.06 亿元。高新技术产业产值增幅从一季度下降 4.6%、回升到全年增长 3.5%，总产值达到 488.76 亿元。其中，新能源及节能、光电一体化、电子信息产业产值分别达 115.43 亿元、90.55 亿元、51.74 亿元，增长 13.1%、14.3%和 10.6%，增速均快于面上。规模以上工业企业新产品产值达 467.75 亿元，增长 15.3%，快于面上 5.7 个百分点。

现代农业稳步发展。现代农业“4231”产业培育计划加快实施，全市农林牧渔业总产值 153.09 亿元，增长 4.7%。特色优势产业加快发展，特种水产、蔬菜、茶叶、水果四大优势产业总产值 71.79 亿元，增长 16.2%。农业产业化进程加快，新增市级农业龙头企业 24 家，新增省级示范性农民专业合作社 15 家、市级示范性农民专业合作社 28 家，新增省级现代农业示范园区 1 个、市级现代农业示范园区 22 个。

科技创新力度加大。创新平台建设加快，全市新增孵化器面积 14.3 万平方米、省级高新技术特色产业基地 3 个、省级高新技术企业研发中心 14 个、国家重点扶持高新技术企业 64 家、省级科技型企业 70 家。创新投入加大，财政用于科学技术支出 3.25 亿元，增长 15.4%，全社会研究与试验发展经费支出占生产总值比例 1.35%左右。创新能力增强，全市专利授权量 5165 项，增长 122.8%，其中发明专利授权量 92 项，增长 61.4%。“南太湖精英计划”顺利推进，新签约项目 17 个，新引进各类人才 1.27 万人，其中高层次人才 629 人。

节能减排成效明显。积极实施 100 项节能降耗技改项目，全面推进重点行业和重点企业的清洁生产和节能工作，对 21 家企业进行了清洁生产审核验收，对 90 家重点用能单位实施能源监察，严格执行投资项目用能评估和审查制度。深入实施“811”环境保护新三年行动方案，实时监测和动态管理 126 个重点污染源，扎实推进 16 个污水处理厂除磷脱氮升级改造。全年万元生产总值综合能耗下降 5.5%左右，化学需氧量、二氧化硫排放量较上年分别削减 3.6%左右和 4.0%左右。

（三）项目建设扎实推进，城乡面貌明显改善

重点项目建设步伐加快。全年 126 个重点项目投资 232.09 亿元，完成年度计划 115.5%。从重点行业看，交通能源项目投资 74.11 亿元，完成年度计划的 123.7%；商贸流通项目投资 16.34 亿元，完成年度计划的 118.5%；社会发展项目投资 25.09 亿元，完成年度计划的 115.3%；城建及环境治理项目投资 48.45 亿元，完成年度计划的 111.1%；农林水利项目投资 22.25 亿元，完成年度计划的 111.1%；工业科技项目投资 40.44 亿元，完成年度计划的 105.3%。从主要项目看，浙江海盛、金泰新材料、久立不锈钢、好运来金属胶印版材、久盛地板、海信惠而浦家用电器等项目竣工投产，湖州国际小商品城一二期主体建成，长兴大润发超市、南浔国际建材城一期竣工，老虎潭引水工程试运行。杭长高速二期、太湖明珠、长湖申线航道改建、318 国道长兴段改建等项目加快推进，振兴阿祥、旺能机械、永兴特钢、欧美环境等项目进入设备安装。织里国际童装城、新长宁多媒体等项目开工建设。

中心城市建设水平全面提升。老城区有机更新扎实推进，龙溪港东段、爱山广场步行街区、衣裳街历史文化街区等“一港两区”建设有序推进，人民路（府庙）、白鱼潭路等“六路一河”综合整治全面实施。新大通桥、日月大桥、二环东路、学府路等一批骨干路桥工程建成通车。仁皇山中学、长兴技师学院、南浔科创园等一批科教设施投入使用，中心城市综合功能进一步增强。东部新区、织里新区、仁皇山新区、西南分区、南浔城区建设力度加大，中心城市组团式空间形态进一步完善。德清、长兴、安吉三县城市建设稳步推进。全市城市化水平达到 55.5%，比上年提高 1.2 个百分点。

新农村建设取得积极成效。“1381”行动计划有序推进，全市市校合作项目累计达到 591 项，总投资超 60 亿元。整治提升行政村 144 个，综合整治小城镇 11 个；完成 8 座小型水库除险加固、45 座山塘整治，完成河道清淤 1506 公里，新改善 8 万农民的饮水条件；完成县、乡公路改建 56 公里，建成农村联网公路 420 公里；新增电气化村 110 个，新建农村社区综合服务中心 298 家，有线广播通村率达到 100%。积极探索湖州特色的农房改造模式，完成农房改建 13668 户。新型职业农民培养进程加快，农村劳动力转移技能培训后职业资格证书获证率达 86%，获证劳动力转移就业率达 84%。县区新农村建设各具特色，安吉“美丽乡村”、德清“和美家园”、长兴“魅力乡村”、吴兴“幸福社区”、南浔“魅力水乡”建设成效明显。

（四）改革开放大力推进，动力活力不断增强

改革创新取得新进展。重点领域改革稳步推进，全面落实扩权强县强区改革，市级部门向三县和两区

分别下放管理权限132项和159项。行政审批制度改革扎实推进，6个市级部门开展了行政审批职能整合和集中改革试点。全面实施工商用电同价制度，调整了城市供水价格，建立了天然气价格上下游联动、煤热价格联动等机制。医药卫生体制改革全面推进，出台实施了《湖州市深化医药卫生体制改革的实施意见》。金融创新力度加大，新增久立特材、美都控股和华港实业3家上市公司，融资总额14.8亿元；市交投二期、长兴交投各15亿元债券顺利发行；成功引进中信、招商等异地股份制银行；新增小额贷款公司试点名额5个。

开放型经济难中求进。积极应对国际金融危机影响，外贸出口降幅逐步收窄，从一季度下降19.4%收窄到全年下降16.9%，自11月份开始实现了当月正增长。招商引资工作成效显著，全年合同外资17.15亿美元，实到外资8.11亿美元，在全省分列第4位和第5位。外资质量明显提升，全市新批总投资千万美元以上项目115个，占当年批准项目的30.7%，同比提高了2.7个百分点。实到内资61.5亿元，增长5.7%，其中千万元以上项目174项。外经工作扎实推进，全市新批设立境外投资项目15个，实现境外投资总额1943.24万美元，完成外经营业额1096万美元。

区域合作得到加强。全面落实与上海世博局合作框架协议，成功举办了“中国2010年上海世博会湖州宣传周”和以“绿色生态、宜居城市”为主题的世博公众论坛。“丝绸之府”、“美丽乡村”等5条旅游线路成功进入“长三角世博主题体验之旅”示范点；老娘舅餐饮、“丁莲芳”千张包子和“宋茗”牌白茶等产品已获准入驻世博园；巨人通力电梯、德华德维地板等6家企业成为场馆建设材料供应商；善琏湖笔、华天盛丝绸被上海世博局指定为行政礼品，湖州爱迪特琉璃有限公司成为世博特许商品生产商。承办了长三角城市经济协调会第九次会议和杭州都市经济圈规划专业委员会第二次会议。认真开展青川灾后援建工作，15个省定实物援建项目基本完成，大棚蔬菜等产业援建项目受到了中央、省有关领导的肯定。

（五）民生保障切实加强，社会事业稳步发展

社保水平继续提高。新增职工基本养老、城镇职工基本医疗、失业、工伤、生育五大保险，分别为5.41万人、4.57万人、3.41万人、3.42万人和2.46万人。城乡居民低保标准分别提高40元和24元。企业退休职工养老金人均月增140元。新型农村合作医疗人均筹资水平达到176元（其中，吴兴、南浔两区和德清、长兴两县各为180元，安吉县为160元），比上年提高52元，参合率、补偿率分别达到97.6%和31.4%。新增城镇就业5.57万人，帮扶失业人员再就业2.18万人，城镇登记失业率3.2%，连续6年控制在4%以内。物价总水平保持基本稳定，居民消费价格总水平同比下降0.8%。

生态建设切实加强。农村生态环境建设深入开展，新增生活污水治理池13.5万立方米，新建农村生活污水沼气净化工程示范村16个，建成省以上重点生态公益林101.3万亩。污染防治和矿山企业整治工作不断加强，3个省级开发区（工业园区）、2个市级重点环境问题得到有效整治，矿山企业12家关停、15家停产整治。加强太湖水环境综合治理，南太湖生态修复、“苕溪清水入湖”等工程全面推进。湖州成为全省唯一设区市省级生态文明建设试点市，德清县通过国家生态县现场考核验收，长兴县被命名为省级生态县。

社会事业稳步发展。教育事业协调发展，全市义务教育入学率、巩固率和“三残”儿童入学率达到省均以上水平，学前三年幼儿入园率达到98%以上，初中毕业生升学率达到97.5%。职业教育创建了5个省级实训基地、1个省级示范专业。文化事业蓬勃发展，新创建省级东海文化明珠乡镇2个，省级文化示范村5个、文化示范社区2个，有20个非物质文化遗产项目入选省第三批保护名录。公共卫生管理水平进一步提高，手足口病、甲型H1N1流感等疾病得到有效防治，孕产妇死亡率为零、婴儿死亡率为4.15‰、五岁以下儿童死亡率5.95‰。人口与计划生育工作继续加强，人口自然增长率维持在0.16‰的较低水平。安全生产形势平稳，各类事故死亡人数下降2.88%。社会治安形势总体良好。

在充分肯定2009年我市国民经济和社会发展计划执行情况的同时，也要清醒地看到当前我市经济社会发展中还存在不少问题。由于受国际金融危机的影响，外贸出口仍然低迷，转型升级成效还不明显，部分行业和企业困难仍然较多，高新技术产业发展不快，民间投资增长仍慢于政府投资，地方财政收支平衡压力加大，居民持续增收难度较大等，这些问题都有待我们在工作中切实加以解决。

二、2010年全市国民经济和社会发展主要目标和任务

今年是“十一五”规划的收官之年，也是“十二五”发展的奠基之年。根据中央和省、市经济工作会议精神，综合考虑各方面因素，结合湖州实际，建议对2010年全市国民经济和社会发展计划主要目标安排如下：

——经济增长方面。地区生产总值增长10%以上；财政总收入和地方财政收入均增长8%以上；全社会固定资产投资增长15%以上，其中工业性投入增长12%以上；外贸进出口总额增长6%左右，其中出口增长8%左右；社会消费品零售总额增长14%。

——发展质量方面。全社会研究与试验发展经费（R&D）支出占生产总值比例提高到1.45%左右；万元生产总值综合能耗完成“十一五”规划目标；化学需氧量（COD）排放量完成“十一五”规划目标，二氧化硫（SO_2）排放量无净增。

——社会民生方面。城镇登记失业率控制在4%以内，城镇新增就业人数4.3万人；社会保障体系进

一步完善；科技、教育、文化、卫生等各项社会事业协调发展；城乡居民人均收入均增长8%；人口自然增长率控制在2.1‰以内。居民消费价格总水平涨幅与全省基本保持一致。

实现上述目标，必须重点做好八方面工作：

（一）围绕结构调整，推进产业转型升级

一是做强做大制造业。发展壮大特色产业。积极实施六大重点特色产业规划，扎实推进长兴绿色动力电池、德清生物医药、安吉竹业椅业、市区金属管道与不锈钢、南浔木地板、吴兴织里童装等产业集群试点示范工作，促进块状经济向现代产业集群转变。培育战略性新兴产业。结合国家、省战略性新兴产业培育重点和我市实际，突出生物医药、生物育种、新能源、新材料、节能环保等产业，整合资源、加大投入、强化政策支持。支持企业做大做强。加强现代企业集团建设，支持企业兼并重组，深入实施大企业大集团培育工程，努力培育更多50亿企业集团，力争百亿企业集团实现突破。落实中小企业扶持政策，加快建立中小企业公共服务平台、信息服务网络，支持中小企业加快技术进步，培育壮大一批技术先进、竞争力强的中小企业。加大科技支持力度。发挥南太湖科创中心、各类科技孵化器等平台作用，积极培育一批高新技术领航企业、科技型小巨人企业和科技型初创企业，力争新认定国家重点扶持的高新技术企业30家以上，省级科技型企业30家，省级高新技术企业研发中心10个。

二是做优做高服务业。全面实施服务业发展三年行动纲要，抓好服务业“双百”项目建设，着力推动休闲旅游、文化创意、现代物流、现代商贸为重点的现代服务业发展。加快发展休闲旅游产业。整合旅游资源，以“中国世博旅游年”为契机，加快旅游景区、景点建设，加大对外宣传力度，办好国际生态（乡村）旅游节，积极做好新农村建设与乡村旅游发展的结合文章。加快发展文化创意产业。放低各类中介准入门槛，大力发展动漫、娱乐、文化传媒等产业，力求取得新突破。加快发展现代物流产业。狠抓物流园区、信息平台建设，加大重点物流企业培育力度，促进物流业发展。加快发展现代商贸产业。深入实施中心城市商贸发展规划，突出抓好专业市场转型升级、商贸龙头企业培育和搭建平台开拓市场等工作。积极发展金融、社区服务、信息、科技等其他服务业。

三是做精做特农业。深入实施现代农业“4231”产业培育计划，加大特色优势产业培育力度。推进农产品深加工和品牌建设，提高产品附加值，扩大市场份额。健全农产品质量安全体系，进一步提高农产品质量安全水平。加大农业科技投入，完善“三位一体”基层农业公共服务体系。继续加快农业基础设施建设，大力发展设施农业，不断改善农业生产条件。全面推进国家现代林业示范市建设，进一步提高林业产业化水平。

四是推进节能减排工作。突出重点区域、行业和企业，落实责任，强化监管，扎实抓好节能减排重点工程建设、运营和管理，确保“十一五”节能减排目标任务顺利完成。深入实施“811”环境保护新三年行动方案，大力治理企业污染和农业面源污染，扎实推进太湖流域水环境综合治理工作。大力推行清洁生产和低碳经济，加快循环经济发展。

（二）围绕项目推进，推动投资有效增长

一是扎实推动“三百三千”工程。完善推进机制，狠抓要素保障，加快推进宁杭铁路湖州段、湖州南站综合交通枢纽、杭长高速公路二期、特高压输电工程等重点项目建设，力争全年重点建设完成投资235亿元。加大前期工作力度，积极对上争取，扎实做好苕溪清水入湖、天荒坪第二抽水蓄能电站、杭长高速公路北延等重大项目前期工作，力争取得新的突破。深化重大问题研究，加强重大项目谋划，进一步充实完善全市重大项目储备库。

二是大力推动社会投资增长。围绕工业“三个一百”工程和“六大专项”计划、服务业“双百工程”，完善审批、用地、信贷、税收等扶持政策，支持民营资本进入基础设施、社会事业和金融服务等领域，积极引导企业投向先进制造业、现代服务业和现代农业等领域。

三是加大招商选资工作力度。突出六大重点特色产业和战略性新兴产业，紧盯央企、国内外500强等大企业大集团，着重引进一批“大好高”项目。大力推进以商引商、产业招商，完善招商引资考核体系，更加注重对项目规模、质量和实际落地率等指标的考核。巩固北京、香港等招商活动成果，提高项目落地率。把好产业政策、投资强度、安评环评等关口，提高引进项目质量。

（三）围绕市场开拓，推动内外需求稳步增长

一是全力稳住出口市场。认真落实出口退税、出口信贷和信用保险等扶持政策，加大组织企业参展力度，支持企业组建、收购境外营销网络团队，巩固欧美日等传统市场，拓展中东、拉美、非洲等新兴市场。鼓励出口企业调结构、创品牌，提高产品附加值和市场竞争力。加大对重点出口企业的扶持力度，支持企业走出去开拓国际市场和开发境外资源。推动大通关建设，加强贸易摩擦预警和应对体系建设，帮助出口企业增强抗风险能力。

二是积极拓展内销市场。引导支持企业积极构建营销网络，发展电子商务，努力开拓国内市场。积极搭建各类产销对接平台，促进我市企业与市内外知名企业、重大项目的配套对接。积极参与浙江“名品进名店”工程。

三是努力促进消费增长。加强城市核心商业圈建设。大力推进商旅互动、商文结合，积极培育电信、教育、健身、度假、养老等消费热点。发展振兴“老字号”。完善农村流通网络，继续抓好家电、农机、汽车摩托车“三下乡”和汽车家电“以旧换新”等工

作，推进“千镇连锁超市、万村放心店”建设，着力改善农村消费环境和繁荣城乡消费市场。综合运用规划、土地、财税等调节手段，有效加强对房地产市场的稳控，促进房地产业持续健康发展。抓好物价监管，稳定市场秩序。

（四）围绕城乡建设，统筹城乡协调发展

一是加大中心城市建设力度。坚持旧城改造与新区建设并举、品位提升与民生改善并举、功能完善与特色营造并举、历史文化挖掘与现代文明培育并举，深入实施中心城市建设四年行动纲要，加快推进城市建设。加快中心城区有机更新，突出抓好“一港两区”、星际广场、浙北新世纪、双子大厦、城图广场等重点项目，有序推进老居住区拆迁改造，逐步建成一批城市地标性建筑。大力实施核心区道路整治工程，全面推进东街拓宽、劳动路南延等六路“三拓三延”，完善路网结构。整体推进滨湖、仁皇山、西南、东部、南浔等新区建设，抓紧推进一批事关民计民生、城市功能和品位的重大项目。提高城市管理水平，完善交通、保洁、绿化、安全等城市运行管理长效机制，加快“数字城管”平台建设，着力打造生态宜居城市。

二是提升中心镇发展水平。发挥中心镇在统筹城乡发展中的战略节点作用，积极争取省级中心镇培育小城市试点，推动有条件的中心镇逐步向小城市发展。组织实施公共设施、产业集聚等重点项目，增强中心镇城镇功能，提升中心镇集聚发展水平。推进扩权强镇改革，创新中心镇社区管理体制，提高中心镇的社会管理和公共服务水平。

三是推进新农村深入发展。继续推进“1381”行动计划，深化市校合作共建，全面实施新农村建设综合配套改革试点。按照“科学规划、分类推进、创新机制、统筹结合、建管并举”的原则，大力推进农房改造，推进农村新型社区建设。继续实施“百千工程”，加强交通、水利、信息化、教育、文化、卫生等公共服务设施建设，改善生产生活条件。

（五）围绕平台构建，拓展产业发展空间

一是推动工业平台集聚提升。抓住新一轮土地利用总体规划修编、全省开发区整合提升、长三角区域发展规划实施三大机遇，深入研究临杭、临沪、临港、临铁（路）及临界（浙皖两省）等区域的规划建设，结合现有开发区（园区）的整合提升工作，统筹考虑、整合资源、优化布局，规划建设一批在长三角和全省具有较强竞争力的产业集聚新平台。继续做好国家级开发区争取工作。加快平台基础设施建设，健全管理服务体系，进一步提升项目承载能力。

二是促进农业平台较快发展。大力实施现代农业园区建设“121”工程，新建特色农业精品园区20个，并抓好综合园区规划立项、主导产业示范园区建设等工作。

三是加快服务业集聚区建设。全面实施服务业集聚区规划，重点抓好现代物流、职业教育、动漫产业、休闲旅游、新型专业市场、中央商务商贸等集聚区建设，促进服务业集聚发展。

四是加快科技创新平台建设。规划建设一批省级高新技术产业园区，大力推进南太湖科技创新中心二期、浙江大学（长兴）国家大学科技园、安吉和南浔科技创业园建设，规划启动德清科技新城、吴兴东部科技城，力争全市新建“三创”载体50万平方米以上。

（六）围绕活力提升，推进改革创新和区域合作

一是推进重点领域改革。加快资源要素改革步伐。落实电价改革的政策措施，完善天然气价格形成机制，推进水价和供热价格管理体制改革，深化排污权交易改革，探索建立供热企业直接与用户协商定价机制，推进资源要素市场化进程。加快政府职能转变。深入实施“123”行政服务创新计划，统筹推进投资体制改革和政府机构改革，进一步提高行政效能。推进重点专项改革。深化医药卫生体制改革，实施基本药物制度改革，减轻城乡居民医疗费用负担。进一步深化农村地权、房权、林权制度改革，推进城乡统筹发展。扎实推进事业单位绩效工资、养老保险制度改革，完善收入分配政策。

二是加快金融创新发展。大力推动企业股改上市，力争新增上市企业4家，融资额达到20亿元以上。加快政府创业投资引导基金和风险投资公司发展。继续推进小额贷款公司试点、城投公司发债、外地金融机构引进等工作。

三是着力提高自主创新能力。加大科研机构引入力度，继续做好国家级、省部级各类工程试验室、研究中心的争取和建设工作。围绕国家知识产权试点城市创建，鼓励企业加大技术创新投入，研发一批具有自主知识产权和市场竞争力的产品。继续实施“南太湖精英计划”，启动“365”优秀创新团队培育计划。

四是加强区域合作交流。参与服务上海世博活动，认真落实与上海世博局全面合作框架协议，积极组织实施项目对接，争取一批旅游休闲点、特色产品成为世博局统一营销产品，一批农产品成为世博会专供产品；注重世博会的“后续效应”，扩大服务世博成果。认真落实长三角城市合作（湖州）协议，推动我市参与城市合作专题，促进长三角城市间的合作交流；贯彻杭州都市经济圈第三次市长联席会议精神，积极落实杭州都市经济圈发展规划，加快构筑临杭产业带。扎实推进山海协作、对口帮扶和青川援建等工作。

（七）围绕民生改善，推进和谐社会建设

一是完善社会保障体系。进一步扩大各类保险覆盖面，全面实施城镇职工门诊医疗统筹制度、城乡居民社会养老保险制度，不断提升保障水平。完善住房保障体系建设，加快廉租房、经济适用房和拆迁安置房建设步伐，加大中心城市老居住区改造和农村困难群众危房改造力度。

二是稳定扩大社会就业。深入实施创业促就业

“845”工程，扎实开展国家级创业型城市创建工作。深入落实各项促进就业的政策措施，扎实开展创业培训、就业服务和就业援助等工作。加强失业预警工作，规范企业用工和裁员行为，积极引导和鼓励企业稳定职工队伍。

三是推进社会事业发展。加快实施“基本公共服务均等化”和“低收入群众增收”行动计划。推进教育事业发展。继续改善各类学校办学条件，进一步加强师资队伍建设，积极实施职业教育“五大工程”。加强公共卫生能力建设。继续加强城乡医疗卫生设施建设，完善新型医疗卫生服务系统，扎实做好重点传染病防控工作。大力发展文体事业。以文化建设“八有”保障工程为重点，进一步完善公共文化服务体系，加快乡镇综合文化站和村文体活动室建设，力争全市乡镇综合文化站全覆盖。加强历史文化遗产和地方特色文化保护开发，重点开展大运河保护“申遗”及国家级、省级文保单位申报等工作。加快城乡体育设施建设，完善全民健身服务体系。重视人口计划生育工作，提高出生人口素质。大力发展社会福利事业、慈善事业、老龄事业、残疾人事业、红十字事业，确保困难群众基本生活有保障。加强安全监管，着力做好交通、食品、旅游、工矿企业等安全生产工作。积极参与“环沪护城河”行动，扎实做好世博会期间维稳工作。

(八) 围绕长远发展，谋划“十二五”发展规划

按照“规划研究要做深、规划编制要做精、规划管理要做细”的要求，突出转型发展主线，切实抓好“十二五”规划《纲要》和各专项规划的编制工作。继续抓好新兴战略性产业培育、产业集聚新平台规划建设和重大事项改革等重大问题的研究工作。加强与国家、长三角和省规划的衔接，争取更多内容纳入上级规划。加强与主体功能区规划、城乡建设规划、土地利用规划的对接，增强规划的前瞻性和可操作性。

三、2010 年湖州市重点建设项目计划

按照“调优结构、调高层次、调大规模”要求，2010 年市重点建设项目安排 120 个（其中，新建项目 52 个，续建 68 个），总投资 1072 亿元，当年完成投资 235 亿元，比上年计划增长 17.5%。项目平均投资 9 亿元，比上年提高 35.5%。其中，重大基础设施项目 35 个，当年投资 122 亿元，占 51.7%，占比同比下降 11.5 个百分点。重大产业化项目 70 个，当年投资 72 亿元，占 30.7%，占比同比提高 4.8 个百分点。重大民生项目 15 个，当年投资 42 亿元，占 17.8%，占比同比提高 7 个百分点。

围绕重点建设项目计划的实施，将采取以下措施：

(一) 把握机遇，狠抓启动。科学研判经济形势，及早启动项目推进工作，逐一排定一季度“开门红”和上半年“双过半”项目开工计划，逐季排出项目开工单子，尽早做好与上级部门、金融机构等的对接，确保项目要素、政策支持得到保障。同时，加快新建项目的前期工作，千方百计缩短项目立项、规划选址、用地预审、环评审批等前期审批工作时限，切实加快项目前期推进速度，提高项目成熟度，力争项目早开工、早建设。

(二) 拓展思路，狠抓要素。做大融资平台。盘活、整合现有公共事业资产，加快国有投资公司的平台搭建。鼓励利用 BT 等方式参与基础设施建设。积极向上争取。进一步争取中央新增资金、省重点建设供地等资源，积极争取项目布局、产业布局等列入国家和省的各类“十二五”规划。用好现有资源。进一步研究比较优势，做大产业平台，并着力提高土地等集约利用水平。强化征迁责任。坚持以人为本，创新征地搬迁有效途径，为项目及早落地创造条件。

(三) 内外并举，狠抓后劲。最大限度开放投资领域，实行“非禁即入”的投资政策，引导本土企业加大投入，突出建链、补链、延链，做大产业集群。注重对外的引进，加大利用外资、集聚内资的力度，重点在扩大外来投资上下功夫。坚持招项目与引战略合作伙伴相结合，做到内资、外资一起抓。

(四) 加大扶持，狠抓推进。巩固领导联系重点项目制度。形成一个项目由一位市领导、一位部门负责人、一位县区领导联系的组合式推进机制，跟踪项目、解决问题、加快进度。加强重点项目融资对接。通过项目融资推进会等方式，引导各类金融机构加大对重点项目的支持力度。建立重点项目扶持机制。出台进一步推进重点建设工作的意见，落实相应的激励措施，项目建设用地安排、财政性专项资金补助、行政事业性收费和中介服务收费减免等政策资源着力向重点项目倾斜。

(五) 营造氛围，狠抓合力。强化认知共识。通过全市性会议和重点建设工作年度大会、年中推进会、每季例会、媒体宣传等形式，广泛深入动员，使各个层面充分认识到“项目是真抓手，抓项目是真功夫”的深刻内涵，牢固树立“重点项目是导向，是信心，也是推力”的发展理念，真正把行动统一到狠抓项目上来。完善考核机制。把项目谋划、项目前期、项目建设等工作纳入考核，按月通报、年终考评，并逐步提高在对县区、部门综合考核中的分值，使项目工作考核机制更具激励作用。

各位代表，2010 年挑战和机遇并存、困难和希望同在，我们将在市委的领导下，自觉接受市人大及其常委会的法律监督和工作监督，自觉接受市政协的民主监督，全面落实科学发展观，坚定信心、咬定目标，一着不让、狠抓落实，为圆满完成 2010 年国民经济和社会发展计划和“十一五”规划目标任务，促进湖州经济平稳较快发展和社会和谐稳定，加快建设现代化生态型滨湖大城市而努力奋斗！

关于2009年全市和市本级预算执行情况及2010年全市和市本级预算草案的报告

2010年2月27日在湖州市第六届人民代表大会第五次会议上

湖州市财政局

各位代表：

受市人民政府委托，现将2009年全市和市本级预算执行情况及2010年全市和市本级预算草案提交大会审议，并请市政协委员和其他列席人员提出意见。

一、2009年全市和市本级预算执行情况

2009年，我们在市委正确领导和市人大、市政协监督支持下，化困难为动力，变挑战为机遇，积极有为，扎实工作，奋力确保了财政收入持续平稳增长，着力保障了经济社会发展的重点支出需要，全市和市本级财政预算执行情况较好。

2009年全市财政总收入汇总预算为1444800万元，执行数为1466856万元，完成预算的101.5%，比上年增长9.7%，增幅排名居全省第5。全市地方财政收入汇总预算为773400万元，执行数为800106万元，完成预算的103.5%，增长11.7%，增幅排名居全省第3。2009年市本级财政总收入预算为668600万元，执行数为661066万元，完成预算的98.9%，增长5.8%。市本级地方财政收入预算为359100万元，执行数为361736万元，完成预算的100.7%，增长7.8%，按可比口径计算增长7.2%。

2009年全市财政支出调整预算为992000万元，执行数为1088133万元，完成调整预算的109.7%，比上年增长25.9%。2009年市本级财政支出调整预算为452000万元，执行数为496511万元，完成调整预算的109.8%，增长26.8%，按可比口径计算增长7.3%。2009年全市和市本级财政实现收支基本平衡。最后平衡结果待决算会审后再专题向市人大常委会报告。

2009年全市和市本级基金预算收支计划的执行情况附后报告。

一年来，全市财税部门积极应对复杂严峻经济形势的考验，深入贯彻落实科学发展观，牢牢把握“保增长、抓转型、增活力、重民生、促和谐、强保障”这条主线，充分发挥财税职能作用，着力做好以下方面工作：

（一）着力推进经济平稳发展

帮扶企业应对危机。扎实开展“三访三优、共克时艰”专项活动和“帮扶企业‘春雨’专项行动”，加大财税政策宣传力度，优化财税服务。积极采取有效措施，合理运用税费缓缴、减免等手段，认真落实高新技术企业税收优惠、技术开发费加计扣除，取消、暂停和降低行政事业性收费，下调养老保险费率和临时性下浮企业社会保险费等，全年减轻企业负担超过20亿元。认真做好再生资源增值税资格认定和及时退付，全市退付1.99亿元。出资2000万元组建网络银行“风险池”，为小企业提供6亿元的信贷支持。

促进投资、消费、出口发展。积极争取中央补助资金，支持重点项目建设，增加政府公共投资，着力扩大投资需求。争取扩大内需新增中央投资项目四批100个，补助资金3.68亿元，落实配套资金17.24亿元。争取到地方政府债券发行额度7.5亿元，债券规模居全省第4。出台了《关于促进房地产市场健康稳定发展的若干意见》，合理引导住房消费与房地产开发建设。积极推进“家电下乡”、“汽车摩托车下乡”和家电“以旧换新”，全市共兑付补贴资金1.19亿元，预计拉动消费超过4亿元。出台了《关于促进我市对外贸易稳定增长的实施意见》，继续加大对外贸的支持力度，加快外贸扶持政策兑现速度，稳定外贸出口。

推动产业优化升级。出台了《关于加快工业转型升级的若干意见》，2009年市财政直接安排的资金总量超过1亿元，突出重点扶持高新技术产业和新兴、特色产业发展。推进科技创新，全市科学技术支出3.25亿元，增长15.4%。调整、完善了科技创新专项资金管理办法，重点支持科技创业创新平台和研发中心建设、科技成果转化与产学研合作及重大科技项目实施。全市122家企业享受国家高新技术企业政策。继续增加人才开发、领军人才和创新团队专项资金，推进“南太湖精英计划”顺利实施。大力推进工业企业分离发展生产性服务业，全市新增45户企业分离发展服务业，增加地方税费2240万元。

（二）着力做好增收节支工作

依法组织各项收入。完善税源间接控管模式，加强收入分析和税源监控工作，对收入有重大异常变动

的企业及时了解原因，有针对性地采取措施，确保掌握组织收入主动权。加强财政、国税、地税、工商等部门合作，成功实现地税与工商的信息联网，加强对新办企业的源头控管。充分发挥信息化在税收征管中的作用，积极应用不动产建筑业税收管理软件。进一步推进纳税评估工作，健全常态化工作机制，日常评估比例达到10%，开展多种形式的深度评估。认真贯彻新《营业税暂行条例》及其实施细则，强化“以票控税”征管手段。进一步规范企业所得税管理，执行好企业所得税征管范围调整规定。加强个人所得税全员全额管理，做好年所得12万元以上个人所得税自行申报缴纳工作。进一步规范机动车车船税保险机构代收代缴工作，完善城镇土地使用税、房产税等地方小税种的动态管理。做好社保费“五费合征”工作，完善社保费全面自行申报缴纳，抓好信息分析和比对，提高社保费征缴水平。进一步规范非税收入征缴工作，建立征缴激励机制，完善征缴管理考核办法。

严格控制一般性支出。认真贯彻落实中央、省厉行节约的各项规定，出台了我市厉行节约的意见，按规定压缩会议费、出国费、招待费、车辆运行费等四项经费，停止购置公务用车一年。

（三）着力保障民生重点支出

支持新农村建设。进一步加大对“三农”的投入，全市“三农”预算内支出36.17亿元，增长24.9%；其中农林水事务支出10.3亿元，增长38.6%，财政支农资金稳定增长机制进一步巩固。大力推进市校共建，进一步发挥专项资金在推动市校合作拓展领域、提升层次、增强实效等方面的作用。全市财政投入“百村示范，千村整治”工程专项资金2.6亿元；累计投入专项资金38亿元，共创建示范村173个，1003个行政村村庄环境得到整治，80%以上农村人口受益。全市拨付水利建设资金1.33亿元，支持大钱港、长湖申等水利工程建设和河道疏浚清淤。深化农村综合改革，建立村组织运转经费保障机制，将村干部基本报酬列入财政预算。依托“农民补贴网”，为农户免费办理“一卡通”47万张，兑付综合直补资金7365万元，补贴面积179万亩。

支持社会事业发展。全市教育支出21.51亿元，增长18.8%。进一步完善义务教育经费保障机制改革，全市投入1.18亿元，继续实施免杂费、教科书制度；提高中小学生均公用经费标准。筹措资金5亿元，确保义务教育学校教师绩效工资实施到位。严格执行义务教育债务化解激励机制，2009年全市投入1.32亿元，三年累计投入3.81亿元，义务教育化债工作基本结束。支持职业教育“五大工程”建设，推动中等职业教育发展。支持农村公共文化服务体系“十大工程”实施。通过专项补助，广播电视“村村通”全面完成。落实非物质文化遗产保护和全国第三次文物普查活动经费，文化遗产保护力度进一步加大。积极做好医药卫生体制改革准备工作。建立市区社区卫生服务财政补助政策。及时落实甲型H1N1流感、手足口病等防治经费，保障公共卫生安全。

完善社会保障体系建设。全市社会保险基金支出31.68亿元，比上年增加4.38亿元。支持新一轮就业政策实施，加大对高校毕业生就业工作补助力度，向接收高校毕业生的民营企业派送“就业券”，对到见习基地见习的高校毕业生提供生活和工伤保险补助。继续落实对灵活就业人员、农村低保家庭等就业优惠政策措施。实行企业职工基本医疗保险门诊医疗统筹办法，5.77万人享受门诊医疗报销。完善新型农村合作医疗制度，市区人均筹资水平提高到180元。出台城乡居民社会养老保险制度，为2010年实施做好准备工作。提高市区被征地农民基本生活保障（补助）金标准。落实困难群众医疗救助财政补助和低保人员物价补助工作。抚恤优待对象医疗补助资金列入财政预算。大力支持残疾人奔小康工程实施。支持廉租房等保障性住房建设，城乡居民住房条件有所改善。

推进生态环保和城市建设。全市预算内环保支出6.8亿元，争取到中央三河三湖流域水污染防治专项资金1.54亿元。对污水集中处理项目实行以奖代补，建制镇污水处理设施实现全覆盖。对垃圾处理费实行补助，垃圾“户集村收镇运市（县、区）处理”机制进一步完善。推进城市基础设施建设，多方筹措资金，重点支持旧城改造、滨湖大道、长岛公园、龙溪港东岸景观改造、仁皇山新区路桥等建设。推进交通路网建设，市财政分三年拨付1.5亿元支持高速铁（公）路枢纽工程建设；落实交通道路补助资金9000万元。积极筹措援川建设资金，确保援建项目顺利实施。

（四）着力提高财税监管效能

按照“收入一个笼子、预算一个盘子、支出一个口子”的要求，加大预算管理改革力度。深化部门预算改革，完善预算定额体系，实行“三下两上”的编制方法，采取项目优先级管理，加强预算内外资金的统筹力度。扩大部门预算报送人大审查的数量，2009年达到40个，其中4个提交大会审查。深化国库管理制度改革，对市级所有行政单位和部分事业单位实行集中支付，规范了资金拨付管理，强化了预算资金监管，同时资金集聚效应明显，有力发挥了调控作用。依托财政信息系统，及时了解项目资金安排和拨付情况，逐步建立评价信息库，提高绩效评价质量。评价结果按规定提交市人大常委会、市政府常务会议审议，并及时反馈相关部门，作为部门预算安排的依据。

按照依法规范的要求，切实加强财税监管。加强对政府投资项目的预算审核，全年完成市级审核项目116个，核减资金4.08亿元。开展市级行政事业单位经营性国有资产专项调查，规范行政事业单位出租、投资等行为。政府采购信息管理平台内网实施范围扩大到69家，大部分一级预算单位通过网络实施政府采购的申报和确认。认真做好全市会议培训实行定点采购工作，完善协议供货询价机制，降低采购成本。全市政府采购比预算节约资金2.45亿元，综合节约率达到17.3%。认真实施规范公务员津贴补贴工作。组织开展党政机关和事业单位“小金库”专项治理工作。推进会计诚信建设，提高会计行业执业质量和管理水平。大力推进依法稽查、文明稽查、服务稽查和阳光稽查，充分发挥“以查促管、以查促收”的作用。

过去的一年，全市财税系统以开展深入学习实践科学发展观活动为契机，优化财税服务，完善管理机制，建设财税文化，激发内在动力，积极营造风正、气顺、心齐、劲足的浓厚氛围，在严峻的挑战面前，广大财税干部始终保持不畏艰难、奋发有为的财税风貌，纳税人综合满意率达到了99.18%，市局和基层分局先后获得了“创新创业好班子”、“市级文明单位”、“全国税务系统先进集体”等一批荣誉称号，继续巩固了争优创先的良好局面。

过去的一年，我们经受住了考验，取得了比预想要好的成绩。在应对困难中，也更加清醒地看到财政运行中存在的问题和薄弱环节，主要是：财政收支矛盾十分突出，预算平衡压力越来越大；政府性债务增长较快，防范和化解风险任务较重；有利于科学发展的财税管理体制需进一步健全，民主理财的水平还需进一步提高等。这些都需要我们高度重视，认真分析和研究，在今后的工作中努力加以解决。

二、关于2010年全市和市本级预算草案

2010年是进一步有效应对国际金融危机冲击、巩固经济回升基础，全面实现“十一五”规划目标的重要一年，也是经济形势最为复杂的一年。财政收入方面，经济形势和企业经营状况的进一步好转，将有利于财政收入的增长。但继续执行结构性减税政策会明显减少财政收入；财政收入对房地产依存度较高，在2010年房地产走势不确定的情况下，必然对相应财税收入带来影响；一些拉动内需和外需政策的边际效应可能递减；一些一次性特殊增收的措施难以持续等，财政收入稳健增长面临较大压力。财政支出方面，扩内需、调结构、促转型相应的支出增长很快；保持政府公共投资力度，在建项目需要继续投入资金；实施义务教育教师绩效工资、中小学校舍安全工程、落实城乡居民养老保险制度、提高新型农村合作医疗保障水平、医药卫生体制改革、事业单位绩效工资制度改革等民生支出增加较多且集中；促进经济结构调整和发展方式转变等也需要增加财政投入。在增收难度大、支出刚性强的压力下，财政收支矛盾十分突出，财政平衡难度非常之大。

总之，2010年是近年来我市财税运行极为困难的一年。我们必须保持清醒的头脑，既要看到2010年经济财政工作的各种有利因素，又要增强忧患意识，深刻认识和充分估计存在的问题和面临的困难，振奋精神，开拓进取，扎实工作，确保实现工作目标。

按照市委对全市工作的部署，2010年财政工作的指导思想是：全面贯彻党的十七大、十七届三中、四中全会，以及中央、省经济工作和财政工作会议精神，深入贯彻落实科学发展观，以“转型提升、改革创新、统筹协调、好中求快”为总要求，以建设“服务型财政、发展型财政、惠民型财政、法治型财政”为抓手，着力推动经济结构调整和发展方式转变，壮大地方财政实力，优化财政支出结构，深化财税管理改革，完善财税运行机制，加快构建有利于科学发展的财税管理体制，为保持经济社会平稳较快发展作出新的贡献。

根据上述指导思想，我们编制了2010年市本级财政收支预算草案，并汇总了所属各县编制的财政收支预算。

2010年全市财政总收入汇总预算为1592800万元，比上年增长8.5%；其中，地方财政收入预算为868000万元，增长8.5%。按照现行财政体制，全市地方留用资金加上预估省各项补助、动用上年结转款项、净结余、调入资金等，合计可用资金为1083400万元，拟相应安排2010年全市财政支出预算1083400万元，增长5.9%。通过调入资金、动用历年结余、压缩支出，全市财政预算收支达到基本平衡。

2010年市本级财政总收入预算为713800万元，比上年增长8%；其中，地方财政收入预算为390600万元，增长8%。按照现行财政体制，市本级地方留用资金341700万元，加上预估省各项补助、动用上年结转款项、调入资金等123300万元，合计可用资金为465000万元，拟安排支出预算465000万元，按可比口径计算增长5.7%。通过调入资金、动用历年结余、压缩支出，市本级财政预算收支达到基本平衡。

关于2010年全市和市本级基金预算收支计划（草案）附后报告。

在具体工作中，要正确处理好以下三方面关系：一是正确处理好服务企业与依法规范的关系。充分运用财税政策、资金的导向作用，努力创新服务的方式、内容和手段，优先支持技术先进、集中程度高、财税贡献率高的企业和产品，促进产业结构优化、经济转型升级。在坚持促发展不动摇的同时，坚持依法规范，维护财税法规严肃性和刚性。把优化服务与依法规范统一起来，更加重视收入征管的公正性、优惠政策落实的公平性和管理服务的人性化。二是正确处理好改善民生与持续保障的关系。始终遵循“低起步、广覆盖、迈小步、可持续”的原则，优化支出结构，统筹财力配置，切实保障民生，把有限的财政资金用在解决当前经济社会发展的关键问题上，尽最大努力支持解决涉及群众切身利益的问题。同时，要根据财力可能，量力而行安排预算，特别是在当前财政收支矛盾突出、财政平衡难度不断加大的情况下，更要科学统筹当前需求与长远发展，确保财政收支平衡，确保民生可持续发展。三是正确处理好促进发展与防范风险的关系。发展经济需要我们继续贯彻落实积极的财政政策，保持政府投资力度，大力推动发展空间拓展和平台建设，调结构、促转型、扩内需。但是，在拉动内需特别是举债支持经济发展的过程中，我们必须保持清醒的头脑，立足当前，着眼长远，进一步强化政府性债务管理，确保举债规模与偿还能力相适应，做到债务可控、风险能防，促进持续发展。

三、关于2010年的主要财政工作

为确保今年预算任务的全面完成，我们主要抓好以下四个方面工作：

（一）围绕经济转型升级，建设服务型财政

更加注重保持经济平稳较快发展与调整结构有机结合，综合运用各种财税政策措施，进一步发挥财政资金导向作用，促进经济结构调整和产业优化升级。

进一步强化“企业为基”的理念，继续做好对企业的“解困、扶持、服务”工作，积极帮扶企业发展。支持企业技术创新和技术改造，促进高新技术产业和新兴、特色产业发展，推动工业经济转型升级。加大财政科技投入，推进公共服务平台建设，鼓励企业加大科技投入，支持企业自主创新，增强企业的核心竞争力。充分发挥服务业专项引导资金的政策导向和资金扶持作用，推动生产性服务业和生活性服务业并举发展。进一步加大对中小企业的财税支持力度，完善中小企业贷款担保体系，帮助解决企业融资难题。认真落实完善促进外贸发展的各项政策，鼓励和支持企业积极开拓国际市场，扩大外贸出口。促进农业生产结构调整，加快推进农业规模化、组织化、科技化、市场化、生态化，提高农业综合生产能力。进一步完善对种粮农民的各项补贴政策，增加农民收入。继续做好“家电下乡”、“汽车摩托车下乡”、家电“以旧换新”工作，扩大城乡居民消费需求。

（二）围绕壮大地方财力，建设发展型财政

更加注重坚持依法治税组织收入，持续完善税收征管体系，使依法征收与发挥税收调节、财政收入总量与增加地方可用财力、税收收入与非税收入管理等方面有机融合，优化收入结构，推进地方财力的发展壮大。

密切关注经济发展走势、宏观经济政策和税收政策变化对财税收入的影响，准确把握税源发展趋势，不断增强组织收入的预见性。进一步强化收入分析监控，加大预测分析成果运用力度，完善重点税源监控与纳税评估互动机制，切实增强组织收入的主动性。进一步加强部门沟通协作，完善部门数据信息交互平台建设。加强重点税种管理和地方小税种源头控管，积极拓展新的税收增长点。关注税收征管薄弱环节，重点加强矿山税收管理，研究完善水路运输税收征管办法，堵塞征管漏洞。成立纳税服务志愿组织，开展多种形式活动，为需要帮助的纳税人提供个性化帮扶服务。坚持税费并重，进一步完善社保费自行申报缴纳工作，重点抓好医疗保险费全面自行申报缴纳。强化非税收入管理，清理规范执收项目，建立和完善非税收入目录管理制度，将游离于非税收入管理以外的政府性资金纳入财政管理。进一步完善非税收入征缴管理考核办法。

（三）围绕保障改善民生，建设惠民型财政

更加注重突出民生重点，坚持量力而行，尽力而为，优化支出结构，统筹财力配置，把更多的财政资源用于改善民生和发展社会事业，保障已经确定的各项重点民生工作有序推进，促进民生改善、社会和谐稳定。

促进城乡统筹协调发展。加大财政支农资金整合力度，确保农业支出达到法定增长要求。支持提升市校共建水平，推进“百千工程”进一步实施，完善农村“八大网络”建设。进一步深化农村综合改革，大力支持省级新农村建设综合配套改革试点，积极争取省配套扶持政策；推进村级公益事业一事一议筹资筹劳财政奖补工作。支持集体经济薄弱村发展和低收入农户奔小康工程深入实施。加快推进城镇化建设步伐，大力支持中心镇发展、新农村示范小城镇和中心村建设。着力支持中心城市建设，完善城市管理长效机制，提高城市品位。支持高铁、铁（公）路枢纽工程、湖嘉申航道等交通基础设施建设。

促进社会事业协调发展。继续加大公共教育投入力度，支持实施校舍安全工程，建立职业教育实训基地，加快农村中等职业教育发展。支持城乡公共文化服务体系建设，推动文化进村工程实施，促进文化保护和开发。推进基本公共卫生服务均等化，支持深化医药卫生体制改革，推动城乡基层医疗卫生机构标准化建设。继续支持免费婚前医学检查和孕前优生检测。进一步加大对环境保护和生态建设力度，推行排污权有偿使用与交易制度。落实好维稳工作经费，支持“平安湖州”建设。

促进社会保障事业协调发展。推动积极的就业政策实施，支持创业促就业、灵活就业，不断完善失业保险制度。加快建设新型社会救助体系，加大对低收入人群的帮扶力度，保障和改善困难群众基本生活。大力支持保障性住房建设和农村困难群众住房救助工作，积极支持农村住房改造建设。继续支持残疾人奔小康工程实施。积极筹措财政资金，支持城乡居民社会养老保险制度实施。继续支持居家养老服务政策实施。

严格控制一般性行政支出。坚持勤俭办一切事业，党政机关公用经费预算压缩5%，公务接待费、公务用车购置及运行费、出国（境）经费实行零增长，努力降低行政成本，把有限的财力真正用到促进经济社会发展的重要领域。

（四）围绕依法科学理财，建设法治型财政

更加注重财政科学化精细化管理，深化和稳步推进“收入一个笼子、预算一个盘子、支出一个口子”财政运行机制改革，着力增强财税体制机制活力。

按照“三分离”的要求，逐步搭建预算编制、预算执行、预算监督三个既相对分离，又相互联系、相互制衡的职能机构。深化综合预算改革，完善以预算定额标准为基础的零基预算，优化以部门预算为龙头的预算管理业务平台。加大资金整合力度，严格控制新增专项资金，完善专项资金和省补助资金管理办法。进一步深化国库集中支付改革，将能够实行国库集中支付的二级预算单位都纳入支付范畴，同时在县区全面推开；积极推进财税库银横向联网。按要求认真做好实施公务卡制度的试点工作。深化政府采购制度改革，加快推进政府采购信息系统一体化建设，加强对政府采购代理机构的监督和管理，有效发挥政府采购政策功能。进一步健全绩效评价工作制度，加强重点项目、民生项目的绩效评价工作，强化结果应用。进一步加强政府性投资项目计划管理，完善政府性债务预算管理制度，防范和化解债务风险。加强政府投资审核工作，探索实行向预算审核项目单位派驻工程财务监理制度。进一步加强行政事业单位国有资产管理，规范资产处置、使用行为。加强财政监督，做好“小金库”专项治理和会计信息质量检查。推进信息化建设，扎实做好地税信息“大集中”各项工作。关注基层财政运行情况，进一步健全和完善有关财政管理制度。

各位代表，2010年的财政工作任务十分艰巨，责任重大。我们将在市委的坚强领导下，深入贯彻落实科学发展观，认真执行市六届人大五次会议决议，坚定信心，迎难而上，咬定目标，狠抓落实，为实现全市经济社会又好又快发展作出新的贡献！

大 事 记

·2009年湖州市大事记·

1月

3日　湖州市在北京举行经济社会发展情况汇报会。全国人大常委会副委员长桑国卫、原核工业部部长蒋心雄、住房和城乡建设部副部长仇保兴、国务院发展研究中心副主任侯云春等出席汇报会。

6日　浙江省副省长金德水就省政府工作报告到湖州市征求意见。

7日　湖州市举行2008年度湖州城区廉租住房保障大会。

同日　湖州市举行工商企业界人士新春团拜会。市领导孙文友等与市工商企业界人士欢聚一堂，共迎新春、共谋发展。

同日　农业部副部长陈晓华到湖州市调研农业龙头企业。

8日　湖州市举行市区离退休干部迎春报告会。

同日　湖州市举行市明星企业、优秀企业和成长之星企业颁奖晚会。

10日　湖州市在杭州举行经济社会发展情况汇报会。浙江省领导周国富、黄坤明、茅临生等出席。

12日　湖州军分区党委举行三届十次全体（扩大）会议。

13日　浙江省委常委、常务副省长陈敏尔，湖州市领导孙文友、马以、王金根等走访慰问困难企业、低保对象和困难老党员等。

20日　湖州市获得"全国创建文明城市工作先进城市"荣誉称号，受到中央文明委表彰。

21日　湖州市举行军政座谈会。

同日　湖州市领导王金根、朱坤民、沙铁勇、杨建新，湖州军分区政委雷林等走访慰问驻湖某部。

22日　湖州市举行新春团拜会。

23日　湖州市领导孙文友、马以、朱坤民、吴水霖等，走访慰问节日期间仍坚守工作岗位的广大干部职工。

2月

1日　湖州市领导孙文友、马以、朱坤民等走访慰问企业并向企业家和职工拜年。

2日　湖州市召开全市农村工作会议。

10日　湖州市委举行全委会，开展干部选拔任用工作"一报告两评议"。

同日　湖州市委出台《关于认真贯彻党的十七届三中全会精神，加快推进农村改革发展的意见》（湖委〔2009〕1号）。

11日～12日，无锡市农村工作会议在湖州市召开。湖州市委书记孙文友应邀出席并介绍湖州市统筹城乡发展、推进新农村建设有关情况。

12日　湖州市举行"抓投资、保增长"项目建设动员大会暨金洲高等级石油管道项目开工仪式。

13日　湖州市召开中国共产党湖州市第六届纪律检查委员会第三次全体会议。

同日　国家旅游局局长邵琪伟到湖州市调研旅游工作。

20日　湖州市召开全市工业经济工作会议。

同日　湖州市召开共青团湖州市委五届四次全体（扩大）会议。

22日　湖州市领导孙文友、马以、王金根、朱坤民、李建平、施荣耀、杨金土等，会见参加市"两会"的政协港澳委员和外资企业列席代表。

23日～26日　湖州市召开市政协六届三次会议。

24日～26日　湖州市召开市人大六届四次会议。

27日　湖州市委书记、湖州军分区党委第一书记孙文友接见全市基层专武部长。

28日　湖州市"送亿元惠卡，游生态湖州"活动在杭州全面启动。

3月

1日　湖州市举行欢送会，欢送马以、夏士林、朱新康等在湖的三位十一届全国人大代表赴北京参加全国人代会。

3日　湖州市委深入学习实践科学发展观活动领导小组举行第一次会议。

4日　湖州市召开全市开放型经济工作会议。

同日　湖州市委出台《关于开展深入学习实践科学发展观活动的实施意见》（湖委〔2009〕3号）。

5日　湖州市委举行全市开展深入学习实践科学发展观活动动员大会。

5日～6日　浙江省政协副主席王永昌率领省平安建设工作考评组考核湖州市2008年度"平安湖州"建设及综治工作。

5日、6日、9日　湖州市委分别召开学习实践活动理论学习中心组（扩大）会议。进行学习实践活动学习调研阶段的集中学习，分别邀请著名经济学家、北京大学中国经济研究中心主任周其仁，中央党校社会发展研究中心主任、博士生导师庞元正教授，全国人大常委会副委员长、中科院院长路甬祥作专题辅导报告。

6日　浙江省人大常委会副秘书长洪建新率领省委督查组对湖州市学习贯彻浙委〔2004〕12号《关于进一步加强人大工作的意见》精神情况进行专项督查。

10日　湖州市领导孙文友、王金根和驻湖某部后勤部部长方建华等，到南浔区旧馆镇塘南村狮子桥参加义务植树劳动。

11日　全国双拥办副主任、解放军总政治部群工办主任常生荣少将调研湖州市军民“百连结对百村，携手共建新农村”活动开展情况。

12日～13日　住房和城乡建设部国家园林城市复查专家组对湖州市巩固国家园林城市创建成果进行检查。

15日　湖州市委召开学习实践活动理论学习中心组学习会，集中观看大型电视纪录片《大国崛起》。

16日～20日　湖州市委书记孙文友在安吉县报福镇石岭村蹲点调研。湖州市委副书记、市长马以在南浔经济开发区祐村村蹲点调研。

17日　湖州市召开全市领导干部会议，传达贯彻十一届全国人大二次会议和全国政协十一届二次会议精神。

21日　湖州市被国家林业局正式批准为“国家现代林业建设示范市”，成为全国11个国家现代林业建设示范市（县、区）之一。

23日～26日，市委书记孙文友，市委副书记、市长马以率领市党政代表团赴苏南学习考察。学习考察后，市委举行解放思想、科学发展专题读书会。

25日　金伯中任中共湖州市委委员、市委常委。

26日　四川省委书记刘奇葆查看湖州市全额援建的青川县马鹿乡蔬菜产业项目。

27日　以“贯彻国务院指导意见精神，共同应对金融危机，务实推进长三角城市合作”为主题的长江三角洲城市经济协调会第九次会议在湖州市举行。上海市副市长胡延照、江苏省副省长史和平、浙江省副省长茅临生、国家发改委地区司副司长邹勇，16个成员城市政府领导和有关部门负责人出席。“长三角”地区其他8个地级城市政府领导，协调会成员城市企业家代表以及“泛珠三角”、“环渤海”区域合作组织常设机构负责人等应邀参加会议。会上16个成员城市领导共同签署了《长江三角洲地区城市合作（湖州）协议》。

28日～29日　中国社会科学院常务副院长王伟光到湖州市调研新农村建设情况。

30日　湖州市与浙江省农行举行全面深化战略合作暨杭长高速二期及安吉中南百草园项目融资签约仪式。

同日　湖州市举行全市重点工业项目集中竣工暨富钢集团盛特隆项目投产仪式。

31日　湖州市被评为浙江省2008年度平安市，所有县（区）均跻身平安县（区）之列。

同日　湖州市举行浙北大厦新购物中心建设工程开工奠基仪式。

同日　无锡市政协主席贡培兴率团考察湖州市太湖保护治理工作，并启动两市共同发起的“关爱母亲湖”合作推动太湖保护系列活动。

4月

2日　浙江省副省长王建满到湖州市调研宁杭铁路建设工作。

5日～7日　江苏省原纪委书记王寿亭率领中央扩大内需促进经济增长政策落实工作检查组到湖州市检查。

8日～9日，浙江省副省长茅临生到湖州市调研新农村建设工作。

9日　湖州市委召开学习实践活动理论学习中心组集中学习会。市长马以作《深入学习实践科学发展观，全力推动经济平稳较快发展》中心发言。

10日　浙江省纪检监察调研工作会议在湖州市德清县召开。

11日　由湖州市政协主办，“长三角”（浙江省）民营经济研究会湖州分会、市民营经济促进会、市民营企业协会承办的湖州民营经济科学发展——转型升级论坛在湖州市举行。

13日～15日，浙江省检察院检察长陈云龙到湖州市调研。

16日　湖州市召开全市建设“平安湖州”暨社会治安综合治理工作会议。市委常委、常务副市长、市委政法委书记、市综治委主任吴水霖主持会议并代表市委、市政府与各县（区）、湖州经济开发区、太湖旅游度假区签订综治（平安）目标责任书。

同日　湖州市委书记孙文友主持召开市委、市政府重点调研课题《生态文明建设》课题组成员座谈会。

同日　湖州市和上海新汇文化娱乐集团合作投资的3D动画电影《世博冠军——湖丝仔》，在上视大厦举行签约仪式暨新闻发布会。

同日　浙江省直属机关工委副书记张小勇到湖州市督查加强县（区）机关党建工作。

17日　湖州市召开“双百双千”大实践专项行动推进会。

同日　第二批浙大高层次人才支持湖州新农村建设挂职干部座谈会在湖州市德清县举行。

18日　湖州市与中国科学院上海生命科学研究院举行湖州营养与健康产业创新中心和湖州现代农业生物技术产业创新中心合作共建签约仪式。

20日　湖州市召开全市经济、维稳形势分析暨市领导联系项目、企业工作交流会。

21日　湖州市开展科学发展观理论知识测试。孙文友、马以、王金根、朱坤民等市四套班子领导等在“湖州市科学发展观理论知识测试中心试场”参加集中测试。

23日　湖州市召开全市节能降耗工作会议。

24日　湖州市召开市级领导班子和领导干部年度考核会议。市委书记孙文友和市委副书记、市长马以分别代表市委和市政府领导班子作年度总结报告以及个人述职述廉报告。

27日　湖州市举行纪念湖州解放暨迎接中华人民共和国成立60周年座谈会。

28日　湖州市举行南浔荻港渔庄疏散基地落成典礼。

28日～29日　人民日报、新华社、光明日报、经济日报、中央电视台、工人日报、中国新闻社、中国青年报、农民日报等16家中央新闻媒体，集中采访报道湖州市开展深入学习实践科学发展观活动。

29日　中共中央政治局原委员、国务院原副总理吴仪到安吉视察天下银坑、大竹海、竹博园。

同日　湖州市举行庆祝“五一”国际劳动节暨第五届“五一”职工歌会。

30日　湖州市举行市全民健身中心开放仪式。国家体育总局对中心开放发来贺信。

同日　浙江省高级人民法院院长齐奇到湖州市调研。

5月

4日　湖州市举行六届市委第53次常委会会议，通报5月2日凌晨副市长倪玲妹坠楼身亡事件的有关情况并研究善后工作。下午，召开全市领导干部会议通报事件情况。

同日　湖州市举行纪念五四运动90周年青年群英会暨第三届“十大杰出青年”表彰仪式。

5日　湖州市召开全市旅游发展大会。

8日　湖州市委召开常委扩大会议，传达学习省委十二届五次全体（扩大）会议精神。

10日　台湾21世纪基金会董事长高育仁率领台湾农业考察团到湖州市考察新农村建设。

13日　湖州市委召开理论学习中心组（扩大）会议，听取国家工业和信息化部副部长杨学山所作关于信息化与工业化融合专题报告。

同日　国家工业和信息化部副部长杨学山调研湖州市农村和企业信息化建设。

同日　湖州市举行庆祝第十九个“全国助残日”暨“爱心相携，快乐成长”特殊教育成果展示活动。

14日　浙江省委副书记夏宝龙到湖州市调研民营企业转型升级工作。

15日　上海市长宁区区委书记卞百平率领上海市长宁区党政代表团到湖州市考察，并与湖州市签署缔结友好区市协议书。

16日　湖州职业技术学院·湖州广播电视大学举行办学30周年暨高职建校10周年庆典大会。浙江省政协主席周国富，中国工程院院士、湖州职业技术学院名誉院长林宗虎等出席。

同日　由德清县人民政府、浙江省房地产业协会主办的“中国人居生态文明建设发展论坛”在湖州市德清县举行。浙江省副省长陈加元，中国房地产业协会会长、原建设部副部长宋春华等有关领导，以及中国房地产研究会专家、学者、业界代表等出席。

17日　湖州市委书记孙文友接受浙江在线与湖州在线联合举行的网络访谈，以“千方百计保增长，齐心协力促转型，科学发展创新业”为主题，与网友进行互动交流。

同日　湖州市委副书记、市长马以主持召开深入学习实践科学发展观民主恳谈会，围绕“加快科技创新步伐，提升企业核心竞争力”主题，与浙江大学、中科院上海分院专家和湖州市部分企业和行业协会代表交流。

18日～19日　长三角十五城市民营经济和商会工作合作与交流机制第七次年会在湖州市召开。浙江省政协副主席、省工商联主席徐冠巨，上海市工商联副主席金亮，江苏省工商联副主席桂德祥，以及长三角15个城市的工商联负责人、民营企业家围绕“加强交流合作、促进转型升级”主题，共同探讨新形势下长三角地区民营经济发展和商会工作的思路和举措。

18日～20日　湖州市委书记孙文友，市委副书记、市长马以，市委副书记朱坤民分别主持召开座谈会，广泛听取各界对市委常委会在贯彻落实科学发展观及加强自身建设方面的意见、建议。

19日　湖州市召开新农村建设实验示范区工作领导小组第六次会议暨“百千工程”现场推进会。

20日　湖州市委、市政府召开全市“保增长、促转型”工作会议，对打好“保增长、促转型”攻坚战进行再动员、再部署、再推进。

21日　湖州市委书记孙文友主持召开市级部门负责人民主恳谈会，结合贯彻省委十二届五次全会精神，就新形势下如何深化改革开放、再创体制机制新优势、加快科学发展问题，与大家交流并听取意见建议。

同日　湖州市委、市政府出台《关于全面接轨上海，加快经济社会发展的若干意见》（湖委发〔2009〕23号）。

同日　由湖州市委、市政府和浙江省政府侨务办公室主办的2009“相聚长三角”海外高层次人才湖州行活动在湖举行。

同日　湖州市委副书记、市长马以在湖州在线新闻网站，围绕“保持经济平稳增长，加快推动转型升级”主题，与广大网民交流。

22日　浙江振兴阿祥集团与中国齐二机床集团

在湖州市签订技术合作协议。湖州市委书记孙文友，市委常委、吴兴区委书记金建新等会见中国齐二机床集团董事长曲波一行。

同日 湖州市委副书记朱坤民主持召开深入学习实践科学发展观活动民主恳谈会，与市委党校、市发改委、市统计局，以及部分县区、乡镇等有关方面同志交流，就健全县区科学发展考核体系听取意见和建议。

24日 2009德清融入杭州活动周开幕式——杭州北区、创业新城论坛暨项目签约仪式在杭州举行。浙江省副省长茅临生宣布开幕。

24日~26日 中央农村工作领导小组办公室主任陈锡文到湖州市调研社会主义新农村建设以及集体林权制度改革工作。

25日 湖州市委理论学习中心组举行专题报告会，听取中央农村工作领导小组办公室主任陈锡文所作的“深化农村改革、加快新农村建设”专题辅导报告。

25日~27日 由全国政协人口资源环境委员会、湖州市政协、无锡市政协主办，人民政协报社协办的“携手保护太湖，实现永续发展”——太湖保护活动议政建言会在无锡市举行。

26日 湖州市委副书记朱坤民接受湖州在线举行的网络访谈，围绕“创新党建工作，服务科学发展”主题，与广大网友交流。

26日~27日 浙江省副省长陈加元到湖州调研太湖流域水环境综合治理及蓝藻应对应急准备工作。

28日~30日 国土资源部、农业部、国家统计局联合检查组检查湖州市耕地保护目标责任制履行、土地卫片执法检查以及“保红线、保增长”专项行动工作情况。

30日 湖州市领导孙文友、马以、朱坤民、金建新、吴哲勇、杨建新、叶鸣等走访学校，看望慰问幼儿、小学生。

6月

1日 中国少年先锋队湖州市第四次代表大会在湖开幕。全国少工委办公室等发来贺信。

2日 浙江省副省长王建满到湖州市调研旅游工作。

3日 湖州市举行与中国电信浙江公司战略合作实施协议签署仪式。

同日 国家旅游局副局长祝善忠到湖州市视察指导工作。

5日 湖州市举行十一届浙江投资贸易洽谈会湖州签约仪式。

5日~7日 浙江省政协副主席盛昌黎、陈艳华率省政协港澳华侨委员视察团视察湖州市生态观光农业建设情况。

9日~10日 浙江省委常委、组织部长斯鑫良到湖州市调研。

9日~10日 浙江省政协副主席冯明光、省政协农村委主任叶鸿达视察湖州市安吉县“中国美丽乡村”建设情况。

11日 湖州市委举行理论学习中心组（扩大）集中学习会，专题听取中国社会科学院财政与贸易经济研究所党委书记、副所长、博士生导师高培勇教授作辅导报告。

11日~12日，浙江省委常委、省军区司令员王贺文到湖州市调研深入学习实践科学发展观活动开展情况。

11日 湖州市召开市委常委学习实践科学发展观活动专题民主生活会。浙江省委常委、省军区司令员王贺文到会并讲话。

11日~12日 省环保厅党组副书记、副厅长史济锡到湖州市调研环保产业。

13日 湖州市召开创建创业型城市启动仪式暨2009年创业项目展示洽谈会。

16日 浙江省政协主席周国富，省委常委、省纪委书记任泽民和湖州市领导孙文友、马以、王敏奇到长兴接待群众来访。

17日 浙江省政协主席周国富到湖州市视察经济社会发展情况。

17日~18日 浙江省委书记赵洪祝到湖州市调研农村住房改造建设工作和生态文明建设。省委常委、秘书长李强，副省长陈加元和湖州市委书记孙文友，市委副书记、市长马以等陪同。

20日~21日 湖州市委副书记、市长马以，市委常委、市纪委书记王敏奇赴湖州市对口援建的四川省广元市青川县实地考察，看望慰问灾区群众和湖州市援建人员。

26日 湖州市委书记孙文友率领市党政代表团赴安徽省合肥市考察科技创新工作。

同日 湖州市举行中信银行湖州支行开业仪式。

27日 湖州市委、市政府在合肥市主办2009年湖州—合肥科技项目对接洽谈会。

28日 湖州市举行天能集团循环经济产业园奠基仪式。

同日 湖州市举行吴兴区东部新区农民安置房工程建设动员大会。

29日 由浙江省旅游局和湖州市共同主办的“互利共赢”浙台旅游合作大会在湖州市开幕。浙江省副省长王建满宣布开幕。

同日 湖州市举行微宏动力系统（湖州）有限公司产业化基地一期工程开工奠基仪式。

同日 浙江大学与湖州市妇女组织项目合作洽谈会在杭州举行。

30日 “互利共赢”浙台旅游合作大会系列活动之一——台湾观光旅游说明会在湖州市举行。浙江省委副书记夏宝龙等在说明会上致辞。

同日 浙台旅游合作大会系列活动之一的2009

浙江·台湾两地游客倍增论坛在湖州市举行。

同日　浙江省委副书记夏宝龙到长兴县夹浦镇月明村调研新农村建设工作。

7月

1日~2日　浙江省委常委、副省长葛慧君到湖州市调研农村文化建设工作。

2日~4日　由14名留美华人科学家、企业家组成的’2009美中高层次人才创业代表团到湖州市进行创业创新考察。

6日　中央深入学习实践科学发展观活动第三巡回检查组在湖州市召开座谈会，听取省深化“服务企业、服务基层”专项行动湖州组工作汇报和湖州市深化“双服务”专项行动情况汇报。中央第三巡回检查组实地走访调查安吉县和南浔区。

8日　浙江省副省长金德水到湖州市调研工业经济运行情况，并召开调研座谈会。

同日　浙江省副省长龚正到湖州市调研商务工作。

9日　湖州市发展和改革委员会与上海市发展改革研究院、上海社科院城市与区域研究中心分别签订战略合作协议，进一步加强双方合作交流，承接上海智力辐射。

11日　杭州市委副书记、市长蔡奇，杭州市人大常委会党组书记、副主任于辉达，省民政厅厅长吴桂英等10名在杭州、湖州两市的全国人大代表到湖州市视察经济社会发展情况。

11日~12日　全国政协副主席、中国文联主席孙家正到湖州市考察。

15日　海信惠而浦（浙江）电器有限公司一期工厂落成暨大容积冰箱和滚筒洗衣机批量下线仪式在湖州市长兴县举行。浙江省委常委、副省长葛慧君，湖州市委书记孙文友，中国家电协会理事长霍杜芳出席仪式并致辞。

18日　全国政协原副主席王文元到湖州市参加中华名士阳光行公益晚会。

20日~21日　浙江省人大常委会副主任、省关工委主任徐宏俊，省关工委专职副主任徐全升等到湖州市检查指导关心下一代工作。

22日　湖州市举行市委六届八次全体（扩大）会议。全会认真贯彻落实省委十二届五次全会精神，听取和讨论了孙文友代表市委常委会所作的报告，研究部署了下半年工作任务和深化改革开放工作，审议通过了《中共湖州市委关于深化改革开放、推动科学发展的实施意见》。

24日　在“八一”建军节来临之际，湖州市委书记孙文友，副市长杨建新和湖州军分区政委雷林率市拥军慰问团看望慰问正在集训的驻湖某部官兵。

同日　湖州市委出台《关于深化改革开放，推动科学发展的实施意见》（湖委〔2009〕5号）。

30日　在“八一”建军节到来之际，浙江省委副书记、省长吕祖善，省委常委、宣传部长黄坤明，省政府秘书长张鸿铭和湖州市委书记孙文友，市委副书记、市长马以，市委常委、湖州军分区司令员徐永淮，市委常委、市公安局长金伯中，湖州军分区政委雷林等，率拥军慰问团走访慰问驻湖部队官兵和优抚对象。

30~31日　浙江省委常委、宣传部长黄坤明到湖州市调研。

31日　在“八一”建军节到来之际，湖州市党政军领导孙文友、徐永淮等，率市拥军慰问团，专程赴浙江省军区慰问，与省委常委、省军区司令员王贺文，省军区政委林恺俊、副政委陶正明、参谋长王海涛等座谈。

8月

4日　浙江省委常委、省纪委书记任泽民到湖州市调研。

4日~5日　浙江省委学习实践活动指导检查组组长陈岳军、副组长张正镛等到湖州市指导检查学习实践活动，听取学习实践活动情况汇报，赴长兴县、安吉县实地考察企业发展、新农村建设等情况。

6日　湖州市举行湖城东湖家园廉租房、经济适用房竣工交付仪式。

7日　由浙江省农业厅和湖州市政府主办的首届中国湖州葡萄节暨浙江农业吉尼斯葡萄擂台赛在湖州市开幕。

8日　浙江省淡水水产研究所举行“西扩工程”开工仪式，浙江省副省长茅临生发去贺信。

9日　湖州市防指召开电视电话会议，动员部署防御台风“莫拉克”工作。

10日　湖州市委书记孙文友赴市防指及太湖边、湖州船闸等地，检查指导防台抗台工作，并看望慰问坚守在防台抗台岗位的干部群众。

11日　湖州市委书记孙文友赴受台风“莫拉克”影响严重的长兴县和安吉县，考察灾情，检查指导抗台抢险救灾工作。市委副书记、市长马以赴汛情较重的地区现场指导防汛抢险工作。

12日　湖州市举行奥特莱斯世界名牌折扣店华东旗舰中心现代服务产业园项目奠基仪式。浙江省人大常委会副主任冯明宣布项目奠基。

同日　台湾太平洋文化基金会召集人教授吴建国率台湾农业合作访问团到湖州市考察交流。

15日~16日　国家防汛防旱总指挥部检查组到湖州市检查指导防汛工作。

17日　浙江省委副书记夏宝龙到湖州市调研渔业工作。

17日~19日　著名“三农”问题研究专家、中国人民大学农业与农村发展学院院长兼乡村建设中心主任温铁军带领农业部社会主义新农村建设调研组到湖州市调研。

18日　由丽水市委书记陈荣高，市委副书记、市长卢子跃率领的党政代表团到湖州市，重点考察新农村建设和生态文明建设情况。

同日　湖州市举行中国童装城奠基仪式。中国商业联合会秘书长骆毓龙为中国童装城授牌。

19日　湖州市召开全市农村基层组织建设工作会议。

同日　湖州市召开贯彻全省人大工作会议精神专题会。

同日　浙江省副省长茅临生到湖州市检查防汛工作。

20日～22日　浙江省宣传文化系统专题读书会在湖州市举行。浙江省委常委、宣传部长黄坤明到会并讲话。

21日　浙江大学与湖州市2009年校地共青团组织合作服务新农村建设推进会在湖州市召开。

21日～22日　中央政法委副秘书长王其江到湖州市视察调研。

24日　中共中央政治局委员、上海市委书记俞正声，上海市委副书记、市长韩正率领上海市党政代表团到湖州市考察。浙江省领导周国富、夏宝龙、陈敏尔，湖州市领导马以等陪同。

27日　浙江省深化“双服务”专项行动湖州服务组工作通报会在湖州市召开。

9月

1日　市委向省委报送《关于湖州市工作情况汇报的请示》（湖委发〔2009〕47号）。

4日　湖州市召开2009年全市军队转业干部安置工作会议。

7日　市委党校第二期进修一班、第一期进修二班、中青年干部培训班联合举行2009年秋季班开学典礼。

同日　全国政协原副主席、中国企业联合会会长王忠禹，中国企业联合会常务副会长兼理事长李德成，浙江省政协原副主席、省企业联合会会长张蔚文等到湖州市调研。

7日～9日　在第25个教师节来临之际，湖州市委书记孙文友到湖州师范学院，看望慰问教职员工，察看教学设施，了解教学科研工作。市委副书记、市长马以到湖州中学，看望广大教职员工。王金根、朱坤民等市四套班子领导先后到湖州交通学校、浙江信息工程学校、吴兴高级中学、湖州一中、湖州体校等走访慰问。

8日　解放军第九八医院举行建院98周年暨医疗综合大楼落成庆典。

8日～9日　全省农村住房改造建设经验交流会在湖州市和嘉兴市分段举行。浙江省委书记赵洪祝，省委副书记、省长吕祖善到会并讲话。省委副书记夏宝龙主持会议。省领导李强、冯明、陈加元、徐辉等出席。

8日～11日　湖州市领导孙文友、马以、王金根、朱坤民、王敏奇、吴水霖、金建新、高玲慧、胡菁菁、沙铁勇、周杰等走访慰问新中国成立前参加革命工作的老干部、老工人、老党员。

9日　湖州市老干部活动中心、老年大学综合大楼落成并正式启用。

10日　湖州市委召开全市深入学习实践科学发展观活动第二批总结暨第三批动员会议。

11日　湖州市公安局举行国庆安保誓师大会暨“大巡防”启动仪式。浙江省委常委、公安厅长王辉忠宣布启动。

14日　湖州市召开全市深化基层平安建设工作电视电话会议。

同日　湖州市举行科技金融服务专项行动启动仪式暨“太湖之星”小企业集合信托债权基金推介会。

15日　浙江省林业厅厅长楼国华率调研组到湖州市调研野生动植物驯养繁育及开发利用产业发展情况。

17日　浙江省委常委、组织部长斯鑫良到湖州市调研基层医疗卫生单位开展深入学习实践科学发展观活动情况。

同日　湖州市举行市老干部庆祝新中国成立60周年大会，市领导孙文友、马以、朱坤民、高玲慧、吴哲勇、杨金土与离休干部欢聚一堂，共庆新中国60华诞。

18日　湖州市委召开全市政协工作会议。

18日～19日　温州市委书记邵占维，市委副书记、市长赵一德率领温州市党政代表团到湖州市考察，并召开了两市经济社会发展情况交流会。

19日　由国家体育总局主办、湖州市政府承办的“八哥板鞋杯”第十届全国极限运动大赛、“飞洲杯”首届中国南太湖帆船赛在湖州市开幕。开幕式上，中国极限运动协会向湖州市颁发“中国极限运动特别贡献奖”。

21日　湖州市委召开全市领导干部会议，传达贯彻党的十七届四中全会精神。

同日　浙江省农业农村工作座谈会在湖州市召开。副省长茅临生等出席。

同日　水利部会同浙江省、江苏省、上海市，在湖州市召开太湖流域水环境综合治理水利工作协调小组第二次会议。浙江省副省长茅临生出席会议并致辞；水利部副部长矫勇，江苏省委常委、副省长黄莉新，上海市政府副秘书长尹弘等出席。

同日　湖州市举行学习“全国道德模范提名奖”获得者陆松芳、王法金座谈会。

22日　湖州市委书记孙文友深入基层企业和有关单位，全面检查国庆安保维稳工作，看望慰问干部群众。

同日　由浙江省林业厅、中国林科院、安吉县人民政府联合主办以“科技服务林改”为主题的浙江省第六届林业科技周在安吉县开幕。浙江省副省长茅临生宣布开幕。

23日至24日　河北省沧州市委书记郭华率领党政代表团到湖州市考察干部考核评价、社会主义新农村建设等工作。

24日　沈建平在市六届人大常委会第18次会议第二次全体会议上当选为副市长。

同日　湖州市委书记孙文友接受浙江卫视公共·新农村频道“聚焦新农村”栏目的专题访谈，畅谈湖州市推进新农村建设的做法以及取得的成效等情况。

同日　湖州市举行湖州多媒体产业园奠基开工仪式。

24日～26日　湖州市委副书记朱坤民到四川省青川县，考察湖州市援建项目、慰问湖州市援建干部，看望病后重返岗位的援建干部先进典型张启标，并与浙江省援建指挥部领导进行工作对接。

25日　湖州市举行庆祝新中国成立60周年暨浙江省首届文化艺术节湖州分会场文艺晚会。

同日　湖州市人大常委会召开庆祝中华人民共和国成立60周年暨纪念地方人大设立常委会30周年座谈会。

同日　浙江省举行首届省道德模范表彰大会，湖州市为灾区捐款万元的“卖炭翁”陆松芳、“一诺千金农家女”蒋引娣、“点子警察”王法金，分别入选省助人为乐模范、诚实守信模范和敬业奉献模范表彰人选。

同日　由浙江省文物局和湖州市人民政府联合主办的“晋韵流衍——沈尹默书法艺术精品展”在湖州市开展。

26日～27日　人民日报社副总编辑马利到湖州市考察社会主义新农村建设。

28日　湖州市委书记孙文友在省政府新闻办举行的“浙江辉煌60年”系列主题新闻发布会上，专题介绍湖州市社会主义新农村建设情况，新华社、人民日报、中央人民广播电台、中新社等几十家国家、省、市级新闻媒体参加新闻发布会。

同日　湖州市举行庆祝新中国成立60周年、人民政协成立60周年暨社会各界中秋联谊会。

10月

10日　湖州市举行湖州广播电视传媒集团成立仪式。

11日　湖州市举行欢迎仪式，迎接参加新中国60周年国庆阅兵式驻湖某部队官兵。

14日～15日　浙江省委副书记、省长吕祖善在湖州市调研经济转型升级。

16日　杭州北区·创业新城’2009中国·德清投资贸易洽谈会在德清开幕。浙江省人大常委会副主任程渭山宣布开幕。

同日　湖州新世纪外国语学校举行建校10周年庆典。第十一届全国人大常委会外事委员会主任委员李肇星出席。

18日～19日　山东省潍坊市委书记张新起率领党政代表团到湖州市考察科技创新等工作。

19日　浙江省委第三巡视组到湖州市，开展为期三个月的巡视工作。

同日　湖州市举行与西班牙雷嘎纳斯市建立友好交流关系签字仪式。

20日　卫生部副部长、基层医疗卫生单位学习实践活动指导小组副组长、第五巡回指导组组长陈啸宏，到湖州市调研关于深化医药卫生体制改革、基层医疗卫生单位学习实践活动开展情况。

同日　湖州市举行首届警察文化节闭幕式暨管乐专场音乐会。浙江省委常委、政法委书记、省公安厅长王辉忠等出席。

同日　湖州市召开全市三季度经济和社会稳定形势分析会，分析经济运行和社会稳定形势，交流百名领导联系百个项目、百家企业工作情况，研究部署四季度工作。

同日　湖州市举行太湖名爵游艇俱乐部项目奠基仪式。

同日　首届南南合作与发展国际会议与会代表到湖州市考察新农村建设情况。

22日　以“加快‘长三角’地区生态文明建设”为主题的第十三届长三角城市党委政研室（研究室）主任联席会议在湖州市召开。市委副书记朱坤民致辞，江苏省委研究室副主任范朝礼、浙江省委政研室副主任沈建明、上海市委研究室副巡视员李华欣出席。

23日　西班牙雷嘎纳斯市市长拉法尔·蒙托亚率领代表团到湖州市考察。

25日　湖州市举行中国（安吉）休闲农业与乡村旅游高层论坛暨2009首届中国（安吉）休闲农业与乡村旅游节开幕仪式。全国政协副主席、民革中央常务副主席厉无畏宣布开幕。

26日　湖州市委召开理论学习中心组（扩大）会议，邀请全国政协副主席、民革中央常务副主席、著名经济学家厉无畏作《创意改变中国——创意产业与城市经济发展》专题报告。

27日　由上海市人大常委会主任刘云耕率领的上海市人大常委会考察团到湖州市考察。

28日　湖州市举行2009中国·湖州“南太湖精英计划”项目签约仪式。

29日　浙江省委常委、省纪委书记任泽民到湖州市安吉县，宣传党的十七届四中全会、十七届中央纪委四次全会和省委十二届六次全会精神，调研社会主义新农村建设、生态文明建设和基层党的建设等工作。

11月

1日　国家林业局原局长王志宝、国家林业局副局长祝列克率领考察组，到湖州市考察林业产业发展情况。

2日　国家林业局局长贾治邦到湖州市考察。

同日　由中国文化管理学会、国家博物馆、中国书法家协会、中国美术家协会、湖州市文学艺术界联合会联合主办的《中华人民共和国60周年书画艺术湖州展》、《2009北京·湖州美术名家作品交流展》在湖州市开展。

5日　湖州市召开全市领导干部警示教育大会。

同日　湖州市举行金洲管道技术联合研究中心揭牌仪式，湖州市委副书记朱坤民、中国石油管材研究所所长杨龙为“金洲管道技术联合研究中心”揭牌。

5日～6日　浙江省政协人口资源环境委员会工作研讨会在湖州市举行。省政协副主席陈艳华到会并讲话。

6日　湖州市举办以“绿色生态与宜居城市”为主题的2010年上海世博会公众论坛。上海市人大常委会副主任王培生，浙江省副省长陈加元，湖州市委书记孙文友分别致辞；市委副书记、市长马以作主题演讲。

9日　湖州市举行中国移动3G湖州正式商用启动仪式。

10日　湖州市举行2009首届中国·湖州国际生态（乡村）旅游节开幕仪式。浙江省副省长王建满宣布开幕。

10日～11日　浙江省农村精神文明建设工作会议在湖州市长兴县召开。省委常委、宣传部长黄坤明到会并讲话。

11日　湖州市举办主题为“走进绿色旅游，感受生态文明”的首届中国·湖州国际生态（乡村）旅游高峰论坛。

同日　日本岛田市议会议长富泽保宏、岛田日中友好协会会长寺川百合子率领岛田市第21次友好访华团到湖州市访问。

12日　湖州市举行基层市人大代表接待活动。

同日　湖州市召开高新技术产业暨生物医药产业发展推进会。

15日～17日　韩国清州市议会副议长延哲钦率领清州市议会代表团到湖州市访问。

16日　湖州市举行湖州市—浙江大学合作共建省级社会主义新农村实验示范区第三次年会。浙江大学党委书记张曦主持并讲话。

17日　湖州市委理论学习中心组召开（扩大）会议，观看浙江省委书记赵洪祝在全省领导干部党风廉政建设会议上的讲话录像。

同日　湖州市举行招商银行湖州支行开业仪式。

18日　全国木材标准化技术委员会第三届第三次年会暨木材标准研讨会在湖州市南浔区开幕。全国政协人口资源环境委员会副主任、中国林学会理事长江泽慧等出席。

18日～19日　湖州市召开第六次归侨侨眷代表大会。中国侨联副主席、浙江省侨联主席王成云到会并致贺词。

19日　全国政协副主席、台盟中央主席林文漪到湖州市考察。

同日　湖州市召开加快推进残疾人事业发展工作会议。

20日　云南省德宏州委书记赵金率领德宏州党政考察团到湖州市考察。

21日　上海市青浦区委书记高亢率领上海市青浦区党政代表团到湖州市考察。

24日　中国科学院副院长施尔畏到湖州市调研中科院湖州中心建设情况。

25日　湖州市召开加强农村精神文明建设推进文化“八有”工程现场会。

11月26日～12月10日　湖州市开展对县区及市级有关部门2009年度贯彻执行党风廉政建设责任制和惩防体系构建情况的检查考核。市领导孙文友、马以、朱坤民、王敏奇、吴水霖、金建新、高玲慧、胡菁菁、周杰、杨建新、李建平、沈建平分别带队到相关县区及部门检查考核。

29日　浙江省委书记、省人大常委会主任赵洪祝，副省长茅临生，省农业厅厅长孙景淼视察2009浙江农业博览会湖州展区。

30日　中国气象局副局长矫梅燕、浙江省副省长茅临生检查德清县全国新农村建设气象示范县创建工作。

12月

4日　湖州市举行市委六届九次全体（扩大）会议。全会深入学习贯彻党的十七届四中全会和省委十二届六次全会精神，听取和讨论孙文友代表市委常委会所作的报告，研究部署新形势下湖州市党建工作，审议通过《中共湖州市委关于以改革创新精神加强和改进党的建设的实施意见》，并部署岁末年初有关工作。

5日　湖州市委理论学习中心组召开学习会，观看大型专题历史文献片《居安思危——苏共亡党的历史教训》。

同日　中科院生物局局长张知彬到湖州市视察中科院湖州中心。

8日　湖州市举办2009浙江·湖州老字号精品暨名特优新农产品产销对接会。

11日　“久立特材”股票挂牌上市仪式在深圳证券交易所举行。

15日　浙江省委副书记夏宝龙到湖州市调研社会主义新农村建设。

15日～16日　浙江省农村社区建设工作推进现场会在湖州市安吉县召开。浙江省委副书记夏宝龙到会并讲话。副省长陈加元主持会议。

16日　湖州市举行由中国高纤控股公司投资、

年产100万吨大容量熔体直纺差别化功能性化学纤维项目签约仪式。

同日　湖州市举行浙江大学高层次人才支持湖州新农村建设挂职干部迎送会。

17日　浙江省委宣传部常务副部长胡坚到湖州市调研党员干部理论学习教育和基层宣讲工作。

同日　湖州市委出台《关于以改革创新精神进一步加强和改进党的建设的实施意见》（湖委〔2009〕9号）。

同日　湖州市举行军民百名连村党支部书记共学科学发展观活动。

21日　湖州市召开市老科技工作者协会第六次会员代表大会。浙江省原政协副主席、省老科协会长陈文韶等出席。

26日　湖州市举行市委党校建校60周年庆祝大会。

28日～30日　浙江省委学习实践活动第二巡回检查组组长、省直机关工委原副书记、巡视员周健率省委第二巡回检查组到湖州市德清县、吴兴区检查指导第三批深入学习实践科学发展观活动。

30日　湖州市举行老虎潭水库引水工程正式通水仪式。

同日　浙江省农业厅副厅长朱志泉、环保厅副厅长方敏率领2009年度生态省建设和环境污染整治专项督查与现场考核组到湖州市督查考核。

30日～31日　湖州市委书记孙文友、市委副书记朱坤民，分别主持召开老同志和市民主党派、工商联负责人座谈会，征求对市委、市政府工作的意见和建议。

总　述

·经济和社会发展概况·

【概况】 2009年，是新世纪以来湖州经济发展最为困难的一年。面对国际金融危机的严重冲击，全市上下紧紧围绕"深入学习实践科学发展观，全力促进经济社会又好又快发展"这一主题，牢牢把握"保增长、抓转型、增活力、重民生、促和谐、强保障"这一主线，坚决贯彻中央、省、市各项决策部署，攻坚克难，扎实工作，保持了经济社会平稳协调发展的良好态势。全市实现生产总值1101.83亿元，按可比价格计算，比上年增长10.2%。分产业看，第一产业增加值为90.26亿元，增长4.6%；第二产业增加值606.41亿元，增长8.2%，其中工业增加值542.54亿元，增长7.7%；第三产业增加值405.16亿元，增长14.5%。三次产业比例为8.2:55.0:36.8。按户籍人口计算的人均GDP为42569元，增长9.9%，折合6231美元。财政总收入146.69亿元，其中地方财政收入80.01亿元，分别增长9.7%和11.7%。地方财政支出108.51亿元，增长25.6%。居民消费价格总水平下降0.8%，工业品出厂价格下降4.1%，原材料、燃料、动力购进价格下降5.0%。

【第一产业】 农业生产平稳发展。全年实现农林牧渔业总产值153.09亿元，增长4.7%。其中：农业产值67.62亿元，增长3.9%；林业产值18.88亿元，增长10.4%；牧业产值33.88亿元，增长1.3%；渔业产值26.42亿元，增长7.3%。粮食播种面积13. 5万公顷，减少2.4%；经济作物播种面积9.65万公顷，减少1.1%。其中：油菜籽面积3.17万公顷，增长0.6%；蔬菜面积3.75万公顷，增长3.9%；花卉苗木面积1.18万公顷，增长1.5%。粮食产量91.42万吨，减少1.4 %；油菜籽产量7万吨，减少1.3%；蚕茧产量1.38万吨，减少20.4%；家禽出栏数4913.84万羽，增长0.6%；生猪出栏145.17万头，增长20.1%；水产品产量23.80万吨，增长4.2%。

新农村建设深入推进。"1381"行动计划有序推进，市校合作项目累计达到591项，总投资超60亿元。新增集体经济发展项目140个；新建1个省级、22个市级现代农业示范园；新增15个无公害水产品基地和24家市级农业龙头企业；新增省级标准鱼塘2533.33公顷。省级无公害农产品基地达到14.24万公顷，增加1.14万公顷；拥有无公害农产品541只、绿色食品116只，分别增加137只和23只。完成8座小型水库除险加固、45座山塘整治、1506公里河道清淤；改建县乡公路56.3公里，建成农村联网公路420公里；新改善8万农民的饮水条件；新增电气化乡镇13个、电气化村110个；新建信息化示范村65个；新建乡镇社区服务中心20个；完成农房改建13668户、危旧房改造1610户。农村交通、通信、环境、教育、卫生、文化、社保等继续改善。县区各具特色，安吉"美丽乡村"、德清"和美家园"、长兴"魅力乡村"、吴兴"幸福社区"、南浔"魅力水乡"建设成效明显。

【第二产业】 工业生产加快回升。全市规模以上工业总产值增幅从一季度的2.6%、回升到上半年的4.7%、前三季度5.9%，全年3323家规模以上工业企业完成总产值达到2186.85亿元，增长9.6%，其中轻工业产值895.33亿元、重工业产值1291.52亿元，分别增长12.3%和7.9%。在34个大类行业中29个行业实现增长，占85.3%。十大先进制造业中心产值增幅从一季度下降1.0%、回升到全年增长4.3%，总产值达到1084.06亿元。高新技术产业产值增幅从一季度下降4.6%、回升到全年增长3.5%，总产值达到488.76亿元。其中，新能源及节能、光电一体化、电子信息产业产值，分别达115.43亿元、90.55亿元和51.74亿元，增长13.1%、14.3%和10.6%，增速均快于面上。规模以上工业企业新产品产值达467.75亿元，增长15.3%，快于面上5.7个百分点。

运行质量总体较好。规模以上工业实现主营业务收入2071.13亿元，增长9.0%；利税167.63亿元、利润100.27亿元，分别增长18.9%和30.9%。十大先进制造业中心实现主营业务收入1077.19亿元、利税83.77亿元、利润51.57亿元，分别增长3.9%、10.0%、16.4%。其中，特色机电产品利税增长14.4%，绿色竹木制品利税增长7.5%，金属管道及不锈钢增长6.1%，光电器材及材料增长17.5%，特色纺织品增长2.1%。高新技术产业实现主营业务收入503.20亿元、利税42.28亿元、利润27.59亿元，分别增长3.2%、8.5%和13.5%。其中，新能源与节能产业利税增长7.8%，新材料产业增长14.1%，光电一体化产业增长27.9%，电子信息增长28.1%。

建筑业保持稳步发展。全市年末拥有建筑企业177家，其中一级资质企业25家、二级资质企业85家。全年建筑业企业共完成建筑业总产值281.58亿元，比上年增长19.4%，其中建筑工程产值235.10亿元，安装工程产值32.14亿元，分别增长22.5%和16.6%；房屋建筑施工面积2576.66万平方米，增长20.9%；竣工面积1282.09万平方米，增长46.6%。

【第三产业】 商贸流通业较快发展。全年实现社会消费品零售总额442.57亿元，增长15.8%。其中，批发零售业387.46亿元，增长

16.4%；住宿餐饮业49.36亿元，增长12.8%。限额以上批发零售贸易企业实现零售额123.92亿元，增长22.3%。其中：石油及制品类零售额37.88亿元，增长16.3%；汽车类零售额34.16亿元，增长48.7%；服装、鞋帽、纺织品类零售额10.90亿元，增长11.9%；家用电器和音像器材类零售额10.10亿元，增长16.4%；粮油、食品类零售额9.79亿元，增长6.2%。全市拥有商品交易市场219个，全年市场成交额533.22亿元，比上年增长7.2%。市场成交额超亿元的市场达到41个，比上年增加3个，成交额435.95亿元，占总成交额的81.8%；其中市场成交额超十亿元的市场10个，成交额356.14亿元，占总成交额的66.8%。

旅游业加快发展。全年接待国内外旅游人数2349.96万人次，比上年增长19.1%，其中国内旅游人数2321.69万人次，增长19.2%，入境旅游人数28.27万人次，增长16.0%。全年实现旅游总收入166.24亿元，增长26.2%，其中国内旅游收入159.04亿元，增长26.5%，旅游外汇收入1.03亿美元，增长18.4%；全市旅游景区门票收入1.71亿元，增长25.3%。

房地产业快速增长。全年完成房地产开发投资110.47亿元，比上年增长3.4%。全年房屋施工面积1155.34万平方米，增长15.7%；商品房竣工面积200.70万平方米，增长9.8%；商品房销售面积432.01万平方米，增长120.0%，其中住宅361.48万平方米，增长129.8%；商品房销售额218.76亿元，增长165.9%，其中住宅销售额183.88亿元，增长184.7%。

金融、证券和保险业总量继续扩大。金融机构年末本外币存款余额达到1397.69亿元、贷款余额1150.71亿元，分别比上年增长37.9%、46.4%；全年新增贷款358.89亿元，比上年多增241.09亿元。年末城乡居民本外币储蓄存款余额为688.33亿元，新增145.28亿元，比上年多增20.53亿元。银行业金融机构年末不良贷款余额为7.86亿元，比年初减少1.17亿元，不良贷款率为0.68%，比年初下降0.46个百分点。证券营业机构全年业务成交额2534.09亿元，增长101.6%，其中代理A股成交2322.69亿元，增长117.5%。全市新增久立特材、美都控股和华港实业3家上市公司，融资总额14.8亿元。年末全市已拥有境外挂牌企业2家，境内上市企业7家。市交投二期、长兴交投各15亿元债券顺利发行。成功引进中信、招商等异地股份制银行。新增小额贷款公司试点名额5家。保险公司全年保费收入31.45亿元，增长7.2%。其中：财产险保费收入11.01亿元，增长26.4%；人身险保费收入20.44亿元，下降0.9%。各类保险赔款支出6.35亿元，下降30.7%。其中：财险赔款5.64亿元，下降33.9%；寿险赔款7163万元，增长11.3%。

物流业和邮政电信业稳步发展。积极推进物流基础设施建设，全年新建、改建码头泊位25个，建成15个。全年完成客运量9752万人，比上年增长4.1%；客运周转量32.43亿人公里，增长6.2%。完成货运量16353万吨，增长2.5%，其中：公路6332万吨、增长3.1%，水路10021万吨、增长2.1%；货运周转量187.60亿吨公里，增长6.5%，其中：公路32.92亿吨公里、增长8.2%，水路154.68亿吨公里、增长6.1%。全年内河港口货物吞吐量14945万吨，增长4.3%。全年实现邮政电信业务收入26.79亿元，增长4.7%；年末移动电话用户245万户，增加55.05万户；全市电话普及率为每百人138部，比上年增加19部；年末国际互联网用户39.49万户，增加10.28万户，增长35.2%，其中宽带用户36.99万户，增加8.55万户，增长30.1%。

【固定资产投资】 投入力度继续加大。全年完成全社会固定资产投资637.84亿元，比上年增长20.8%。按产业划分：第一产业投资4.49亿元，下降6.9%；第二产业投资341.92亿元，增长14.2%，其中工业投资337.73亿元，增长16.0%；第三产业投资291.43亿元，增长29.7%。全年限额以上固定资产投资项目2246个，完成投资额591.76亿元，增长21.9%。其中，基础设施投资140.47亿元，增长36.7%；非国有投资439.02亿元，增长14%，占全部限额以上投资的74.2%。

重点项目建设步伐加快。全年126个重点项目投资232.09亿元，完成年度计划115.5%。从重点行业看，交通能源项目投资74.11亿元，完成年度计划的123.7%；商贸流通项目投资16.34亿元，完成年度计划的118.5%；社会发展项目投资25.09亿元，完成年度计划的115.3%；城建及环境治理项目投资48.45亿元，完成年度计划的111.1%；农林水利项目投资22.25亿元，完成年度计划的111.1%；工业科技项目投资40.44亿元，完成年度计划的105.3%。从主要项目看，浙江海盛、金泰新材料、久立不锈钢、好运来金属胶印版材、久盛地板、海信惠而浦家用电器等项目竣工投产，湖州国际小商品城一、二期主体建成，长兴大润发超市、南浔国际建材城一期竣工，老虎潭引水工程试运行。杭长高速二期、太湖明珠、长湖申线航道改建、318国道长兴段改建等项目加快推进，振兴阿祥、旺能机械、永兴特钢、欧美环境等项目进入设备安装。织里国际童装城、新长宁多媒体等项目开工建设。

中心城市建设水平全面提升。老城区有机更新扎实推进，龙溪港东段、爱山广场步行街区、衣裳街历史文化街区等“一港两区”建设有序推进，人民路（府庙）、白鱼潭路等“六路一河”综合整治全面实施。新大通桥、日月大桥、二环东路、学府路等一批骨干路桥工程建成通车。仁皇山中学、长兴技师学院、南浔科创园等一批科教设施投入使用，中心城市综合功能进一步增强。东部新区、织里新区、仁皇山新区、西南分区、南浔城区建设力度加大，中心城市组团式空间形态进一步完善。德清、长兴、安吉三县城市建设稳步推进。全市城市化水平达到55.5%，比上年提高1.2个百分点。

【对外经济】 外贸降幅逐步收窄。全年外贸进出口从一季度下降16.8%收窄到全年下降13.6%，总额达到48.33亿美元。其中：出口从一季度下降19.4%收窄到全年下降16.9%，总额达到40.76亿美元；进口从一季度增长1.6%到全年增长10.2%，总额达到7.57亿美元。按出口贸易方式分，一般贸易出口36.65亿美元，加工贸易出口4.11亿美元，分别下降14.3%和34.9%。按出口企业性质分，私营企业出口21.74亿美元，外商投资企业出口15.91亿美元，分别下降9.2%和11.8%。按出口产品分：高新技术产品、化工产品出口大幅下跌，分别下降了64.6%和50.3%；机电产品、机械设备、农副产品出口也明显下降，降幅分别为13.0%、16.6%和17.0%；纺织原料及纺织制品出口降幅相对较小，下降4.3%。按出口市场分，主要出口市场全面下滑，其中北美洲下降14.0%、欧洲下降15.3%、亚洲下降13.9%。全年进出口贸易额超2000万美元的企业数为49家，比上年减少7家，其中出口超2000万美元企业40家，减少9家。

招商引资成效显著。全年新批准及增减资利用外资项目374个，其中新批外商投资企业179家，批准增资项目120个。合同外资17.15亿美元，比上年下降4.9%。实到外资8.11亿美元，增长1.1%。其中：第一产业2337万美元，增长51.2%；第二产业6.15亿美元，下降5.4%；第三产业1.73亿美元，增长26.0%。全年批准总投资1000万美元以上项目115个，合同外资14.62亿美元，占全部合同外资的85.2%，其中新批总投资1000万美元以上企业92家，合同外资11.79亿美元，占全部合同外资的68.8%。

外经工作扎实推进。全年共输出劳务404人次，年末在外人数1236人；年承包劳务营业额1096万美元；境外投资项目15个，境外直接投资总额2757万美元，比上年增长50.7%，其中中方投资额1943.24万美元，增长6.2%。

【社会事业】 科技事业加快发展。全年专利申请量6030件，比上年增长23.4%；专利授权量5165件，增长122.8%，其中发明专利92件，比上年增加35件。全年经认定登记的技术成交项目338项，技术成交金额4059万元。年末已拥有省级高新技术企业研究开发中心73家，比上年增加13家；拥有省级以上高新技术企业132家，其中国家级132家。全年获市级以上政府奖的科技成果61项，其中国家级1项、省级17项。

教育事业稳步发展。全市拥有各级各类学校482所，全年招收学生12.33万人，在校学生45.64万人，毕业生12.97万人。高等教育毛入学率达到43.1%，比上年提高3个百分点；高考（文理科）上线率达到92.2%，提高3.2个百分点；初中毕业升高中段的比例达到97.5%，比上年提高1个百分点；初中、小学入学率均达到100%；十五年教育毛入学率为97.7%，比上年提高0.1个百分点。全市共有专任教师2.56万人，其中普通中小学专任教师1.86万人；普通中小学每百名学生拥有专任教师数6人。

文化事业健康发展。年末全市拥有剧场6个，全年演出6359场；文化馆、艺术馆4个，全年举办展览33个，组织文艺活动1294次；公共图书馆4个，总藏书量132.4万册件；乡镇街道文化站71个；档案馆4个；博物馆（纪念馆）8个；文物保护单位242个，其中国家级重点文物保护单位14个、省级重点文物保护单位25个。引进高雅艺术演出174场，举办大型广场文化活动361场，组织基层文化活动2874场，开展电影下乡放映1.54万场次；年末有线电视用户达到67.48万户，比上年增加2.25万户；数字电视整体转换工作加快推进，数字电视用户数由上年的11.73万户增加到27.41万户。全年出版各类报纸3352万份，其中湖州日报1600万份、湖州晚报1518万份、湖州广播电视报234万份。新创建省级东海文化明珠乡镇2个，省级文化示范村5个、文化示范社区2个，有20个非物质文化遗产项目入选省第三批保护名录。

体育事业蓬勃发展。全年承办省级以上比赛16次，全国小轮车冠军赛、全国青年象棋锦标赛、浙江省第三届攀岩锦标赛、首届中国湿地生存越野挑战赛等比赛圆满成功；推出“全民健身大广场”活动，举办了乒乓球、钓鱼、拉丁舞、篮球、羽毛球等丰富多彩的群体性体育比赛。全市运动健儿在省以上运动会上获得奖牌97枚，其中金牌22枚、银牌32枚、铜牌43枚。全年体育彩票销售额达2.63亿元，比上年增长8.7%。农村体育设施建设取得新进展，全年农村共新建篮球场195个，安装健身路径270条，乒乓球桌318副，门球场9个，地掷球场6个。

卫生事业稳步推进。年末拥有医疗卫生机构1284个，其中医院34家、卫生院95家、妇幼保健院4家、社区卫生服务站676个；等级医院22家，其中三级医院5家；拥有医疗床位9794张，其中医院床位9304张；卫生技术人员15199人，比上年增加1250人，其中执业医师4440人、执业助理医师1250人、注册护士4722人；每万人拥有医院床位数35.9张；每万人拥有卫生技术人员59人，其中医生22人。年末新型农村合作医疗参保人数171.68万人，参保率由上年的97.1%提高到97.6%，全年报销金额2.97亿元，比上年增长45.8%。农村卫生厕所普及率为90.9%，比上年提高1.9个百分点。农村改水投资总额7469万元，符合国家标准的自来水人口受益率达到96.7%，比上年提高0.6个百分点。全市婴儿死亡率、5岁以下儿童死亡率分别为4.15‰和5.95‰。

社会保障体系进一步健全。年末全市参加基本养老保险人数达到66.25万人，比上年增加5.41万人；参加城镇职工基本医疗保险人数

49.15万人，增加4.57万人；参加失业保险人数34.61万人，增加3.41万人；参加工伤保险人数54.18万人，增加3.42万人；参加生育保险人数33.64万人，增加2.46万人；参加生活保障和生活补助制度的被征地农民24.87万人，增加3万人。年末住房公积金正常缴存人数达到17.16万人，比上年增加0.85万人；全年归集住房公积金16.30亿元，比上年增长17.4%；当年发放个人住房贷款14.15亿元，增长49.3%。

年末全市各类收养性社会福利单位拥有床位8995张，收养人数3796人。城镇“三无”、农村五保集中供养对象2806人，集中供养率98.7%，比上年提高1.2个百分点。全市得到政府最低生活保障的家庭25132户，人数45855人，其中城镇10378人、农村35477人；全年发放低保保障金6937万元，增长24.4%；市区城镇低保标准由上年的每人每月300元提高到340元，农村由180元提高到204元。全年销售社会福利彩票2.19亿元，筹集社会福利资金7151万元。

【人民生活环境和生活质量】 生态环境明显改善。全市地表水水质总体良好，80%的监测断面达Ⅱ、Ⅲ类水质，比上年提高9.7个百分点；77.3%的监测断面水质满足功能要求，提高8.4个百分点；市出境断面水质考核优秀；市区环境空气质量优良率为91.8%。全市已拥有20个国家环境优美乡镇、42个省级生态乡镇、55个市级生态乡镇和196个市级生态村，拥有省级绿色饭店20家、省级绿色学校57所。湖州市成为全省唯一设区市省级生态文明建设试点市，德清县通过国家生态县现场考核验收，长兴县被命名为省级生态县。

节能减排工作切实加强。积极实施100项节能降耗技改项目，全面推进重点行业、重点企业的清洁生产和节能工作，严格执行投资项目用能评估和审查制度。全年通过强制清洁生产审核验收企业17家、上报省级绿色企业10家。深入实施“811”新三年行动方案，大力治理企业污染和农业面源污染，对126家重点污染源进行实时监测和动态管理，启动16个现有污水处理厂除磷脱氮升级改造工程，3个省级开发区（工业园区）、2个市级重点环境问题得到有效整治。开展矿山企业环境专项整治，关、停矿山企业12家，停产整治企业15家。加强太湖蓝藻防治和水环境保护，南太湖生态修复工程、“苕溪清水入湖”等太湖水环境综合治理工程全面推进。

人口保持基本稳定。全市年末户籍人口259.17万人，其中男性129.78万人、女性129.39万人；非农人口81.84万人，比上年增加1.09万人；60岁及以上人口47.46万人，占总人口的18.3%，比上年提高0.6个百分点。全年出生人口1.93万人，出生率为7.45‰；死亡人口1.89万人，死亡率为7.29‰；人口自然增长率为0.16‰；计划生育率为98.3%。

生活水平继续提高。全市城镇居民人均可支配收入达23280元，比上年增长7.8%。全年市区城镇居民人均可支配收入23242元，增长6.5%；占户数20%的最高收入组的收入为最低收入组的4.3倍；人均消费支出14561元，增长2.3%；恩格尔系数为36.1%；年末人均住房面积31.5平方米。全市农村居民人均纯收入达11745元，增长9.2%；占户数20%的最高收入组的收入为最低收入组的6.8倍；人均生活消费支出8058元，增长14.4%；恩格尔系数为33.1%；人均住宅面积53.9平方米。全年新增城镇就业5.57万人，帮扶下岗失业人员再就业2.18万人，其中就业困难人员再就业0.52人。年末城镇登记失业率为3.2%。年末城乡居民人均本外币储蓄存款余额达26559元，比上年增加5585元，增长26.6%。

（钟建林）

·经济体制改革·

【概况】 2009年，湖州市以科学发展观统领改革工作全局，紧紧围绕为“保增长、促转型”提供强有力的体制机制保障的目标，扎实推进重点领域和关键环节的改革。市委、市政府把深化体制改革作为应对金融危机、保持经济持续平稳较快发展和社会和谐稳定的重大举措来抓，市委六届八次全会出台了《关于深化改革开放加快科学发展的实施意见》，构建了1+6的政策创新体系；市委常委会、市政府常务会议把相关改革重点工作列入重要议事日程，多次专题研究部署；市政府出台了《2009年湖州市深化改革的指导意见》，切实加强全市深化改革的总体指导和综合协调，形成了各级各部门高度重视改革、协调推进改革的工作格局。

【推进行政管理体制改革】 1.完善县区考核机制。科学设置考核指标，淡化一般经济总量，突出了绿色GDP考核，差异化设置考核指标体系，强化了县区域经济发展的激励导向。

2.深化行政审批制度改革。全面实施“123”行政服务创新计划，进一步完善重大项目“一站式”全程协调服务机制，建立“8+X”联席会议制度，出台了房产登记、企业登记“两条龙”并联审批管理办法。启动了第四轮行政审批制度改革，加快推进行政审批职能整合和集中改革，确定6个市级部门先行试点，基本完成非行政许可事项清理规范工作。加强行政审批服务网络建设，初步建立了市、县（区）、乡镇、村四级便民服务体系。全面清理行政规范性文件，废止、修订文件931件。

3.积极推进扩权改革。全面落实扩权强县改革。根据省委、省政府统一部署，出台政策文件，扎实推进扩权强县改革，20个市级部门向三县下放132项经济社会管理权限，各项工作走在全省前列。率先实施扩权强区改革。出台《关于推进扩权强区改革的若干意见》，在全省率先实施扩权强区改革，共有20个市级部门向吴兴、南浔两区下放管理权限159项，有效激发了两区发展的活力。探索开展中心镇扩权改革。安吉县在全市率先实施扩权强镇改革试点，县发改委等10个部门以直接交办或委托方式向中心镇下放45项管理和审批权限。

4．平稳推进政企政事分开。有序推进事业单位分类改革，新增完成事业单位摘帽转企改制任务1家。成功组建湖州城投集团和湖州广电传媒集团。出台《关于开展行业协会商会改革创新观察点工作指导意见》，稳步推进行业协会改革创新和规范化评估工作。

【深化经济领域改革】 1．创新保稳促调的体制机制。出台《加快湖州工业转型升级的若干意见》、《加快生物医药产业发展的若干意见》、《关于进一步促进个体私营经济快速发展的若干意见》等政策意见，编制了6个工业转型升级专项规划。建立工业与服务业联动发展机制，积极推进20家重点工业企业分离发展生产性服务业试点。深入推进民营经济“9565”工程，全市私营企业累计达到18828户、个体工商户130286户，分别增长8.7%和14.4%。继续加大清费减负力度，共取消、降低、暂停行政事业性收费项目72项，减负超20亿元。完善国有资产监管体制，出台《湖州市国有企业负责人业绩考核暂行办法》，试行了国有企业年度财务会计决算统一委托审计工作。规范国有资产处置行为，2009年全市国有产权交易项目249个，成交金额30.8亿元，比评估值增加了13.09亿元，增值率为73.9%；成交金额比2008年增加了20.74亿元，同比增长206.08%，实现了保值增值。

2．自主创新体系不断完善。加快区域科技创新体系建设，2009年全市新增科技孵化器面积14.3万平方米，其中省级以上孵化器达到4家。科技金融服务取得新进展，探索建立了专利权质押贷款制度，安吉汉洲竹制品有限公司“竹篾丝制品的增香方法”发明专利权获得全市首笔300万元的纯专利权质押贷款，开展“太湖之星”科技型企业信托贷款工作。科技人才、品牌、专利、标准化建设继续加强，“南太湖精英计划”新签约17个项目，新增驰名商标5件、省级名牌产品28只，“南浔木地板”成为湖州市首个浙江区域名牌，专利申请量、授权量大幅增加，行业联盟标准在块状经济中广泛推行。新增省级高新技术特色产业基地3个，新认定国家重点扶持的高新技术企业64家，长兴绿色动力能源基地被认定为国家高新技术产业化基地。企业自主创新能力不断提高，2009年全市高新技术产业产值达488.8亿元，比上年增长3.5%；实现利税42.3亿元，增长8.5%。全年共完成科技合作成果转化省级重大重点科技专项项目16项，立项数列全省第一。

3．金融改革创新稳步推进。加大金融服务保障力度，2009年全市银行业金融机构新增贷款358.9亿元，为上年的3.1倍，增速居全省第一。拓宽企业直接融资渠道，新增上市公司3家，完成融资额11.59亿元；湖州交通投资集团公司15亿元二期企业债券成功发行。健全金融组织体系，新增小额贷款公司试点名额5个，引进2家异地股份制银行在湖州市设立分支机构。创新金融产品，积极推进林权、股权、专利权、排污权、应收账款等抵押质押贷款方式。积极探索中小企业和农村融资新渠道，小企业贷款占新增企业贷款的47.5%，金融支农贷款余额同比增长46.87%，两类贷款的增速分别高于全部贷款平均增速的6.46个百分点和1.27个百分点。加强担保体系建设，全市担保机构67家，注册资本达19亿元，同比增长73%，2009年贷款担保总额达38.59亿元，同比增长75%。

4．完善资源要素市场化配置机制。推进资源要素价格市场化改革。实施排污权交易制度，制定出台排污权交易《实施细则》，全市共核定了153家企业排污总量，实施交易项目15个，涉及资金330万元；进一步加大乡镇污水处理费开征力度，建立了天然气销售价格上下游联动机制；落实成品油价格改革，完善了道路客运班车燃油附加费征收办法；合理调整城市供水价格。加强土地节约集约利用和低丘缓坡开发利用，9个重点区块纳入省《低丘缓坡综合开发利用规划》。

【推动社会领域改革】 1．完善就业和社会保障制度。全面开展创建创业型城市试点工作，大力推动创业促就业。加大促进高校毕业生就业力度，应届毕业生就业率达到88.9%。稳步推进社会保障扩面提标，五大社会保险参保任务超额完成，企业退休人员养老金、城乡居民最低生活保障金、被征地农民基本生活保障金、失业保险金等都得到新提高。积极探索新型农村社会养老保险制度，德清县率先实施城乡居民养老保险制度。加大民生投入力度，全市财政支出增量的75.2%用于民生。

2．实施医药卫生体制改革。制定出台湖州市《关于深化医药卫生体制改革的实施意见》、《深化医药卫生体制改革2009—2011年重点任务实施计划》，全面推进完成医改2009年重点工作任务。加快推进基本医疗保障制度建设，继续完善城镇职工、城镇居民医保，实施了城镇企业退休人员门诊统筹，扩大城镇居民医保范围，在校大学生全部纳入城镇居民医保，巩固新型农村合作医疗“三条保障线”制度，农民参合率达到97.56%，人均筹资标准达到176元，新型农村合作医疗“一卡通”报销管理系统开通运行。推进实施基本药物制度，贯彻国家基本药物指导价格政策，加强对基本药物指导价格执行情况的监督检查。完善基层医疗卫生服务体系，实施3家县级医院改造，8家社区卫生服务中心标准化建设已竣工，10家正在建设中，新建社区卫生服务站29家、改扩建26家。完成127名全科医生和121名护士的岗位培训。建立19所医院与52家社区卫生服务中心协作机制。促进基本公共卫生服务均等化，继续实施三大类12项基本公共卫生服务项目，提高基本公共卫生经费标准，城市人均达到20元、农村人均

15元。探索推动公立医院改革，启动公立医院设置规划和鼓励社会办医规划研究，初步构建三级医疗质控体系。

3. 推进教育体制改革。加快推动城乡教育均衡发展。加大教育投入力度，扎实推进多媒体进普通教室、电脑、空调器进教师办公室、塑胶跑道进学校农村学校“三进”工程，启动实施中小学校舍安全工程，各级各类学校办学条件明显改善。深入实施教师培训“领雁工程”，完成省、市、县（区）三级1100名骨干教师（校长）培训任务。进一步健全学生资助体系，认真落实以“助学教育券”为主体的各项资助政策。继续实施“爱心营养餐工程”，受益学生2.03万人。全面落实义务教育绩效工资制度，保障和改善了义务教育教师工资待遇。

【深化农村综合改革】 1. 完善农村经营制度。完成63个村集体资产股份制改革，新增土地股份合作制试点22个。土地流转进一步加快，全市已建立乡镇土地流转服务中心57个、村土地流转服务站920个，全市农田流转面积达到64.58万亩，流转比例达38%，安吉县试点开展了对土地流转后的农民实行“土地换保障”工作。稳妥推进宅基地制度创新，已在吴兴区、南浔区和湖州经济开发区3个试点村开展宅基地确权发证，长兴县月明村节约集约利用宅基地建设示范村的做法在全省推广。加快发展农民专业合作组织，新增各类农民专业合作社130家。建立了“县道县管、乡道乡管、村道村管”的农村公路管理养护体制。

2. 扎实推进农村住房改造建设和村庄整治。全年共完成农房改造建设13668户，探索形成了“拆旧建新”、“原地拆建”、“拆迁安置”、“困难救助”等具有湖州特色的农房改造“四型”模式，在全省推广；深入实施新一轮“百千工程”，全年完成43个示范村建设、144个整治村提升和10个小城镇环境综合整治，在全省“千村示范、万村整治”工程考核中位列11个设区市首位，村庄整治工作继续走在全省前列。

3. 深化集体林权制度改革。各县（区）全部建立了森林资源交易平台，累计流转林地面积61.8万亩，流转比例达到15.9%；森林经营水平不断提高，林业总产值达到237.6亿元，连续6年位居全省第一；森林资源资本化加快推进，全年发放林权抵押贷款1.33亿元。

4. 完善政策性涉农保险制度。全面完成政策性农村住房保险参保任务，全市参保农户53.3万户、参保率达到100%，率先实现了全覆盖，连续3年居全省首位；扎实推进政策性农业保险参保工作，主要品种投保额6.96亿元，参保率达到67.6%，保费收入比上年增长40.7%。

5. 中心镇培育成效明显。中心镇经济实力进一步增强，2009年，全市18个中心镇实现规模以上工业总产值1273亿元，占全市规模以上工业总产值的58.2%，中心镇财政收入58.6亿元，占全市财政总收入的39.9%，比上年提高了2个百分点；产业特色进一步明显，4个中心镇拥有省级经济开发区平台、11个中心镇有市重点乡镇工业功能区，市政府确认的2009年度8个市工业强镇均为中心镇，有6个中心镇列入全市十佳特色产业强镇。城镇化规模进一步扩大。18个中心镇平均辖区面积146.42平方公里、平均建成区面积8.47平方公里，平均镇辖区人口9.56万人、镇建成区平均人口集聚度达到41%。

（汪　明）

·行政服务中心·

【概况】 2009年，行政服务中心办理行政审批事项146.14万件，其中联审联办项目1324件。按法定时间算，提前办结率达90.4%；按承诺时间算，提前办结率达80.6%。行政审批服务的群众满意率达99.8%。招投标平台交易5343宗，交易额181.85亿元。其中：产股权交易1839宗，交易额7.75亿元；国土资源交易163宗，交易额85.2亿元；工程建设项目交易583宗，交易额86.56亿元；政府采购2758宗，交易额2.33亿元。地矿出让、旧房拆除、废矿整治共增值21.85亿元，政府采购节约财政性资金4911.37万元。市长热线受理市民来电32161件（含短信和邮件），按时反馈率和办结率均达到99.9%，群众满意率达96.8%。

【深化行政审批制度改革】 在认真总结2008年安吉县“两集中、两到位”试点经验的基础上，分别到常州等市调研，起草“试点先行、稳妥推进、分步实施”的改革建议，并递交市政府第42次常务会议审议通过。9月，市政府召开全市深化行政审批制度改革动员大会，下发《关于深化行政审批制度改革的实施意见》。10月，经市审改办统筹安排，行政审批职能整合归并改革、清理行政许可及非行政许可审批事项、完善行政审批服务集中统一联合办理机制、加强对中介机构及垄断行业的规范化管理等四项改革有序推进。认真落实扩权强县要求，与25个部门及时对接，完成48个事项的核对、修改及落实工作。会同有关部门对环境评估、地产评估、资产验资等涉及行政审批的15家中介机构的服务事项重新审核，统一公布资讯，为企业自主选择提供阳光服务。积极参与“双百双千”活动，重点为2009年有实质性进展的118个市重点、市领导联系项目提供跟踪服务。主动与结对企业联系20多次，帮助企业突破发展瓶颈。充分发挥全程代理窗口的作用，采用领办、协办、帮办等形式，为91个项目提供代理服务。以“一门受理，统一抄送，并联审批，按时办结”为特色，畅通四条审批“快车道”，即实施外商投资企业联合年检工作，推进“六小”行业联合审查和联合踏勘，开展节能减排项目联合办理，坚持重大项目初步设计、可研性研究报告联审制度；起草企业登记“一条龙”和房产登记“一条龙”管理办法，行政审批效率再度提升1/3。各部门窗口在坚持预约服务、延时服务、上门服务等多项便民举措的同时，坚持服务方式再创新，公安、建设、国土、财税等窗口再次简化办事流程，不断缩短办理时限，受到企业群众的好评。坚持“8＋X”重大项目审批例会协调制度，定期编报重大项目审批进度专刊11期，出台项目审批“一站式”协调服务工作考评办法。配合纪检监察部门，加固行政审批电子监察系统的网络联通和数据采集环节，确保项目审批与招投标实现网上全程实时监控。抓好窗口效能监察“五个坚持”，落实审批政务“十个公开”，倡导审批窗口服务“十项承诺”，规范业务操作“五制管理”。建立窗口民主管理会议制，加强对新进“中心”窗口人员的素质培训，实现管、办双方共建示范大厅的良性互动。

【强化招标采购监管工作】 根据市委、市政府的统一部署，召开全市第二次招投标工作会议；邀请专家作“招投标工作实践与思考”讲座，宣传公共资源优化配置的迫切性；举办交易平台建立五周年图片展览，宣传推进统一平台建设的优越性；组织首次招标采购现场观摩“开放周”活动，组织访谈2场，涉及标项27个，接待各界人士及职业技术学院师生120多人次，开放招标采购阳光操作的全过程；编发《交易指南（4）》，宣传招标采购的最新政策法规。认真贯彻市政府《关于公共资源统一进招投标平台规范交易的实施意见》，对排污权、法院罚没资产、线路营运权等项目的进场公开交易进行可行性分析；对自主创新和节能环保型公务用品、基建材料及企业进行市场调查。公共资产租赁、会议培训定点等公共资源项目新纳入平台公开交易；交易额连续3年超100亿元，比2008年增长77%，达到近年来最高峰。严格按照法律规定发布招标采购信息3630多条，认真根据公开招标、邀请招标、拍卖等15个程序规范交易运作。坚持为浙北大厦迁建等市重点工程实行招标采购提前介入指导和全程咨询服务，扎实推进投资额400万元以上工程建设项目资格预审进“中心”。加强与财政、国资等部门的衔接，实施产（股）权交易会员制管理办法，制定国有产权拍卖机构选择细则。增设国土资源交易外币保证金专门账户，努力降低汇率变动引起的风险。推出投标保证金退还网上告知制。积极探索政府采购招标前征询意见、专家论证的新方式，为业主提供电梯、空调等通用技术参数指标的清单式服务。为探索建立招投标综合监管机制，组织招标采购网上民意调查和书面专题调查，梳理建议和意见58条。加快推进工程项目招投标电子辅助评标系统的建设，2009年，已有144个项目运用电子辅助评标，有效提高了评标的效率和质量。为避免评委成“常委”，会同行业主管部门推进全省统一的评标专家库建设。规范操作环节，积极筹建评标专家计算机随机抽取及语音通知系统，对招标采购项目交易推行“全程记实制”，对招标采购项目坚持“一项一评”，对重点项目招投标过程实行电子监控并全程刻录，对进入评标区的评委专家和代理机构人员严格现场管理，对招投标不良行为记录及时更新曝光。会同行业主管部门打好招投标监督“组合拳”，协助市招管办积极构建招投标监管新格局。

【加大热线投诉办理力度】 坚持市长每月接听一次热线；3月起，局长接听热线活动实行每月两次制度化。2009年，开展市长接听日活动12次，受理电话341个、涉及问题418件；安排局（区）长接听日活动26次，共受理电话367个、涉及问题403件。“市长热线进社区”活动被列为市政府“百件实事惠民生”专项行动之一，在开展每月一次定向接听街道社区居民来电的同时，组织开展两月一次的现场服务活动，“零距离”受理居民的投诉事项，面对面解决群众的实际问题。2009年，已组织“市长热线进社区”现场服务活动5次，受理居民投诉149件，涉及问题194个，“市长热线进社区”活动中的受理件办结率为100%。为保证“12345”热线接听质量，4月起，双休日由“中心”党员干部负责接听热线，2009年，已安排了四轮接听活动。规范日常受理、投诉办理、专项督查、信息报送、数据统计五项工作规程。重视每周例会制度，学习上级政策和法律法规，讨论解决办理过程中的疑难问题。修订《市长热线受理工作细则》、编发《市长热线办内部管理制度汇编》，使“五个100%”要求更加明确。新增《民情综述》专刊，按季分析市民反映的热点、难点问题和好建议。细化投诉督查全程“一事一记”环节，充实热线办人员月度考核和市长热线工作自查新内容。2009年初，市长热线荣获省级“巾帼文明岗”称号。坚持“五个必督”，加大督办力度。狠抓书面交办、电话督办等常规督办环节，活用呈报领导、专题协调、现场督办、热点追踪等重点督办方式。2009年，实施督办560件，其中现场督办105次。5月，与市效能办联合建立市长热线和机关效能疑难投诉件协调处理机制，至年底，召开疑难投诉件案例分析会2次，有效地解决了6例疑难投诉。通过信息、短信等形式，通报部门投诉件办理情况。编发《一周热点》、《工作动态》、《民情综述》、《一事一报》75期，与媒体联动刊出为民办实事事例305例。

（刘　芸）

·行政执法·

【五项重点整治工作成效明显】 一是区域整治工作。核心商贸区（东至小市巷口，南至仪凤桥，西至劳动路口，北至榆树街）环境秩序集中整治工作成效显著。经过近10个月的整治行动，商家自行清退挪作他用的地下停车场面积约3000平方米，十字区域内（江南工贸大街、红旗路）路面车辆禁停工作全面完成；府庙区域环境秩序整治取得重大突破。6月30日，府庙临时小商品市场成功关停，12月7日，搬迁完毕的小商品市场顺利拆除。

查违拆违工作全面完成，区域立面改造工作全面铺开；新天地消防整治工作圆满完成。新天地商贸区、办公楼、公寓楼、广场等区域涉及5大类、30个方面，包含112项内容的消防安全隐患均按要求整治到位。二是市容管理工作。一年来，共纠正乱设摊、乱占道、乱吊挂、乱晾晒行为12.6万余起，处罚1.15万余起。在集中力量抓好摊位整治工作中，通过分片包干防控占道设摊、通过堵疏结合整顿经营秩序、通过专项整治促进市容规范。在坚持日常管理与不定期集中整治相结合的基础上，突出早、中、晚"三头"管理。累计取缔夜摊502个次、排档301个次，规范排档32个。在继续强化原疏导点管理的基础上，本着夜酒摊分点集中，百货、水果"小疏大管"的思路解决设摊问题。一方面选择夜市疏导点并实行公司化管理。另一方面在条件允许的地方设立自产自销疏导点和季节性水果销售点。2009年新增疏导点7个，市区疏导点累计达到10个。同时，还加强联动、整合资源，狠抓学校、市场等重点区域和"两考"等重点时段的流摊治理工作，初步形成了齐抓共管局面。在教管并举抓人行道停车管理中，全年共发放温馨提示和车位提示联系单1200余份，受理并施划车位819个，其中新增277个，查处违法停车1.3万余辆次。在推行人行道停车管理劝导式执法的同时，推出100个公免车位作为2009年市政府为民办实事项目。在9月开展的全市《道路交通法》专项检查中，市人大领导对市行政执法局人行道停车管理工作给予了高度评价。三是警管联动抓"牛皮癣"治理。全年累计清除"牛皮癣"86300余处，组织开展打击制贩假证违法犯罪专项行动。累计立案22起，其中治安案件18起；抓获违法犯罪嫌疑人50人；治安处罚24人，其中治安拘留18人；追究刑事责任14人；教育释放14人；收缴假证127件，收缴作案工具75件，收缴各类证书证件、印刷品（公章）若干份（枚），打击效果明显。三是环境治理工作。"六小行业"管理有突破。"六小办"全年共受理申请850件，同意注册393件。经过努力，诸如温州粢米饭店油烟扰民等一些反复投诉的"六小"问题得以彻底解决；历史遗留的"老虎灶"烟气扰民治理工作全面完成。中心城区67家"老虎灶"中，技术改造24家、拆除关闭34家、自行整改9家，"老虎灶"专项整治圆满结束，转入长效化管理阶段。工地监管工作有实效。在继续实施工地开工标准监控的基础上，严查夜间违规施工、噪声扰民及施工车辆撒漏行为。累计开展专项整治行动4次，检查建筑工地52场次。规范建筑施工现场、纠正路面污染共计193起，查处撒漏车辆97辆；同时，加大环保执法力度，对群众投诉较多，且屡教不改的在建工地予以坚决查处。全年办理夜间违法施工噪声污染案件立案21件、结案17件。经过一系列管控措施，关于夜间工地噪声扰民的有理投诉量逐月下降，甚至连续数周无相关举报，管控效果显著。开展了商铺噪声专项整治行动、绿色护考行动等，加强了对房地产装饰装修行为的监管，严查未进行申报登记、未办理施工许可的房地产开发项目、住宅和非住宅装饰装修的行为，确保查处率达到95%以上。四是户外广告管理工作。在严格审批、严格管控的基础上，根据全市"八路一区"整治总体部署，对户外广告和店招进行配套整改；强化户外广告设施安全管理，从8月下旬起，户外广告安全检测将纳入年检范围；与新建小区物业建立对口联系制度，实现共同监管。以中心城区违法建设集中整治为契机，加大对违法设置户外广告的查处力度。全年共受理户外广告设置申请206件，经审批同意许可136件，不予许可70件。查处违法设置户外广告设施案件99件，累计拆除违法户外广告面积达1.22万平方米。积极探索公共广告设施市场化运作，成功组织了4次公共广告设施（阵地）使用权拍卖工作，先后拍出公共户外广告设施（阵地）138块（处），超额完成了既定目标任务。五是违法建设整治工作。保持日常查、拆违工作继续保持高压态势，累计查处违法建设户233户，拆除违法建设面积1.8万平方米；根据市政府的统一部署，于9月强势启动了中心城区违法建设集中整治行动。市行政执法局除配合经济开发区、太湖旅游度假区开展拆违工作外，还负责中心城区涉及201处，6370平方米的违法建设整治任务。同时做好旧城改造及重点工程的拆迁协助工作。

【提升执法办案水平】 以文明规范执法为目标，以提高全局办案质量为第一要务，开展执法办案工作。2009年，共办理各类案件16474件，其中一般程序案件838件，简易程序案件15307件，重大案件15件，审核案件261件，因法律适用或裁量不当退回53件，无行政复议案件，行政应诉案件2件，均维持原行政处罚决定，达到行政诉讼零败诉的目标。在省对湖州市的《浙江省城市管理相对集中行政处罚权》情况检查、调研时，市行政执法局的执法工作得到了上级部门的充分肯定。

【积极推进职能创新】 一是科技创新。从7月起，由城管办牵头，正式开展湖州市"数字城管"筹建工作。以"数字城管"建设为契机，研发自动化办案系统，努力实现办案效率质的改变。二是体制创新。根据管理工作需要，专门组建核心商贸区管理大队，具体负责核心商贸区域改造后的环境秩序日常监管工作。理顺城管办体制，实行城管办、三管办、犬管办、禁放办"四办"合署办公，下设监督、指挥两个中心，负责"数字城管"日常工作。"五位一体"（园林绿化、市政公用、城乡规划、环境保护、环境卫生、工商行政、治安交通、便民服务）管理体制的改革工作已经展开，城市网格化管理标准（试行）已经出台，中心城区101个单元网格划分完毕，5个网格管理试点有序开展。机制创新。城管治安警察支队在日常与支队执法动态联系机制上，实行了保障机制对应制度和重要工作联系保障机制。户外广告业务开展中，积极引入市场化运作机制，取得了明显成效。

【优化执法环境】 强化接受监督意识。通过专题报告工作、聘请监督员、广泛征求意见、办理各类信访投诉等多种形式，主动接受社会各界的监督。全年累计办理“两会”提案、建议30件，承办市长热线交办件1071件，局指挥中心热线电话举报7357件，群众直接上门来访投诉205人次，各支队直接受理群众投诉2609件，总计11272件次，回复率达100%，满意率达90%以上。强化主动公开意识。综合运用网上公开、墙上公开、书面公开、窗口公开等多种方式，将本部门的执法信息公之于众，实行“阳光执法”。邀请党校年轻干部体验一日城管执法，深入学校、社区、机关宣传法律法规和工作职能。借助各种途径广泛扩大知晓率，宣传工作，宣传队伍，引导舆论，营造环境。全年共编印宣传资料万余份；上报市委办、市府办信息73篇；各大媒体宣传报道81期；各类内部刊物近40期。

（沈琴英）

·湖州经济开发区·

【概况】 2009年是湖州经济开发区发展史上压力最大、困难最多的一年，也是应对危机、成效显著的转型之年。一年来，湖州经济开发区以科学发展观为统领，深入开展“学习实践”活动，牢牢把握“保增长、抓转型、增活力、重民生、促和谐、强保障”工作方针，坚定信心、攻克时艰、狠抓落实，经受住了金融危机的严峻考验，实现了区域经济平稳发展，综合实力明显增强，转型升级步伐加快，人民生活持续改善，社会秩序总体稳定。

全年合同利用外资2.80亿美元，实际利用外资1.478亿美元。均超额完成了市政府下达的目标，实到外资列全省57家省级开发区首位。规模以上企业工业总产值251亿元、销售收入231亿元、利税21亿元，其中利润15亿元，分别比上年增长8.13%、4%、10%和11.7%。完成全社会固定资产投资84.7亿元，比上年增长26.9%。区域内产生的财政收入超过21.1个亿，比上年增长25.06%。规模以上工业万元增加值综合能耗下降率9%。完成进出口总额39599万美元，其中自营出口25694万美元。完成农业总产值3.36亿元，比上年增长8.6%。农民人均纯收入12245元，比上年增长10.7%。计划生育符合率98%。

【经济运行情况】 1. 发展态势持续向好。以“百人联企”专项行动为抓手，切实强化辖区160家规模以上企业“一人一企”服务领办机制，帮助企业解决发展中遇到的困难和问题。积极落实《湖州经济开发区关于推进转型升级加快工业发展的奖励政策》，切实加大项目推进、节能减排、生产性服务业等方面的奖励力度，引导和扶持企业做大做强，加快上市和品牌建设，提升核心竞争能力。全区26个统计行业总体保持增长态势，总产值在前十位的行业中，电气机械制造业、食品加工业、电力热力生产供应业，分别增长49.1%、18.7%和22.2%。19家重点骨干企业完成工业总产值、销售收入、利税总额、利润，分别占规模工业比重的47.8%、68.7%、75.7%和81.7%，继续发挥强力支撑作用。全年新增年产值超过10亿元的大企业1家，总数达到2家；新增规模以上企业9家，总数达到160家；新增市重点骨干企业2家，总量达到19家；新增市优质企业1家，总数达到11家；试点成立小额贷款股份有限公司1家。获得中国驰名商标1家、省级名牌产品3家、市级名牌产品2家、省著名商标1家、省著名商号1家、市著名商标1家。中机南方机械有限公司荣获“中国农业机械工业六十年杰出贡献奖”，并迈入“中国机械500强”，永兴特钢荣获“浙江省工业行业龙头骨干企业”称号。2. 主导产业加速集聚。生物医药产业已初步形成以科创中心为主导、以数康生物、协和干细胞为代表、以南太湖高新技术产业园为基础的高端人才、资本、平台和技术等要素互动支撑的良好局面，南太湖科创中心的2个产业化项目已经落地建设。杨家埠工业区已初步形成以永兴特钢、辛子精工、金洲管道三家企业为主体的新材料与机电汽配生产基地。现代服务业快速发展，随着一大批带动性强、辐射性好的现代服务业大项目的加快建设，西南商业副中心以二环西路、西塞山路为主轴的商务楼群带全面启动建设，基本形成了以江南车城、亿丰建材、中钢市场、红星美凯龙、国际小商品城为代表的专业市场群初具规模。正在筹建的创意产业带、物流产业基地、楼宇经济等平台将逐步成为湖州经济开发区下一步加快发展的新的增长极。以华安、一通为龙头的物流企业，抓住生产性服务业分离的契机，发展迅速、趋势强劲。全年现代服务业实现增加值36.84亿元，占地区生产总值43.3%，比上年增长15.2%。湖州经济开发区在商务部注册并通过审核的服务外包企业达到25家，湖州经济开发区被省商务厅列为省级国际服务外包示范园区。3. 招商引资全力突破。积极实施“大项目带动、高新化提升、集群式发展”战略。面对金融危机可能出现的投资新特点、新情况，及时采取工业性投入不足经营性项目补，新办项目减少增资项目补，投资不足境外引资补等调整性策略，努力在危中寻机。在工作中，加强了驻点招商、源头招商的工作力度，建立了“周报告、月考评、季考核”督查机制，完善了“过程考核、个人业绩考核、整体实绩考核和重大项目贡献考核”办法，开展了“百日大招商行动”等。第四季度，在经济企稳回暖的向好态势下，紧紧抓住社会投资冲动的有利时机，切实加大招商引资工作力度，确保了全年目标任务的超额完成。全年新批项目87项，其中工业项目76项、三产项目11项。其中新批外资项目36个，内有新办外资项目19个，增资项目14个。总投资1000万美元以上项目11个，其中3000万美元以上2个。4. 外贸出口成功突围。在外贸环境持续低迷的宏观环境下，及时落实2008年省、市鼓励外贸有关奖励政策，帮助区内外贸企业积极争取境外促销奖励、国际市场开拓奖励等扶持政策，组织区内外贸企业参加国内外各种展销会和贸易博览会，参加省、市组织的各种政策和专题讲座，重点加强对区内前20位外贸企业的运营预测和调查监测，区内外贸企业运行总体稳定。进出口总额，尤其是自营出口与上年同比有所降低，但仍然是全市降幅最低的区域之一。特别是出口方面的昕超盟机电、欧美环境、人本的辛子精工、希格玛医疗器械等项目和进口方面的永兴特钢、龙马生物、大洋电子等企业，充分发挥了强力带动作用。

【发展能力增强】 1. 项目推进整体加快。以“百个项目百亿投资促转型”工程为抓手，按照加快“建设一批、开工一批、储备一批”的目标要求，以解决项目推进过程中的审批繁、进场难、成本高等问题为突破口，切实加大有效投入，强化项目分级管理，落实项目推进责任，优化项目服务机制，保持了强劲的推进力度，确保了年度投资目标任务的全面完成。列入市重点的16个重大项目和4个服务业项目全部开工建设，分别完成投资12亿元和4.6亿元，分别完成年度目标的107.9%和105.9%。在建的70项工业转型升级项目全面推进，竣工项目32项。辛子精工、微宏动力、客车厂、永兴特钢、金洲管道、泰仑电力、国际小商品城、红星美凯龙国际家具广场等重大工业和服务业项目进展顺利。清理回购了高芯电子、正大化学、久岳新材料、红吉投资、双塘村留用地等5个项目，360多亩闲置土地，有效保障了龙润机电、百灵生物、泰仑电气等项目及时落地。2. 平台承载能力增强。西南分区、杨家埠工业区、科创中心、高新技术产业园、西塞山南片等五大平台建设全面推进。西南分区主要基础设施基本建成。杨家埠工业区高速公路以西区块基础设施配套基本到位、以东区块征地拆迁和主干道加快建设、22万伏白龙变和11万伏弁南变工程进展顺利。科创中心一期研发大楼和人才公寓全面运行，嘉年华国际商务广场项目完成基础工程，二期浙江大学的信息技术、生物技术2个中心加快建设。高新技术产业园的湖州监狱、驾考中心迁建主体工程基本竣工，园区主要干道开始施工。西塞山南片建设全面启动，圆满完成宁杭铁路沿线全部征地、拆迁交地任务。全年共完成基础设施投资11.99亿元，比上年增长176.1%。全力推进拆迁安置攻坚任务，全年共完成拆迁1754户、56.2万平方米。西南分区“清河嘉园”、杨家埠社区一、二期已完成农民公寓化安置1900多户、7700多人。西南外庄社区和杨家埠社区三期、四期等新建农民安置社区正在加快建设。3. 自主创新势头强劲。组织企业申报各级各类科技创新项目233项，其中，已列入省重点技术创新项目5项，已列入省中小企业技术创新基金项目6项。浙江金时代生物技术有限公司与韩国美塔生物医学有限公司合作项目被科技部列入国际科技合作计划项目，在湖州尚属首次。微宏动力系统（湖州）有限公司自主研发的年产总容量15万千瓦小时磷酸亚铁锂电池及其电池组生产线项目完成试生产，产业化基地一期开工建设，全部三期建成达产后可实现年产值80亿元。已申请专利209件，其中发明专利54件，占25.8%；授权专利195件，其中发明专利10件，占5.1%。新认定为国家重点扶持高新技术企业12家，总数达26家，全年实现工业总产值80.94亿元、销售收入79.81亿元、实现利税总额8.9亿元，其中利润6亿元，分别占全区规模以上工业企业的38.5%、54.8%、56.7%和62.8%。全区37家高新技术企业实现工业总产值91.5亿元、销售收入89.8亿元、实现利税总额11.33亿元，其中利润7.8亿元，分别占全区规模以上工业企业的43.5%、61.6%、72%和81.1%，支撑作用进一步增强。4. 公共平台作用显现。以南太湖科创中心为载体，招才引智力度进一步加大，新增高科技产业化创新中心2家，总数达到16家，已直接实现产值2亿元，销售收入1.87亿元，利税6415万元，其中利润5140万元，共转移高科技成果26项（产生的效益另计）。新引进“南太湖精英计划”项目7项，占全市的38.9%（其中：A类2个，占全市的67%；B类3个，C类2个，分别占全市的33%），超过全市三县三区（包括湖州经济开发区）平均数的133%，总数达到11项；新引进留学人员创办企业2家，总数达到19家；科创中心一期人才公寓已入住领军人才和各类专家112位。浙江湖州留学人员创业园被教育部、科技部列为“中国留学人员创业创新基地”，湖州高新园区被省科技厅推荐申报国家高新技术产业开发区。

【社会发展不断推进】 1. 新城环境不断优化。西南商住区沿二环西路、西塞路一批商务楼群项目加快推进，外庄区块整体开发全面实施。沿长湖申景观带、湘几漾公园、苕溪公园等绿化景观工程基本竣工，城市生态环境进一步改善。凤凰工贸区有机更新力度不断加大，九九桥至陵阳路104国道西侧环境综合改造和4S店带建设全面启动；城中村改造工程加快推进，罗师庄农民新村基本建设已完成，吴家兜农民新村完成总工程量60%，机南村南庄圩农民新村全面进场施工。城市综合管理水平进一步提高，按照“管理精细化、运作市场化、服务全覆盖”的要求，积极探索社区管理新机制，引进网格化城市管理新模式，道路保洁、市政维护、绿化养护等工作，更趋标准化、精细化、人性化。2. 民生水平切实提高。以民生工程为抓手，切实加快新农村建设步伐。社区新村、产业发展、社会保障、公共服务、素质提升五大工程以及农村五大公共服务体系和五大社会保障体系建设进一步加快，全年共用于26项民生工程和社会事业支出超过7000万元。全面完成33万立方米河道清淤工程、7.3公里危险堤防应急抢险工程以及6条共10公里乡村道路联网工程，建成区内泵站改造任务。新完成7个村的村庄建设规划和5个村庄的整治提升建设任务，建成全面小康示范村一个，农村垃圾集中收集处理长效机制进一步健全，村庄环境整治受益面达到100%。双塘小学、赵湾小学建设和弁南中心小学扩建工程进展顺利。37户困难群众危房改造年度目标全面完成。全面落实《关于实施低收入农户奔小康和集体经济薄弱村发展工程的意见》，5个计划脱贫行政村新增集体固定收入60万余元。低保、特殊群体专项补助，大病医疗补助，残疾人共享小康政策以及农业政策性保险，农房保险种粮直补，农电、汽车下乡补贴等政策全面落实到位。被征地农民基本生活保障制度做到全覆盖。农村住房保险率达100%。新成立农业专业合作社4家，总数达到11家，有3家专业合作社与浙大等院校签订了合作共建新农村项目。农村人武、教育、卫生、文体、广电、计生、民政等各项工作健康有序推进。3. 节能减排成效明显。有效落实节能减排各项目标责任，共申报各级各类环保节能项目36项，其中列入省循环经济991重点项目2项（永兴不锈钢棒线改建项目、铭德特种材料所复合耐火材料项目），市级循环经济项目6项，市节能降耗项目11项。积极推进企业清洁生产，5家企业通过审核验收。能源消耗日趋合理，热力消费量占总能耗的比重由2008年的5.7%上升到8.5%，天然气从2008年消费量占湖州经济开发区能耗总量的6%上升到12%。新、改、扩建项目环评执行率达100%，项目"三同时"验收率达95.4%，生活垃圾无害化处置率达100%，环境污染投诉量、信访量比上年下降60%，顺利通过开发区（工业园区）环境整治验收。未发生群众反映强烈、严重影响社会稳定的典型环境污染事故。城市路灯亮化节能工作进一步开展，超额完成市下达的节能灯推广任务。全年通过减小路灯功率，部分路段定时开启，隔盏亮灯、推行新型灯具、安装路灯节电器等方式，全年累计节电340万千瓦小时，折合电费约300万元。4. 社会秩序总体稳定。牢固树立"抓稳定就是抓发展"的理念，认真贯彻落实维稳与信访工作八项制度，落实责任，强化举措，创新方法，以国庆安保为重点，全力做好信访稳定工作。全年共排查各类矛盾纠纷392件，调处成功377件，调处成功率达96.2%。共接待群众来访83批次、389人次，比上年分别下降8.9%和12.7%。共受理市长热线交办事项597件，办结率100%，满意率94.3%。做到了机南村等一批热点、难点问题的有效化解或有力稳控，新纶化纤等一批新的矛盾在第一时间得到解决。确保了国庆安保等敏感时期不出事，维护了辖区社会整体平稳有序。社会稳定状况是近年来最好的一年。

【队伍建设全面加强】 1. 执政能力不断加强。扎实开展深入学习实践科学发展观活动，"百人联企"、"百日招商"、"百日化解"和"双百双千"等专项行动的务实推进。按照科学民主依法执政要求，切实抓好《重大问题议事规范》的贯彻执行，制定《湖州经济开发区管理委员会重大事项决策社会征询、专家论证、听证公示实施方案》，领导班子整体功能不断增强。积极实施优秀人才储备战略，先后招聘9名硕、博高学历人才充实到机关部门，进一步优化了干部队伍结构。加强基层组织建设和党员队伍建设。大学生"村官"培养力度不断加大，5名大学生"村官"考取了公务员，其中1名考上南浔区政府副科级岗位。"两新组织"党建工作取得新进展，新建市场党支部5个、企业党组织4家，将永兴特钢升格为党委建制。"双带双创"创建工作扎实推进，镇、街道全部建立党员创业创新服务中心，切实加大了村党员创业服务中心、党员创业示范中心户、"双带双创"先进村级党组织的培育力度。基层党内民主政治建设进一步加强，制定《全面推进党务公开的实施意见》，出台《建立健全村级民主监督组织加强村级民主监督工作的实施意见》。在全部实现村干部养老保险和医疗保险应保尽保的基础上，全面解决了村党组织书记和村委会主任基本报酬问题。同时对责任心不强、工作能力差、群众意见大的4名村班子成员给予优化调整，较好地解决了基层组织存在的突出问题，基层组织的凝聚力、战斗力、控制力大为提高，有力地推动了科学发展、维护了社会和谐。2. 廉政建设常抓不懈。以《惩治和预防腐败体系2008～2012年实施方案》为指导，整体推进惩防体系建设。将市委对领导干部实行个人重大事项报告制度和年度党风廉政建设情况报告制度延伸到机关中层和镇街道领导班子成员，切实强化"一岗双职"责任。通过《每周工作动态》平台以案说纪、大厅电子屏滚动警句格言、节日敏感时期发文提醒，营造浓厚的廉政教育氛围，确保党风廉政教育经常化、制度化。重点健全工程招标、监理、审计的监管和工程保廉机制，用制度保证各级干部切实履行党风廉政建设责任。积极配合市政府重点投资建设项目廉政监察组工作，对科创中心人才公寓建设项目、湖州监狱迁建项目、湖州驾校迁建项目、西南分区支路建设项目等工程实施廉政监督。一年来，湖州经济开发区机关没有发生严重违纪违法行为。建立、完善党风廉政建设三级领导责任网络和三级工作运行机制，新建企业纪委2个，学校纪检小组3个，基层纪检组织建设进一步加强。积极推进廉政文化进农村、进社区、进工程创建活动，争创廉政文化村3个、示范社区2个、示范工程2个。切实加强农村基层党风廉政建设"五项制度"执行情况的监督，坚决查处基层党风违纪案件，全年共处理来信来访案件13起，查处党员违纪案件2起、行政违纪案件1起，开除党籍2人。 （蔡　丰）

·南浔经济开发区·

【概况】 2009年，南浔经济开发区紧紧围绕“保增长、促转型”主线，以“突出重点、培育亮点、稳步发展”为总体思路，深入开展“招商引资攻坚年”、“项目建设推进年”两项活动，突出以招商引资为龙头，以项目推进为重点，加快基础设施建设，着力改善投资环境，充分发挥在招商引资、经济发展、平台建设等方面的“主战场”作用，经济建设和社会事业各项工作取得了一定的成绩。2009年，开发区规模以上企业实现工业总产值111.79亿元；销售收入108.74亿元；完成利税9.3亿元；完成工业性投入9亿元；完成税收2.75亿元；引进市外资金2.97亿元。新批外资项目27个，协议利用外资1.62亿美元；实到外资6766万美元。

【招商引资克难求进】 通过配强专业招商力量、完善招商考核办法等，明确目标，强化措施，狠抓招商。一是“大好高”项目有突破。审时度势，因势利导，强化对项目的选择，提高准入门槛，注重引进优势产业项目、科技含量高的项目和产业链长的项目。2009年，新批1000万美元以上的大项目有6个，特别是临沪工业区江蒋漾中央商务区整体开发项目等重大投资项目的引进，使“大好高”项目有了新的突破。二是接轨上海有突破。以湖州市临沪工业区为载体，深入开展接轨上海活动，加强上海办事处力量，完善招商网络，拓展招商区域，搭建接轨平台，有效地推进接轨上海。成功举办了湖州市临沪工业区上海推介会等大型接轨活动，营造了良好的外部环境，有效地宣传了湖州市临沪工业区。三是企业增资有突破。抓住当前经济企稳回升、企业发展机遇较好的有利时机，注重内部挖潜，加大对开发区内重点行业骨干企业增资工作力度。全年新批沃克斯电梯、恒达富士电梯、巨人通力电梯、联大科技等8家重点骨干企业增资项目，协议外资2244.13万美元。增资项目实到外资1174.36万美元。

【工业经济平稳增长】 紧紧围绕“保增长、促转型”，按照开发区《关于鼓励工业企业加快发展的若干意见》等政策来扶持企业发展，进一步做大做强工业经济。一是加快项目推进。以“项目建设推进年”活动为抓手，对年初排定的开发区32个重点项目及工程，实行推进包干负责、跟踪服务制，以抓项目动工率、竣工投产率为重点，确保重点项目建设，注重项目建设形象进度，强化项目投入产出率。对细化的13个项目指定了推进责任表，设置了项目责任保证金，明确联系领导、联村干部、指导员、村支书、村主任责任。全年重点项目完成总投资4.74元。沃克斯电梯、世友世家木业、南方光电等区重点项目进展顺利。二是突出产业集聚。通过做大做强地板业、电梯业，重点发展电子业，巩固提升电机业、纺织服饰业，积极壮大五大特色产业。五大特色产业全年完成工业产值100.8亿元，占规模以上工业总产值的90.2%。同时以临沪工业区一期为载体，依托现有产业优势，积极引进新能源、装备制造等产业。三是积极扶大育强。通过在品牌创建、科技创新、技改投入等方面集中力量进行扶持，培育一批规模大、核心竞争力强，能支持和带动区域经济发展的大企业集团。巨人通力、世友木业等一批规模企业在2009年复杂多变的经济形势中实现了平稳增长和较快发展。四是推进科技创新。引导企业进行自主创新，鼓励企业加强与大专院校、科研单位的科研合作。高新技术企业产值和高技术产业产值全年完成42.1亿元；申报各项专利267项，申报市级以上高新技术企业3家，科技计划项目32项，省级新产品22只；申报省级技术中心1家，申报大专院校创建平台1家。五是大力推进节能减排。积极发展循环经济，倡导清洁生产，把节约发展、清洁发展、安全发展放在首位，按照减量化、再利用、资源化的原则，重点抓好全社会循环经济和行业试点示范工作。年初，与开发区内15家重点用能单位签订2009年企业节能降耗目标责任书，明确责任。10月初，《南浔经济开发区生态化建设与改造规划和实施方案》由省发改委组织召开评审会通过。

【基础设施逐步完善】 开发区以湖州市临沪工业区为重点，加快平台建设，大力推进基础设施建设，园区框架逐步拉大，平台面貌日渐改善。一是突出规划的龙头作用。以新一轮土地利用规划修编为契机，坚持城市规划、建设和管理的有机结合，已完成临沪工业区概念性规划的编制，即将进行控制性详细规划的编制。二是加快临沪工业区建设。突出以临沪工业区为重点，加快平台建设，拉大园区框架，改善平台面貌，提升城市形象。在市区各级的大力支持下，临沪工业区已完成筹建，并启动一期洋南片区建设。洋南村自9月底进场评估，已完成380余户农户的丈量评估工作。区域内道路等基础设施建设稳步推进，南浔大道已经进场开工建设，西城路、外环西路便道平整、塘渣回填已开工建设，向阳路、新安路、新荡路、江蒋漾路等已完成道路设计。三是提升城市管理水平。规范城市管理机制，在主干道全面实行18小时卫生保洁制度；按照“绿化、亮化、美化、洁化、有序化”的要求，美化环境，提升形象，新增行道树2000株、绿化面积7万平方米，养护绿化65万平方米。

【综合保障有成效】 一是强化融资保障。探索融资渠道多元化和融资方式多样化，利用项目包装、区级资源整合等进行融资，积极筹措建设发展资金，有效地保障了开发建设的需要。二是加快征地拆迁。强化领导、明确责任，对洋南、江蒋漾、直港巷、东迁等重点区域组织力量进行重点攻坚，狠抓突破，确保重点项目和农民新村建设顺利推进。江蒋漾村拆除房屋80余家，搬迁坟墓300余穴，征地33.3多公顷；洋南村已丈量评估380多户；至11月直港巷村拆除民房95户，搬迁企业3家，搬迁坟墓36穴，就地深埋40穴。三是维护社会稳定。以“国庆安保”为契机，结合“平安南浔”建设，重点做好安全生产、消防安全、环境保护、信访上访、社区矫正等各项工作。全年成功调处矛盾纠纷130余起。在农村工作中，妥善处理好群众关系，以群众最关注的农民新村建设为突破口推进各项工作，关注群众民生问题，切实为群众办实事、办好事，农村社会和谐稳定发展。

【新农村建设稳步推进】 按照建设省级新农村实验示范区的要求，根据浙江省《统筹城乡发展支持农村基础设施建设实施意见》，投入100余万元来扶持新农村建设。一是推进农村基础设施建设。以统筹城乡发展为重点，通过“百千工程”、康庄工程等载体，进行村庄环境整治，修建农村道路，进行清水河道建设等农村基础设施建设。积极培育东上林村、富强村市级绿化示范村，加强对袥村村开展海防林建设的技术指导。二是推进农民新村建设。继续抓好江蒋漾、直港巷、东迁村、方丈港村、同心村、和丁家港村的农民新村建设工作，完成2008年结转工程18万平方米，新开工建设8.4万平方米。年内已分房到户780户，待分房农户250户。三是推进农村社会事业发展。积极谋划，做好开发区慈善分会善款募集和“慈善一日捐”活动；关注社会民生，健全社会保障体制，关注农村弱势群体；加快发展效益农业，增加农民收入；做好失地农民技能培训，完成劳动力培训1079人次；认真做好防汛抗灾、农业、水利、计生、民政、民兵等各项农村社会工作。

（施　怡）

·太湖旅游度假区·

【概况】 2009年是湖州太湖旅游度假区（以下简称度假区）强推进、打品牌、出形象的一年。一年来，度假区上下始终保持加快滨湖新区开发建设的强烈使命感和责任感，圆满完成了年初确定的重大项目开工建设、撤乡建街道、建立财政体制、管委会机构事业改行政和拓展开发建设空间等五项关系全局和长远的工作目标，确保了太湖明珠、滨湖大道、世界名牌折扣店、渔人码头、游艇俱乐部、温泉高尔夫等一批标志性项目的顺利推进。

【项目建设】 一、狠抓项目建设。牢牢抓住太湖明珠、世界名牌折扣店、渔人码头、游艇俱乐部、温泉高尔夫、滨湖大道和滨湖生态修复等一批事关滨湖新区开发建设成败的重大项目，围绕年初确定的目标，集结上上下下的智慧和力量，确保一批开工项目全面推进，一批既定项目前期准备工作进展顺利。世界名牌折扣店、游艇俱乐部、邱城遗址公园等项目先后顺利奠基并逐步开工建设；高尔夫后6洞建设即将完成；太湖明珠核心筒已到顶层21层，钢结构已完成16层，4月份钢结构结顶；滨湖大道路基基本形成线形；渔人码头、太湖路亮化、滨湖休闲带等项目相继竣工。温泉开发、小梅河景观改造和休闲娱乐城等项目前期工作顺利推进，即将陆续开工，项目建设呈现了前所未有的新局面。二、狠抓招商融资。始终把招商引资作为开发建设的关键性工作来抓，组织人员参加了第十一届浙洽会、第十三届厦洽会，邀请有实力的企业和客商到度假区考察，同时有针对性地开展上门招商。成功引进了南太湖休闲娱乐城项目，湖州国际温泉度假中心、长田漾湿地公园等重点计划招商项目均与投资商达成了合作意向，正在进行可行性研究和概念性规划设计等前期工作。2009年共向银行贷款6.6亿元，争取政府债券3000万元、建设资金补助5000余万元，有力地确保了滨湖新区开发建设资金的需求。三、狠抓征地拆迁。面对项目推进中最突出的难题，千方百计发挥乡（街道）、村干部的主力军作用，明确目标任务，分头落实，定期督查，定期通报，全力做好拆迁工作。三年来，妥善拆除垄山、建国、湖滨等村近600户，三中心和湖滨区块拆迁取得了突破性进展，长期累积的拆迁遗留问题基本得到解决；世界名牌折扣店区块已经完成征地、坟墓搬迁和近400户农户拆迁的前期工作，保证了重点项目的顺利推进。

【民生工作】 一、有序推进新农村建设。在集中力量加快开发建设的同时，高度重视新农村建设，积极实施低收入农户奔小康和集体经济薄弱村发展工程，党员干部与低收入农户结对率100%，对集体经济薄弱村项目建设补助200万余元。大力推进新农村项目建设，出台《扶持发展现代农业促进新农村建设的若干政策》，对2008年14个新农村建设项目进行了实地验收，下拨新农村项目建设补助资金147万元，确定2009年新农村建设项目18个，总投资932万元。扎实做好农业、农村各项工作。启动了农村集体资产股份制改革试点、土地流转工作和住房改建工程；村庄整治提升工程进一步实施，南皋桥集镇改造初见形象，农民新社区管理长效机制正在逐步建立；各项支农惠农政策全面兑现，发放各类补贴120万余元；完成19个行政村万村联网工作，注册启用农民信箱2900余户，政策性农业保险参保率、计生符合率分别为100%和97.8%，度假区新农村建设在许多领域走在了全市的前列。二、加快实施惠民工程。在集中力量加快开发建设的同时，始终关注人民群众的根本利益，让人民群众在加快开发建设中及时得到实惠，凡涉及群众利益的各项政策，都不折不扣地落实到位。年内，梅东农民新社区累计投入1.1亿余元，已完成投资总量的96%，A、B地块正在验收，即将交付使用；渔民居住上岸工程累计投入4000万余元，部分已经结顶；邱城遗址公园累计投入300万余元，完成了项目方案设计、施工图设计、立项和土地征用等前期工作，已开工建设。三、积极推进南太湖水环境综合治理。始终把环境治理放在开发建设的重要位置，组织了南太湖沿岸小梅口的环境治理工作。河道清淤工程顺利实施；生态修复带建设工程在各方面的支持下有序推进，消浪桩工程和软围隔工程已全部完成；水藻分离站已建成并投入使用；太湖蓝藻打捞应急工程得到有效实施，年内共出动打捞船220只次，打捞人员470多人次，打捞蓝藻1500余吨，有效地确保了“沿湖及入湖河道不出现明显的蓝藻堆积，不发生蓝藻恶臭”的工作目标。四、全力维护安全和谐的开发建设环境。特别注重在征地拆迁、项目推进和撤乡建街道等工作中及时排除各类安全隐患、化解各种不稳定因素。及时、有力、有效地解决了“三狮”、嘉业房产、小梅村、垄山村以及一些个体上访等突出维稳难题，形成了上下联动、定期分析研判的良好工作机制和各级干部位置前移、重心下移，把问题和矛盾化解在苗头、解决在基层的有效工作方法。积极开展“安全生产年”活动和“百日行动”，共排查企业及公共场所1316家（处），发现安全隐患1100处，整改1099处，整改率99.9%，在开发建设快速推进、各种矛盾集中多发的多重困难下确保了社会总体安全与和谐稳定。

（李霁明）

·精神文明建设·

【概况】 2009年，全市宣传思想文化战线紧紧围绕“深入学习实践科学发展观，全力促进经济社会又好又快发展”主题，牢牢把握“保增长、抓转型、增活力、重民生、促和谐、强保障”主线，唱响主旋律、打好主动仗，各项工作扎实推进，为实现全市经济社会平稳较快发展、加快建设现代化生态型滨湖大城市提供了坚强的思想文化保证。

【开展中国特色社会主义理论体系学习教育】 一是推进理论学习制度化。以领导干部为重点，完善党委中心组学习制度。市委理论中心组全年举办专题学习19次，其中“南太湖论坛”报告会6场。召开全市党委理论中心组学习经验交流会，市委书记孙文友出席会议并讲话。市委理论中心组和德清县委理论中心组被评为省级先进。以党员干部为重点，健全机关学习日和星期一夜校等学习制度，深化学习型机关建设。加强基层党校建设，出台教学指导意见，新增省级先进示范基层党校2所、省级基层党校示范点3所。二是推进理论教育大众化。以科学发展观、十七届四中全会精神为主要内容，组织市、县兼职讲师团、中学政治教师、大学生村官宣讲员、基层党校专职教师等“四个一百”骨干队伍，深入基层宣讲5000多场次，听众达30万余人次。召开全市基层宣讲工作现场会，推广吴兴区大学生村官宣讲团工作经验。探索创新教育形式，“青少年播种计划”等8个创新典型案例入选省《走向大众 百法百例》一书。三是推进理论宣传时代化。强化媒体理论引导，国庆前夕在《湖州日报》头版连续刊登4篇“湖州和谐发展的实践与思考”系列署名文章，展示成就、探寻规律、启迪发展。创办“湖州理论在线”，围绕社会主义核心价值体系、“六个为什么”等重大理论问题，开设学习专栏，刊发理论文章，及时解疑释惑。四是推进理论研究本土化。紧紧围绕湖州重大发展问题，科学设计选题指南，策划确定市社科规划立项课题35项、省社科规划立项课题30项。开展市委、市政府重点课题研究，形成一批理论研究成果。广泛开展“学习实践科学发展观，推进湖州经济社会又好又快发展”征文研讨和“爱读书读好书善读书”征文活动，形成了“加强和改进新形势下党的思想理论建设”等一批重点调研报告，其中2篇被评为全省宣传文化系统调研报告一等奖。

【营造促进经济社会平稳较快发展的舆论氛围】 一是经济宣传掀起热潮。紧紧围绕全市发展大局，突出经济宣传这一首要任务，在全市新闻单位中深入开展“保增长促转型，科学发展创新业”新闻实践活动。市级新闻媒体统一开设专栏，大力开展“千方百计保增长、全力以赴抓转型”、“着力建设新农村、携手办好示范区”等主题宣传，分析经济形势，准确解读政策，宣传典型经验，引导广大干部群众增强信心、同舟共济、化危为机、共渡难关。二是主题宣传有声有色。围绕深入学习实践科学发展观活动，组织有规模、有声势、有影响的主题宣传。在学习实践活动中，大力宣传“双百双千”专项行动，重点推出“深入学习实践科学发展观”、“解放思想、科学发展大家谈”、“科学发展在身边”等系列主题报道。组织13位市党政领导进行学习实践科学发展观网上互动交流，参与网友人数超100万人次，网友留言1万多条，提升了领导干部运用新兴媒体能力。三是应对突发事件与热点、难点问题舆论引导有序。面对手足口病疫情、甲型H1N1流感、副市长坠楼、“抬棺材”、“警察伤人”、“协警强奸案”等多起突发性事件，坚持靠前指挥、积极应对，适时适度、真实发布，善待网媒、为我所用，加大监控、强化管理，积极协作、增强合力，化解群众疑虑，稳定心理预期，形成了有助于事件处置、有利于和谐稳定的舆论环境。

【组织庆祝新中国成立60周年宣传教育活动】 一是主题宣传报道形成声势。突出“辉煌历程——60年”主题，策划重大题材宣传报道和新闻活动，着力营造浓厚的舆论氛围。组织开展新中国成立60周年大型采访活动，推出“60年坐标上的湖州故事”连续报道67篇，集中反映湖州60年来的巨大变迁、辉煌成就。成功举办“浙江辉煌60年”湖州市社会主义新农村建设新闻发布会。二是主题文艺活动亮点纷呈。突出“祝福祖国·欢乐湖州”主题，以文艺演出、巡映展播等多种形式，着力营造浓厚的文化氛围。成功举办庆祝新中国成立60周年暨首届浙江文化艺术节湖州分会场开幕文艺晚会，大型风情音舞诗画《太湖之州》精彩上演，深受好评。编辑出版庆祝新中国成立60周年系列丛书和《太湖之州——湖州》图书。参加全省国庆60周年文艺巡游活动，湖州市被评为首届浙江文化艺术节组织工作奖。长兴百叶龙在“首都国庆60周年联欢晚会”表演精彩，赢得了社会各界的高度赞誉。三是群众性教育活动深入人心。组织举办纪念湖州解放暨迎接新中国成立60周年座谈会、“祖国发展我成长”青少年巡访爱国主义教育基地、“祖国在我心中”湖州市国防知识电视竞赛、“爱国歌曲大家唱”歌咏比赛、“让五星红旗飘起来”主题实践等宣传教育活动，广泛动员全社会参与全国“双百”人物评选活动（湖州籍人士钱壮飞、王启民入选“双百”人物），唱响了爱国主义的时代主旋律。

【构建覆盖城乡的公共文化服务体系】 一是农村文化“八有”保障工程全面实施。制定出台市、县（区）上下联动，达标、先进、示范三级联创的农村文化“八有”保障工程实施意见，召开全市“八有”保障工程现场会，确保三年内全市所有行政村达到基层群众有演出看、有电影看、有电视看、有广播听、有书读、有报读、有文化活动室、有室外文体活动场地。2009年建成达标村421个、先进村184个、示范村24个，成为农村文化惠民的重要载体。二是文化服务设施日趋完备。安吉县通过省级文化先进县创建验收，南浔区文化艺术中心、图书档案中心建设有序推进。新建省级东海文化明珠乡镇2个、省级文化示范村5个、省级文化示范社区2个、市级文化示范村45个、市级文化示范社区5个。2009年数字电视用户两区新增10万户，全市突破35万户。全市新建农家书屋200家，两区对农广播节目正式开播，有线广播覆盖农户达到96%，农村文体活动室建成率达到80%。充分展示利用历史文化资源，市区传统文化街区保护性修建步伐加快，陈英士故居纪念馆正式对外开放，湖笔博物馆重新布展，赵孟頫故居旧址和沈家本纪念馆启动修复。湖州文学院正式成立。三是文化服务内容丰富多彩。广泛开展“欢乐湖州”文化服务送基层、文明和谐种文化系列活动，引进高雅艺术演出125场，举办广场文艺演出160场、基层文艺活动1163场、电影下乡放映12438场。协助两家骨干企业举办“欢乐中国行”和“同一首歌”大型文艺活动。市县群文干部结对乡镇开展“三个三”无偿文化服务初见成效，文化干部下基层辅导745人次、新培育特色文体团队72个、新创文艺作品300多件，各地呈现“一乡一节、一村一艺”的生动局面。“‘文化走亲’欢乐湖州”荣获全省基层宣传思想文化工作“三贴近”十大创新奖之一。四是文化精品创作实现突破。开展全省“五个一工程”推荐申报和市第八届精神文明建设“五个一工程”评选工作。电影《民警王法金》、广播剧《我与嫦娥有个约会》、电视电影《明月前身》、歌曲《油菜花儿黄》四部作品荣获全省第十届精神文明建设“五个一工程”奖，入选作品数量为历届之最，列全省第四。市委宣传部荣获省“五个一工程”组织工作奖。

【发展壮大文化产业】 一是整体合力有新增强。成立市文化产业工作领导小组，明确牵头部门及21家成员单位工作职责。各县（区）迅速建立专门机构，出台相关政策，优化发展环境。如吴兴区率先出台《鼓励和扶持湖州多媒体产业园发展的若干意见（试行）》，安吉县出台了加快文化创意产业发展的30条配套政策措施。二是项目扶持有新举措。做好文化产业的牵头协调工作，选定11个文化产业项目为2009年服务业重大建设项目，为全市8家文化企业争取90万元专项补助。组织全市11家文化企业首次以“湖州展团”名义参展2009义乌文博会。三是发展重点有新规划。德清洛舍钢琴产业园被评为省级文化产业示范基地，南浔文化创意产业集聚区被列入省十大文化创意产业集聚区，湖州多媒体产业园被列入省文化创意产业园区，湖笔文化园、丝绸之路工业创意园等被列入省后备项目库，全市已形成一大基地、四大园区的产业发展格局。四是产业推进有新成果。加快媒体集团化发展，湖州日报报业集团成立了全市首家图书编辑出版中心，湖州广电传媒集团于10月成立，并牵头组建湖州广电移动多媒体有限公司。大力实施项目带动，吴兴区“新长宁”多媒体产业园等一批在建项目顺利推进，累计完成在建重大文化产业项目投资1.63亿元。着力培育动漫产业，新增动漫企业7家，大型3D动漫《世博冠军——湖丝仔》完成制作。全市文化产业增加值达22.58亿元，比上年增长19.7%。

【深化拓展思想道德建设和精神文明创建活动】 一是公民思想道德建设扎实推进。连续开展“时代新农民”、“感动湖州”等先进典型的推选宣传，培育树立了陆松芳、蒋引娣、王法金等省首届道德模范，其中陆松芳、王法金还被评为全国道德模范提名人物；女飞行员章娴为“浙江骄傲”年度人物、张启标为“浙江骄傲”提名人物。组织开展“三传递三接力”主题实践活动，培育产生乡风文明示范村、结对共建示范点和爱心奉献团队（个人）各20个。德清县设立公民道德教育馆成为全国首创，长兴新四军苏浙军区纪念馆被评为第四批全国爱国主义教育示范基地。二是群众性精神文明创建不断深化。坚持以创建全国文明城市为龙头，开展“百名市长创建文明城市网上谈”活动，参与中央文明办公共文明指数测评，拟定全市创建全国文明城市三年工作规划，推进城市创建工作规范化、长效化。围绕市校共建省级新农村实验示范区建设，深入推进农民素质提升工程。11月中旬，全省农村精神文明建设工作会议在长兴召开，湖州市作经验交流。三是未成年人思想道德建设扎实开展。组织实施“345”工程，育人阵地、精神食粮、成长环境、帮护工程四项建设深入推进。“春泥计划”试点工作在德清、安吉县100多个村全面铺开。组织开展“念亲恩、感师恩、铭国恩”主题活动，全市50多所中小学近万名学生参加“向国旗敬礼 做一个有道德的人”网上签名活动。下发《关于开展净化和优化社会文化环境工作的通知》，集中开展专项整治，为未成年人提供良好的成长环境。

【强化对外宣传】 一是主题外宣积极有为。邀请16家中央新闻媒体开展“深入学习实践科学发展观中央媒体看湖州”活动，大力宣传湖州市“保增长、抓转型”的经验做法。邀请浙江广电集团国际频道、阿拉伯·亚洲商务卫视等媒体开展“湖州外贸直通车”大型采访活动，协助全市50家外贸企业拍摄企业名片，拓宽国际市场。据统计，2009年全市在中央和省级主要媒体上发稿1400多篇（条），发稿数量和质量明显提升。二是活动外宣影响广泛。组织《解放日报》等10多家驻沪媒体聚焦“迎上海世博，游生态湖州”旅游促销活动，邀请10多家中央及省级媒体参加湖州“孝文化”生态（乡村）旅游节启动仪式，组织开展杭湖嘉绍大型媒体联合采访活动及“全国网络媒体湖州行”活动，扩大了湖州影响力。安吉天荒坪日全食现场直播取得成功。做好“服务世博、接轨上海”对外宣传，邀请《东方早报》、《世博日报》组织市长专访并刊发专版文章，南浔区精心举办“辑里湖丝故乡——南浔迎世博”主题系列活动。三是外宣机制日益完善。加强新闻发言人制度建设，策划重点选题26个，组织举办各类新闻发布会20场。健全境外记者采访工作联席会议制度，深入实施“采访线工程”。加强外宣采访点、外宣图片库、外宣记者库建设，策划推出《印象湖州》画册、《中国湖州》城市形象片等外宣品。四是网宣管理力度加大。建立健全互联网成员单位联席会议、宣传管理通气会、重大突发事件通报等制度，形成了“统一领导、协调有力、各司其职、相互配合”的工作格局。出台《关于进一步加强县（区）互联网管理工作的实施意见》，三县两区从机构、人员、设备上得到了保障。健全网上监管协同、网上舆情研判合作和网上舆论引导外联机制，投资50万余元建立市互联网舆情反馈系统平台，网络管理、引导水平明显提高。

【推进干部人才队伍建设】 一是在学习实践中提升能力素质。按照“勤学习、讲奉献、创一流”的要求，深化“两创好班子”创建成果，举办宣传文化系统学习实践科学发展观研讨班，使党员干部用科学发展观统领宣传思想文化工作更加自觉、更加坚定。市委宣传部与湖州丰泰不锈钢有限公司政企联手助推发展的做法，得到省学习实践指导组肯定。二是在培养选拔中优化人才队伍。选拔产生全市首批51位宣传文化“五个一批”人才和88位省级首批优秀民间文艺人才。探索实施新闻单位中层后备干部轮岗互派挂职锻炼机制，初见成效。三是在健全机制中推进科学管理。强化考核激励机制，完善出台了《县区宣传思想和文化建设考核办法》和《新闻单位年度目标责任制考核办法》。进一步规范内部管理，修订汇编部机关各项制度，切实加强信息调研工作。

（李晓伟）

·市、县（局）级机构及负责人名单·

2009年内担任以下所列职务的领导人全部开列在内。姓名后有＊注号者，表明在2009年内已因退休、调职、免职、辞职等原因而去职；没有注号者，表明2009年底仍在职。

中国共产党湖州市第六届委员会

书　记　孙文友
副书记　马　以　朱坤民
常　委　王敏奇　吴水霖
　　叶寒冰＊　金建新
　　高玲慧（女）
　　胡菁菁（女）
　　吴国升　徐永淮
　　徐国平　金伯中
委　员　（以姓氏笔画为序，书记、副书记、常委均为委员，从略）
　　王　勤（女）王金根
　　方永庆　朱　鸿
　　刘国富　孙厚祥
　　李建平　杨　柳
　　杨六顺　杨建新
　　何国富　沙铁勇
　　沈建平　张金根
　　陆永良　陈月琴（女）
　　金民安　周　杰
　　周建明　单锦炎
　　胡璋剑　钟　鸣
　　施荣耀　施根宝
　　钱坤方　倪玲妹（女）＊
　　徐克强　徐国平
　　高　屹　唐中祥
　　唐建章　章根明
　　董立新　曾国兴＊
　　蔡福民
候补委员（以得票多少为序）
　　杨建明　陈亚明
　　叶理中　施会龙
　　童建华　蔡小凡
　　潘　音（女）祝时伟
秘书长　钟　鸣
副秘书长　吕志良　章旭东
　　凌　云　卞利强
　　王志芳　童建华
　　钮建新　张金利＊

市委工作部门及直属单位、派出机构

办公室
主　任　吕志良
副主任　章旭东　夏　冰（女）
　　夏　威　沈昕耀

组织部
部　长　高玲慧（女）
常务副部长　蔡福民
副部长　蔡小凡　张兰新
　　吴　伟　李志超

宣传部
部　长　胡菁菁（女）

常务副部长　侯水建
副　部　长　沈宝山　沈铭权
　　　　　　楼　婷（女）

统战部

部　长　施荣耀
副部长　蒋晓勇　任玉林
　　　　薛淦江（兼）
　　　　杨新学（兼）
　　　　孙虎林（兼）

政法委员会

书　记　吴水霖（兼）
副书记　金伯中（兼）
　　　　叶寒冰（兼）*
　　　　喻运鑫（主持工作）
　　　　朱荣章

农业和农村工作办公室（市政府农业和农村工作办公室、市社会主义新农村建设工作办公室）

主　任　卞利强
副主任　柳国强　姚红健
　　　　钱益民　周志方

政策研究室

主　任　章旭东

台湾工作办公室（市政府台湾事务办公室）

主　任　薛淦江
副主任　魏建刚

市直属机关工作委员会

书　记　童建华
副书记　王晓云　王红明
　　　　金江澜（女）

老干部局

局　长　李志超
副局长　张寿根　董兴樵
　　　　胡劲平

市委、市政府信访局

局　长　凌　云
副局长　董建荣　朱新芳
　　　　沈舟山　黄宝根（兼）*
　　　　施建中　尹方建（兼）

市委党史研究室

主　任　王志芳
副主任　王智勇

市委党校

校　　长　朱坤民（兼）
常务副校长　孙锦林
副　校　长　舒川根　费新章

市社会主义学院

院　　长　施荣耀（兼）
常务副院长　孙锦林
副　院　长　舒川根　费新章
　　　　　　蒋晓勇（兼）

市行政学院

院　　长　马　以
常务副院长　孙锦林
副　院　长　舒川根　费新章
　　　　　　王玉琪（兼）*

市社会科学院

院　长　朱　翔

湖州日报报业集团（湖州日报社）

党委书记、社务委员会社长、经营管理委员会主任　方永庆
副书记、社务委员会副社长、编辑出版委员会总编辑　罗经品
副书记、纪委书记、社务委员会委员　毕崇云
党委委员、社务委员会委员、编辑出版委员会副总编辑　潘文泉
党委委员、社务委员会副社长、经营管理委员会副主任　王欣欣
党委委员、社务委员会委员、编辑出版委员会副总编辑　夏晓星　朱建飞
党委委员、社务委员会委员　奚立明

中国共产党湖州市纪律检查委员会

书　记　王敏奇
副书记　何国富　张建明
常　委　莫汝强　张楼岩
　　　　金淦英（女）　沈建军
　　　　张兰新（兼）
　　　　沈　亮（兼）

湖州市第六届人民代表大会常务委员会

主　　任　孙文友
常务副主任　沙铁勇
副　主　任　丁文赉　马红宝*
　　　　　　孙新耀　曹会明
　　　　　　吴哲勇
　　　　　　徐加华（女）
委　　员　（以姓氏笔画为序，主任、副主任均为委员，从略）
　　　　　　叶金云　田国梁
　　　　　　朱法根　朱根山
　　　　　　朱新康　许小月
　　　　　　吴向明　吴庆荣
　　　　　　沈　斌　沈法良
　　　　　　宋秀杰　宋建新
　　　　　　张　泱　张国耀
　　　　　　陈月琴（女）
　　　　　　金雅娟（女）
　　　　　　周美凤（女）
　　　　　　单建明　俞建平
　　　　　　施月琴（女）
　　　　　　班文国　顾林祥
　　　　　　蒋金法　蔡福民
　　　　　　潘　音（女）
　　　　　　潘阿祥
秘 书 长　柴根初
副秘书长　张国耀　施月琴（女）
　　　　　吴庆荣

办公室

主　任　吴庆荣
副主任　李建秋　沈晓蓉（女）
　　　　黄丹华

研究室

主　任　吴　斌
副主任

代表与选举任免工作委员会

主　任　田国梁
副主任　周建祥

法制委员会

主任委员　宋建新
副主任委员　田新念

财政经济委员会

主任委员　班文国
副主任委员　班文国*

农业环境保护委员会

主任委员　沈　斌
副主任委员　邵志信

教科文卫民侨委员会

主任委员　金雅娟（女）
副主任委员　陈　纯（女）

湖州市人民政府

市　　长　马　以
常务副市长　吴水霖
副　市　长　周　杰
　　　　　　倪玲妹（女）*
　　　　　　方新旗　杨建新
　　　　　　李建平　沈建平
市长助理　金佩华　况东权
秘　书　长　徐克强
副秘书长　陈亚明　宋　营（女）
　　　　　　施会龙　茅晋进
　　　　　　黄文鑫　罗安生
　　　　　　王　枫　许　宏
　　　　　　孙云飞　王世杰
　　　　　　李全明　李长春*

市人民政府工作部门及直属事业、驻外机构

办公室
主　任　陈亚明
副主任　杨新宇　沈虎根
　　　　徐旭萍（女）
发展和改革委员会（物价局）
主　任（局长）　董立新
副主任（副局长）　吕　行　刘自力
　　　　汪蚕清　王晓军
　　　　张卫平　倪跃田
　　　　曹毅平
市经济协作办公室
主　任　王晓军
经济委员会（中小企业局）
主　任（局　长）　曾国兴*
副主任（副局长）　张国兴　张　峰
　　　　朱延林　方安明
　　　　陈百民
市工业行业管理办公室
主　任　陈百民（兼）
教育局
局　长　朱　鸿
副局长　何健康*　徐　新
　　　　钱　旻（女）朱建平
科学技术局
局　长　叶理中
副局长　鲍　鸿　唐　华（女）
　　　　李　宁　沈欢良
民族宗教事务局
局　长　蒋晓勇
副局长　任玉林
公安局
局　长　叶寒冰*　金伯中
副局长　杨军慧　沈利剑
　　　　李泽福　张甲宏
　　　　孟正良　章新泉
　　　　徐志宏　徐伟明
监察局
局　长　何国富
副局长　莫汝强　梁　军
民政局
局　长　谢银根
副局长　王则康　裘明珠（女）
　　　　蒋德保　许方明

司法局
局　长　汪少华
副局长　张建平　高勇年*
　　　　蒋惠良　李　伟
财政局
局　长　沈建平
副局长　屠培红（女）张恩林
　　　　黄长泉
地税局
局　长　沈建平（兼）
副局长　姚　温　钱汇丰
国税局
局　长　蒋学武*　黄德超
副局长　黄德超*　孙雪如*
　　　　陈利民（女）沈振斌
人事局
局　长　蔡小凡
副局长　王玉琪*　姬海荣
市编制委员会办公室
主　任　蔡小凡（兼）
副主任　王玉琪（兼）*
　　　　周淮中
劳动和社会保障局
局　长　王伯安
副局长　孟　宁*　徐水培（女）
　　　　沈康民　沈福群
国土资源局
局　长　唐建章
副局长　虞伟瑛（女）
　　　　汪俊国　傅自强
规划与建设局
局　长　祝时伟
副局长　严新华　李全明
　　　　沈新勇　沈小龙
　　　　徐永林　戴　健
交通局
局　长　夏坚定
副局长　顾荣荣　张树明
　　　　周　军
水利局
局　长　沈志华
副局长　毕　耘　梅　成
　　　　龚　丁
农业局
局　长　杨建明
副局长　李家芳（女）
　　　　乔明军　方公平
　　　　杨中校
林业局
局　长　朱仲华
副局长　陈土根　黄群超

贸易与粮食局
局　长　凌伯勋
副局长　凌伯勋*　杨根乔
　　　　钱树春　程鑫健
　　　　唐兴利
对外贸易经济合作局
局　长　冯罗宗
副局长　张建国　邵　屹（女）
　　　　梅梓华
文化广电新闻出版局（文物局）
局　长　宋　捷
副局长　董玉梅（女）张国强
　　　　赵家义　俞　栋
　　　　李　红（女）
卫生局
局　长　陆永良
副局长　潘人伟　魏　明
　　　　吴康丽（女）钮富荣
人口和计划生育委员会
主　任　沈晓蓝（女）
副主任　徐林财
　　　　邵慧敏（女）
　　　　吴云妹（女）
审计局
局　长　陆剑英（女）
副局长　费林海　沈佳明
　　　　丁颂辉
环境保护局
局　长　周建明
副局长　董黎明　李世华
　　　　高　东　杨　斌*
统计局
局　长　沈金才
副局长　曹德平　闵新华
旅游局
局　长　千永福
副局长　余加伟　虞利民
　　　　朱荣伟
安全生产监督管理局
局　长　房石磊
副局长　王后明　孙吴民*
　　　　杨洪亮
城市管理行政执法局
局　长　莫雨民
副局长　张伟林　张西延
　　　　徐志宏（兼）
侨务办公室
主　任　孙虎林
副主任　黄永南　王　青（女）
外事办公室
主　任　黄春安

副主任　潘宇文（女）徐汝忠

国有资产监督管理委员会

主　任　孔培康

副主任　孙国强　钱新惠
　　　　李鲁勤（女）姜　捷

质量技术监督局

局　长　陈友明

副局长　施为建　金　伟
　　　　沈建法

国家安全局

局　长　孙云飞

副局长　褚善林　王　平*
　　　　姚　宁

招商局

局　长　宿竞平

副局长　邱国华　叶高潮
　　　　陈永华

湖州广播电视传媒集团（总台）

台　长　吴宝宏

副台长　何元庆　陈　东
　　　　沈　岸　秦　敏（女）
　　　　徐小平　陈小健

体育局

局　长　蔡森宝

副局长　费永康　蔡　缨（女）

工商行政管理局

局　长　曹吉民

副局长　许淦林　邵　坚
　　　　孙一峰　袁菊林

机关事务管理局

局　长　钮建新（兼）

副局长　许照海　杜德芳

人民防空办公室（民防局）

主　任（局　长）　陆菊良

副主任（副局长）　单水荣　蔡云鹤
　　　　孙　军（兼）

市政府法制办公室

主　任　陈亚明

副主任　王武元

市行政服务中心

主　任　宋　营（女）

副主任　徐晓军　庞娟英（女）

食品药品监督管理局

局　长　鲍三南*

副局长　褚连荣　朱水梅
　　　　陈丽霞（女）

浙江湖州经济开发区（湖州台商投资开发区、湖州高新技术产业园区）管理委员会

主　任　杨六顺

副主任　杨宇澄　周永良
　　　　闵山明　吴智勇
　　　　朱锁芳　丁泉观
　　　　戴　健（兼）

湖州太湖旅游度假区管理委员会

主　任　吴继平

副主任　葛　伟　沈火江
　　　　陈元青

出入境检验检疫局

局　长　宋海龙

副局长　邵燕洪　罗　勤（女）
　　　　周　洪

海　关

关　长　殷杭俊

副关长　刘烈斌　林子军

档案馆（局）

馆（局）长　季朝平

副馆（局）长　张永才

烟草专卖局（分公司）

局　长（经　理）　孙佳华

副局长　陈和祥　潘碧云（女）

副经理　龚一正

市委、市政府接待办公室

主　任　钮建新

市政府突发公共事件应急管理办公室

主　任　沈虎根

市信息化办公室（市信息中心）

主　任　施学江

市太湖水利工程建设管理局

局　长　吴培江

市畜牧兽医局

局　长　朱建友

市住房公积金管理中心

主　任　罗景华

市政府驻北京联络处

主　任　黄宝根

副主任　伊方建

市政府驻上海联络处

主　任　许金根

副主任　陈玉梅（女）

市政府驻深圳联络处

主　任　陈荣平

中级人民法院

院　长　金民安

副院长　钟伟锋　费会平
　　　　杨海江

人民检察院

检察长　孙厚祥*

代检察长　黄生林

副检察长　吴　云　赵建国
　　　　沈　亮　高勇年

中国人民政治协商会议湖州市第六届委员会

主　席　王金根

副主席　施荣耀　沈琪芳（女）
　　　　夏　平　杨金土
　　　　叶　鸣　魏秀生
　　　　魏　明　曹德平

常　委　（以姓氏笔画为序，主席、副主席均为常委，从略）
　　　　丁阿娥（女）　干梅林
　　　　王昌树　方动力
　　　　方建平　左　军（女）
　　　　朱万里　乔晓华
　　　　刘世军　杜　瑛（女）
　　　　李雪华　李鲁勤（女）
　　　　吴建英（女）　邱淦新
　　　　沈坚强　沈国平
　　　　沈佳音　陆小平（女）
　　　　陆增祺　陈　洁（女）
　　　　陈　湘　陈国强
　　　　周少翌　郑　勇
　　　　郑雅萍（女）　孟吕岳
　　　　饶如锋　祝伟华
　　　　姚新兴　姚耀涛
　　　　敖玲玲（女）　袁建华
　　　　钱　冬　钱志远
　　　　徐方训　高兴江
　　　　唐耿夫　戚青青（女）*
　　　　屠永海　蒋晓勇
　　　　傅贵葆　靳宜萍（女）
　　　　臧学萍（女）　潘志强
　　　　潘林荣

秘书长　杨金土（兼）

副秘书长　姚新兴　方宝康
　　　　周金土　蒋晓勇（兼）
　　　　薛淦江（兼）
　　　　孙虎林（兼）
　　　　杨新学（兼）
　　　　吴建英（女，兼）
　　　　陈　洁（女，兼）

办公室

主　任　姚新兴

副主任　戎美勤（女）　杨兴荣
　　　　王建祥

提案委员会

主　任　左　军（女）

副主任　罗安生（兼）
　　　　季朝平（兼）

柴志良（兼）*

人口资源环境委员会

主　任　丁阿娥（女）

副主任　董黎明（兼）

　　　　虞伟瑛（女，兼）

　　　　张全镇（兼）*

文史资料委员会

主　任　方动力

副主任　徐育雄（兼）

　　　　龚景兴（兼）

　　　　肖金莲（女，兼）

经济科技委员会

主　任　潘志强

副主任　张国兴（兼）

　　　　陈连瑞（兼）

　　　　李鲁勤（女，兼）

　　　　唐　华（女，兼）

教文卫体委员会

主　任　王昌树

副主任　费永康（兼）

　　　　柴培良（兼）

　　　　钱　旻（女，兼）

　　　　吴康丽（女，兼）

社会法制委员会

主　任　傅贵葆

副主任　杨军慧（兼）

　　　　许淦林（兼）

　　　　裘明珠（女，兼）

　　　　孟　宁（兼）

港澳台侨委员会

主　任　刘世军

副主任　薛淦江（兼）

　　　　孙虎林（兼）

　　　　张建国（兼）

湖州军分区

司 令 员　徐永淮

政治委员　雷　林

参 谋 长　万庆贵*　陈小明

政治部主任　孟吕岳

后勤部部长　刘伦辉

武警湖州市支队

支 队 长　周俊东

第一政委　叶寒冰*　金伯中

政　　委　应有良

副支队长　张世贤　胡　晓

副 政 委　张家中

湖州市公安局（武警）消防支队

支 队 长　吴宗旭

政　　委　傅立新

副支队长　周　武　崔雄文*

　　　　　邵志强

湖州市吴兴区人民武装部

部　　长　朱治方

政　　委　戴景康*　唐建平

副 部 长　张利剑

湖州市南浔区人民武装部

部　长　严安成

政　委　王湘起

副部长　黄定红

群众团体组织

市总工会

主　席　陈月琴（女）

副主席　韦　敢　张显东

　　　　王　磊

共青团湖州市委

书　记　许小月

副书记　饶如锋　石一婷（女）

市妇女联合会

主　席　潘　音（女）

副主席　臧学萍（女）

　　　　郁晓红（女）

市科学技术协会

主　席　孙新耀（兼）

副主席　唐耿夫　王　英（女）

　　　　徐　力　胡世明（兼）

　　　　方公平（兼）

　　　　唐　华（女，兼）

　　　　叶金云（兼）

　　　　陆　敏（兼）

市文学艺术界联合会

主　席　闻晓明（女）

副主席　杨静龙

　　　　张国强（兼）

　　　　朱元更（兼）

　　　　高　锋（兼）

市归国华侨联合会

主　席　孙虎林

副主席　黄永南

　　　　王　青（女）

　　　　王仲元（兼）

　　　　钱　凯（兼）

　　　　陆建新（兼）

　　　　徐　伟（兼）

　　　　温晓红（女，兼）

市社会科学界联合会

主　席　沈宝山（兼）

副主席　徐育雄

　　　　朱　翔（兼）

　　　　杨　柳（兼）

　　　　舒川根（兼）

　　　　周家健（兼）

市残疾人联合会

主　　席　杨建新（兼）

副 主 席　魏　明　黄文鑫

　　　　　谢银根　孔培康

　　　　　孙阿金

理 事 长　孙阿金

副理事长　曹嘉洪　陈　钢

市工商业联合会

主　席　曹德平（兼）

副主席　杨新学　赵　晖

　　　　费苹儿（女）

　　　　胡国萍（女，兼）

　　　　王振宇（兼）

　　　　沈利明（兼）

　　　　朱新康（兼）

　　　　单建明（兼）

　　　　周志江（兼）

　　　　凌兰芳（兼）

　　　　姚锄强（兼）

　　　　陆志宝（兼）

　　　　吴正法（兼）

　　　　陈卫忠（兼）

企事业单位

邮政局

局　长　陈胜达

副局长　吴　斌　谢楼骏

浙江省电信有限公司湖州市分公司

总 经 理　陈　新

副总经理　嵇宇成　李　歆

　　　　　丁仕江

电力局

局　长　史兴华

副局长　于利军　王　伟

　　　　蒋仁林　吴剑凌*

　　　　宋金根　程光明

　　　　成宝强

手工业联社（二轻工业总公司）

主　任（总经理）

副主任（副经理）　车少宏　林建设

供销合作社联合社

主　任　沈财根

副主任　何凤来　沈兴元

中国人民银行湖州市中心支行

行　长　王海龙

副行长　刘红庆　郑锦国

　　　　喻晓岚（女）

中国银行业监督管理委员会湖州监管分局

局　长　徐卫国

副局长　周明强　冯　明

中国工商银行股份有限公司湖州分行

行　长　沈　忻

副行长　宋　军　刘淑萍（女）
　　　　李幼平　王锦平

中国农业银行股份有限公司湖州分行

行　长　李智馨

副行长　谭跃建*　谭卓勇
　　　　陶　欣　张建新*
　　　　刘金潮*　刘承镜

中国农业发展银行湖州市分行

行　长　韩建良

副行长　陈铮铮　周维庆

中国建设银行股份有限公司湖州分行

行　长　王剑雄

副行长　王卫成　岳俊健
　　　　陈　硕

中国银行股份有限公司湖州市分行

行　长　赵国林*　朱鸿飞

副行长　曹秀双（女）*
　　　　曹根源　阮黎辉*
　　　　钱建英（女）　姚备勇

交通银行湖州分行

行　长　栾小华

副行长　程　宁　陈　萍（女）
　　　　赵欣国

市商业银行

董事长　路国民

行　长　应建国

副行长　方锋杰　高煜民
　　　　俞吉人

中国人民财产保险股份有限公司湖州市分公司

总经理　杨培根

副总经理　吴生强　朱　巍

中国人寿保险股份有限公司湖州分公司

总经理　叶　锋*

副总经理　王炳福（主持工作）
　　　　　王炳福*　李松华

中国太平洋财产保险股份有限公司湖州中心支公司

总经理　姚志伟

副总经理　许似迅　范建峰

中国太平洋人寿保险股份有限公司湖州中心支公司

总经理　姚胜琴（女）

副总经理　沈勋伟*

中国平安财产保险股份有限公司湖州中心支公司

总经理　盛立松

副总经理　盛立松（主持工作）*
　　　　　李延红（女）

中国平安人寿保险股份有限公司湖州中心支公司

副总经理　蒋　明（主持工作）

中华联合财产保险公司湖州中心支公司

总经理　吴永明

副总经理　杨志伟（主持工作）*

气象局

局　长　宋培鹤

副局长　虞　进　朱　红（女）

湖州师范学院

院　长　胡璋剑

副院长　孙新耀*　陈华斌*
　　　　方达伟　蒋云良
　　　　陆永良　叶金云

湖州职业技术学院

湖州广播电视大学

院　长（校　长）　胡世明

副院长（副校长）　丁根林　丁继安
　　　　沈琪芳（女）

浙江省税务干部学校（浙江税务学校）

校　长　沈建良

副校长　王　平　曾月霞（女）
　　　　周祖良

省淡水水产研究所

所　长　叶金云*　陈　畅

副所长　王普生　宓国强
　　　　顾志敏

浙江省疏浚工程有限公司

董事长　沈少鸿

总经理　沈少鸿

副总经理　王康林　姚颂培

中国石油化工股份有限公司浙江湖州石油分公司

总经理　沈永国

副总经理　金志明
　　　　　郑民达

中国移动通信集团浙江有限公司湖州分公司

总经理　陈晓希

副总经理　马勇军

中国联合网络通信有限公司湖州市分公司

总经理　倪文忠

副总经理　吴红伟*　吴继建
　　　　　蒋　星　伍文涛
　　　　　曾国峰

省经济和信息化委员会湖州市无线电管理局

局　长　尹金泉

湖州市公路管理处

处　长　徐伟国

湖州市公路运输管理处

处　长　楼秋红（女）

湖州市港航管理局

局　长　章宇强

湖州市高速公路管理处

副处长

湖州监狱

第一政委　汪少华（兼）

政　委　刘兴荣

监狱长　刘新江

副政委　范亭方

副监狱长　范金荣　黄登嵩
　　　　　毛建平

市劳教所

第一政委　张建平（兼）

政　委　戴建荣

所　长　丁天跃

德清县

县委

书　记　王　勤（女）

副书记　胡国荣
　　　　蔡旭昶*

常　委　张林华　邓照平*
　　　　杨明连　罗国建
　　　　田立新　潘华明
　　　　顾吉生　俞文明*
　　　　侯献荣*　孙政文
　　　　闵　涛

县人大常委会

主　任　朱法根

副主任　任金娥（女）　王仲义
　　　　陈志强
　　　　裘惠萱（女，兼）
　　　　杨文华　杨林官

县人民政府

县　长　胡国荣

常务副县长　罗国建

副县长　俞文明*　闵　涛
　　　　方　芳（女）
　　　　陈发瑶　陈佐平
　　　　潘月山　王少华
　　　　陈　健

政协德清县委员会
主　席　王顺章
副主席　王水加（女）
费罗坤　嵇永芳（兼）
沈连华　王法弟（兼）
县纪委
书　记　田立新

长兴县

县　委
书　记　刘国富
副书记　章根明　叶白云
　　　　项乐民
常　委　金树云　濮建芳（女）
　　　　汪荣山　沈连江
　　　　王庆忠　庄国良
　　　　邱见春　李祖华
　　　　王　建　孙卫亮
　　　　吴　频
县人大常委会
主　任　刘国富
副主任　朱根山　杨福成
　　　　宋炳瑛　韩伟方
　　　　张群英（女，兼）
　　　　朱顺良
县人民政府
县　　长　章根明
常务副县长　金树云
副　县　长　庄国良
　　　　　　闵　云（女）
　　　　　　高胜华　何文全
　　　　　　王　建　吴　频
政协长兴县委员会
主　席　徐永方
副主席　宋文英（女）　张加强
　　　　朱坤龙　袁　健（女）
　　　　章玉坤（兼）
县纪委
书　记　濮建芳（女）

安吉县

县委
书　记　唐中祥
副书记　单锦炎　王　树（女）
　　　　刘宏伟
常　委　陆为民　黄培林
　　　　叶剑明*　李晓良
　　　　赵德清　任　烽
　　　　吴佩勋　叶海珍（女）
　　　　王列兵　钱　波（女）
县人大常委会
主　　任　唐中祥
常务副主任　吴向明
副　主　任　周小平　陶紫正
　　　　　　陈华民（兼）
　　　　　　张为华　杨路侠
县人民政府
县　　长　单锦炎
常务副县长　陆为民
副　县　长　黄培林
　　　　　　钱　波（女）
　　　　　　徐国晟*　金　凯
　　　　　　叶海珍（女）*
　　　　　　章春华*　凌建荣
　　　　　　王少华*
　　　　　　张建乐（女）
　　　　　　徐礼明
政协安吉县委员会
主　席　梁为民
副主席　王龙生　周小平（兼）
　　　　朱玉成　兰林富
　　　　王爱民（女，兼）
县纪委
书　记　刘宏伟

吴兴区

区委
书　记　金建新*　施根宝
副书记　施根宝*　蔡旭昶
　　　　吴　旭（女）
常　委　潘　华　徐伟明
　　　　徐晏平　陈鑫堂
　　　　束明德*　方　杰
　　　　周建新　茅利荣
　　　　朱治方
区人大常委会
主　任　蒋金法
副主任　吴文清　陆永文（女）
　　　　陈明宝
　　　　钱燕翔（女，兼）
　　　　郑惠民　王元根
区人民政府
区　　长　施根宝
常务副区长　潘　华
副　区　长　管仲龙
　　　　　　竺　鸽（女）
　　　　　　丁芳芳　朱建豪
　　　　　　金新根　陆伟强
　　　　　　吴　蓉（女）*
　　　　　　朱小龙
政协吴兴区委员会
主　任　巩维建
副主任　胡建忠　沈玉山
　　　　邵玲珍（女）
　　　　褚玉明（兼）
　　　　贺志明　束明德
区纪委
书　记　方　杰

南浔区

区　委
书　记　张金根
副书记　高　屹　杨兴龙
　　　　姚广民
常　委　沈振建　熊全龙
　　　　杨卫东　王琴英（女）
　　　　马志祥　梅爱祥
　　　　曹伟龙　王湘起
　　　　朱先高
区人大常委会
主　　任　张金根
常务副主任　沈法良
副　主　任　蔡建新　李连初
　　　　　　吕建蓉（女，兼）
　　　　　　魏海松　戴悦泉
区人民政府
区　　长　高　屹
常务副区长　熊全龙
副　区　长　朱先高　陆凤江
　　　　　　钱丽琴（女）
　　　　　　金顺明　孙根祥
　　　　　　潘耕峰
政协南浔区委员会
主　任　顾进才
副主任　桂秋芳　钱玉明
　　　　倪培龙（兼）
　　　　陈文龙　闵建国
区纪委
书　记　杨兴龙

党政群团

·中共湖州市委·

【全市农村工作会议】 2月2日，召开全市农村工作会议，认真贯彻落实党的十七届三中全会和中央农村工作会议精神，按照市委六届七次全会和全市经济工作会议要求，总结工作，分析形势，研究部署2009年全市“三农”工作。会议强调，以只争朝夕的精神、克难攻坚的勇气、求真务实的作风，开拓进取、扎实工作，加快推进农村改革发展，全面推进新农村实验示范区建设，奋力开创湖州市新农村建设的崭新局面。会议要求，牢牢把握“保增长、抓转型、增活力、重民生、促和谐、强保障”这一主线，坚持统筹城乡发展，全面落实《中共湖州市委关于认真贯彻党的十七届三中全会精神加快推进农村改革发展的意见》，以深化市校合作共建为载体，以保持农村经济平稳较快发展为首要任务，大力发展现代农业、全力保障农民增收、努力改善农村民生、着力深化农村改革，加快形成城乡经济社会发展一体化的新格局，不断开创湖州市新农村实验示范区建设继续走在前列的新局面。市委书记、市人大常委会主任孙文友到会并讲话，市委副书记、市长马以主持会议；市委副书记朱坤民宣读表彰2008年度“三农”工作先进典型文件；副市长杨建新具体部署发展现代农业工作。市领导吴水霖、金建新、高玲慧、胡菁菁、吴国升、曹会明、周杰、倪玲妹、方新旗、杨金土出席会议。

【全市政法工作会议】 2月9日，召开全市政法工作会议。深入贯彻落实全国、全省政法工作会议精神，总结工作，分析形势，研究部署2009年政法工作。会议强调，全市各级政法机关、广大政法干警要以科学发展观为指导，进一步强化忧患意识、责任意识、发展意识，牢牢把握“保增长、抓转型、增活力、重民生、促和谐、强保障”这一主线，着力健机制、强基础、保平安、促发展，认真履行稳定第一责任，主动服务发展第一要务，更加有力、有为、有效地服务全市工作大局，努力开创政法工作新局面，确保“平安湖州”创建三连冠。会议要求，履行第一责任，服务第一要务，坚持综合施策、着力化解经济矛盾纠纷，加强依法治理、着力维护市场经济秩序，主动搞好服务、着力营造良好发展环境，全力促进经济平稳较快发展；坚持打防结合、确保社会长治久安，注重源头防范、加强矛盾排查化解，强化基层基础、深化平安细胞创建，全力维护社会和谐稳定；规范执法行为，强化执法监督，深化司法改革，践行执法为民，全力保障社会公平正义；重视抓好政法系统学习实践科学发展观活动，加强领导班子建设，加强政法干警队伍建设，造就严格公正文明廉洁的政法队伍；落实领导责任，维护执法权威，强化司法保障，加强政法委建设，加强和改善党对政法工作的领导。市委书记、市人大常委会主任孙文友到会并讲话。市委常委、常务副市长、市委政法委书记吴水霖对2009年全市政法工作作了具体部署。市领导马以、叶寒冰、马红宝、魏秀生及市中级人民法院院长金民安、市人民检察院检察长孙厚祥出席会议。

【全市党建工作会议】 2月11日，召开全市党建工作会议。深入学习贯彻党的十七大、十七届三中全会和市委六届七次全会精神，总结2008年工作，部署2009年任务。会议强调，全市各级党组织和广大党员干部要高举中国特色社会主义伟大旗帜，深入贯彻落实科学发展观，始终坚持“围绕发展抓党建、抓好党建促发展”，进一步坚定信心、攻坚克难、真抓实干，努力开创湖州市党建工作新局面，为完成全年各项目标任务、实现经济平稳较快发展提供坚强保证。会议要求，必须紧紧围绕保增长、抓转型、增活力、重民生、促和谐，牢牢抓住执政能力和先进性建设主线，突出促转、抓重、强基、育新，着力加强党的思想、组织、制度、作风建设和反腐倡廉建设，为实现经济平稳较快发展，加快建设现代化生态型滨湖大城市提供坚强保障。精心组织学习实践活动，围绕促进科学发展下功夫、求实效；切实加强宣传思想工作，围绕增强精神动力造声势、鼓实劲；全面提升组织建设水平，围绕提高执政能力抓关键、强保障；不断深化和创新党建工作，围绕健全体制机制破难题、增活力；深入推进党风廉政建设，围绕优化服务效能转作风、树正气；扎实做好统战群团工作，围绕联系服务群众扬优势、聚人心；始终坚持党要管党方针，围绕推动工作落实明责任、健机制。市委书记、市人大常委会主任孙文友到会并讲话。市委副书记朱坤民主持会议。市委常委、组织部长高玲慧和市委常委、宣传部长胡菁菁分别就做好2009年的组织工作和宣传思想工作作了具体部署。市领导马以、王敏奇、金建新出席会议。

【开放型经济工作会议】 3月4日，召开全市开放型经济工作会议。会议指出，要充分认识加快发展开放型经济的重要性和紧迫性，进一步坚定信心、迎难而上、抢抓机遇、合力攻坚，努力加快开放型经济发展，为保持全市经济持续快速健康发展作出更大贡献。会议强调，要坚定信心，加快发展开放型经济；要咬定目标，狠抓招商引资；要多策并举，扩大外贸出口；要全力以赴，加快开发区（园区）

建设；要加强领导，形成开放型经济发展合力。市委书记、市人大常委会主任孙文友到会并讲话，市委常委、常务副市长吴水霖主持会议，副市长李建平作工作报告。市领导马红宝、杨金土等出席会议。

【开展深入学习实践科学发展观活动动员大会】 3月5日，召开全市开展深入学习实践科学发展观活动动员大会，认真学习贯彻中央和省委有关会议精神，对湖州市开展学习实践活动进行动员部署。会议要求，开展深入学习实践科学发展观活动，事关全局、事关长远。全市各级党组织和广大党员干部，以高度的政治责任感、饱满的精神状态和良好的工作作风，扎实开展好学习实践活动，全面推进创业富民、创新强市，努力实现经济社会又好又快发展，加快建设现代化生态型滨湖大城市。市委书记、市委学习实践活动领导小组组长孙文友，省委学习实践活动指导检查组组长陈岳军到会并讲话，市政协主席王金根、省委学习实践活动指导检查组副组长张正镛等出席会议，市委副书记朱坤民主持会议，副市以上领导干部，各县（区）委书记、县（区）长、分管副书记、组织部长等参加会议。

【解放思想科学发展专题读书会】 3月26日，继苏南学习考察后，市委举行解放思想、科学发展专题读书会。会议指出，学习苏南先进经验，贯彻落实科学发展观，关键是要结合湖州实际，进一步解放思想。会议强调，进一步解放思想，深入贯彻落实科学发展观，敢于创新，勇于突破，开拓进取，不断开辟解放思想新境界，积极创建又好又快发展新业绩，奋力开创科学发展新局面。市委书记、市人大常委会主任孙文友主持并作中心发言；市委常委、市政协主席、市人大常委会常务副主任、副市长以及各县（区）委书记、湖州经济开发区和太湖旅游度假区管委会主任，结合苏南学习考察的体会和各自工作实际作了发言。

【长三角城市经济协调会第九次会议】 3月27日，长江三角洲城市经济协调会第九次会议在湖州市举行。会议主题为“贯彻国务院指导意见精神，共同应对金融危机，务实推进长三角城市合作”，会议批准继续深化“长三角世博会主题体验之旅”、“协调会自身建设”两个合作专题，新设“长三角金融合作”、“长三角医疗保险合作”两个专题和“长三角会展合作”课题。16个成员城市领导共同签署了《长江三角洲地区城市合作（湖州）协议》。上海市副市长胡延照、江苏省副省长史和平、浙江省副省长茅临生、国家发改委地区司副司长邹勇和市领导孙文友、马以、李建平等出席会议。

【一季度经济和维稳形势分析暨市领导联系项目及企业工作交流会】 4月20日，召开全市经济、维稳形势分析暨市领导联系项目、企业工作交流会，分析一季度全市经济、维稳形势，研究部署二季度工作。会议强调，以开展深入学习实践科学发展观活动为契机，进一步增强信心、振奋精神、扎实工作，全力以赴打好“保增长、促转型”的攻坚战，确保经济持续平稳较快发展，确保社会和谐稳定。市委书记、市人大常委会主任孙文友，市委副书记、市长马以讲话。王金根、朱坤民等市四套班子领导出席会议。市委常委、常务副市长吴水霖代表市政府汇报全市一季度经济和维稳工作情况。与会市领导结合联系项目、企业工作就经济、维稳形势作交流。三县两区和湖州经济开发区、太湖旅游度假区交流发言。

【市级领导班子和领导干部年度考核会议】 4月24日，召开市级领导班子和领导干部年度考核会议，由市级领导班子和领导干部进行年度总结报告、述职述廉。市委书记、市人大常委会主任孙文友和市委副书记、市长马以分别代表市委领导班子和市政府领导班子，作市委领导班子年度总结报告、市政府领导班子年度总结报告以及个人述职述廉报告。市委副书记朱坤民主持会议。市委委员、市委候补委员，市纪委副书记、常委，市人大、市政府、市政协领导，湖州军分区政委等参加会议。市各民主党派、工商联主要负责人应邀参加会议。

【全市“保增长、促转型”工作会议】 5月20日，召开全市“保增长、促转型”工作会议。认真贯彻落实全省经济工作电视电话会议精神，对打好“保增长、促转型”攻坚战进行再动员、再部署、再推进。会议强调，全市上下要按照“任务要完成、目标要实现、速度要确保、数字不能虚”的要求，坚定信心，迎难而上，政企同心，合力攻坚，全力打好“保增长、促转型”的攻坚战，努力保持经济持续平稳较快增长。会议要求，要振奋精神、克难奋进保增长、促转型；要狠抓关键、突出重点保增长、促转型；要深化改革、扩大开放保增长、促转型；要改善民生、维护稳定保增长、促转型；要政企同心、齐心协力保增长、促转型。市委书记、市人大常委会主任孙文友，市委副书记、市长马以讲话；市委常委、常务副市长吴水霖主持会议。市领导金建新、沙铁勇、周杰、方新旗、杨建新、李建平、杨金土出席会议。

【市委六届八次全体（扩大）会议】 7月22日，举行市委六届八次全体（扩大）会议。市委常委会主持会议。市委书记孙文友代表市委常委会向全会作报告。市委副书记、市长马以作会议小结。市委副书记朱坤民等出席会议。全会认真贯彻落实省委十二届五次全会精神，听取和讨论孙文友代表市委常委会所作的报告，研究部署下半年工作任务和深化改革开放工作，审议通过《中共湖州市委关于深化改革开放推动科学发展的实施意见》。全会研究部署深化改革开放工作。全会指出，当前和今后一个时期，湖州市深化改革开放的总体要求是，高举中国特色社会主义伟大旗帜，坚持以邓小平理论和“三个代表”重要思想为指导，全面贯彻落实科学发展观，深入实施增强“三力”、奋力崛起发展战略，围绕“创业富民、创新强市”的要求，进一步加快重点领域和关键环节改革，进一步扩大对内对外开放，努力构建充满活力、富有效率、更加开放、有利于科学发展的体制机制，有效地应对当前国际金融危机，努力保持经济持续平稳较快发展，加快建设现代化生态型滨湖大城市。坚持解放思想、敢闯敢试，坚持以人为本、促进和谐，坚持重点突破、统筹推进，坚持尊重创造、宽容失误。当前，努力在新农村建设体制机制创新上、产业转型升级推进机制创新上、深化资源要素配置市场化改革上、深化社会领域改革上、深化行政管理体制改革上和深化对内对外开放上实现新突破。全会强调，加强领导，营造环境，扎实推进改革开放各项工作。各级党委要充分发挥总揽全局、协调各方的领导核心作用，切实加强组织领导，各级政府要深入研究深化改革开放的重点难点问题，狠抓推进落实，市级有关部门要加强协调配合，形成整体合力。各地要结合实际，找准切入点和突破口，积极开展多层面的改革创新试点；营造良好的法治环境和舆论环境，坚持正确的用人导向，使谋创新、思变革、求突破成为广大干部的自觉追求；以对事业高度负责的态度，以开拓创新的勇气和敢于碰硬的作风，扎扎实实抓好各项改革开放举措的落实。对做好下半年工作，全会指出，各级党委、政府必须做到坚定清醒有作为，咬定目标不放松，创新实干求突破。按照年初的既定部署，狠抓项目建设，全力推进重大基础设施建设、突出抓好重大产业项目建设、积极谋划储备一批项目；狠抓招商引资，突出重点抓好产业招商、探索创新改进招商方式、进一步优化投资环境；狠抓转型升级，继续加快发展高效生态现代农业、加快工业转型升级、加快发展现代服务业；狠抓科技创新，大力推进创新平台建设、深入推进政产学研合作、切实强化企业创新主体作用；狠抓市场开拓，千方百计稳定外贸出口、开拓国内市场；狠抓城乡建设，不断拓展提升新农村建设、继续加快中心城市建设；狠抓民生改善，切实抓好民生实事项目、扎实推进文化建设、积极探索生态文明建设；狠抓社会稳定，强化矛盾化解、社会管控、基层基础；狠抓党的建设，扎实抓好学习实践活动、充分发挥党委总揽全局协调各方的作用、高度重视领导班子和干部队伍建设、进一步加强基层组织建设、切实加强党风廉政建设。市纪委委员；市人大、市政府、市政协党组成员，湖州军分区政委，市中级法院院长，市检察院检察长，湖州师院党委书记、院长；退出现职的市级领导；市长助理，市委、市人大、市政府、市政协秘书长和党员副秘书长；曾担任过副市级以上领导职务的党内老干部；各县（区）委书记、县（区）长；市直属各单位党委（党组）书记和党员行政主要负责人；部分市党代表等参加会议。市各民主党派、工商联主要负责人应邀参加会议。

【湖州市——浙江大学合作共建省级社会主义新农村实验示范区第三次年会】 11月16日，举行湖州市——浙江大学合作共建省级社会主义新农村实验示范区第三次年会。会议围绕市校合作共建工作，全面总结前三年，认真规划后三年，着重部署2010年任务。会议指出，深化市校合作共建新农村实验示范区，是深入贯彻落实科学发展观的具体实践、加快推进经济转型升级的有效途径、全面建设小康社会的重要载体、解决现阶段“三农”发展难题的有益探索、为全省全国新农村建设提供借鉴作出贡献的实在举措。要充分认识新形势下深化市校合作的重大意义，切实增强责任感和使命感。会议强调，要切实抓好新形势下的市校合作共建新农村实验示范区工作。大力发展现代农业，在转变农村经济发展方式上取得新成效；加快推进制度创新，在破解“三农”发展难题上取得新突破；着力优化发展环境，在促进农村民生持续改善上迈出新步伐；不断强化基层基础，在维护农村社会和谐稳定上取得新进展；切实加强组织领导，在合力推进新农村建设上实现新作为。浙江大学党委书记张曦主持会议并讲话；浙江大学校长杨卫，市委书记、市人大常委会主任孙文友讲话，市委副书记、市长马以宣读了表彰决定。浙江大学党委常务副书记陈子辰，常务副校长倪明江，校长助理吴平；市领导金建新、胡菁菁、曹会明、方新旗、杨建新、曹德平及市长助理金佩华等出席会议。

【全市领导干部警示教育大会】 11月15日，湖州市召开全市领导干部警示教育大会。会议强调，全市广大党员干部特别是领导干部，要深入学习贯彻党的十七届四中全会和省委十二届六次全会精神，充分认识反腐败斗争的长期性、复杂性、艰巨性，认真吸取违法违纪案件教训，切实提高拒腐防变能力，筑牢思想道德防线，深入推进反腐倡廉建设。市委书记、市人大常委会主任孙文友到会并讲话，市委副书记、市长马以主持会议，市委副书记朱坤民传达中央纪委有关通报精神，市委常委、市纪委书记王敏奇通报湖州市2009年以来查处的县处级干部违纪违法案件情况。市四套班子领导和省委巡视组成员董克军等出席会议。

【“世博论坛·绿色生态与宜居城市”论坛】 11月6日，以“绿色生态与宜居城市”为主题的2010年上海世博会公众论坛在湖州市举行。上海市人大常委会副主任王培生，浙江省副省长陈加元，市委书记、市人大常委会主任孙文友分别致辞；市委副书记、市长马以作主题演讲；上海世博会事务协调局国内参展顾问黄耀诚介绍世博会筹备情况。

【市委六届九次全体（扩大）会议】 12月4日，举行市委六届九次全体（扩大）会议。全会深入学习贯彻党的十七届四中全会和省委十二届六次全会精神，市委常委会主持会议。市委书记孙文友代表市委常委会向全会报告市委六届七次全会以来的工作，研究部署新形势下湖州市党建工作，审议通过了《中共湖州市委关于以改革创新精神加强和改进党的建设的实施意见》，并部署岁末年初有关工作。全会指出，当前和今后一个时期，湖州市加强和改进党的建设的总体要求是：高举中国特色社会主义伟大旗帜，全面贯彻党的十七大、十七届四中全会和省委十二届六次全会精神，深入贯彻落实科学发展观，按照党章要求，始终着眼于加快科学发展、促进社会和谐，立足于加强党的执政能力和先进性建设，致力于提高党的建设科学化水平，改革创新、抓重破难、务实增效，全面推进党的思想、组织、作风、制度建设和反腐倡廉建设，探索建立具有湖州特色的党建工作新格局，为全面建设小康社会、加快建设现代化生态型滨湖大城市提供坚强保证。工作中，坚持围绕大局、紧贴中心，打造“服务党建”；坚持以人为本、执政为民，打造“惠民党建”；坚持遵循规律、完善制度，打造“科学党建”；坚持改革创新、积极探索，打造“活力党建”；坚持党要管党、从严治党，打造“责任党建”。当前和今后一个时期，重点要按照建设学习型政党要求，在加强思想理论建设上取得新成效；着眼激发党的生机活力，在发展党内民主上取得新成效；抓住干部人事制度改革关键，在建设高素质干部队伍上取得新成效；紧贴经济社会发展需求，在加强人才队伍建设上取得新成效；坚持抓基层打基础，在发挥基层党组织和党员队伍作用上取得新成效；始终保持党同人民群众的血肉联系，在以优良党风带政风促民风上取得新成效；健全和完善惩防体系，在推进反腐倡廉建设上取得新成效。全会研究部署了加强和改进新形势下党的建设工作。全会强调，加强和改进党的建设，是实现市第六次党代会提出的奋斗目标，加快建设现代化生态型滨湖大城市的迫切需要；是积极应对当前复杂局面，努力保持经济平稳较快发展的迫切需要；是深入学习实践科学发展观，提升党的建设科学化水平的迫切需要；是切实解决自身存在的突出问题，不断提高执政能力、保持和发展党的先进性的迫切需要。在新的形势下，我们要自觉站在全局和战略的高度，紧密联系湖州实际，充分认识加强和改进新形势下党的建设的重要性和紧迫性。加强和改进新形势下党的建设，是一项重大政治责任。全市各级党组织要切实按照党的十七届四中全会和省、市委全会作出的部署，认真抓好《中共中央关于加强和改进新形势下党的建设若干重大问题的决定》和《中共浙江省委关于认真贯彻〈中共中央关于加强和改进新形势下党的建设若干重大问题的决定〉的实施意见》、《中共湖州市委关于以改革创新精神加强和改进党的建设的实施意见》的贯彻实施，全面落实党建工作领导责任，健全完善党建工作考核综合评价体系，认真研究党建工作面临的新情况、新问题，重视加强党务工作者队伍建设。全会对进一步做好岁末年初工作作了具体部署。全会指出，当前，湖州市经济发展企稳向好的态势日益明朗，但增长基础仍不稳固、发展态势仍不平衡，各地各部门必须发扬连续作战精神，努力完成全年各项目标任务，确保全市经济平稳较快发展、社会和谐稳定。要认真梳理分析、紧紧围绕今年工作目标，奋力冲刺拼搏、确保各项重点工作扎实推进，注重统筹发展、确保新农村和中心城市建设不断跃上新台阶，继续打好保增长、促转型攻坚战；认真做好就业服务、完善社会保障体系和关心群众的工作，扎实做好改善民生各项工作；切实抓好信访维稳工作、社会治安综合治理和安全生产，确保实现“平安创建”三连冠；切实把握明年经济运行趋势、抓紧明确明年工作思路和目标任务，尽快启动明年一季度的各项工作。市纪委委员；市人大、市政府、市政协党组成员，湖州军分区政委，市中级法院院长，市检察院代检察长，湖州师院党委书记、院长；退出现职的市级领导；市长助理，市委、市人大、市政府、市政协秘书长和党员副秘书长；曾担任过副市级以上领导职务的党内老干部；各县（区）委书记、县（区）长；市直属各单位党委（党组）书记和党员行政主要负责人；部分市党代表等参加会议。市各民主党派、工商联主要负责人应邀参加会议。

（臧　丹）

·中共湖州市纪律检查委员会·

【第六届市纪委第三次全体会议】 2月12日，第六届市纪委第三次全体会议召开。会议传达了第十七届中央纪委第三次全会和第十二届省纪委第三次全会精神，审议通过了由市委常委、市纪委书记王敏奇代表市纪委常委会所作的题为《深入贯彻落实科学发展观以反腐倡廉建设新成效为实现全市经济持续平稳较快发展提供坚强保障》的工作报告。市委书记、市人大常委会主任孙文友出席会议并讲了话，强调要按照科学发展观的要求，深入贯彻落实中央和省纪委全会精神，以更加坚决的态度、更加务实的作风、更加有力的措施，进一步加强党性修养、树立和弘扬优良作风，推进全市党风廉政建设和反腐倡廉工作，以党风廉政建设和反腐败斗争的实际成效，为确保湖州市经济持续平稳较快发展作出新的更大贡献。市纪委委员出席会议；市监察局副局长，各县区纪委副书记，市直属各单位纪委书记（纪检组长）或分管领导，部分在基层工作的市党代表，派驻政府投资重点建设项目廉政监察组组长，市监察局特邀监察员等列席会议。

【服务保障促进科学发展工作】 围绕中央和省、市重大决策部署，制定并落实《湖州市纪检监察机关服务、保障和促进科学发展的意见》，全面加强对扩内需、保增长政策措施落实情况，特别是102个新增中央投资项目建设进展情况的监督检查。及时部署开展工程建设领域突出问题专项治理工作，全面推行政府投资建设项目廉政监督工作，全市共派驻廉政监察组19个，监督重点建设项目109个，涉及投资额326.5亿元。中央扩大内需促进经济增长政策落实工作检查组对此予以充分肯定和高度评价，《〈人民日报〉情况汇编》专题作了报道，省委书记赵洪祝专门作了重要批示。制定援建监督检查实施办法和市本级2009年援建项目专项检查方案，严格抗震救灾资金管理，确保援建资金规范、安全、高效使用。会同有关部门组织开展国有土地使用权、矿业权招标拍卖挂牌出让制度执行、安全生产监管等执法监察25项。把优化经济发展环境、促进企业健康发展作为一项重中之重工作来抓，深入开展“为企业分忧、为发展护航”专项行动，切实帮助基层和企业解决了一些重点、难点问题。

【党风廉政建设责任制落实工作】 市委、市政府高度重视落实党风廉政建设责任制工作，将全年反腐倡廉建设和作风建设任务细化为51项具体工作，分解到15位市领导、20个牵头部门和70个协办单位分工抓落实。市党政领导班子成员认真履行“一岗双责”，共组织责任范围对象研究党风廉政建设工作256次。根据县区和部门不同情况、不同职责，推行个性化责任书，进一步增强责任落实的针对性。组建巡察工作办公室和巡察组，对安吉县和市体育局、市司法局、市招商局等单位开展党风廉政建设巡察工作。全面实施责任制量化考核。年底，由市委、市政府主要领导带队，对县区和有关部门责任制落实情况进行检查考核。加大责任追究力度，对12名领导干部实施责任追究。

【党员干部教育管理工作】 把党性党风党纪教育作为深入学习实践科学发展观活动的重要内容，广泛开展反腐倡廉“六个一”专题教育活动，通过拍摄警示教育专题片、汇编警示教育读本、组织观看和学习省委书记赵洪祝重要讲话精神、召开全市领导干部警示教育大会、举办新提任县（处）级领导干部党性党风党纪培训班等形式，引导党员干部不断增强廉洁从政意识和拒腐防变能力。扎实推进廉政文化建设，创建市级廉政文化“6+1”示范点43个。做好市反腐倡廉警示教育基地筹建工作。积极开展领导干部述职述廉活动，600多名县（处）级领导干部进行述职述廉。认真开展“小金库”专项治理，清理违规金额433.8万元。严格落实严禁收受“三礼”的规定，全市共收到上交“三礼”136.82万元。开展公款出国（境）专项治理，全市因公出国（境）团组批次和人数比2008年分别下降9.49%和23.09%。运用GPS定位、统一公车标识、开展明察暗访等手段，加强公车使用管理，针对市级24个单位37辆公车使用管理中存在的问题，督促相关单位落实整改措施。

【执纪办案工作】 全市纪检监察机关共受理来信来访、电话举报1389件（次），立案查处党员干部违纪违法案件302件，其中涉及县（处）级干部4件，乡（科）级干部46件，10万元以上大案22件；结案283件，给予党纪政纪处分287人，为国家和集体挽回经济损失2382.4万元。继续推进商业贿赂专项治理工作，立案查处商业贿赂案件89件，结案83件，涉案金额2354.9万元。坚持依纪依法、安全文明办案，切实保障党员干部合法权益，及时为受到不实举报的党员干部澄清问题。认真做好案件审理和申诉复查工作，组织开展处分决定执行情况专项检查。加强案件监督管理，确保办案质量。坚持查防结合、以查促防，充分发挥查办案件在治本抓源方面的作用。

【党风政风行风建设】 加强对教育收费情况的检查，进一步规范教育收费和办学行为。落实药品集中招标采购制度，集中招标采购总金额10.85亿元，占医院购药总金额的95%。深入推进减轻企业负担工作，严格控制涉企收费项目和收费标准。强化减轻农民负担日常监管，清理涉农收费项目15个，查处各类损害农民利益案件51件，实施责任追究48人。加强公路“三乱”投诉举报平台建设，坚决纠正以罚代纠、以罚代管等问题。开展民政、国土资源、农业系统民主评议行风活动。扎实推进清理评比达标表彰工作。开展“群众满意基层站所（办事窗口）”创建和复评工作，表彰6个示范单位、64个先进单位，对2个单位予以摘牌。认真组织实施“两提高、两降低”效能建设主题活动，深入开展“万名群众评议机关”工作，加大对执行省、市“禁令”情况的明察暗访力度，全市共受理效能投诉件105件，办结100件，实施效能责任追究240人次。湖州市6个单位被评为全省效能建设创新创优示范典型和先进典型。扎实推进农村基层党风廉政建设，树立首批13个市级“农村基层党风廉政建设示范村”，加强村级民主监督工作，全市1048个行政村全部建立村务监督委员会。湖州市作为浙江省唯一单位，在中央纪委召开的有关会议上作了交流发言。围绕新中国成立60周年重大活动，积极开展矛盾纠纷排查化解和重信重访专项治理工作，及时化解矛盾纠纷，促进了社会和谐稳定。

【惩防体系建设】 制定《湖州市惩防体系2009年～2012年制度建设工作计划》和2009年惩防体系建设重点任务推进计划，完善情况报告、督查考核等工作制度，明确牵头和协办单位的目标责任，加强分类指导，积极调动和依靠各方面力量，推动惩防体系建设各项任务的落实。市委、市政府和市纪委监察局修改或制定涉及党风廉政建设的制度39项，惩防体系牵头部门修改制定有关制度11项。深化源头治理工作，全面开展新一轮行政审批制度改革，进一步清理调整行政审批事项，推进行政审批职能整合和集中改革，加强行政审批的监督管理。市本级和5个县（区）都建立了电子监察系统，并与省系统数据联网。推进部门综合预算和国库集中支付改革，不断扩大直接支付范围。启动实施政府投资建设项目代建制试点工作。加强市、县、乡镇三级统一招投标平台规范化建设，市、县统一招投标平台共完成招投标10807宗次，交易金额300.45亿元，市、县招投标中心通过公开土地出让增值31.81亿元，通过政府采购节约资金8209.15万元。

【纪检监察队伍建设】 市纪委常委会高度重视自身建设，按照“三严、四对、五模范”的要求，积极开展深入学习实践科学发展观活动和“做党的忠诚卫士、当群众的贴心人”主题实践活动，认真查找、着力解决不符合不适应科学发展观要求的突出问题，制定并落实7个方面24条具体整改措施，学习实践活动和主题实践活动取得了实实在在的成效。组织全市纪检监察干部深入学习贯彻党的十七届四中全会和省、市全会精神，深刻领会加强和改进新形势下党的建设特别是反腐倡廉建设的一系列新思想、新要求、新举措，开展纪检监察工作“金点子”征集活动，努力在武装头脑、指导实践、推动工作上下功夫。加大教育培训力度，举办基层纪检干部实务培训班，对全市120名基层纪检干部进行业务知识培训。成立市监察学会，加强纪检监察调查研究和理论研究工作。制定派驻（出）机构年度工作量化考核暂行办法，完善派驻（出）机构履职评价机制。认真落实中央和省关于加强县级纪检监察机关建设的意见，积极争取党委、政府的重视和支持，切实改善县（区）纪检监察机关的人员编制、经费保障和装备设施。三县两区已全部按要求落实人员编制，调整完善内设机构，增加区纪委常委职数。

（唐国平）

·湖州市人民代表大会·

【市六届人大四次会议】 市第六届人民代表大会第四次会议于2009年2月24日~26日举行。会议应到代表360名，实到代表358名，列席人员137名，并邀请20名公民旁听会议。会议的指导思想是：全面贯彻党的十七大和十七届三中全会精神，以邓小平理论和“三个代表”重要思想为指导，深入贯彻落实科学发展观，在市委的领导下，积极履行宪法和法律赋予人大的职责，认真审议和决定湖州市2009年经济社会发展各项主要工作，按照市委六届七次全会提出的加快转变经济发展方式，推进经济转型升级，促进经济社会又好又快发展的要求，动员全市人民振奋精神，团结拼搏，创业富民，创新强市，全力实施增强“三力”、奋力崛起发展战略，为加快建设现代化生态型滨湖大城市而努力奋斗。

会议的主要议程是：1．听取和审查湖州市人民政府工作报告；2．审查湖州市2008年国民经济和社会发展计划执行情况、2009年国民经济和社会发展计划草案的报告，审查、批准湖州市2008年国民经济和社会发展计划执行情况的报告、2009年国民经济和社会发展计划；3．审查湖州市2008年全市和市本级预算执行情况及2009年全市和市本级预算草案的报告，审查、批准湖州市2008年市本级预算执行情况的报告和2009年市本级预算；4．听取和审查湖州市人民代表大会常务委员会工作报告；5．听取和审查湖州市中级人民法院工作报告；6．听取和审查湖州市人民检察院工作报告；7．补选湖州市第六届人民代表大会常务委员会委员1名；8．通过湖州市第六届人民代表大会财政经济委员会主任委员人选。

2月23日举行预备会议，选举49名成员组成大会主席团，选举曹会明兼任大会秘书长，通过本次会议议程。

市六届人大四次会议共举行3次全体会议，4次主席团会议。经举手表决，会议通过了关于政府工作报告等6项决议。经无记名投票表决，会议补选班文国为湖州市第六届人民代表大会常务委员会委员。经举手表决，会议通过了班文国为湖州市第六届人民代表大会财政经济委员会主任委员。会议收到代表10人以上联名提出的议案96件，其中政治法律方面5件，财政经济方面17件，基础设施方面14件，社会事业发展方面60件。大会主席团按照地方组织法和代表法有关规定，决定对符合议案要求的，由杨晓红等11位代表联名提出的《关于加强老虎潭水源保护、尽快实施生态修复及划定水库生态保护区的议案》，交由市六届人民代表大会农业环境保护委员会审议。在市六届人民代表大会农业环境保护委员会审议后，依法向市人大常委会提出代表议案审议结果的报告，印发市六届人民代表大会下次会议。决定将其余95件作为建议、批评和意见，由市人大常委会代表与选举任免工作委员会会同市人民政府办公室交有关部门研究处理，并负责答复代表。大会还收到代表对各方面工作的建议、批评和意见85件。至12月底，这些建议、批评和意见已由各承办部门基本办理完毕并答复了代表。

【市六届人大常委会第14次~20次会议】 市六届人大常委会2009年共举行常委会会议7次，听取和审议43项议题，作出8项决议、决定，作出12项审议意见，依法任免和批准任命国家机关工作人员37名。

第14次会议于2009年2月10日举行。会议的主要议程是：1．审议市人大常委会在市六届人大四次会议上的工作报告稿；2．讨论提交市六届人大四次会议审议通过的有关事项；3．审议、通过代表资格审查委员会关于市六届人大代表变动情况的报告；4．人事任免事项。

第15次会议于2009年4月27日下午至28日上午举行。会议的主要议程是：1．学习市委“解放思想、科学发展”专题读书会精神（书面）；2．听取和审议市政府关于全市食品安全工作情况的报告，食品流通调研组关于湖州市餐饮业食品安全情况的调研报告（书面），食品加工调研组关于当前湖州市食品加工情况的调研报告（书面），食品生产调研组关于湖州市农产品安全情况的调研报告（书面）；3．听取和审议市政府关于湖州市城镇污水处理设施建设和运行管理情况的报告，市人大农业环境保护委员会关于全市城镇污水处理设施建设和运行管理情况的调研报告（书面）；4．审议、通过代表资格审查委员会关于市六届人大代表资格的审查报告；5．人事任免事项。

第16次会议于2009年6月25日至26日上午举行。会议的主要议程是：1．听取和审议市政府关于加快湖州市科技创新工作的报告，市人大教科文卫民侨委员会关于加快湖州市科技创新工作的调研报告（书面）；2．审查和批准关于2008年全市和市本级财政决算的报告，听取市审计局关于2008年度湖州市本级预算执行和其他财政收支的审计工作报告，市人大财经委关于2008年市本级财政决算的审查报告（书面）；3．听取和审议市中级人民法院关于执行工作情况的报告，市人大法制委员会关于市中级人民法院开展执行工作情况的调研报告（书面）；4．听取和审议市人民检察院关于开展侦查监督工作情况的报告，市人大法制委员会关于市人民检察院开展侦查监督工作情况的调研报告（书面）；5．审议通过关于湖州市与上海市长宁区缔结友好市区的决定；6．审议、通过代表资格审查委员会关于市六届人大代表变动情况和代表资格的审查报告。

第17次会议于2009年8月20日至21日举行。会议的主要议程是：1．听取和审议市政府关于保增长、抓转型、促发展为主要内容的2009年上半年工作和下半年安排的政情报告；2．听取和审议市政府关于2009年上半年国民经济和社会发展计划执行情况的报告，市人大财经委关于湖州市2009年上半年国民经济和社会发展计划执行情况的审查报告（书面）；3．听取和审议市政府关于2009年1月~6月全市和市本级预算执行情况的报告，市人大财经委关于2009年1月~6月全市和市本级预算执行情况的审查报告（书面）；4．听取和审议市政府关于全市重点建设工作情况的报告和市人大常委会调研组关于市本级重点项目建设进展情况的综合调研报告，并对重点项目建设工作进行评价；5．听取和审议市人大常委会执法检查组关于农业法及相关法律法规执法检查情况的报告，并对政府贯彻实施情况进行评价；6．听取和审议市政府关于湖州市农用土地流转情况的报告；7．人事任免事项。

第18次会议于2009年9月24日上午举行。会议的主要议程是：审议、通过人事任免事项。

第19次会议于2009年10月29日下午至30日举行。会议的主要议程是：1．听取和审议市政府关于落实社会主义新农村建设审议意见和工作推进情况的报告；2．听取和审议市人大常委会执法检查组关于检查道路交通安全法实施情况的报告，市政府关于贯彻实施道路交通安全法及相关法律法规情况的报告（书面）；3．听取和审议市政府关于接轨上海进展情况的报告；4．审议市政府关于推进依法行政、营造转型升级良好法治环境的报告（书面）；5．审议市中级人民法院关于推进公正司法、营造转型升级良好法治环境的报告（书面）；6．审议市人民检察院关于加强法律监督、营造转型升级良好法治环境的报告（书面）；7．审议通过湖州市人民代表大会常务委员会任免国家机关工作人员暂行办法、湖州市人民代表大会常务委员会关于进一步提高常委会会议质量的意见、湖州市人民代表大会常务委员会关于规范视察工作的试行办法；8．人事任免事项。

第20次会议于2009年12月30日下午至31日举行。会议的主要议程是：1．回顾总结市人大常委会2009年工作（书面），审议通过市人大常委会2010年工作要点；2．审议通过湖州市人民代表大会常务委员会关于进一步深入贯彻落实《中华人民共和国各级人民代表大会常务委员会监督法》的实施意见，审议通过湖州市人民代表大会常务委员会关于“一府两院”报送重要文件、报告重要情况的试行规定；3．审议、通过关于召开湖州市第六届人民代表大会第五次会议的决定；4．决定湖州市第六届人民代表大会第五次会议列席人员名单；5．听取和审议市政府关于代表建议办理情况的报告，市人大常委会代表与选举任免工委关于2009年代表建议办理情况的汇报（书面）；6．听取和审议市政府关于老虎潭水库水源地保护及引水工程建设有关情况的报告，审议通过湖州市人大农业环境保护委员会关于市六届人大四次会议主席团交付审议的代表议案审议结果的报告（书面）；7．听取和审议市政府关于建立较为完善的住房保障体系情况的报告；8．审议市政府关于2008年度市本级预算执行及其他财政收支审计整改情况的报告（书面）；9．听取和审议市政府关于2009年度全市和市本级地方政府债券预算调整的报告；10．审议通过代表资格审查委员会关于市六届人大代表变动情况和代表资格的审查报告；11．人事任免事项；12．表彰市六届人大四次会议优秀代表建议件。

【讨论决定重大事项和任免工作】 立足全市工作大局，依法讨论决定重大事项，作出批准财政决算、与上海长宁区缔结友好城市等决议、决定。依法行使任免权，认真贯彻市委意图，切实规范任免程序，完善任前法律知识考试、与常委会组成人员见面、供职报告等制度，增强了国家机关工作人员的人大意识、法治意识和公仆意识。

【监督工作】 深入学习实践科学发展观，紧贴中心，服务大局，依法履行职责，切实加强监督。一是围绕保增长，推进全市经济平稳较快发展。密切关注金融危机下宏观经济的运行，适时听取和审议市政府以保增长、抓转型、促发展为主要内容的政情报告，作出审议意见交政府研究处理，督促和支持政府巩固经济企稳回升的良好势头。密切关注重点项目建设，开展“合心合力推项目、依法履职促发展”工作评价。密切关注计划、预算执行情况，听取和审议市政府有关情况报告，重视审计查明问题整改，延伸部门预算审查监督领域，强化对政府性债务、非税收支工作的监督。二是围绕调结构，推进经济发展方式转变。积极助推科技发展和自主创新，听取和审议市政府关于科技创新、接轨上海等专项工作报告。积极助推社会主义新农村建设，听取和审议政府关于落实新农村建设审议意见和工作推进情况的报告，对农业法及相关法律法规的实施情况进行检查，听取和审议市政府关于全市农用土地流转情况的专项工作报告。积极助推环保和生态市建设，专题听取和审议市政府关于城镇污水处理设施建设和运行管理情况的报告，跟踪督查节能降耗与污染物减排工作审议意见的落实。三是围绕重民生，推进群众关注问题的解决。力促食品和饮用水安全工作，围绕食品生产、食品加工和流通、农产品安全等方面，分组深入调研，改进审议方式，对市政府关于食品安全工作的报告进行联组审议。认真办理关于加强老虎潭水源保护、尽快实施生态修复及划定水库生态保护区的议案，让人民群众喝上放心水。力促住房保障工作，听取和审议市政府关于保障性住房建设有关情况的报告，对经济适用房建设情况开展视察。力促政府为民办实事工作，就促进就业、低收入农户脱贫、扩大社保覆盖面等10件为民办实事项目的完成情况，进行集中视察。通过多种方式，推动甲型H1N1流感防控、中心城市建设、体育设施建设、民族宗教等工作。四是围绕促和谐，推进法治湖州建设。加强对法律法规实施情况的监督，上下联动开展道路交通安全法执法检查，视察检查安全生产法、文物保护法、台湾同胞投资保护法、城市房屋拆迁条例等的执行情况，配合全国、省人大开展立法调研。加强对司法工作的监督，听取和审议市中级人民法院关于执行工作情况的专项工作报告，听取和审议市人民检察院关于开展侦查监督工作情况的报告。同时，加强规范性文件备案审查和人大信访工作。

【人大代表工作】 坚持代表主体地位，改进和加强代表工作，为代表履职创造条件、提供保障。一是抓学习培训，提升代表素质。采取举办培训班、以会代训、专题讲座等方式，组织代表学习履职必备的知识，重点对代表提出议案、建议工作进行集中培训。二是抓代表活动，拓展履职平台。深化常委会领导接待代表工作，确定民生改善、营造良好发展环境等主题，定期接待基层代表，认真听取民情民意，督促解决有关问题。首次组织开展政府及部门负责人与代表“双向约见”活动，开展专业代表小组活动，定向视察部门工作，组织部分代表旁听重要案件庭审，保证代表更好地知情明政。三是抓建议督办，注重办理实效。加强重点建议督办，适时听取和审议市政府有关办理情况的报告，实行市政府领导领办、常委会领导督办和专委会对口联系分工督办制度。加强与承办部门的联系，继续实行预交办、网上公开等制度，及时召开建议交办会，沟通情况，协调推进，注重解决实际问题。加强与代表的衔接，要求承办单位在办理全过程都要听取代表意见，办结率和代表满意率不断提高。

（黄俊慧）

·湖州市人民政府·

【市政府常务会议】 2009年市政府召开了六届第29次至47次常务会议。

六届第29次常务会议于1月9日举行，会议研究了《2009年湖州市人民政府工作要点》（送审稿）；关于市委、市政府2009年为民办实事项目有关情况；关于2008年审计工作情况和2009年审计工作安排；关于调整湖州师范学院和求真学院发展规划的情况；关于市本级有线广播“村村响”工程建设的情况；关于全市民政工作的情况；关于《认真贯彻党的十七届三中全会精神加快推进农村改革发展的实施意见》和《全市2009年社会主义新农村建设工作要点》；关于2007年全市民生指数与民生评价报告编制情况。

第30次常务会议于1月22日举行，会议研究了2009年首批新增中央投资计划申报情况；关于2008年安全生产工作和安全生产形势；关于规范市级机关工作人员住房公积金缴存工作建议方案；关于全省财政地税工作会议主要精神及湖州市贯彻意见。

第31次常务会议于2月13日举行，会议研究了《政府工作报告（送审稿）》、《湖州市2008年国民经济和社会发展计划执行情况与2009年国民经济和社会发展计划草案》和《2008年全市和市本级预算执行情况及2009年全市和市本级预算草案》；关于市长热线2008年工作情况和2009年工作思路；关于新一轮土地利用总体规划湖州中心城市及市本级规划控制指标分解情况；关于湖州市城市建设投资公司组建及申报发行企业债券工作情况。

第32次常务会议于3月17日举行，会议研究了制定促进就业工作实施意见的情况；关于进一步优化民营经济发展环境若干意见的情况；关于全省国土资源管理工作会议精神及湖州市贯彻意见；关于老虎潭水库水源安全保障工作；关于支援青川县马鹿乡2009年项目资金计划编制情况；关于援建新疆和田市小学建议方案；关于全省学前教育工作会议精神及湖州市贯彻意见；关于对一般会议、国内培训场所实行定点采购的情况。

第33次常务会议于4月10日举行，会议研究了2009年湖州市深化改革指导意见的汇报；关于全面接轨上海加快开放型经济发展若干意见；关于2008年市级政府性债务预算执行和2009年市级政府性债务预算编制情况；关于加快生物医药产业发展若干意见；关于全省全面推进“十小”整规工作电视电话会议精神及湖州市贯彻意见；关于中央促进经济增长政策落实工作检查组对湖州市检查反馈情况；关于湖州市家电下乡工作实施方案；关于进一步加强出生缺陷干预工作。

第34次常务会议于4月29日举行，会议研究了市区旅游景点整合提升实施方案；关于做好2009年高校毕业生就业工作的情况；关于调整企业基本养老保险费缴费比例的情况；关于提高市区被征地农民基本生活保障（补助）金标准的情况；关于2009年地方政府债券湖州市额度分配建议。

第35次常务会议于5月21日举行，会议研究了招商引资工作；关于甲型H1N1流感防控工作；关于白雀乡撤乡建街道行政区划及管理体制调整工作；关于湖州太湖旅游度假区温泉开发工作；关于第十届全国极限运动大赛总体方案及前期准备工作；关于开展市级行政事业单位经营性国有资产专项调查；关于湖州中心城区供水情况；关于《2008年湖州市深化改革实施意见（送审稿）》；关于2007年全市和市本级财政决算情况；关于2008年政府投资项目计划；关于进一步加强社会保险费协议清欠工作；关于当前湖州市工业经济运行情况；关于湖州市开展国家知识产权试点城市工作情况；关于当前全市安全生产情况和下一步工作打算。

第36次常务会议于6月12日举行，会议研究了湖州市“十二五”规划前期研究工作方案的汇报；关于2008年全市和市本级财政决算；关于开展“小金库”治理工作的情况；关于2008年度湖州市本级预算执行和其他财政收支审计情况；关于手足口病防控工作；关于给予胡伟政纪处分的情况。

第37次常务会议于6月29日举行，会议研究了湖州中心城市外环道路建设项目；关于落实省委、省政府厉行节约六项要求的情况；关于贯彻落实上级对2009年地税稽查工作要求的情况；关于市本级土地卫星遥感执法检查情况；关于全省城乡住房工作会议精神及湖州市贯彻落实意见；关于“数字城管”建设工作。

第38次常务会议于7月14日举行，会议研究了推进扩权强区改革工作；关于推进农村住房改造建设和管理实施意见的情况；关于建立重点特色产业培育发展机制的情况；关于加快推进湖州金融业创新发展若干意见的情况；关于加强招商引资工作若干意见的情况；关于组建湖州广播电视传媒集团的情况。

第39次常务会议于7月30日举行，会议研究了完善2009年度县区综合考核办法的情况；关于加快建设旅游经济强市意见的情况；关于制定湖州市创建创业型城市工作方案的情况；关于上半年全市安全生产工作情况和下一步工作打算。

第40次常务会议于8月13日举行，会议研究了2009年上半年国民经济和社会发展计划执行情况；关于2009年上半年全市和市本级预算执行情况；关于落实离退休人员待遇有关问题；关于全省开发区暨整合提升工作会议精神和湖州市贯彻落实措施的情况；关于行政交界断面水质保护管理考核的情况；关于进一步加强内部审计工作。

第41次常务会议于8月28日举行，会议研究了全省义务教育学校实施绩效工资工作会议主要精神和湖州市实施工作的情况；关于加快商品交易市场转型升级实施意见的情况；关于大力培育现代农业经营主体若干意见的情况；关于2010年市级部门预算改革和编制工作。

第42次常务会议于9月10日举行，会议研究了全省深化医药卫生体制改革工作会议精神有关情况；关于湖州市铁路工作的情况；关于深入推进湖州市行政审批制度改革的工作；关于发展壮大村级集体经济若干意见的情况；关于实施中小学校舍安全工程的情况；关于湖州监狱体制改革有关情况；关于市交投集团债务结构调整和新增银行贷款有关情况。

第43次常务会议于9月30日举行，会议研究了全省养老保险工作会议精神及湖州市贯彻意见的情况；关于湖州市太湖流域水环境综合治理重点水利项目有关情况；关于建立湖州市国有企业重大事项报告制度有关情况；关于贯彻落实全省流动人口服务管理工作会议精神的情况；关于贯彻全省林业工作会议精神的情况。会议明确了沈建平的分工和况东权分工调整有关事宜。

第44次常务会议于11月12日举行，会议研究了建立湖州市区城乡居民社会养老保险制度的情况；关于湖州市2010年新型农村合作医疗人均筹资标准的情况；关于2009年湖州市本级财政支出绩效评价工作；关于房地产企业土地增值税清算工作；关于湖州市开展第六次人口普查的情况；关于湖州市甲型H1N1流感防控工作。

第45次常务会议于11月26日举行，会议研究了2009年湖州市招商引资综合考核办法（试行）有关情况；关于举办2009浙江·湖州老字号精品暨名特优新农产品产销对接会情况；关于《湖州市农村环境保护规划》有关情况；关于加强政务信息资源共享工作的情况；关于进一步加强防震减灾工作；关于给予何健康政纪处分的情况。

第46次常务会议于12月15日举行，会议研究了仁皇山公园和南太湖湿地奥体公园规划设计方案；关于深化医药卫生体制改革实施意见的情况；关于“十二五”规划编制工作方案；关于《湖州市区土地储备管理暂行办法》修订情况。

第47次常务会议于12月24日举行，会议研究了2010年全市经济社会发展主要目标安排；关于2010年全市固定资产投资和重点建设工作思路；关于调整市区城镇居民基本医疗保险有关政策的情况；关于保障性住房建设有关情况；关于2010年市委、市政府为民办实事项目有关情况；关于2010年元旦春节期间困难群众生活安排和走访慰问工作方案；关于禁止在湖州中心城区医院太平间从事丧事活动的情况。

【市政府全体会议】 4月9日，市政府召开全体会议暨廉政工作会议。会议的主要内容是贯彻中央和省委、省政府决策部署及市委六届九次全会和市“两会”精神，宣讲科学发展观，全力抓好2009年各项工作落实；贯彻国务院和省政府廉政工作会议精神，部署2009年市政府系统反腐倡廉工作；部署人大代表建议、政协提案办理工作。市长马以讲了两点意见：第一，应对挑战，继续保持经济增长。受国际金融危机影响，全市经济面临较大下行压力，保增长形势依然严峻。各级各部门必须充分认识到保增长就是保就业、保民生、保财力、保稳定。但同时，也必须看到，危机是一把“双刃剑”，既是严峻挑战，也是难得机遇；困难具有“双重性”，畏难惧难无济于事，迎难而上才有出路。在各项具体工作中，要牢牢把握关键环节，做到重点再突出、举措再扎实、方法再创新，力争经济工作难中取胜、取得突破。一要坚持项目为纲。加大政府投资力度，加快推进一批在建重大项目，争取引进一批新建重大项目；全力推进招商引资，着力引进一批技术含量高、经济效益好、带动能力强的产业项目；加快推动项目落地，切实提高项目的履约率、开工率和投产率。二要坚持企业为基。广泛宣传和全面落实帮扶企业的各项政策措施，政企联动，共渡难关；充分利用倒逼机遇，加大引导和推动力度，促使企业加快转型升级。三要坚持市场为要。加大外贸出口扶持力度，着力提升国际市场竞争力；鼓励和引导企业加大国内市场开拓力度，努力在扩大内需中占据更多的市场份额。四要坚持保障为先。加快推进开发区和工业园区、功能区的整合提升，加大建设用地保障力度，进一步改善信贷投放结构，切实优化资源要素保障。第二，逆境之时，更要加快转型升级。从湖州实际出发，加快经济转型升级，要求我们咬定发展第一要务不动摇，坚持全面、协调、可持续的科学发展不懈怠，走出一条符合湖州市情实际、切合科学发展要求的发展道路。一是坚持总量扩张与结构调整相结合。顺应工业化、城市化加速推进的趋势，把加快发展速度、扩大经济总量作为最紧迫、最现实的任务；按照科学发展观的要求，大力推进经济结构战略性调整。二是坚持传统产业高新化与高新技术产业化相结合。加快改造提升传统产业；进一步做大做强特色优势产业，大力培育和引进新兴产业、高新技术产业。三是坚持借助外力与激活内力相结合。依托区位交通、资源要素等优势，积极承接产业转移，努力实现借力发展。四是坚持经济建设与生态保护相结合。在加快经济建设过程中，把湖州良好的生态环境永续保持下去，坚定不移地走可持续发展道路。会议要求，各级各部门要一手抓经济发展，一手抓民生改善和社会稳定，不断促进社会和谐。要切实加强作风建设，沉下心来，扑下身子，埋头苦干，把各项工作落实到位。要坚持从严治政，从教育监督管理、查办大案要案、纠正不正之风、完善制度体系等方面入手，切实加强廉政建设，真正做到取信于民。

【人大代表建议和政协提案办理工作】 市政府高度重视市人大代表建议、政协提案办理工作，不仅作为一项政治任务来对待，更作为开阔思路、改进工作、推动发展、改善民生的有效举措来抓，切实把办理建议提案融入到保增长、保民生、保稳定的各项工作之中，以高度负责的态度认真办好每一件建议提案，取得了显著成绩。全年政府系统共办理建议、提案459件，所提问题已解决或基本解决的有188件，占41%，解决率比上年有了新的提高，总体得到代表、委员的充分肯定。

【为民办实事项目】 为着力保障和改善民生，促进和谐社会建设，市委、市政府经过广泛征集和认真筛选，在促进就业和帮助低收入农户脱贫、扩大社会保障覆盖面和加大医疗救助力度、改善低收入家庭住房条件、加快中心城区改造和优化生态环境、提升农村医疗和社会福利水平、加大助学和文化进村力度、推进社区建设和平安创建、改善农村公路和公共交通条件、推进饮用水工程和污水处理设施建设、加强重要商品储备和食品药品安全监管等十个方面，推出了一批为民办实事项目。各责任单位咬定目标、能快则快，创新破难、多方协助，狠抓项目推进与落实，确保了十方面实事项目顺利完成，交出了一份满意的答卷。

【市政府其他会议】 2009年市政府召开的其他全市性重要会议有：全市交通工作会议、全市扩权强县改革工作会议、全市政策性农村住房保险工作会议、全市农村工作会议、全市气象工作会议、湖州市行政服务工作会议、全市审计工作会议、全市科技工作会议、全市民政工作会议、全市环保工作会议、全市低丘缓坡重点区块综合开发利用工作专题会议、全市外汇管理工作会议、全市春蚕生产工作会议、太湖流域水环境综合治理重点水利项目前期工作会议、全市供销社工作会议、全市开放型经济工作会议、“百件实事惠民生”专项行动动员会议、中心城市绿化工作会议、市政府与市总工会联席会议、全市消防工作暨消防工作联席会议、全市矿山整治工作会议、2009年湖州市食品药品监管工作会议、全市人防工作暨人防指挥部全体成员会议、全市安全生产工作会议、全市语言文字工作会议、市老龄工作委员会第九次全体（扩大）会议、2009年度市本级财政支出绩效评价工作会议、全市国土资源工作会议、2009年市电网建设工作会议、全市学前教育工作会议、全市双学双比工作会议暨妇女来料加工现场会、全市旅游发展工作会议、2009年全市节能降耗工作会议、湖州市机构编制委员会第4次会议、全市“保增长、促转型”工作会议、全市服务业统计工作会议、全市城乡社区建设工作会议、半年度经济形势分析会议、义务教育学校实施绩效工资工作会议、全市安全生产工作会议、全市开发区整合提升工作会议、全市服务业年中工作会议、蓝藻应急工作会议、全市林业工作会议、机动车排气污染防治工作会议、全市外经贸工作会议、全市深化医药卫生体制改革工作会议。

【市政府重要文件】 1月，市政府发出的文件有：《湖州市人民政府关于调整湖州市区征收土地补偿标准及有关问题的通知》、《湖州市人民政府办公室关于印发建立土地执法监察长效机制若干意见的通知》、《湖州市人民政府办公室关于公布年度市明星企业家市优质企业和优秀企业家市“成长之星”企业的通知》、《湖州市人民政府办公室转发市老龄工作委员会2008－2010年为老年人办实事意见的通知》、《湖州市人民政府办公室转发市外汇管理局关于外汇管理支持湖州涉外经济发展实施意见的通知》、《湖州市人民政府办公室关于印发打击违法添加非食用物质和滥用食品添加剂专项整治行动实施方案的通知》、《湖州市人民政府办公室关于印发2009年市重点建设项目及计划的通知》。

2月，市政府发出的文件有：《湖州市人民政府批转单位GDP能耗统计指标体系和监测体系实施方案的通知》、《湖州市人民政府关于印发湖州市服务业发展三年行动纲要（2009－2011年）的通知》、《湖州市人民政府关于2008年度县区人口和计划生育工作目标管理责任制考核情况的通报》、《湖州市人民政府关于开展矿山企业环境专项整治的意见》、《湖州市人民政府关于废止部分行政规范性文件的通知》、《湖州市人民政府关于印发湖州市支援青川县马鹿乡等三个乡灾后恢复重建三年规划的通知》、《湖州市人民政府办公室关于印发湖州市成品油供应应急预案的通知》、《湖州市人民政府办公室关于印发湖州市区蔬菜市场供应应急预案的通知》、《湖州市人民政府办公室关于印发湖州市猪肉市场供应应急预案的通知》、《湖州市人民政府办公室关于印发湖州市企业家科技创新奖励办法（试行）的通知》、《湖州市人民政府办公室关于印发湖州市雨雪冰冻灾害应急预案的通知》、《湖州市人民政府办公室关于对市政府会议议定事项贯彻落实情况进行督查的通知》、《湖州市人民政府办公室关于印发中心城市核心商贸区环境秩序综合整治工作实施意见的通知》、《湖州市人民政府办公室关于进一步做好农村有线广播“村村响”工作的通知》、《湖州市人民政府办公室关于印发2009年度湖州市工业转型升级推进计划的通知》、《湖州市人民政府办公室关于印发2009年度湖州市工业发展推进计划及分项考核办法的通知》、《湖州市人民政府办公室关于印发2009年度湖州市引进内资考核办法的通知》、《湖州市人民政府办公室关于印发2009年度湖州市明星企业和优质企业考核奖励办法的通知》、《湖州市人民政府办公室关于公布2009年度湖州市工业强镇认定标准的通知》、《湖州市人民政府办公室关于印发2009年度湖州市工业转型升级推进计划的通知》。

3月，市政府发出的文件有：《湖州市人民政府关于印发2009年市政府工作要点的通知》、《湖州市人民政府关于进一步加强基层民政组织建设的意见》、《湖州市人民政府关于印发湖州市区本地车辆通行费收缴办法的通知》、《湖州市人民政府关于印发中共湖州市人民政府党组开展深入学习实践科学发展观活动实施方案的通知》、《湖州市人民政府办公室转发市质量技监局等部门关于推进工业锅炉节能减排工作实施意见的通知》、《湖州市人民政府办公室关于印发市级公共机构节能工作实施意见的通知》、《湖州市人民政府办公室关于印发2009年度开放型经济工作排名考核办法的通知》、《湖州市人民政府办公室转发市消防工作联席会议关于深入开展“三合一”场所消防安全综合整治工作意见的通知》。

4月，市政府发出的文件有：《湖州市人民政府关于表彰2007年度市开放型经济工作先进集体和个人的通报》、《湖州市人民政府关于印发2009年服务业发展工作要点的通知》、《湖州市人民政府关于做好促进就业工作的实施意见》、《湖州市人民政府关于进一步加快学前教育改革与发展全面提升学前教育质量的意见》、《湖州市人民政府关于2008年度县区耕地保护责任目标考核结果的通报》、《湖州市人民政府关于加快工业转型升级的若干意见》、《湖州市人民政府关于实施健康宝宝计划的意见》、《湖州市人民政府办公室关于印发湖州市行政规范性文件清理工作实施方案的通知》、《湖州市人民政府办公室关于印发2009年火灾隐患排查整治重点工作方案的通知》、《湖州市人民政府办公室转发市发展改革委关于2009年湖州市国民经济和社会发展计划的通知》、《湖州市人民政府办公室转发市政府纠风办关于湖州市2009年纠风工作要点的通知》、《湖州市人民政府办公室关于湖州市学校体育设施向社会开放的意见》、《湖州市人民政府办公室关于印发2009年湖州市区卫星遥感土地执法检查工作实施方案的通知》、《湖州市人民政府办公室关于进一步加强和改进建议提案办理工作的通知》、《湖州市政府办公室转发湖州银监分局关于加快农村金融改革发展实施意见的通知》、《湖州市人民政府办公室关于进一步加强民用爆炸物品管理工作的意见》。

5月，市政府发出的文件有：《湖州市人民政府关于印发湖州市2009年主要污染物排放总量削减计划的通知》、《湖州市人民政府关于做好2009年普通高等学校毕业生就业工作的意见》、《湖州市人民政府办公室关于印发2009年湖州市深化改革指导意见的通知》、《湖州市人民政府办公室关于印发湖州市区企业职工基本医疗保险门诊医疗统筹暂行办法的通知》、《湖州市人民政府办公室转发市贸粮局市财政局关于湖州市家电下乡工作实施方案的通知》、《湖州市人民政府办公室关于印发湖州市抚恤优待对象医疗保障实施办法的通知》、《湖州市人民政府办公室关于印发湖州市2009年度地质灾害防治方案的通知》、《湖州市人民政府办公室转发市发改委关于湖州市2009年度接轨上海服务世博工作要点的通知》、《湖州市政府办公室关于印发湖州市开展安全生产三项行动实施方案的通知》、《湖州市人民政府办公室关于印发湖州市防控甲型H1N1流感行政责任追究若干规定的通知》。

6月，市政府发出的文件有：《湖州市人民政府关于进一步加强新增中央投资项目管理的意见》、《湖州市人民政府批转市环保局等十一个部门关于开展2009年整治违法排污企业保障群众健康环保专项行动实施意见的通知》、《湖州市人民政府关于加快科技企业孵化器建设与发展的若干意见》、《湖州市人民政府办公室关于印发鼓励绿色矿山创建实施办法的通知》、《湖州市人民政府办公室关于印发湖州市服务业统计工作方案的通知》、《湖州市人民政府办公室转发市民政局市发改委关于开展行业协会商会改革创新观察点工作指导意见的通知》、《湖州市人民政府办公室关于印发湖州市公民权益依法保障行动计划2009年度实施计划的通知》。

7月，市政府发出的文件有：《湖州市人民政府批转市经委关于湖州市湖笔产业振兴工作方案的通知》、《湖州市人民政府关于公布市级现代农业示范园区重点农业龙头企业和示范性农民专业合作社的通知》、《湖州市人民政府办公室转发市发改委市财政局关于湖州市基本公共服务均等化行动计划2009年度实施计划的通知》、《湖州市人民政府办公室关于印发全市社会治安防控体系建设指导意见的通知》、《湖州市人民政府办公室关于印发湖州市中小学校舍安全工程实施方案的通知》。

8月，市政府发出的文件有：《湖州市人民政府关于贯彻省政府关于切实加强危险化学品安全生产工作意见的通知》、《湖州市人民政府批转市安监局关于湖州市危险化学品生产储存建设项目（企业）设立审批管理规定的通知》、《湖州市人民政府关于印发中共湖州市人民政府党组贯彻落实科学发展观情况分析检查报告的通知》、《湖州市人民政府关于进一步加强内部审计工作的意见》、《湖州市人民政府关于印发中共湖州市人民政府党组深入学习实践科学发展观活动整改落实方案的通知》、《湖州市人民政府办公室关于印发湖州市处置境外经贸纠纷和突发事件暂行办法的通知》、《湖州市人民政府办公室关于印发湖州市食品安全整顿工作实施方案的通知》、《湖州市人民政府办公室关于大学生参加城镇居民基本医疗保险及调整市区未成年人和在校学生医保有关政策的通知》、《湖州市人民政府批转市发展改革委关于全市上半年经济形势与下半年经济工作建议的通知》。

9月，市政府发出的文件有：《湖州市人民政府关于印发湖州市住房公积金管理办法的通知》、《湖州市人民政府关于大力培育现代农业经营主体的若干意见》、《湖州市人民政府办公室关于推进“数字城管”工作的实施意见》、《湖州市人民政府办公室关于印发进一步加强湖州市农村食品药品安全保障工作实施意见的通知》、《湖州市人民政府办公室关于印发湖州市露天采石场采场外安全管理规定的通知》、《湖州市人民政府办公室关于印发湖州市企业安全生产主体责任暂行规定的通知》、《湖州市人民政府办公室转发市公积金管理中心关于开展住房公积金制度解决低收入职工家庭住房困难专项行动实施方案的通知》。

10月，市政府发出的文件有：《湖州市人民政府批转市贸粮局等十个部门关于湖州市生猪定点屠宰场布局规划实施意见的通知》、《湖州市人民政府办公室关于深化行政审批制度改革的实施意见》、《湖州市人民政府办公室转发市公安局等部门关于深化平安畅通县区创建活动实施方案（2009－2011年）的通知》。

11月，市政府发出的文件有：《湖州市人民政府办公室关于转发市人行湖州银监分局加快融入上海国际金融中心促进湖州金融业发展实施意见的通知》、《湖州市人民政府办公室转发市国资委关于湖州市国有企业重大事项报告制度的通知》、《湖州市人民政府办公室关于进一步加强应急管理提高突发事件应急处置能力的通知》、《湖州市人民政府办公室关于调整2009年度市引进内资考核工作实施办法的通知》、《湖州市人民政府办公室关于转发市质量技监局全面推进落实特种设备使用企业安全主体责任工作实施意见的通知》。

12月，市政府发出的文件有：《湖州市人民政府关于印发湖州市区城乡居民社会养老保险实施办法的通知》、《湖州市人民政府关于公布2009年湖州市科学技术进步奖获奖项目的通知》、《湖州市人民政府关于印发湖州市机动车排气污染防治实施方案的通知》、《湖州市人民政府办公室关于印发加快湖州市商品交易市场转型升级实施意见的通知》、《湖州市人民政府办公室关于印发湖州市跨行政区域河流交接断面水质保护管理考核办法（试行）的通知》、《湖州市人民政府办公室关于印发湖州市居住出租房屋消防安全综合整治工作方案的通知》、《湖州市人民政府办公室关于印发全市百日消防安全集中清查大行动实施方案的通知》、《湖州市人民政府办公室关于公布2009年度湖州市明星企业认定标准的通知》、《湖州市人民政府办公室关于印发湖州市防灾警报信号发放实施办法的通知》、《湖州市人民政府办公室关于印发湖州市机动车排气污染监督管理办法的通知》、《湖州市人民政府办公室关于加强湖州市政务信息共享工作的若干意见》。

（王新勇）

·湖州市人民政协·

【政协第六届湖州市委员会常务委员会第九次至第十三次会议】 政协第六届湖州市委员会常务委员会2009年共举行5次会议。

市政协六届九次常委会会议于1月9日在湖州召开。市人大常委会副主任吴哲勇应邀出席会议。会议主要是为召开市政协六届三次会议作准备。会议审议通过了《关于召开中国人民政治协商会议第六届湖州市委员会第三次会议的决定》，决定2月23日在湖州召开政协第六届湖州市委员会第三次会议。会议听取了关于政协第六届湖州市委员会常务委员会工作报告和提案工作情况报告的起草说明、市政协六届三次会议相关工作报告报告人建议名单的说明。会议分组讨论了《政府工作报告（征求意见稿）》以及其他大会有关事项。会议审议通过了政协第六届湖州市委员会常务委员会工作报告和六届二次会议以来提案工作情况的报告；通过了市政协六届三次会议议程（草案）和日程；通过了市政协六届三次会议相关工作报告报告人建议名单以及列席人员范围。会议听取了有关人事任免事项的说明，并审议通过了有关人事任免的决定，决定免去柴培良六届市政协提案委员会副主任（兼）职务。

市政协六届十次常委会会议在市政协六届三次会议期间（2月25日）举行。会议听取了市政协六届三次会议小组讨论情况的综合汇报；审议通过了政协第六届湖州市委员会第三次会议关于提案收集初审情况的报告（草案）和政协第六届湖州市委员会第三次会议决议（草案）。

市政协六届十一次常委会会议于6月25日至26日在湖州召开。会议的主要议题是协商讨论“大力培育农业龙头企业，加快促进农业转型升级”问题。副市长杨建新以及市农办、市农业局等相关部门领导应邀参加会议。会议就如何培育农业龙头企业，加快促进农业转型升级进行了协商讨论，提出了进一步把握发展机遇、明确发展目标、做大做强企业、切实加大扶持、强化组织领导等许多意见和建议。在充分讨论的基础上，会议审议通过了向市委、市政府提交的《关于大力培育农业龙头企业，加快促进农业转型升级的建议案》。杨建新在听取委员发言后，向委员们通报了湖州市“三农”和新农村建设有关情况。会议听取了有关人事任免事项的说明，审议通过了有关人事任免的决定，决定免去张全镇六届市政协人口资源环境委员会副主任（兼）职务。市政协主席王金根就课题调研情况、上半年工作情况及下半年工作部署讲了话。

市政协六届十二次常委会会议于9月25日在湖州召开。会议的主要议题是协商讨论“全面实施就业工程，推动全民创新创业”问题。市人大常委会副主任徐加华、市政府副市长方新旗以及市劳动和社会保障局等相关部门领导应邀参加会议。会议围绕如何扩大社会就业，推动创新创业进行了协商讨论，提出了强化统筹规划、拓展就业空间、落实帮扶措施、完善长效机制、营造良好氛围等许多意见、建议。在充分讨论的基础上，会议审议通过了向市委、市政府提交的《关于全面实施就业工程，推动全民创新创业的建议案》。市政协主席王金根就课题调研情况以及如何认真学习贯彻中共十七届四中全会和全市政协工作会议精神，推动政协工作发展作了专题讲话。

市政协六届十三次常委会会议于12月29日至30日在湖州召开。市委副书记、市长马以，副市长杨建新应邀参加会议。马以代表市政府通报了2009年全市经济社会发展情况和2010年工作初步思路。会议听取了杨建新代表市政府所作的关于市政协“大力培育农业龙头企业，加快促进农业转型升级”建议案办理情况的通报，听取了市政府副秘书长、办公室主任陈亚明代表市政府所作的关于市政协六届三次会议以来提案办理工作情况的通报，听取了市纪委副书记、市监察局局长何国富所作的关于2009年全市党风廉政建设和反腐败工作情况的通报，并进行了分组讨论。会议协商讨论了市政协2009年工作总结、2010年工作要点；审议通过了《中国人民政治协商会议湖州市委员会关于市政协委员履行职责的若干规定（试行）》；会议听取了有关人事任免事项的说明，审议通过了有关人事任免的决定，决定同意戚青青因工作岗位调动，辞去六届市政协常委、委员职务，同意何敏、谭伟东、乐群因工作岗位调动，辞去六届市政协委员职务；增补叶福明、叶晓虹、朱志明三人为六届市政协委员。市政协主席王金根讲了话。

【政协第六届湖州市委员会第三次会议】 政协第六届湖州市委员会第三次会议于2月23日至26日在湖州召开。全市354名委员出席会议。在湖的市政协历届主席、副主席，在湖的十届省政协委员，市直有关单位负责人，在湖的省文史馆馆员和市黄埔同学会主要负责人，市政协之友社正、副理事长、秘书长，各县（区）政协秘书长，在湖港澳台侨投资企业代表共112人列席了会议。市党政军领导、市中级人民法院、市人民检察院和湖州师院、湖州职业技术学院的领导以及有关老干部的代表到会祝贺。会议听取了市政协主席王金根所作的常委会工作报告和市政协副主席魏明所作的六届二次会议以来提案工作情况的报告。与会人员列席了市六届人大四次会议，听取并讨论了市长马以所作的政府工作报告和其他重要报告。会议期间，委员们以饱满的政治热情和高度负责的精神，紧紧围绕保增长、抓转型、增活力、重民生、促和谐、强保障，以及建设现代化生态型滨湖大城市，积极参政议政，广泛建言献策，提出了许多建设性的意见和建议。2月24日下午，市领导孙文友、马以、王金根、朱坤民、王敏奇、吴水霖、叶寒冰、金建新、胡菁菁、周杰、倪玲妹、方新旗、杨建新、李建平分别参加了联组讨论，听取委员们的意见和建议。25日上午举行委员大会发言，25位委员就湖州市经济社会发展中的重点问题作了大会口头发言或书面发言。市委、市政府有关领导和相关部门负责人到会听取了委员们的大会发言。在26日上午的闭幕会上，审议通过了政协第六届湖州市委员会第三次会议关于提案收集初审情况的报告，审议通过了政协第六届湖州市委员会第三次会议决议。会议期间，共收到以提案形式提出的意见、建议320件，经会议初审立案301件。市委书记孙文友和市政协主席王金根在闭幕会上讲话。

【调查研究和民主监督】 2009年，市政协常委会紧紧围绕市委、市政府“保增长、抓转型、增活力、重民生、促和谐、强保障”工作主线和全市经济社会发展大局，就“大力培育农业龙头企业，加快促进农业转型升级”和“全面实施就业工程，推动全民创新创业”重点课题，深入开展调查研究，并向市委、市政府提交了《关于大力培育农业龙头企业，加快促进农业转型升级的建议案》和《关于全面实施就业工程，推动全民创新创业的建议案》。举办了“民营经济科学发展——转型升级”论坛，邀请国家工业和信息化部、复旦大学等国家部委、高校的专家学者和省内有关知名企业人士，与湖州市200多名民营企业家共同研讨民营经济发展。主席会议先后就中心城市、外环道路、仁皇山公园和南太湖湿地奥体公园规划设计等项目建设听取部门情况汇报，开展协商讨论，并围绕加快农村土地承包经营权流转问题，进行了专题议政，形成了《关于进一步推进我市农村土地承包经营权流转的意见建议》，从流转规划制订、宣传教育引导、重点领域拓展、执法监管规范、服务平台构建和保障体系建设6个方面提出了一系列意见和建议。各专门委员会组织委员，分别针对应对国际金融危机、加快乡镇工业功能区建设、推动纺织行业转型升级、转变矿业经济增长方式、规范乡镇卫生院建设与管理、加强农村土地流转依法管理等问题，进行调研视察。

市政协常委会加大民主监督力度，与无锡市政协共同开展了“携手保护太湖，实现永续发展”系列活动，对两市太湖保护和治理工作进行交叉视察，并与全国政协人口资源环境委员会联合主办了议政建言会。全国政协、两省政协领导，水利部太湖局等相关部门领导、专家学者以及两市政协委员共100余人，围绕太湖保护和治理，从流域规划、节能减排、畅通水系、生态清淤、环境补偿等多个角度提出意见、建议。无锡、湖州、苏州、嘉兴、常州等环太湖五市政协还联合发出了共同保护太湖的倡议，极大地拓展了政协履职的空间，开创了跨省联手互动视察的先河，得到了全国政协、两省政协领导的充分肯定。同时，举办了由各民主党派、工商联、各县（区）政协、有关政协委员和群众代表参加的“转变作风、优化环境与服务企业发展”专题议政会。围绕党政部门关注、人民群众关心的减少项目审批环节、完善政策法规、提升服务质量、规范行政收费、加强政务公开、建设责任政府等问题，与市发改委、市经委、市行政服务中心等部门面对面开展双向政情交流，提出了许多富有建设性的意见和建议。

【提案工作和反映社情民意工作】 2009年，共收到委员提案305件。其中集体提案74件。按类统计，有关经济建设方面的提案173件，占56.7%；社会发展方面的提案107件，占35.1%；民主法制方面的提案25件，占8.2%。经各级党委、政府和承办部门的认真办理，305件提案已全部办复。主席会议确定的《关于加强老虎潭水库水环境保护及尽快实施生态修复的建议》等7件重点提案和《加强我市工业遗产保护的建议》等7件重要提案，得到了较好的办理。同时首次组成由提案者参加的评议小组，采用“听、看、评、测”的方法，对公安、交通两个部门的提案办理落实情况开展了民主评议，推动了提案的办理落实。提案所提意见建议已经解决、基本解决或列入计划解决的有295件，占96.7%。

2009年，市政协共收到政协各参加单位和政协委员反映的社情民意信息400多条，编发《政协信息》、《政协信息专报》等100多期，其中《关于切实加强太湖水环境保护的建议》被全国政协采用，并得到了国务院副总理回良玉的批示。《紧急呼吁出台政府保护价，鼓励蚕农补养春蚕》、《筹建开放式古桥博物馆，打造湖州“桥文化”名片》等25期信息得到了市委、市政府领导的批示。市政协办公室被评为全省政协系统信息工作先进二等奖。

【其他重要工作】 进一步做好文史工作。编辑出版了《改革开放亲历记》文史专辑，积极配合省政协完成了《我与人民政协六十年》等专辑的征编工作，承担了省政协首届兰亭杯中小学生书法大赛湖州赛区的组织实施工作，并获优秀组织奖。

广泛团结各阶层人士。大力加强与港澳台侨人士的沟通，邀请省政协港澳华侨委员到湖州视察休闲生态观光农业，走访在湖的外商投资企业。积极促成了台湾著名雕塑家陈一帆向湖州中学赠送孔子立像。组织举办了社会各界人士中秋联谊会、“君子之风”第二届和谐之春书画展等。首次邀请18名社会各界的知名人士为政协特聘人士，进一步扩大了与社会各界代表人士的联系。

积极加强自身建设。认真组织开展深入学习实践科学发展观活动。围绕新中国和人民政协成立60周年，成功举办了征文、座谈会、书画摄影展、60米书画长卷创作等“九个一”系列庆祝活动。积极协助市委召开了全市政协工作会议，组织举办了全市政协主席读书会。结合贯彻落实省、市政协工作会议精神，特别是《中共湖州市委关于进一步加强人民政协工作的意见》，制定《关于市政协委员履行职责的若干规定（试行）》和《关于加强政协界别工作的意见》等4项配套制度。

（李　莉）

·民主党派工商联·

【综述】 2009年，湖州市各民主党派、工商联深入学习贯彻科学发展观，着力加强自身建设，努力提高参政议政、民主监督、社会服务的能力和水平，为巩固和发展湖州市多党合作事业，促进经济、社会平稳较快发展作出了积极贡献。

一、加强思想政治建设，增强合作共事意识。抓住新中国成立60周年、人民政协成立及多党合作制度确立60周年契机，鼓励和支持各民主党派开展科学发展观学习活动和“三个60周年”纪念活动，巩固多党合作的思想政治基础。一是以学习贯彻科学发展观为主线，紧密联系湖州市加快科学发展的迫切要求、推进多党合作事业的内在联系，市各民主党派、工商联根据自身特点制订详细的方案，扎实开展学习贯彻活动，举办专题学习报告会，组织民主党派市委会委员、骨干及全体机关干部参加学习，在非公企业开展第三批学习实践科学发展观活动，进一步提高了民主党派和工商联成员单位对坚持科学发展观重要性思想的认识。二是组织开展“三个60周年”系列纪念活动。开展征文活动，共收到征文40多篇，将优秀的有代表性的文章推荐给有关单位参评和在《湖州日报》统战月刊上进行发表；开展社会公益活动，组织30多名民主党派专家、学者在吴兴区八里店镇章家埭社区进行医疗、科技、保健、法律的咨询活动，分发了500多份宣传资料和消毒生活用品；各民主党派组织开展各类文艺活动，以歌咏会、摄影展、书画展等内容丰富、形式多样的活动，抒发热爱祖国的真挚情怀，进一步了解先辈们60年来与中国共产党肝胆相照、荣辱与共的优良传统，坚定了接受中国共产党领导的自觉性和坚定性。三是组织开展读书会和新、老主委座谈会。为继承优良传统，深入推进政治交接，组织开展民主党派读书会，各民主党派秘书长以上领导参加学习，市委副书记朱坤民讲话，副市长李建平通报全市上半年的经济和社会发展情况，通过学习交流认清了湖州市2009年发展中的困难和机遇，进一步增强自觉服务改革、发展、稳定大局的信心；国庆前夕，组织民主党派的新、老主委欢聚一堂，以“追忆、传承、创新、发展”为主题，围绕湖州市多党合作事业发展60年的历程共叙友情、共话合作、共谋发展。

二、坚持和完善多党合作制度，服务发展水平不断提高。坚持发挥民主党派参政议政、民主监督的基本职能，逐步建立与完善6项制度，确保政治参与的规范化、制度化、有序化。一是坚持和完善民主协商制度，2009年召开专题民主协商会7次，充分听取和吸纳民主党派的意见和建议；支持和指导工商联创造性地开展工作，湖州市委、市政府召开了全市工商联工作会议并出台相关文件；市委常委与民主党派负责人谈心沟通活动举行两次，市委领导的重要调研带着联系的党派领导，党派的重要活动邀请市委领导参加；加强对口联系工作，签订对口联系备忘录，丰富对口联系工作的内容，做到方法灵活、双方互动，为民主党派扩大知情面创造了有利条件。二是不断提高参政议政水平。做好“两会”准备工作，保证参政议政工作出成效、出亮点。“两会”前，湖州市委统战部召开各民主党派、工商联的政协大会发言和集体提案协调会，帮助民主党派根据市委、市政府2009年的重点工作，选准侧重点，要求发动民主党派成员和工商联会员中的人大代表和政协委员，在“两会”上积极提交议案和提案。2009年，在湖州市“两会”上，民主党派共提交领衔和附议案36件，提案172件，其中集体提案53件，有10件议案和提案被列为市人大、市政府和市政协领导跟踪督办案。三是坚持开展“金点子”活动。2009年以“保增长，促转型”为主题，湖州市委统战部组织各民主党派、工商联开展“金点子”活动，共收到“金点子”437个，刊出“金点子”专报20期78个，供市领导和有关部门参阅，得到市领导批示要求有关部门落实的有6个。

三、拓展服务社会途径，和谐能力不断增强。市委统战部充分发挥民主党派和工商联各自特色和资源优势，积极搭建平台，面向基层群众，支持各民主党派和工商联积极开展为民服务活动。一是深化实施“统战心连心、服务新农村”行动计划，在原有结对共建“全覆盖”的基础上，重点抓好深化服务、典型引路、争创精品等工作，召开了全市“统战心连心、服务新农村”活动经验交流会，总结经验，表彰先进。截至年底，整个专项行动共结对贫困户2293户，贫困生1562人，各项公益事业捐助和投资达1.1亿元，安置劳动力3.2万多人。对湖州市1003个行政村的结对共建情况进行全面摸底，并在分类梳理基础上，精选26例典型，汇编成《双赢之路》一书，并举行了首发式，市委书记孙文友作序并作重要批示，成为湖州市统一战线服务新农村建设的精品亮点。湖州市各民主党派结对新农村的做法在《联谊报》上进行宣传后得到了各界好评。二是紧紧围绕市委提出的“企业服务年”建设的相关要求，在全市统战系统内组织开展了“百名统战干部、成员联系百企”专项行动，帮助非公企业提振信心、协调关系、破解难题、加快发展。据统计，全市统战系统共为非公企业发展争取信贷5亿多元，解决实际问题或提供意见和建议180余条。三是开展为民送温暖活动。顺利完成湖州市光彩事业促进会的换届工作，组织开展了“第十一期光彩助学活动”，共有26家企业捐资20名贫困大学生。2009年各民主党派共举办各类咨询、“三下乡”等活动80余场次，民主党派成员参与300多人次，受益群众达4000余人次，送出生活用品和宣传资料累计2000多份，联系落实资金近100万元。

四、大力支持和协助民主党派加强思想建设、组织建设、制度建设和作风建设。一是加强党派干部队伍建设。根据省委统战部的要求，与市委组织部联合，对每个党派市委会按副职1:1建立了20名市管党派市委会副职后备干部名单，统一纳入市管后备干部库，统一管理和培养；市委统战部在市社会主义学院举办了一期民主党派骨干培训班，60名党派骨干成员参加了培训学习。二是加强党派基层组织建设。市委统战部召开了首次全市民主党派基层支部工作经验交流会，基层组织负责人踊跃交流，加强党派之间、党派内部基层组织之间的联系、交流和合作，积极探索支部活动的新形式，相互取长补短，促进共同提高。严把民主党派成员发展关，2009年共发展新成员96人，平均年龄37岁，全部具有大专以上文化学历，其中61人具有中高级以上职称，全年成员净增长率4.4%，截至年底，共有民主党派成员1855名。规范党派基层支部换届程序，2009年成立了3个党派的县级总支部，共有12个支部进行了换届。三是加强党派机关建设。建立专职副主委例会制度，每月初召开一次，相互交流工作经验，商讨民主党派需要由统战部协调落实的事宜。组织党派机关干部培训，邀请专家对机关行政事务工作授课，规范和统一党派机关行文格式和会务工作等。推荐一名党派机关干部到基层挂职和一名党派机关干部到市委党校青干班学习。

（沈林华）

【中国国民党革命委员会湖州市委员会】 继续巩固、深化“坚持中国特色社会主义政治发展道路，搞好政治交接”学习教育活动成果。以学习贯彻科学发展观为重点，组织广大党员认真学习中共十七届四中全会及民革十一届二中全会文件精神，结合新中国成立60周年、人民政协成立和中国共产党领导的多党合作制度确立60周年，开展、参与各种层次的学习教育和纪念活动。选送书画作品参加民革省委会与嘉兴市委会联合举办的纪念嘉兴起义60周年书画展；选送作品参加各类征文比赛，其中《和衷共济三十年》荣获中央统战部“纪念改革开放三十周年”征文比赛二等奖、市委统战部征文一等奖；在民革省委会“纪念改革开放30周年”征文活动中，民革市委会荣获全省唯一的组织奖；3篇征文获优秀征文奖。

加强基层组织建设，重视组织发展和后备干部培养。民革市委会下设2个总支和12个支部。长兴支部通过换届，升格成为总支，下设一、二支部，李次刚、范益平、王伟敏分别当选为总支和一、二支部主委；顺利完成教育、医卫、经济、机关、科技5个市直属支部的换届工作，成功选举产生新一届支部委员会，计延忠、管仲良、施强、蔡永美、宋战英分别当选为各支部主委。全年共发展新党员17人，自然减员1人，截至年底，全市共有党员226名。共选送30人次参加省、市、县（区）各级统战部门、社会主义学院组织的学习培训。新录用机关公务员1名。

围绕中心，服务大局，认真履行参政议政职能。在湖州市政协六届三次会议上，共提交大会发言2篇，集体提案9件，在省、市、县（区）三级人大、政协会议上代表、委员提交个人提（议）案共61件，其中《加大政策扶持力度保持就业局势稳定》被列为市政协六届三次会议重点提案。积极反映“金点子”和社情民意，全年累计上报“金点子”73条，社情民意70条，有22条（次）被省、市有关部门录用。在年底市委统战部召开的“金点子”活动总结表彰大会上，民革市委会获组织二等奖，其中，《大力发展我市现代农业，建设长三角地区优质农产品基地的研究》获单项奖一等奖，《关于积极推进我市创意产业发展的建议》、《加大政策扶持力度，保持就业局势稳定》和《关于吸引海外高层次人才来湖创业的建议》分别获得三等奖，《陈英士故居陈列馆几处细节有待完善》获特别奖。

广大党员在本职工作中兢兢业业，并积极参与形式多样的社会公益活动。徐华庭获中共中央组织部授予“全国离退休干部先进个人”荣誉称号；管仲良被中华医学会授予“2006年～2009年度全国优秀医鉴工作者”称号；周志明参加的“浙江省渔业科技创新服务平台”项目已通过省级验收，并获2009年度中国技术市场“金桥奖”，申请专利3项，其个人被省科技厅评为“帮扶促调”先进个人；李次刚被评为“2008年～2009年度全国中学生篮球协会先进工作者”等。民革市委会继续为结对学校——梅峰学校奉献爱心，为2008年捐助建立的英士图书室增添4只书架、135只靠背折叠椅，为20名贫困学生送去每人400元的助学金；开展或组织党员参加省、市、县（区）各有关部门组织的科技、医卫、法律下乡服务活动20多批次，培训或接受咨询服务的人数达780多人次；在大东吴集团召开一年一次的民革党员企业家座谈会，鼓励企业家在做强做大企业的同时，增强社会责任心，发挥自身优势和条件，为构建社会主义和谐社会做出更大的贡献。广大党员通过“慈善一日捐”、“希望工程”等形式，共捐款20余万元。南浔支部在市委统战部召开的“统战心连心，服务新农村”经验交流会上获得该活动的先进单位奖。

加强祖统联谊工作。召开祖统工作会议，继续鼓励广大党员加强海外联系，为促进两岸和平发展作出贡献。全年党员共接待海外亲朋好友50余人次，书信、电话联络100多人次。民革市委会在南浔接待台湾青年商会一行，进行了交流。经民革市委会多年来的呼吁、奔走，“陈英士故居纪念馆”正式开馆，民革市委会向纪念馆提供陈英士半身铜像一座。

10月，全国政协副主席、民革中央常务副主席厉无畏到湖州视察工作，亲切接见民革市委会领导班子成员，听取主委张雪樵工作汇报后作重要指示，为《湖州民革》内部刊物题写刊名。3月，全国人大常委、民革中央副主席齐续春到安吉县调研“中国美丽乡村建设”。

（奚真真）

【中国民主同盟湖州市委员会】 2009年，民盟市委会以建设学习型参政党为载体，努力提高盟员的政治把握能力，开展形式多样的学习教育活动，不断巩固多党合作的政治思想基础。民盟市委会六届十三次扩大会议专题学习了科学发展观；六届十四次扩大会议集体学习了中共十七届四中全会精神。组织骨干盟员参加市委统战部举办的科学发展观专题报告会。围绕庆祝建国60周年、多党合作制度确立60周年的主题，民盟市委会开展了系列活动，通过听报告、观看专题纪录片、知识竞答、文艺演出等形式，庆祝新中国60年来取得的辉煌成就，回顾民盟在新中国诞生的过程中与中国共产党风雨同舟、团结合作的光辉历史。进一步加强宣传阵地建设，努力办好《湖州民盟》报纸和湖州民盟网站，2009年被民盟省委会评为宣传工作先进集体。

积极开展调查研究，努力拓宽参政议政渠道。一是通过政协提案参政议政。在湖州市政协六届三次会议上提交提案24个，其中集体提案10个，《关于加快运行湖州市区旅游资源整合的建议》被湖州市政协列为重点提案，受到湖州市政府的重视，在政府常务会议上进行了专题研究，该提案还被湖州市政协评为优秀提案。《关于缓解市区停车难的建议》得到有关部门的采纳。二是通过湖州市委统战部的“金点子”活动参政议政。全年上报“金点子”91个，被市委统战部“金点子专辑”录用14个，民盟市委会获市委统战部“金点子”活动评比组织一等奖，有6个“金点子”分别获得了特别奖、二等奖和三等奖。三是通过反映社情民意参政议政。全年共上报信息84条，被湖州市政协录用19条，其中《关于控制太湖流域总磷总氮排放的建议》被全国政协采用，并得到副总理回良玉的批示；《完善南浔古镇旅游工作，对接上海世博会》得到市委书记孙文友的批示；《关于在市中心建造献血屋的建议》、《关于进一步开发建设妙峰山—西塞山景区的建议》得到市长马以的批示；《东林鳄鱼养殖何去何从》得到副市长杨建新的批示。民盟市委会获湖州市政协社情民意信息工作考核一等奖。

注重规范组织建设。2009年共发展新盟员17名，发展率为6.4%，新盟员平均年龄36.2岁，其中研究生学历2名，截至年底，全市共有盟员277名。举办大型活动，增强组织的活力和凝聚力。年初，召开了新春茶话会暨表彰大会；3月初，组织女盟员参观杭州湾跨海大桥、海宁皮革城；教师节，民盟市委会领导慰问了中专支部盟员教师；举行了庆祝新中国成立60周年、多党合作制度确立60周年茶话会。盟员竺鸰、薛帅杰、许可被民盟省委会评为先进个人。

开展多种形式的社会服务活动。3月，组织民盟市委会委员、支部主委到东部新区进行义务植树。5月，邀请民盟浙江省委会科普讲师团到南浔区、长兴县作了7场科普讲座。6月，组织医卫科技支部盟员到凤凰街道开展义诊和科普宣传活动。12月，组织开展了一次“政校对接”活动，民盟市委会牵线搭桥，邀请吴兴区政府有关部门和浙江信息工程学校、湖州艺术与设计学校进行对接合作，政校双方就人才订单式培养、联合下企业调研、培训项目合作、学生实训、信息共享等方面达成了合作意向。民盟市委会领导积极参加湖州市委统战部发起的“百名统战干部、成员联系百企”活动，多次深入浙江米皇羊绒有限公司等企业调查研究，了解企业生产经营情况，为企业排忧解难。吴兴区总支积极响应《湖州晚报》发动的“认购‘食藻鱼’保护太湖水”活动，每个盟员认买了100条“食藻鱼”，为推动保护太湖水活动的开展做了宣传。长兴县总支积极参与长兴电视台新闻综合频道《小彤热线》推出的“温暖2009”大型公益活动，捐资购买了电视机、洗衣机、自行车等送给四个贫困家庭。长兴科技支部被湖州市委统战部评为服务新农村先进单位。盟员沈春妹到地震灾区四川省青川县马鹿乡参加浙江省卫生厅的援建工作，受到浙江省卫生厅援川指挥部的表扬，并受到温家宝总理的亲切接见。

（潘一民）

【中国民主建国会湖州市委员会】

积极履行参政议政职能。“两会”期间，民建市委会在湖州市政协六届三次会议上分别作了《发挥政府主导作用，积极推进农村土地流转》和《关于加强金融服务，健全完善中小企业金融服务体系的几点建议》大会发言；提交集体提案10件，个人提案、建议案26件，内容涉及教育、文化、金融、城建、经济发展等方面。其中《关于加大政府投入，建立新型农村社会养老保险制度的建议》的提案，得到政府主管部门重视和采纳，制定出台《湖州市区城乡居民社会养老保险暂行办法》；集体提案《关于加强贫困家庭幼儿学前教育问题的建议》被列为湖州市政协专委会督办的重要提案。全年共编发《湖州民建信息》48期，报送社情民意20条，其中《关于探索大学生实习期间工伤解决办法》的建议经市政协转报，被全国政协采用；《发挥出口信用保险作用，规避国际金融风险》分别被民建中央和全国政协采用，并在《联谊报》上刊发；《现行农村养老保险制度存在制度缺陷，建议政府加大投入进行改进和提升》信息被民建中央采用，另有多条信息被民建省委会、市政协采用。《积极构建循环型农业产业体系，扎实推进社会主义新农村建设》、《密切关注经济适用房申请中的假离婚现象》和《关于筹建开放式古桥博物馆，打造湖州“桥文化”名片的建议》等信息得到市领导批示。在省、市的评比中，民建市委会分别获得了2009年度市政协系统反映社情民意信息先进集体一等奖和民建省委会信息工作先进集体三等奖的荣誉。全年共上报“金点子”47条，其中12条被《统战信息》“金点子”专报刊登，民建市委会获得2009年市各民主党派、工商联“金点子”活动组织三等奖。

切实加强自身建设。加强会员发展工作，全年共发展新会员20人，平均年龄36岁。截至年底，共有会员313名，平均年龄54岁，具有大专以上学历的会员195名，占会员总数的62%；拥有中高级以上职称的会员150名，占会员总数的47.9%；经济界会员228人，占会员总数的72.8%，其中新社会阶层人士105名，充分体现了民建联系经济界的特色。深入学习贯彻科学发展观活动，通过举办专题报告会、各种形式的培训，进一步提高广大会员对科学发展观的认识与把握。在庆祝新中国成立60周年和人民政协成立、多党合作制度确立60周年之际，市委会隆重举行纪念大会，并以会员自编自演的文艺演出形式讴歌新中国成立60周年的辉煌成就和民建会员对党、对祖国的热爱之情，扩大民建的社会影响力；组织民建市委会委员及骨干赴革命圣地井冈山参观考察，激发会员继承革命光荣传统，自觉坚持中国共产党领导、坚持中国特色社会主义政治发展道路的坚定信念；举办新中国成立60周年征文活动，其中李钰的《祖国情、民建爱》获民建中央纪念征文优秀作品奖。加强宣传报道，积极构建宣传平台，全年编发《湖州民建》12期，累计在"湖州民建网"刊登各类稿件130余篇，其中被浙江民建网录用并刊登80余篇。市委会获得2008年~2009年度浙江民建网站先进集体二等奖和《浙江民建》会刊先进集体三等奖。主委方新旗的《亲历社会保障制度改革》一文被评为2008年~2009年度《浙江民建》会刊优秀作品。

扎实开展社会服务工作。积极响应市委统战部开展的"统战心连心，服务新农村"的行动计划，认真做好联系村的帮扶工作，多方协调推进"民建大道"路面铺设工作。市委会和长兴总支分别获得"市统战系统服务新农村活动组织奖和先进单位"荣誉称号。鼓励支部、会员积极参与社会公益活动。经贸支部开展"爱心尊老"活动，走进湖州市福利中心送去价值4000多元的慰问品；吴兴区支部响应《湖州晚报》倡议，开展认捐"食藻鱼"活动，共认捐鱼苗6200余尾。会员沈坚强捐资200万，作为助学成长基金，用于对汶川地区贫困学生进行结对帮扶；会员戴顺华所在的恒鑫纺织有限公司为夹浦镇红旗村道路建设捐助50万元。据统计，全年会员企业家为新农村建设、扶贫、帮困、助学等捐资达295万元。

立足本职建功立业展才华。会员朱次元的微刻台屏《古韵迎宾》和吴伟华的紫砂《玉带壶》等两件工艺作品参加首届"中国·浙江工艺美术精品博览会"并获金奖；会员周清泉再度获得"全国民办教育中小学优秀校长"称号；会员施政入选年度浙江绿色先锋人物；会员沈坚强荣获首届浙商新锐大奖，并荣获"成长型优秀企业家"称号；会员朱柏荣获得2007年~2009年度湖州市优秀企业家和湖州市"五一先进工作者"等荣誉称号；会员陈峰、裴兰顺分别被评为浙江省节能降耗工作先进个人、浙江省农业厅畜牧发展先进个人；会员姜书竹入选浙江省新世纪151人才工程第三层次培养人员；会员刘家才指导学生在浙江省大学生电子商务竞赛中获省级二等奖、高教司国家二等奖。继续做好老龄委和女工委的工作，组织开展好每年的"重阳节"、"妇女节"活动。女工委还开展送教下乡等社会服务活动，赢得较好的社会反响。

（吕　丽）

【中国民主促进会湖州市委员会】

2009年，民进湖州市委会以学习贯彻科学发展观为主线，以围绕中心服务大局为出发点，积极开展议政调研，不断提高履职能力。在湖州市政协六届三次会议上提交《有序利用城市文化资源，科学推进城市有机更新》和《关于重视民生和结构调整，加快推进养老服务体系建设》大会发言，提交集体提案8件和联合提案2件，个人提案29件；人大代表提交领衔议案4件。个人提案《关于加快湖州中心市区水系治理改造的建议》和《关于科学规划生物医药产业集群，提高我市区域经济竞争力的建议》被列为市政协主席重点督办提案；《关于加快大学生村官分流导向机制的建议》、《关于加快湖州中心市区水系治理改造的建议》和《关于科学规划生物医药产业集群，提高我市区域经济竞争力的建议》被评为2009年度市政协优秀提案。德清县总支部在县政协七届三次会议上，作了题为《关于加强畜禽防疫工作的几点建议》的大会发言，提交集体提案2件，个人提案11件，其中集体提案《关于切实保障农村学前教育均衡优质发展的建议》被评为县政协优秀提案。安吉县总支部在县政协七届三次会议上，作了题为《关于积极发展安吉休闲农业的建议》的大会发言，提交集体提案1件，个人提案12件，其中集体提案《全面加强生态文明建设，不断提升科学发展水平》被评为县政协优秀提案。吴兴区总支部在区政协一届三次大会上，作了题为《走教育强区之路，力争率先实现教育现代化》的大会发言，提交集体提案1件，个人提案7件；人大代表提交领衔议案2件，其中集体提案《对吴兴区乡镇中心幼儿园村教学点标准化建设的思考与建议》被评为区政协优秀提案。南浔区总支部在区政协一届三次大会上，作了题为《加强安全生产管理，促进社会和谐发展》的大会发言，提交集体提案1件，个人提案18件、联名提案1件；人大代表提交领衔议案3件，其中个人提案《关于做好招商育商工作，增强招商魅力的建议》和《尽快建立健全我区农村公路养护与管理的有效机制》被评为区政协重点提案。民进市委会担任省人大代表和省政协委员的会员共向省"两会"递交人大议案2件和政协提案6件。市委会积极反映社情民意和"金点子"，全年累计上报社情民意58条、"金点子"56条。其中被市委统战部"金点子"专刊录用12条，市政协录用18条，省政协录用2条，民进省委会录用4条，民进中央录用1条，全国政协录用1条；得到市委、市政府领导批示2条，国务院副总理批示1条。民进市委会荣获市委统战部"金点子"活动评比组织三等奖，6条"金点子"分获一、二、三等奖和特别奖。民进市委会荣获市政协反映社情民意信息工作二等奖。

以建设高素质参政党为目标，以开展60周年国庆活动为抓手，加强自身建设，不断提升整体素质。为庆祝新中国成立60周年和人民政协成立、多党合作制度确立60周年，举行以“祖国，我想对您说……”为主题的大型歌诵会，各基层组织和广大会员踊跃参与。组织开展“学习贯彻科学发展观问卷调查”，提升会员学习科学发展观的积极性和实效性；举办代表、委员座谈会、县区总支部工作研讨会、新会员培训班、基层组织工作交流会等，交流工作，增进友谊，相互促进。开展基层组织达标考核，全部合格，德清县总支部、师院支部荣获“2009年度省级先进支部”称号。全年发展新会员19人，截至年底，有会员377人。高勇年调任湖州市检察院副检察长，李红担任湖州市文广新局副局长。

服务新农村建设，树立良好社会形象。响应市委统战部开展的“百名统战干部、成员联系百企”活动，市委会领导分别联系、结对会员企业，帮助解决实际困难，鼓励企业树立信心，共克时艰。积极探索与安吉县郎村少数民族村结对帮扶的新举措，开展“2009年文化医卫下乡畲族郎村行”、“牵手郎村妇女，共建文明家庭”、“情系畲族儿童，共建美丽乡村”、“爱心济困助学郎村行”等主题鲜明的文化、医卫、教育下乡活动，积极为该村成功申报“全国民族特色村寨”、“省级民族团结小康村”献智出力；选派会内专家参加“情系三农，服务妇女”、庆“三八”文化、科技、卫生“三下乡”活动，为湖州市新农村的建设贡献力量。2009年，民进市委会在甘肃省白银市白银区金山小学和强台小学捐建了爱心图书室，累计在甘肃捐建了5个爱心图书室。召开“为了明天——挽救罪错未成年人和问题青少年”座谈会，鼓励青少年服刑人员积极面对、努力改造、重树信心、争做社会合格公民。会员高宝平参加“文化援川”活动，两次赴青川，慰问湖州市支援青川县灾后恢复重建指挥部，并赠送了书画作品。市委会荣获2009年度省级社会服务先进单位。

认真开展宣传工作，报送动态信息375篇，向《联谊报》、《开明》杂志、《湖州日报》等新闻媒体投稿300多篇；充分利用“简报会网”，全年刊出信息逾千条，较好地发挥了宣传、联络、教育和服务的功能。

（郑　峻）

【中国农工民主党湖州市委员会】 2009年，在市政协六届三次会议上，提交大会发言2篇，集体提案8件，委员个人提案21件，集体提案《加快农村社区卫生服务中心规范化建设、提升农村卫生服务能力》被列为市政协重点提案；在市政协大会各民主党派联组讨论会上，农工党市委会就“建议加快推行我市城镇职工医疗门诊报销制度”为题作了发言，引起政府领导及有关部门的高度重视，下半年，以市政府办公室名义出台了《市区企业职工基本医疗保险门诊医疗统筹暂行办法》。在市人大六届四次会议上，提交市人大领衔议案5件、联名议案9件，《关于进一步提高社区卫生服务水平的建议》作为重要议案在市人大刊物上刊出。在省“两会”上，递交个人提案3件，领衔议案1件。在县区政协大会上，吴兴区总支提交大会发言1篇，集体提案1件，个人提案2件。许建萍增选为吴兴区一届政协常委。德清县总支提交大会发言1篇，集体提案2件，委员个人提案10件。安吉县总支提交大会发言1篇，集体提案4件，个人提案7件。一年来，市委会累计上报社情民意和“金点子”68条。被市委统战部专刊录用11条，市政协录用14条，报省政协1条。在2009年度市委统战部的“金点子”总结表彰会上，市委会荣获组织二等奖。为创新工作机制，年初市委会首次进行课题招标，取得较好的效果，完成课题6项。在农工党浙江省委会试行的课题招标活动中，如期完成《加大对县级公立医院扶持力度的建议》的调研报告，并被省委会录用。在“转变作风、优化环境与服务企业发展”为主题的湖州市政协议政会上，作了《改善行政服务、促进我市企业健康发展》的发言，反映的问题得到相关部门的主动回应。

加强自身建设，全面提高自身素质。按照新时期多党合作政治制度的发展要求，深入学习贯彻科学发展观和中共十七届四中全会精神，结合庆祝新中国成立60周年和多党合作制度确立60周年等重大活动，制定了《关于深入学习贯彻科学发展观的实施方案》，组织学习贯彻科学发展观，围绕“回眸—追忆—传承”这一主题，认真开展各种形式主题学习教育活动，组织党员骨干至重庆特园和武汉国民政府旧址参观；国庆前夕，隆重举行了全体党员参加的“我们走在大路上”联欢会，进一步弘扬与中国共产党亲密合作的优良革命传统，自觉地接受中国共产党的领导，坚持走中国特色的社会主义道路。继续在各基层组织中开展创“星级支部”活动。通过创“星级支部”活动这一载体，使基层组织建设、制度建设进一步得到完善，充分地调动了支部工作的积极性，经评比，有4个支部荣获五星级称号、2个支部获四星级称号。医卫支部被农工党中央评为“2008年度先进基层组织”；湖州市师院支部和湖州市第一医院支部被浙江省委会授予“2009年度先进基层组织”荣誉称号；戚青青获“农工党中央优秀组织工作者”荣誉称号。

发挥优势，服务于社会。在市委会新农村建设联系点太平桥村，为推进村“农家书屋”的建设，市委会在广大党员中募集了涉及农业养殖、科学普及、医疗卫生、社科文学等方面的书籍300余册，支援村图书室，充实了村民的文化生活；组织各支部，与市红十字会到村贫困户家中慰问，携红包、新衣、食品、生活用品等价值1.6万余元，使17家贫困户受益，党员中的医务人员还自带药品上门为村民进行医疗服务；在第21届“国际科学与和平周”活动期间，市委会组织党内部分中医内科、外科、骨科、妇科、儿科的医疗专家义诊下乡，为40多位农民免费诊治疾病。

积极参与市委统战部组织的“百名统战干部、成员联系百企”和“统战心连心、服务新农村”活动，主委带头为二家企业排忧解难；挖掘基层支部潜力，发挥科技创新优势，推动“产学研”结合模式，服务新农村；刘利民教授主动与企业家联手，研究开发的国际科技合作项目“基于在系统编程微控制器的储水式自动浇灌控制装置”顺利通过验收，开发出服务新农村的新产品项目，获得五项国家专利，湖州师院支部由此获得市统战部颁发的“统战心连心、服务新农村”先进基层支部称号。一名机关干部下派到市老城区改造指挥部任下派干部组组长期间，努力为市重点工程建设项目服务，获“优秀下派干部”荣誉称号。各基层支部根据自身的特色，纷纷到工厂、社区、乡村积极开展各项社会服务活动，有义诊、捐助、咨询、法律援助等。全年市委会及各支部组织的各项社会服务有19次，有2000余人次接受了各项服务，捐助资金3万余元。王法弟被农工党中央授予“2007年~2008年度社会服务信息工作先进个人”荣誉称号。

重视宣传，不断扩大社会影响力。市委会的重大活动、参政议政和社会服务成果在《联谊报》、《湖州日报》、湖州电视台等媒体报导达十余条。市委会连续3年集体提案，促进城镇职工门诊统筹的报道《三年栽树见荫凉》，农工党中央刊物《前进论坛》予以刊载；反映市委会和党员们扶助贫困村、推进新农村发展的报道《春风吹拂太平桥》，登上了《联谊报》。积极将组织内的优秀党员推介到各媒体进行宣传报道，如刘利民和潘利敏合作开发国际科研项目、湖州农工党党员喜获农工党中央“抗震救灾”先进表彰等一系列报道先后发表在《湖州日报》上，湖州电视台的《政协时空》连续3期都有湖州农工党党员的访谈。

立足本职，爱岗敬业。多位同志因工作业绩突出，专业技能得到了组织和社会的肯定。王丹、杜瑛、卢立炳荣获“湖州市第二届名医师”称号；陆锦明获卫生部授予的“全国丝虫病防治先进个人”荣誉称号；朱丽华被评为“2007年~2008年度浙江省食品药品监管系统先进个人”。有多位同志收获各级科技创新成果，一展党员风采。王丹主持的《自体骨软骨镶嵌移植复合因子凝胶修复兔软骨缺损的研究》、《异体半月板镶嵌移植复合因子凝胶体修复兔软骨缺损的研究》获2009年浙江省卫生创新三等奖；褚玉明获“2009年浙江省高等学校首批创新团队负责人”称号，其参与的项目《多复变数几何理论——空间与映射》获2009年浙江省科学进步一等奖；张宝江获国家3项技术专利；郭建强的科研成果《房屋建筑绿色环保控制白蚁新技术研究》获省科技进步二等奖；祖宁辉参与的项目《上尿路结石的细菌学研究及其临床意义》获浙江省医药卫生科技创新三等奖等。据统计，党员在国家一级以上期刊发表论文20余篇。（徐伟峰）

【九三学社湖州市委会】 2009年，九三学社湖州市委会积极履行参政议政和民主监督职能，组织专家就建筑节能、高教体制改革、乡村旅游业、老虎潭水环境、食品安全等方面开展调研。在湖州市政协六届三次会议上作了题为《全面实施民用建筑节能大力推进节能产业发展》和《关于稳定我市蚕丝产业、保护蚕农利益的建议》的大会发言，并提交提案22件，其中集体提案6件。《关于进一步扶持我市节能建材产业发展的建议》提案被列为重点提案并由市领导督办，被湖州市政协评为优秀提案。关于重建湖州梁希公园的建议得到湖州市委、市政府领导重视，列入2009年湖州市重点预备项目并制订了启动规划。杨晓红领衔的《关于保护老虎潭水库饮用水源》议案被列为湖州市人大六届四次会议一号议案。各县（区）基层组织在县（区）“两会”上共提交提案、议案33件，分别在政协大会上作了《优化创业环境，建设科技强区》、《让南浔新老城区的基础教育双翼齐飞》、《全面推进公共卫生事业》、《加快西部旅游平台建设》、《加强引导中小企业转型升级》、《国际金融危机下我县出口企业的经营现状和应对措施》等发言。九三学社市委会主要领导参加市委、市府召开的各种通报、协商、征求意见座谈会，对湖州市的经济建设、社会发展中的重大改革措施和群众关心的热点问题，认真听取情况汇报并参加协商，发表意见和建议。九三学社长兴县基层委员会完成了县政府交办的《关于长兴县机关干部社会形象调查和建议》的课题调研，陈剑锋的《加快我省乡村旅游业转型升级发展对策建议》课题中标九三学社省委会课题。在湖州市政协“转变作风、优化环境与服务企业发展”民主监督议政会上，陈洁就金融危机中保障中小企业生存发展内容进行了议政发言。九三学社市委会积极参加湖州市委统战部的“金点子”活动，全年上报“金点子”68个，其中《关于加强老虎潭水库水环境保护，尽快实施生态修复及划定库区生态保护区的建议》等5个金点子分获特别奖和一、二、三等奖，九三学社市委会获“金点子”活动组织二等奖。九三学社市委会组织社员积极反映社情民意，上报浙江省和湖州市有关部门各类信息160余条，被九三学社中央和浙江省委会、湖州市政协录用41条，其中市领导批示3条，副省长批示1条。九三学社市委会获得九三学社浙江省委会信息工作三等奖和湖州市政协信息工作二等奖，社员倪建秋分获省级和市级“信息先进个人”称号。

开展社会服务活动。在“统战心连心、服务新农村”活动中，九三学社市委联合市红十字会到结对的安吉畲族中张村开展医疗服务和健康咨询活动，发放了价值2000多元人民币的免费药品；向安吉报福中心小学捐赠了一批总价值近20万元的文教具；组织社内书画家为村民们撰写春联；联系阿祥集团捐助安吉县中张村民族标志建筑项目建设款项10万元。九三学社市委会和安吉县基层委员会分别荣获由市委统战部等四部门联合评选的湖州市“统战心连心、服务新农村”活动组织奖和先进单位奖。在“国际科学与和平周”活动中，德清基层委联合九三学社浙江省委会组织部、社科部及九三学社浙江中医药大学支社赴莫干山镇送医下乡；德清县、长兴县、安吉县等基层组织多次选派医疗专家到农村、社区开展义诊医疗服务；德清县和湖州师院等支社在儿童节之际到外来民工子弟学校赠送书籍并为学生作讲座；安吉县基层委继续与贫困学生结对帮扶。德清县和长兴县基层委员会被九三学社中央授予第二十一届“国际科学与和平周”活动突出贡献奖荣誉称号。在与湖州市科技局、农业局和经委开展结对联系活动中，多次座谈交流，建立长效的联系工作制度。

自身建设不断加强。建筑、第一医院和第三医院支社进行了换届，南浔区支社进行了届中调整，德清县和安吉县支社升格成立为基层委员会。全市新发展社员8名，其中5名具有高级职称，截至年底，共有社员336名。九三学社市委会深入开展学习贯彻科学发展观活动，各级社组织开展学习、考察活动60余次。在庆祝新中国成立60周年之际，组织全体市委会委员、基层支社主委和部分骨干社员赴南昌进行爱国主义教育活动。举办了网上摄影、书画作品比赛，编写、印发了纪念新中国成立60周年、改革开放30周年论文集。在湖州市政协“纪念人民政协成立60周年”征文活动中，社员倪建秋、韦祖谋、毛晓青和王可，分别获得二、三等奖和优秀奖。主委孙新耀受聘担任中共浙江省委组织部工作监督员。选派10名社员参加湖州市民主党派骨干培训班，3名社员参加2009年度全省九三学社基层工作研讨会，2名社员参加社浙江省委宣传工作研讨班。举办一期新社员培训班，培训新社员28人。推荐1名社员担任九三学社浙江省委会参政党理论研究小组成员。启动了湖州市社史征集和组稿工作，《九三学社德清县社史》成功出版。吴兴区支社、农业支社、德清县基层委员会、南浔区支社、安吉县基层委员会、长兴县基层委员会等分别组织社员到无锡、华西村、佐力药业集团以及宁波、杭州、福建武夷山、金钉子地质公园等地考察。农业支社胡廷尖被科技部等8部门联合授予“全国优秀科技特派员”称号；王可被中共湖州市委、市政府授予“湖州市优秀科技特派员”称号；社员钮智芳被浙江省委宣传部、省文化厅和省文联授予首批“浙江省优秀民间文艺人才”称号，社员范斌被评为全国青年书法二十家。德清县、吴兴区和农业三个基层组织分别被九三学社浙江省委会评为“省级先进基层组织”。

（朱　辉）

【湖州市工商业联合会】　以服务发展为主线，在搭建平台、优化服务上有新成效。一是积极搭建银企合作平台，服务企业缓解融资瓶颈。开展“助力中小企业”活动、召开“银企恳谈会”，全年各级工商联为300多家中小企业争取融资15.29亿元。二是积极搭建人才培训平台，服务企业提升综合素质与创新能力。各级工商联积极开展企业培训，举办各类培训班110场次，受培训的企业家、会员企业管理人员达14340多人次。三是积极搭建经贸合作平台，服务企业招商选资。承办以“加强交流合作，推进转型升级”为主题的“长三角十五城市民营经济与商会工作合作与交流机制第七次年会”；举办“保增长、抓转型、促发展”的商会论坛走进湖州暨第二届新湖商论坛。加强与香港贸发局的联系，举办以“新形势、新思维、新定位”为主题的“湖港CEO经济沙龙”，推进两地企业家交流。四是积极搭建政企沟通平台，服务企业与部门交流联系。与浙大继教学院、长兴县工商联联合举办“企业突围金融危机之道”讲座，税务部门主动为企业加强税收法规的解读。五是积极搭建法律维权平台，服务企业提高风险防范能力。与市司法局联合召开全市法律服务民营企业工作推进会，并签订《关于法律服务民营企业战略合作框架协议》。

以参政议政为根本，在履行职能、建言献策上有新作为。一是积极建言献良策。在湖州市政协六届三次会议上，共提交提案41件，其中集体提案8件，《关于着力优化民营经济转型升级良好环境的建议》被市政协列为重要提案，较好地发挥工商联的主渠道作用。二是围绕经济中心为开展调研。在全市工商联系统中扎实开展了走访、调研百家商会组织、百家会员企业、百个“村企对子”的“三百”调研活动，积极开展“百名统战干部、成员联系百企”活动，走访会员企业1466家，召开各类座谈会77次。认真做好全国工商联的64家上规模民营企业调研工作，先后向湖州市政府和浙江省工商联报送了湖州市民营企业面临危机中遇到的难点和积极应对的举措及建议，获浙江省工商联组织先进奖。《关于湖州民营企业思想政治工作的调研报告》获得省工商联2007年~2009优秀调研成果三等奖。三是反映社情促和谐。广泛动员各级工商联、基层组织和会员企业，积极参与政协社情民意反映和市委统战部开展的“金点子”活动，上报各类信息641个、“金点子”34个。先后获得“省工商联系统信息工作先进单位”、“湖州市政协系统反映社情民意信息工作先进单位”称号。《湖州有关金融机构新政出台随意搭便车—存量房贷7折优惠市民难享受》社情民意得到市政府副市长周杰的批示。

以教育引导为方向，在典型引路、创新载体上有新作为。按照湖州市委实施“1381”行动计划的要求，以“六有”为主要内容，深入推进“村企心连心、共建新农村”活动。2009年全市各级工商联引导非公企业新增结对项目57个、落实结对资金1902万元、资助贫困家庭1604户。与湖州市委统战部、湖州职业技术学院联合组织编写出版《双赢之路》，宣传了26个村企结对的典型事件和让人铭记的村企人物，市委书记孙文友作序。在市委、市政府召开的全市思想工作会议上，有12家民营企业被表彰为“村企心连心、共建新农村”先进单位。不断推动非公人士履行社会责任的自觉性和光荣感，有9名民营企业家获得浙商责任大奖、浙商责任奖、浙商创新奖。高兴江、陆志宝和胡大有3名企业家获省“第三届优秀中国特色社会主义事业建设者”称号。积极组织企业参加浙江省工商联举办的民营企业庆祝新中国成立60周年晚会，丝绸之路集团、物资化建民爆公司选送的节目获得二等奖，湖州市工商联荣获组织奖。湖州市工商联和德清县、长兴县工商联分别被浙江省工商联评为2009年度宣传工作先进单位。湖州市光彩事业促进会进行了换届，授予16名民营企业家“湖州市光彩事业奖”荣誉称号；授予6个单位为“湖州市光彩事业组织奖”称号。举行了第十一期光彩助学仪式，完善助学金的规范与管理。全市各级工商联引导非公企业捐助资金408万元。

以组织拓展为基础，在规范建设、作用发挥上有新活力。认真贯彻浙江省工商联工作会议精神，湖州市委第58次常委会议听取了关于浙江省工商联工作会议主要精神及湖州市贯彻意见的情况汇报，湖州市委、市政府于10月23日召开湖州市工商联工作会议，出台《关于进一步加强新时期工商联工作的若干意见》。加快商会组织规范化建设，注重商会作用的引导与发挥。及时指导市温州商会、市电器工业商会完成换届工作。2009年新建行业商会3个、异地商会4个、村级商会1个。

以制度建设为保障，在提升素质、强化自身上有新提高。扎实开展学习实践科学发展观教育活动。完善了18项工作制度。争取市机关工委的重视，成立了党总支。杨新学被评为“浙江省工商联系统先进个人”。

（吴　静）

·工会·

【深入学习实践科学发展观活动】 根据市委统一部署，3月初至8月底，市总工会以“服务科学发展、服务基层工会、服务职工群众”为实践载体，突出重点，统筹兼顾，经过学习调研、分析检查和整改落实三个阶段，较好地完成了各项学习实践任务。通过活动，增强了领导班子“三服务”的意识和贯彻落实科学发展观的自觉性、主动性；进一步健全和完善与贯彻落实科学发展观相适应的规章制度，促进工会工作规范化、制度化建设，着力解决影响和制约工会工作科学发展的一些突出问题，切实提高机关工作的效率和水平。本次学习实践活动，特点主要有三个：一是领导重视，组织健全。市总工会领导班子在思想上十分重视这次活动，把它作为阶段性的重大任务来抓，及时建立了市总工会学习实践活动领导小组和办公室，明确责任，加强检查督促。二是计划周密，工作规范。认真制订实施方案，认真搞好动员教育；通过请进来、走出去的方式，精心组织学习培训；深入基层、深入企业，认真开展调查研究；通过召开民主生活会、座谈讨论会、民主恳谈会、读书会和发放征求意见函等途径，广泛征求意见建议，着力检查分析，开展民主评议，切实把市委动员大会的精神落到实处。期间，共开展各种学习活动13次，参加人数达332人次，干部撰写学习体会23篇，征求到意见建议11条，形成了1份符合工会工作实际的分析检查报告。三是结合实际，体现特色。实施方案、学习和调研内容、学习安排、分析检查等工作都结合了实际，体现了工会特色，体现了实践特色。市总工会领导班子成员联系企业、服务企业、支持企业攻坚克难，推动企业转型升级，共走访企业22家，开展相关咨询活动2场次，举办免费培训班6次，帮助企业解决实际问题4个。

【市总工会五届六次全委（扩大）会议】 3月6日，市总工会召开五届六次全委（扩大）会议，会议总结上年工作，分析当前形势，部署2009年工作任务，团结动员广大职工攻坚克难、创业创新，服务推动湖州市经济社会又好又快发展。市委副书记朱坤民出席会议并讲话。市总工会主席陈月琴作了题为《坚定信心、主动出击，为推动我市经济平稳较快发展作贡献》的工作报告。会议要求各级工会要积极引导职工建功立业，着力在推动科学发展、加快发展上取得新成效；要深入发展和谐劳动关系，着力在促进企业和谐、社会和谐上打造新品牌；要不断深化维权帮扶工作，着力在解决实际困难、改善民生上力求新进展；要加强自身建设来提升能力、优化服务，在精心组织学习实践活动，切实加强班子队伍建设，不断夯实基层基础工作等方面下功夫、见实效。党委、政府要加强领导、落实责任，相关部门要协调配合、提供保障，社会各界要参与支持、营造环境，共同开创工会工作新局面，为加快建设现代化生态型滨湖大城市作出新贡献。会议还通过了《湖州市总工会关于积极推进“凝心聚力保增长、同舟共济促和谐”共同约定行动的意见》。

【开展共同约定行动】 3月27日，劳动关系和谐企业命名表彰暨共同约定行动集中签约仪式在湖州举行，共同约定行动是当前深化劳动关系和谐企业创建的重要举措，对于新形势下构建和谐劳动关系，促进企业发展具有十分重要的意义。市人民政府副市长周杰出席会议并讲话。市创建劳动关系和谐企业活动领导小组副组长、市总工会主席陈月琴总结回顾了湖州市前阶段创建工作，对2009年深化创建活动作了部署。会议还命名表彰了湖州电力局等31家湖州市第二批劳动关系和谐企业，启动了全市企业与职工共同约定行动集中签约活动。浙江南方通信集团股份有限公司常务副总裁周汉强、安泰（德清）时装有限公司工会主席金建麟、天能集团职工仲金强分别代表企业法人、企业工会和职工作了表态发言。市创建劳动关系和谐企业活动领导小组成员、第二批市劳动关系和谐企业代表、共同约定行动书面签约代表、三县两区及湖州经济开发区、太湖旅游度假区等100余人出席会议。截至2009年底，全市共有2616家企业开展了共同约定行动，3411家企业开展了创建活动。

【全国人大内司委领导到湖州调研《中华人民共和国工会法》执行情况】 5月11日，全国人大常委会委员、内司委副主任委员汪毅夫率调研组到湖州调研《中华人民共和国工会法》执行情况，市委常委、纪委书记王敏奇，市人大常委会常务副主任沙铁勇、副主任马红宝及秘书长柴根初等分别陪同。市总工会副主席王磊代表市总工会就《中华人民共和国工会法》贯彻情况作了汇报，并陪同调研组一行到吴兴区织里镇进行实地调研。

【组织选优评先活动】 根据《湖州市人民政府关于设立“湖州市五一劳动奖状”和“湖州市五一劳动奖章”荣誉称号的批复》，市总工会在全省率先设立市级五一劳动奖章（状）荣誉奖项，并开展了首次评选活动。按照评选条件，坚持公开、公平、公正的原则，经过广泛推荐、层层选拔、部门审核、社会公示等程序，评选出浙江美欣达印染集团股份有限公司节能减排研发攻关组等7个先进集体为2009年度“湖州市五一劳动奖状”获得者，湖州市技师学院基地实验厂张国华等20名先进个人为2009年度“湖州市五一劳动奖章”获得者，于11月4日在《湖州日报》专版刊登光荣榜并作专题报道。指导县（区）总工会加强与县（区）政府的协调沟通，落实了“市五一劳动奖章”获得者享受县（区）劳模待遇。市总工会认真做好2009年度全国五一劳动奖章、省劳动模范等的推选工作。全市有5人获全国五一劳动奖章，有19人被评为省劳动模范、3个集体获省模范集体荣誉，有27个集体分别被命名为全国、省、市级“工人先锋号”。组织评选授予10名职工“劳动伟大——湖州市勇克时艰杰出职工”荣誉称号，积极推选浙江省勇克时艰杰出职工，湖州市技师学院基地实验厂张国华被授予浙江省勇克时艰杰出职工“金锤奖”，永兴特种不锈钢股份有限公司陈华被授予浙江省勇克时艰杰出职工“银锤奖”。

【工会组建与职工文化】 加强基层基础工作，扩大工会组织覆盖面。受金融危机影响，许多企业处于困境，给组建工作带来了不小压力。全市各级工会积极行动，努力探索创新建会模式，依托党建带工建的优势，重点在开发区、工业园区和服务业、建筑业及外资企业等劳资矛盾突出、组建难度大的行业和企业开展组建工作。2009年全市共新建工会组织459家，覆盖企事业单位1257家，吸收工会会员45095人。全市累计有基层工会6803家，涵盖法人单位15985家，会员总数达56.1万人。

深入推进职工文化建设，提高职工精神文化素质。以全省第八届职工职业道德建设“双十佳”评选活动为契机，大力提倡社会主义荣辱观教育活动和劳模宣传活动，深化职工职业道德建设工作。针对各县（区）实际，建立切实可行的运行机制，加强职业道德的制度化、经常化建设，不断将建设工作引向深入。实施“文化共享工程进企业”活动，新增设“职工书屋”示范点全国级2个、省级35个、县（区）级46个；开展“百场电影进企业”活动，为企业职工免费播放电影263场次；免费送演出进企业136场。为庆祝新中国成立60周年，4月29日晚，成功举办了“劳动创造辉煌——湖州市第五届五一职工歌会”，展示了湖州市工人阶级的良好风貌。此外，市总工会还成功配合承办了省总工会文化下基层巡回演出，并积极开展“慰问南太湖中央公园建设者”、“阿奇带我看太湖”等活动，进一步扩大了工会的社会影响，繁荣了职工文化。

【落实党风廉政建设责任制】 11月26日，市委常委、组织部部长高玲慧率市委党风廉政建设检查考核组对市总工会贯彻落实党风廉政责任制暨惩治和预防腐败体系构建情况进行检查考核。高玲慧在听取市总工会主席陈月琴相关工作和贯彻落实党风廉政责任制自查情况汇报后，充分肯定工会的党风廉政建设工作做到了领导落实、责任明确，注重实效、抓好学习，建立制度、执行规范，纵向到底、系统延伸、工作到位，并就如何进一步抓好党风廉政建设提出了明确要求。检查考核组还以民主测评、召开座谈会、领导干部个别谈话、查阅台账等形式检查了市总工会党风廉政责任制建设工作。

【新《工会会计制度》培训】 11月~12月，通过举办培训班、网上培训等多种形式，对县（区）总工会、市产业工会和市直属基层工会的工会财会和经审人员开展了新《工会会计制度》培训，确保了新旧会计制度的有效衔接和新《工会会计制度》顺利实施。

【服务企业】 按照市委“保增长、促转型”的要求，不断深化“凝心聚力谋发展、转型升级立新功”主题活动，组织引导广大职工积极应对金融危机、促进经济平稳较快发展。一是广泛开展劳动竞赛活动，激发职工的创造活力。以创建“工人先锋号”为抓手，以工业企业、重点工程、服务行业为主要领域，积极开展技能比武、合理化建议、“我为节能减排作贡献”等形式的劳动竞赛。全市各级工会共组织职业技能竞赛801项，参赛职工达10余万人，工商银行湖州城东支行职工谢瑛瑛获“以职工名字命名的品牌服务操作法”称号；收到职工合理化建议29730条，采纳实施9855条，产生经济效益8749.6万元；开展群众性节能减排活动710次、23.1万名职工参与其中。二是努力深化职工技术服务活动，加大服务企业力度。年初，省总工会在德清县召开现场会，总结推广德清县总工会“为企业服务、促转型升级”活动经验。全市相继建立6支职工技术服务队（技协帮扶队），深入企业送技术、送培训、送安全，服务企业 1206 件次，解决技术难题 428 个，产生经济效益 4176 万元，推动了企业转型升级。三是积极实施“万名职工大培训、千名职工技能晋级”活动，不断提升职工的技能水平。全市工会组织加强与劳动部门、省技协、职业技术学校等多方协作，根据企业和职工的培训需求，采取对点、对面、对赛等多种方式，不断扩大培训范围，提高培训实效。仅市、县（区）两级工会开展在职职工技能培训就达 15432 名，其中考证晋级 1641 人，有效推动了湖州市职工技术人才队伍建设。

【关注民生和加强维权】 一是加强维权机制建设，健全源头参与和宏观维权机制。扎实推进企业民主管理，全市已有 70%以上的建会企业建立了职代会、厂务公开等民主管理制度。与劳动保障等部门共同制定了《关于建立健全市劳动争议“五级联动”调处机制的实施意见》，全市已建立企业劳动争议调解委员会 2844 家，并对其中 400 多家企业开展了培训。全年共接待来信来访 1499 件，涉及 2018 人次，为职工挽回经济损失 302 万余元。加强劳动关系预警机制建设，下发《关于进一步加强维权信息员队伍建设的通知》，进一步规范维权信息员队伍的作用发挥。二是加大帮扶工作力度。加大市、县（区）、乡镇三级维权帮扶组织建设，帮扶项目和帮扶面不断拓展。2009 年元旦、春节期间，全市共慰问困难企业 49 家，慰问困难职工 3012 户，慰问困难劳模 96 户，发放款物总价达 290.36 万元；落实困难职工 A、B、C 证分类管理的日常帮扶工作，变一时送温暖为常年关怀，至年末，已发优惠证 591 份，其中 A 证 141 份、B 证 167 份、C 证 283 份。开展“金秋助学”活动，共筹集助学资金 165.12 万元，资助困难职工子女 1428 人；组织家政服务培训 24 期，培训 1195 人次，取得合格证书 928 人；举办创业培训 40 期，提供咨询、服务等 6424 人次，实现就业 1562 人次，自主创业 45 人；积极开展“农民工援助行动”，为农民工提供维权和帮困服务 18780 次，帮助 2304 名农民工追讨欠薪 382.24 万元；深入推进“强保障、促和谐”活动，参与活动企业达 1770 家，全市已有 1327 家企业建立了职工互助保障机制，4815 家企业建立了职工健康体检制度，1558 家企业建立工伤救援机制。三是认真做好劳动保护工作，切实维护广大职工的身心健康。切实把“安康杯”竞赛活动作为企业主动参与安全生产的有效载体，以“关爱生命，安全发展”为主题，深入开展“安全生产月”活动。利用劳动保护监督检查工作的开展，通过工会网、工作例会等大力推广和应用“安全检查提示卡”。把加强企业安全生产“三基”（基层组织、基本制度、基础培训）作为推进班组安全工作规范化管理的切入点，以推进安全管理制度化、安全设施标准化、作业行为规范化为目标，联合市、开发区安监局举办了 2 期安全生产工作培训班，培训班组长以上骨干 300 多人次。

【市政府与市总工会联席会议】 在 2009 年度市政府与市总工会联席会议上，市长马以充分肯定 2009 年来全市各级工会围绕中心、服务大局，团结动员广大职工支持改革、促进发展、维护稳定，在提振企业信心、促进企业发展，救助困难职工家庭、构建和谐劳动关系，向党委、政府建言献策等方面发挥了不可替代的作用，为促进全市经济社会发展作出了重要贡献。市长马以强调，各级各有关部门要进一步加大对工会工作的支持力度，加强沟通协调、工作联动和政策支持，把更多的资源和手段赋予工会，把更多党政所需、职工所急、工会所能的事交给工会，增强政府、工会工作的有效性和主动性，努力解决工会工作中的实际困难，切实维护工会组织和人员依法履行职责，为工会开展工作创造更多的有利条件。副市长周杰通报了 2008 年度市政府与市总工会联席会议议题的落实情况。市总工会主席陈月琴通报了一年来全市工会的工作情况。会议对关于进一步推进职工工资集体协商工作、规范商贸单位联销员队伍社会保险缴纳等议题进行了讨论研究并原则通过。市政府秘书长徐克强、副秘书长许宏，市总工会主席陈月琴，副主席张显东、王磊出席会议。市经委、市财政（地税）局、市劳动保障局、市规划建设局、市公安局、市民政局、市工商局、市司法局主要负责人，市总工会各部室及下属事业单位负责人参加会议。

（沈　侃）

·共青团·

【共青团湖州市五届四次全委（扩大）会议】 2 月 20 日，召开共青团湖州市五届四次全委（扩大）会议。会议确定，全市共青团工作的总体要求是：以科学发展观为统领，认真学习贯彻党的十七大和十七届三中、四中全会精神，全面贯彻落实市委六届九次全会、全市经济工作会议精神，总结回顾 2008 年全市共青团工作，分析当前形势，研究部署新的工作任务，积极引领团员青年为推动湖州市经济社会持续平稳较快发展贡献力量。会议通过了团市委书记许小月作的《创新求实谋突破，狠抓项目强服务，引领团员青年为经济社会持续平稳较快发展贡献力量》的报告。

【做好青少年思想政治工作】 一是扎实开展学习实践科学发展观活动。以“践行科学发展观，高举旗帜跟党走，创业创新作贡献”为主题，以“服务基层年”活动为总载体，全面推进“双百千万”专项行动，即“百个团组织服务百个企业保增长”、“千名团干部结对千名青年创新业”、“万名团员青年帮扶万名低收入家庭青少年助成长”。10 件为青少年办实事项目基本完成。二是着力加强青少年思想道德实践。围绕庆祝新中国成立及少年先锋队成立 60 周年、纪念“五四”运动 90 周年，开展“国旗下的青春誓言”、“湖州青年群英会”、“十大杰出青年”评选、“十佳大学生‘村官’”评选、“红领巾歌唱祖国歌唱党”等活动，深化“民族精神代代传”、大学生“三下乡”等社会实践。召开市第四次少代会，启动“祖国发展我成长，南太湖少年在行动”主题教育活动，举办第二届湖州（泛长三角）少先队工作百名校长论坛。有序推进团中央少先队基层组织建设和农村青年分类引导试点。南浔区菱湖镇试点工作得到团中央领导充分肯定，被列为试点组长单位。三是全面加强青少年先进文化建设。举办“十佳校园歌手大奖赛”、暑期纳凉晚会、“千人单车奔太湖”等丰富多彩的活动，活跃青少年文化生活。推进青少年读书活动，主办第三届“青少年网络文明月”。深化“绿色苕溪·和谐湖州”青少年绿色生态文明活动，市级以上保护母亲河行动号、站创建优秀率达到80.3%。为提高校外教育阵地的影响力和实效性，开展“流动少年宫”进农村、社区和民工子弟学校活动23场，“七色花”少儿艺术团成功举行“阳光下的童年”庆国庆60周年大型演出。

【服务青年创业创新】 围绕助推经济转型升级，坚持以创业带动就业，以创新促进创业，为青年创业创新提供服务。一是优化政策环境助推青年创业。建立全市农村青年创业贷款动态管理数据库，运行“湖州市丰收青年创业小额贷款卡”，全年新发放信用卡1130张，贷款余额1.33亿元，累计发放信用卡2158张，贷款余额达2亿元，带动就业10355人。联合湖州商业银行建立青年创业融资服务平台，推出全覆盖抵押担保方式。举办第三届湖州青年创业创新大赛，评选表彰优秀项目30项。全国县级团委书记促进农村青年就业创业培训现场会在安吉举行。二是搭建服务平台促进就业创业。成立市创业青年培训学校，各级团组织为青年提供创业就业教育和培训2874人次，推荐就业3794人。建立青年就业创业见习基地108个，提供见习岗位2413个，实现对接910人。三是深化合作共建服务新农村建设。不断深化与浙大团委合作共建“四百工程”，组织合作服务新农村建设推进会、“百名浙大硕博结对服务百个湖州企业”等活动，促成83名硕博士结对服务企业、创业青年，建立63个“新农村青年人才培育示范点”，2009年有16支浙江大学社会实践队参与湖州新农村建设，55名大学生在村（社区）挂职任村（社区）主任助理。生态高效农业培训指导1860人次，“青年导师带徒”结对164对。

【引导青少年服务社会工作】 针对青少年现实需求，努力帮助解决实际问题，促进社会和谐稳定。一是深入推进低收入农户青少年关爱行动。动员各级团组织、团干部、志愿者组织开展“3+X”〔①慰问活动。每年开展2次以上走访慰问活动，通过主动上门向他们宣传党委政府的扶贫政策和相关规定，了解家庭生活情况，及时掌握帮扶对象的动态情况，提供精神慰藉，并送去温暖。②助学活动。通过学习辅导，提供学习教育指导，加强青少年理想信念方面的教育引导，提供学习文具和学费资助，帮助他们完成学业。③助困活动。开展送温暖活动，根据低收入家庭实际情况（义务教育阶段）提供必要的生活慰问金，提供就业信息，做好就业推荐。④“X”活动。结对单位个人结合自身实际，根据被结对对象的现实需求，为低收入家庭青少年提供其他各项个性化有意义的具体服务。〕结对服务，已结对帮扶11886人，结对率达到79.2%。实施“希望工程”爱心助学、大学生“圆梦行动”和少先队“五好·五一”〔“五好”是指：帮助他们①戴好红领巾；②敬好队礼；③学好手语队歌；④教好几首爱国、爱队歌曲；⑤为新队员上好一次队章讲座。

“五一”指：①为大队捐1个“红领巾书架”（结对校多，可累捐）；②为各中队订1份《中国少年报》或《中国儿童报》；③为各小队捐赠1面少先队小队旗；④以大队集体名义，通过集体筹募或捡废活动资助或帮助结对学校和本校各1名贫困小伙伴（即各大队至少帮助2名）；⑤手拉手交1个队员作为自己的好朋友，送上新年的祝福。〕活动，共资助贫困学生997人，其中大学新生137人，助学金额125.4万元。二是广泛开展“情满湖州”志愿者行动。加快志愿服务四级网络体系建设，全市各县（区）全部成立了志愿服务工作委员会等领导协调机构，建立城市社区志愿服务站11个，开通湖州市志愿服务网（www.hzzyz.org），新成立“湖州网络公益联盟”等15支专业志愿服务队伍，注册志愿者达到14.5万人，比上年增长48%。圆满完成第十届全国极限运动大赛志愿服务工作。“温暖2009·关爱企业职工爱心大行动”全年送服务65场。三是启动实施“青少年平安行动”。联合湖州市建设平安湖州领导小组办公室下发《关于开展“湖州青少年平安行动”的意见》，成立九支平安建设专业志愿服务队，组织专题讲座和法制宣传教育活动15场。社区矫正、禁毒防艾、心理辅导等专业志愿者服务队伍作用发挥明显。少先队组织开展国道20校红领巾争创“平安行动示范校”、少年交警岗等系列活动。

【维护青少年权益】 围绕教育、管理、服务、帮教等环节，把预防未成年人违法犯罪工作构建成为网格化、立体式的系统工程。一是健全组织网络体系。推进建设市、县（区）、乡镇（街道）、村（社区）四级预防未成年人违法犯罪组织工作网络，健全县（区）预防机构，明确乡镇（街道）预防责任主体，落实村（社区）工作任务，形成纵向到底、横向到边的预防工作新格局。二是深化维权项目建设。推进“12355”青少年服务台建设，完善“爱心直通车、维权直通车、健康直通车”服务项目，全年接听接待来电来访3481人次，提供咨询服务1652人次，个案援助26例。开展“维权岗行动月”活动，新命名表彰市级优秀“青少年维权岗”26

家。扎实推进未成年人社区矫正阳光行动。三是完善预防工作机制。完成预防未成年人违法犯罪专题调研，制定《预防未成年人违法犯罪工作考核办法》，建立预防工作领导小组和湖州市未成年人保护委员会联席会议制度、成员单位联络员例会制度。联合相关部门，开展“预防未成年人违法犯罪集中行动月”活动。全市未成年人犯罪占比总刑事案件数同比下降10%。

【加强共青团的自身建设】 联合市委组织部出台《关于进一步加强新形势下全市“党建带团建”工作的意见》，创新建团方式和团建依托，夯实团工作基础。一是着力加强团组织的有效覆盖。深入开展“区域共青团整体化建设巩固提升年”活动和“基层团建百日集中行动”，广泛开展“让青年走在企业转型升级前列”实践活动，工业园区、产业链、行业协会等建团工作得到进一步加强，非公企业建团有新突破，全市752家规模以上企业建立团组织，建团率达82%。有序引导、规范推进青年社团建设。德清县“百村竞赛和百企联创”在全省党建带团建工作会议上作交流。吴兴区城市社区建团实现全覆盖。二是着力加强团的基层民主建设。进一步完善乡镇（街道）团委书记公推直选和公开选拔机制，指导长兴县开展公推直选团县委书记，全市已有81%的乡镇（街道）、238个行政村开展公推直选团组织负责人工作。积极探索大学生村官担任村团干部选拔任用程序。长兴公推直选团县委书记民主选人探索受到《中国青年报》等媒体的广泛关注。三是着力加强团干部队伍建设。启动乡镇、街道组织格局创新试点。巩固团干队伍的培养、选拔和管理机制，加强团干部后备队伍培养，举办乡镇（街道）团委书记、非公企业团干部和社区团组织负责人培训班，培训1184人次。注重把好团员发展质量关，加大“推优入党”力度。

（姚明花）

·妇女联合会·

【概况】 2009年，湖州市妇女儿童工作，以学习实践科学发展观活动为重点，紧紧围绕“保增长、抓转型、增活力、重民生、促和谐、强保障”工作主线，以“服务转型升级、巾帼建功立业”为主题，团结凝聚全市妇女力量，为推动科学发展、促进社会和谐，加快建设湖州现代化生态型滨湖大城市作出了积极贡献，各项工作取得了新进展。

【引领妇女在思想道德建设领域彰显作为】 一是开展社会主义核心价值体系建设。围绕纪念三八国际劳动妇女节99周年，召开湖州市纪念三八节暨“服务转型升级、巾帼建功立业”活动动员会。开展湖州市第二届十大杰出女性评选活动，弘扬先进文化。围绕庆祝新中国成立60周年，在全市启动“庆祖国华诞·展巾帼风采”爱国主义主题教育活动，开展“我·妇女·祖国”征文和“时代与妇女”摄影比赛等十大系列活动，激发广大妇女的爱国热情。启动湖州市妇联首届“姐妹群英奖”，新设巾帼创业奖、巾帼创新奖、贴心婆媳奖、巾帼扶贫奖、巾帼助学奖和春蕾女童奖，鼓励女企业家出资设奖鼓励60名女性，在全社会形成“姐妹设奖奖姐妹”的热潮。成功举办“情定五月天·有缘来相会——湖州市第三届相亲大会”，为1000多名单身男女牵线搭桥。二是开展小公民思想道德建设工作。紧扣未成年人思想道德建设，广泛开展以“祖国伴我成长”为主题的爱国主义教育和“热爱祖国·净化环境·亲子携手·家庭行动”家庭道德教育宣传实践月活动，举办“为国教子·以德育人”百场家庭教育大讲堂、“知心姐姐”家庭教育巡回讲座。认真履行家庭教育职责，完成了家庭教育“十一五”计划中期评估工作，召开了市家庭教育学会第三次会员代表大会。重视学校、社区、农村等特色家长学校的建设，广泛开展家庭教育理念、新知识的普及和传播。全市共开设各类家庭教育讲座83期，受益家长4.2万人，开展各类宣传活动184次，有20.4万名儿童参加，发放宣传资料8.6万册。六一节期间，全市各级党政领导共慰问小学、幼儿园738所，赠送慰问金163万元，营造了有利于未成年人健康成长的良好社会环境。三是开展学习实践科学发展观活动。在全市妇联系统认真开展深入学习实践科学发展观活动，坚持以“党员干部受教育、科学发展上水平、妇女儿童得实惠”为总要求，以“提高科学发展能力，服务经济转型升级、推动巾帼建功立业”为实践载体，认真完成学习实践活动3个阶段11个环节的工作，深入基层、企业开展调研，帮助解决了一批影响生产和发展的困难和问题。

【带领妇女为经济转型升级作贡献】 一是提升女性素质支撑转型升级。充分发挥全市591个妇女培训基地的作用，组织农村妇女参加“农民素质工程”、“十万农家女新技术推广培训”。全年组织农村妇女参加就业技能、转移培训等达9.6万人次，累计有4796名农村妇女取得绿色证书和农民技术员称号，帮助转移就业妇女1.2万人次。与有关职能部门广泛合作，开展有行业特色的劳动技能竞赛活动，全年累计组织女职工参加岗位技能、学历培训等2.2万人次。在市妇女儿童发展中心组织失业失地妇女开展电脑、手工编织等各类技能培训班15期，681人结业，就业率达80%。在湖州师院女子学院举办培训班9期，参加妇女1730人，面向在校女大学生新开办“湖州新女性讲坛”，为400多名女大学生进行就业援助和指导。二是加大创业创新力度服务转型升级。与省农村信用社湖州办事处等部门联合开展“信贷助推妇女创业创新行动”，全市已发放贷款近4.3亿元，扶持2795名妇女创业。积极争取省爱娟妇女创业资金和省海洋渔业厅、省林业厅扶持项目资金78万元，切实解决妇女创业资金紧缺问题。开展“春风送岗位

·妇女得实惠”行动，建立4个省级、10个市级妇女就业援助基地和女大学生创业实践基地，为女大学生、进城务工妇女、失业失地妇女、“零就业”家庭提供就业帮助。三是多措并举推动转型升级。召开市双学双比工作会议暨妇女来料加工现场会和市巾帼建功工作会议暨“服务转型升级、巾帼建功立业”推进会，深化“双学双比”和“巾帼建功”活动。推进“巾帼示范村”和“巾帼文明岗”创建，广泛开展“百岗结百村”、“百企带百村”、“专家百村行”等活动，全市岗村结对率达到80%以上，机关事业单位妇委会结对村妇代会135对，女企业家结对行政村108对。开展与浙大市校合作3周年系列活动，举办“浙江大学与湖州市妇女组织项目合作洽谈会”，成功实施妇女创业项目26项，推出有意向的合作项目42个，开展市校妇女组织活动20项。开展“企业服务年”活动，召开市女企业家“庆三八·促转型”恳谈会，举办“转型升级·共克时艰”等专题讲座，深入70多个女企业家企业普查，促进女企业家企业在危机中保增长。积极实施“妇女来料加工”项目，全市已建立妇女来料加工点507个，培养女经纪人570人，参与妇女4.1万人次，拓宽妇女就业创业的渠道。

【推动妇女儿童平等共享改革发展的资源和成果】 一是依法维权工作扎实推进。以“促进创业就业·维护妇女权益”等为主题，采取法律咨询、知识竞赛、组织下乡等多种形式开展法制宣传，提高妇女依法维权能力。配合省人大和市人大就妇女权益保障相关法律法规实施情况进行执法调研，推动妇女难点热点问题的解决。完善妇联四级信访网络，积极打造“维权五中心”品牌，社会化维权机构不断完善。至年末，全市已建立由妇联系统创办的法律服务中心8个、“110”妇女儿童救助中心8个、家庭暴力伤情诊治中心5个、反家暴妇女儿童庇护所1所、法律援助中心妇联工作站6个。新开通“12338”妇女维权热线，完善了市妇联领导信访接待日和女检察官法律服务接待日制度。全市妇联系统共接待信访1833件，信访办结率达98%以上。二是落实妇女儿童规划实事项目举措有力。加大妇女儿童“两规”实施力度，专项督导妇女生殖健康等10件实事项目。认真实施“妇女健康促进工程”，配合省妇联在长兴县开展农村妇女“两癌”检查实施项目，推进农村妇女病普查工作。利用各乡镇（街道）妇女学校举办“妇女健康知识讲座”，开展卫生、科普、普法“三下乡”活动，组织6500名妇女参加全国妇联、卫生部开展的妇女“两癌”知识竞赛，面向妇女和家庭广泛宣传性病、艾滋病、生殖健康、妇科疾病防控等卫生知识。全年开展妇女病普查20.7万人，查出患病人数7.4万人，占普查人数的36%，有效保障了妇女的健康权益。三是帮扶妇女儿童群体成效明显。深化代理家长与千名“留守儿童”结对关爱行动，在市妇联童星园成立了“湖州市妇联留守流动儿童指导服务中心”，与安利公司联合举办了“同一轮明月·同一片蓝天”湖州良友民工子弟学校庆中秋活动、“爱与希望共飞翔”大型慈善晚会，并在全市建立了27所留守流动儿童之家。关爱贫困母亲，组织市人大女代表和政协女委员慰问贫困单亲母亲，举办“爱心手牵手·共度母亲节”等活动，为贫困妇女送去温暖。认真实施“春蕾计划”、贫困女大学生资助活动，全年有1045名贫困儿童得到资助，资助金为55.8万元。大力开展湖州“爱心妈妈”活动，共招募“爱心妈妈”480名，举办湖州“爱心妈妈”结对关爱灾区儿童等活动7项。已有94名四川省青川县马鹿乡受灾儿童、100名本市贫困儿童获结对，资助金达16.4万元，捐款50万元在青川的“湖州爱心妈妈幼儿园”已落成。

【引导妇女在构建文明和谐社会建设中发挥作用】 一是开展文明家庭创建促和谐。通过召开全市特色家庭创建现场会等，大力推进文明家庭基础创评工作，不断深化学习型家庭、绿色家庭、廉洁家庭、节能环保家庭内涵。在县区，广泛开展各具地域特色的美丽家庭、和美家庭、幸福家庭、六星级文明户等家庭文明建设载体。至年末，全市乡镇级以上文明家庭创建户数28.7万户，创建达标率达43.3%，创建面达90%以上；乡镇级以上特色家庭创建户数17万户，创建达标率达35.3%。大力培育家庭文化，广泛开展“美德在农家活动”，举办“感恩父母暨惠民旅游卡大派送”活动。二是深化“平安家庭”创建保稳定。以“创平安家庭·护湖州平安”为主线，在织里镇召开了市“平安家庭”创建活动暨流动妇女“平安之家”试点现场会，开展“三进万家”、“三关爱”、“三争创”等创建活动。以“四进”、“七无”为主要内容，以“家庭学法宣传月”活动为载体，广泛开展“零家庭暴力”社区创建，以家庭的平安促进社会的和谐稳定。加强反家庭暴力工作，召开市妇联预防和制止家庭暴力工作培训会，首次举办“11·25国际消除对妇女暴力日”法律宣传上街服务活动，维护了社会和谐稳定。三是推动妇女全面发展强素质。加大培养选拔女干部力度，推动妇女获得平等的发展机遇和资源。至2009年底，全市1003个换届的行政村，进村党支部的女性455人，进村委会的女性789人，交叉任职的女性189人，产生了78名女书记、女主任，合计有1322名女性进入村“两委”班子，比例达到100%；村妇代会主任进村“两委”的975人，比例为95.6%。全市女党代表、人大女代表、政协女委员占总数的比例，分别为22.9%、23.1%和31.6%；39个市政府工作部门中有26个部门配备了女干部，占66.7%；135个县区党委、政府工作部门中有83个配备了女干部，占61.5%，均超过了50%的规定比例。积极扶持科技领域女性高层人才成长，全市女性专业技术人员占技术人员总数的49.4%，女性科技人员占科技人力资源总量的38%，女性科技创新项目占总数的40%以上，涌现出了100多名科技创新妇女典型。

【自身建设】　一是抓实干部队伍建设强保障。注重妇联干部队伍能力水平的提高，强化“五勤五比”、“五种能力建设”，坚持“文明机关”和“创业创新好班子建设”，领导班子创造力、凝聚力、战斗力得到有效增强。根据学习型社会的新要求，加强干部的学习培训，选派人员参加了省、市委党校以及全国、省妇联的培训，在湖州师院女子学院举办全市妇联干部培训班，有针对性地强化对妇联系统干部的教育培训。通过组织机关干部参加公务员法制、公共危机管理培训和考试、举办专题读书会、组织外出学习考察等活动，提高干部的综合素质。组织党员到湖州革命烈士陵园祭奠女英烈，开展七一重温入党誓词等活动，增强妇联党员干部的党性修养。关心女干部身心健康，成立了女领导干部合唱团和健身队，举办女领导干部心理健康知识、职场女性文明礼仪知识专题讲座等活动，赠送《婚姻与家庭》等杂志书籍。二是拓展基层组织阵地打基础。按照“党建带妇建”的原则，根据妇女群体多元化、社会网络结构出现新变化的形势，主动拓展工作领域，创新基层妇女组织形式。至2009年底，全市共有村、社区妇女组织1197个，机关事业单位妇女组织253个，各类新经济组织妇女组织436个。在继续发挥好市女企业家协会、女检察官协会、妇女研究会等妇女组织作用的同时，新成立了市女领导干部联谊会、市村党组织女书记女主任联谊会、女大学生村（社区）官联谊会、女作家协会4个组织，妇女组织架构进一步拓展。各类城乡基层妇女组织围绕中心工作，在开展对妇女群众的宣传教育、服务妇女群众创新创业以及促进基层维权稳定中发挥了不可替代的作用。三是完善工作机制重效能。按照“妇建服务党建”的工作要求，从党群联建、联动帮扶、典型示范、活动辐射等方面着手，不断完善工作机制。全市基层妇女组织中普遍开展了有班子、有制度、有活动、有阵地、有队伍的“五有”、“五好”创建、基层组织“示范”创建以及“村级妇代会创优”等活动，推动了基层组织规范化建设。坚持建立完善统筹发展、维权保障、社会协同、品牌效能、项目运作、科学管理工作机制，提高了妇女工作的科学化和规范化。进一步完善了县区妇联工作目标考核，激励广大妇联干部干事创业、争创一流。深入开展调查研究和理论研究，在全市开展“转型升级与妇女发展”论文征集活动，认真总结提升基层创造的新鲜经验，加强理性思考，探索发展规律，不断提高工作水平。

（梅会珠）

·湖州市文学艺术界联合会·

【概况】　2009年，湖州市文联按照省、市关于文化建设的总体部署，深入贯彻落实科学发展观，坚持围绕中心服务大局、面向基层服务群众，开展了多项活动，在组织文艺家深入社会生活，促进精品创作，繁荣群众文化、加强文艺阵地和队伍建设以及对外文艺交流活动等方面取得了明显的成效。

【文艺队伍】　一是组织文艺家深入基层采风。在纪念毛泽东《在延安文艺座谈会上的讲话》发表67周年之际，5月19日至20日市文联组织来自全市各个艺术门类30多位艺术家赴吴兴区埭溪镇采风，以此深入实地“三贴近”，通过文艺的形式展现湖州市社会主义新农村建设和农村经济发展的新举措、新成就、新面貌。5月17日，由市双拥办和市摄影家协会联合举办的“摄影家走进军营”摄影一日，在驻军某部举行。全市数十名摄影家参观了连队内务，记录下他们的体能训练、战地训练的精彩瞬间。二是举办全市青年音乐舞蹈创作研修班。5月7日至8日，湖州市青年音乐舞蹈创作研修班在湖州市委党校举办，30多名来自全市的热爱音乐舞蹈、在各自的艺术领域有一定造诣的青年音乐舞蹈工作者参加了培训。研修班专程邀请了专家、老师讲课，组织学员观看了纪念海顿逝世200周年专场音乐会，对加强湖州市音乐舞蹈队伍人才培养，进一步繁荣湖州市音乐舞蹈事业起到了积极作用。三是湖州市女作家协会成立。3月17日，湖州市女作家协会成立，这是全省第二个设区市女作家协会。马雪枫当选为市女作协主席，马红云、王麟慧、朱思亦当选为女作协副主席。省作协副主席袁敏等到会祝贺。市女作家协会现有会员60多人，“70后”会员已超70%，其中，湖州“80后”女作家在创作上所取得的成果已经蜚声省内外，成为湖州又一张文化名片，年轻女作家的崛起，给湖州女作家的创作带来后劲。四是湖州文学院挂牌。11月10日，浙江省第一家设区市文学院——湖州文学院正式成立。同时举办了湖州作家创作成果展，并开通了湖州文学网。湖州文学院系湖州市文学艺术界联合会下属事业单位。省作协党组副书记郑晓林到会祝贺；市委常委、宣传部部长胡菁菁出席成立仪式并讲话。湖州文学院的成立，是湖州市打造“文化大市”的一项重要举措，也是为推动湖州文学事业发展、多出作品、多出人才而搭建的一个新平台。

【文艺活动】　一是举办庆祝新中国成立60周年系列艺术展示活动。9月29日，“翰墨丹青颂和谐——庆祝新中国成立60周年湖州美术书法作品展”开展，吸引了许多市民前去观展。此次书画作品展由市委宣传部和市文联主办，从上年4月开始向全市征稿，得到书画界人士的积极响应，最终精选出150余幅书画作品参展。参展作品还编辑成《翰墨丹青颂和谐——庆祝新中国成立六十周年湖州美术书法作品集》。市委书记孙文友，市委常委、宣传部长胡菁菁等领导参观了书画展。另外，与中国文化管理学会联合举办了“中华人民共和国成立60周年书画艺术湖州展”、与湖州市政法委联合举办了“平安是福”书法美术摄影大赛。二是巨笔书法参加浙江省庆祝国庆60周年文艺巡游活动。为充分展示湖笔文化的魅力，市文联组织全市书法家、舞蹈家积极参加浙江省庆祝国庆60周年文艺巡游活动，精心设计打造的巨笔书法家慎召民的巨笔书法方阵表演博得了观众阵阵喝彩，获得了省、市领导的高度评价，《浙江日报》对巨笔书法方阵给予了较大篇幅的报道。三是湖州市第二届版画展成功举办。为迎接全国第11届美术作品展览、全国第15届群星奖和庆祝新中国成立60周年，湖州市第二届版画展于7月2日在市群艺馆开展。本次展览展出了近40位作者的近百幅作品。开展式后，召开了作品座谈研讨会，有关专家对参展作品认真评点，给予充分肯定。四是湖州市第五届油画展在师院展出。6月12日，湖州市第五届油画展在湖州师院艺术学院展出，共展示来自全市油画作者创作的作品50余幅，作品题材包括人物、风景、静物等，无论具象、印象还是抽象，均反映了作者对生活、社会时代的思考，不少作品反映了作者在创作题材和表现手法上的积极探索。五是举办第三届湖州摄影艺术展。1月17日至2月6日，在市图书馆举办了湖州市第三届摄影艺术展，这次展览是湖州市近年来级别最高、水平最高的摄影展，参展作品共200幅（组），它们讴歌时代，弘扬主旋律，有的在中国国际摄影艺术展和全国摄影艺术展获过奖，有的走出国门，在国际摄影比赛上争金夺银。展出期间，观众踊跃，好评不断。展览结束后，还分别到德清、长兴、安吉三县巡回展出。六是举办首届全湖青年舞蹈大赛。为了给青年舞蹈人提供一个展示舞蹈才华的舞台，展示当代青年朝气蓬勃、奋发向上的精神面貌，5月，联合湖州师范学院艺术学院、湖州市舞蹈家协会一起承办的“湖州市2009年首届青年舞蹈比赛”，报名踊跃，经过激烈的竞争，李熙熙表演的独舞《青春记忆》等5个节目获一等奖；章建芬表演的独舞《我的祖国》等七个节目获二等奖；张怡表演的独舞《想那个你》等10个节目获三等奖。七是举办“欢乐湖州·湖州市首届戏剧演唱大赛”。联合市文广新闻局，市群艺馆、市戏剧曲艺家协会等于6月12日、13日举办了湖州市“2009中国文化遗产日”广场系列活动之“欢乐湖州·湖州市首届戏剧演唱大赛”。经过初赛选拔，共选送36个节目参加A组、B组的决赛。参赛的剧种有京剧、越剧、黄梅戏、湖剧等。比赛中，选手们全情投入，精彩的表演赢得了观众阵阵掌声。评委组根据大赛主委会制定的规则，评选出：荣誉奖1名；A组一等奖1名，二等奖2名，三等奖2名；B组一等奖3名，二等奖6名，三等奖21名。八是启动“风物湖州”全国诗文大赛。8月，联合中国作家杂志社和湖州日报报业集团共同举办“风物湖州”全国诗文大赛，旨在展示湖州深厚的人文底蕴和秀丽的自然风光，讴歌当代湖州人奋发向上的精神风貌和湖州欣欣向荣的发展现状。截至12月30日，共收到全国29个省市的征文591篇（其中诗歌326首、散文265篇）。九是积极开展“文化援建”活动。市文联积极响应关于开展对口支援地震灾区灾后恢复重建工作的号召，充分发挥自身优势，积极参与文化建设。4月下旬，由市文联党组书记、主席闻晓明带队，市作家协会、书法家协会、美术家协会有关负责人等组成小分队奔赴湖州市对口支援的四川省青川县马鹿乡，开展“苕溪水·青川情——湖州市文艺家文化援川”活动，艺术家们实地察看了湖州市援建项目，向灾区赠送了书画作品，并组织湖州市艺术家创作了100多幅书画、摄影和雕塑作品，为马鹿乡中小学营造了良好的文化艺术氛围。十是各县区文艺活动蓬勃开展。德清举办“回眸六十年、展望新生活——庆祝新中国成立六十周年书画作品展”、“放歌六十年”征文活动、“中国和美家园”摄影创作“一日赛”、“劳动·创业·奉献”摄影大赛、“公路杯”摄影展、“德清·溯源”经典影像及征文大赛以及德清县美术作品晋市展、陈学璋书画展。长兴举办了长兴县庆祝新中国成立60周年大型书画摄影艺术展、“京兴杯”古诗词创作大奖赛，以及“听故事、写故事”活动。举办了8.3万人参加的第十届新概念作文大赛暨校级领导、教师文学大赛。安吉举办了“跨越60年·歌颂新中国·赞美新时代”庆祝新中国成立60周年大型文艺晚会、“寻找最打动人的60幅图片”摄影展、海上书画名家后裔联谊会书画精品展暨上海海派书画院安吉创作基地揭牌仪式、吴昌硕收藏作品展等活动。安吉竹叶龙作为唯一一支被邀请的中国艺术团，应邀赴法国参加了第37届法国和平艺术节，受到了法国市民和世界各国艺术家高度赞扬。吴兴区举办“迎国庆书画展”、“庆国庆文艺汇演”、新农村建设摄影比赛等活动，组织下属协会积极参与以“幸福社区、幸福舞台，幸福等你来”为主题的三大文化节活动，先后为徐世尧、叶阿华等举行了作品首发式与座谈会。南浔区举办了《永远的徐迟》暨《庞虚斋藏画集胜》首发式、“世博起点盼世博”广场文艺演出、“春意江南”中国绘画名家南浔写生创作展、“南浔杯”全国老年书法展等活动。

【文艺创作】 一是书法美术创作佳作迭出。从8月底开始到年底，“第十一届全国美术作品展”分中国画、油画、版画、雕塑、水彩、粉画、漆画、陶艺、动漫、壁画等门类，分别在北京、汕头、厦门、武汉、上海等全国11个赛区举行。湖州市共有7件作品入展不同门类，这是湖州多年来的最好成绩。7件作品分别为：李志刚的中国画《盛世华彩》、杜拙的水彩画《黄河追梦》、许章伟的油画《圣城》、李之河的版画《登高望远系列》、徐寒锐的雕塑《开发区》、钱樟法的陶艺《本质壶系列》、李志刚的综合艺术类《唐诗》（插图）。湖州师范学院教授李志刚一次入展两件作品，殊为难得。湖州师范学院青年教师杨建民书法作品入展“尧山杯”兰亭新人展。李志刚的新作

《长安雄聚图》获第五届中国美协会员中国画精品展优秀奖。范斌、章庆文、王锐等3人入围2009年“第三届浙江青年书法二十家”。二是摄影、音乐、舞蹈、戏剧、民间文艺创作均有斩获。湖州市支江拍摄的《雪霁江南》、《农家人》、《横空出世》，安吉县秦盰丰拍摄的《笑口常开》，德清县钟伟拍摄的《襁褓》、《羊毛堆上的小孩》等6幅摄影作品入选香港2009年度第四十二届国际摄影沙龙。市摄影家协会会员秦盰丰、张小卫、支江、吴文贤、张忠良和邱建申等7幅作品在庆祝中华人民共和国成立60周年浙江省摄影艺术作品展上展出。秦盰丰等获得“2009浙江省‘群星奖’美术、书法、摄影主题创作选拔展”铜奖，多名会员的作品获得优秀奖。许要武等5人获得浙江省群众美术、书法、摄影优秀作品展铜奖。钟伟等人的作品入选第十三届中国摄影艺术国际展。张志海创作的歌曲《采菱谣》获湖州市第八届精神文明建设“五个一工程”奖。舞协在省市级举办的各类大赛中，共有50多个节目获奖，如在省“群星奖”舞蹈比赛中，邓珞雅、柳世林编导的作品《蚕匾上的婚礼》获“表演创作双金奖”；陈康兴编导的作品《彩虹》获“表演创作双银奖”；潘晓敏、孙辉创作的作品《墨荷》获“创作银奖表演铜奖”；在全省幼儿舞蹈比赛中，邓珞雅、王晓红创作的作品《风车》获“创作表演双金奖”等。戏协会员蔡泉海创作的小品《不能扔掉》，参加省第二十届小品邀请赛获创作、表演银奖；戏协会员张金林等表演的小品《老房子、新房子》获同次比赛的演出铜奖。另外，音乐、舞蹈界积极参与音舞剧《太湖之州》创作排演，民间文艺的创作也取得了较好成绩。三是湖州文学艺术创作又有新收获。由湖州市著名作家高锋编剧的电视连续剧《十万人家》获得了最佳长篇电视剧一等奖。浙江省“2006—2008年度优秀文学作品奖”评选活动于9月揭晓，湖州市作家杨静龙的短篇小说《声音》、沈泽宜的诗歌《西塞娜十四行诗》、潘维的《潘维诗选》和柯平的散文杂文《都是性灵食色》均榜上有名。金一鸣创作的电视连续剧《名门劫》在浙江卫视热播。6月中旬，中国（浙江）“鲁迅故里杯”廉政杂文大奖赛评选结果揭晓，湖州市3篇作品榜上有名，周武忠的《网络反腐：能否越走越远?》荣获一等奖，范一直的《官场“阴阳脸”透视》和景国华的《防欲力善》获优秀奖。其中周武忠的作品为浙江省获得的唯一一等奖，也是湖州市近年来在全国性廉政文化比赛中获得的最高奖项。

【对外艺术交流】 一是冯汉江《水乡风情》版画展在京开展。由鲁迅博物馆、浙江省美协、湖州师院、湖州市文联主办。中国美协会员、市美术家协会主席、湖州师院教授冯汉江《水乡风情》版画展于8月15日在北京鲁迅博物馆隆重开展。此次展览共展出冯汉江各个时期创作的以水乡风情为主题的版画作品150余件。冯汉江的展览作品得到了北京专家、学者和观众的一致好评。这次展览是北京鲁迅博物馆《向伟大祖国献礼名家版画系列邀请展》的第一个展览，冯汉江也是湖州美术家进京举办个人展览的第一人。二是组织参加温湖两市书法联展。“温州·湖州书法联展”于6月13日在温州市博物馆隆重举行，联展共展出两地书家书法篆刻作品170余幅。这是继2007年9月28日，在湖州举办“湖州·温州书法联展”后的又一次联展。联展增进了两地书家的友谊，推进了两地书法艺术交流和提高，促进了两地经济文化和社会的进一步合作。三是组织杭嘉湖地区迎国庆展书法点评会。为迎接新中国成立60周年，备战中国书协“全国第二届青年书法篆刻展”、“第三届中国书法兰亭奖”和“庆祝新中国成立60周年浙江省书法精品展”等展览，6月18日，省书协“迎国庆展——杭嘉湖地区创作骨干作品点评会”在湖州宾馆会议厅举行。浙江省文联书记处书记高克明，浙江省文联正厅级巡视员蒋建东，中国书协副主席、浙江省书法家协会主席朱关田，浙江省书法家协会副主席王冬龄，浙江省书法家协会副主席兼秘书长赵雁君，浙江省青年书法家协会主席汪永江，浙江省书法家协会副主席朱元更等到会指导点评。点评会由赵雁君主持。来自杭嘉湖地区200余名重点书法作者携近400幅书法作品参加了此次点评会。四是举行湖州、益阳书法交流展。由浙江省湖州市青年书法家协会和湖南省益阳市青年书法家协会主办的“浙江湖州、湖南益阳两地书法交流展”暨《浙江湖州—湖南益阳书法交流展作品集》首发式于6月27日在湖州市群众艺术馆隆重举行，此次展出两地书法家作品72幅，为两地青年书法家之间加强学习交流，进一步推动两地书法艺术的发展提供了一次很好的机会。五是组织文艺家赴安徽宣城采风。11月7日，市文联组织各文艺家协会的30余名艺术家前往安徽省宣城文艺采风。“湖宣两地文艺家联谊活动”在安徽省宣城市举行，两地文联及艺术家们进行了座谈交流，宣城文艺界亲切地称此为“文化走亲”，促进两地文化交融、发展。

（黄其恕）

·湖州市社会科学界联合会·

【概况】 2009年，市社科联坚持以邓小平理论、“三个代表”重要思想为指导，深入贯彻落实科学发展观，坚持“围绕中心、服务大局，面向基层、服务群众”的方针，着力社科研究、社科普及、社科管理三大工作主线，取得了明显成效。市社科联被评为“2009年度浙江省社科联系统科研先进集体”，荣获2007～2008年度“全国大中城市先进社科联”称号。

【课题研究】 1．开展市社科规划课题研究。根据市委六届七次全会和全市经济工作会议提出的“深入学习实践科学发展观，全力促进经济社会又好又快发展”这一主题和“保增长、抓转型、增活力、重民生、促和谐、强保障”这一主线，设计了湖州当代发展问题研究20个选题和湖州历史文化系列研究若干选题，2月启动申报工作，到3月底，共收到申报课题101项，经专家评选和市哲学社会科学发展规划领导小组审定，确定立项课题35项，其中重点课题2项、年度课题23项、立项不资助课题10项。

2．组织开展重点课题研究。根据市委领导的要求和全市宣传思想工作的总体安排，组织力量调研编写两大重点课题：一是“湖州市纪念新中国成立60周年系列丛书”，客观真实全面地记录湖州60年来的变化及成就。丛书总体框架为“1+5”，即《和谐湖州》和《活力德清》、《创业长兴》、《美丽安吉》、《幸福吴兴》、《魅力南浔》。9月底由浙江人民出版社正式出版。二是“英雄中国”系列丛书之《太湖之州—湖州》，采用报告文学的写法，从典型事例中以小见大反映湖州。12月由中国青年出版社正式出版。

3．组织开展省社科规划课题、省社科联课题的申报。继续组织市社科界开展省社科规划课题、省社科联课题的调研申报，共申报省社科规划课题和省社科联课题207项，其中30多项课题被省社科规划办、省社科联批准立项。其中：省哲学社会科学规划重大招标课题、常规课题立项10项；“浙江文化研究工程”立项课题2项；省社科联社科普及立项课题7项；省社科联“当代浙学论坛2009学术月”专项研究课题3项；省社科联研究课题有8项立项。

4．组织开展征文研讨活动。开展“学习实践科学发展观，推进湖州经济社会又好又快发展”征文研讨活动，自3月启动征文，截止到5月底，共收到应征文章89篇，经专家评审，40篇被评为优秀论文，其中一等奖5篇、二等奖10篇、三等奖25篇。6月11日，市社科联和市社科院、市发展规划研究院、湖州发展研究院联合召开了“学习实践科学发展观，推进湖州经济社会又好又快发展”理论研讨会，有关部门领导、入选论文作者、社科界学会代表60多人参加会议。会上，6位作者交流发言；市发改委副主任倪跃田作“湖州经济社会发展情况”主题报告；市政协副主席夏平对会议作了小结。省社科联副主席邵清、省社科联党组成员、秘书长周鹤鸣应邀参加会议并讲话。4月，市社科联与市文明办联合开展“做一个有道德的人”为主题的征文活动，截至6月底，共收到应征文章118篇，经评选共31篇文章被评为优秀论文，其中10篇文章推荐到省文明办，4篇文章入选参加全省第4届精神文明建设理论研讨会并获奖。

5．组织申报省第十五届社科优秀成果评奖。组织湖州市20多项社科优秀成果申报浙江省第十五届哲学社会科学优秀成果评选，共有4项社科研究成果获奖。其中，金雁、杨柳的著作《和谐德育论》和熊晓红、王国银等的著作《价值自觉与人的价值》获马克思主义基本理论类三等奖，沈晓阳的著作《正义论经纬》和孙和平的论文《传媒哲学与科学研究的虚拟交互性》分别获得基础理论研究类三等奖。

【社科普及】 1．开展“爱读书读好书善读书”征文活动。从8月开始征文，截至9月底，共收到应征文章50多篇，经评委评审，共评出一等奖2名、二等奖6名、三等奖10名。本次征文得到了群众的积极响应，参与面宽。在应征文章作者中，有学生、企业职工、机关干部、社区工作人员等，甚至还有70多岁的退休教师、职工。

2．开展湖州市纪念新中国成立60周年知识竞答活动。为了回顾新中国60年历程，60年取得的巨大成就，歌颂党、歌颂祖国，激发群众的爱党爱国热情，市委宣传部、市社科联于9月下旬开展了“湖州市纪念新中国成立60周年知识竞答”活动，在《湖州晚报》刊登了“湖州市纪念新中国成立60周年知识有奖竞答题”，组织发动市民进行答题。此项活动群众参与性高，到10月5日，共收到答题卡近1000份，10月下旬公布获奖者名单，并给予了奖励。

3．组织举办“南太湖人文大讲堂”。全年举办8场“南太湖人文大讲堂”，3月3日，由省社科院研究员杨建华主讲“社会转型与社会冲突”；4月10日，由复旦大学图书馆馆长、教授葛剑雄主讲“统一与分裂：历史和未来”；4月23日，由上海师范大学教授田军主讲“职场礼仪演绎职场精彩”；5月14日，由上海大学教授顾骏主讲“公关，现代社会的沟通力”；5月19日，由上海大学教授、全国政协常委邓伟志主讲“社会矛盾化解与和谐社会”；著名影视剧作家、诗人、小说家白桦主讲“文化与文学的社会价值”；10月23日，由上海大学社会学教授胡申生主讲“和谐家庭建设是和谐社会建设的基础”；11月6日，由上海电视大学副教授鲍鹏山主讲“孔孟的革命之道”。专家们深入浅出的讲解、幽默诙谐的语言得到听众的好评和欢迎，并形成了一批大讲堂的听众群。

4．举办“父母大讲堂”进社区、进学校。由市社科联、湖州职业技术学院、湖州社区大学等单位联合举办的“父母大讲堂”创办于2008年10月，以提高家长素质，促进未成年人身心健康成长为宗旨，讲堂办在社区、学校，上半年在湖州中心城区25个社区开讲，在长兴县21个社区开讲，受益人群达到2500余人次。通过讲座帮助家长认清在以往家庭教育中容易走入的一些误区，学会用科学智慧的方法教育孩子，促使青少年健康成长。下半年从11月开始，走进湖州各中小学讲课20多场，深受家长欢迎。

5．深入开展学会与社区结对共建促和谐活动。积极组织学会主动与结对社区联系，开展贴近群众、贴近生活的社科知识进社区活动，如市卫生经济学会到红丰社区广场开展健康咨询服务活动；市新四军研究会到市陌社区宣讲湖州革命历史和革命传统教育；市人口学会到紫云社区开展妇女生殖健康、老年人保健、避孕节育等咨询服务；市法学会到华丰一社区开展法律宣传和法律咨询服务活动；市图书馆学会挑选一些与读书及文化相关内容的光盘到社区播放；市金融学会、市钱币学会到结对社区开展金融理财宣传咨询活动，并举办了社区骨干人民币反假义务宣传员培训班；市家庭教育学会到社区开设家庭教育讲座83期；市财税学会到社区开展财税政策法规宣传咨询等。

6. 继续办好《湖州社会科学》、湖州社会科学网和学会会刊。《湖州社会科学》重点围绕学习实践科学发展观，进行栏目设计和组稿。全年出刊6期，刊用90多篇文章，反响较好。湖州社会科学网对“社科要闻”、“学术活动”、“研究成果”、“社科普及”、“理论刊物”等栏目进行了整理，及时发布信息、更换信息、展示成果，增加了信息量，增强了可读性，得到了全市广大社科工作者的肯定，也吸引了周边城市社科界的关注，相互交流增多，点击率明显增加。一些学会努力办好会刊，如《湖州警学研究》、《湖州法学》、《苕霅诗声》、《太湖风云》、《湖州少先队》、《湖州钱币通讯》、《湖州图苑》、《湖州财税与会计》、《湖州职成教》、《湖州卫生经济通讯》、《湖州检察论坛》、《赵孟頫研究》等。

【组织建设】 1. 及时召开会议，部署落实工作。2月12日，市社科联召开五届四次理事扩大会议，80多位社科联理事、学会秘书长参加会议。会议表彰了2008年度市社科联先进集体和先进学会工作者；主席沈宝山代表常务理事会作《工作报告》。为了深入学习实践科学发展观，广泛征求加强和改进社科工作的意见，进一步落实各项工作任务，6月4日，社科联召开学会秘书长工作会议，近50位秘书长参加会议。有15位秘书长在会上就贯彻落实科学发展观、加强和改进社科工作作了发言，大家充分肯定湖州市社科工作取得的成绩，同时，也提出许多好的意见和建议。

2. 完成学会年检工作，加强学会规范化管理。根据国务院《社会团体登记管理条例》，社会团体每年都必须年检。3月初，市社科联下发通知，对学会部署了年检工作。为了方便学会，减少年检流程的各项环节，市社科联与民政部门一起统一部署、统一办理年检手续，于5月底完成。

3. 加强沟通协调，推进社科组织建设。根据省委宣传部、省社科联的要求，积极加强与各县、高校的沟通协调，努力推进县级、高校社科联建设。湖州师院社科联于10月28日正式成立，省社科联党组书记、副主席陈荣，市委常委、宣传部长胡菁菁到会祝贺并讲话。长兴县社科联正式获得编委批复，正在积极筹建中。随着学科的不断发展，湖州市新成立了市监察学会，为市社科联团体会员；市秘书学会、市中医药文化研究会正在筹建之中。

4. 进一步做好优秀成果扶持奖励和先进集体、先进学会工作者的评选表彰。继续组织实施《湖州市优秀社会科学研究项目扶持奖励办法》，经过申报和审核，2009年共有22项优秀社科研究项目得到经费扶持。根据市委宣传部的部署，市社科联组织推荐了湖州市首批宣传文化“五个一批”人才中的优秀理论工作者。根据《湖州市社科联先进集体和先进学会工作者评选办法》，各学会进行了测评、推荐，经市社科联常务理事会审核确定：市人口学会等15个学会被评为2009年度先进集体，万浩生等26人为先进学会工作者。

5. 承办全省社科联协作会议，研究探讨社科工作如何为地方经济社会发展服务。4月26日至28日，全省社科联协作会议在湖州市召开。会议的主题是“社会科学工作如何服务好地方经济社会发展”，来自省、市、县各社科联的60多位主要负责人参加了会议。省社科联党组书记、副主席陈荣，市委常委、宣传部长胡菁菁出席会议并讲话。

（徐育雄）

农村经济

·综述·

【概况】 2009年，全市上下认真贯彻中央、省、市农村工作会议精神，以开展深入学习实践科学发展观活动为重要契机，以促进农业稳定发展、农民持续增收为首要任务，以深化市校合作共建为抓手，采取有力措施积极克服金融危机带来的影响，扎实推进新农村建设各项工作。全市实现农林牧渔业产值153.09亿元、第一产业增加值89.74亿元，分别比上年增长4.7%、3.0%；农村居民人均纯收入11745元，增长9.2%；城乡居民收入比进一步缩小，达到1.98:1，湖州市成为全省城乡收入比差距最小的地区之一。

【农村经济实现新发展】 粮油生产继续保持稳定。全年粮食播种面积202.51万亩、粮食总产量90.8万吨，油菜种植面积47.48万亩、总产7万吨。优势特色产业持续提升。积极实施“4231”产业培育计划，特种水产、蔬菜、茶叶、水果四大优势产业种养面积147.87万亩，比上年增长6.9%，总产值71.49亿元，增长16.2%；畜牧生产规模继续扩大，生猪、家禽规模养殖比例分别达70%和90%；蚕桑生产效益显著提升，平均每张蚕种产值增幅达37%，总产值2.98亿元，增长3.47%；提升生态高效竹林基地10.5万亩、干鲜果基地1.7万亩和种苗基地2.1万亩；以农家乐为品牌的农村休闲产业发展较快，全市达到服务质量通用标准的农家乐经营户（点）958家，接待游客559.6万人次、营业收入34398.33万元，分别增长69%和50%，竹乡生态品茗游线路被列入省十大休闲观光农业精品线路，南太湖田园风情游、大地之春湿地生态游被列为省休闲观光农业优秀线路。农业主体建设不断加强。新增市级农业龙头企业24家，农业龙头企业实现销售收入超300亿元、增5%；新增130家农民专业合作社，省、市级示范性农民专业合作社分别新增15家和28家；农业专业种养大户（家庭农场）新增1500余户，累计达15000户，规模经营面积102万亩；农业专业合作组织成员数已超过3万户，带动农户23万户，联结服务面积60多万亩；新增第二批市级现代农业示范园区22个，长兴城山沟桃园山庄被认定为省级农业示范园区，新立项建设项目34个。农产品质量稳步提升。无公害农产品生产基地建设进度加快，新增无公害农产品生产基地15.87万亩、新增无公害农产品113只、绿色食品18只，农产品标准化生产面积达到273万亩。

【农村民生实现新改善】 以“百千工程”、农房改造建设、农村基础网络建设为重点，不断优化农村人居环境。农房改造在建项目82个，完成改建13668户、314万平方米，投入资金18.7亿元，农房改造建设的做法和经验在全省推广；建成农村新社区59个，其中新建全面小康示范村39个、提升20个，整治提升行政村204个；新建农村电气化村110个；完成河道清淤1506公里；改善群众饮水条件8万人。以“五大公共服务体系”和“五大社会保障体系”建设为重点，不断改善农民生活条件，全市新型农村合作医疗筹资达到人均180元，参加率达97.56%，住院补偿率达到31.85%；新建村级社区综合服务中心278个、累计达338个，建成乡镇社区服务中心20个；研究制定新一轮促进就业政策，启动实施国家级创业型城市创建工作，鼓励引导农村居民和进城务工人员创业；城乡低保标准持续提高，社会救助能力进一步增强，完成农村困难群众危旧房改造1610户，帮扶28%的低收入农户年人均收入超过2500元。

【农村改革实现新突破】 以市委《关于认真贯彻党的十七届三中全会精神加快推进农村改革发展的意见》精神为指导，围绕农地流转、林权改革、金融创新、区域性综合改革等重点，深化农村各项改革，激发农村发展活力。全市农地流转新增14.38万亩，累计流转比例达38%；各县区都建立了林权管理、交易、评估等机构，出台了推进森林资源流转的实施意见和林权流转管理办法；吴兴区八里店综合配套改革加快推进；德清县、长兴县和吴兴区建立了一批新农村建设投资公司，拓展了新农村建设筹资渠道；农信服务“三农”力度加大，市农信担保公司累计为41家农业龙头企业、农民专业合作社和种养大户提供担保贷款1.13亿元；新建立德华、永信两家小额贷款公司，累计达到7家，注册资本8.6亿元；深化农技推广责任制度建设，农民专家评定工作在全省推广。认真落实扩权强县政策，推进扩权强区改革；中心镇建设进一步加快，18个中心镇规模以上工业总产值占全市的58%，财政收入占全市的40%，建成区人口集聚度平均达40%以上。

【基层建设实现新推进】 高度重视农村基层组织建设，突出打造“五型”党组织，构建城乡统筹的基层党建新格局。创新组织设置，打破传统模式，建立了一批区域型、产业型、功能型基层党组织；注重选好配强，通过内部选、上级派、跨村任、后备补等多种途径，培育了一批新农村建设带头人；强化作用发挥，深入开展“创业创新先锋工程”和“双带双创”活动，涌现了一批带头带领、创业创新的先进典型；坚持重心下移，全面推行“网格化管理、组团式服务”，搭建了一批密切联系服务基层群众的工作平台；强化组织保障，认真落实关心关爱基层干部的各项政策，因地制宜实施集体经济薄弱村发展项目，健全了一批保障基层组织正常运转的长效机制。高度重视基层平安建设和民主法治建设，深入开展平安镇村等平安细胞创建，完善以“四民主、三公开”为主要内容的村民自治制度，推进村务公开民主管理规范化建设，切实加强农民负担监督管理工作，有力地促进了农村社会和谐稳定。

【合作共建实现新进展】 召开了市校合作第三次年会，全面总结三年多来市校合作共建成效，认真谋划后三年的深化合作工作。继续把项目合作作为深化市校合作共建的主要抓手，加快市校合作重大平台、重大项目建设，浙江大学（长兴）农业科技园暨农业科学试验站基地、南太湖现代农业科技推广中心等建设顺利推进，新增合作项目124项、累计达591项。村企结对、军民共建、部门联建不断向纵深推进，组织开展了军民携手结对奔小康、生态造林大会战、农村青年创业项目竞赛等一系列活动，社会各方积极参与新农村建设的整体合力进一步增强。

全市上下重视支持、合力共建新农村建设的氛围进一步浓厚，各地各单位“比、学、赶、超”的良好态势进一步形成。安吉县“中国美丽乡村”、德清县“中国和美家园”、长兴县“魅力乡村”、吴兴区“南太湖农村幸福社区”、南浔区“中国魅力水乡”等各具特色的创建活动广泛深入开展；财政支农增长机制进一步健全，2009年全市预算内用于“三农”的资金投入达到36亿多元，增长25%，超过年初目标；市级各部门（单位）创新载体、强化措施，全力支持新农村建设；广大干部群众的积极性、主动性创造性进一步得到激发，形成了齐心协力、共建美好家园的良好局面。

【“湖州模式”备受关注】 湖州市新农村建设继续得到上级党委、政府的充分肯定，引起了社会各界的广泛关注。由中国人民大学牵头的中央调研组到湖州调研后认为，“湖州模式”破解了发展中国家统筹城乡发展的难题，是社会主义新农村建设的“中国模式”在湖州的创造性体现，是中央关于社会主义新农村建设“20字方针”的具体实践。调研报告得到了中央领导的高度重视，总理温家宝、副总理回良玉分别作出重要批示。根据中央领导要求，中农办主任陈锡文、副主任唐仁健分别带队深入湖州调研。湖州社会主义新农村建设被评为浙江省最具影响力的党政工作创新典型，被列入“辉煌浙江60年”新闻发布会专题。《人民日报》、中央电视台等中央媒体多次重点报道湖州的新农村建设。

（毛毓良）

·蚕桑·

【概况】 2009年湖州蚕丝产业受世界金融危机的影响，蚕桑生产面临严峻的形势。市委、市政府高度重视蚕桑传统产业的稳定，出台了扶持蚕桑生产的一系列政策，将稳定桑园面积、多养蚕种作为蚕农增收的重要途径，蚕桑生产取得较好成绩。2009年全市有桑园面积28.36万亩，其中投产桑园面积25.75万亩。全年发放蚕种299652张，比上年减少101285张，减幅达25.3%；平均张产46.6公斤，比上年43.5公斤增3.1公斤；总产蚕茧13977吨，比上年减3396吨，减19.5%；蚕茧款收入29766万元、比上年增收906.4万元，增3%；每50公斤平均上茧收购价1064元，比上年增加231元。

【推进蚕桑规模小区建设】 近年来，湖州市蚕桑规模小区建设稳步推进，已经改造、建成高标准的集中连片蚕桑规模小区12万亩，占总桑园面积的1/3以上，高产稳产桑园面积逐年增加。全市规划新建蚕桑规模小区1.5万亩得到有序推进。近年来，全市蚕桑业走可持续发展路子得到各级政府的政策扶持，其中对老桑地改造项目优先列项，经验收达到现代蚕桑小区标准的，每亩桑园补助200元；安吉县改规模种桑补助为实行对精品蚕桑基地项目建设扶持政策；长兴县已连续三年出台进一步加快蚕桑产业发展的相关政策，财政每年安排资金200万元，用于扶持蚕桑产业的发展。为了保障蚕桑规模小区建设的桑品种质量，市、县（区）各业务部门组织调运良种桑苗近400万株。

【用足用好扶持产业政策】 2009年根据市府办《关于湖州市蚕桑产业发展专题会议纪要》精神，出台了多项惠农扶农的政策，鼓励蚕农多养蚕种。全市春蚕种从10.89万张增加到13.41万张。据统计，全市春蚕饲养3张以上蚕种的农户达1.6万户，补助蚕种5.7万张，兑现购种补贴85.5万元。市区秋期继续实行蚕种购种补贴政策，补贴资金48万余元；同时继续实行桑园规模小区建设补贴政策。

【蚕业科技服务与管理】 一是认真搞好孵化试验，确保高质量蚕种发放。以做好“放心蚕种”的发放工作为重点，市、县（区）蚕业技术推广部门在大批催青前，按实用孵化率97%以上的要求调查摸底，对春、秋所有蚕种批次进行了催青孵化试验，平均实用孵化率均在98%以上，高于浙江省地方标准3个百分点。二是继续抓好技术培训，提高适用技术到位率。市、县（区）乡（镇）相继开展了多形式、分层次的技术培训，全市培训达7000人次，发放技术资料4万余份，同时通过与百名专家结对大户、科技下乡、乡镇成校合作等形式，开展多方面技术培训和科技咨询活动，适用技术得到了较好推广。三是注重安全生产管理，努力维护蚕农利益。为确保全年生产安全，市政府发出了《关于做好春蚕期间防止工业和农药污染工作》的明传电报，市蚕业技术推广站认真落实桑叶氟化物监测工作，各县（区）专门组织对砖瓦厂停窑保蚕和有关污染企业的检查落实；严格执行违禁农药在蚕区使用的有关规定，严防有毒稻草用作蔟具，确保蚕作安全；对晚秋中毒事件进行了认真调查处理，蚕农得到了应有的经济补偿。四是加强大蚕后期管理，蚕茧质量有所提高。2009年，春蚕茧解舒率在70%以上，中、晚秋茧解舒率在60%以上，为近5年来最好成绩。五是进一步加大桑、蚕新品种的引进和推广。2009年在继续推广农桑系列桑树新品种的基础上，引进种植了60多万株强桑1号等优质高产新桑品种，使湖州市的桑树品种结构更趋合理。继续加大雄蚕品种的推广应用，适时引进多对新蚕品种在本地试养，筛选出适应本地饲养的主推品种。六是抓好蚕桑主推技术的推广应用。小蚕共育和全龄省力化养蚕技术是湖州市近年来大力推广应用的蚕桑实用技术，2009年春蚕湖州市区共发放雄蚕种1.7万张，小蚕共育比例达到85%以上，小蚕一日两回育技术应用比例95%以上，大蚕少回育技术应用比例70%以上。抓好桑园病虫害预测、预报和指导防治工作，健全桑树病虫害预测、预报体系，在弃管桑园增加的情况下，正确、及时指导蚕农进行病虫防治工作。七是加快蚕桑综合利用步伐。湖州辑里果桑专业合作社和安吉县红桑果果桑专业合作社的成立，有力地带动了农户增收，全市收取果桑近500吨，果桑产业在湖州市得到了稳步的发展，拓宽了蚕桑产业链。

（沈根生）

·茶叶·

【概况】 2009年，全市共有44个产茶乡镇，茶园总面积24.53万亩，比上年增长5.7%；茶叶总产量11184吨，减少1.8%；总产值138527万元，增长25.9%，其中名优茶产量2001吨，增长10.5%，产值131009万元，增长48.9%。有初制茶厂301家。全市茶产业从业人员约17.3万人。

【茶叶生产】 2009年，全市无性系茶树良种面积18.45万亩，比2008年增加近1万亩，良种率达到75.2%。全市共有各类茶叶采制机器6557台，比2008年增加538台，名优茶机制率达到98%以上，茶叶加工连续化水平得到明显提升。

【茶叶质量安全与管理】 随着“初制茶厂优化改造”、“茶树良种化”、“茶叶采制机械化”的开展实施，以及茶叶企业QS认证和有机茶、绿色食品茶、无公害茶大力发展，2009年湖州的茶叶品质和质量安全得到了进一步提高。全市初制茶厂优化改造18家，累计改造239家，占总数的79.4%。全市132家茶叶企业通过了QS质量安全认证。全市无公害茶生产面积11.5万亩，比2008年增加0.4万亩，有机茶生产企业47家，生产面积1.9万亩。

【茶叶市场】 2009年，全市共有各类茶叶专业组织50个，乡级以上市场23个，交易额11亿元，规模茶叶生产经营企业422家，其中销售额1000万元以上16家，茶叶产业组织形式已从“公司+农户”的初级形式向“行业协会+龙头企业+专业合作社+专业大户”四位一体的高级形式转变，国内外销售市场进一步拓展，茶叶市场布局进一步合理。

【茶叶发展氛围】 茶叶是湖州市特色优势农业产业，在各级政府和相关部门的关心和支持下，湖州市新一届茶叶产业协会在11月成立。安吉县出台了在异地开设专卖店奖励2万元的政策，力争在全国开设100家安吉白茶专卖店；安吉县对新申请QS证茶叶企业免除食品生产许可证审核费2200元，同时，对2009年每个新取得QS证的茶叶企业补助5000元。吴兴区对每个新取得QS证的茶叶企业补助2万元。长兴县对新发展茶园达到50亩以上的按每亩补助300元，茶园改造达到20亩以上的按每亩补助500元。2009年，安吉县政府专门出台《关于开展保护“安吉白茶”证明商标权益活动》的文件，加强对“安吉白茶”证明商标的规范使用和权益保护。此外政府还积极推动工商资本进入茶叶产业。

【茶叶品牌建设】 各地积极组织企业参与各种名茶展销、茶叶博览会、名优茶评比等重要茶事和评奖活动。如参与2009中国沈阳食品博览会暨浙江绿茶博览会、2009年中国·浙江绿茶大会、2009中国（上海）国际茶业博览会、“第二届浙江省十大名茶评选”、“‘中茶杯’全国名优茶评比”等。其中，“安吉白茶”再次成功入选第二届浙江省十大名茶之列，紫笋茶被授予“浙江省优质名茶”称号；在首届中国农产品区域公用品牌建设论坛上，安吉白茶以17.11亿元的品牌价值，获得“中国农产品区域公用品牌价值百强”称号。“安吉白茶”在韩国、欧盟、美国等33个国家和地区注册成功，成为全省首件证明商标在国外注册的农产品；在第八届“中茶杯”名优茶评比中，湖州市共有15个茶叶品牌获特等奖，21个茶叶品牌获一等奖，其中安吉县大山坞茶场选送的“大山坞牌大山坞白茶”自1999年第三届“中茶杯”首次参评夺冠以来，再次夺得评比第一名；“安吉白茶”在第三届中国商标节上荣获最具市场竞争力地理标志；“安吉白茶”、“宋茗乳叶白茶”、“大山坞牌安吉白茶”分别被授予“中国驰名商标”称号。积极支持各种茶文化、生态旅游、体验农业等新兴消费方式，拓宽茶叶消费渠道和影响力。长兴县投资拍摄的数字电影《茶恋》在CCTV-6隆重播出，同时推出“品千年茶院，游生态山湖”、2009大唐茶都名茶双秀评选等活动。全年各地还积极通过召开茶叶推进现场会、信息发布会、质量交流会、斗茶会等方式，提升茶叶技术与品质，加强品牌宣传，拓展销售渠道。

【科技创新和技术推广】 一是以项目实施为抓手，进一步加大基础设施建设和科技推广投入。2009年，由湖州市经济作物技术推广站组织实施的2007湖州市科技重大专项《湖州市现代茶园风扇防霜冻技术引进与研究》项目顺利通过了验收；此外，市经作站还承担了2009市科技攻关计划，2009浙江省引进国外技术、管理人才项目。二是邀请国内外茶叶专家到湖州传授先进适用技术与管理经验。年内市经作站邀请了四位日本茶叶专家作了茶叶专题学术报告；由市经作站承办的国家茶叶产业技术体系茶树育种与栽培专题培训在安吉举行，中国农业科学院茶叶研究所专家作了茶叶专题讲座。三是派出专家、技术人员深入乡、村举办多种形式的培训班。如市经作站与吴兴区妙西镇通过组织开展茶叶培训班，并联合相关部门对学员进行考核和颁证，已有88名茶叶加工人员获得了“国家五级”证书。

【加大茶叶深加工投资】 随着国内外茶叶生产加工巨头纷纷在湖州投资建厂，湖州市出口茶叶逐步形成了以珠茶、眉茶等初级茶加工，袋泡茶等提升加工档次产品，速溶茶、茶多酚等茶叶深加工等多种形式共存的格局。2009年，由省茶叶进出口有限公司投资2.7亿元的浙江华大制茶有限公司，4月在安吉县投产，年加工生产珠茶、眉茶2万吨，产值2.5亿元，产品全部出口，目前浙江华大制茶有限公司出口的茶叶已畅销非洲等10个国家和地区；引进首个农业项的世界500强企业落户安吉，总投资1.32亿元的塔塔茶叶项目建设进展顺利，年内两个主厂房分离提取、冷却厂房已竣工，锅炉、污水处理、仓库等6幢单体将全面竣工，开始试生产；湖州方路茶业有限公司在上年底赢得美国食品和药物管理局的跨国诉讼后，投资信心倍增，相继在吴兴区道场乡分别投资1.2亿元和4500万元，建成了年产绿茶3万吨生产线和年产速溶茶、茶多酚1000吨的茶叶深加工项目；长兴茶乾坤食品有限公司年产5000吨的袋泡茶、原料茶项目，年内产品已进入美国、日本等900多个终端市场，投资近8000万元的二期工程已进入实质规划中。 （陆文渊）

·畜牧·

【概况】 2009年，全市畜牧业稳定发展，畜牧业产值稳中有升，主要畜禽产品、产量稳步提高。全市畜牧业产值33.88亿元，比上年增长1.5%，占农业总产值的23.2%。全市肉类总产量18.05万吨，比上年增长10.9%。其中：猪肉10.19万吨，增长20.3%；禽肉7.10万吨，增长1.6%；牛肉414吨，增长6.2%；羊肉6491吨，下降4.8%；兔肉700吨，下降23.6%。禽蛋总产量5.27万吨，下降0.2%。牛奶产量9659吨，下降17.4%。兔毛产量414吨，下降41.9%。

【政策扶持】 继续加快生猪品种改良步伐，进一步提升生猪生产水平，大力推广生猪人工授精技术，积极落实2009年生猪良种补贴项目，长兴县、德清县、南浔区累计实施补贴母猪3．6万头，补贴资金144万元。继续实施奶牛良种补贴政策，按每份冻精液补贴15元标准，2009年全市共补贴5120份，补贴金额7.68万元；全市有1292头后备奶牛得到省、市、县财政每头500元的补助，累计补助金额达64.6万元。

【项目建设】 为贯彻落实国务院关于促进生猪生产若干意见，进一步推动湖州市生猪生产持续健康发展，提高生猪标准化规模饲养水平，完成9个2007年下达的国家级生猪标准化小区项目建设、验收和总结工作，组织实施2008年、2009年度14个国家级生猪小区项目建设，完成2010年国家生猪标准化小区建设项目申报工作；组织实施3个浙江省农业专项资金重点项目建设工作；创建浙江省现代畜牧生态示范区项目4个；完成4个2009年度蛋鸡标准化建设“以奖代补”项目的建设、考核验收与总结工作。

【畜牧生产】 2009年，生猪生产快速发展，家禽生产基本稳定，食草动物生产回落。全市生猪饲养量230.98万头，比上年增长20.7%，其中年末存栏85.81万头，比上年增长21.8%；年内出栏145.17万头，增长20.1%。家禽年末存栏1841.37万羽，增长0.6%；家禽年内出栏4913.84万羽，增长0.6%。羊年末存栏30.48万只，下降5.8%；羊年内出栏31.07万只，下降6.4%。牛年末存栏6542头，下降6.6%；牛年内出栏2601头，增长7.7%。兔年末存栏28.57万只，下降26.2%；兔年内出栏44.84万只，下降20.4%。

【规模化养殖】 畜牧生产规模化、集约化方向发展步伐明显加快，组织化程度不断提高。全市畜牧类专业合作社89家，畜牧类市级以上龙头企业21家。全市年出栏50头以上的猪场（户）为4285户，出栏生猪128.01万头，占生猪总出栏的79.86%，比上年增长6.5个百分点，生猪规模化养殖比例进一步增大。全市年出栏30只以上的规模羊场（户）1232户，出栏羊为11.48万只，占总出栏的38.2%。全市存栏2000羽以上的蛋鸡规模场（户）49个，存栏76.74万羽，占蛋鸡总存栏的80.8%，比上年提高14个百分点。全市存栏500羽以上的蛋鸭（种鸭）规模场（户）1541户，存栏287.11万羽，占鸭总存栏的89.5%。

【畜牧价格】 2009年主要畜禽价格呈回落态势，经济效益低于上年。外三元待宰活猪平均售价为12.06元/公斤，比上年下降23%；二元待宰活猪平均售价10.65元/公斤，下降24%。肉禽市场一直趋于不稳定态势，价格时高时低，总体上肉鸡养殖出现1月~3月保本、4月~6月亏损、下半年市场转好，但11月下旬到12月初肉鸡价格又急剧下滑。全年黄羽苗鸡价格平均为1.49元/羽，下降14%；白羽苗鸡平均2.29元/羽，下降29%。全年鸡蛋平均批发价为7.66元/公斤，增长4%。全年樱桃谷种鸭蛋平均价格为11.43元/公斤，增长1%；苗鸭平均价格为1.63元/羽，增长

1%。全年肉鹅平均市场价格达16.4元/公斤，比上年13.9元/公斤增长18%。全年獭兔平均销售价格为48.8元/只，下降5%；全年兔毛平均价格为120元/公斤，增长16%。全年玉米和豆粕平均进价为1.81元/公斤和3.5元/公斤，比上年分别下跌3%和10%。

【生态畜牧业】 2009年，完成3个畜禽粪便收集处理中心项目建设任务，累计完成投资442.4万元，完成计划总投资的105.3%，年可收集处理12个乡镇近200家规模养殖场畜禽所产粪便6万吨，年可生产有机肥1.8万吨，进一步提高了全市畜禽粪便综合利用率。组织实施市本级沿太湖流域生猪存栏100头以上的76个规模养殖场排泄物治理工作。长兴县完成19家生猪存栏80头以上的规模场治理任务；德清县启动存栏生猪50头以上养殖场排泄物治理工作，实施关闭搬迁的存栏50头以上的养猪场（户）共126家。

【疫病防治】 认真贯彻落实浙江省防治动物疫病指挥部的各项动物疫病防控措施，把动物疫病防控工作放在突出位置，坚持"加强领导、密切配合、依靠科学、依法防治、群防群控、果断处置"的方针。强化免疫，不断提高免疫密度和免疫质量。全市超额完成省下达的免疫计划任务。共使用禽流感疫苗4188.3万毫升，免疫家禽9721.9万羽；使用猪口蹄疫疫苗544.3万毫升，免疫生猪256.3万头；使用牛羊亚洲I型口蹄疫疫苗78.8万毫升，免疫羊46.8万头，牛7254头，使用猪瘟疫苗710.5万头份，免疫猪453.7万头，使用新城疫疫苗3728.1万羽份，免疫鸡15107.7万羽。规模养殖场的免疫率达到100%，散养户高致病性禽流感、生猪口蹄疫、牛羊亚洲I型口蹄疫免疫率也保持在99.98%。

市畜牧兽医局对市级兽医中心实验室进行了改造，并投入资金近45万元，购买了酶标仪、PCR等实验室专用设备，同时加大了监测力度，超额完成省下达的检测任务。全年禽流感监测Re-5株5142份，合格率87%；Re-4株2308份，合格率78.73%；O型口蹄疫4364份，合格率84.51%；亚洲I型1085份，合格率79.54%；猪瘟2947份，合格率89.48%；新城疫3092份，合格率87.03%。检测奶牛布鲁氏菌病1588头份、湖羊1008头，检测血吸虫病1504头份。

【动物卫生监督】 2009年是《动物防疫法》相关配套制度陆续出台的一年，在各级编委的支持下，市及三县二区畜牧兽医局全部增挂了动物卫生监督所。在市政府的协调下，市本级的生猪屠宰检疫结束了由农商二家共同承担的历史，由市动物卫生监督所独立依法行使。在参加全省举办的检疫大比武活动中，湖州市获得团体3等奖和个人三等奖4个。全市按照一般程序办结动物卫生违法案件8起，处罚金额27591.27元，市动物卫生监督所办理的《经营死因不明动物案件》被评为省优秀案件。全市全年生猪产地检疫数量75.87万头，比上年增长11.06%；家禽检疫数量5215.66万羽，比上年增长4%；生猪定点屠宰检疫数量97.69万头，比上年增长51.22%。全市五个公路动物防疫监督检查站全年查验生猪、牛、羊等牲畜154.47万头，家禽1942万羽，动物产品2.76万吨。

（徐家林）

·水产·

【概况】 2009年，湖州市渔业生产以抓好渔业基础设施建设、加快渔业生产的转型升级、发展生态渔业、保证水产品质量安全为主要工作，促进了渔业生产增长方式的转变，在提高产量的同时，渔业经济效益取得较高水平。养殖面积、水产品产量和产值增长，水产品养殖成本稍有增加，水产品价格大幅提高，常规鱼和多数名优水产品养殖效益稳中有升。2009年，全市各类水域养殖总面积66.62万亩，比上年增加养殖面积1.29万亩，增长1.97%，其中：稻田养鱼面积31.36万亩，比上年增长2.82%。水产品总产量23.90万吨，增长5.01%。其中：养殖产量22.54万吨，增长5.77%；捕捞产量1.36万吨，比上年下降6.21%。全年渔业经济总产出56.50亿元，比上年增长11.88%。其中：渔业产值42.79亿元，增长10.23%；养殖产出39.39亿元，增长11.02%；捕捞产出1.05亿元，增长2.94%；水产苗种产出2.35亿元，增长0.86%；涉渔工业和建筑业产出9.03亿元，增长12.88%；涉渔流通和服务业产出4.68亿元，上升27.17%；渔民人均收入11476元，增长6.31%。

【名优水产品养殖】 2009年，常规鱼养殖产量9.22万吨，比上年减少0.32%；名特优新水产品养殖产量13.32万吨，增长10.44%，占养殖总产量的59.09%，比上年上升2.5个百分点。除翘嘴红鲌外，大多数品种市场价格比上年有较大幅度上升，特别是龟鳖类、加州鲈鱼的价格涨幅较大，由于饲料等其他农资产品价格上涨不大，因此养殖效益显著。全市名特优水产品养殖面积42.5万亩，比上年增加1.04万亩，增长25.08%。名优品种生态混养、轮养的模式发展快，取得良好的经济效益和生态效益，如加州鲈鱼与黄颡鱼混养、青虾与中华鳖池塘混养、罗氏沼虾与青虾轮养等生态养殖模式有较好的发展前景，养殖面积逐步扩大。由于老鱼塘改造面积增加及市场因素，中华鳖、加州鲈鱼、黑鱼、黄颡鱼、罗氏沼虾、克氏螯虾等品种养殖面积增加较多。中华鳖池塘专养面积2.89万亩，比上年增长17.00%；加州鲈鱼养殖面积2.89万亩，增长32.57%；黑鱼养殖面积1.80万亩，增长19.21%；黄颡鱼专养面积0.78万亩，增长225%；罗氏沼虾养殖面积0.91万亩，增长19.74%；克氏螯虾养殖面积0.56万亩，增长33.33%；河蟹养殖面积3.82万亩，减少6.60%；青虾养殖面积10.89万亩，减少19.63%。

【水产种子种苗】 2009年，淡水苗种产量增加，经济效益增加。新增加品种有泥鳅、鳄龟、草龟、珍珠鳖等，罗氏沼虾、南美白对虾、翘嘴红鲌、黄颡鱼、鳜鱼、加州鲈鱼等名优新品种的苗种生产能力扩大，大量苗种销往全国各地。全市淡水鱼苗总量为38.55亿尾，比上年增长19.61%，其中常规鱼苗生产量17亿尾，淡水鱼苗产量增加，价格与上年持平。罗氏沼虾的育苗生产企业38家，销售量157亿尾，比上年增长12.50%，平均价格92元/万尾，比上年下跌13元/万尾，生产成本上升，经济效益下降。全市已建设国家级罗氏沼虾良种场(浙江南太湖淡水水产种业有限公司)，省级中华鳖良种场（浙江清溪鳖业有限公司)、翘嘴红鲌良种场（湖州沈氏水产有限公司）及草龟良种场（湖州上跃龟鳖特种养殖有限公司)。

【无公害水产品生产】 2009年1.38万亩新申报无公害水产品生产基地22个，新申报无公害产品54个。全市共有无公害水产品生产基地74个，总面积12.99万亩；无公害产品110个。全市实施完成省级农业标准化示范推广项目3项。积极开展水产养殖病害测报，全年共落实30个测报点，池塘面积达1034亩、温室面积1486平方米。全市水产品质量安全水平稳步提高，强化渔业投入品（饲料、渔药等）的监管，积极开展“农产品质量安全和执法年”专项行动，严厉打击违禁生产销售渔药、饲料及饲料添加剂等行为，完成全市311批次水产品抽样，抽样合格率达98%。全市水产品质量安全水平稳步提高。

【池塘建设】 2009年渔业基础设施改造加快，按照“设施完善、科技领先、机制灵活、特色鲜明、生态高效”的建设标准，渔业基础条件明显改善，渔业抗灾能力显著提高。按照市府办公室《湖州市完善鱼塘经营机制实施老鱼塘改造办法》要求，市区补1200元/亩，2009年市区完成老鱼塘改造面积1.54万亩（8个乡镇34个村），市财政补助1900万元．从2005年开始的老鱼塘改造3.19万亩已完成改造。落实省政府办公室《百万亩生态型水产养殖塘标准化建设部工程》和全省海洋与渔业工作会议精神，把“百万亩养殖塘建设工程”作为推进全市现代渔业的重要抓手，2009年全市完成3.80万亩标准塘建设任务，省财政补助1330万元。从2009年是本市实施鱼塘标准化建设的第4年，至年末累计完成13.93万亩。

【渔技服务】 （1）科研项目实施。“罗氏沼虾育苗人工配制海水重复使用技术的研究”项目被列入省科技厅农业科研计划。项目已全面完成下达的技术和经济指标，4月30日已通过了项目的省级验收，项目已进行成果登记。继续实施市科技攻关项目“温室龟鳖养殖废水生物处理技术研究”，具体实施地点在湖州强培生态龟鳖养殖有限公司，利用水生植物与鱼等生物形成多层次、立体交叉的水体净化系统，达到综合利用和净化龟鳖养殖废水的目的，定期对进污水及净化后水进行水质测试，积累了大量的数据，项目实施正常。(2）主要推广技术和品种。主要推广技术：池塘翘嘴白鱼（加州鲈鱼）与黄颡鱼等品种混养技术推广、池塘中华鳖生态养殖技术、池塘青虾高产高效养殖技术。主要推广品种：黄颡鱼、翘嘴白鱼、中华鳖、青虾，养殖面积达到6.0万亩。(3）做好渔业技术服务工作。7月，召开全市大型“水产养殖新品种、新技术”培训班，由县、镇渔业辅导员及养殖大户参加，邀请省淡水所等单位3位专家上课，培训人数150人。配合市组织部和电视台进行电视技术讲座，录制了党员远程教育《青虾池塘养殖技术专题》讲座。市水产技术推广站编印养殖技术资料600份，分发到基层。水产技术专家配合各乡（镇)、“阳光工程”、“绿色证书”农技培训，授课25次，利用多媒体手段上课，有1000名养殖户参加培训，培训内容有《黄颡鱼苗种繁育及养殖技术》、《水产养殖病害的防治技术》、《青虾无公害养殖技术》和《中华鳖养殖技术》等内容；推广站技术人员编制了一批养殖技术资料800份，分发到基层养殖户。推广站参加各种形式的科技下乡咨询活动40次，参加的技术人员有80人次，现场技术咨询次数40次。全年接听农技110咨询电话及到站咨询的次数达60次。(4）水产养殖新品种。浙江清溪鳖业有限公司的“清溪乌鳖”被农业部鉴定为新品种，湖州上跃龟鳖特种养殖有限公司成功进行了美国珍珠鳖的苗种繁育，湖州沈氏水产苗种有限公司进行了钱塘江花鲈的引进和试养，菱湖明丰特种水产育苗场引进了长江胭脂鱼和试验养殖。(5）继续实行科技人员联系企业及示范户制度。水产技术推广站联系水产企业及基地6家、6个新品种新技术试验示范点及养殖科技示范户20户，市水产技术推广站与他们进行了多项新品种、新技术试验。在吴兴区东林沈氏水产苗种有限公司进行了农业部的新型节能渔业机械“耕水机”的试验，试验池塘13亩，安装了功率为40瓦的机器3台，不间断运转，改良水质，已取得良好效果，亩产量达到1265公斤，亩利润5000元以上，饲料系数1.11，基本不用药物，无发生鱼病。在菱湖镇千丰村水产园区建造了污水的生物净化系统，面积10亩，利用种植花卉、水草，对养殖污水进行净化后再利用。

【太湖和苕溪渔业保护】 2009年12月，东西苕溪国家级水产种质资源保护区（农业部1308号公告）及南太湖翘嘴红鲌、青虾省级水产种质资源保护区被批准设立，资源保护区面积1500公顷，加强该区域内的渔业资源保护和增殖工作。为改善太湖水域环境，治理蓝藻污染及保护渔业资源，2009年市农业局与江苏渔管会联合举办了“关爱家乡、呵护太湖”南太湖青少年大型科普放鱼活动，与湖州晚报联合举行了“认捐爱心鱼，洁净太湖水”湖州市民大型公益放鱼活动，与吴兴区文明办及团市委联合举办了认捐放鱼活动，共获得社会捐款50万元，利用该项资金放养鲢、鳙等“食藻鱼”81万尾，通过摄食蓝藻，从而控制蓝藻的暴发，实现“以渔治水、以渔养水”。

【渔业管理】 （1）强化宣传，保障渔业法律法规有效实施。利用电视、报刊等新闻舆论工具，大力宣传《省渔业管理条例》等渔业法律法规，电视报导15次，报刊宣传4次，增强了全社会的认知度；通过培训、座谈、考察等形式，切实加强了渔村干部、渔政人员的渔业法律法规学习培训，市、县共召开各类培训、会议8次，参加人员达350多人次；以“送法下乡”、“年审签证月”、“六月安全月”等活动为载体，加强基层和广大群众的渔业法规宣教工作，共计发放法律法规、安全警示光盘等各类宣传资料3700多份；结合日常巡逻检查，深入企业、渔村、渔户宣讲渔业法律法规知识，听讲人数3200余人次，增强了广大群众自觉守法意识。（2）注重基础，抓好渔业证书年审签证工作。2009年是证书换证年，各类证书签证率达98%以上。（3）强化执法，加大违法违规行为查处力度。严查无证捕捞违规行为和电捕鱼违法行为，严查水产品无证养殖及违禁用药行为，配合水产技术部门做好水产品质量抽检相关工作。全年全市各级渔政机构共计投入检查人员3100多人次，开展了“初级水产品质量安全专项整治行动”、“水产苗种生产专项整治”、“打击非法捕捞专项执法行动”和“打击电捕鱼联合执法行动”等活动，组织各类检查690多次，查处各类违法违规案件190多起，其中立案5起，有效维护了正常渔业生产秩序，保护了外河渔业水域环境和资源。（4）抓好监管，确保渔船安全生产无事故。市渔政渔港监督管理站与市区27个渔村分别签订了“渔村安全管理责任书”，与所辖的1800多个渔船主签订了“安全生产承诺书”，层层分解落实安全责任。组织各类渔船安全专项检查活动20次，检查渔船1150多艘次，通过执法检查增强了渔民安全生产意识，有效促进了渔船安全管理工作的开展。（5）创新举措，资源增殖工作呈现新亮点。全市增殖放流累计投入资金达240多万元，为上年同期投入资金的240%；市区全年放流资金达到130万余元，其中政府投入80万元、市民爱心认捐资金50余万元，在南太湖及其他重要渔业水域共放流冬片、夏花各类鱼种1300余万尾。放流鱼种以鲢、鳙、花鱼骨、鲫鱼、黄尾密鲴、翘嘴鲌鱼等土著品种为主，为有效改善水质，针对性地加大了鲢、鳙鱼的比重，特别是南太湖放流品种主要为鲢、鳙鱼，经调查测算，放流鱼种回捕率达到15%左右，2009年全市新增产量1100余吨，渔民增加收益790万余元。（6）依法维权，促进渔村社会和谐稳定。渔政部门按照《省渔业管理条例》有关规定及市政府政策文件要求，加强了渔民安置补偿协调工作，保障“失水”渔民合法权益，促进了市区渔民转产转业工作的开展。做好渔用柴油补贴的相关情况调查、统计、协调工作。协助水利、港航、建设等部门做好重点工程影响渔民生产、生活的协调处理工作，重点是协助太湖局做好了大钱港渔船搬迁和长岛公园建设涉及渔村、渔民的转产安置政策处理工作，落实资金近300万元，实施渔民转产50人，既保证了各项工程的顺利进行，又维护了渔民合法权益。

（沈乃峰）

·农机·

【概况】 2009年，湖州市农机化工作紧紧围绕现代农业发展，按照社会主义新农村建设要求，以土地流转为重要抓手，大力推进农业生产的规模化、机械化。宣传贯彻农业机械化法律法规，认真执行农业机械购置补贴政策，推广先进适用的农业机械及配套技术，扶持发展农机专业合作社，开展农民职业教育和实用技术培训，强化农业机械依法监督管理，加强农业机械安全生产管理，社会、经济、生态效益进一步显现，农业机械化事业稳步推进。2009年底，全市拥有农机总动力160.04万千瓦，比上年增长0.076%。农业机械动力呈新增、更新、淘汰同步趋势，总动力增长趋缓，农机装备结构逐步优化，适合湖州市实际的新式农机具、农机化新技术得到大力推广应用，农业机械化水平逐步提高。全市完成机耕面积206.01万亩，其中水稻机耕132.96万亩、免耕4.17万亩，机耕水平达到98.88%；机收面积157.3万亩，其中水稻机收133.59万亩、机收率96.34%；水稻机插面积7.3万亩，机插率5.26%。水稻耕、种、收综合机械化水平66.82%，比上年提高3.11个百分点。

【农机补贴政策】 2009年，全市农民（包括农业经营服务组织）购置各类补贴农机具7347台（套），购机总额8386.52万元。农机补贴政策共实施财政补贴资金3525.51万元，其中粮油生产机械化作业环节补贴资金767.01万元、农机购置补贴资金2758.50万元。农机购置补贴比上年增长111%，其中：中央财政2368.20万元，省级财政补贴156.11万元，市级财政补贴38.61万元，县（区）级财政补贴195.59万元。

【农机推广】 水稻机插技术的推广应用是当前及今后一定时期农机化工作重中之重的工作。为全面完成省农业厅下达的5.2万亩机插面积的目标任务，在全市农村工作会议上，副市长杨建新提出全年完成7万亩的任务。市农业局高度重视，专门召开水稻机插技术推广领导小组座谈会。德清县在全市率先将水稻机插技术的推广工作列入政府年度工作考核指标。全市落实机插育秧点232个，其中建立育秧中心2个、育秧基地19个、机插示范点124个；新增高速乘坐式插秧机64台，步行式插秧机26台，插秧机总量达127台；新增塑料育秧硬盘50.01万只，软盘7.8万只，秧盘总量101.41万只；新增播种流水线5

条，总量达 8 条；完成机插面积 7.3 万亩。

湖州市把油菜机械化生产作为粮油全程机械化生产的一项重点工作来抓，以油菜种植机械化为重点，以油菜机收为突破口，加快推进油菜生产机械化。市农机管理站在全省率先引进了油菜移栽机，进行试验示范。全市全年新增油菜收割机 18 台、油菜割台 5 台，拥有量达 31 台，完成机收面积 8339 亩。

农机管理部门与植保检测、农作物技术推广部门协调，积极鼓励、扶持农机专业合作社推广粮油生产病虫害机械化统保统治技术，降低农业作业污染，改善农业生态环境。机械化统保统治面积达到 38.51 万亩。通过推进粮食生产全程机械化工作，强化了农机与农艺的配合，进一步推动了粮油生产的优质、高效、低耗，有效地促进了农业增产、农民增收。

【农机服务】 农机大户、种粮大户和农机专业合作社等新型主体，已成为应用农机化新技术、新机具的主力军主阵地，是适应当前土地流转、促进农业规模化经营的有力支撑。湖州市把大力培育能实行机械化生产或能提供农机作业服务的经营主体，作为农机化重中之重的工作之一。2009 年，全市新增农机专业合作社 19 家，合作社总数达 52 家。合作社注册资本总计 1394.4 万元，资产总额 6376.05 万元，拥有各类农业机械 1363 台（套），服务农户 91538 户，累计完成机械作业面积 42.93 万亩，其中机耕 11.61 万亩、机收 16.32 万亩、机插 6.02 万亩、机植保 8.18 万亩，经营总收入 3147.83 万元。水稻机插、油菜机收等新技术的推广应用主要由合作社完成。

【农民教育培训】 按照农业部大力开展农机化教育培训大行动的要求，在抓好原有拖拉机驾驶员培训的同时，把培训重点转移到新机具、新技术培训上来，开展了机械育插秧技术培训，联合收割机操作和维修保养培训，油菜机械化作业培训、农机管理人员业务培训、农机专业合作社培训、机手安全教育培训、专题讲座以及为农业生产服务的农机职业技能培训等。全市共组织各类培训班 238 期，培训 12507 人次。

【农机安全】 2009 年，全市共发生拖拉机道路交通事故 114 起，受伤 120 人，死亡 27 人，直接经济损失 22.81 万元，未发生 3 人以上的较大死亡事故，道路交通事故死亡人数比上年下降 10%，占事故死亡人数控制指标 90%，农机道路外事故死亡 2 人，未突破控制指标，全市拖拉机交通安全形势继续保持平稳态势。

农机安全生产监督管理工作纳入政府年度工作考核。市、县农业部门建立了一把手为农机安全生产的第一责任人、分管领导为主要责任人、具体工作人员为直接责任人的责任体系，完善了奖惩和约束机制。三县及市本级与各乡镇（街道）签订农机安全生产责任书 66 份，全市农机部门与拖拉机驾驶人签订农机安全责任状 7500 多份。进一步完善农机安全片组、平安农机示范单位等绩效考核，形成了分级负责的工作机制，做到目标责任到位，监管措施到位，评定考核到位。

按照“安全生产、预防为主”的方针，全力维护农村社会和谐稳定。一是加大宣传力度。全市一年来悬挂有关农机安全生产法律法规宣传标语（横幅）40 多条次，张贴宣传画 870 多张，出动宣传车 46 台次，组织 980 人次农机驾驶操作人员参观法律法规图片展览，组织提供安全咨询 27 场次，现场发放宣传资料 2.3 万多份，营造平安农机氛围。二是加强平安农机建设。根据省农机管理局《关于深化创建平安农机促进新农村建设活动的意见》精神，全市新建省级平安农机示范乡镇 3 个、示范村 2 个，新建市级示范乡镇 2 个、市级示范村 47 个，基本实现全市乡镇平安农机示范单位全覆盖。三是强化警农合作机制。农机监理部门充分发挥公安警务联络室的作用，采取日常监管与突击检查相结合的方法，在重点区域、重点时段、重点对象加大管理力度。全市共出动执法车辆 1100 多辆次，组织 5700 多人次上路开展现场执法，检查拖拉机 2.53 万台次，及时查处各类交通违法行为。在全市范围开展外省籍拖拉机专项整治，对外省籍拖拉机及驾驶人实施登记备案，建立外省籍拖拉机信息登记 8300 多台。四是排治安全生产隐患。全市检查农机及农机配件经销店 33 家、农机维修网点 71 个，发放书面整改通知书 10 份。排查农机生产经营单位 4431 户，查出各类农机安全隐患 746 项，全部落实了相应整改措施。

【其他农机管理】 共编发信息 200 余篇，分别被全国农机化信息网、浙江农业信息网、浙江农机化信息网、《农村信息报》、市湖州农经网等宣传媒体录用。湖州电视台报导农机化新闻 45 次，《湖州日报》报道 24 篇。其中 1 次被中央电视台新闻联播列为头条新闻、1 次被午间新闻播报、2 次在浙江电视台播报。及时组织处理农机消费维权投诉案件，做好农机消费维权监督管理工作。及时编发全国网上农机跨区作业信息，审核和发放《农机跨区作业证》450 余份，完成跨区作业面积 62 万亩，增加农民收入 3215.6 万元。根据《农业机械维修管理办法》，及时审核新办维修点技术条件，全市核准新建维修点并核发“农业机械维修技术合格证” 35 份。10 月开始，按照省农机管理局的统一部署，在全市开展了星级文明农业机械维修站点评选活动，市、县分别建立了评审小组，按照评选办法的要求，对申报点逐个进行现场评审；全市共审定星级文明农业机械维修站点 43 个，其中，三星级 5 个，二星级 20 个，一星级 18 个。

（沈林安）

·林业·

【概况】 2009 年，全市林业系统认真学习贯彻中央、省、市林业工作会议精神，以“发展现代林业、建设生态湖州”为目标，深入学习实践科学发展观，坚持解放思想、深化改革、求真务实、创业创新、兴林富民，林业各项工作取得显著成效，有力地促进了林业增效、林农增收、林区和谐。2月，国家林业局正式下文将湖州市列为全国11个国家现代林业建设示范市（县）之一；5月，中央农村工作办公室主任陈锡文就集体林权制度改革专程到湖州调研，对湖州市林改工作给予了充分肯定；11月，国家林业局局长贾治邦到湖州视察，对现代林业示范市建设工作给予了高度评价，并要求取得新成效，创造新经验；同月，全国林业产业大会将湖州市列为参观考察点，标志着湖州市现代林业建设进入了一个新的发展阶段。

【学习实践活动】 按照“党员干部受教育、科学发展上水平、人民群众得实惠”的总要求，紧密结合林业工作实际，扎实开展以“深入学习实践科学发展观，全面推进国家现代林业示范市建设”为载体的学习实践活动。一是加强学习调研。通过集中学习与个人自学相结合、专题研讨与专家辅导相结合的办法，努力做到学习、工作两不误、两促进。并针对林业改革发展中的突出问题，认真开展了“深入学习实践科学发展观，全面推进国家现代林业示范市建设”等4个课题调研；二是深入分析检查。在广泛征求群众意见和建议的基础上，召开专题民主生活会，撰写分析检查报告，深入查摆在贯彻落实科学发展观方面存在的突出问题，深刻剖析主观原因，并提出切实有效对策措施；三是抓好整改落实。认真制定《整改落实方案》，整理归纳了深化集体林权制度改革、加快林业生态建设等七个方面、二十四项整改事项，明确分管领导、责任处室、责任人，狠抓落实；四是切实搞好服务。重点在全市林业系统开展“双十双百”联系服务活动，即联系十个林业重点项目、十家林业专业合作社、百家林业重点企业、百家林业科技示范户，通过定责任，定人员，结对帮扶，服务发展、服务基层、服务企业、服务林农。五是强化党风廉政建设。在搞好廉政教育的同时，健全廉政制度，出台《2009年全市林业系统党风廉政建设和反腐败工作意见》、《湖州市林业局2009年党风廉政建设和反腐败工作组织领导和责任分工》和《关于开展廉政文化建设工作方案》等，层层签订“党风廉政建设责任书”，层层抓落实，切实使广大干部、职工做到廉洁从政、廉洁自律。

【现代林业建设】 2月，国家林业局将湖州市列为国家现代林业建设示范市后，全市林业部门紧紧抓住这一难得的发展机遇，广泛动员，迅速行动，全面推进各项建设任务。一是宣传发动。通过报纸、电视、网络、制作宣传牌等手段，加大宣传力度，特别是通过在全市林业工作会议上表彰十佳护林员、十佳林业科技示范户、林业生态文明教育基地等，努力扩大示范市建设影响，形成全社会共同参与的良好氛围；二是组织建设。成立国家现代林业建设示范市实施小组，以市委、市政府名义出台了《关于全面推进国家现代林业示范市建设的意见》，明确分工，落实责任，努力做到领导到位、组织到位、责任到位；三是工作推进。对《实施规划》进行细化分解，分县（区）下达全年建设任务，并加强市、县、部门之间的沟通协调，突出抓好十大重点项目，确保建设工作有序开展。

【林权制度改革】 集体林权制度改革是农村改革发展的重要组成部分。一年来，在完善主体改革的基础上，加快推进配套改革。一是建立健全森林资源交易平台。各县（区）都建立林权管理、交易、评估等机构，出台推进森林资源流转的实施意见和林权流转管理办法，切实开展林权登记、变更、评估等工作。安吉县建立乡镇林权流转中心13个、村级流转服务站135个；二是积极开展林权信息化建设。根据林权信息化建设规范、技术教程、验收标准，开展林权信息化试点工作，进一步明晰产权，规范林权管理，减少山林纠纷，提高管理水平；三是大力推进森林资源资本化。加强与金融、财政、工商等部门合作，联合出台《关于做好集体林权制度改革与林业发展金融服务工作的指导意见》、《湖州市林地经营权作价出资农民专业合作社登记暂行办法》等，并召开全市林业抵押贷款工作推进会，签订林权抵押贷款合作协议书，为林权抵押贷款扩面增量创造条件。全市累计流转林地面积61.8万亩，发放林权抵押贷款1.6亿元。

【林业生态建设】 林业生态建设既是生态文明建设的重要内容，也是拉动内需、促进林业发展的重要手段。2009年，按照“建设现代化生态型滨湖大城市”的要求，进一步加大绿化造林力度，积极推动城乡绿化一体化，着力改善生态环境。一是加强组织领导。市、县（区）均成立“关注森林”组委会，深入开展“关注森林”活动。各级领导带头参加全民义务植树活动，组织开展各类植树活动160余次，参加人数66.2万人次，新造、补植各类绿化苗木200.3万株；二是突出绿化特色。长兴县着力创建“浙江省森林城市”，投入2.2亿元，实施“亿万千百十一”绿化工程，并积极开展“星级绿化村庄”创建活动，送苗50万株。由于村庄绿化成效显著，全省村庄绿化现场会在长兴县召开；安吉县结合中国美丽乡村创建，投入1.5亿元，调配造林绿化苗木60万株；德清县结合和美家园建设，投资1.27亿元，对县内主要干线公路及河道两侧等绿化进行全面提升；南浔区以旧馆镇创建省级森林城镇为契机，推进平原绿化建设；三是实施生态工程。加强生态公益林抚育管理，建成重点生态公益林3.3万亩。加快太湖水环境综合治理，在西苕溪上游实行经济林生态化改造。全市共完成绿化造林23712亩，为省计划的106.6%，林业重点工程阔叶林改造

20100亩。积极争取中央、省投资扩大内需项目资金2626万元，完成重点防护林52184亩。经综合考核验收，长兴县获“省级森林城市”称号，该县煤山镇和南浔区旧馆镇获“省级森林城镇”称号。同时，36个村被评为省级绿化示范村，105个村被评为市级绿化示范村。

【产业转型升级】 按照转变生产方式，优化产业结构，提升产品档次的要求，建基地、扶龙头、拓市场、强服务，着力推动林业产业的转型升级，2009年全市林业行业总产值达237.6亿元，连续6年保持全省第一。一是加快林业特色基地建设。通过落实补助政策、改善基础设施、建立专家服务林农制度等措施，推动林业特色基地建设的区域化、规模化和标准化。全市共新建林区道路606公里，提升生态高效竹林基地10.5万亩、干鲜果基地1.7万亩、森林食品基地3.4万亩、种苗基地2.1万亩。继续推动3个省级竹子现代示范园区建设，新建省级兴林富民示范乡镇3个、兴林富民示范村28个。二是提升服务竹木企业水平。针对竹木加工企业产品出口多，受金融危机影响较大的现状，全市林业系统干部与100多家林业重点企业建立联系服务关系，积极为企业排忧解难。组织林业企业参加“浙江笋竹产品东北行”和中国义乌森林产品博览会，特别是义乌森博会，连续第二次荣获最佳组织奖，15个产品荣获金奖，10个产品荣获银奖，签约订单1.55亿元。在组织规模、展出阵容、工作力度和取得成效上，湖州市都走在了全省前列。全市新增省级林业龙头企业6家、省级林业示范性专业合作社1家。三是培育森林旅游、野生动物产业。加快安吉县竹博园、德清县下渚湖国家湿地公园和长兴县扬子鳄村等重点景区景点建设，进一步提高森林生态旅游的档次与水平。特别是通过规范鳄鱼养殖管理、建立安吉大熊猫繁育基地、实施朱鹮浙江种群重建和扬子鳄野外放归项目等措施，以龟类、蛇类、鳄类和珍稀濒危动物为主体的野生动物产业体系初步形成。长兴县还被中国野生动物保护协会命名为“中国扬子鳄之乡”。全市创建林业生态文明教育基地3个、省级林业观光园区2个。

【森林资源保护】 森林资源保护是生态建设、产业发展的一项基础性工作。坚持一手抓发展，一手抓保护，努力确保森林安全。

强化林政资源管理。一是全面完成二类资源调查，发布全市森林资源公报。全市现有林业用地面积460万亩，有林地389万亩，森林蓄积量582万立方米，森林覆盖率50.9%，实现了森林面积、森林蓄积量和森林覆盖率的“三增长”；二是加强林地保护管理。严格实行林地定额管理制度，依法审核、审批征占用林地项目133项，为经济社会发展服务；三是严格限额采伐和运输管理。依法发放林木采伐许可证2798份，采伐林木7.006万立方米。签发木材运输证36.5万份，木材运输检查未发生“三乱”行为；四是加强湿地保护管理。德清县完成下渚湖湿地标本馆建设，长兴县积极开展盛家漾、大荡漾湿地修复，完成环评报告评审，仙山湖湿地公园升格为国家级湿地公园；五是加大森林案件查处力度。全市森林公安机关依法查处各类行政违法案件286起，行政处罚315人。其中刑事案件立案7起，破案7起。

着力抓好森林消防。一是加强宣传教育，提高思想认识。全市共印发各类宣传资料10万余份、悬挂横幅200余条、出动宣传车辆150余辆（次），发送手机短信2万余条；二是突出重点，落实责任。加强森林消防责任体系建设，层层落实消防责任。加快森林消防远程视频监控系统建设；三是加强防火演练，提高扑救能力。组织武警森林消防队员、护林员开展扑火演练，举办培训7期，培训人员1500余人。据统计，2009年全市共发生森林火灾4起，受害森林面积15.13公顷，森林受害率为0.058‰，无重大森林火灾和人员伤亡事故，森林火灾发生率、受害率均处于全省较低水平。

加强松材线虫病防治。以贯彻《浙江省松材线虫病防治条例》为契机，以市人大、市政府名义专门召开会议，加大宣传贯彻力度。市政府和有关县（区）签订责任状，进一步明确防控责任主体，初步建立了“职责分工明确、分片责任到人、监管制度完善、强化责任追究”的责任体系。同时，按照“防改结合，综合治理”的要求，认真抓好德清、安吉二县的省定拔点工作，切实加大对长兴县和吴兴区的治改力度。据统计，全市共完成除治面积22524亩，清理病死松木8.8万株，疫木安全利用处理25620吨，投工8.37万工。

【科技服务能力】 林业科技是有效提高林业生产力的重要途径。注重林业科技与生产紧密结合，切实提高林业科技贡献率。一是加快科研创新。深入开展“重点生态公益林生态效益价值评价”、“国家一级珍稀植物银缕梅保护”等研究；二是强化成果转化。重点开展了观赏梅嫁接技术集成转化、毛竹覆盖栽培推广试点，初步实现了预期成效；三是积极开展科技下乡。举办毛竹、杨梅、青梅、苗木高效种植以及经济林生态修复技术培训114期，现场咨询、指导2946次，发放技术资料5.4万份，受惠林农达2.36万人次。科技特派员工作被市委、市政府评为“先进单位”。安吉县被国家林业局命名为“全国林业科技示范县”。

（杨　健）

·水利·

【防汛防台工作】 2009年，湖州市天气形势反常复杂。2月份遭遇罕见的早春连阴雨，雨量是常年的2.6倍，创历史同期最高记录。梅汛期梅雨不典型，梅雨量比常年偏少36%。出梅后，7月下旬又出现了罕见的盛夏连阴雨，降雨总量接近常年梅雨量，并受到8号台风“莫拉克”的严重影响，西苕溪等流域出现了较大洪水。面对反常复杂的防汛形势，湖州市各级水利部门牢固树立“宁可防而无灾，不可疏而有患”的思想，把防汛防台工作作为一项首要任务来抓。按照市防指的统一部署，抓早防汛检查与准备，层层储备防汛物资，建立健全抢险队伍，督促各项防汛隐患问题整改到位；抓实防汛责任制落实，进一步调整完善了县区、乡镇、重要水管单位的防汛指挥机构，落实了水库、重要堤防、险工险段等重点防洪对象的责任人；抓深工程度汛准备，对各类在建水利工程和涉水基础设施项目制定了安全度汛预案，并落实责任、物资和措施；抓细基础技术准备，进一步完善各类防汛预案，对重要水利工程控运计划进行了修订审批；市、县（区）防指开展了各类防汛抢险避灾演练和培训，提升了全社会的防灾避灾和自救能力。特别是在抗御洪涝灾害和8号台风“莫拉克”期间，湖州市领导高度重视，市委书记孙文友、市长马以亲临一线检查指导防汛抗灾工作，副市长杨建新日夜坐镇市防指组织指挥；全市各级防指、水利部门在党委、政府的领导下，坚持团结协作、科学防御、合理调度，全力以赴做好防汛抗台工作，确保了“坚持以人为本，坚持科学防台，做到不死人、少伤人”这一目标的实现。

【重点水利工程建设】 2009年，湖州市重点水利工程建设任务重、时间紧、要求高、难度大。为确保目标任务完成，各级水利部门深入现场抓指导，围绕难点抓协调，盯住关键抓督查，有力地推进了各项重点工程建设的进展。一是老虎潭水库引水工程实现通水目标。老虎潭水库引水工程建设是2009年市政府为民办实事项目之一，围绕年底前实现向湖州中心城市通水的目标，明确任务抓督查，突出重点抓协调，确保了工程顺利推进。老虎潭水库及引水工程建设全面完成，于12月30日正式通水。二是大钱港整治主体工程基本完成。大钱港整治工程是省、市重点水利工程，各级各部门加强协调，破除难点，优化方案，强化管理，确保了大钱港整治主体工程基本完成。全年共完成投资7641万元，占年度计划的102%；已累计完成投资2.63亿元，占总投资的88%。三是合溪水库顺利实现汛后截流。合溪水库是浙江省水资源保障百亿工程之一。全年共完成投资1.96亿元，占年度计划的112%。水库在10月份成功截流，大坝等主体工程建设扎实推进。

【新一轮重大水利项目前期工作】 党中央、国务院作出加大投资、扩大内需和实施太湖流域水环境综合治理的决策，为湖州市启动实施“苕溪清水入湖”等新一轮重大水利项目创造了良好机遇。全市各级水利部门紧紧抓住这个契机，通过科学规划、积极争取，苕溪清水入湖河道整治、太嘉河、杭嘉湖地区环湖河道整治、扩大杭嘉湖南排等四项重点水利工程纳入了国务院批准的《太湖流域水环境综合治理总体方案》和《浙江省2009年上报国家审批、核准的重大项目前期工作计划》。按照省、市政府签订的“四大水利项目前期工作责任书”要求，全市各级水利部门在各级党委、政府的领导下，开展了太湖流域水环境综合治理四大重点水利项目前期工作，并作为2009年水利工作的重中之重来抓。市、县区层层签订了目标责任书，建立了专门班子，突出了工作重点，加强了上下对接，四大项目前期工作取得了突破性进展。四大项目的可研报告均已通过了水利部水利水电规划设计总院的技术审查，为下一步全市新一轮大规模水利建设的启动创造了条件。

【新农村水利基础设施建设】 按照湖州市委、市政府对新农村建设的决策部署，切实抓好各项农村水利基础设施建设和农田水利基本建设，使民生水利工程得到制度化安排、长效化推进、项目化落实。一是河道清淤工程加快实施。2009年是近年来河道清淤任务最重的一年，围绕全年完成河道清淤1300公里的目标，全市各级水利部门加大推进力度，加强督促检查，抓好服务指导，有效地推进了清淤进程。全年共完成投资2.33亿元，完成河道清淤1506公里，占年度计划的116%。同时，积极推进河道保洁工作，面上河道长效保洁机制建设取得明显进展，由市政府出台《关于开展农村河道长效保洁工作的通知》。二是以水库除险加固为重点的“强塘工程”稳步推进。贯彻上级对“强塘工程”的决策部署，加大投入，加快推进。续建完成了长兴和平、安吉天子岗2座中型水库除险加固工程，开工建设了长兴二界岭、安吉大河口2座中型水库除险加固工程；完成了8座小型水库除险加固、45座山塘整治，实施了6项小流域重要堤防加固工程，圆满完成了年度目标任务。三是农民饮用水工程提前完成任务。按照省、市目标责任书要求，2009年是完成第一轮农民饮用水工程的最后一年。按照“规模化发展、标准化建设、市场化运作、专业化管理、用水户参与”的运作思路，各级水利部门通过向上争取项目资金、市场化运作等多渠道筹资，加快农民饮用水工程建设，提前半年完成了改善群众饮水条件7万人的省定任务。全年共改善群众饮水条件8万人，几年来，全市已累计改善了98万群众的饮水条件。四是农田水利建设积极推进。加快大中型泵站更新改造步伐，启动了德清排涝站一期改造工程。继续推进“千万亩十亿方”灌区节水改造建设，改善灌溉面积3.4万亩。开展中央财政小型农田水利工程建设，改善灌溉面积1.2万亩。

【水利管理和改革】 全市水利系统进一步加强各项水利管理工作，努力提高非工程措施的服务保障能力。一是水资源管理和水政执法力度进一步加大。老虎潭水库水源保护工作顺利启动，在市委、市政府的高度重视下，建立了老虎潭水库水源安全保障委员会和老虎潭水库水源地管理处，明确了各成员单位的职责，完成了《老虎潭水库水源地保护办法》的起草工作；水库水源地日常监管、污染源控制、生态保护和修复等各项工作正在扎实推进。对河口、老虎潭水库被列为浙江省"百库水源安全保障试点工程"。开展了水政执法、水土保持监督专项执法活动，维护了良好的水事秩序。完成了全市水资源公报的编制发布，推进了取水实时监控系统建设，加强重要水源地和水功能区水质监测，水资源管理水平进一步提升。二是水利管理和改革进一步深化。全市水管单位体制改革工作全面完成，21家有改革任务的水管单位通过了省级复验，"两定"、"两费"得到落实，为确保水利工程安全运行提供了保障。安全生产管理更加深入，召开全市水利系统安全生产会议，层层签订责任书，开展了隐患排查治理、水利工程建设安全生产专项督查，实现了全市水利行业的建设安全。工程建设管理更加有效，按照党中央和省、市委的部署，认真开展水利工程建设领域突出问题专项治理工作，严格招投标管理，督促工程"四制"落实，加强质量监督，抓好专项资金监管，确保工程安全。工程运行管理更加完善，完成了东西苕溪防洪一期工程、杭嘉湖北排通道工程的竣工验收工作，同时，进一步加强对工程的日常维修养护，为确保工程良好运行奠定了基础。加强水利建筑业资质管理，贯彻执行市场准入制度，打造诚信体系，水利市场行业管理更加规范。

（丁 勋 杨培江）

·气象·

【气象防灾减灾工作】 2009年，面对各类灾害性天气，全市气象部门注重发挥防灾减灾的职能作用，加强监测预警、预报服务工作，提前部署、严密监视、滚动预报、主动服务，为各级党委、政府和有关部门有效组织防灾、减灾、救灾、群众避灾自救提供了气象保障，气象防灾信息更符合领导决策要求，更贴近防范实际。在汛期气象服务中，全市气象部门向各级政府提供决策服务材料180期，发布预警信息40次，公共预警短信9520万条，通过应急短信平台发布短信100多万条，"96121"拨打量达125.5万次，提供《蓝藻内参》59期，为领导准确、及时决策提供了依据。

【气象为农服务工作】 市、县气象部门加强为农服务需求调研，完善了茶叶、春笋、蚕桑、水产、蔬菜、粮油、花卉苗木等特色农业气象服务工作；通过推出一周农用天气预报、农业气象情报等服务专项产品，组建为农服务专业大户预警短信网，建立现代农业"网上创业园"，开设"网上农博会"、"农民网页"等新举措，加强为农业气象服务工作。市、县气象局都建立了农业大户联系卡制度，为135户农业大户开展精细服务。开展人工影响天气作业。在清明防火关键期、蓝藻蔓延以及高温干旱期，及时组织开展人影作业，全年人影作业共8次，累计作业面积近4000平方公里。

德清创建全国新农村建设气象工作示范县成效显著。在上级气象部门和县领导的高度重视下，示范县工作在强化组织结构、队伍建设、工作机制、投入机制四项保障；实施防洪、人工影响天气、防雷、信息网络四项工程；建立灾害性天气评估、风险评估、应急准备认证、目击报告四项制度；编制下发气象灾害防御规划等方面取得了新进展。推进农村气象灾害应急防御社会管理体系建设、公共气象服务向农村延伸、突发公共事件预警信息发布平台建设等方面工作，得到各级领导的肯定。"创建全国新农村建设气象工作示范县"被评为全国气象部门创新工作项目第一名。

【公共气象服务】 进一步加大气象服务产品的开发力度，开发多个针对性强、贴近民众生产、生活的公共气象服务产品。市气象局扩建了气象影视中心，改善气象影视平台的软硬件，进一步提高了气象影视节目质量。不断拓宽服务领域和服务渠道，提高社会接收气象服务信息覆盖率。通过电视、电台、网站、手机短信、声讯电话、电子显示屏、农民信箱等各种途径向公众传播气象信息。全市共安装预警信息电子显示屏187块，乡镇覆盖率达到90%。

【气象现代化建设】 积极推进县级预报、预警中心建设，年底，市、县预报业务平台全面改造升级。加强预报预测系统建设，市、县自行开发和引进了多个业务应用软件，进一步提高监测、预警和服务能力，预报准确率有所提高。安吉县建立了首个县级"规模企业气象灾害防御"专业气象服务平台。

综合气象观测系统建设扎实有效。全市新建区域自动站11套，乡镇自动气象站覆盖率达到95%。加强部门合作，实现与水文128个雨量站点和大型水库、主要河道、水利枢纽工程40个水位点实时资料信息共享，同时对太湖、主要河道、航道、防洪工程、旅游景点等55个视频监控点实现视频监控联网。湖州新一代天气雷达建设项目正式立项，配套财政资金基本落实，前期工作紧张进行。启动湖州市风廓线雷达建设。在市气象局安装了能见度自动观测仪。

【气象基层防灾减灾体系】 2009年，市政府组织召开全市气象工作会议，进一步加强了基层气象防灾减灾工作。全市共建有乡镇气象协理员工作站58个，拥有乡镇村气象协理员1337名。加强对协理员队伍的培训和管理，为800名协理员订购《气象知识》杂志，发送《浙江农村气象灾害防御手册》600本，农村气象灾害防御指南3600份。市、县气象部门对协理员队伍培训11次，受训人员达1000余人次。气象协理员在灾害性天气信息、灾情上报及灾害调查、气象设施建设和维护中发挥了积极作用。进一步完善了重点单位相关领导预警灾害短信服务网。

【落实新农村气象考核任务】 市、县气象局均纳入地方新农村建设考核体系，与市新农办联合下发考核细则，德清气象局完成了武康镇、洛舍镇气象防灾减灾示范乡镇创建工作，并通过验收。德清县和安吉县气象工作分别被政府纳入对地方乡镇和美丽乡村建设考核体系。开展气象灾害应急准备认证工作。2009年德清县所有乡镇、开发区已经通过认证；安吉县和长兴县及市辖区政府下发了气象灾害应急准备认证管理办法，并开展了认证申报工作。积极探索农村气象预警信息发布新渠道，借助湖州市实施农村广播“村村响”工程，利用农村广播网络，在吴兴区、南浔区建立农村气象预警信息自动广播系统。

【防雷安全管理和服务能力不断增强】 强化防雷社会管理，市、县共确定防雷重点单位483个，向社会进行了公布，并加强监督管理。市、县防雷安全工作全部纳入当地“平安市县”考核体系。全年共完成10465个单体的检测，纠正隐患率25.2%，防雷设计审核2369个项目，纠正隐患率10.8%，竣工验收2599个单体，纠正隐患率8.3%，开展雷击风险评估39个。为进一步提高雷电监测能力，筹备了第二期5套大气电场仪布点建设工作。

【依法行政有新成效】 地方人大高度重视气象法律、法规的贯彻落实工作。2009年，市人大常委会主任会议专题听取了市气象局贯彻实施气象法情况汇报；市人大常委会组织部分人大代表到市气象局视察指导工作。安吉县人大召开主任会议专题研究安吉县贯彻实施《浙江省气象条例》情况，听取贯彻实施情况的汇报。认真履行行政许可审批职责，完善行政许可管理制度，依法强化气象社会管理职能。加强探测环境保护工作，湖州国家基本气象站、德清国家一般气象站探测环境保护专项规划得到市、县人民政府批准实施。

【气象文化建设】 市、县气象部门认真组织开展了学习实践科学发展观活动，把“加强基层气象灾害预警体系建设，推进预警信息进农村、进社区、进企业”作为破难课题。组织开展职业道德教育、党风廉政宣传教育月等活动、“创建学习型组织，争做知识型职工”和创优争先活动，涌现出“省优秀农村工作指导员”、“全省气象部门十佳青年”、“全省气象系统先进工作者”、“浙江省重大气象服务先进个人”等先进人物。

（朱培洁）

【主要气象要素评述】 2009年，气候基本特点：年初天气晴冷，寒潮来袭带来大风降温；2月冷热无常，前晴后雨，初雷出现偏早；3月初连阴雨结束，短时暴雨雷雨大风出现；4月多晴好天气，中下旬风力较大；5月雨水较少，入夏提前；6月气温高，梅雨不典型；7月出梅晴热高温，最高气温创新高，下旬又转连阴雨；8月台风“莫拉克”携狂风暴雨来袭；9月上半月连续晴好，下半月多阴雨；10月秋高气爽，月末回暖显著；11月天气变化剧烈，风雨雷电四碰头；12月大雾多发，冷空气影响频繁，多低温雨雪及冰冻天气。

气温：平均气温为16.9℃（安吉、长兴）~17.0℃（湖州本站、德清），比常年同期偏高0.9℃（德清）~1.3℃（安吉），除德清属偏高外，其余三站均属显著偏高。湖州本站、长兴、安吉三站平均气温接近历史同期极端最高值。

湖州本站8月和12月平均气温属正常，1月属偏低，11月比常年同期偏低1.9℃，属异常偏低，7月属偏高，其余月份均异常偏高，尤其是2月，比常年同期偏高3.6℃。2月、4月、5月、6月、10月和11月平均气温接近历史同期极端最高值。

年极端最高气温为38.7℃（长兴）~39.9℃（安吉），都出现在7月20日。湖州本站极端最高气温39.2℃，超过2003年8月1日39.1℃的最高温度，创历史同期新高，安吉极端最高气温接近历史同期极端最高值。

年极端最低气温为-7.1℃（湖州本站、德清）~-9.2℃（安吉），均出现在1月25日，与历史同期极端最低值相比均偏高。

湖州本站2月极端最低气温创历史同期新高；3月和9月极端最低气温接近历史同期极端最高值；5月和7月极端最高气温创历史同期新高；2月、6月和11月极端最高气温接近历史同期极端最高值；12月极端最高气温接近历史同期极端最低值。

年高温天数为24天（湖州本站）~32天（安吉），均比常年同期明显偏多，尤其是湖州本站接近常年的2倍。日最低气温≤0℃天数为28天（德清）~37天（安吉），均比常年同期偏少。

降水：年降水量为1235.0毫米（湖州本站）~1586.1毫米（安吉），湖州本站比常年同期偏少59.5毫米，其余三站比常年同期偏多29.1（长兴）~156.7毫米（安吉），四站均属正常。雨日136天（湖州本站、长兴）~150天（安吉），比常年同期偏少7.3天（湖州本站）~11.1天（德清）。

年内出现降雪和雨夹雪日数为10天（德清）~14天（湖州本站），积雪日数为1天（湖州本站、长兴）~9天（安吉），各站日最大积雪深度为1厘米（湖州本站）~3厘米（长兴、安吉）。

年内湖州本站、长兴出现3次暴雨；安吉、德清出现4次暴雨，其中包括安吉1次大暴雨。

湖州本站雨量3月、8月属正常，1月、4月和6月偏少，5月、9月显著偏少，10月异常偏少，7月偏多，12月显著偏多，2月和11月异常偏多。其中，2月雨量创历史同期新高，5月雨量接近历史同期极端最低值，11月雨量接近历史同期极端最高值。1月、3月、4月、5月、7月、9月和10月雨日偏少，2月、6月、8月、11月和12月雨日偏多。其中4月雨日接近历史同期极端最低值，11月雨日接近历史同期极端最高值。

日照：年日照时数为1594.4小时（长兴）~2041.5小时（安吉），湖州本站、长兴分别比常年同期偏少5.2小时和177.4小时，安吉、德清分别比常年同期偏多249.7小时和7.9小时，四站均属正常。

以湖州本站为例：1月、3月、6月、7月、9月、11月和12月均属正常，8月偏少，2月显著偏少，4月、5月和10月偏多。其中，2

月日照创历史同期新低，4月日照接近历史同期极端最高值。

【十大气候事件及影响】 1. 年头年尾遇寒潮，大风降温齐来到：1月22日夜里起受强冷空气影响，四站最高气温从15℃左右（22日）骤降至2℃~3℃（24日）。四站48小时平均气温降温幅度达10℃~11℃。1月23日、24日阵风达6级~8级。11月初受冷空气影响，四站最高气温从29℃~30℃（10月31日），下降至13℃~14℃（11月2日）；11月3日最低气温，四站均下降到3℃以下，与10月31日相比降幅高达16℃左右；四站48小时平均气温降温幅度达12℃左右。11月1日夜里到2日，太湖湖面阵风8~9级，受大风影响，太湖港全面封航，滞留船只500多艘。

2. 冬末初春连阴雨，雨量雨日创新高：2月14日~3月5日期间，湖州市出现历史罕见连阴雨，四站雨量达168毫米~228.3毫米，是常年同期的3到4倍，个别自动站超250毫米，雨日长达18天~19天，日照时数不足20小时。四站日照均创历史新低，雨量、雨日除安吉雨日平历史最高记录外，其余三站均创历史新高。这次连阴雨天气持续时间长、累计雨量大，出现了大到暴雨、雷暴、冰雹、山区积雪等恶劣天气，德清局部山区出现罕见冻雨，电线结冰直径达10厘米，还引发山体滑坡、坍塌、雷击等灾害，导致二人死亡，对湖州市工农业、交通运输、居民生活等方面造成了很大影响。

3. 梅雨到来雨水少，梅中有伏气温高：2009年，湖州市梅雨形势不典型，无连续性暴雨过程，呈现梅中有伏的特征。6月20日入梅，7月8日出梅，梅期18天，比常年偏短，降水分布不均匀，全市平均梅雨量为131.9毫米，比常年偏少4成以上。梅汛期间超过35℃的高温天气全市有4天~5天。期间多雷阵雨天气，并伴有雷雨大风、雷暴等灾害，造成一定的经济损失。

4. 出梅之后高温来，最高气温创新高：7月8日出梅后，湖州市出现了范围广、强度强、持续时间近半个月左右的高温天气，四站极端最高气温为38.7℃~39.9℃，均出现在7月20日，湖州本站极端最高气温为39.2℃，创历史新高。高温日数为24~32天，比常年明显偏多，湖州本站接近常年的2倍。持续晴热高温天气导致湖州用电负荷急剧攀升，屡创历史新高，供电情况紧张。

5. 盛夏恰逢连阴雨，天气凉爽水位涨：7月21日~8月15日，由于副热带高压减弱东退，西风槽活跃，后期受台风“莫拉克”影响，湖州市出现盛夏比较罕见的连阴雨天气，全市雨量304.3毫米~461.2毫米，是常年同期的3倍左右，除湖州本站接近历史同期最高值外，其余三站均创历史同期新高；雨日20天左右，是常年同期的2倍左右，除安吉平历史同期最高记录外，其余三站均创历史同期新高；日照基本少于100小时，除安吉接近历史同期最低记录外，其余三站均创历史同期新低。连续阴雨造成多条公路出现险情，部分公路、桥梁塌陷和中断，水库、河网及太湖水位普遍上涨，航道封航，防汛形势严峻。

6. “莫拉克”接踵而至，防汛形势更严峻：第8号台风“莫拉克”于8月7日23时45分在台湾花莲沿海登陆，9日16时20分在福建霞浦登陆，具有强度强、范围广、移速多变、持续时间长、三个热带系统相互牵制等特点。给湖州市带来强降雨和大风，9月9日~10日出现暴雨，局部特大暴雨，全市面雨量达134.6毫米，太湖湖面及沿岸最大阵风达8级。造成山洪暴发、洪涝、河网水位居高不下等严重影响，据统计，全市直接经济损失高达8亿元，其中安吉县受灾最严重。

7. 强对流天气频繁，雷击事件损失大：2009年，湖州市雷击事件频频发生，6月14日晚强对流飑线，局部出现冰雹，小雷山极大风达10级，个别企业遭雷击，引发火灾；20日下午，受大风和暴雨袭击，个别企业损失较大，多户村民住宅遭雷击损坏。7月10日，德清出现雷雨大风，倒塌房屋16间，直接经济损失59万元；24日长兴泗安镇遭遇特大暴雨，局部地区受到严重的洪涝灾害，经济损失1023万元，安吉一乡镇，多间厂房倒塌，多条公路中断，农林牧渔损失102万元，合计损失209万元。8月5日，安吉出现强对流天气，山川乡遭遇大暴雨，全乡共计损失141.5万元；20日，长兴县雉城镇2人遭雷击死亡。

8. 11月罕见雷暴，雷风雾雨四碰头：11月9日湖州市经历了大雾、暴雨、雷电、大风四种灾害性天气。9日早晨大雾弥漫，加上前期航道水位枯浅，导致长湖申线雪水桥段等2000余艘重载船堵塞，下午到夜里风雨大作，电闪雷鸣，还伴有强降水和大风天气，出现了自1956年有气象记录以来罕见的雷暴天气，安吉、德清大部分自动站雨量超100毫米。这场降雨虽然有效缓解了秋季以来少雨干旱的局面，有利于播种后农作物生长，但大风、大雨也造成未收割的晚稻部分倒伏，给农业造成了一定的经济损失。

9. 年底大雾多又浓，生活交通添烦忧：2009年大雾日数，长兴28天、湖州本站21天、安吉19天、德清11天。11月下旬至12月初，湖州市出现连续性大雾天气，12月1日~2日，湖州本站最小能见度不足100米。大雾造成多条高速公路封道，客运中心班次停开，交通事故明显增多，航区停航，水上交通受堵。

10. 秋季短暂入冬快，初雪早早就来到：湖州市10月3日入秋，11月13日入冬，入秋迟，入冬早，秋季比往年缩短近20天。11月16日~17日湖州市出现今冬首场降雪，接近历史最早初雪日（1969年11月16日）。安吉山区积雪10厘米左右，高山站积雪达28厘米~30厘米。这次降雪对湖州市部分地区的交通、电力、通信、农业、能源供应等造成较大影响。

（盛　琼、孙建明）

工业经济

·综述·

【概况】　2009年是新世纪以来湖州市经济发展最为困难的一年。面对复杂多变的经济形势，工业战线广大干部职工在市委、市政府的正确领导下，坚持以科学发展观为指导，牢牢把握"保增长、促转型"这一主线，坚决贯彻中央和省、市应对国际金融危机冲击、保持经济平稳较快发展的各项决策部署，把保增长作为工业经济工作的首要任务，坚定信心，攻坚克难，形成了企业强内功，政府强服务，力保工业增长，加快转型升级的良好势头。坚持政企联动，通过开展"百名领导联系服务百家企业、百个项目"和"千名干部助千企"活动，切实加强对企业的帮扶和引导；通过全面落实相关税费"减免缓"政策，减轻企业负担；通过加大金融保障和创新力度，解决中小企业融资难问题；通过建立"六个一"培育发展机制，推动生物医药、新能源、装备制造、金属管道与不锈钢、特色纺织品、木地板六大重点特色产业做优做强。狠抓平台建设、项目推进、产业培育、企业扶持、技术创新、节能降耗，稳步推进工业产业结构转型，实现全市工业经济较快发展。

【工业经济趋稳回升】　2009年工业经济运行经历了一个曲折艰难、逐步向好的过程。年初，工业经济出现深度下行，3月份止跌趋稳；二季度进一步扭转负增长局面，呈积极变化；三季度工业运行持续恢复，四季度增长态势得到稳固。全市3323家规模以上工业企业完成总产值2186.8亿元，比上年增长9.64%，列全省第三位。全市规模以上企业实现主营业务收入2071.13亿元，增长8.97%；实现利税167.63亿元，增长18.88%，列全省第四，其中利润100.27亿元，增长30.9%，列全省第四。而且呈现利润好于利税、利税好于产值的健康协调状态。

【结构调整继续趋好】　全市"二三三"产业累计完成产值1894.8亿元，实现利税148.7亿元，实现利润89.9亿元，分别占全市规模以上工业企业总产值、利税、利润的86.6%、88.7%和89.6%。其中，金属材料、机电制造、现代轻工三大特色优势产业完成产值927.7亿元，占全市规模以上工业企业总产值的42.5%，占比已连续两年位居"二三三"产业之首；纺织、建材两大传统产业产值占比继续提高，达到38.3%。经过连续五年的结构调整，湖州市"二三三"产业结构已渐趋稳定，为湖州市下一步发展六大重点特色产业打下了坚实的基础。

【工业投资恢复增长】　2009年全市在建1000万元以上工业项目655项，固定资产投资415.07亿元，累计完成投资187.11亿元，比上年增长14.85%。符合湖州市工业产业转型升级（五大专项）1000万元以上工业投资项目429项，完成投资136.32亿元，占全市1000万元以上项目完成投资额的76.54%。全市100项工业转型升级重点项目开工建设98项，开工率达98%，累计完成投资68.34亿元，完成年度目标115.2%。64项"百个项目促转型"重点工业项目，已开工建设59项，累计完成投资38.49亿元。

【实施"三个一百工程"】　深入实施"三个一百工程"，即："百项工业转型升级重点项目"、"百项亿元以上重大工业项目"、"百项特色产业前期储备项目"。开展"百个部门助推项目"活动，抓开工，促竣工，扎实推进项目建设，成效明显。2009年，全市累计新开工1000万元以上项目427项，固定资产投资202.64亿元，单个项目平均投资规模为4746万元，累计完成投资120.67亿元，占全部1000万元以上项目完成投资额的64.49%；新开工项目数量比上年增加120项。在项目推进过程中，建立了领导联系助推、双月工作例会制、"6+X"协调制、现场办公、督查推进制等工作机制，协调解决了项目建设中90多个问题。

【工业园区较快发展】　立足于加快平台建设，抓实招商选资，拓平台、强招商、抓项目、重管理、优服务，保持了工业平台建设、招商选资平稳较快发展势头。全市2个省工业园区和17个市级工业功能区，2009年实现工业总产值993.46亿元，比上年增长11.65%，其中规模以上企业实现工业总产值787.13亿元，增长10.15%，占全市规模以上企业产值的35.99%。产值超百亿元的园区达到3家，比上年新增1家。全市引进协议内资1000万元以上项目138项，协议内资183.51亿元，实到内资61.53%，增长0.83%，工业内资仍占主导，实到内资47.95亿元，占全市实到内资总额的77.8%。工业亿元以上项目有43项，实到内资26.39亿元，占全市实到内资总额的42.89%。实到外资8.11亿美元，比上年上升1.1%，增幅高于上年6个百分点。

【内资项目储备充实】　全市引资战线着力抓好项目征集和储备工作，项目库进一步充实。全市100项引进内资储备项目，协议资金233.2亿元，项目涉及新能源、装备制造、生物医药等多个领域。工业引进内资储备项目达到87项，协议资金206.95亿元，分别占全市引进内资储备项目、协议资金的87%和88.74%，平均投资规模2.38亿元，工业成为引进内资的主要阵地。六大重点特色产业储备项目38项，协议97.38亿元，占到工业的43.68%和47.06%。其中：生物医药4项，协议27.6亿元；新能源13项，协议34.77亿元，占特色产业首位；装备制造14项，协议30.21亿元；金属管道及不锈钢1项，协议0.18亿元；特色纺织品3项，协议2.13亿元，木地板3项，协议2.5亿元。

【技术创新不断加快】 创新体系建设是提升企业核心竞争力的重要举措。湖州市以建立和完善多元化、全方位的区域技术创新体系为抓手，健全企业创新体系，推动企业提升核心竞争力。围绕高新技术产业和特色优势产业关键技术，组织申报、实施了一批重点技术创新项目，全年共组织实施市级以上技术创新类项目36项，新增省级企业技术中心5家。至年末，全市已拥有国家级和省级企业技术中心41家、省级研发中心73家、高新技术企业122家、科技型中小企业166家，一个涵盖重点行业、骨干企业和优势产品的企业科技创新体系已基本形成。通过技术中心的评价和考核，推动技术创新、体制创新和管理创新的有机结合，努力构建全能型技术创新体系，积极推进中小企业共性技术服务平台建设。对已建立的童装、木地板、椅业、农产品等4个省级中小企业公共服务中心，通过强化指导，帮助其不断提高建设水平。

【重点特色产业集聚度提高】 通过强化产业集群规划，提升产业集聚度。在制定湖州市六大重点特色产业振兴升级规划过程中，强调产业布局、产业集群的规划内容，明确六大产业既是湖州市重点培育发展的特色产业，也是湖州市打造的六大产业集群示范区，在空间上明确产业总体布局、发展规模、产业导向、功能区块、生态环保及配套设施建设，提升区域内产业层次和管理服务水平。引导企业进入工业平台集聚发展，成效显著。全年内资项目集中布局于省级开发区、工业功能区（园区）的有103项，协议内资131.69亿元，实到内资41.32亿元，分别占全市总量的74.64%、71.76%和67.15%，集聚度明显提高。

【清洁生产全面推进】 通过加强对清洁生产先进技术及设备的宣传贯彻，举办培训班，强化对企业的审核。出台《湖州市清洁生产咨询服务机构管理实施办法》，规范清洁生产审核，对已通过审核验收的企业，采取“回头看”，并征求企业对中介服务的意见，逐步完善湖州市清洁生产长效机制。采取试点和强制相结合的办法，重点推动高能耗、高污染企业实施清洁生产审核。2009年全市散装水泥供应量达到1076.1万吨，比上年增长10%，散装率达到85.5%，比上年增加2.2个百分点，继续在全省保持领先。新型墙体材料年产量超21亿块标准砖，新型墙材应用达70%，完成6个农村新墙材应用示范项目，继续走在全省前列。全年通过清洁生产审核、验收企业65家，累计有268家企业通过清洁生产审核。110家省级重点用能和用水企业中，已有75家企业通过清洁生产审核、验收，8家企业转产转制，3家企业关闭，6家企业已完成审核，待验收，有5家正在实施清洁生产工作。积极培育绿色企业，全市共有32家企业获得“省级绿色企业”称号，2009年上报省级绿色企业10家。

【节能降耗深入开展】 严格执行《湖州市工业固定资产投资项目合理用能与排污总量控制联审办法》，认真实行“6+X”（由市经委、行政服务中心、发改委、国土局、环保局、建设局6部门和具体项目建设过程中需要解决问题的部门参加的联席机制）部门联审制度，对年用电300万千瓦小时、用煤2000吨、用水15万立方米以上的项目进行联审，联审项目由县（区）政府主要负责人签署意见。单位工业增加值能耗超1.56吨标煤的所有工业项目，原则上不予备案、核准。严控高能耗项目的准入，对不符合要求的高污染、高能耗项目，坚决不予审批。2009年对37个项目进行了联审，否决2项，暂不受理1项。加大淘汰落后产能力度，在对落后产能调研摸底的基础上，出台淘汰落后生产能力年度推进目标考核办法，确保淘汰项目有序推进。全市拆除集中供热区域内低效工业锅炉35台，关停日产1000吨及以下水泥熟料生产线7条，关、停、并、转小印染、小化工、小有机玻璃、小铸铁等企业56家，关停链条炉排锅炉热电厂1座、小矿山11座、轧石机组8台（套）、白水泥生产线2条，拆除2.4米及以下水泥磨机4台、石灰土立窑40座，淘汰喷水织机500余台、S7变压器108台，为工业发展腾出了24万吨能耗空间。组织实施重点节能技改项目100项，总投资达11.15亿元，形成年节能能力15.6万吨标煤。

【生产性服务业改革进展明显】 为抓好全市生产性服务业发展，成立了市发展生产性服务业工作领导小组，出台《关于进一步支持工业企业分离发展生产性服务业的若干意见》。积极动员企业进行生产性服务业主辅分离试点，对试点企业加强指导，积极与县（区）及有关部门协商，督查推进情况，及时通报信息。2009年，生产性服务业呈现较快增长，全年生产性服务业（统计口径包括现代物流业、金融业、文化创意产业、信息服务业、科技服务业五大行业）增加值为146.96亿元，比上年增长14.2%。其中现代物流业增加值比上年增长4%；金融业增加值比上年增长22.1%；文化创意产业增加值比上年增长19.7%，信息服务业增加值比上年增长10%，科技服务业增加值比上年增长13.7%。生产性服务业增加值占第三产业增加值比重达到36.4%。生产性服务业增速比GDP增速高出4.6个百分点，分别高出工业和第二产业增速6.2个百分点和5.9个百分点。2009年，全市工业企业分离发展生产性服务业取得明显成效，据完成分离发展的49家企业统计，全年完成销售收入26.3亿元，应税收入近5亿元，直接为企业降低各项税费165万元。其中，企业分离发展总部经济和实施大宗产品外包企业，全年增加当地税收4000多万元。通过大宗产品外包和专业化管理，全年可降低生产管理成本500多万元。

【担保机构蓬勃发展】 2009年，在市经委备案管理的担保机构有67家，注册资本达19亿元，比上年增长73%。其中3000万元以上的担保机构24家，5000万元以上的13家，1亿元及以上的3家。湖州市最大的担保机构，注册资金达2亿元。全市担保机构累计为9213家中小企业提供了15951笔贷款担保，贷款担保总额达113.65亿元。2009年贷款担保总额达38.59亿元，增长75%；担保业务收入6156万元，增长55%；上缴税金1046万元，增长40.57%；实现利润1919.46万元，增长3.24%。受保中小企业新增销售收入92亿元，新增利税总额6.5亿元，新增就业人员2万余人。

【工业强镇建设进展加快】 2009年，10个工业强镇规模以上企业累计完成工业产值1124.4亿元，比上年增长8.9%；累计完成产品销售收入1117.04亿元，增长8.3%；累计完成工业增加值238.48亿元，增长10.07%；累计利润总额56.64亿元，增长23.2%；有9个乡镇同比增长，其中7个乡镇同比增幅达到20%以上；累计上缴税金32.13亿元，增长4.4%；累计完成工业性投入105.46亿元，增长9.6%；累计引进协议外资10.51亿美元，增长2.9%；实到外资4.8亿美元，增长8.7%；累计出口交货值201.47亿元，下降0.6%。10个工业强镇规模以上工业产值、产品销售收入和工业增加值与上年同比均出现了上升，尤其是企业效益增幅明显，表明湖州市工业强镇经济基本走出了国际金融危机带来的负面影响，出现了稳步上升的良好发展势头。

（陈　荫　赵卫明）

·纺织·

【概况】 2009年，湖州市规模以上纺织企业968家，占全市规模以上企业的29.13%，完成工业总产值424.42亿元，比上年增长11.00%，占全市规模以上工业企业完成产值的19.41%；完成主营业务收入410.02亿元，增长11.13%，占全市规模以上工业企业实现主营收入的19.80%；实现利税29.78亿元，增长16.70%，占全市规模以上工业企业实现利税的17.77%；其中利润18.02亿元，增长24.74%，占全市规模以上工业企业实现利润的17.97%。产值、销售收入增幅分别比上年回落7.57和2.57个百分点；利税、利润增幅分别比上年上升9.15个百分点和20.23个百分点；从业人员平均人数96387人。

重点骨干企业支撑作用明显。2009年，40家纺织重点骨干企业占规模以上纺织企业的4.13%，完成产值136.37亿元，占整个纺织业完成产值的32.13%；实现销售收入135.15亿元，占整个纺织业实现销售收入的32.96%；完成利税10.72亿元，占整个纺织业实现利税的36.00%，其中实现利润7.23亿元，占整个纺织业实现利润的40%。重点骨干企业对纺织行业的盈利能力起到了决定性的作用。

出口增速比上年略有下降，纺织品出口占全市的份额略有上升。据湖州市海关统计，2009年，全市纺织服装出口额14.95亿美元，比上年下降4.25%；进口0.92亿美元，下降16.37%；纺织品出口占全市的份额，由2008年底的31.86%上升到2009年底的36.7%，提高4.84个百分点。

【丝绸工业】 2009年，有规模以上丝绸企业418家，占全市规模以上纺织企业的43.16%，实现主营收入141.84亿元，占全市规模以上纺织企业主营业务收入的34.59%；完成利税9.9亿元，占全市规模以上纺织企业完成利税的33.24%，其中实现利润6.49亿元，占全市规模以上纺织企业实现利润的36.02%。

【蚕种饲养量大幅下降】 由于受国际金融危机和茧丝绸市场价格继续走低及2008年秋茧收购价格偏低的影响，养蚕的比较效益大幅度下滑，严重挫伤了广大农民种桑、养蚕的积极性。2009年市区饲养蚕种148976张，比上年减少67440张，减幅为31.2%；全年收购鲜上茧46233公担，比上年减少26333公担，减幅为36.3%。全年收购量首次跌破10万担。

【特色纺织振兴升级规划出台】 为加快湖州市纺织业的结构调整，提升产业层次，提高自主创新能力和综合竞争力，振兴特色纺织产业，实现纺织行业由速度型向效益型转变，根据中共湖州市委、湖州市人民政府《关于建立健全重点特色产业培育发展机制的若干意见》精神，结合《浙江省纺织工业转型升级规划（2009～2012）》及《湖州市加快工业转型升级的实施意见》，制定特色纺织振兴升级规划，作为湖州市2009～2015年特色纺织品振兴升级的行动依据。明确了真丝产品、羊绒产品、差别化功能性化纤及产业用纺织品、高端家纺产品等作为湖州市近中期重点培育发展的特色纺织品。规划到2015年，特色纺织产业规模以上工业总产值达到280亿元，年均增长17%，占全市规模以上纺织工业产值的28%；培育年销售收入5亿元以上的行业龙头企业20家，其中10亿元～20亿元企业6家，20亿元以上企业2家；累计新争创中国名牌或中国驰名商标4个（件），省名牌产品或省著名商标10个（件）；累计培育省或市级企业技术（研发）中心8个；累计开发省级新产品140件；累计完成工业性投入90亿元以上。

【华港涤纶（中国高纤）在新加坡成功上市】 华港涤纶（中国高纤），于9月18日在新加坡上市，募集资金5.59亿元，成为湖州市首家在海外上市的外来投资企业。

【缫丝行业实现了废水零排放】 在国家积极推行节能减排大环境下，丝绸之路集团浙丝二厂在加强生产经营性管理的同时，加大、加快节能减排的工作力度，与浙江四通环境工程有限公司联手对缫丝废水处理净化回用进行实用性研发，经过中试实验，“压力式接触氧化工艺+膜法水处理技术”制丝废水处理工艺技术，符合可持续性发展的要求，实现缫丝生产废水的零排放。

【品牌建设】 浙江金三发新纺织集团有限公司“英特来宁”、湖州玲珑宝贝服饰有限公司“玲珑宝贝”、湖州小霸王制衣有限公司“XIAOBAWANG”、大港纺织集团有限公司“莹河”、浙江申浩兔业发展有限公司“申浩”等商标获“浙江省著名商标”称号。浙江湖州威达纺织集团有限公司“气流纺粘纤本色纱线”获“浙江省名牌产品”称号。

【湖丝宝贝进入世博】 翔顺工贸有限公司设计创作的湖丝宝贝经典(世博姻缘、静距离、丝路花语)、地域人文（江南四季与百乐门)、玫瑰宝典（主题爱情与世界之爱)、中国风尚品（梅兰竹菊中国四君子与中国风荷花)、高级商务男士(源、风尚、赢家)、圣诞新年（辞旧迎新、吉祥如意、礼尚往来）等系列丝巾，成为中国2010上海世博特许商品。

【米皇入选2009年度中国十大服装品牌】 由中国纺织工业协会、《纺织服装周刊》等国内服装行业权威主管部门和媒体评选的2009年度中国十大服装品牌奖，米皇入选2009年度中国十大服装品牌奖之一。

（顾　晨）

·轻工·

【概况】 2009年，轻工行业有规模以上企业602家，占全市规模以上工业企业的18.12%，全年实现工业总产值259.26亿元，比上年增长13.74%，占全市规模以上工业企业完成产值的11.85%；实现主营收入250.3亿元，增长14.53%，占全市规模以上工业企业实现主营收入的12.08%；实现利税20.8亿元，增长15.67%，占全市规模以上工业企业实现利税的12.46%，其中实现利润12.32亿元，增长23.15%，占全市规模以上工业企业实现利润的12.32%。规模企业从业人员54248人［轻工行业统计口径为农副食品加工业、食品制造业、饮料制造业、皮、草、毛皮、羽毛（绒）及其制品业、家具制造业、造纸及纸制品业、文教体育用品制造业、印刷业和记录媒介的复制、塑料制品业、工艺品及其他制造业］。

【重点骨干企业支撑作用明显】 2009年轻工行业重点骨干企业共有27家，完成工业总产值102.49亿元，占轻工行业总产值的39.53%；实现主营收入98.85亿元，占轻工行业主营收入的39.49%；实现利税10.87亿元，其中利润7.62亿元，占轻工行业利润总额的61.85%。

【出台湖笔产业振兴工作方案】 作为中国文房四宝之首的湖笔，一直以来以制作精良、品质优异而享誉海内外，是湖州值得骄傲的一项历史文化遗产。但随着书写习惯的变化和书写工具的更替，以及全国各地制笔业的兴起与竞争，湖笔产业受到了巨大的冲击，湖笔产业的生存和发展面临严峻的挑战。对此市委、市政府十分重视，由经委、财政、工商、二轻总公司等部门组成了调研组，对湖笔产业的现状、面临的挑战等进行了深入细致的调查分析，出台《湖州市人民政府批转市经委关于湖州市湖笔产业振兴工作方案的通知》，提出经过5年~8年的努力，实现湖笔产业传承和创新的有机结合，湖笔产业在全国同行业保持产业、区域和企业竞争力的明显优势，打造国内最具影响力和市场竞争力的精品湖笔生产基地，毛笔市场占有率达到20%，其中高档湖笔的市场占有率达到65%以上。培育5家年销售收入在300~1000万元的湖笔行业龙头企业。引导与鼓励企业争创品牌，力争培育中国名牌或驰名商标1只（件)，浙江省名牌或浙江省著名商标2只~3只（件)。培育关键工艺技术人才100名的湖笔产业振兴目标。成立了由市政府副秘书长许宏任组长，市经委、市委宣传部、市发改委等13个部门为成员的湖笔振兴领导小组，下设办公室，负责湖笔行业指导、协调工作。在资金上每年安排200万元，专项用于扶持湖笔产业发展，并出台新的扶持政策支持湖笔产业发展。同时，湖笔企业生产现场经过4个月的专项整治，改变了以前湖笔企业“脏、乱、差”的状况，确保了规范生产、文明生产和安全生产，强化了湖笔企业的内部管理创新机制，促进湖笔生产传统与创新的有机结合，提升湖笔产业的整体形象和管理水平。经验收，有6家湖笔生产企业通过了现场管理专项整治，其中：湖州市善琏湖笔四厂获专项整治一等奖；善琏含山湖笔厂获专项整治二等奖；湖州市千金湖笔有限公司获专项整治三等奖。

【安吉椅业】 安吉椅业在2009年国际金融危机严重冲击的困难时期，迅速采取外销保份额、内销拓市场等有力举措，率先实现企稳回升，锻造了非同寻常的椅业“安吉速度”。2009年椅业企业家数达736家，实现销售收入161亿元，比2008年增长7.33%；自营出口75160万美元，增长9.50%。2009年由政府组团，安吉椅业企业首次抱团参展欧洲家具两大展：德国科隆家具展、英国伯明翰家具及饰品展。在全球重磅打响安吉转椅区域品牌后，平均每家企业当场接到订单5个柜以上，“安吉椅业制造”赢得好评。6月，成立安吉椅业坐具营销采购联盟，是安吉县总商会主管独立运营组织。椅盟的成立有助于降低单个企业开发市场的成本，快速构建坐具采购直通渠道。

【品牌建设】 湖州乾昌酒业有限责任公司“乾昌”黄酒、浙江香飘飘食品有限公司“香飘飘”奶茶获“中国驰名商标”称号。浙江善琏含山湖笔厂“双喜牌”、湖州华谱钢琴制造有限公司“luodelaisi”、长兴长日食品有限公司“长日”、浙江强龙椅业股份有限公司“图形”等商标获“浙江省著名商标”称号。浙江善琏含山湖笔厂“双喜牌”湖笔获“浙江省名牌产品”称号。安吉成功申报“安吉椅业”集体商标，商标标识已经确认，县政府出台政策，安排专项资金打造区域品牌。

【二人荣获“中国文房四宝制笔艺术大师”称号】 为弘扬传统文化，保护文房四宝手工技艺国家级非物质文化遗产的传承，在首届中国文房四宝艺术大师颁证仪式上，湖州市邱昌明、杨松源被授予“中国文房四宝制笔艺术大师”称号。

【湖州湖笔进入世博】 周公笔庄设计制作的世博旋律、勇立潮头、中国写照、笔歌东方、破茧而出等5款新颖独创设计的湖笔进入世博，成为中国2010上海世博特许商品。

【十件作品获“第三届浙江省工艺美术精品奖”】 根据《浙江省传统工艺美术保护办法》、《浙江省工艺美术精品评审和管理实施办法》，经第三届浙江省工艺美术精品奖评审委员会评审，吴伟华制作的紫砂《玉带壶》、钱樟法制作的紫砂《岁月的痕迹》、蒋淦勤制作的紫砂《南瓜》、蒋兴宜制作的紫砂《品方提梁壶》、程苗根制作的紫砂《珠竹连心壶》、董建民制作的紫砂《砖方壶》、吴宝根制作的紫砂《历史足迹壶》、朱次元制作的微雕《古韵迎宾》、金月强制作的风筝《合璧龙》、许阿乔、朱亚琴制作的湖笔《郭沫若、启功名人对笔》等十件作品获“第三届浙江省工艺美术精品奖”。

（顾　晨）

·建材冶金·

【概况】 2009年，640家规模以上建材企业，完成工业总产值389.8亿元，比上年增长10.1%；实现销售收入376.2亿元，增长10.3%；实现利税总额35.6亿元，增长10.6%，其中利润18.95亿元，增长17.7%。其中：非金属矿采选业120家规模以上企业完成产值60.8亿元，增长32.3%；实现销售收入60.4亿元，增长28.5%；实现利润3.46亿元，增长20.3%。非金属矿物制品业275家规模以上企业完成产值159.5亿元，增长11.1%；实现销售收入150.3亿元，增长7.5%；实现利润7.89亿元，增长22.6%。木材加工业254家规模以上企业完成产值169.4亿元，增长7.0%；实现销售收入165.5亿元，增长7.3%；实现利润7.6亿元，增长12.8%。

2009年，全市110规模以上冶金企业完成产值235.7亿元，比上年增长2.7%；实现销售收入231.5亿元，增长1.9%；实现利润9.82亿元，增长11.33%。其中：有色金属行业51家规模以上企业完成产值62.6亿元，增长15%；实现销售收入62.2亿元，增长16.8%；实现利润2.56亿元，增长46.7%。黑色金属行业59家企业完成产值173.1亿元，下降1.1%；实现销售收入168.9亿元，下降2.7%；实现利润7.26亿元，增长2.6%。主要产品产量：平板玻璃535.1万重量箱，增长65.6%；实木地板3558.4万平方米，增长2.1%；复合木地板1417.2万平方米，下降3.2%。水泥产量1361.2万吨，增长10.7%。钢材总产量198.4万吨，增长38.3%，铜加工材产量6.1万吨，增长34.21%；铝材产量26.3万吨，增长20.8%（2008年统计企业数为32家，2009年统计企业数为41家，新增9家企业）。

【新型墙材应用比例提高】 2009年新型墙体材料年产量超21亿块标准砖，新型墙材应用比例达70%，产品逐步由传统粘土砖为主，向以生产高档次、绿色环保型的烧结页岩空心砌块、砂加气混凝土砌块以及烧结煤矸石空心砌块新型墙材产品转变。2009年开元墙材二期20万立方米砂加气砌块（板材）扩建项目、德清峰荣庭建材的砂加气砌块项目如期投产。

【行业转型升级步伐加快】 面对国际金融危机的深度影响，建材、冶金行业企业抓住国家扩大内需的契机，主动进行适应性调整，加快转型升级求发展。世友木业有限公司研制的全国首款抗地热实木地板——世友188℃稳定王实木地板，结束了传统实木地板不能抗地热的历史。长兴铁狮耐火材料有限公司自主研发的连铸中间包锆质水口，该系列产品的技术处于国内领先水平。浙江昌盛玻璃有限公司攻克了零膨胀透明微晶玻璃的工艺配方和生产技术，2009年，连续压延技术和工艺取得了发明专利权。浙江长兴玻璃有限公司的日熔化量800吨优质浮法玻璃生产线，通过提高装备水平转而生产19毫米玻璃，产品附加值大大提高，成为全省第1家、全国第4家能生产超厚型玻璃的生产企业，实现了产品以生产普通建筑浮法玻璃向生产优质浮法玻璃的转变。久立集团的年产2000吨的核级管项目开工建设，标志着久立将在核电用管领域里实现产业化。久立特材和久立挤压公司均获得“民用核安全设备制造许可证”，已提供10余家单位核1、2、3级不锈管，并参与核聚变用管试制。永兴特种不锈钢股份有限公司快速启动“炼钢连铸技改项目”，加快转型，提升产品质量和品位，进军航空航天、核电高端产品领域，谋求企业转型升级。

【节能降耗成效明显】 2009年8月，湖州市最后一条新型干法回转窑纯低温余热发电项目——中利达水泥2000千瓦余热发电机组正式投入使用。全市18条新型干法窑全部实施了纯低温余热发电，累计总装机容量达8.45万千瓦，至年末，累计发电量达6亿千瓦小时，年节标准煤19.5万吨。

【湖州晶兴玻璃太阳能超白玻璃生产线投产】 2009年6月，湖州晶兴玻璃制品有限公司投资8000万元兴建的国际先进水平的太阳能超白玻璃生产线投产，年生产太阳能玻璃400万平方米。

【久立成功上市】 浙江久立特材科技股份有限公司股票于2009年12月11日在深圳证券交易所成功上市。

【冶金行业三家企业被评定为浙江省工业行业龙头企业】 2009年，湖州市共有9家企业被评定为浙江省工业行业龙头企业，其中冶金行业有金洲集团有限公司、久立集团股份有限公司和永兴特种钢材股份有限公司。

【德华"兔宝宝"进军世博会】 2009年，德华集团控股股份有限公司凭借其产品在节能、环保、新技术和新工艺应用上的优势，承接了2010年上海世博会订单，生产7000平方米"兔宝宝"地板、1000樘木门、10000平方米木饰面墙板等产品在世博会主会场和主宴会厅紧张安装。并经2010年上海世博会园区工程建设和总包单位推荐，为评判标准，"兔宝宝"牌A2级木饰面墙板和地板双双荣获"2010上海世博会建设工程节能环保新材料"荣誉称号。地板行业中进军世博会的还有湖州"美典"塑木地板等。

【永兴特钢董事长高兴江等获"2009浙商创新奖"】 2009年5月30日，永兴特种不锈钢股份有限公司董事长高兴江等53位企业家获得了"2009浙商创新奖"。

（金永和）

·机械·

【概况】 2009年，全市机械行业涉及的6个统计大类（通用设备、专用设备、交通运输、电气机械、通信电子、仪器仪表）609家规模以上企业全年完成工业生产总值473.29亿元，同比增长10.06%，高于全市规模以上企业0.4个百分点，实现销售收入482.7亿元，比上年增长9.56%，高于全市0.6个百分点。从行业全年运行情况看，下半年已基本摆脱金融危机影响，产销衔接顺畅，规模扩张速度略高于面上水平。全年机械行业用电量105558.33万千瓦小时，增长7.33%，与产值增长基本同步，与行业运行态势基本匹配。

全市机械行业实现利税35.03亿元，比上年增长18.87%，与全市水平基本持平，其中实现利润22.31亿元，增长22.98%，低于全市水平近8个百分点。全年行业平均销售利润率为4.62%，比上年上升0.5个百分点。全行业全年亏损企业54家，比上年净增18家，占全市亏损企业总数的18.75%，亏损面为8.87%，比上年同期扩大2.5个百分点，略高于全市0.2个点。行业盈利能力回升，但企业两极分化加剧。

全年机械行业完成新产品产值163.55亿元，比上年增长25.68%，2009年新产品产值率为34.56%，比上年上升4.3个百分点。2009年度通过省名牌认定产品6个。创新水平和企业创新能力进一步加强。

全年机械行业出口搬运机械、电动工具、家电、电机、变电设备等产品的交货值为47.8亿元，全年虽然呈现了前低后高、逐月回升的态势，但同比仍下降4.67%，出口交货值占全年行业产值的10.1%，比上年同期下降1.6个百分点。从行业规模回升和效益向好的情况看，国内市场需求明显增加，湖州市机械工业的贸易转型已初见成效，对出口的依存度下降。

至12月底，全市机械行业609家规模以上企业平均从业人数为69166人，净增4717人，比上年增长7.32%。与产值、用电量增长速度及行业运行态势基本匹配。

【华立涂装获奖】 全国表面处理行业最具影响力的评选活动——"2008年度中国表面处理行业十佳评选颁奖"盛典于2009年6月5日（世界环境日）在北京钓鱼台国宾馆隆重举行。华立涂装在此次全国评选中荣获了"全国涂装十佳供应商"称号，与安本工业涂装（上海）公司、诺信（中国）公司、金马涂装（上海）公司等国际顶尖涂装机械制造商一起荣登十佳榜。

【动力电池与电动车龙头企业强强联合】 5月16日，中国最大的动力电池供应商——天能集团与中国电动车龙头企业山东英克莱集团结成更紧密战略合作伙伴关系，通过强强联合，实现优势互补，资源共享，共同推动中国新能源电动车行业持续稳健发展。英克莱集团目前正与芬兰AMC公司合作研发一款微型电动四轮车，该车各项技术性能都达到了欧洲先进标准，研发成功后必将极大提高公司在电动四轮车市场的竞争力。这标志着天能动力的产业涉及领域得到进一步拓展，并有望成为中国新能源汽车领域的一员。

【巨人通力携手世博会"瑞典馆"】 巨人通力电梯再次中标世博馆项目，将携手2010上海世博会瑞典王国馆，为其提供场馆内全部的电、扶梯。这是巨人通力继世博会中国船舶馆之后又一次赢得的2010上海世博会场馆电梯项目。

【德宏发电机进入全球采购体系】 2009年，行业龙头企业德宏汽车电器克服金融危机的影响，取得可喜的业绩，销售发电机50.82万台，完成销售额2亿多元，与东风轻型发动机有限公司等知名大公司成为联姻。与江铃汽车有限公司通过引进美国福特公司V348发动机，于年初开始批量生产，2009年生产2万台发电机，标志着德宏公司已经进入美国福特汽车的全球采购体系。北京康明斯开发的新型柴油机，为其配套的发电机由德宏负责批量生产，使德宏进入美国康明斯的全球采购体系。

【中机南方获杰出贡献奖】 8月，中机南方机械股份有限公司从新中国成立以来为实现中国农业现代化，促进农机国产化方面作出巨大的努力和贡献，被授予中国农业机械工业60年杰出贡献奖；中机南方机械股份有限公司在2009年度第八届“中国农机院金奖”评选中，被授予“金蚂蚁奖”（团队贡献奖）。

（鲁　敏）

·医药化工·

【概况】 2009年，湖州市医药行业规模以上企业40家。全年完成工业总产值24.6亿元，比上年增长22.8%，比上半年增幅上升了12个百分点；实现销售收入22.9亿元，同比增长20.4%，比上半年增幅上升9.2个百分点；实现利税4.1亿元，增长11.07%；实现利润2.9亿元，增长9.6%。基本扭转了上半年利税、利润负增长的运行态势。医药行业占全市规模以上工业经济比重1.13%（因2009年统计局重新划分行业分类，原占医药行业总量最大的升华集团划归到其他行业，使医药行业2009年占比下降）。医药行业总体呈前低后高，企稳向好的发展态势，但行业效益难以同步提升。2009年德清县被命名为“生物与医药国家科技兴贸创新基地”。

2009年，湖州市化工行业规模以上企业165家。全年完成工业总产值108.3亿元，比上年下降9.6%，降幅较上半年收窄3.2个百分点；实现销售收入105.6亿元，同比下降10.8%，降幅较上半年收窄4.9个百分点；实现利税10.6亿元，下降11.02%，降幅较上半年收窄2.9个百分点；实现利润7.3亿元，下降2.9%，降幅较上半年收窄14.1个百分点。化工行业产值、效益双回落，与2008年上半年的产销两旺、价格飙升、高速增长形成明显反差。化工行业占全市规模以上工业经济比重5%，比上年同期4.47%上升0.53个百分点。

【节能减排取得实效】 医药化工行业的特殊性决定了行业必须走在节能减排的前列。2009年升华拜克公司研发改进锆液回收新工艺和草甘磷空气氧化法替代老工艺等，其中成效显著的是硫酸粘杆菌素，通过精制工艺技术改进，2009年精制收率平均较2008年提高9.51%；精品成本下降15.47%；10%预混剂成本下降20.98%。按不变价计，全年节约成本达1772万元。华源颜料公司实施的八条氧化铁生产线节能改造项目，选用氧化铁行业国内最先进的隔膜式自动过滤机、双浆叶加盘式干燥设备等先进设备，对八条氧化铁生产线设备进行节能改造。项目实施后，预计年节电285.6万千瓦小时、节水67.1万立方米、减少蒸汽使用量107345吨，折合节能11438.1吨标准煤。汇晶化工用“白泥”替代氧化钙，淘汰小石灰窑，降低能耗，年节能6000吨标准煤。华诺化工公司投入800万元，扩建制皂生产线一套，4月已投入生产。

【新产品开发后劲增强】 升华拜克公司成功开发延胡索酸泰妙菌素、L-色氨酸等一批高新技术产品，成为企业新的经济增长点，同时，公司将延伸农药和兽药产品产业链，开发环保型农药新制剂和兽药新制剂，进一步提高产品附加值。2009年，升华拜克公司重点实施了10个项目的投入，为企业进一步发展提供了新增长点。浙江佐力药业股份有限公司申报的3个新产品（注射用克林霉素磷酸酯、仙桃草片、灵莲花），5月，已取得生产批件，其中灵莲花颗粒获得了国家颁发的新药证书。浙江东立绿源饲料有限公司新研制的“人工乳”（乳猪前期配合料），3月上市，成为饲料行业中的尖端产品。2%东立风暴猪用复合预混料是该公司的又一主打产品，经过2年的市场培育，2009年取得了突破性成长。

【清洁生产取得双赢】 2009年，医药化工行业有4家企业通过省级清洁生产审核、验收。湖州新奥特医药化工有限公司和湖州海普医药化工有限公司与中介机构紧密配合，历时两年多，完成第一轮清洁生产工作，共实施清洁生产方案20项，投入资金401.25万元，全年取得经济效益1050万元，节电105万千瓦小时，节煤1340吨，减少废水产生量0.42万吨、二氧化硫排放量2.77吨、粉尘排放量0.88吨、工艺废气排放量50吨、固废生产量48吨，企业在节约能源和资源的同时，也削减了废弃物的排放，经济效益与社会效益取得双赢。

【产业平台快速推进】 平台建设是湖州市生物医药产业发展的重要支撑，生物医药产业作为六大重点特色产业中的高新技术产业，在湖州市整个工业经济发展和转型升级中具有十分重要的地位，南太湖生物医药高新技术产业园、德清生物医药产业园和安吉（健康）医药产业园已初具规模。德清生物医药产业园规划到2015年，基地内生物医药产业产值350亿元，年均增长23.21%；利税30亿元，年均增长24.51%；规模以上企业50家，到2020年规划区域内生物医药产值超过1000亿元。安吉（健康）医药产业园一期工程2000亩土地已全部开发，入园企业10余家，二期1500亩正在开发中。

【升华集团连续6年入围中国制造业500强】 中国企业联合会和中国企业家协会向社会公布2009年度中国制造业企业500强和2009年度中国服务业企业500强，升华集团荣列2009年度中国制造业企业500强第379位，化学原料及化学制品制造业第21位。这是升华集团连续6年入围中国制造业500强。比上年第415名前进了36个名次。

【三个国家级火炬计划产业化项目通过验收】 升华拜克公司承担的“延胡索酸泰妙菌素”、“3，6-二氯水杨酸”和其所属企业拜克开普化工有限公司承担的“双甘膦”等三个国家级火炬计划产业化项目通过专家验收。

（刘爱琳）

·二轻工业·

【概况】 2009年，市二轻工业总公司（以下简称二轻总公司）深化改革、优化服务，狠抓企业技术改造和产品开发，狠抓企业转型升级，促进了市属二轻工业的又好又快发展，全系统各项经济指标在连续5年大幅度增长的基础上快速增长。全年完成工业总产值18.68亿元，比上年增长38%；实现销售收入17.43亿元，增长34%；利税总额3.28亿元，增长169%；实现利润2.52亿元，增长236%。全系统工业总产值、销售收入、利税和利润分别完成年度计划的135%、125%、338%和412%。

【重点骨干企业】 2009年，市二轻系统的重点骨干企业对全系统经济总量的影响进一步加重，在全系统经济增长中起着决定作用。二轻总公司下属5家重点骨干企业，浙江巨人控股有限公司、湖州岱兴电器制品有限公司、湖州二轻机械总厂、湖州三林塑料制品有限公司和湖州金利孚刀具有限公司，全年共完成产值18.12亿元，占全系统工业总产值的97%；利润总额2.59亿元，占全系统利润总额的103%。但重点企业的发展不够平衡，其中浙江巨人控股有限公司、湖州岱兴电器制品有限公司被评定为2009年度湖州市重点骨干企业。浙江巨人控股有限公司的自主创新能力进一步增强、综合实力进一步提升、企业发展速度进一步加快，2009年电梯销售突破10000台，全年完成产值14.63亿元，比上年增长60.6%，占全系统工业总产值的78.3%；实现利润2.44亿元，增长330%，占全系统利润总额的96.8%。

【科技创新】 2009年，二轻总公司加强对企业科技工作的管理，积极指导和帮助企业进行技术创新和技术改造。全系统在建企业技术改造项目7个（其中续建4个，新开工项目3个），已竣工项目3个。2009年技术改造项目计划总投资5800万元，实际完成投资5910万元。在已完成的项目中，浙江巨人控股有限公司投资2600万元，进口意大利成套钣金设备，实现了从原料到成品剪、冲、折连续化流水线生产，提高了企业的技术装备水平和生产能力。该公司还投资3200万元，新建了2条轨道式自动扶梯装配流水线和自动扶梯试验塔，自动扶梯的设计与开发率先启用EN115—2008标准，提高了产品的市场竞争力。金利孚刀具有限公司投资100万元，进口闪光焊接机及辅助设备，为企业调整产品结构、扩大新产品生产规模打下了基础。二轻总公司还积极引导和鼓励企业自主创新。全年获得省级以上技术创新项目5项，分别是：湖州二轻机械总厂的SCIMATIC5－1500羊皮精密剖层机，作为省级重点新产品立项并通过验收，获得科技经费20万元；湖州二轻机械总厂的SC5—3000精密剖层机通过国家级科技型中小企业创新基金项目立项，获得科技经费100万元；湖州二轻机械总厂的GJSP－320重型挤水伸展机被列入省重点科技创新项目并通过验收，获得科技经费60万元；湖州岱兴电器制品有限公司的超强透光率太阳能超白玻璃被列入省重点科技创新项目并通过验收；湖州金利孚刀具有限公司的新材料高精度高耐磨剖层机系列刀板被列入省级新产品。此外，湖州岱兴电器制品有限公司的天然气替代重油生产线全面改造项目列入市重点节能技改项目；湖州二轻机械总厂的CXYY—300B智能化精密削匀机项目获得市科技进步三等奖。2009年，二轻总公司还积极引导企业保护自主知识产权，鼓励企业申请专利产品和专利技术。湖州二轻机械总厂获得实用新型专利10项，浙江巨人控股有限公司获得实用新型专利4项、外观设计专利2项。

【重点项目】 2009年，二轻总公司结合“项目推进年”活动，全力推进作为市重点建设项目的晶兴玻璃制品有限公司太阳能超白玻璃生产项目，对项目实施计划安排和进度情况进行全面分析，帮助企业挖潜节能、盘活资金，并积极帮助企业融资2600万元，确保项目进展顺利。该项目第一条生产线于3月投产，当年完成产值3000多万元；第二条生产线的基础工作已经完成。

【合资合作与争创名牌工作】 2009年，二轻总公司继续帮助企业进行招商引资，湖州晶兴玻璃制品有限公司与天津泰岳玻璃有限公司达成协议，引进资金500万元。在争创名牌产品工作方面，全系统除了“巨人”、“双羊”、“双戟”、“菱”、“金角”5个市著名商标以外，巨人电梯有限公司的“巨人电梯”、善琏湖笔厂的“双羊湖笔”和二轻机械总厂的“金角皮革机械”商标获得“浙江省著名商标”称号。

【信访稳定工作】 2009年，二轻总公司层层落实信访工作责任制，做到主要领导亲自抓、分管领导具体抓，随时掌握全系统的信访和稳定工作情况，及时化解各类矛盾，全年共接待群众来访154人次，处理群众来信及市长热线交办单19件。同时有重点地做好原二轻破产企业100多名精简职工和20多名军转企、政调企人员的稳定工作，为解决破产企业精简职工生活困难问题，在向市政府请示后，提高了精简职工生活困难补助费标准，保障了他们的基本生活。在严格执行上级有关政策的前提下，妥善解决了职工身份置换金问题。全系统企业退休职工基本医保门诊统筹工作顺利完成。积极做好湖州老城区改造涉及二轻系统4家企业、100多家住户和20家承租户的房屋拆迁工作和有关稳定工作。全年二轻系统无军转企人员或企业职工越级至省、到京上访，未发生职工集体到市里上访事件，维护了社会的稳定。

【安全生产管理】 2009年，二轻总公司坚持贯彻“安全第一，预防为主”的方针，切实抓好企业的安全生产工作。二轻总公司安委会加强对系统企业安全生产工作的领导和检查。年初，二轻总公司领导与市政府签订了2009年“安全生产目标管理责任书”，二轻总公司与下属14家企业法定代表人也签订了“市二轻工业2009年度安全生产管理目标责任书”，并对各项安全生产指标进行层层分解，责任落实到人。在全系统开展“安全生产年”活动，深化隐患排查治理工作，在所属14家企业中共排查出一般隐患36项，并全部得到整改消除。6月，结合全国安全生产月活动，在全系统开展以“关爱生命，安全发展”为主题的安全生产月活动，二轻总公司制定活动计划，发现隐患，及时整改。二轻总公司全年对二轻企业进行安全生产例行检查4次，专项检查2次。二轻总公司通过加强企业安全生产基础管理，确保了全系统全年无安全责任死亡事故、无重大事故、无火灾，实现了三个“零增长”的控制目标，全面完成了二轻总公司与市政府签订的安全生产管理目标。在2009年安全生产目标管理责任制考核中，经市安全生产委员会考核评定，二轻总公司为优秀等次。

【集体资产保值增值】 2009年，二轻总公司认真履行对集体资产的管理职能，加强对集体资产的管理。在二轻总公司位于中心城区的房屋大量拆迁、房租收益相对减少的情况下，通过对参股企业委派董事、监事的办法，主动参与参股企业的决策和管理，加强对企业的财务指导和监督，努力提高企业的经营业绩，增加股金收益。2009年，二轻总公司集体资产收益比上年增长2%，完成市财政局核定的年度资产收益指标的130%。

（褚建荣）

·电力·

【概况】 2009年，湖州电力局以科学发展观为指导，主动承压，团结奋进，各项工作取得了可喜的成绩，圆满完成了年度各项目标任务，并取得了全省供电企业综合业绩第一名的优异成绩。2009年湖州市全社会用电量达123.06亿千瓦时，比上年增长9.4%，全地区最高负荷达211.9万千瓦，增长12.7%，综合电压合格率达到99.92%，城市和农村供电可靠率分别达到99.98%和99.79%。全年新建和扩建35千伏及以上变电所1座，新增变电容量53万千伏安，新增110千伏及以上输电线路234.38千米。至2009年底，全市35千伏及以上变电所达171座，总变电容量达到1034.75万千伏安，35千伏及以上输电线路247条，总长度已达3354.78千米。2009年，该局被评为“全国‘安康杯’竞赛组织工作优秀单位”和“国网公司文明单位”。在全市开展的公用企业公信度问卷调查中，湖州电力局在七大服务行业中获群众满意度第一。

【电网建设】 2009年，湖州电力局大力推进电网工程建设，不断提高基建管理能力和建设水平，积极配合国网公司、省公司做好跨区电网项目的建设与协调工作。至2009年底，220千伏太安线、塘桥变扩建、瓶莫线改造和110千伏泗安变、和平扩建、秋山扩建、良朋扩建、锦峰扩建、七里扩建、塘桥送出等10个输变电工程相继建成投产；220千伏吕山、浅塘、梅溪和110千伏五龙、浔北等5个输变电工程开始施工；110千伏弁南变、温塘变、上旺变、弁南扩共4个输变电

湖州市2009年全社会用电量按行政区域构成情况一览表

表1　　单位：万千瓦时

地　区	用电量	构成（%）	比上年增长（%）
总计	1230579.34	100	9.40
吴兴区	291538.95	23	8.18
南浔区	222361.01	18	6.78
长兴	352555.38	29	14.70
德清	236756.96	19	6.94
安吉	118862.38	10	13.14
网损	8504.66	1	-36.14

湖州市2009年全社会用电量按行业构成情况一览表

表2　　单位：万千瓦小时

项　目	用电量	构成（%）	比上年增长（%）
一、总计	1230579.34	100.00	9.40
（一）农、林、牧、渔业	19878.04	1.62	7.68
（二）工业	957912.30	77.84	8.77
（三）建筑业	16806.72	1.37	33.56
（四）交通运输、仓储、邮政业	7922.77	0.64	8.86
（五）信息传输、计算机服务和软件业	7195.74	0.58	14.21
（六）商业、住宿和餐饮业	42392.07	3.44	13.94
（七）金融、房地产、商务及居民服务业	12016.59	0.98	4.65
（八）公共事业及管理组织	34927.31	2.84	5.40
（九）城乡居民生活用电	131527.80	10.69	11.70

工程正在开展前期工作。

【特高压建设】 湖州电力局坚持政府主导，攻坚克难，圆满完成了湖州市境内特高压“四线合一”工程土地补偿和拆迁安置的阶段性任务，有序推进了特高压建设。其中±800千伏向家坝—上海直流输电线路已顺利建成投产；±800千伏锦屏—苏南特高压直流输电线路、500千伏葛南线搬迁工程全面开工建设；1000千伏淮南—上海交流特高压输电线路和1000千伏浙北变电站完成工程设计，变电站开始三通一平施工；500千伏妙西输变电工程完成工程设计，计划在2010年正式开工建设。

【优质服务】 2009年，湖州电力局积极应对金融危机影响，实施“电力春风行动”，推出惠民助企举措，全面服务经济社会发展。同时推出两项措施：一是实行“客户须知签收制”，确保告知义务履行，满足用户的知情权；二是推行“高压客户业扩工程回访制”，强化业扩工程管理。按时有序做好“95598”系统和现场管理系统升级，建成标准化客户档案室13个。大力推广社会用电优化模式，建立杭宁高铁临时用电绿色通道，继续深化服务共建工作。深入实施新农村电气化建设，全年新建110个电气化村，建设完成13个电气化乡镇。积极做好重大活动、重要节日保电工作，强化重要（高危）用户管理，及时对全市重要（高危）用户重新评估和认定，圆满完成国庆60周年保供电任务。按照“政府主导、电力推动、用户参与”原则，成功举行了湖州市首次大面积停电联合演练。

（顾维昱）

科学技术

·综述·

【概况】 2009年，全市科技工作以实施自主创新能力提升行动计划为抓手，以“科技帮扶促转型、创业创新促发展”为实践载体，优化了创新环境，为推动全市经济转型升级提供了有力的科技支撑。

一、科技创新环境进一步完善。一是制定出台支持和鼓励科技创新的有关政策。市委、市政府先后出台《湖州市科技成果转化奖励办法》、《湖州市企业家科技创新奖评选办法》、《关于加快生物医药产业发展的意见》和《关于加快科技企业孵化器建设与发展的若干意见》，进一步完善了鼓励、支持科技创新的政策体系。同时，加强了科技政策的落实，2008年湖州市国家重点扶持的58家高新技术企业享受减免的企业所得税和湖州市企业享受技术开发费抵扣额合计1.63亿元。二是完善科技进步的考核制度。改进市对县（区）科技进步的考核内容和办法，进一步突出重点，健全以加快高新技术产业发展、科技创新平台建设和科技领军人才引进、重大和重点科技项目推进的政策导向和考核机制。湖州市及三县二区全部通过全国科技进步考核。三是开展科技进步奖的评选和推荐工作。对市级科技进步奖110个申报项目进行了评审，推荐了省科学技术奖候选项目45项。全市有：1项获国家2009年度科技进步二等奖、17项科技成果获省级科技奖励；有5人获得省农业科技成果转化推广奖。同时，开展了“科技成果转化奖”和“企业家科技创新奖”的评选工作。

二、大力推进高新技术产业发展。2009年，全市高新技术产业实现工业总产值488.8亿元，比上年增长3.5%；规模以上工业新产品产值467.8亿元，增长15.3%；高新技术产业产值占规模以上工业总产值比例为22.3%。一是加快培育科技型企业。湖州市新认定国家重点扶持的高新技术企业64家，新增省级创新型试点企业4家、省级高新技术企业研发中心14家、省级农业科技型企业14家、省级科技型企业70家和省级农业科技企业研发中心8家。二是加快高新技术特色产业基地发展。安吉竹精深加工产业基地、吴兴特种金属管道产业基地和南浔特种不锈钢管产业基地被列入省级高新技术特色产业基地行列。全市9家省级以上高新技术特色产业基地全年实现产值490.9亿元，增长27.2%；实现利税55.3亿元，增长23.4%。三是探索创新科技金融工作。9月，湖州市进行了科技金融服务专项行动启动仪式，市商业银行专门设立了5亿元科技专项，与6家企业签订了1.27亿元的科技专项贷款协议，对科技型企业专项贷款累计达到8.04亿元；与2家企业签订了1020万元的专利权质押贷款协议。正式启动了“太湖之星”湖州科技中小企业集合债权基金，科技金融工作进入了一个新的发展阶段。

三、组织申报、实施了一批科技项目。2009年全市共组织申报市级以上各类科技计划项目632项，立项310项。一是积极组织申报省级以上各类科技计划项目。2009年指导帮助企业申报国家和省各类科技计划项目417项，其中重大产业化项目192项，比上年增长32.41%。46个项目列为2009年度国家科技型中小企业创新基金项目；参与承担的省级重大科技专项有46个项目被立项，新立省级农业科技成果转化资金项目10项、创新基金项目11项、面上项目9项，新认定省级新产品489项。二是组织实施市级科技计划项目。启动了生物医药、农业新品种选育及产业化开发等两个市级重大科技专项，下发《湖州市生物医药重大科技专项实施方案》和《湖州市农业新品种选育及产业化开发重大科技专项实施方案》等文件。围绕生物医药、新农村建设和社会发展等领域，有162项列入市级科技计划项目。三是加强高层次人才的引进。2008年，湖州市开始实施“南太湖精英计划”，有11个（项）领军人才和项目落户湖州，已有10项落地，注册资金达3700万元，引进人才55名，已注册成立公司10家。2009年，有17个项目成功签约。

四、加强政产学研合作，加速推进科技成果产业化。一是精心组织企业院校行活动。为加强科技项目的对接，谋求与高校院所开展深度科技合作，2009年，由市领导带队先后走访了中科院宁波材料所、合肥工业大学10余家高校院所，共征集湖州市企业技术难题与技术需求115项，征集高校院所最新科技成果866项，并与合肥工业大学签订了全面科技合作协议，加强了政产学研合作。二是组织专家进企业活动。德清县从高校院所引进了95名专家赴企业为期半年或一年挂职，吴兴区会同有关高校和科研院所组织开展了“2009·百名硕博服务吴兴转型升级行动”，进一步推进了产学研合作，为企业解决技术难题、提高管理水平服务。三是精心筹划举办和参加各类科技合作交流活动。组织2009年湖州—合肥科技项目对接洽谈活动，参加浙川军民科技合作对接大会、浙江—北京推进转型升级洽谈会，参加企业近100家，有28个项目正式签约和达成合作意向75项，涉及新能源、新材料、环保、电子信息等技术领域，其中16个签约项目的科研开发合作经费总额达5855.2万元；签约1个共建工程技术研究中心的项目。

五、科技平台建设。一是全力推进科技孵化器和“三创载体”平台建设。南太湖科创中心目前已有16家研发、中试等机构入驻，其中湖州国际蛋白组学产业化创新中心等7家已启动运行。2009年全市新增孵化器面积14.3万平方米，全市4家省级以上孵化器在孵企业达297家。中国科学院电子学研究所与长兴县正式签约建设“中国科学院电子学研究所湖州空间信息产业园”，中科院计划投入5亿元的项目经费。二是合作共建重大科技创新平台。湖州市与中科院上海生命科学院启动了共建中科院湖州营养与健康产业创新中心和湖州现代农业生物技术产业创新中心；德清县被商务部、科技部联合认定为国家科技兴贸创新基地；吴兴区与上海电器科学研究所（集团）有限公司共建“一园三中心”签约；南浔区与中电21所共建浙江分所（浙江电机产业技术研究院）及电机高新技术特色产业基地。三是大力推进创新载体建设。南浔的巨人通力电梯有限公司成立了全省首个院士专家企业工作站，木业区域服务中心升级为南浔经济开发区国家级生产力促进中心。高鸿集团公司与中国科学院宁波材料技术与工程研究所联合组建了“PVD功能装饰涂层新材料工程技术研究中心”。

六、加大农业与社会发展领域的科技支持力度，支撑社会主义新农村和“平安湖州”建设。一是全面开展社会主义新农村建设科技示范工作。深入开展湖州市与浙江大学的市校合作，浙大（长兴）农业科技园暨农业科学试验站建设加快，转基因育种基地被批准为国家植物基因研究中心基地和国家转基因基地。评比表彰了武康镇、八里店镇等9个镇为市科技强镇。二是认真做好科技特派员工作。做好第二、三批市派科技特派员轮换交接工作，对第三批市派科技特派员的选派、管理及市派科技特派员项目申报等有关事项作了明确的要求，组织实施28个科技特派员项目。三是积极创建国家级可持续发展实验区。南浔区进一步推动可持续发展实验区的科技、经济和社会发展各项工作，促进经济、社会与人口、资源、环境的协调发展，使实验区成为落实科学发展观，构建和谐社会的示范区、样板区。安吉县成为国家级可持续发展实验区。

七、加快了国家知识产权试点城市建设。2009年，全市专利申请量达到6030件，授权5165件，其中发明专利授权92件。一是切实加强企业专利工作。长兴县和吴兴区被批准为省级专利示范创建县（区）。全市新认定国家知识产权试点企业4家，认定省级专利示范企业20家、市级专利示范企业28家，浙江世友木业有限公司“炭化木地板生产方法”项目获得国家发明专利奖优秀奖。统计的78家专利示范企业完成专利产值211.2亿元，比上年增长23.5%；实现专利利税23.3亿元，增长18.2%。二是积极探索专利权质押贷款。为推进企业专利项目转化实施，开展了专利权质押贷款探索工作，学习考察各地专利权质押贷款工作经验，与湖州有关银行和担保机构、评估机构进行洽谈，对市科技型中小企业利用专利权质押贷款需求进行调查，并研究起草《湖州市专利权质押贷款贴息管理办法》。三是积极开展保护专利权专项行动。2009年，全市调处专利侵权纠纷案件6起，开展了部分商品流通场所执法检查，开通了“12330”知识产权维权援助电话。安吉县成立了中国首个竹产业知识产权联盟——南林（南方林业）竹产业知识产权联盟，已有31家国内知名竹制品企业加入联盟。

（沈建良　魏　良）

·科技管理与进步·

【省级以上科技项目实施情况】 全市共实施省级以上科技计划项目603项，其中，新上项目160项，结转项目443项。新上项目中国家级项目55项、省级项目105项，主要包括国家科技重大专项、“863”计划、科技人员服务企业行动、创新基金、厅市会商、省重大科技专项和农转资金项目等。科技创新工作以项目实施为载体，积极争取上级财政科技经费，2009年获得实际到位科技经费5576.5万元，比2008年增加145.1万元。据省科技厅对湖州市2009年实施的100项省级重大、重点科技项目调查统计：截至2009年底，项目累计实现产值38.76亿元，实现利润5.01亿元，缴税2.44亿元，创汇9876万美元，增加就业岗位2464个，申请专利255件，获得专利授权112件。重大科技项目投资大，起点高，技术先进，产业化前景好，经济与社会效益明显，对推动经济转型升级意义重大。

【市级科技项目实施情况】 全市共实施市级科技计划项目604项，其中，新上项目162项，结转项目442项。新上项目以启动实施的“生物医药”和“农业新品种选育及产业化”两个重大科技专项为重点，组织上加强主动设计，项目筛选注重深入调研和广泛征集，并充分发挥专家组的咨询和指导作用，做到根据产业导向、先进性和产业化前景等多重目标严格筛选，择优立项。同时在经费安排上也向重大科技专项进行倾斜，设立了1000万元的生物医药专项资金，农业新品种选育及产业化专项项目计划安排275万元的资金。新立项的重大和重点项目实施情况良好，部分项目已进入产业化阶段，并开始产生经济和社会效益，据统计，截至2009年年底，项目累计实现销售收入2770万元，利润470万元。

（娄　晴　曹雄飞）

【高新技术产业】 2009年全市高新技术产业，由于受国际金融危机影响，发展速度减缓。全市高新技术产业产值达488.8亿元，比上年增长3.5%，比规模以上工业增幅低6.1个百分点。高新技术产业产值占规模以上工业产值比重达到22.3%；高新技术产业实现利税42.3亿元，增长8.5%；实现利润27.6亿元，增长13.5%。湖州市高新技术产业产值增幅在11个设区市中居第六位，高新技术产业产值规模居第八位。

一、各领域高新技术产业发展情况。2009年，高新技术产业6大领域中，新能源及节能、光机电一体化、电子信息产业保持增长态势；新材料产业产值与上年持平；生物医药、资源与环境产业产值出现负增长。新能源及节能产业，2009年实现产值115.4亿元，比上年增长13.1%；销售收入达到139.2亿元，增长16.0%；实现利税9.8亿元，增长7.8%，其中利润达到6.6亿元，增长3.6%，该产业在全市高新技术产业六大领域中产值排第二位，占比达到23.6%。生物医药产业受国际金融危机影响最大，2009年实现产值72.4亿元，下降13.4%；销售收入达71.7亿元，下降14.2%；实现利税9.1亿元，下降14.3%。新材料产业，2009年实现工业产值153.1亿元，与上年持平；实现利税达11亿元，增长14.1%，其中利润6.15亿元，增长19.4%。产值占全市高新技术产业产值比重达到31.3%，在六大产业领域中居第一位，对全市高新技术产业影响最大。光机电一体化产业产值增幅最大，2009年产值达到90.6亿元，增长14.3%；产品销售收入达86.1亿元，增长12.2%，实现利税7.9亿元，增长27.9%，其中利润5.4亿元，增长39.9%。该产业中占比较大的电梯生产企业发展良好。电子信息产值利税同步增长。2009年电子信息产业产值达到51.7亿元，同比增长10.6%；产品销售收入为50.6亿元，增长2.5%；利税达到3.9亿元，增长28.1%；其中利润2.6亿元，增长42.9%。资源与环境产业产值降幅最大，2009年产值达到5.5亿元，下降25.8%；产品销售收入为5.4亿元，下降21.8%；实现利税5066.1万元，其中利润1966.5万元。

二、高新技术产业发展的主要特点。一是高新技术产业集聚度进一步提高，产业特色凸显。省级高新技术产业园区建设加快，园区内160家规模以上企业完成工业总产值210.3亿元、销售收入145.7亿元、利税15.9亿元，其中利润9.8亿元，分别比上年增长8.0%、4.7%、12.2%和13.5%。全市高新技术特色产业基地建设明显加快，“南浔特种电磁线”、“长兴无机非金属材料”、“德清生物与医药”3个国家级特色产业基地和“长兴助动车绿色电池”、“南浔电梯”、“德清涂装”、“南浔特种不锈钢”、“吴兴特种金属管道”和“安吉竹精深加工”6个省级高新技术特色产业基地，2009年实现产值490.94亿元，增长27.2%；实现利税55.25亿元，增长23.42%；出口创汇达到9.16亿美元。二是技术创新平台建设加强，产业链不断延伸。南太湖科技创新中心已有11个（项）领军人才和项目落户湖州，10家正常运行。中科院上海生命科学院湖州工业生物技术中心、浙江大学南太湖现代农业科技推广中心等科技创新平台正在完善中。2009年湖州市与中科院合作成立的“中科院湖州营养与健康产业创新中心”和“湖州现代农业生物技术产业创新中心”正在建设中。新建的浙江省新药创制科技服务平台湖州工作站开始启动。三是全市科技企业孵化器建设不断加强。湖州科技创业园（国家级）、长兴科技创业园（国家级）、德清科技创业园（省级）和吴兴科技创业园（省级）4家孵化器2009年新增入孵企业147家，新毕业企业35家，在孵企业达到297家。4家孵化器共实现工业产值4.99亿元，上缴税金达3918.4万元。全市孵化器面积达到22.59万平方米。南浔区孵化器在抓紧建设中。四是科技型企业加快培育，产业技术创新能力提升。2009年新增国家重点扶持高新技术企业64家，全市国家重点扶持的高新技术企业达到122家。浙江天能电池有限公司、湖州金泰科技股份有限公司等4家企业被认定为省创新型试点企业，全市省创新型试点企业达到18家。新认定省科技型中小企业70家；新认定市高新技术产业领航企业、科技型小巨人企业和科技型初创企业共83家，全市“三型”企业达到147家。五是全市企业自主创新能力不断增强。2009年有489项新产品列入省新产品试制计划。全市专利授权量达到5165件，比上年增长122.8%，其中发明专利授权达到92件，增长61.4%。六是探索创新科技金融工作，产业发展环境优化。2009年安吉县建立3000万元创业投资引导基金。全市科技金融服务专项行动启动，市商业银行设立了5亿元科技专项；3000万元“太湖之星”科技型小企业集合信托贷款发放；专利权质押贷款开始实施。建立湖州市科技企业融资服务中心，科技型企业融资环境进一步优化。

（屠纪民　张　澜）

【高新技术产业园区】 2009年，湖州高新技术产业园区按照“科技创新、科技强区”的发展战略，以培育和发展高新技术产业、高新技术企业作为科技进步的重要抓手，园区呈现出良好的发展态势。2009年高新技术产业园区规模以上工业产值达到210.5亿元；销售收入达到145.8亿元；利税达15.91亿元，其中利润达9.77亿元。高新技术企业达到37家，实现产值91.5亿元、销售收入89.8亿元、利税11.5亿元，其中利润8.0亿元。新认定国家重点扶持高新技术企业26家，占全市认定数的22.5%。

一、海归人才创新创业。2009年，全区归国留学人才创办企业24家，其中有9家为现代生物医药企业，占37.5%，其产业的前沿性、高端性和竞争性在引领发展中的作用日益明显。2009年引进“南太湖精英计划”项目及领军人才7项（个），占全市的38.8%，其中A类项目及领军人才2项（个），占全市的66.7%。湖州高新技术产业园区（湖州留学人员创业园区）的工作得到了教育部和科技部的肯定，在8月教育部和科技部联合组织的全国第四届“春晖杯”中国留学人员创新创业大赛项目评审会上，湖州留学人员创业园区被授予“‘春晖杯’创新创业大赛创业基地”称号。

二、科创中心平台作用加速显现。科创中心建成投入运行，“政产学研”合作进展顺利。2009年，与著名大学、科研院所和科研团队合作共建16家产业化创新中心，其中，中科院湖州应用技术与产业化研究中心、中科院湖州工业生物技术产业化中心、湖州国际蛋白组学产业化创新中心、浙江大学湖州生物技术产业创新中心、西北工业大学湖州高速计算中心、中科院长春应用化学研究所湖州高分子材料研究中心、中电科技集团第15研究所浙江太级信息研究院、同济大学湖州生命科学产业创新中心等8家机构正常运转，已经投入运行的8家机构，2009年直接实现产值13728.22万元，直接实现销售收入11970.04万元，直接实现利税2969.47万元，其中利润2548.42万元。转移高科技成果22项，初步显示了引进著名大学和科研院所合作建设科技创新平台的强大后劲。中科院湖州营养科学产业创新中心和中科院湖州现代农业生物技术产业创新中心机构已完成研发楼层工程的装修；浙江大学湖州信息技术产业化创新中心和浙江大学医学院湖州生物技术产业创新中心机构开始动工建设。

三、企业自主创新能力快速提升。2009年共组织申报各类各级项目238项，其中：列入国家中小企业技术创新基金项目7项，科技部支持科技人员服务企业工作项目1项，省重大重点科技项目15项，认定国家重点扶持高新技术企业12家，省科技型中小企业9家，省级研发中心1家。全年授权专利178件，比上年增长34.85%，其中发明专利10件，增长233.33%。

（屠纪民　张　澜）

【火炬计划】　2009年，全市各级科技部门致力于推进科技创新、高新技术产业化，做好2010年度国家级火炬计划备选项目的申报工作。全年新申报国家级火炬计划项目78项（包括2项环境建设项目），比2008年增加了33项，达到历年来最高水平。76项产业化建设项目中，新材料及应用领域32项，占42.10%；光电一体化领域19项，占25%；新能源与高效节能领域10项，占13.16%；生物工程和新医药领域8项，占10.53%；电子与信息领域4项，占5.26%；环境保护领域3项，占3.95%。2009年全市的产业化结构中，新材料及应用领域的高新技术成果转化仍占主导地位，光电一体化行业发展较为迅速。

2009年，火炬计划共实施项目84项，落实资金88.72亿元，实现工业总产值647.04亿元，销售收入483.35亿元，净利润54.22亿元，交税总额33.74亿元，利税率达到18.20%，出口创汇12.43亿美元。项目的实施全面贯彻落实国家自主创新战略要求，加快科技成果产业化，有力地促进了全市经济的快速增长。

浙江金洲管道工业有限公司承担的国家火炬计划项目“中亚石油管线群工程用高等级SSAW钢管”(2008GH030716)，通过采用三点定心刚性外承梁成型、双丝激光跟踪焊接等新工艺、新技术，选用国产原料试制成功了X70级中亚石油管线群工程用石油天然输送钢管。项目总投资7196.7万元，通过一年的实施，产量达到69864吨，实现销售收入62976万元，交税总额2519.04万元，利润总额3778万元，达到了项目规定的经济指标要求，9月，顺利通过了国家火炬计划项目验收。

中电科技德清华莹电子有限公司承担的国家火炬项目“GPS用1575MHz片式声表面波滤波器”(2008GH010659)，采用阻抗元优化设计和多级级联的方法，插入损耗低，滤波性能好，在工业上采用粘片后进行阶梯升温加热烘烤技术，保证升温恒定，提高了成品率，在封装上采用SMD形式，缩小了器件体积，获得2项实用新型专利授权。项目年产量815万只，实现销售收入1793万元，上缴税金168万元，税后利润381万元，完成了预定的经济指标，9月，顺利通过了国家火炬计划项目验收。

（屠纪民　杨　悦）

【高新技术研发中心】　2009年，湖州市高新技术研究开发中心，发展趋势良好，全市新增省级14家。至2009年底，累计批准建立的省、市级高新技术研究开发中心114家。其中：省级73家，占64.04%；市级41家，占35.96%。德清县22家，长兴县20家，安吉县16家，吴兴区21家，南浔区23家，高新区11家，市直属研发中心1家。已建的114家高新技术研发中心涉及6大领域：涉及新材料领域的研发中心有49家，占42.98%；生物与医药领域的研发中心有24家，占21.05%；光机电一体化领域的研发中心有19家，占16.67%；新能源及节能领域的研发中心有11家，占9.65%；电子信息领域的研发中心有10家，占8.77%；资源与环境领域的研发中心1家，占0.88%。研发中心建设在新材料领域发展势头良好，在生物与医药和光机电一体化高新技术领域保持稳步发展。研发中心与依托单位建立了良好的合作机制和互动关系，依托单位为研发中心提供了良好的研发平台，在资金、人员配备、设备、场地等方面给以最大力度的支持，至2009年底，据全市66家省级高新技术研发中心统计资料显示，共有研发人员3286人，占依托单位总人员的13.42%，全市研究开发经费投入总额10.79亿元，占依托单位总销售额的3.88%。研发中心为依托单位提供了有力的技术支持，运用先进的科技成果不断创造适应市场需求的新产品，采用新开发的工艺技术提升传统产业的科技水平，拓展依托单位的发展空间，促进依托单位的发展速度，提升依托单位的经济收益，取得了良好的社会效益。2009年，全市研发中心共承担市级以上项目212项，成果获奖40项，发明专利受理150项，授权38项；实用新型专利受理246项，授权164项；外观设计专利受理143项，授权174项。全市研发中心研发的新产品2009年实现销售总额分别为131.57亿元和190.11亿元，分别占依托单位总销售额的53.45%和77.22%。研发中心积极与各高等院校、科研机构挂钩，开展产学研合作，建立各种形式的合作关系。2009年，恒基新能源省级高新技术企业研究开发中心坚持自主创新与产、学、研相结合的研发模式，主要以高性能光伏太阳能储能胶体蓄电池用纳米氧化硅材料的研发应用技术以及光伏太阳能电池的开发为重点，完成省技术创新“高性能光伏太阳能储能胶体蓄电池用纳米氧化硅材料的研发应用”并通过省经委验收；完成省重大科技专项重点国际合作。与美国富邦高科有限公司合作研发的“大功率高效晶体硅太阳能电池及系统工程开发应用”，通过省科技厅验收。通过新项目的实施，中心为依托单位提升了现有产品的技术含量，为依托单位直接创造了较高的经济效益。同时为调整产业结构，积极开发、利用绿色新能源作出了贡献。中心一方面继续与复旦大学、中科院等开展技术合作，另一方面加快自身建设。2009年中心新增光伏太阳能电池试验、检测用的分选机、层压机、短路测试仪等设备10台；纳米氧化硅材料试制、检测用的制胶机、灌胶体、四功能检测仪等设备12台，累计投入研发设备508万元。设备的投入，为中心提高新产品的技术性能和开发系列产品提供了有效保障。

（屠纪民　杨　悦）

【省级新产品开发】　2009年，在“保增长、促转型”的大环境下，以建设创新型城市和科技强市为目标，湖州市围绕生物医药、新能源、新材料、光机电一体化、电子信息、资源与环境等高新技术产业领域，鼓励企业开发自有创新技术、自有知识产权、自有品牌和技术含量高、附加值高、产业化程度高的“三自三高”新产品。全市全年申报国家级重点新产品60项；申报省级新产品1002项，列入省科技厅、省经贸委的省级新产品试制计划项目有877项（科技系统489项；经委系统388项），比上年增长32.9%。这些新产品的成功研发大大提升了工业产品的科技含量，推进全市工业产品的升级换代，对推进全市产业结构调整，提升优势产业竞争力产生积极的影响。全市企业积极消化应用国外先进技术，同时与高校、科研院所紧密合作，不断开展自主创新和引进创新相结合，企业的创新能力和自主研发能力明显增强，成功试制出一批又一批创新性强、技术含量高、有较强市场竞争力的新产品。中机南方机械股份有限公司自行研发的“4LZ-2.3型全喂入联合收割机”，有效的解决脱粒损失问题，降低损失率；延长脱粒时间，提高脱净率，提高工作效率。产品产业化后可实现年销售6360万元，利税达到920万元。永兴特种不锈钢股份有限公司研发的“309L焊接用奥氏体不锈钢线材”，通过对化学成分优化设计，AOD精炼渣系、钢的热加工工艺等研究，研制出新型钢材。产品可有效替代同类进口产品，为苏、浙、沪等地区众多不锈钢制品或拉丝企业提供了性价比优良的生产原材料。产品产业化后，产品年产量可达1200万吨，销售达6780万元；利税达到1078万元。

新产品的开发，推进了企业吸收国外先进技术，实现再创新的步伐和促进全市企业的节能降耗。湖州德宏汽车电器系统有限公司研发的“ET-305永磁发电机”采取一种被称作“补偿”模式的复杂电子控制系统等，在同类发电机中具有极强的节油与降低温升的特性。整体式发电机按美国最新技术完全同步，产品技术状态与国际最新技术同步。产品与当前同功率电机相比，节能5%。产业化后，可实现年产2万台永磁发电机的生产能力，年新增销售收入6400万元，新增利税745万元。

对列入省新产品试制计划的489个项目的统计分析，新产品产业化后可新增年产值8.56亿元，年增利润6205万元；年增税金6135万元，具有良好的经济和社会效益。

（屠纪民　张　澜）

【湖州科技创业园建设与发展】　2009年湖州科技创业园建设与发展，重点围绕招企入驻、招才引智、服务入驻企业和建设科技创新公共服务平台等开展工作，通过园区全体员工的共同努力，取得了一定的成绩。2009年，湖州科技创业园被省科技厅考评为全省优秀科技企业孵化器，并顺利通过国家级孵化器2009年度复评。

一、湖州科技创业园培育和孵化企业。1. 集聚了一批科技创新创业的人才。自2003年10月正式开园以来，已经先后吸引了留美博士陆敏、加拿大籍博士李光辉等高层次科技人员在创业园创业。至年末，由留学归国硕士以上人员创办的科技企业累计达到8家。园内企业共有职工992人，其中：具有大专以上学历的科技人员有714人，占全部职工的72%；从事研究开发人员有568人，占全部职工的57.3%；科技人员中有博士及博士后27人；硕士42人。教授、高工20人；工程师171人。创业园良好的创业环境和科学的管理，吸引了更多的高科技人才来入驻创业。2. 引进和开发了一批高科技项目和产品。至2009年底，在孵企业及已毕业企业累计共开发高科技产品200多项，已列入市级以上各类科技计划项目125项，其中省级各类项目20项、国家科技型中小企业创新基金12项、国家“863”计划项目2项、国家重大专项2项，获得资助经费2764.5万元。累计知识产权受理量为111项，其中有62项知识产权获得国家授权。园区累计创造产值4.46亿元，获利企业净利润6306.2万元，上缴税收2861多万元。3. 孵化和培育了一批高新技术企业。湖州科技创业园从2003年10月正式投入运行以来，入驻孵化企业累计达到171家，孵化毕业企业86家。期间，6家孵化企业通过国家高新技术企业的认定，有9家通过市级高新技术企业认定，培育了省级科技型企业5家，有11家企业通过软件企业认证，有25家企业通过湖州市科技型初创企业认定。现有在孵化企业89家。企业毕业后，有11家企业在开发区或吴兴区征地建立了自己的产业化基地，为湖州市调整经济结构和转变经济发展方式发挥了积极的作用。

二、湖州科技创业园公共服务

平台建设。1. 湖州科技创新公共服务平台建设。2009年，由湖州科技创业园投入资金100万元，在一楼大厅建设湖州科技创新公共服务平台，组织专业人员为园内科技人员提供科技查新代理、文献检索、翻译服务；专利咨询、专利申请服务；为创业者入园申请办理、项目申报服务提供法律、会计、金融咨询、打字复印等商务服务。同时还提供音乐茶吧、咖啡吧，为专家和科技人员进行商务洽谈、接待会客提供休闲服务。营造良好的科技创新创业服务环境。2009年湖州科技创新公共服务平台服务人次达到10000人次以上，其中科技查新达到186次，比上年翻了一番。2. 湖州科技创业园生物医药技术公共服务平台建设。平台由湖州科技创业服务中心和中国科学院上海生命科学研究院湖州工业生物技术中心共建。该平台利用中国科学院上海生命科学研究院湖州工业生物技术中心的人才优势、技术支撑优势和管理优势，专门为创业园内企业和湖州市广大生物医药企业及科技型中小企业的技术创新提供服务。希望通过该平台的建立，能够引进一批全新的具有更好竞争力的生物技术企业，促进它们的发展壮大，做大做强湖州市的生物医药产业。平台具体做法是：一是创业园投入建设专项资金300万元，与中科院上海生命科学研究院湖州工业生物技术中心共同建设该平台，并委托他们管理运行。二是进行资源整合，湖州工业生物技术中心的四个实验室，有近400万元的设备投资，基本能提供孵化企业在工业生物医药方面的项目研发的需要。创业园300万元资金投入（主要用于公共检测设备的投入），该平台的实验设备将得到进一步的完善。三是该平台依托中国科学院作后盾，不断引入高技术项目和高技术人才在平台研发。年末，有10多个高技术项目在开发。2009年，湖州科技创业园生物医药技术公共服务平台为园区和全市17家生物医药企业提供了试验、分析检测、人员培训、技术咨询、装备及设施共享服务429次，为湖州吉瑞等12家企业用平台开展了12个项目研发工作，其中5个项目完成了产业化技术转化，产值将达到2亿余元，税收2000万余元。另有2个项目通过技术入股在开发区成立两家合作公司，分别进行产业化，产值都将在1亿元以上，利税1000万元以上。湖州科技创业园生物医药技术公共服务平台是全省孵化器中首个生物医药公共服务平台，2009年顺利通过了省科技厅的验收，并被列为样板模式。3. “大学生科技创业见习基地”建设。根据科技部《关于大学生科技创业见习基地试点工作的实施方案》意见，湖州科技创业园积极开展大学生科技创业见习基地建设工作，充分利用科技企业孵化体系，引导大学生以技术创业带动社会就业，促进大学教育资源与科技成果产业化工作的紧密结合，为建设创新型国家输送新鲜血液，培育后备力量。湖州科技创业园已先后联合湖州师范学院、湖州求真学院和湖州职业技术学院组织了8次大学生到园区入驻企业见习和就业活动，有50多位学生在创业园在孵企业中见习。湖州师范学院、湖师院求真学院、杭州电子科技大学、浙江大学玉泉校区等高校进行了“湖州科技创业园走进高校推介会”活动。与湖州师范学院签订了共建大学生科技创业见习基地协议书。有5家大学生创办的企业入驻园区孵化。

（吴斌耀）

【农业科技项目实施情况】 一、农业科技项目完成情况。2009年，全年共实施农业科技项目315项。其中结转项目208项：包括省级、国家级结转项目共84项（省重大专项重点项目9项、省重点科研4项、省一般科研7项、国家星火26项、省级星火9项、国家农转资金2项、省级农转资金26项、省级新农村建设科技示范专项1项）；市级结转项目共124项（重大2项、攻关13项、科研44项、农转资金26项、新农村专项13项、科技特派员专项26项）。新上项目107项：包括省级、国家级新上项目24项（厅市会商1项、省重大专项重点项目10项、省一般科研3项、国家级星火20项、省级农转资金10项）；市级新上项目83项（重大专项2项、攻关18项、科研23项、农转资金12项、科技特派员专项28项）。

至2009年年底，省重大专项重点项目完成验收11项，省级一般科研项目完成验收10项，省级转化资金项目完成验收12项，国家星火项目已完成验收5项；市级攻关项目完成验收15项，市级科研项目完成验收16项，市级转化资金项目已完成验收21项，市级新农村专项完成验收19项，市级科技特派员专项完成验收26项，申请中止2项。

二、农业科技项目实施情况。

1. 省重大科技专项和优先主题实施情况。围绕高效生态农业的发展，重点开展农业生物技术、农产品精深加工技术、农业新品种选育技术和工程农业技术等重大重点科技专项。一是农业新品种选育技术专项。主要开展了濒危野生龟鳖种质资源保护利用及种质库建设、湖羊－优秀种用核心群和高产肉用新类群选育、梅兰菊竹传统名花种苗快繁配套技术研究及基地建设、优质健康青蟹苗种分级生态培育关键技术研究和应用等项目进行重点攻关。二是农产品精深加工技术专项。主要开展了湖州食品工业园主导产业提升技术集成及延伸产品研制、纳米珍珠粉原液的开发与应用研究、竹材人造板精深加工关键技术集成创新与产业化、减肥功能食品的开发和关键技术的研究等项目重点攻关。三是农业生物技术专项。主要开展了新型绿色饲用免疫增强剂魔芋甘露寡糖的研发、饲用非芽孢微生物制剂关键技术研究、微生物除草剂“克草霉”的固体发酵与剂型加工技术研究等项目进行重点攻关。四是工程农业技术专项。主要开展了中型灌区用水调度自动化系统、环境友好型设施葡萄栽培关键技术体系研究与工程示范等项目进行重点攻关。这些省重大科技专项和优先主题的实施，将有力提升湖州市在农业生物技术、农产品精深加工技术、农业新品种选育技术和工程农业技术等方面的技术水平，为湖州市现代、高效、生态农业的发展和推动社会主义新农村建设提供了有力的科技支撑。

2．省一般科研项目实施情况。2009年结转的省一般科研项目有22项，新上省一般科研项目5项，合计有27项。项目重点围绕农业新品种选育、农业生物技术、农产品加工技术、工程农业技术开展共性关键技术研究。如：利用重离子辐射技术诱导家蚕种质资源创新、黄缘盒龟规模化繁育与养殖技术研究、特色野菜种质资源收集及安全生产关键技术研究等项目都是农业新品种选育；湖州淡水鱼综合加工的关键技术研究与示范、桑皮纺织纤维和桑枝复合木地板的开发研究、农产品脱水蔬菜质量安全与可溯源质量追踪等项目都是农产品加工技术研究；水稻条纹叶枯病抗性资源的筛选及利用研究、饲料级银杏叶提取物提高畜禽免疫力和生产性能的研究等项目都是农业生物技术研究；厚皮甜瓜防衰高品质栽培关键技术研究与集成示范等项目是农业栽培技术研究。

3．转化资金项目实施情况。2009年结转省级以上转化资金项目27项（其中国家级3项），结转市级转化资金项目36项。新上省级以上转化资金项目10项，市级转化资金项目12项，合计有85项。重点围绕农业新品种繁育及示范、农产品精深加工、畜禽水产良种繁育与健康养殖、设施农业和农业生物技术等方面实施成果转化。如：高产晚粳稻新品种浙粳29的繁育开发合莱用大豆新品种“太湖春早”生产示范与推广等都是农业新品种繁育及示范项目；大马士革玫瑰精油精深加工技术产业化中试、桑枝地板开发及产业化等都是农产品精深加工项目；无公害中华鳖生态养殖技术示范、翘嘴红鲌规模化提早繁殖技术示范等都是禽畜水产良种繁育与健康养殖项目；4LL－2.0D（星光至尊）型多功能全喂入联合收割机、设施葡萄根域限制高效栽培技术示范推广等都是设施农业示范项目；高效菌酶制剂产业化关键技术中试、饲用α－半乳糖苷酶产业化关键技术中试、水产微生态制剂的中试开发、10%苯醚甲环唑水分散粒剂等都是农业生物技术项目。

4．市攻关项目实施情况。2009年市级攻关项目重点围绕农业新品种选育、农产品精深加工、农作物栽培、畜禽水产良种繁育与健康养殖、农业生物技术、工程农业等方面开展共性关键技术研究。如：葫芦科作物——甜瓜、西瓜、南瓜新品种选育和湖州市现代茶园风扇防霜冻技术引进与研究2个市重大攻关项目进展良好。水生蔬菜新品种的引入与生态栽培、高产晚粳稻新品种浙粳29的繁育开发、高品质玫瑰花引选等项目都是将生物和基因技术应用于育种；鹅肥肝填饲工艺的改进及相关技术的研究、观赏鱼引繁、良种培育研究及产业化、牛蛙主要疾病防治及健康养殖技术等项目都是畜禽水产健康养殖技术研究；栝楼的生物活性成分提取及产品开发、银杏系列产品的产业化开发、出口1200吨脱水蔬菜增值加工技术等项目都是农产品精深加工技术研究；草莓非耕地立体栽培技术研究与开发、梨园套种白茶提高复种指数的研究、定量提质栽培技术在葡萄种植中的应用研究与推广等项目都是农作物栽培技术研究。这些技术的突破将提升湖州市现有的水产、蔬菜等农业特色产业等技术优势。

5．市科研项目实施情况。2009年市级科研项目主要围绕农业新品种选育、农作物栽培、畜禽水产良种繁育与健康养殖、农业生物技术、医疗卫生等方面，开展共性关键技术研究。如：特色家蚕品种的创新与开发利用研究、草珊瑚在湖州地区的引种栽培研究、湖州雪藕的提纯复壮及利用研究等项目都是农业新品种选育；青鱼环境友好型养殖模式的研究、蛋鸡性别控制技术研究、药规模猪场猪瘟病毒循环感染与免疫系统交互关系的研究等项目都是畜禽水产健康养殖研究；野生水果——盾叶莓的驯化栽培研究、利用理化诱变和快繁技术改良湖州百合产量和品质的研究等项目都是农作物栽培技术研究。这些共性技术的突破，必将有力地提升全市农业的创新能力。

6．新农村专项实施情况。2009年结转省级新农村建设专项1项，市级新农村专项10项，新上市级新农村专项22项，合计有33项。德清县已按省级新农村建设科技示范县的要求进行规划建设，积极推进德清县及所辖的雷甸镇、钟管镇和杨墩村、钟管村、东舍墩村等省级社会主义新农村建设科技示范县、示范镇、示范村。市本级建立了新农村建设1个重点科技示范镇（练市镇）和4个重点科技示范村（水口村、荻港村、许溇村、盛家坞村），并安排了5个新农村建设重点项目和8个新农村建设一般项目。2009年主要项目有：泥鳅规模化繁育技术的研究、利用河道疏浚泥筑堤关键技术研究、设施番茄高效优质安全生产关键技术集成和产业化示范等项目。这些新农村专项项目的实施，对引进新品种，推广应用新技术、新工艺，加快调整农村产业结构，保护生态环境，促进农业增收、农民增效起到重要的推动作用。

7．科技特派员专项实施情况。2009年新上科技特派员专项28项。项目主要围绕农作物栽培技术推广示范、畜禽水产健康养殖示范、病虫害防治技术推广和农产品加工技术研究等方面。如：竹、笋、鸡共育模式构建及其集成配套技术研究与示范、倒伏作物收获机械的开发及推广、无公害香葱栽培技术研究与示范和优质无核葡萄生产技术研究等项目都是农业栽培技术推广示范；太阳鱼高产、高效生态养殖示范点建设、中华鳖池塘健康养殖技术推广、水蛭养殖技术推广应用等项目都是水产健康养殖示范；“淡水鱼深加工”快速冷却技术、干法深炭化竹木材生产方法的研究与开发等是农产品加工技术研究。这些科技特派员项目的实施，将有力地推动适合当地农村经济发展的先进实用技术和科技成果的引进和推广，建立一批农业科技示范基地，培育一批农业特色优势产业，帮助当地组建农民专业合作社、专业协会，提高农民的组织化程度，增强农产品的市场竞争力，开展科普宣传和科技培训，提高农民科学文化素质，增强农民致富本领，为湖州市新农村建设提供科技支撑。

（冯鑫芳）

【星火计划执行情况】 2009年，星火计划工作以推进社会主义新农村建设为目标，着重于完善新型农村科技服务体系的建设，加强农业科技示范，加快农村科技成果转化和应用，进一步强化培训，不断提升农村劳动力素质，为农业增效、农民致富、农村发展，调整农村产业结构、促进城乡统筹发展作出积极贡献。2009年新上国家星火项目20项，到年底完成16项。新上项目计划新增投资1.53亿元，完成后预计新增产值2.05亿元。

1. 通过星火计划的实施，加速了农村科技成果的转化和应用，有效地增加农民收入。这批项目的实施，有力地推动了效益农业的发展。如由长兴梅源食品有限公司承担的《低盐化腌渍青梅果关键技术研究与产业化开发》项目，是针对传统的青梅果高盐腌渍技术进行了创新，形成了腌渍液盐度为6%以下的低盐化腌渍关键技术及配套工艺。采用该技术和工艺能有效地抑制微生物的生长、繁殖，延长梅果的保质期，并使梅果保持原有的脆度和口感，有利于梅果的后续加工。通过该项目的实施，有效地解决或减轻高盐腌渍中对环境的污染，简化工艺过程、减轻劳动力和成本的投入，延长梅果的保质期，有利于后续加工、提高产品品质和形成规模化生产。并形成了年产品生产能力为3000吨青梅制品，销售收入可达5000万元，上缴税金490万元，利润499万元，出口创汇690万美元。项目实施后可新增85名农村劳动力就业，全县4500余户梅农可年增收350万元。

2. 通过星火计划的实施，培育了一大批农业科技型企业。到2009年底，全市有49家星火示范企业逐步成为省级农业科技型企业，其中有28家建立了企业研发中心，拥有科技人员710人。据统计，2009年49家企业用于科研开发投入达9900万元，占企业总产值的2.95%，高于一般农业企业。全年实施省级以上项目81项，市级项目62项。每个企业平均实施省级以上项目1.7项、市级项目1.3项。全年带动省内外各类基地建设245万亩，带动农民49.5万名，农民增收3.05亿元。形成了一个科技型农业龙头企业带动一方产业的态势。如：淡水渔业产业，以湖州淡水渔业引种、育种中心为龙头，引进培育罗氏沼虾苗原种，2009年繁殖生产优质罗氏沼虾苗12多亿尾，湖州淡水渔业引种、育种中心提供全程的技术服务，同时辐射到周边地区，虾苗市场供不应求。又如：浙江绿叶生态发展有限公司，建立了3000多亩蔬菜生产基地和加工厂，并组建了食用菌研究所，实现了研发、生产、加工和出口一条龙，通过蔬菜生产的有机认证，带动了吴兴区织里镇杨溇村沿太湖一带老蔬菜基地的发展。年前，公司与日本合作，引进生物农药进行适应性试验，为建立真正的有机蔬菜生产基地打下扎实的基础。

3. 通过星火计划的实施，推动了新农村建设科技示范工作。通过各级科技行政部门的有力推动，湖州市新农村建设科技示范工作取得新进展。市科技局建立了湖州市社会主义新农村建设科技专项资金300万元，出台《湖州市社会主义新农村建设科技专项资金管理暂行办法》，从2007年至2009年，每年安排100万元，用于新农村建设专项项目、人员培训及考核等，3年来，市级共安排新农村建设项目56项，补助科技经费180万元，举办各类实用技术培训班16次，受训达950余人次。积极建设省级社会主义新农村建设科技示范县、镇、村（德清县，雷甸镇、钟管镇，杨墩村、钟管村、东舍墩村）。根据国家科技部《新农村建设民生科技行动方案》的要求，组织申报了安吉县报福镇洪家村、长兴县林城镇周吴芥村、德清县武康镇五四村、南浔区和孚镇荻港村、吴兴区八里店镇紫金桥村等一批富有湖州特色的新农村建设科技示范村。同时积极抓好以练市镇，水口村、荻港村、盛家坞村、许漤村等1镇、4村新农村科技示范镇、村建设。2009年长兴、德清、安吉三县各安排60万元专项资金，吴兴、南浔两区安排30万元专项资金，引导建设10个科技示范乡镇和10个科技示范村。

4. 通过星火计划的实施，进一步促进农村星火培训基地、星火学校建设，有力地推动了星火科技培训工作的开展。在实施省级以上星火计划的同时，2009年继续实施市级“星火计划”。一是市科学技术局、市教育局、市农业和农村工作办公室共同下文确认了德清县三合乡成校承担的《“发酵床养猪法”技术推广与应用》等十个项目为湖州市第七批“百万农民培训工程”示范项目。全市各乡镇成校组织实施县（区）级以上农业科技推广项目68项，实施规模15.13万亩，开班82期，发放宣传资料2.57万份，接受培训2.30万人次，项目综合效益7.47亿元，人均农民增收500元~800元。使部分农民掌握农业科学新技术，引导形成当地农民增收的主导产业。全市农村预备劳动力培训2254人，培训考证合格2120人，考证合格率达到94.06%。二是全年完成城乡妇女各类科技培训共计6.01万人次，组织“三下乡”活动285次，受益妇女7.90万人次，帮助农村富余女性劳动力转移就业1.69万人次，培育巾帼科技示范户434户，培育巾帼创业带头人687人。开展与浙大市校合作三周年系列活动，举办“浙江大学与湖州市妇女组织项目合作洽谈会”，成功实施妇女科技创新项目26项，推出42个有意向的合作项目，为40名女企业家寻找科研合作伙伴；开展了市校妇女组织活动20项，积极为广大妇女科技创新搭建平台。以开展“女性素质提升行动”为载体，积极整合社会教育培训资源，加强城乡妇女科学素质教育工作。

全市所有乡镇（街道）、村（社区）妇女学校、家长学校创建率达到100%，妇女活动阵地和远程教育点，每月至少组织开展一次形式多样的妇女、家庭学科学、用科学宣传教育活动，组织农村妇女学习现代农业科技等。湖师院女子学院充分发挥妇女教育培训龙头作用，开设“湖州新女性讲坛”，举办巾帼文明岗、机关女干部、基层妇女干部、村党组织女书记、女主任、女大学生村（社区）官、巾帼红丝带、家庭教育等培训班9期，参加妇女2000多人。以“巾帼文明岗”创建为载体，开展有行业特色的劳动技能竞赛、科技素质提升活动，推动在岗女职工提升科学素质，增强创业创新能力。2009年，全市组织女职工参加岗位技能、科技培训19177人次。成立了村党组织女书记、女主任联谊会、女大学生村（社区）官联谊会，组织“基层女干部的素养”、“女大学生村官的基本素养”等专题讲座；组织全市优秀基层妇联干部培训班，选派女干部参加了省、市党校以及全国、省妇联的培训。三是支持团市委组织湖州农村优秀青年走进浙大开展“湖州青年创业创新浙大行”活动，发挥组织优势，在节假日、农闲时间组织青年志愿者到农村开展“服务新农村”科技、文化、卫生三下乡活动共12次，直接参与青年近千人，服务农民近万人次，开展了6次培训，直接培训人数超250人。通过以上培训，重点培训农村科技带头人、农村青年星火带头人、农村致富能人、农村技术二传手和农村科技管理干部。支持市科协为湖州市农村产业结构的调整和城乡经济社会统筹而举办的各类星火培训。大力开展农村劳动力技能培训工作，2009年培训的重点面向“五个转移”：从过去的富裕农民为主转移到富裕农民、提高农民和转移农民并重上来；从过去的农村转移到农村和城市社区统筹上来；从过去的第一产业转移到三个产业结合上来；从过去的纯农民转移到在岗农民、失地农民和务工农民兼顾上来；从过去的以科技知识为主转移到综合素质提高上来。

5. 通过星火计划的实施，推动了农村科技服务体系建设。如湖州东林龟鳖专业合作社，在推进龟鳖养殖综合科技服务体系建设中已初见成效：一是由合作社出面与市场联系，帮助联系销售业务，使普通养殖户把精力主要放在养殖业务上；二是对合作社内社员统一供应种蛋、饲料，帮助其创业初期发展生产；三是聘请上海等地的专家进行龟鳖养殖生产的技术培训，以东林成人文化技术学校为主要培训基地，共举办了无公害养殖技术培训班5期，参加培训的农民学员累计达290人次，邀请专家、教授作技术讲座与现场辅导4次，各类实用性强、操作简便的资料及时发放到每位学员，从而进一步提高了养殖户的业务和技术水平。充分发挥科学技术的先导作用，建立“基地（农户）+合作社+市场”的运行机制，合理配置资源和进行产业化经营。因受上年初雪灾严重影响，在一定程度上对东林镇整个龟鳖市场冲击较大，但东林龟鳖专业合作社充分发挥了综合服务的功能，为养殖户排忧解难。

6. 通过星火计划的实施，推进了农村信息化建设。全市各乡镇已全部建立了乡镇信息工作站，农业龙头企业均已上网，各行政村中的种养大户、农业龙头企业、专业合作组织中发展信息点，把网上的热点、难点和重点内容下载后，编印成册，通过黑板报、墙报等形式，在村间地头展示，完善农民培训工程。通过湖州农村经济信息网、湖州科技信息网、湖州网上技术市场和农技“110”的建设，为农民提供较为完整的农业信息网络化服务。至年末，全市已有58个乡镇实现了市、县、乡农业信息服务联网。

（冯鑫芳）

【南太湖农业高科技园区建设】 浙江南太湖农业高科技园区，是省科技厅批准的全省首批省级农业高科技园区之一。按照省科技厅第二轮农高园区建设意见，进一步加强提升农高园区创业中心（孵化器）能力建设和完善的同时，重点抓好农高园区创业中心（孵化器）农产品加工产业科技服务能力建设，促进农产品加工产业的发展。2009年，南太湖农高园区在引进农业高新技术和推广先进适用技术、开发优质高效农产品、加强农业科技组装集成、加快农业科技成果转化、改造传统产业、发展现代都市农业方面，重点突出抓好农产品产后加工产业的开发，形成具有区域特色的产业链，并提供有力的科技支撑。浙江南太湖农业高科技园区建设以浙江大学、省农科院等单位为技术依托，开展产学研合作，围绕农业五大特色主导产业和“3511”（3个综合农业园区、5个特色主导产业和11个农业示范基地及企业）工程建设，以项目为纽带，进行科技攻关，创办科技型企业，强化农业科技成果组装集成、转化示范，有效地推进了农产品加工园和农业中试示范基地的建设。至年末，浙江中味酿造有限公司、湖州上跃龟鳖种苗有限公司等8家农业龙头企业已成为省级农业科技型企业。农产品加工园有15家企业落户，并被命名为全国农产品加工业示范基地。园区先后承担了省科技厅、农业厅、海洋与渔业局、林业厅等厅（局）批准的省级农业产业化基地建设和科技开发示范项目15个。在项目实施过程中，以多种形式聘请专家，参与园区的新品种引进、新技术指导、科研开发、培训、信息集成等各项科技服务工作，为农民提供了全方位的科技服务，加速了农业科技的研发、示范、推广应用。为创建科技创业中心（孵化器）提供了有力的技术支撑。园区已培育省级农业龙头企业3家，国家、省级区域科技创业中心企业1家，科技型企业研发中心2家，市、区农业龙头企业12家，已形成较强的科技服务和产业化示范带动能力。省级骨干农业龙头企业湖州中味酿造有限公司从事辣椒调味品开发，已被列入国家农产品加工示范企业；湖州广东温氏畜牧有限公司从事优质肉鸡品种开发、产业化养殖基地建设，这2个企业被列入省级科技型企业，具有较强科技创新能力。浙江绿叶生态发展有限公司建立了3000多亩蔬菜生产基地和加工厂，并组建了食用菌研究所，被列入省现代农业示范园。湖州上跃龟鳖种苗有限公司投资8000多万元，新建了龟鳖种苗繁育基地，被列入省级草龟良种场，并成为全国龟鳖产业规模最大的种苗繁育龙头企业。南太湖淡水水产种业公司已建设成为全国一流的淡水水产引种繁育技术中心。经过近三年来的发展，园区已培育了一批具有较强的经济实力和科技水平的农业龙头企业。南太湖农业高科技园区核心区创业中心（孵化器）经过几年来的建设，形成了初具规模，建有科技大楼、农产品加工实验室、农业科技培训中心和农业种养业新品种新技术中试示范基地及农产品加工园，为第二轮园区建设提供了良好的基础。

（冯鑫芳）

·专利工作·

【概况】 2009年，湖州市紧扣“重点建设一大体系，抓好二大关键，实现三大推进”的工作思路，全市专利申请量、授权量持续快速发展，专利申请量达到6030件，比上年增长23.39%，其中发明专利申请达到867件，增长57.07%。专利授权量达到5165件，增长122.82%，其中发明专利授权92件，增长61.40%。

一、政府主导，抓好管理体系建设。一是做好政策落实。重点抓好近年来已出台的各项政策的贯彻落实工作，同时研究出台《湖州市专利权质押贷款贴息办法》和《湖州市专利专项资金管理办法》等政策文件。二是加强资金保障。2009年，全市安排专利专项资金达到1200万元，其中市专利专项资金达到300万元，保障了专利工作的顺利开展。三是强化考核体系。对县（区）党、政领导科技进步目标责任制考核指标体系中专利指标的设置进行了完善，在全市形成了纵向到边、横向到底的考核体系。长兴县和吴兴区被批准成为省级知识产权示范创建县（区）。

二、转变观念，抓好宣传与培训工作。一是宣传工作。结合4.26知识产权宣传周，在全市开展了“六个一”系列宣传活动。发布《2008年湖州市知识产权发展状况》白皮书。开通了湖州知识产权网。在湖州日报科技周刊聚焦知识产权专栏上定期宣传。全年被省知识产权网站和简报信息录用105条，被省政府、市委、市政府、省科技厅信息录用20条，其中“湖州市创建‘国家知识产权试点城市’主要做法及成效”专报获副省长金德水批示，“专利特派员制度推动湖州企业科技创新与转型升级”被中国知识产权报刊登。二是培训工作。制定下发《2009年全市专利培训计划》，全年共开展“一企一训、一镇一训、一行一训、一院一训”专业化培训198期，培训人数达3000多人次。吴兴区邀请国家知识产权局专利管理司副巡视员陆毅作了“新吴兴发展论坛——企业专利战略及企业专利管理”专题报告。启动了首批专利管理专业技术人员任职资格考试培训工作。

三、重点突破，实现专利工作新成效。一是企业专利工作得到推进。开展专利权质押贷款探索工作，已发放贷款800万元。新批准全国企事业知识产权试点单位4家，省级专利示范企业20家，市级专利示范企业28家；浙江世友木业有限公司“炭化木地板生产方法”发明专利项目获得国家专利奖优秀奖。有4个项目被列入省发明专利引进项目。全市科技型企业专利覆盖面达到91.38%。二是服务体系建设得到推进。安吉县、德清县成立了知识产权公共服务平台，已建设椅业产业、竹产业、机械电子与新型材料和生物医药与涂装产业专利数据库和行业标准数据库。完善企业专利特派员工作，全年专利特派员走访企业267次，帮助企业解决了213个专利问题，服务企业新申请4176件专利。新成立杭州丰禾专利事务所有限公司安吉办事处和北京众合诚成知识产权代理有限公司湖州办事处。编印《企业专利工作指南》。三是专利保护工作得到推进。调处专利侵权纠纷案件9起。开通了“12330”知识产权维权援助电话。安吉县成立了中国首个竹产业知识产权联盟，已有31家国内知名竹制品企业加入联盟。

（陈旭岗）

·科技信息工作·

【网上技术市场建设和科技信箱工作】 为进一步巩固完善中国浙江网上技术市场湖州市场和科技信箱网络平台建设，促进科技创新，推动产学研合作，全面完成2009年网上技术市场和科技信箱的各项工作任务，4月24日召开了2009年度网上技术市场和科技信箱工作。会上总结、交流了2008年网上技术市场和科技信箱工作经验及存在的问题，对2008年网上技术市场和科技信箱工作完成情况进行了考核，并研究布置了2009年网上技术市场和科技信箱工作。同时走访三县三区（含经济开发区）科技局，了解并指导网上技术市场工作，听取意见和建议，分析存在的问题，对网管人员进行了相关指导和培训。为了促进网上技术市场向专业化方向发展，对南浔区电磁线专业市场和安吉县竹业专业市场建设进行辅导。科技信息中心每月公布工作指标完成情况，并依据指标完成的数量和质量，着重分析工作的质量，提高数字的诚信度，提高各个层面工作人员的工作责任性。网上技术市场建设是湖州市产学研工作的一个重要平台，加强与有关处的联系，相互沟通情况，把握全市产学研工作的状况。如：利用网上技术市场的信息，深入企业挖掘一批技术难题，进行筛选、整理并进行分析研究，提供给2009湖州－合肥科技项目对接洽谈会筹备组，邀请中科院物质研究院、合肥工业大学的专家到湖州与企业对接，做到网上网下相结合，从而提升前期准备的工作质量，提高了整个洽谈会的实际效果。挑选有关技术难题，与上海技术交易所开展合作，为网上技术市场的发展增添活力。据中国浙江网上技术市场信息统计汇总显示，2009年，湖州市场录入参展企业224家，网上企业总数3861家；发布技术难题411项；签约项目196项，合同金额26357万元。科技信箱网络具有一定规模，据统计，单位会员达1551家、个人会员达12535人、科技信箱培训8次。

【科技宣传工作】 围绕实施自主创新能力行动计划和“科技帮扶促转型、创业创新促发展”活动的开展，年初编制了《2009年度科技宣传工作方案》，提高科技宣传工作的针对性。有深度、有份量的报道比往年有所增加，其中《太湖蓝藻有治了》和《为创业创新做好准备》分别获得第六届浙江科技好新闻二等奖和三等奖；《从“德清模式”到创新载体的飞越》获得“浙江省科技发展改革开放30周年征文活动”二等奖；《湖州市首家产学研合作企业》被湖州文史书籍录用。协助省科技厅组织的新闻媒体到湖州采风，对湖州市科技创新的举措和做法进行集中报道，造成声势。积极参与“科技浙商”的评选宣传活动，组织省报记者对企业家进行采访，宣传创新创业典型。组织策划“解读2008年湖州‘十大科技事件’”、“科技专利特派员”、“科技帮扶促转型”和“湖州专利质押贷款”等主题的5期特色专刊，引起社会广泛的关注。积极配合2009湖州—合肥科技项目对接洽谈会、海外高层次人才生物医药项目合作洽谈会、科普活动周合科技工作会议等的召开或重大活动的举办，做好宣传工作，营造良好的舆论氛围。完成2008年湖州市最具影响力的“十大科技事件”的评选、公布及相关宣传工作。拓宽科技宣传渠道，多个媒体齐头并进。一是利用湖州日报《科技周刊》阵地强化宣传。围绕市委、市政府的中心工作和湖州市科技工作的重点，开展主题、专项宣传报道，采写重点科技新闻稿件55篇。二是充分利用《湖州科技信息网》的网络优势，发布科技政策、科技动态，以及高校院所的科技成果等方面的信息，做到每天对网站进行更新，信息量不少于20条。同时，设立“学习实践科学发展观”专栏，首次推出视频宣传。三是发挥简报功能强化宣传。每月编发《湖州科技信息》简报，及时地介绍县区、部门工作中的新经验、新举措和新典型，同时还注重加强科技政策的宣传。年内共编发4期《决策参考》和《专报》，为市领导提供决策参考信息服务。四是出版《2009年湖州科技年度报告》，为科技界和经济界人士提供湖州科技进步和科技创新的第一手资料，为各级领导决策做好服务。五是制作完成《浙江·湖州创新之路》专题宣传片，展示全市科技创新的成就。

【科技服务工作】 做好市审批中心窗口服务工作，窗口受理市级科技项目191项，技术合同登记58项。努力做好市级科技项目网上申报的咨询工作，网上受理200项，高质量地完成了市级科技项目形式审查工作和网上专家评审工作；积极配合省火炬中心完成市级科技项目绩效考核工作；积极配合完成了市科普统计工作；建成了湖州市知识产权网并对外开通；配合省科技信息研究院在湖州举办了省科技文献服务站工作会议。

结合市委、市政府重点调研课题《进一步加强产学研结合，加快科技成果产业化步伐》的具体要求，按照湖州市的产业特点，收集、筛选了相关高校院所重要专家信息，精编了《面向湖州科技成果产业化的国内部分重点高校和科研院所重点专家名录》，反响良好；围绕本市新兴产业，完成了《关于加快科技创新推动湖州市装备制造业发展的调研报告》；编写了《湖州市农村科技特派员工作手册》。

与浙江科技信息研究院及中科院上海科技查新咨询中心开展紧密合作，通过湖州科技创新服务平台，提高了代理省级查新业务量，代理省级查新211项。通过向市科技型企业进行科技文献查询点对点辅导，科技文献资源使用的企业会员有了一定的规模，据省科技信息研究院文献馆信息反馈：2008年12月至2009年11月，用户数200个，下载全文7.21万篇，文献费用10.81万元，文献服务量在省内排名第三。实际支付团体年费2万元，充分了发挥公共财政在共建共享平台中的作用。

（倪菊水）

·防震减灾·

【概况】 2009年，湖州市的防震减灾工作坚持以科学发展观和“三个代表”重要思想为指导，全面贯彻全国、全省防震减灾工作会议精神，宣传贯彻新修订的《中华人民共和国防震减灾法》，积极做好防震减灾监测台（站）建设、加强重大工程抗震设防管理和应急救援工作，逐步推进全市防震减灾“三大工作体系”迈上新的台阶，有效地提高湖州市的地震综合防御能力，为保障国民经济的又好又快发展和社会稳定作出了积极贡献。

一、防震减灾工作组织领导体系进一步理顺。为进一步贯彻落实省政府《关于进一步加强防震减灾工作的通知》精神，切实加强市、县（区）防震减灾工作机构建设，提高防震减灾工作力度。湖州市地震监测预防中心新增加的2名事业编制人员，已招聘到位。防震减灾经费列入财政预算，湖州市地震办（现改为湖州市地震监测预防中心）预算拨款20.32万元；专项经费由湖州市科技三项经费配置，其中防震应急4.5万元、防震减灾科普基地建设15万元。防震减灾经费列入本级财政预算。在2009年市、县防震减灾工作列入“平安浙江”考核中，防震减灾工作体系健全，在全市（包括各县区）都没有扣分。

二、地震监测基础建设工作有了新的进展。在省、市、县三级地震部门的共同努力下，积极做好“十五”期间地震前兆观测台、测震台建设和管理的相关工作，地震监测台站建设有了新的突破，至年末，已完成建设项目有五项：长兴遥感测震台、安吉地形变观测站、湖州杨家埠ZK103地下流体观测站、湖州GPS连续基准站和德清烈度速报台。“十一五”计划建设项目：湖州杨家埠ZK402地下流体观测站，长兴、安吉的烈度速报台和GPS基本站正在建设中。这批项目的建成使用，使湖州市的地震监测反应能力大大提高。2009年3月27日、4月10日和9月3日、12日，在距湖州市中心20多公里的太湖中，连续发生0级以上地震6次，其中9月3日下午3：04分发生的ML2.5级地震，在湖州市的太湖旅游度假区和长兴县有明显震感。根据湖州地震台监测到的信息，市地震局在第一时间编成震情快报，报送市委、市政府及有关部门，市长马以在震情快报上作了重要批示。

三、抗震设防监管工作进一步得到加强。以新修订的《中华人民共和国防震减灾法》和《浙江省地震安全性评价管理办法》为依据，市地震局对1998年市政府颁发的《湖州市工程建设项目地震安全性评价管理实施办法》进行修改，在征得发改委、规划与建设局、国土资源局及经济开发区、太湖旅游度假区等部门的意见后，报省地震局修订把关，最后经湖州市政府第45次常务会议审议通过后颁布实施。2009年省政府将此项工作列入了“平安浙江”建设的考核体系，对抗震设防监管工作提出了更高的要求，对规定必须进行地震安全性评价的工程建设项目，都通过一定程序，要求业主做好地震安全性评价工作，并按照省地震局审定后的评价结果进行科学设防。2009年湖州市的重大工程建设项目地震安全性评价工作有了新的推进，全年完成湖州嘉欣置业有限公司的嘉欣金世纪广场三期、湖州浙北大厦股份有限公司的浙北大厦购物中心“湖州金瑞大厦”、上海天鸿置业投资有限公司的“湖州天鸿房产”、湖州得力房产开发有限公司的湖州得力“浅水湾”小区、湖州丰润置业有限公司的龙溪港C地块、湖州嘉年华国际商务广场、湖州悦文国际大酒店、湖州双子大厦东楼（工人文化宫）和湖州双子大厦西楼（镭宝商务大厦）等9个项目的地震安全性评价，比上年增加3项。全市累计完成重大建设工程地震安全性评价项目达到29项。

四、地震应急基础性工作逐步完善。为提高政府应对突发事件的能力，打造“平安湖州”，维护社会稳定。确保一旦发生强烈有感地震、破坏性地震后，实行行政首长负责制，层层落实目标责任，在地震应急工作各个环节上，做到组织到位、人员到位、措施到位。根据《中华人民共和国防震减灾法》、《破坏性地震应急条例》、《浙江省地震应急预案》和《湖州市突发公共事件总体应急预案》的规定和省防震减灾工作会议精神的要求，市地震局对《湖州市地震应急预案》进行了修改和完善。针对湖州市的震情和做好国庆60周年安保工作的要求，一方面密切关注太湖及周边地区的地震动向；另一方面，在建立县（区）震情速报员的基础上，又在全市乡镇（街道）建立防震减灾信息联络员制度，要求每个乡镇确定一名联络员，明确联系电话，在全市形成一个横向到边纵向到底的信息网络。为检查《湖州市地震应急预案》的修订和落实情况，年底，在省政府应急办的指导下，成功进行了一次湖州市地震应急演练（按预案要求进行桌面推演）。

五、防震减灾科普知识和法规宣传更加深入。5月1日是国家确定的第一个防震减灾日，根据浙江省地震局“关于开展贯彻实施《防震减灾法》，纪念‘5·12’汶川地震一周年强化宣传月活动的通知”精神，市科技（地震）局联系湖州实际，积极组织和参与“防灾减灾日”的宣传活动。一是充分利用“科技论坛”这个载体，举办了湖州市学习宣传《中华人民共和国防震减灾法》报告会，邀请省地震局副巡视员钱京到湖州作报告，市、县（区）两级科技（地震）部门60余人参加了报告会。二是配合团市委、市政府应急办、广电总台、气象局、消防支队，于5月12日在湖州师院举行“湖州市防灾减灾宣传活动周启动暨湖州市青年志愿者应急救援队成立”仪式。三是联合市教育局、卫生局、红十字会、消防支队等单位，于5月12日在湖州市湖东小学进行防灾减灾应急避险演练。四是开展形式多样的宣传工作。在湖州科技网开设防震减灾栏目；制作了《中华人民共和国防震减灾法》和汶川地震启示“易拉宝”图片，在市行政中心大厅、湖州师院、凤凰时代广场和科技局门厅展出；利用以上活动和科普节向市民发放防震减灾宣传资料。市、县防震减灾科普教育基地建设开始启动，由市地震局与湖州地震台合作，在湖州地震台建设地震科普馆；由安吉县科技局与安吉县气象局合作，在安吉气象观测站建设气象与地震科普馆，2个项目正在建设中。德清县、长兴县和吴兴区的示范学校正在规划中。

（冯鑫芳）

·科协·

【概况】 2009年，市科协紧紧围绕市委、市政府的工作大局，组织和动员广大科技工作者积极参与“创业富民、创新强市”实践活动，为全市实现“保增长、促转型”的目标作出了新的贡献，被省科协评为“2009年度科普工作先进单位”和“学会工作先进单位”。

【企业技术创新服务活动】 为推动产学研相结合，提升企业的技术创新能力，在省市科协的支持下，成立了浙江永裕竹业股份有限公司“院士专家企业工作站”，院士张齐生及其团队为安吉竹产业的发展提供技术支撑。以“三百示范创业工程”为载体，组织开展了万名科技人员创业致富活动。为解决企业和种养大户的技术难题，成立“全民创业专家服务团”，开展“百名专家百村千企行”活动。

【“村会协作”行动】 为推动农村经济科学化发展，市科协在学会与村签约结对的基础上，以“千名专家结对服务农户”的方式，进一步深化“村会协作”行动。市医学会在学习实践科学发展观活动中，紧紧围绕“发挥专家优势，服务农村卫生”这一工作主线，以“科学发展促进管理提升，以人为本服务卫生事业”为载体，创新工作方式，以“1+3”模式（所谓“1+3”模式的“1”将着眼于提高农村基层医务人员业务素质，主要通过建立专家和乡村医生之间上下联动、随时指导的平台和网络，从而把对乡村医生的培养与平时工作的指导相结合，以满足农民群众的就医需求。“1+3”模式的“3”将致力于提高广大农民群众健康素养和水平，一是选派医学专家深入农村，为村民提供市级专家医疗服务；二是深入农村开展健康教育和科普宣传；三是对因病致贫的困难户送医送药献爱心。）开展卫生支农惠农服务，建立健全结对帮扶长效机制，充分发挥医学会专业委员会人才资源和专家技术优势。市林学会充分发挥科技工作者的自身技术优势，积极推广竹笋增产新技术，竹笋产量比常规增产一倍多；市农学会组织专家服务农户活动。

【组织“百名专家结对帮扶”活动】 为发展农村经济，解决农户在生产实践中遇到的技术难题，市科协在市、县（区）遴选出100位业务精湛、责任心强的农技专家，与100个有一定产业特色和发展潜力的行政村，100个有一定规模、带动群众致富能力较强的产业基地结对，以专家咨询、现场答疑、技术培训等形式为农村发展现代农业提供技术辅导和市场信息指导。通过以科技服务、项目带动为突破口，利用远程教育平台积极开展培训答疑、技术咨询、现场授课、新技术新品种示范等活动。每年下村、进基地（站点）开展业务指导，为农户在生产实践中遇到的技术难题答疑解惑。

【实施“金桥工程”计划】 为了加快科技强市建设，推进经济转型升级，各级科协组织积极做好高校与企业之间技术合作的牵线搭桥工作，深入实施“金桥工程”计划，促进科研与经济的结合。全年共组织实施“金桥工程”项目29项，新增利税9031万元，节约资金5220万元，3个项目获省“金桥工程”重点项目。市科协牵线引进国外留学生董晓波归国创业团队所实施的基于金属基材的微等离子陶瓷技术的应用入选2009年湖州市“南太湖精英计划”领军人才B类项目。

【开展学术交流活动】 由市科学技术协会主办，市蚕桑学会承办的浙江大学教授计翔翔《中国传统文化与丝绸之路》学术报告会在湖州举行，来自市科协、市高校科协和三县两区代表90余人聆听了他的精彩演讲。

2009年，在市科协所属的市级学会中，约有60%的学会与其他省、市建立学术交流，开展高层次、专题性的学术报告活动。市环境科学学会邀请瑞典斯德哥尔摩大学化学系主任Ake Bergman（奥克·博格曼）教授和瑞典国立自然历史博物馆污染物研究部主任Anders Bignert（安德士·贝格耐特）教授到湖州进行学术交流。据统计，市级各学会共组织国内外学术交流70余次，2万余人次参加，交流论文500余篇。

【举办科技活动周】 5月16日至22日，市科技局、市委宣传部、市科协联合举办2009年湖州市科技活动周暨第六届科普节，共组织七大系列活动。精心组织100多项活动，发放科普资料、书籍110多种、6万余份（册），为1500多病人进行了义诊，受教育群众4万余人次。

【举办全国科普日活动】 9月19日，在凤凰时代广场举行了2009年湖州市全国科普日活动启动仪式。市委常委、宣传部长胡菁菁宣布活动正式启动，市人大常委会副主任、市科协主席孙新耀出席并讲话。启动仪式后，40多个市级学会、100多名科技人员在广场开展科普专家咨询，共发放科普资料50多种、近3万份，受教育公众达2万余人。同时还进行了科普大篷车进校园、科普专家报告会、配送科普套餐进民工子弟学校、百场科普电影城乡行和走进科普教育基地等活动。

【开展日全食科普宣传活动】 7月20日，在江南天池举行了开幕典礼。26个国家天文学家、记者和天文爱好者5000多人出席。制作了20多块“全日食与宇宙美”大型展板，赠送《2009全日食手册》7000册，全日食观测镜2.76万副。

【举行“科普‘大篷车’进百校”活动】 市科协、市教育局联合举办科普“大篷车”进百校活动。科普“大篷车”进百校活动通过展品演示与操作、主题科普展览等形式，提高青少年学习科学知识的兴趣。5月6日在湖州十二中举行了启动仪式，至年末，科普“大篷车”已先后赴35所学校，为3.08万名中小学生进行现场科普展示。通过这一活动，向广大青少年弘扬科学精神、普及科学知识、倡导科学思想和科学方法，增强青少年创新意识和实践能力。由于组织工作出色，被中国科协授予“2009年全国科普‘大篷车’联合行动鼓励奖”。

【科技馆布展工程】 为加快湖州市科技馆建设，市科协把科技馆布展工程建设作为2009年的首要任务来抓。10月开始进行场馆维修。已完成科技馆布展工程初步设计方案，并获市发改委批准，开始进行布展装修单位的招标工作。

【科普画廊建设】 加强科普画廊建设，至年底，全市乡镇、村已建科普画廊806个。从2009年开始，在湖州市中心城区开展科普宣传画廊改造提升工程——电子屏滚动科普宣传画廊的建设，总投资近200万元，年底已建成并投入使用52个。

【青少年科技创新大赛】 第二十三届湖州市青少年科技创新大赛共

收到发明作品51件；科学论文46篇；科技实践活动36项；科幻画73幅。获省一等奖5项、二等奖10项、三等奖25项；1项科技实践活动、2幅科学幻想绘画、10件辅导员发明科教制作项目参加全国比赛。

【中小学航模锦标赛】 市科协与市教育局、市科技局、团市委联合举办了2009年湖州市中小学航模锦标赛，本次竞赛设空模、海模和车模三个项目。经过竞赛，获团体奖16个，单项奖42个。

【科普示范单位创建工作】 2009年新创建市级基层科普示范单位23个，其中科普示范社区5个、科普示范村16个，科普示范乡镇2个；新创建省级基层科普示范单位13个，其中科普示范社区5个、科普示范村6个、科普示范乡镇2个。

【农民专家评选考核】 2009年评定51名农民为湖州市第二批农民专家，并对第一批农民专家进行了业绩考核，其中49名首批农民专家通过，继续保留农民专家称号。

【农函大培训工作】 2009年共开办20多个适用技术专业，招收一年制学员16547名，短期培训10.9万人次以上。

【科技工作者建言献策工作】 反映科技工作者的意见和建议，将课题研究的成果以政协提案、《科技工作者建言》的形式报送党委、政府，为领导的科学决策提供依据。市科协组织科技人员对老虎潭水库水环境保护工作进行了调研，并在“两会”期间向市政协提交了《关于加强老虎潭水库水环境保护及尽快实施生态修复的建设》的提案，该提案受到了市政协大会提案组的重视，被列为1号提案，由市长马以、副市长杨建新领办，政协主席王金根、副主席沈琪芳督办，并被评为2009年度优秀提案。11月下旬，市科协组织市政协科协界委员赴德清进行调研活动，科协界委员们听取了德清县有关部门关于该县企业技术创新工作情况的汇报，视察了德清县科技创业创新中心和浙江华立涂装设备有限公司。

（杜德宝）

经济管理

·国有资产·

【概况】 2009年，市国资委牢牢把握“深化改革、强化监管、优化服务、提升素质”这一主线，扎实做好各项工作，保持了国有经济平稳增长、国有企业健康发展和国资监管工作切实加强的良好态势。全年23家监管企业资产总量为234.58亿元，所有者权益114亿元，实现主营业务收入6.17亿元，资产负债率49.36%。

【国有企业改革发展】 国有企业认真贯彻落实市委、市政府“保增长、促转型”的决策部署，积极扩大有效投入，重点项目投资建设顺利推进。2009年，市交投集团公司完成投资30.2亿元，杭长高速公路建设二期工程完成投资17.2亿元，湖州铁路枢纽完成投资11.3亿元。市水务集团公司投资1.5亿元，推进了钱山漾至城西水厂、东部城乡供水一体化等一批重点工程建设。国有投资公司坚持多措并举，积极发挥融资平台作用，建设资金筹集取得新突破。市交投集团成功续发第二期15亿元企业债券，落实银行授信62.6亿元，新增项目贷款24.8亿元。南太湖控股集团公司实现融资6.5亿元。坚持以改革发展为目标，着力推进国有企业改革重组，国有大公司大集团逐步形成。完成了浙江正兴集团有限公司改组为浙江正兴投资有限公司，组建湖州西塞山开发建设有限公司，设立湖州天门工贸有限公司。截至12月底，市交通投资集团资产总额达到159.56亿元；湖州环太湖控股集团资产总额达到32.48亿元；南太湖集团资产总额达到16.56亿元；市水务集团资产总额达到10.85亿元。

【规范国有资产处置行为】 通过加强对国有资产评估中介库管理、产权交易过程管理、产权交易事后监督管理，有效地促进了国有资产保值增值。2009年，湖州市国有产权市场中交易的项目249项，交易额30.81亿元，比评估值17.71亿元增值73.9%。积极做好资产评估项目核准审核和监管企业资产处置审核批复工作。完成6项资产评估项目核准审核工作，总资产评估增值8.59%，净资产评估增值8.02%；审核批复监管企业资产处置6项，涉及资产价值5866.94万元；审核批复监管企业增加注册资本2项；审核批复监管企业资产无偿划转4项。完成了省国资委布置的2008年度评估核准备案项目统计分析工作、2008年度国有产权转让业务资格年检工作、2008年度企业产权登记年度检查和数据汇总工作及2008年度企业国有产权转让检查工作。

【强化国有企业财务监管】 试行国有企业年度财务会计决算统一委托审计工作。对企业的重大财务事项、企业领导人员及在职职工收入进行了专项审计，分别出具专项审计报告。开展了企业领导人员经济责任审计和离任审计。对市交投集团、湖州环太湖集团、市教育发展公司、南太湖控股集团、市水利投资公司等5家企业领导人员任期三年来的经济责任进行了审计，对市储备粮管理公司的领导人员进行了离任经济责任审计。继续加强企业财务管理工作。对市交投集团公司、市市场发展公司等11家监管企业财务状况进行了调查，形成了《2009年度国有企业财务调查情况报告》。针对对外贸易公司外币投资回收情况、南浔自来水公司对外担保连带责任历史遗留问题等事项开展财务援助。针对教育发展公司账实不符的现状下发了监管建议书。做好国有企业对外担保备案工作。一年来，共为企业担保备案22笔，金额达9.50亿元。组织了企业财务人员培训，提高企业财务管理水平。

【完善企业经营业绩考核】 制定下发《湖州市国有企业负责人业绩考核暂行办法》，着重突出考核对象、考核范围、考核方式、操作程序、基酬标准、系数确定、年薪计算、兑现方式、责任追究等内容。对列入2008年度考核的5家企业，组织开展了审计报告审核、现场考核、公示、上报审批及薪酬兑现等经营业绩考核。确定了市交投集团、浙江正兴投资公司、市市场发展公司、市水务集团等4家企业为2009年度被考核对象，并分别调整、完善和下达考核指标。

【健全国资监管制度体系】 运用多种途径，加强国资监管政策法规的宣传，特别是通过报纸、电视、网络、横幅和宣传手册等载体，加大对《中华人民共和国企业国有资产法》的贯彻。开展国资监管规章制度的“废、改、立”工作，在深入调查研究和充分论证的基础上，对不适应、不符合《中华人民共和国企业国有资产法》规定的9个政策文件予以废止或修改。同时，出台《湖州市国有企业重大事项报告制度》等5个政策文件，进一步健全完善国资监管制度体系。

【国有资产收益收缴】 认真做好国有资产收益收缴工作，重视剥离资产、社保资产管理和处置，提高资产使用效益。全年实现国有资产收益收缴817.78万元。其中：国有股红利651.57万元，剥离资产处置收入12.82万元，存量资产74万元，租金及其他收益79.39亿元。加强国有股权管理，定期进行股权分析评价，撰写评估报告，为决策提供有参考价值的分析和建议。至12月底，国有参股企业20家，资产总额18.59亿元，比上年减少

4%；资产负债率47%，同比下降4%；实现主营业务收入14.11亿元，降幅为13.11%，实现利润1.77亿元，同比下降7.35%；国有股投资总额为7209万元，累计收缴红利4531万元。

【提升国有市场发展水平】 按照“改建重建一批、退出盘活一批、开拓发展一批”的市场发展规划，2009年投资2300万元，购入4300多平方米的金色地中海综合市场，拟建仁皇山开发区新区龙头综合市场。盘活菱湖南栅市场资产。完成南浔市场公司股权划转及乡镇联办市场移交工作。加快农贸市场改造升级步伐，投资750万元对双林和睦农贸市场和练市中心农贸市场进行升级改造。开展“优秀服务示范岗”、“群众满意市场”等评比创建活动，加强市场秩序管理和消防安全管理，开展市场秩序和安全集中整治，共拆除违章雨棚260平方米，取缔违规占道摊点280个，进一步改善了经营环境，提升了市场的品位和档次。全年国有市场实现总收入2023万元，主营业务收入1660万元，同比增长3.75%；完成利润总额310万元。

【服务发展服务企业】 组织机关干部开展走进企业、深入调研和对接项目三个专项行动，着力推进市交投集团三线一枢纽等一批兴业强企的重大项目。积极参与“双百双千”大实践专项行动，委领导坚持每月深入联系企业南浔久盛地板公司，积极协调企业申报科技项目和财政贴息等事项。对杭长高速公路二期项目、城乡供水一体化、东林镇星敏村脱贫致富等工作进行了深入调研，提出意见、建议。

【加强队伍建设】 严格执行《党政领导干部选拔任用工作条例》和有关选拔任用干部规定，对市交投集团、市储备粮公司、市民政发展公司、浙江正兴投资公司等4家国有企业领导班子进行了届满考核和换届调整，对湖州西塞山开发建设公司和市市场发展公司等2家国有企业领导班子分别进行了配备和充实。制定《关于进一步加强干部队伍建设的意见》，开展了机关中层干部和直属单位领导期满考核和重新聘任，推行了直属单位高级职称聘任制，举办了一期国资系统领导人员培训班，全面提高素质和水平。

（赵青刚）

·国土资源·

【概况】 2009年，国土资源工作以科学发展观为统领，按照“积极主动服务、严格规范管理”的工作思路，咬定目标，狠抓落实，支持保障发展形成新亮点，保护节约资源实现新突破，依法维权维稳取得新成效，全面完成了年度目标任务。

【耕地保护】 一是健全耕地保护机制。落实耕地保护责任制度，市、县区、乡镇层层签订“耕地保护责任书”，将耕地保护工作纳入年度考核体系。按照“四化”要求开展基本农田示范区建设，安吉县省级示范区建设成果通过省级验收。市国土局成立耕地破坏程度鉴定委员会。全年组织耕地破坏鉴定10起，移送司法机关6件。二是推进垦造耕地工程。完善造地项目管理办法，加大垦造耕地力度。完成土地整理3.19万亩、土地开发6463亩、建设用地复垦新增耕地6211亩，分别是年度目标的106.3%、107.7%和124.2%，新增耕地1.41万亩，全市连续14年实现耕地总量动态占补平衡。省“百万”造地保障工程任务如期完成，3个项目被评为省“十佳项目”，11个农村宅基地复垦试点和6个表土剥离示范项目通过验收。三是狠抓土地执法监察。加强土地执法动态巡查，积极构建联合执法、协调办案机制，坚决打击重大土地违法案件。市区土地卫片执法检查整改查处成果通过部验收。土地卫片执法检查发现的188宗违法用地全部立案，发出行政处罚决定书187份（宗），拆除15宗，建筑面积10337.5平方米；复垦22宗，面积112亩；行政罚没款到位147宗、1790万元，到位率97.1%；发出党纪政纪处分建议书38份，涉及的38个责任人均处理到位。

【用地服务保障】 一是及时破解用地难题。深入开展“双保”、“双服务”专项行动，围绕市委“双百双千”大实践专项行动，成立项目助推领导小组，落实专人跟踪服务，深入企业现场助推。妥善解决了宁杭铁路等12个项目涉土难题；稳妥运作储备土地，市本级通过储备土地融资15.17亿元，为市交投、城投和水投公司注册资金提供了帮助。有力保障新农村建设用地指标，全市用于新农村建设项目用地指标2329亩，占全年新增建设用地指标总数的15%；新一轮土地利用总体规划中安排不少于指标总数的10%用于新农村建设；与市农业局联合出台《农业生产配套设施用地审批管理办法（试行）》，为农业龙头企业发展用地创造了条件。另外，市国土局还将2至5公顷供地权等6项权限下放，积极开展新一轮审批制度改革。吴兴区分局获得部“保增长、保红线”专项行动成效显著单位称号。二是保障合理用地需求。2009年，全市共获得新增用地指标22163亩（市本级10787亩），其中批次新增建设用地指标18535亩。严格执行国家供地政策和用地标准，按照“质量优先、规模优先、集约优先”原则，做好用地报批工作。全市上报用地55个批次、465个项目，使用新增建设用地指标17717亩；上报独立选址项目4个，报批面积4083亩。全市列入新增中央投资计划项目已供地23个，供地14188亩，占所有项目需新增用地总量的95%。完成宁杭铁路等7个重大独立选址项目的规划局部修改，调整面积4720亩；全市新增“四类”项目4个，经省确认并批准“四类”项目共19个，涉及基本农田1129亩；13个乡镇规划修改方案获得批准，调整面积2184亩。

【节约集约用地】 开展“365”节约集约用地专项行动，消化利用转而未供土地16149亩，盘活存量建设用地3978亩，处置闲置土地57宗、面积3667亩，开发利用地下空间5万余平方米。全市节约集约用地水平在全省排名较2008年上升2位。严格执行国有建设用地出让招拍挂制度，供地20127亩，其中工矿仓储用地10472亩、经营性用地8173亩、基础设施用地1482亩，经营性用地合同价款87.81亿元（其中市本级53.19亿元）。加强建设用地全程监管和合同履约管理，完善并严格执行项目竣工复核验收制度。全市复核验收工业用地收件373宗，合格272宗，合格率72.9%；加强未履约项目处置，市本级通过签订延期整改协议处置工业项目137宗，处置超合同限定容积率的经营性用地项目15宗、补交出让金3085万元。项目批后监管工作在海宁召开的全国现场会上作了经验交流。

【采矿权管理】 按照“缩小开采区、扩大禁采区、调整限采区”要求，推进矿山开发整合，共减少采矿权14个，为年度任务的116%。长兴县、吴兴区和安吉县分别被评为国家、省级矿产资源开发整合先进单位。根据《湖州市矿业权实地核查实施方案》，开展矿业权外业核查和内业数据整理、成果编制等工作，全市矿业权核查工作按时完成。长兴县作为部试点之一，核查成果顺利通过部验收。实行采矿权统一配号和网上审批，做好采矿权有偿出让工作。全市出让采矿权32个，合同价款16664万元。开展矿山联合巡查，探索实行委托中介机构监督的管理模式试点。全市制止非法开采行为138起，驱逐扣压非法采矿机械89台，查处非法开采38起，收缴罚没款234.5万元。研究制定《湖州市矿山储量动态监督管理暂行办法》，为矿产资源补偿费征收提供了政策依据。全市征收矿产资源补偿费3218万元，其中市本级631万元。加强矿产资源开发利用管理，针对火工品供应、建设项目红线范围内矿产资源开采、矿政资金、矿区界桩设置等关键环节的管理，研究制订并实施7项规范性措施。

【矿区生态建设】 督促企业严格按照“五化”要求开发利用矿产资源；以市政府名义出台《鼓励绿色矿山创建实施办法》，严格落实各项优惠政策。全市15家省、市、县三级绿色矿山创建任务全部完成，累计争创省、市级绿色矿山32家。32家中通过验收的16家，其中省级10家、市级4家、县级2家。继续开展废弃矿山治理，强化工程进度质量督查。年度17个治理任务全面完成，累计完成废弃矿山治理185个，占应治理总数的88%，超省政府下达任务8个百分点。认真做好生态环境治理备用金收缴工作，全市收缴5326万元（市本级收缴778万元）。

【百姓权益维护】 一是解决涉土涉矿合理诉求。受理涉土涉矿信访1032件，在全省保持低位。新设“12336”举报电话专线，在国土所设立信访窗口，信访渠道更为通畅。化解4件行政复议件；承办市长热线交办件32件，报结率100%，满意率87.5%。受理土地争议案件6宗、行政诉讼1宗，维持率100%。做好国庆60周年信访维稳工作，开展积案化解活动，实现了信访“零进京”目标。探索信访工作新模式，实行乡镇（街道）信访积分逐月考核、重点约谈以及信访案件责任评估等制度。二是维护被征地农民的合法权益。严格履行征地法定程序，做到征地、补偿、保障“三同步”。全市新增保障（补助）人员22615名（市本级9795名），累计达到183117名（市本级92236名）；收缴基本生活保障（补助）费25282.3万元（市本级15894.5万元），累计达到164768.8万元（市本级112865.8万元）。征地补偿标准和基本生活补助标准进一步提高。中心城市及两区建制镇规划区内征地补偿标准提高至4.5万元/亩，规划区外提高至3万元/亩；三县也按照省有关要求提高了补偿标准。市区保障和补助金领取标准从7月1日起，分别提高至每月345元和265元。开展“民主评议行风”活动，开展农民建房收费和土地征收补偿费落实情况专项检查，全面清退因收到省国土厅文件较迟而收取的44980元农民建房耕地开垦费。三是保障人民群众生命财产安全。加强地灾防范应急体系建设，建立监测预警体系、应急指挥系统和应急分队。开展地灾群测群防“十有县”建设，基本构建起市、县区、乡镇、村四级监测体系。安吉县荣获全国地灾群测群防“十有县”称号。严阵以待年初连续性强降水、年中台风“莫拉克”等灾害性天气，及时落实值班、速报、应急等制度，开展地灾隐患点巡查处置。全市派出95个巡查队伍共1266人次，对558个地灾隐患点进行日夜巡查。实施地灾隐患点治理与群众搬迁，对23处地灾隐患点实施工程治理，已竣工10个；实施搬迁避险7个项目，已完成4个。完成新一轮地灾防治规划编制，并通过专家论证。

【重点基础业务】 新一轮土地规划编制扎实推进，规范方案已经市委常委会、市政府常务会议审议通过；县、乡镇两级规划也在加紧编制。如期完成第二次土地调查任务。全省第二个完成农村调查成果预检工作；一次性通过省国土厅对湖州市城镇地籍调查工作方案、技术方案评审，全省第一个开展农村居民点1:500数字地籍调查；在地籍信息系统建设上，谋划长远，将农转红线和供地红线输入地籍信息系统。同时，更新土地利用基础图件和数据，建成了集土地利用现状、用地审批和土地权属为一体的数据库。做好日常地籍登记工作。全市共核发土地证件78659本（市区39957本），办理土地抵押登记19356宗、抵押贷款447.49亿元，（市区7075宗、279.73亿元）。市行政服务中心国土窗口被评为先进集体，3、4两个季度被评为市行政服务中心五星级窗口，3名工作人员被评为服务明星。推动宅基地登记发证工作。出台《市区农村宅基地登记发证细则》，开展了三个试点村登记发证。

【党风廉政建设】　紧扣教育、制度、监督等环节开展反腐倡廉工作。坚持“一把手”负总责，实行逐级抓、逐级负责的责任制度，严格执行“双百分”和“一票否决”制度。剖析省、市国土资源系统腐败案件，组织机关干部到法院庭审现场旁听、在湖州监狱开展警示教育，开展岗位廉政风险防范大讨论活动，营造拒腐倡廉风气。开展“创建群众满意基层站、所（办事窗口）”活动。长兴开发区分局、虹桥所，安吉孝丰所，吴兴道场所被评为“省、市先进单位”；5个国土所被市委、市政府评为“2008～2009年度市级文明单位”。开展岗位廉政风险防范专项活动。市国土局查找出廉政风险点119个，建立防范管理制度61个，拟建立防范管理制度25个；实施土地使用权、矿业权审批和出让行为专项治理，及时完成采矿权审批和出让行为自查工作，未发现违法违规行为；梳理土地使用权审批和出让行为。注重案件查处与教育挽救相结合，组织各类谈话40余次，发出预警信函6封，依法查处违法违纪8人；认真执行“三礼”上缴制度，市国土局纪委共收到干部职工上缴的银行卡140张、购物券1.15万元、现金1.59万元。

（沈　健）

·固定资产投资·

【概况】　2009年，受国际金融危机的严重冲击，湖州市经济发展经历了新世纪以来最严峻的挑战。按照市委、市政府“保增长、抓转型、增活力、重民生、促和谐、强保障”的总体要求，湖州市投资领域紧紧抓住国家积极的财政政策和适度宽松的货币政策等一揽子经济刺激计划机遇，通力合作、奋力拼搏、扎实推进，湖州市固定资产增长稳中有快，对经济增长企稳回升贡献巨大，对经济结构调整影响深远。全年全社会固定资产投资完成637.84亿元，比2008年增长20.8%。

从行业构成看：基础设施快速增长，工业投资增长稳定，房地产开发投资增势趋缓。2009年，全市工业性投入337.73亿元，比上年增长16%，占全社会固定资产投资的比重为52.95%，仍占据了半壁江山；房地产投资110.47亿元，增长3.4%，占全社会固定资产投资的比重为17.32%；基础设施投资140.47亿元，增长36.7%，增幅比2008年提高29.4个百分点，占全社会固定资产投资的比重为22%。

从产业投向看：二、三产业继续双轮驱动。2009年，湖州市第一产业完成投资4.49亿元，比上年下降6.9个百分点；第二产业完成投资341.92亿元，比上年增长14.7个百分点。第三产业投资增长较快，全年完成投资291.43亿元，比上年增长29.7%，增幅比2008年提高了26.9个百分点，占全社会的比重由2008年的42%上升到46%。在投资的产业结构上形成0.7:53.6:45.7的比例关系，继续呈现出二、三产业双轮驱动的投资格局。

从地区构成看：各地投资均增长较快。2009年，湖州开发区增幅达26.9%，长兴县、德清县、安吉县和吴兴区的增幅分别为21.3%、20.4%、21.1%和21.6%，南浔区增幅为12.5%。长兴县全社会固定资产投资达到157.56亿元，占全市的24.7%，在县（区）中继续保持领先地位，吴兴区完成投资128.67亿元，紧跟其后。

【投资增幅创新高】　2009年，湖州市全社会固定资产投资比上年增长20.8%，增幅位居全省第二，比

湖州市2009年全社会固定资产投资增幅示意图

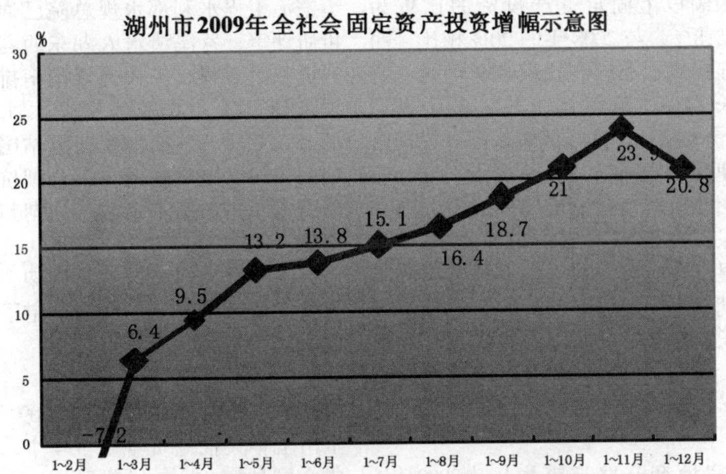

湖州市近5年全社会固定资产投资增幅示意图

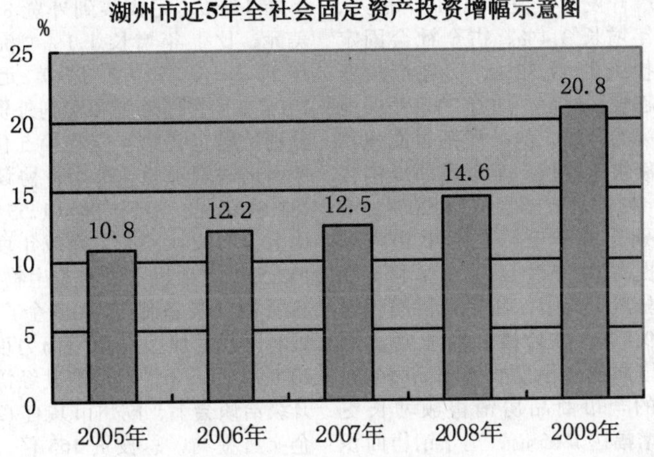

2008年提高了6.2个百分点，超过年初目标9.8个百分点，创近5年来的最好水平。其中限额以上完成投资591.76亿元，增长21.9%，比2008年提高了7.3个百分点。从其轨迹分析，全年投资运行呈现出“逐月回升”的态势，以1月~2月的负增长开局，之后逐月回升，第四季度的3个月增幅均超过20%，全年投资增长稳中有快。

【加大国有投资】 受国际金融危机的影响，企业盈利能力下降、投资信心与积极性受挫。在危机面前，国有资本在确保经济增长、实现宏观经济目标方面承担起重任，国有投资成为2009年湖州市投资增长的主导与推动力量，而非国有投资也随着经济增长的企稳复苏和政策的鼓励，增速出现明显的加快。2009年，全市国有及国有控股投资152.7亿元，比上年增长52%，占限额以上固定资产投资的比重为25.8%，与2008年的20%相比，明显提高；非国有投资439亿元，增长14%，与年初1月~2月的-7.4%相比，逐步回暖。国有投资增速高出非国有38个百分点，充分表明在应对金融危机的挑战中，国有投资在经济发展中的重要作用凸显。在应对金融危机不利影响的时期，湖州市国有投资的平稳较快增长，对于带动非国有投资，有效扩大内需，保持经济发展的平稳健康运行具有很强的现实意义。

【房地产开发与销售】 2009年，房地产开发投资完成110.47亿元，比上年增长3.4%，占全社会固定资产投资的17.32%，房地产投资增势趋缓。但是，随着2009年房地产市场的升温，商品房销售面积和销售额快速增长。全市商品房销售面积432万平方米，增长120%，增幅分别比一季度、上半年和三季度，提高109.6个、106.6个和47.8个百分点。其中，住宅销售面积增长129.8%。办公楼和商业营业用房销售面积分别增长64%和56%。同期的全市商品房销售额增长更快，增幅达1.65倍，高于销售面积的增长。

【“双百”工程推进顺利】 2009年，全市126个重点项目完成投资232.1亿元，完成年度计划115.5%，比上年增加56.2亿元，增长35%。已有121个项目动工建设，开工率为96%。85个项目超额完成年度投资计划。44个项目基本建成或投入使用。重点行业、各个县（区）、市级部门完成投资均超年度投资计划。其中：宁杭铁路湖州段进入全线施工，杭长高速二期、滨湖大道、合溪水库、龙溪港东岸和衣裳街区改造等项目推进加快。“百项”重大前期项目全面完成年度工作目标。40个项目由前期转入实施，30个项目完成初步设计批复，13个项目完成可行性研究报告批复，10个项目完成项目建设书批复，16个项目完成备案。其中太嘉河工程湖州境内引水段、环湖河道整治工程水利部水规总院已通过可研评审；苕溪清水入湖东西苕溪河道整治工程、扩大杭嘉湖南排工程可研已上报国家发改委、水利部。天荒坪第二抽水蓄能电站国家电网公司已出具联系单；合湖杭铁路引入湖州站基本定局，为湖州市构建东西（合湖沪）、南北（杭湖宁）十字交叉的高速铁路网架，成为长三角的重要节点城市奠定了基础。

【招商引资内外并举】 2009年，全市全年共批外资项目374个，完成合同外资17.15亿美元，比上年下降4.9%；完成实到外资8.11亿美元，比上年增长1.1%，完成全年目标任务（8亿美元）的101.4%。合同外资和实到外资规模分别位居全省第4位和第5位。全年引进内资项目138个，协议资金183.51亿元，实到内资61.53亿元，比上年增长0.83%，完成年度计划102.55%，项目主要涵盖生物医药、新能源、装备制造等多个产业领域。尤其是加大央企招商力度，在2009年浙江（北京）推进经济转型升级洽谈会上，湖州市共有12个央企项目签约，总投资165亿元，项目数、投资额分别居全省第一位和第二位，为提升湖州市产业竞争力、促进转型升级、保持经济平稳较快发展增添新动力。

【新增中央投资项目】 2009年，湖州市紧紧抓住国家扩大内需的机遇，共114个项目列入新增中央投资计划，获新增中央投资4.35亿元，项目主要涉及农村民生工程和农村基础设施；卫生、教育等社会事业建设；节能减排、环境保护与生态建设；自主创新和结构调整等领域，项目全部开工，累计完成投资36.5亿元。全市四批中央投资项目的落实，加上国家安排湖州市的7.5亿元地方政府债券，有力地带动湖州市固定资产投资的增长，成为湖州市应对国际金融危机、促进经济企稳回升的重要推动力。同时，为加强长效管理，湖州市政府出台了《关于进一步加强新增中央投资项目管理的意见》，对列入四批新增中央投资计划的项目进行经常性的监督检查。

·物价·

【优化发展环境】 一是认真开展行政事业性收费清理。从2008年第四季度开始，先后三次对国土资源、外经贸、教育、药监、建设、交通、工商、民政、劳动和社会保障、卫生、新闻出版、农业、旅游、质监、文广新等10余个部门的收费项目进行清理，共取消了52项、暂停12项、降低8项行政事业性收费，全年减少行政事业性收费约10亿元。二是清理规范经营服务价格收费。自7月1日起，对施工图设计审查、招标代理服务、测绘定线放样、气象雷击风险评估等收费标准一律降低30%，对环境影响咨询服务一律降低50%。加强天然气配套建设收费调研，降低并规范天然气配套建设收费。三是不断深化涉企收费公示制度。重新编印了《湖州市涉企收费公示手册》1000余册，并免费向企业发放；在原20家涉企收费监测点基础上，新增市物资化建民爆公司等10家商贸企业和中小企业作为缴费监测点，加强对减轻企业负担政策执行情况的跟踪督查，企业发展环境得到优化。

【强化监测预警】 一是积极应对公共事件监测预警。及时启动防控甲型H1N1型流感疫情相关药品和卫生防护用品的价格预警监测和市场巡查机制。对几大零售药店的相关药品和防护用品实行每周二、五定期监测，并将监测数据汇总分析后及时撰写预警监测报告，上报省级部门和市应急办，共上报58期、数据4508条，报告30篇。二是及时启动价格应急预警机制。受国际金融危机影响，在经济持续下滑的背景下，多次启动价格应急预警机制，为保增长、扩内需、稳物价发挥较好的作用。全年共完成生猪、鸡蛋出场价、粮油肉批发、零售应急监测279期，专项监测47期，完成节假日监测7期。三是加强重要商品价格监测分析。重点加强对粮油、能源、重要生产资料等与经济发展和民生改善密切相关商品价格的监测，注重趋势性分析研究，切实为政府调控市场当好参谋。共完成监测分析和信息240篇。加强成品油价格应急监测分析报告，完成成品油价格应急监测73期，根据成品油价格调整情况，对公路运价监测21期。四是顺利完成价格预警平台建设。认真落实《浙江省重要商品和服务价格监测报告制度》，认真抓好监测预警平台制度化建设，落实价格监测预警机制平台建设。市、县顺利完成价格监测预警信息平台的转化工作，全市价格监测预警能力和水平进一步提高。

【完善涉农政策】 一是全面贯彻各项涉农价格政策。认真落实2009年粮食最低收购价政策，充分调动农民种粮积极性；密切关注生猪市场价格变动，建立生猪成本收益预警信息发布制度，定期在发改委网站对外公布生猪价格、成本、净利润、猪粮比等预警信息，为生猪生产者和政府部门提供前瞻性和预警性信息服务；落实好收费公路对鲜活农产品运输车辆免收车辆通行费政策，减轻农副产品流通和销售环节负担；协同落实好各项农业补贴政策。二是强化涉农价格收费监督检查。切实做好农村住房建设收费、农用机动车相关收费、农村义务教育收费监督检查工作，保障强农惠农政策得以落实，切实维护农民的合法利益。坚持和完善涉农价格和收费公示制度，使广大农民更好地掌握各项价格政策，明明白白缴费和享受国家给予的各项优惠；积极配合有关部门做好家电下乡、汽车下乡有关价格工作。三是完善农产品成本调查和价格信息服务。以42户种植业户、8户生猪规模饲养户为农本调查网络，加强对农产品成本收益情况的调查分析，发挥种粮大户和养殖专业户的示范作用，引导农民根据市场变化及时调整生产结构，降低生产成本，提高经济效益。加强农产品价格信息采集和交流发布工作，帮助农民准确把握市场价格和动向，有效地组织生产经营。湖州市农产品成本调查工作连续7年被国家发改委评为“全国农产品成本调查工作优秀集体”。

【抓好民生价格】 一是探索实施价格信息公开制度。从3月份开始，组织实施湖州中心城区常用药品零售价格信息公开工作，以慕韩斋药店等10家药品零售企业为药品价格信息公开对象，以常用的循环、神经类等药品为主要品种，以《湖州晚报》、市发改委网站为载体，每月公布60种药品零售价格。实施了中心城区主要副食品价格信息监测公开。选择市中心城区内有较强代表性、规模较大和一定影响力的浙北超市、大润发超市和三家农贸市场所经营的十大类、30个品种的价格信息，通过《湖州日报》、《湖州晚报》于每周五向社会发布。二是不断深化价格公共服务。各级价格部门深入实际，深入基层，针对价格热点、难点问题，采用座谈会、网上访谈等形式进行价格政策宣讲。会同经委、贸粮、农业等部门，深入企业、农村进行送政策活动，向农村发放《涉农价格和收费汇编手册》、《12358价格投诉联系卡》5000余册。积极开展《价格法》实施十一周年宣传活动和领导下基层接访活动。进一步保障群众正当的价格利益。及时出台农村住房改造建设价格收费政策，为农村住房改造建设提供价格政策、价格信息、价格协调和价格维权服务，服务新农村建设。按照“独立、客观、公正”的原则，有力、有效、有序地做好价格认证工作，共受理2000余起价格鉴证、价格评估，完成率、准确率均达到100%，切实担当起了现阶段国家赋予价格部门的重要职责。三是严厉查处各类价格违法案件。2009年全市共查处价格违法案件45起，查处违法金额195.61万元，经济制裁总金额161.56万元，其中：退还用户61.54万元，没收违法所得99.01万元，罚款1万元。在市本级查处13起违法案件中，查处违法金额74.68万元，经济制裁总金额40.62万元，其中退还用户40.62万元。受理价格举报468件，办结468件。查处价格违法案件25件，退还用户1.10万元，没收违法所得36.50万元。四是继续加强医药价格监管。根据《国家发展改革委关于公布国家基本药物零售指导价格的通知》和《浙江省物价局关于贯彻国家基本药物零售指导价格的通知》及有关政策规定，全面贯彻执行国家基本药物零售指导价格政策。继续实行“差价让利”作价办法，全年减轻患者药费负担2000万余元，缓解了群众“看病贵”问题。

【推进价格改革】 一是稳步实施燃油税费配套改革。落实成品油费改税配套改革措施，改革湖州市道路客运班车价格管理。贯彻浙江省道路客运班车价格管理办法，取消了在价格构成中的国家收费项目，完善道路客运班车燃油附加费管理措施，降低道路客运班车基准运价。二是全面实现工商用电同价政策。自2008年12月31日起，1千伏~10千伏及以上商业用户、普通工业用户全部执行一般工商业用电六时段分时电价；自7月1日起，不满1千伏的商业用户和普通工业用户可选择执行一般工商业用电六时段分时电价或电度电价。自7月15日起，将电力负荷管理终端费用标准从每台4500元调整为2500元，并规定电力负荷管理终端投运后的运行维护费用和更新升级费用由供电部门承担。三是率先核定镍、铬酸洗污泥无害处置收费标准。为保证不锈钢生产加工中产生的镍、铬酸洗污泥得到有效处置和资源的综合利用，在对镍、铬酸洗污泥无害处置成本调查的基础上，在全省率先核定了镍、铬酸洗污泥无害处置费试行标准，促进污泥无害化处置正常开展和环境有效保护。

（周建荣）

·工商行政·

【概况】 2009年，全市工商系统紧紧围绕“保增长、抓转型、增活力、重民生、促和谐、强保障”的工作主线，不断提升助动服务、科学监管、自身发展“三项能力”，切实履行职能，进一步推进工商行政管理职能到位，较好地完成了年度各项目标任务。全市新设外商投资经济主体131户，新增投资总额13.17亿美元，注册资本7.54亿美元，截至12月底，全市外商投资经济主体累计达1673户。全市民营经济“9565”培育工程继续推进，至年底，全市累计有市级科技创新型企业259家，市级名牌和免检产品346只，诚信民营企业248家，年产值或销售额（经营额）在5000万元以上的规模型民营企业615家，安置失业人员5人以上的民营企业1378家。全系统积极当好商标品牌建设“引导员”，助推品牌强市战略逆势生辉，全市建立乡镇品牌指导站18个，形成了工商与地方政府合力推动企业创牌机制，全年新申请商标2888件，核准3205件，累计注册商标11608件；新申请国际注册446件，累计1430件；新认定驰名商标5件，全市累计拥有驰名商标70件，省商标品牌基地6个，省著名商标146件，省知名商号54件，市著名商标441件。全力推进助农“五化”工程，在全市建立订单农业指导站44个、品牌指导站11个的基础上，整合职能建立了4个综合性的新农村服务站。全市共计制定切合各地农产品特点的订单示范文本68份，全年共指导签订农业订单5.9万多份，订单金额18.3亿余元，涉及农产品10大类，120多个品种，惠及农户6万多户；农产品注册商标达到1260件；农民专业合作社累计625户，成员出资总额33635万元。

【助动经济发展】 一是助推个体民营企业发展。研究制定了《进一步促进个体私营经济快速发展的若干意见》，以市委、市政府两办发文。下达了2009年度“9565”工程目标推进计划，加强对“9565”工程执行情况的督促检查和协调工作。成立了“民营经济助动发展领导小组”及办公室，负责全市系统民营经济助动发展的综合协调。召开全市系统“百名干部联百家民企‘学送帮促’”活动推进会暨服务民营企业实务公示会，根据“七个一批”目标任务和扶持政策，取得了显著成效，已有相当数量的企业在扩资融资、品牌建设、允许延期出资等方面享受到工商部门的帮助和扶持。联动中介机构的培训资源，合作举办相关培训班，全年共组织民营企业人员各类培训近百次，参训6000人，其中高管300人、主管人员580人、技术人员3000人。二是助推品牌强市战略。通过开展品牌服务进民企活动，落实商标品牌建设对民营企业的“特别助动”。全年共走访企业3320家、基地4家，其中基地企业2631家，帮助解决实际问题364个；发放政策宣传资料4688份；举办商标培训16场，参加人员1440人次。聘请有关专家、学者，为企业进行商标海外注册与维权保护方面的培训、讲座，提高企业知识产权自我保护水平，向300多家出口企业寄出了“商标国际注册建议书”。依托乡镇品牌指导站积极开展商标申请、品牌培育等服务工作，形成了工商与地方政府合力推动企业创牌机制。全市已建立18个乡镇品牌指导站。全年新申请商标2888件，核准3205件，累计注册商标11608件，比上年增长38.1%；新申请国际注册商标446件，同比增长167.0%，累计1430件；新认定驰名商标5件，全市累计拥有驰名商标70件、省著名商标146件、市著名商标441件。三是助推市场再创新业。对全市省重点市场、区域性重点市场和部分农贸市场运行情况进行了专题调查，分析问题，提出对策，进行针对性指导，并及时向政府及有关部门递交了调查报告。研究拟定了新的重点市场调整方案，在原有基础上，新申报了浙江南浔建材市场、安吉国际竹艺商贸城，2个市场分别为省重点市场和省区域性重点市场。引导农村小菜场按标准建设和改造，对已规范的小菜场全面纳入常规式管理，切实解决农村小菜场脏乱差问题。全年共培训市场举办人员1613人次，发放宣传资料8295份，落实帮扶资金59.5万元。2009年全市130个小菜场，已规范登记的119个，其中已达标待验收的98个，达标率75.38%。四是当好初始创业者“指导员”。全市各级工商部门联动个体民营企业协会积极发挥自身职能，为初始创业者提供优先服务，对于非工商部门的职能，积极做好协调工作，帮助创业者解决实际困难。如德清县工商局联动县个体民营企业协会在3月启动了“初始创业者帮扶工程”，对初始创业的大学生、下岗人员、失地农民、退伍军人、残疾人以及外来人员的创业情况进行调研，收集了创业者在创业中遇到的问题，有针对性地进行协调、指导和培训。此外，还通过组织银企融资对接洽谈会、向金融机构推荐诚信经营户等方法，帮助初始创业者解决融资难问题。2009年，德清县新成立初始创业经营户1525家，比上年增长38.0%。德清县工商局的有关经验做法经当地县府办整理上报后，得到了省政府副省长金德水的批示肯定。

【推进助农“五化”工程】 一是“农业主体法人化”。通过加强宣传引导、优化窗口服务、出台扶持措施，充分调动农民组建合作社的积极性。2009年，全市新登记农民专业合作社261户，业务范围涉及种、养殖业、农产品销售及加工、农业技术服务等行业。二是“农产品品牌化”。为涉农企业、农户开展商标注册全程服务，实施指导商标知识、申请商标注册、健全商标管理制度等“六指导”措施，继续对农产品申报市著名商标实行政策倾斜，对地理标志证明商标申请驰名商标的给予特事特办。截至年底，全市拥有农产品商标1260件，其中市著名商标93件、省著名商标28件，驰名商标5件、地理证明商标1件。三是“交易方式订单化”。在重点农业产区所在地乡镇建立了44家订单农业指导服务站，免费提供粮食、家禽、茶叶、水果等10余大类的120余种示范合同文本。在局、所建立两级订单农业动态数据库，建立“双向诚信认定机制”，在全市建立订单农业指导站44个、品牌指导站11个的基础上，整合职能建立了4个综合性的新农村服务站。全市制定切合各地农产品特点的订单示范文本68份，全年指导签订农业订单5.9万多份，订单金额18.3亿余元，涉及农产品10余大类，120多个品种，惠及农户6万多户。德清县工商局完善合同帮农制度，积极发展订单农业，全县共签订订单合同9882份，合同签约金额达35906万元，使农户增收超过5500万元。四是“农村市场规范化”。通过加强农贸市场基础管理、开展农村小菜场整治、强化农资市场监管力度等措施，着力推进农村市场规范管理。2009年，全市已共有107个市场落实了商品准入制度，完成农资示范店建设87户。五是“农村消费安全化”。引导农民科学消费，加强农村食品安全综合治理，完善农村消费维权机制，改善农村消费安全环境。全市已建立农村消费维权联络站（点）1504个。

【强化服务“三农”力度】 市工商部门与市农业部门联合下发相关通知，对土地承包权出资农民专业合作社登记工作明确具体要求，并开展为期一个月的专项推进活动，全年新登记农民专业合作社261户，成员出资1157万元，其中以土地承包经营权作价出资农民专业合作社18户、作价土地2668.83亩、作价金额819.44万元、涉及农户141户。至年底，农民专业合作社累计达625户，成员出资总额33635万元。同时，联合市林业部门制定了《湖州市林地承包经营权作价出资农民专业合作社登记暂行办法》，在全省率先推出“林地出资新政”，这项工作被列入《中共湖州市委关于深化改革开放推动科学发展实施意见》的重点内容，得到了地方党委的肯定。自开展登记以来，共办理“林地出资”农民专业合作社14户，作价林地2834.9亩，作价金额603.2万元，惠及农户129户。

【强化农资市场监管力度】 将种子、肥料、农药三大类农资商品和无照经营作为整治重点，建立了动态的“农资经营户名册”，对全市所有农资经营单位制作网点图，实行坐标化管理。统一印制了农资进货销售台账记录本发放给农资经营单位，同时加强日常巡查，着重检查商品与台账的符合度、台账登记的规范性等内容，提高台账在追溯质量纠纷中的作用。抓好种子主要供货商的监管，督促其建立完善的种子留样内部管理制度，建设设施完备的种子存放场所，建立并保存完整的种子留样目录，加大巡查密度，从源头上控制种子质量。

【帮助企业排忧脱困】 一是创新年检监管方式，推行企业年检申报备案制，简化信用状况良好企业的年检程序。对重点骨干企业进行“体检式”服务，指出企业发展中的问题以及今后改进的内容和发展方向。运用年检帮扶困难企业。对符合条件的无法按期出资的困难企业，经批准后允许延期出资期限并免于处罚。全年共办理152家外资企业延期出资，延期出资额6.79亿美元；内资企业15家，延期出资额1.9亿元人民币。二是开展公司股权出资登记和股权出质登记，进一步激活静态资本存量。全年共办股权出资登记2户，出资金额5600万元。股权出质登记38户，股权出质金额2.36亿元，融资金额13.94亿元。同时，稳妥推动民间资本创办小额贷款公司，在2008年已登记5家小额贷款公司的基础上，2009年又新增2家小额贷款公司。三是提升工商依法合理行政能力，以股权出资行政指导为重点，着力解决企业筹资难等瓶颈问题。如安吉县工商局运用行政指导培育成功7家以林地承包经营权作价出资登记的农民专业合作社，将2355.75亩山林盘活为204万元资产，惠及林农100余户；以全面推行提醒告诫行政指导为重点，开展查处违法疏导，着力解决一些社会反响较为强烈的热点问题。2009年全市共发出行政告诫文书900多份。吴兴工商分局针对“六小行业”无照率居高不下的情况，立足“三借”（借政府部门力量、借社区企业力量、借市场主体力量）建立了“六小行业”无照经营行政指导长效监管机制，并取得了显著成效，该项工作还得到了市政府领导的肯定；以责任区巡查行政指导为重点，开展规范经营劝导，着力解决一些长期无法解决的难点问题。各地普遍建立起如经济户口轻微违法违规行为记分制、突出问题约谈制、警示信息发布制、助企联络指导制等指导机制，实行分类指导；以品牌助企、合同扶农行政指导为重点，开展维权兴企引导，全力推进地方经济发展，全市共开展行政指导9000余户次。

【创新思路全力维权】 一是深化“12315”综合执法体系建设。加强“12315”日常调处工作，提升“12315”服务水平。2009年全市共接“12315”各类咨询、举报、申诉电话10979个，比上年下降0.7%，处理率达99%，其中，申诉电话1306个，已处理1299个，处理率达99.5%，涉及申诉金额总计455.6万元，为消费者挽回经济损失

81.25万元，处理举报案件1344件，总案值18.64万元。同时，强化“12315”信息分析运用，发布消费警示6期、“12315”简报10期。此外，继续大力推进“12315”消费维权基层组织的规范化建设，借鉴枫桥经验，在农村、社区、市场、商场和超市等区域建立“12315”维权联络站1504个，建立21家市级公用企业消费维权联络站，在全市67个乡镇（街道）政府建立了消费维权站，使工商走进基层、走进企业，使矛盾纠纷基本做到就近解决。二是建立食品安全监管长效机制。通过食品经营“一票通”制度及食品总经销、总代理备案制度的实施，全面掌握全市食品批发企业的基本状况及全市流通环节主要食品的来龙去脉，并确保了流通终端小食杂店食品质量。全市已有552家食品批发经营单位实施了食品经营“一票通”制度，覆盖食品零售经营户8825家；继续按普通小食杂店、食品准入基本达标店、放心示范店三个层次对小食杂店实施分类监管，全市有小食杂店13045家，其中11471家小食杂店落实了食品安全培训、签订食品安全责任书、经营制度上墙、建立进货台账等4个100%工作目标，整治率达到88%。积极开展示范店向社区、景区、学校等领域的延伸及星级评定工作。2009年全市已创建示范店1472家，其中社区126家、学校187家、农资81家、景区11家。全市创建星级示范店360家，对70家退步的示范店进行摘牌，实现了优胜劣汰；通过媒介及现场咨询、开设讲座等方式，向社会公众尤其是广大食品经营者宣传《中华人民共和国食品安全法》。2009年全市共组织食品安全现场咨询12场次，分发食品安全宣传资料6800余份。举办各类食品安全培训班38期，已培训工商干部和消费维权监督员2580人次。分期分批进行食品安全及“一票通”制度培训，先后召开培训班64场次，12708户经营者参加，10月初，统一向全市食品经营者下发了15000份“食品经营生意经”宣传年画挂历，以漫画形式宣传食品经营法定义务。三是推进“牵手消费爱国行”活动。组织由“3·15”社会监督员、消费者代表及新闻媒体等人组成的6个消费体验团共117人，对全市获驰名商标、著名商标、名品正牌农产品等知名企业，进行了一系列消费体验活动，并将内容通过媒体向社会进行广泛宣传，提升了消费者对本土企业和品牌的认同感；建立了“湖州市商贸（服务）企业诚信联盟”，吸收了30家在消费者中具有较高信誉的商业服务型企业为首批成员单位，组织了由3422人参与的16个消费调查体验团，走进联盟企业开展了调查体验活动，并向全市消费者作出了建立预赔金制度等30项承诺；组织开展了全市餐饮服务业消费评价优胜单位评选活动，在不设置不公平潜规则等方面进行了消费评价，在广泛征求卫生、质监、物价、环保等部门的意见后，“浙北大酒店”等16家餐饮企业获得“湖州市餐饮服务业消费评价优胜单位”称号，从而进一步营造了安全、满意的餐饮消费环境；在长兴县启动全国首个“新消费运动日”的基础上，10月27日，长兴县承办了由省工商行局、省消保委主办的“消费与发展”浙江·新消费论坛。中消协、省消保委以及各市负责消保工作的领导，对湖州市在推进“新消费运动”中所取得的成绩予以肯定；开展食品经营企业公开评价活动。8月初，对市区浙北、乐购、世纪联华、农工商、老大房、大润发等6家主要超市，组织实施了2009年度流通领域食品经营企业公开评价工作，对上述超市商品质量、管理制度、企业诚信等三大类11项指标进行了检查，并于11月初向社会公布公开评价结果，督促企业加强食品安全自律。全年开展公开评价4次，起到了较好的警示和引导消费的作用。

【全力实现小额贷款公司精确化监管】 首先，会同市金融办、市银监局、市人民银行，对全市的小额贷款公司合规经营情况进行了检查，检查情况以《工商要情速递》的形式向市政府进行了汇报。其次，全力支持长兴县工商局做好全省试点工作，探索出网络智能和专人定向相结合的监管模式，实现与小额贷款公司数据信息的互通、共享、交流，推进小额贷款公司安全稳健运行。第三，实行专人定向全程监管，定期组织检查，结合年检审查工作，检查和督促小额贷款公司合规经营，依法查处违法违规行为。全市已开业的5家小额贷款公司，在册资本6.1亿元，融资余额2.60亿元，可贷资金9.05亿元。

【开展查处无照经营专项行动】 明确各人员岗位职责，建立一级抓一级、层层抓落实的岗位责任制，将无照经营监管进行量化考核。对缺少前置审批的业户，主动协调卫生、公安、环保等相关部门，疏通准入通道；对农村困难群体和城市下岗职工存在的无照行为，讲清有关优惠政策，帮助其解决经营中遇到的问题；对从事易燃易爆品、危险化学品和食品等行业的无照行为坚决依法取缔；对拒不办照、不服从监管的“钉子户”，在公安部门配合下集中查处。定期将查处无证照经营进度情况向地方政府汇报，使整治工作形成齐抓共管局面。2009年，全市共查处无证无照经营3983户，引导办照3130户，取缔447户，无照经营率与上一年同期相比下降14.5%。

【推进违法违规行为强力监管】 积极关注群众热点，着力解决涉及民生问题。全系统查办虚假违法广告案件331件，其中大要案61件。对群众意见特别大、政府特别关注、社会影响特别恶劣的湖州阳光女子医院发布违法广告案开出114万元的罚单。2009年全系统在整治黑网吧、打击传销、治理商业贿赂、网络监管等方面均取得实质性成效。全年办结商业贿赂案50起；取缔传销窝点235个，清查遣送传销人员1576人次，解救被骗人员203人次。

（孙建新）

·质量技术监督·

【提升质量水平】 一是积极推进品牌创建。注重政策导向，认真抓好名牌培育规划调整和全程申报服务工作。2009年，全市共新获浙江名牌28只（列全省第五），湖州名牌79只，南浔木业获得“湖州市首家浙江省区域名牌”称号。全市名牌产品销售收入拉动规模以上工业增长1.24个百分点。二是有效推进标准化工作。发挥项目的集聚功能，积极争取和抓好在建项目。共获得4个省级块状产业标准化项目，涉及资金140万元。指导龙头骨干企业、明星企业积极开展国家标准制定和标准创新活动，推动15家企业参与18个国家标准制定，6家企业拿到7个国家（行业）标准制订计划。围绕新农村建设，加快推进“南浔中华鳖养殖”、“德清生态农业”两个国家级项目，新获得9个省级农业标准化项目顺利通过评估。三是有效拓展产品质量诚信。产品质量诚信制度在木地板、蓄电池、竹椅等块状产业转化为16个联盟标准，在500家企业全面铺开，引导企业诚信经营，既解决了中小企业标准不一、无标生产等问题，又提高了产业公信力、形象力、竞争力。120家实施联盟标准的企业合格率达100%，五大产业逆势增长均达到10%以上，涌现出久盛、久立、天能等一批知名品牌和企业。

【开展优质服务】 一是积极开展“六个一”服务行动。即走访一千家企业完善服务举措，班子对接一百家企业开展协调，创建省市名牌一百只，组织好一百家中小企业质量帮扶，解决一百家企业技术难题，服务一百家重点用能企业节能降耗服务。服务中重创新、显特色、出亮点、求实效。德清县质量技术监督局深入到升华集团，面对面为企业转型升级献计献策，同时邀请国内知名钢琴专家走进企业开展技术指导；长兴县质量技术监督局注重鼓励引导企业间技术合作，通过龙头企业、行业协会带动蓄电池产业转型升；安吉县局推行重点企业“跟踪服务卡”制度，着力做大做强龙头骨干企业；吴兴区分局为丁莲芳等食品企业项目推进出谋划策；南浔区分局派遣一名专家走进久盛木业，开展新产品研发。二是开展节能降耗服务。组织开展500个工业锅炉房安全与节能管理水平提升活动，完成1198名人员节能知识培训，淘汰低效高排锅炉63台。全年为企业节约能耗780万余元。特检中心在服务中获企业赠送感谢锦旗33幅、感谢信2封。指导长兴盛鑫印染有限公司采用新设备分层燃烧法，年节煤60吨；帮助沃克斯自动扶梯加装“DSP”节能装置，节电率达80%。三是有效开展千家企业质量帮扶。深入企业开展送检测、送咨询、送培训、送标准、送安全，重点帮扶150家中小企业，解决问题760多个，开辟绿色通道办理许可证63家。计量所提供液化气公共检测服务，帮助企业减少投资1000余万元。四保护企业合法权益。为8家名优企业跨区域被侵权企业正名，挽回经济损失700余万元。

【强化安全监管】 一是“十小”行业质量安全整治与规范顺利工作顺利完成目标。在市政府统一领导下，系统上下全力以赴抓“十小”整规。德清县狠抓整规督查，实施“部门包干、领导分片”的督查机制；长兴、安吉县通过每户补偿1500元至2000元，关、停近200家小作坊；吴兴区通过给“十小”发放合格标志，推动争优创先；南浔区双林镇千亩山村出台10项制度，细化工作推进。全市“十小”验收通过率达98.9%；乡镇（街道）完成率达98.5%，顺利完成省政府“两个70%、一个80%”目标。二是有力地推进食品质量安全监管。围绕市政府为民办实事项目，顺利实现全市食品监督抽查覆盖率达100%目标；抽查合格率为95.8%，高于全省2.8个百分点。小作坊整规率达100%，小作坊数量从原来的1634家整合到年底的390家。严格市场准入监管，对67家企业实施了年度报告审查，吊销（注销）了6家企业、6张QS证；认真开展打击违法添加非食用物质和滥用食品添加剂专项整治行动，共检查197家企业，抽检了235个样品。三是扎实开展特种设备安全监管。共消除安全隐患1197处，平均定检率达95%，全年未发生特种设备安全事故。以落实企业主体责任为主线，建立巨人通力公司为核心的电梯应急救援队，与110建立联动机制。以深化隐患排查治理工作为抓手，对全市重点生产、使用单位加强排查，实施闭环管理。成功组织实施了电梯困人事故应急救援演练。长兴县质量技术监督局“两网两基两联动”监管模式创新在全省推广。四是织里童装转型提升成效明显。在2008年劣质再加工纤维整治基础上，2009年又开展了织里童装转型升级行动。由吴兴区政府主导，市质量技术监督局牵头、相关部门配合，为期两个月的织里童装转型提升行动取得重大成效，童装合格率达80.2%，比上年提高21.17个百分点，童装用劣质再加工纤维全部取缔。在整规的同时，积极开展童装转型升级服务，织里童装产销两旺，全年产值达120亿元，比上年增加20%。

【提高公共检测平台能力】 以块状产业集聚为基础，努力打造产学研为一体的公共检测服务平台，加快推进“1536工程”。国家茧丝质检中心建成投入运行，省木检中心、省蓄电池检测中心、省童装检测中心、市食品检测中心均已建成运行，省木检中心南浔所通过国家实验室验收。国家茧丝质检中心大力实施科技强检，参与研制的“蚕茧检测仪研制项目”获得2009年度国家质检总局“科技兴检一等奖”，“蚕茧检测煮茧仪研制项目”通过省质监局验收；实施桑蚕干茧公证检验，助推产业经济发展的做法受到国家质检总局肯定。由长兴县质量技术监督局和县科技局合建的省级蓄电池检测中心，获得市、县政府1150万元资金的大力支持，被列入省中小企业局第6批共性技术服务中心（全省11家中列第3位），中心在检验检测、蓄电池联盟标准制定推广、新产品开发等方面，切实发挥了领军作用，受到县政府充分肯定。南浔省木检中心大力加强能力建设，检测能力由26项扩展到61项，实现了木业检测项目全覆盖。中心成为中科院木材所旗下的全国木材标委会和人造板标委会委员单位，进一步扩大标准话语权，全年共参与10项国家标准制修订，指导企业完成8项国家标准制修订，为南浔木业抢占市场赢得了先机；在南浔区政府支持下，成功举办了南浔全国木材标准化技术委员会第三届第三次年会，进一步扩大了南浔木业的影响力和知名度。南浔省木检中心与南浔开发区、科技局合作创建的“木地板科创服务中心”，被列为国家示范生产力促进中心；全年共获得科技资金158万元。其中“面向木地板企业试验、检测共享服务中小企业公共技术服务平台”项目获得科技部补助资金60万元，缓解了科研和设备升级方面的资金不足，进一步提升了服务中小企业的能力和水平。省童装检测中心对于童装转型升级提供了有力的技术保障，市食品检测中心对581家食品企业开展监督抽检，抽检覆盖率达100%，顺利完成市政府交办的“为民办实事项目”。市特检中心全年共完成各类特种设备检验20287台，定检率达97.8%，在保障特设安全方面发挥了积极作用；同时科研成效明显，有2篇学术论文在国家级期刊《中国特种设备安全》上发表，1篇在省级期刊发表。全市“1536”检测体系已完成对块状经济转型升级的基础保障，为自身进一步转型升级奠定了坚实基础。

（黄家伟）

·食品药品监督·

【概况】 2009年，全市食品药品监管系统以确保群众饮食用药安全为宗旨，始终牢牢把握“服务经济社会又好又快发展”的总目标，切实强化食品综合监督、药品和医疗器械的行政监督和技术监督职能，加大对食品医药企业的指导服务力度，顺利完成各项年度重点工作，全市食品药品安全形势总体平稳，可控不断趋好。

【完善农村食品药品安全保障体系】 一、巩固深化食品药品安全示范县（区）、示范乡镇创建工作。切实抓好被列入市委、市政府“为民办实事”和“百件实事惠民生”专项行动的示范乡镇建设工作，加强对各县（区）的创建指导和督查，做到“县（区）、乡镇、示范点”三级联动。德清县通过国家级食品安全示范县验收，长兴县、安吉县、吴兴区和南浔区通过省级食品安全示范县（区）验收。新增食品药品安全示范乡镇24个，全市95%以上乡镇通过市级食品药品安全示范创建验收，创建示范点1000余个。

二、巩固深化农村食品安全“三网”和药品“两网一规范”建设。一是继续巩固农村“放心店”行政村全覆盖，不断推进农村“放心店”的连锁化经营。全市共有农村“放心店”1072家，行政村覆盖率达100%。开设连锁便利店的行政村870个，覆盖率86.7%，“放心店”多种形式的食品配送主体率达95.06%。二是进一步推进“放心店”星级化管理和其他农村杂食店的改造工程。全市累计创建一星级放心店282家，二星级放心店70家，三星级放心店26家，四星级放心店6家。同时积极发挥现有“放心店”的示范作用，推进农村其他小食杂店的规范化进程，有87.93%的其他农村食品小商店达到“放心店”建设的基本要求。三是进一步整合农村消费维权网络。新增消费维权监督站5个，全市累计建立县（区）消费者权益保护委员会6个，消保分会20个、消费维权监督站85个、消费维权监督点1155个，全市乡镇（街道）、社区、行政村的消费维权站覆盖面达到100%。四是巩固深化农村药品“两网一规范”工作。继续推进示范县（区）创建达标工作。对上年已通过省级“两网一规范”示范县验收的三个县，加强日常督查，实行动态化管理，防止出现达标后的“回潮”现象。对尚未达标的吴兴区和南浔区，在总结、推广三县创建经验基础上，着重加强督促指导。截至12月，全市三县两区均通过省级示范县（区）验收，创建达标率100%。同时以创建示范县（区）为载体，进一步完善了“两网一规范”建设的保障机制。将农村药品安全列入了当地政府目标责任考核内容，将农村药品协管员、信息员的培训和考核经费纳入了当地政府财政预算，全市三县二区共争取到“两网”专项经费128万元。

三、巩固深化全市乡镇食品药品安全监管站建设。按照市政府的要求，全面开展乡镇食品药品安全监管站建设工作，三县食品药品监管站全部建立。为充分发挥乡镇监管人员检查员、信息员、宣传员的作用，按照“有事干，能干事，干成事”的要求，明确“五个一”：即建立一个完善的组织体系，制订一套规范的工作制度，安排一个明确的工作目标和任务，实施一系列业务培训和帮带计划，建设一个食品药品宣传阵地的要求，做到镇镇有网络，村村有人管；干事有方向，做事有能力；报告有渠道，宣传有阵地。同时，积极推进市公共安全监管信息食品药品监管平台的运作，成立领导小组，制订计划，组织相关人员参加培训，导入全市药械企业数据，督促县（区）、乡镇启用平台。

四、进一步明确农村食品药品安全保障体系发展目标和任务。针对农村食品药品安全监管体制、保障机制等方面开展深入调研，并层层召开民主恳谈会，收集各县（区）、各部门意见和建议，以市府办名义出台《湖州市进一步加强农村食品药品安全保障工作实施意见》，力争经过5年的努力，逐步理顺农村食品药品安全监管体制，有效地整合现有监管资源，基本形成适应社会主义市场经济体制的农村食品药品安全保障工作新格局。

【规范药械和食品管理】

一、强化药械生产质量管理。按照安全可控、规范创新的原则，突出重点，加强药品和医疗器械生产企业监管。一是加强药品生产企业风险评估。通过召开药品生产企业座谈会、到企业会诊等方式，全面分析企业存在的缺陷，全面评估企业风险，把药品安全隐患消灭在萌芽状态。二是强化高风险药品生产企业监管。对辖区内三家高风险企业开展了每月不少于3次的驻厂监督检查，监督企业实施GMP情况，强化企业的质量意识；对企业无菌检验人员开展了理论和操作考核，提高其检验水平和能力；开展企业质量受权人制度，进一步完善了企业的质量管理体系。三是按计划开展日常监督检查。全年按计划完成17家药品生产企业、8家药包材企业、3家医院制剂的日常监督检查，检查覆盖面达100%。配合省食品药品监督管理局完成6家企业9个剂型的GMP认证和复认证。完成药品和药包材注册核查品种19个。四是突出对医疗器械重点产品、重点企业的监督检查。运用质量体系考核、突击检查和产品质量抽查等手段，全面分析企业产品质量管理状况，对所管辖区企业做到心中有数、总体可控。同时加大对问题企业和问题产品的监督检查和突击检查力度，切实提高医疗器械生产企业的管理水平和质量保证能力。全年考核、检查二、三类的医疗器械生产企业30家，检查覆盖面为100%。清理上报省食品药品监督管理局注销不符合医疗器械生产、经营条件的企业7家。办理新开办医疗器械生产企业6家，受省食品药品监督管理局委托，对13家医疗器械生产企业进行了质量体系考核，其中4家企业因生产管理、质量控制、质量体系不能有效运行等原因进行整改复核。

二、强化药械经营、使用质量管理。以规范提升、确保安全为原则，切实加强药品和医疗器械经营和使用环节的质量管理。一是以换发“药品经营许可证”和GSP认证为抓手，进一步提升经营企业的药品质量管理水平。有序开展《药品经营许可证》换证工作，换发许可证331家。抓好新开设药品零售企业的GSP认证和证书到期企业的复认证以及认证后的跟踪检查，完成新增加的39家药品零售连锁企业直营、特许加盟门店的专项检查，完成GSP认证25家，复认证182家，GSP跟踪检查56家。建立了药品经营企业约谈制度（试行），约谈拟筹建或变更的经营企业29家。加强药品批发企业药品储存温湿度远程监控工作，全市13家药品批发企业中已完成监测系统安装10家、图纸及设施设备审核3家。充分利用信息化手段加强对企业经营品种来源的监管，同时进一步完善信息互动平台，分类建立涉药单位QQ监管联络群，逐步实施药品在线动态监管。二是抓住重点，继续深入贯彻落实《浙江省医疗机构药品和医疗器械使用监督管理办法》（省政府令第238号）。在全面梳理分析2008年医疗机构检查情况的基础上，制定了2009年检查方案和检查标准。结合中药注射剂专项检查、医用氧的使用管理情况、医疗器械、计生器械检查等内容，突出重点环节、重点品种开展监督检查。并在检查过程中积极推进县级以上医疗机构药品在线监管工作，主动与卫生部门进行沟通协调，利用全市药品招标采购平台上报系统，对湖州市中心医院等19家县级以上医疗机构的药品实施了网上在线监管。同时积极做好植入类、特殊验配及免费体验类医疗器械经营企业的监督检查工作，检查企业75家，检查覆盖面100%。并根据省食品药品监督管理局要求，确定了3家医疗机构为血液透析产品和医用氧舱、医用空气舱等项目的规范化试点单位。探索有效管理模式，确保器械使用安全有效。积极与市卫生局、质监局、市生物医学工程学会合作做好医疗机构医疗器械监管平台建设。做到对医疗机构医疗器械招标产品进行实时跟踪。督促做好预防甲型H1N1流感药械储备工作，确保防护物资供应充足、市场稳定、价格平稳。三是以加强药品质量源头管理为重点，大力推进个体诊所等社会医疗机构的药品统一配送。推广德清县试点经验，按照“政府指导、市场运作”的原则，保证药品进货渠道“合法、清晰、稳定”，全市个体诊所药品统一配送面达到60%以上。同时，加强农村医疗机构的日常监督检查，进一步完善医疗机构药品质量监管的长效机制。加大日常检查频次，全年共监督检查医疗机构1150家。对已取得“药品规范化管理单位”的医疗机构进行跟踪检查，发现日常检查不合格又不认真整改的，除按照省政府第238号令进行处罚外，还收回其《药品质量规范化管理》牌匾或证书。此外，还充分利用特药监管网，实时监控特药库存、使用情况，及时跟踪异常情况，全年全市未发生过一起特殊药品流失或骗购事件。

三、强化药品检验检测工作。一是监督抽样覆盖面更广，重点更突出。加大对乡镇卫生院及社会医疗机构的药械监督抽验覆盖面，同时把注射液和中药饮片作为监督抽验重点。全年完成监督抽验任务1100批。抽样单位1667家，覆盖面92%以上，检出不合格140批，不合格率12.73%。从不合格药品的分布看，乡镇卫生院和社会医疗机构抽取的品种中可见异物和中药材（饮片）所占的不合格率较高。此外，还完成省级评价性抽验103批，医疗器械监督抽验52批次。二是充分发挥药品快检车的作用。加强检测车的管理，建立了药品检测车使用、审批、保管、维护等制度，并明确了车长负责制。以基层药品经营企业和医疗机构为检测车的工作重点，并做到药品检测与监督抽验、监督检查、宣传教育“三结合”，专门制作了一批车载药品安全小知识宣传展板随车展出宣传，使药品检测车成为药品监督的“检验车、巡查车、宣传车”。全年累计出车70天，215人次，完成车载药品检测1027批（计划1000批），车载检测可疑药品16批，加强了药品质量的流动监测，提高了药品抽验的针对性和有效性。三是强化业务人员的技术培训和县（区）技术力量的资源整合。市食品药品检验所选派65人次参加省、市组织的专业培训和继续教育。在省食品药品监督管理局组织的药品快检车大比武中，获得了第三名。

四、强化药品（医疗器械）不良反应（事件）监测工作。一是强化组织体系建设。按照“横向到边、纵向到底”的原则，进一步完善了药品不良反应监测网络。9月，吴兴区、南浔区药品不良反应和医疗器械不良事件监测站成立，三县两区监测站实现全覆盖，提前完成了省政府要求在2010年底全省90个县市全部设立药品不良反应监测中心的任务。同时把监测网络向乡镇延伸，德清等县的乡镇都建立了监测点，确定了监测人员。二是加强培训工作。加强对药品生产、经营企业和医疗机构相关人员的培训，举办培训班7期，培训人员800余人，提升监测员的理论知识与实际监测水平。三是注重药品不良反应工作与应急处置工作的结合。妥善处置了两起药品不良反应事件。尤其是6月5日，长兴县人民医院发生8例儿童输液后发热、抽搐情况后，紧急抽调药品不良反应监测工作人员随药品监督人员前往现场开展应急处置，并及时对所涉及的药品进行抽验和监测，为当地政府下一步处置工作提供了科学依据。12月，成立湖州市药品不良反应专家咨询委员会，为药品突发事件应急提供了技术支撑。全年全市共上报ADR监测报表2359例，其中新的、严重的报表数占22.1%。上报医疗器械不良事件134例，首次完成了省食品药品监督管理局下达的每百万人口40例的要求。

五、强化保健食品监管。全年共完成5个保健食品新注册产品的现场审核，完成辖区内12家企业的原辅料检查和所有25个保健食品文号的调查摸底和再注册的准备工作。

【规范食品药品市场秩序】

一、深入开展食品安全专项整顿。根据《湖州市食品安全整顿工作实施方案》的要求，对全市食品安全整治工作进行全面部署。一是开展了食品添加剂专项整治工作。下发《湖州市打击违法添加非食用物质和滥用食品添加剂专项整治行动方案》，4月，这项工作顺利通过省专项整治工作小组验收。二是开展了打击私屠滥宰和病死病害猪肉非法交易专项整治。会同市贸粮、工商等部门开展生猪联合执法行动20余次，确保市场猪肉质量安全，让市民买到“放心肉”。三是扎实开展了奶业整顿和治理工作。全面落实乳品质量安全监督管理责任和措施，保障了全市乳品质量安全。四是继续推进全市工矿企业食堂专项扩面整治工作。在巩固300人以上企业食堂整治成果基础上，开展对就餐人数100人～300人的360家食堂整治。针对五一、国庆等重点节假日，联合有关部门开展食品安全大检查。

二、深入开展药械专项整治。一是全面开展“小药店（小诊所）”整治与规范工作。制定整治与规范工作计划，明确整规覆盖面100%、规范达标率95%的工作目标。修订完善现场检查验收标准，制定下发《湖州市“小药店”考评工作方案》，并将整规工作与GSP跟踪检查、日常监管、信用体系建设等工作结合起来，统筹兼顾，整体推进。同时条块结合，签订整规目标责任书，强化责任目标考核。全市共1502家小药店通过验收，占整规总数的97.5%，完成了省食品药品监督管理局规定的90%的目标任务。二是有序开展各类专项整治。根据上级部署，全年组织开展了体外诊断试剂、化学原料药、计生药械、全省互联网药品信息服务等专项整治以及节假日期间药品安全大检查。同时根据湖州市监管工作实际，突出重点部位、重点时段，结合省政府第238号令的贯彻落实，开展中药饮片质量专项检查，收到了良好的效果。全市共立案查处各类违法药械案件147件，其中简易处罚63件、一般程序84件。

三、加强药械、保健食品广告整治。加大对重点广告品种的监督检查和抽验力度，提高对媒体广告的监测和店堂广告的检查频次，并采取了将药品经营企业发布店堂广告和落实暂停销售行为纳入该企业年度信用等级评定考核内容等系列措施。全年全市共监测媒体药械广告823条次，发现违法药械广告178条次，违法率达22%；检查464家零售药店的店堂药械广告29条次，其中违法广告2条次，违法率7%。违法广告移送工商处理的109条次，对媒体及药店作行政告诫的15件。违法药品广告涉及13个品种，违法医疗器械广告涉及1个品种。

四、保持高压态势，严厉查处大案、要案。在对药品市场状况组织分析研讨的基础上，针对可能或潜在的危害公众健康利益的安全隐患加大稽查工作力度。全市药械违法案件总体案发率有所下降，但大案、要案的查处率明显提高，仅依法移送公安部门的案件就有3件。成功破获了发生在长兴县境内的“2·18”生产销售假药网络案，抓获犯罪嫌疑人7人，查获假药窝点4个、捣毁假药仓库2处，查获消渴降糖胶囊等11种假药及保健品600余件，涉案金额近2000万元。该案件被公安部、国家食品药品监督管理局挂牌督办，被评为全省食品药品监管系统十大典型案件第一案，参与办案的单位和人员分别被省食品药品监督管理局授予集体三等功、个人三等功和嘉奖。

（程　芸）

·安全生产·

【概况】 2009年，全市安全生产工作以科学发展观为指导，始终坚持安全发展理念，以“安全生产年”活动为载体，扎实开展安全生产执法、治理、宣传教育“三项行动”，积极推进法制体制机制、保障能力、监管队伍“三项建设”，不断深化各项工作举措，保障全市安全生产形势的持续稳定。

【落实安全生产责任】 一是责任落实更加到位。市政府常务会议两次听取安全生产工作汇报，市长马以3次专题部署全市安全生产工作。7月，市委常委会专门听取了安全生产工作汇报。市、县区主要领导和分管领导在春节、“五一”、“国庆维稳”等重要时节亲自带队开展安全生产大检查。市、县区、乡镇、村居和企业逐级签订了不同形式的安全生产目标责任书，确保了目标责任横向到边、纵向到底，层层落实。

二是考核指标更加科学。将安全生产工作纳入干部政绩业绩考核的重要内容，进一步强化主要领导全面抓落实、分管领导具体抓落实的工作格局。将乡镇公共安全监管中心建设纳入考核内容，建立健全安全监管体系。将3家国有企业纳入考核范围，进一步扩大了目标责任制的签订范围。三是安全投入更加有效。市政府明确要求各县(区)按照当地常住人口人均不少于2元的标准建立安全生产专项资金。

【开展安全生产三项行动】 一是隐患排查治理进一步深入。2009年的隐患排查治理工作注重结合重点项目、专项行动、监管重点，全市隐患排查治理工作成效明显。全市共排查治理隐患42780家，排查出各种隐患45124项，已整改43675项，整改率为96.79%；掌握“三非”企业2072家，已取缔2072家。全市39家(处)省、市级重大隐患单位已全部完成整改，整改完成率达100%。二是安全行政执法进一步强化。充分发挥行政执法震慑作用，加大对非事故违法行为的处罚力度，引导各类生产经营单位除隐患、防事故。对社会影响广、治理难度大的安全生产违法行为实行联合执法，增强执法合力。加大了执法力度，按照“四不放过”原则，严格查处各类生产安全事故。2009年检查工矿商贸企业3580家，发出整改通知书716份，整改复查率100%；办理行政处罚案件534起；清查无证上岗321人；安全生产事故应结案41起，结案率达100%。三是宣传教育活动进一步深入。利用电视、广播、报纸、网络等媒体，积极开展培训教育，大力宣传相关法律法规和安全常识，着力丰富安全生产宣传教育内容，进一步提升公众的安全生产法制意识、责任意识、事故防范意识和自我保护意识。如市安监局在《湖州日报》刊出了12期安全生产专版，在湖州电视台新闻60分频道播出了54期《小璐说安全》节目等；深入开展安全生产月活动，与市委宣传部、市公安局、市总工会、团市委联合部署了安全生产月活动，落实18项全市性活动；全市共培训企业负责人、安全管理人员、特种作业人员22023人次，培训在建项目施工单位项目负责人166人。培训娱乐场所从业人员260余人；在全市试点建立“民工夜校”29个，培训民工近6700余人次。

【推进安全生产三项建设】 一是不断强化法制体制机制建设。制定《湖州市企业安全生产主体责任暂

2009年湖州市事故分类情况表

表3

类别	事故起数(人)	死亡人数(人)	重伤人数(人)	经济损失(万元)
工矿商贸企业	44	45	–	810
与上年同比%	12.82	12.50	–	1.25
道路交通	1387	389	1488	289.90
与上年同比%	–13.10	–4.42	–15.02	–6.79
水上交通	4	4	–	11
与上年同比%	33.33	33.33	–	–85.33
火灾事故	117	0	0	401.74
与上年同比%	持平	–100	持平	–0.03

2009年湖州市各类事故死亡人数控制指标完成情况表

表4

类别	省下达控制指标(人)	实际控制指标(人)	为控制指标的(%)
各类事故死亡人数	481	438	91.060
工矿商贸企业死亡人数	67	45	67.16
道路交通(含生产经营性道路交通)死亡人数	391	389	99.49
辖区内水上交通事故死亡人数	15	4	26.67
火灾事故(含工矿商贸企业)死亡人数	5	0	0
渔业船舶事故死亡人数	3	0	0

2009年湖州市较大事故控制指标完成情况

表5

类别	省下达控制指标(次数)	实际指标(次数)	为控制指标的%
工矿商贸企业一次死亡3~9人事故	1	0	0
道路交通一次死亡3~9人事故	3	2	66.67
水上交通一次死亡3~9人事故	0	0	0
渔业船舶一次死亡3~9人事故	0	0	0
火灾一次死亡3~9人事故	0	0	0

行规定》，促使企业安全生产主体责任进一步明确。出台《湖州市安全生产委员会成员单位安全生产工作职责规定》，进一步明确政府各部门的监管责任。至6月，全市68个乡镇（街道、开发区）均成立了公共安全监管机构，共配备“一中心六站”工作人员1209人，聘用村居公共安全监管信息员1328人，辖区内行政村公共安全信息员的配备率达到了100%，初步形成了相对完善的基层公共安全监管网络。二是不断强化监管保障能力建设。市安监局针对矿山采场外事故高发的态势，出台了全国首个《露天矿山采场外安全规程》，减少事故的发生。为进一步激发企业推进安全标准化工作积极性，出台《湖州市区安全标准化企业以奖代补实施意见》；完成了市安全生产监管信息平台一期工程建设，并在全市各县区及5个市级部门全面推广应用，实现了安全生产信息资源在市、县区、乡镇三级的互联互通。按照“投入少、周期短、实效大”的思路，着力推广企业技术改造成果，2009年，全市已完成印染、铸钢等综合类企业6项安全技术改造内容，覆盖企业136家；按照及时预警、科学救援，减少伤亡与损失的目标，完善《湖州市重特大生产安全事故应急预案》、《湖州市高校及中小学突发事件应急预案》等49个专项预案。三是不断加强安全监管能力建设。2009年，培训乡镇、村居安全监管人员572人，培训乡镇非运输船舶管理人员41人，培训各县区、乡镇安全生产分管领导共68人；各有关部门结合各自职责，着力提升安全监管和服务的水准，如全市安监系统开展了“‘情系企业、安全发展’活动暨‘百千万’企业安全服务专项行动”，帮助企业解决技术改造、许可证换发等难题共17项、52个，为企业和市重点建设项目免费培训人员3343人，为高危行业免费培训安全师资167人，平均缩短企业办理行政许可事项时间3个工作日等。

【事故情况】 2009年，全市发生各类事故1552起，死亡438人，受伤1489人，直接经济损失1507.64万元，与2008年相比，分别下降11.57%、2.88%、15.01%和4.73%。各类事故死亡总人数占省下达国控指标（481人）的91.06%，死亡数比上年少15人。

【事故特点】 一是事故指标控制情况较好。2009年全市各类事故情况总体稳定，各类事故死亡人数均在省下达的控制指标内，特别是工矿商贸企业事故控制情况在全省前列，为省控制指标的67.16%。二是事故控制不平衡。道路交通领域事故情况控制较好，“三项指标”与上年相比全面下降，而工矿商贸事故“三项指标”自2004年以来首次呈现上升态势，其中工程建设领域事故死亡人数同比上升100%，矿山行业事故死亡人数为6年来最低。三是较大事故控制情况较好。2009年，发生一次死亡3人以上道路交通事故2起，事故起数同比下降33.33%，其他领域均未发生。

（贺 平）

商品流通

·服务业·

【综述】 一是服务业发展呈现快速增长态势。2009年实现增加值404亿元，增长14.8%，增幅比上年高出3个百分点，分别比GDP和制造业高出4.6和6.5个百分点，比全省平均增速快2.3个百分点，发展速度居全省第1位。二是服务业比重提升，三次产业结构和投资结构趋势向好。全市服务业增加值占GDP比重达36.3%，比上年提高1.64个百分点。全市服务业固定资产投资完成291.4亿元，比上年增长29.7%，增幅高出全社会固定资产投资增长速度8.9个百分点，超出二产投资增长速度15.5个百分点；服务业投资占全社会固定资产投资比重达45.7%，比上年提高3.2个百分点。这对优化湖州市的产业结构、增强服务业发展后劲有着积极的意义。三是服务业贡献增大，支撑了全市经济的平稳增长。服务业对全市经济增长的贡献率达到51.9%，超过工业12个百分点，拉动GDP增长5.5个百分点，成为支撑全市经济平稳增长的重要力量；服务业提供税收占地方税收54.4%，比上年提高1.6个百分点；服务业从业人数达51.64万人，比上年提高0.72%。四是各行业快速增长，房地产、金融、文化创意产业亮点凸显。全市房地产业实现增加值54.04亿元，增长33.1%，增幅比上年高出37.2个百分点，成为全市服务业增长最快的行业。金融业增长创新高，全市存贷增幅均列全省第1位，对经济支持力度明显增强，金融业实现增加值52.18亿元，增长22.1%，增幅比上年高出7个百分点。文化创意产业成为服务业新的增长点，实现增加值22.58亿元，增长19.7%，增幅比上年高出8.5个百分点，一批原创动漫作品即将面世，新长宁动漫城项目进展顺利，鑫岳动漫等一批实力型企业落户湖州市。现代商贸业稳中有升，实现增加值105.88亿元，增长13.7%，增幅比上年高出1个百分点，对全市GDP增长贡献率和服务业贡献率分别为12.1%、23.3%。社区服务业实现增加值9.09亿元，增长6.7%，增幅比上年高出4.9个百分点。现代物流业企稳向好，实现增加值43.61亿元，增长4.0%，增幅与上年基本持平。中介服务业实现增加值21.29亿元，增长18.9%，增幅比上年回落了1.2个百分点。旅游业增长平稳，全市接待国内游2321.69万人次，增长19.16%；接待入境游28.27万人次，增长16.02%；实现旅游总收入166.24亿元，增长26.21%；门票收入1.71亿元，增长25.33%；实现增加值48.90亿元，增长12.0%，增幅比上年回落2.7个百分点。信息服务业实现增加值20.83亿元，增长10.0%，增幅比上年回落3.5个百分点。新纳入服务业发展体系的科技服务业，实现增加值7.76亿元，增长13.7%。五是县区竞相发展，增加值占比均有提高。2009年，三县两区及湖州经济开发区、太湖旅游度假区进一步重视服务业的发展，不仅组织机构和工作机制逐步健全，工作分工和职责相对明确，而且年初有目标、年中有督查、年底有考核，有力地促进了服务业发展工作的落实。县区服务业保持较快增长，安吉县和湖州经济开发区、太湖旅游度假区高于全市平均增幅。德清县出台并组织实施《德清物流业投资项目建设三年行动计划》，确定“一园多节点”的物流布局，全县物流企业销售收入达40亿元，比上年增长89%；全县服务业实现增加值62.46亿元，增长13.6%，增幅比上年高出1.7个百分点；增加值占GDP比重为30.85%。长兴县被省政府确定为全省7个工业企业分离发展生产性服务业试点县之一，积极探索总部经济发展模式；旅游业发展取得新突破，全县实现旅游收入31亿元，比上年增长48%，主要景点门票收入比上年增长124%；全县服务业实现增加值84.92亿元，增长14.3%，增幅比上年高出3.2个百分点；增加值占GDP比重为35.04%。安吉县推动旅游管理体制创新，成立县旅游管理委员会和县旅游发展总公司，引进国内首个HELLOKITTY（凯蒂猫）主题乐园项目成功签约；成立文化创意管理办公室，编制完成《安吉县特色文化产业发展规划》、《安吉县文化创意产业发展规划》，制定出台《安吉县关于加强文化创意产业发展三十条政策》；全县服务业实现增加值64.13亿元，增长15.5%，增幅比上年高出1.4个百分点；增加值占GDP比重达40.20%。吴兴区着眼做大做强服务业，深入研究，形成了《加快现代服务业发展的对策研究报告》，明确了服务业产业发展战略；组织推动织里中国童装城、湖州多媒体产业园等一批投资大、带动力强的服务业项目建设；全区服务业实现增加值106.86亿元，增长14.6%，增幅比上年高出2.9个百分点；增加值占GDP比重达45.86%。南浔区立足区位优势，主打休闲文化旅游品牌，区政府审议通过了《南浔区旅游业发展总体规划（2009—2025）》，全区旅游总收入34.08亿元，比上年增长31.42%；全区服务业实现增加值55.75亿元，增长13.9%，增幅比上年高出2.8个百分点；增加值占GDP比重为28.50%。湖州经济开发区着力培大育强服务业企业，全年新增6家营业收入超5000万元的服务业企业，5000万元以上服务业企业总数达到35家；湖州经济开发区（含太湖旅游度假区）服务业实现增加值36.84亿元，增长15.2%，增幅比上年高出2.43个百分点；增加值占GDP比重达43.29%。太湖旅游度假区围绕推动服务业工作再上新台阶，先后开展和完善《度假区服务业集聚平台建设规划》等7个规划的编制工作，太湖明珠等一批重大服务业项目建设进展顺利。

【服务业工作扎实推进】 一是率先完成集聚区规划编制。按照“见事早、动手快、质量好”的要求，率先完成了《湖州市服务业集聚区总体布局规划》的编制，并于2009年7月经市政府批准实施，规划明确了“6大类、27个集聚区”，走在了全省的前列。因而被入选为省级重点集聚区3家（南太湖科技创新中心、临杭物流园、织里童装生产性服务业集聚区）、省级重点备选集聚区6家（太湖旅游度假区、湖州多媒体创业园、湖州职业教育园、安吉环灵峰山休闲度假区、长兴综合物流园区、湖州综合物流园）。此规划实施，将为加快服务业发展提供新载体，为加快经济转型升级提供新动力，为提升城市功能提供新平台。二是向上争取支持取得新成效。通过一手抓基础性工作，一手抓对上沟通衔接，向上争取服务业发展资源取得了新成效。13个项目列入省服务业重大建设项目计划；4个项目争取到省服务业发展引导财政资金450万元（织里中国童装城、长兴综合物流园区、安吉环灵峰山休闲度假区基础设施项目、德清下渚湖湿地综合治理保护工程），项目数和资金量均占全省的11.3%；全市首批10家服务业企业申报浙江名牌产品，5家服务业企业的产品（丝绸之路控股集团有限公司的“煤炭及制品批发”，浙江联合拍卖有限公司的“拍卖”，浙江丰源典当有限公司的“典当”，安吉江南天池度假村有限公司的“休闲旅游”，长兴百叶龙演出有限公司的“百叶龙文艺创作与表演”）获“浙江名牌产品”称号，占全省的17.2%。三是“双百计划”推进扎实有效。通过领导联系项目、每季监督通报、重点跟踪问效等举措，全市完成百项服务业重大建设项目计划创历史新高，全年完成投资169.7亿元，完成年度计划的129.6%，开工率累计达98%。商贸业、旅游业、文化创意产业、现代物流业等8大行业完成年度投资计划均在103%以上，三县两区及湖州经济开发区、太湖旅游度假区完成年度投资计划均在100%以上。四是工业企业分离发展服务业工作成效初现。通过各方努力，全市确定40家工业企业作为分离发展生产性服务业试点单位，实现分离企业29家，完成省下达20家试点任务的145%，并有20家工业企业投资发展生产性服务业。据统计，这49家企业全年完成销售收入26.3亿元，应税收入近5亿元，分离企业通过大宗产品外包和专业化管理，降低生产管理成本500多万元，增加地方税收3150万元。五是服务业对外开放取得新进展。全市新批服务业外资项目60个，比上年增加7个，合同利用外资3.38亿美元，比上年下降27.62%，实际利用外资1.73亿美元，比上年增长26.28%。国际服务外包业务快速增长。全年按商务部服务外包口径注册的企业有55家，比上年增加52家，服务外包合同执行额达2435.33万美元，其中：离岸外包业务额1860.2万美元，增长187%。全年全市服务贸易进出口总额2.12亿美元，其中出口9589万美元，分别增长329%和929%。湖州市列入省重点培育的服务外包示范园区有3个（湖州南太湖国际服务外包产业园、湖州多媒体产业园、长兴经济开发区服务外包产业园）、服务外包培训机构有2个（湖州市长三角呼叫中心培训学校有限公司、湖州高新职业技能培训中心）。六是政策环境进一步改善。通过深入调研，出台了一批进一步推动服务业发展的规划、政策、意见和办法：围绕服务业长远发展，制定实施了《湖州市服务业发展三年行动纲要（2009—2011年）》；围绕重点行业发展，制定出台《推进旅游业转型升级，加快建设旅游经济强市的意见》、《加快湖州市商品交易市场转型升级实施意见》、《加快推进现代物流业发展的意见》；围绕生产性服务业发展，制定出台《加快科技企业孵化器建设与发展的若干意见》、《加快推进湖州金融业创新发展的若干意见》、《加快农村金融改革发展的实施意见》；围绕公共服务业发展，制定实施《进一步加强城市社区建设的若干意见》、《全面推进农村社区建设的若干意见》、《湖州市中心城市社区服务中心评审标准与资金补助暂行办法》、《推动律师业加快发展的若干意见》；围绕服务业工作考核，完善出台《湖州市服务业工作考核办法》。七是服务业统计得到强化。制定实施《湖州市服务业统计工作方案》、《湖州市服务业统计工作考核办法（试行）》，全市服务业统计工作不断完善，形成了“政府统计、部门统计、企业直报”的格局。从3季度开始，全市服务业法人单位上报率稳定在95%以上。

（任启北　袁文洪）

·商贸·

【概况】 2009年，面对金融危机的严重影响，全市商贸流通业按照“保增长、抓转型、增活力、重民生、促和谐、强保障”要求，围绕“搞活流通促消费，创新业态促提升，服务民生促稳定，加快转型促发展”的工作目标，深入贯彻落实科学发展观，积极创新工作载体，不断拓宽工作领域，努力化危为机，使商贸经济保持了平稳较快发展。据统计，全市实现社会消费品零售总额442.57亿元，比上年增长15.8%，增幅列全省第五位，超出年度目标2.8个百分点。剔除价格因素，实际增长15.6%。

全市批发零售和住宿餐饮业实现增加值105.9亿元，比上年增长13.7%，超出年度目标1.7个百分点，占GDP、第三产业和服务业比重分别为9.5%、26.2%和27.4%。商贸业对GDP贡献率为12.1%，对第三产业贡献率为23.3%。

全市连锁经营实现销售额90.6亿元，占社会消费品零售总额比重20.5%，占比超出年度目标0.5个百分点。

全市商品交易市场215个，市

场数新增8个。全年商品交易市场成交额533.16亿元，增长7.16%。其中：消费品市场实现成交额411.6亿元，增长5.64%；生产资料市场实现成交额120.5亿元，增长13.5%。累计增速超出年度目标2.16个百分点。

全市在建商贸项目50项，2009年计划投资37.95亿元，全年完成投资41.63亿元，完成计划的109.7%，其中列入全市服务业重大项目25项，2009年计划投资21亿元，已完成投资26.46亿元，完成计划的126.29%，超出年度目标26.29个百分点。

【城乡联动促消费】 根据城市居民消费变化特点，积极鼓励和支持湖州老大房、上海可的等连锁企业推进社区连锁商业发展，全年新发展社区连锁便利店10家，累计达到80家，形成“网点扩张、总量扩大、质量提升”的社区连锁商业便民服务体系。推动实施“家政服务工程”工作，全市列入省家政服务定点培训机构3家，培训家政服务人员1200名，筹划市家政服务网络中心。积极推进汽车家电“以旧换新”工作，全市回收旧家电33660台，销售新家电29672台，销售额11521.2万元，已发放财政补贴221.86万元；汽车“以旧换新”27辆，已发放财政补贴14.6万元。组织全市20多家商场、超市，成功举办了“2009湖州购物节”，购物节期间共推出9项系列活动，20多家商场超市销售额比平时增长20%，有效地引导商家及时提供适销产品，带动了相关产业的供给与消费。努力改善农村消费和支付结算环境，联合人民银行市中心支行开展改善农村地区银行卡受理环境工作。到年底，在全市主要乡（镇）、村实行统一配送商品的连锁超市、便利店、农资店推广安装POS机和受理银行卡交易，使特约商户数达到合格大中型超市和农资店总数的60%以上。积极推进“农村社区综合服务社”建设，全市已在经济相对发达、人口相对集聚的乡村建设集经营性服务、公益性服务、代办性服务于一体的农村社区综合服务社115家。稳步推进“千万工程”，全市132个乡镇连锁超市进一步得到深化巩固提升；村级连锁便利店新发展150家，累计达到870家，覆盖率达86.7%。大力实施“家电下乡”工程，进一步拓展农村消费市场，提升农村居民消费水平，全市已备案家电下乡产品销售网点364家，销售家电产品41999台，销售额9496.77万元，已发放财政补贴1029.97万元。汽车、摩托车下乡销售量16136辆，销售额23821.8万元，发放财政补贴2372.7万元。积极推进厂商联合大促销，鼓励和支持商场超市采购本地产品。湖州老大房超市采购地产品374万元，并在6个超市门店设立了地产农副产品专柜；浙北大厦采购地产品12000万元。努力推动农超对接，鼓励大型连锁超市、大型农产品批发市场对接农业生产基地、种养殖场、专业户，扩大地产商品销售。2009年，湖州市向商务部、省商务厅申报了浙北大厦与织里雷龙葡萄专业合作社等5个农超对接试点项目。

【内外联合拓市场】 丝绸之路控股集团家纺产品成功进入物美集团华东区商品配送体系，并在浙洽会湖州会场与大润发、乐购、家乐福等大型连锁零售企业达成商品采供意向。王一品、震远同、老恒和、丁莲芳、乾昌、丝绸之路（永昌）等6家老字号企业赴台湾参加“两岸老字号精品展”。丁莲芳、周生记、老恒和、老大房等4家企业参加了商务部在南京举办的“跨采会”。全市39家企业参加了宁波“2009中国食品博览会”，湖州市有18家生产企业和全国各地30家采购企业签订了合作意向书30份，现场销售350万元。成功举办了“2009浙江·湖州老字号精品暨名特优新农产品对接会”，现场成交额达1.2亿元，39家供应商与48家采购商签订了149份合作意向书。“老娘舅”中式快餐和“丁莲芳”食品已成功进入上海世博会。加大“湖州菜”培育和餐饮业品牌提升，继续扶持发展浙北大酒店、天煌大酒店、安吉中汇大酒店、湖州宾馆等8家“国家特级酒家”。2009年推荐湖州丽都大酒店、湖州金座银座大酒店、湖州经纬大酒店等3家餐饮企业参加全国特级酒家创建活动并已通过评定授牌。发展电子商务，积极构建通畅高效的生产性流通服务体系，联合阿里巴巴（中国）网络技术有限公司培训了100多家中小企业，全市有2538个会员加入阿里巴巴电子商务服务平台。

【完善规划建项目】 联合上海复旦大学认真组织编制湖州市中心城市商贸发展规划，全力推进《湖州市服务业发展三年行动纲要》的实施，大力培育建设中心城区商务商贸集聚区、新型商品专业市场集聚区和长兴、德清、安吉县中心商务区，现代商贸产业层次得到进一步提升。坚持把项目建设作为增强商贸经济发展后劲和提升产业层次的重要支撑，齐心协力助推项目建设。重点推进爱山广场、衣裳街区、浙北大厦新世纪商城、星际广场、国际小商品城、天元·颐城物美大卖场、南浔国际建材城、织里中国童装城、华东世界名牌奥特莱斯折扣店、长兴欧尚和大润发、德清沃尔玛购物广场等一批重大项目建设。同时，浙北大厦安吉孝丰店和安吉县引进的“好又多”超市建立并开业。引进了物美大卖场、中国海洋石油等重大招商项目。

【粮食安全促保障】 认真贯彻省委办公厅、省政府办公厅《关于进一步完善粮食安全行政首长负责制并严格考核的意见》精神，全面落实粮食安全工作职责，制订《关于进一步完善粮食安全行政首长负责制并严格考核的意见》和《2009年度湖州市粮食安全责任制考核办法》，市政府与县（区）政府签订了《粮食安全责任书》，进一步落实粮食安全行政首长负责制。组织开展全市粮食清仓查库工作，共普查12家粮食企业，普查库点20个，仓库222只，检查粮食312782吨，对4家重点非国有粮食经营及转化用粮企业进行了粮食库存的典型调查，摸清湖州市的粮食库存分布情况，确保政府储备粮在国家需要时调得动、用得上，进一步促进了粮食流通管理水平。积极探索储备粮轮换新办法，强化储备规模到位，到年末，全市储备粮8.4万吨，其中成品粮储备1600吨，全市储备食用油1090吨。市级储备粮3.9万吨，其中成品粮储备1000吨，全市食用油储备400吨。落实开展晚稻“订单粮食”收购，全市“订单粮食”签订晚稻1.89万吨、种植面积12.66万亩。其中市本级签订晚稻4804吨、种植面积12440亩。实行“一卡通”，直接将政府奖励资金发放售粮农户或粮食专业合作社。组织开展了全市2006年~2008年军粮差价补贴使用与管理情况、业务管理费使用管理情况和网点维修改造资金使用与管理情况等检查。同时，以“保障供应，服务部队”为宗旨，全力抓好驻湖部队的粮食供应和优质服务，手续规范，保障有力。进一步完善粮食应急安全保障体系，全市调整落实了应急加工企业18家，应急供应点101个，其中市本级应急加工企业9家，应急供应点55个。

【强化措施保民生】 进一步完善市场运行监测体系，完成全市2905家商贸服务业法人单位的数据直报、审核与监测分析等工作，直报率达到98.3%。充分发挥商贸信息网作用，不断完善监测直报系统，加强对全市52家定点企业运行监测，及时完成月度、季度、年度及节假日监测分析，坚持按月编发《商贸经济运行情况分析报告》，引导企业经营和市场供应走向，服务领导决策。认真贯彻实施《食品安全法》，加大消费环境整治力度，着力推进全市“放心工程”体系建设，确保食品消费安全，规范、打击私屠滥宰和病死病害猪肉非法交易专项整治，打击违法添加非食用物质和滥用食品添加剂专项整治，集中精力做好屠宰环节高致病性流感防控工作。据统计，全市生猪定点屠宰97.285万头，进点率县城以上达到100%、乡镇97.0%以上；定点屠宰肉牛4969头，肉羊3.19万头，家禽集中屠宰160.7万羽。进一步健全猪肉应急储备制度，全市生猪活体储备3.8万头（其中市本级2.8万头）、市区冻肉储备140吨，并加强对活体猪养殖场的指导、跟踪、服务和活体储备、冻肉储备的动态监管。

（谢恩锡）

·供销·

【概况】 2009年，市供销社继续以打造“经济实力强、影响力强、发展能力强”的供销强社为目标，一手抓为农服务，一手抓社有经济发展，各项工作取得了新成效。

【项目建设强力推进】 2009年，市供销社进一步加大对项目建设的推进力度，系统内优势企业基本确保一项以上的项目投入，形成了以项目促发展、以项目推工作、以项目强服务的格局，企业的发展后劲明显增强。2009年，继续完善了领导、处室项目联系制度、项目建设月报制度等，实行了在建项目抓进度、筹备项目抓开工、谋划项目抓跟进，从机制上推项目、跟项目、建项目。2009年，浙北大厦市区新建商场、美的房地产公司“通盛花苑”房产开发和维农农资公司配送中心项目开工建设，华圣医药生物制药项目建成投产，华糖副食品公司仓储项目工程建设已接近完工，恒基光伏二期项目和供销石油公司织里、和孚加油站已开工建设，浙北安吉孝丰店、南浔畅购农产品销售中心顺利开业，白雀供销社商贸综合楼项目、新吴丝织有限公司新建厂区项目的前期准备工作也已陆续展开。2009年，全市供销社系统新建、续建项目达30个，计划投资15.62亿元，全年实际完成项目投资3.85亿元，累计完成投资7.06亿元。

【社有经济快速增长】 2009年，面对国内外严峻、复杂的宏观经济形势，市供销社所属企业坚持发展第一要务，抢抓机遇，出台措施，迎接挑战。2009年，为进一步提升社有经济实力，拓展产业发展平台，市供销社新投资参股了典当、太阳能、石油领域的3家企业，使市供销社本级拥有的控股、参股社有企业达到22家，从而巩固了一产，拓展了二产，做强了三产，做到了一、二、三产业齐头并进。同时，重点扶持一批龙头企业和优势企业进一步做大做强，不断提升企业核心竞争力和持续发展能力，实现了销售额的平稳增长。浙北大厦年销售额首次达到20亿元，另有3家企业销售收入达5亿元以上。2009年，全市供销社系统实现销售收入63.09亿元，比上年增长42.25%；实现利润9987.52万元，增长92.55%；上缴国家税费1.53亿元，增长20.96%。其中市本级实现经营收入58.61亿元，增长44.55%；实现利润9407.52万元，增长97.93%；上缴国家税费1.36亿元，增长16.52%。

【为农服务重点突出】 2009年，市供销社把提升为农服务能力、积极参与新农村建设作为重要任务。一是抓好示范“三社”建设，发挥“三农”带动作用。基层供销社建设突出提高实力，确定白雀供销社、练市供销社和埭溪供销社为系统本级的实力社培育重点，确定新市供销社、良朋供销社为县级培育重点，通过外出考察学习取经、组织培训提高能力、加强联系做好指导等途径，积极为基层供销社寻求发展平台，组建好经营实体，增强基层社的造血功能，进一步发挥为农服务的前沿阵地作用。专业社突出示范建设，通过召开现场推进会，制定发展年规划，推动示范社申报等途径，进一步提高系统专业社的规范化管理、标准化生产、品牌化经营水平。2009年新创办专业合作社7家，总数达到98家；新列入全国总社“千社千品”专业社4家，总数达到13家；新命名市级示范性专业合作社6家，总数达到14家。村级综合服务社突出丰富服务内涵，按照供销社主办、村镇共建、社会参与的模式，在南浔镇息塘村、石淙镇花园湾村兴办集经营性服务、公益性服务和代办性服务于一体的示范性综合服务社。全年新办综合服务社6家，总数已达到119家。二是抓好农信担保，发挥“三农”服务作用。2009年，继续推进农村新型合作“三位一体”建设，加强对农信担保公司的经营和管理，规范担保程序和各项规章制度，完善信用评价办法和措施，加大对农民专业合作社的资金支持力度。2009年，湖州市农信担保公司共提供担保2.3亿元，累计提供担保的农业龙头企业、专业合作社和种养专业大户达41家，担保额8785万元，有效解决了农民融资难和农村金融服务交易成本高等问题。同时与省农村信用社湖州办事处共同签署了战略合作协议，共同打造农村金融服务网。三是抓好农民素质培训，发挥“三农”提升作用。2009年，市供销社积极开展农民素质提升培训工作，安吉县供销社、南浔区供销社各举办了农产品经纪人培训班，取得职业资格证书96人；吴兴区供销社先后举办了庄稼医生培训班和种粮大户农技培训等。据统计，2009年全系统开展各类农民培训50期，培训3000多人次。四是抓好防汛物资储备，发挥“三农”保障作用。2009年，市供销社进一步规范加强防汛物资的储备、更换、调运等环节，切实保障抢险救灾物资供应。全系统共储备防汛草包29.51万条、麻袋17万条、桩木200立方米、毛竹7500支，切实做到数量充足、质量保证。

【网络建设不断延伸】 2009年，重点构建以生产资料、生活资料、医药、废旧物资回收利用和农副产品购销为主的五张连锁网络，形成适应农村需要的服务新格局。2009年，全系统新建连锁网点149家，总数达到1815家。一是着力推进农资连锁网络建设。抓住小农资店专项整治行动的有利时机，加快推进农资连锁进程，进一步提高农资网络的覆盖率，2009年，全系统新增农资网点90家，总数达605家。2009年，湖州市供销社系统所属各农资经营单位严格按照“保质保供、稳定价格、优质服务”的要求，做好农资供应服务工作。2009年，全市销售化肥16万吨，销售农药1万吨。并与市电视台联合开展了“农资下乡惠农周”活动，加大对所属农资连锁网点的配送，努力为农业生产作好保障。二是深入推进生活资料连锁网络建设。以老大房、银河、如家等生活资料连锁企业为平台，继续实施“千万工程”、“放心店工程”，着力推进乡镇直营店建设，努力形成立足农村、辐射乡镇、服务社区的商贸流通网络。2009年，全系统新发展生活资料网点37家，总数达到1142家。三是扎实推进农产品购销网络建设。按照构建以农产品批发市场和大型超市为平台，以专业合作社为基础，广泛联结农产品经纪人、农村运销大户的农副产品购销服务网络的总体思路，加快农产品批发市场建设，参与农村集镇农贸市场改造升级工程，2009年新开工建设农批市场项目2个，新建农贸市场1个。继续加大农产品进超市工作力度，在巩固发展老大房农产品专卖的基础上，结合南浔区供销社创业平台建设，组建了南浔名特优农产品展示销售中心，并已成为当地农产品直销平台。四是稳步推进医药连锁经营。充分发挥浙江华圣医药配送中心辐射功能，加快医药直营网点建设，积极吸纳社会医药网点加盟，2009年新吸收加盟药店22家，总数达到68家。

（戴志成）

·烟草·

【概况】 2009年，湖州烟草行业继续保持了行业持续健康稳定发展的良好态势。全市系统实现税利9.75亿元，比上年增长12.31%。全市共查获各类违法案件2911起，查获各类卷烟13.56万条，罚没款271.18万元，查获贩藏假烟窝点15个，移送司法机关追究刑事责任的案件6起、13人，已判刑11人。

【烟草专卖管理】 全市烟草专卖管理部门始终保持卷烟打假高压态势，坚持源头治理，不断拓宽卷烟打假新途径，进一步营造起规范有序的卷烟市场环境。以守好浙江北大门为己任，加强高速卡口建设，积极协调交通运管部门，严厉打击物流领域的涉烟违法犯罪活动。全年在卡口和物流领域查获各类卷烟违法案件190起，查获各类违法卷烟10.75万条，占总数的79.3%，案值达1007万元，占总案值69.7%。成功破获了“5·6”非法经营网络案和南浔“5·9”运销非法卷烟案等一批大案、网案。努力探索全市烟草专卖内管一体化工作机制，构建市、县局一体化内部专卖管理监督体系。继续加强定期检查，注重市场动态分析，扎实推进以管促控。专卖基础管理不断夯实，深入开展星级所（队）和星级执法标兵创建活动，认真组织全市专卖管理人员岗位技能培训，专卖管理的效率和能力有了明显提升。

【卷烟销售网络建设】 以库存采集为抓手，继续深化按客户订单组织货源工作。编制出台《湖州烟草零售终端社会库存采集及运用工作指导手册》，使库存采集工作纳入规范化管理轨道。积极推进卷烟营销服务综合管理平台建设，充分运用批零互动平台，有力地提升了营销水平。全市网上订单客户达到4021户，占总客户数的20.11%；网上订货销售21758箱，占总销量的15.87%。全面打响服务品牌，形成全市统一的《湖州烟草营销服务体系》服务蓝本，组织开展服务主题实践月活动，加强零售客户沟通、指导和经营培训，客户培训数达全市客户总数的30%以上。深入开展工商协同营销，以定期例会机制和工商信息平台建设为载体，加强与卷烟工业企业在品牌培育、销售动态、市场价格、卷烟库存等方面的信息互通，建立了良好的协同关系。全市系统卷烟物流配送“一体化”顺利推进。“一级配、一级送”模式在长兴分公司正式实施。物流配送GIS/GPS系统经过改造升级，有效发挥了对车辆实时监控和过程管理的作用。

【企业内部管理】 组织开展国有资产管理、“小金库”治理等财务资产自查、自纠及“三项检查”工作。制定《湖州市烟草系统预算管理办法》和《预算考核细则》，完善细化预算管理，实现对各县分公司资金按预算划拨的收支两条线管理。切实加强管理体系建设，以迎接全国烟草行业管理体系建设现场会为契机，深入推进市、县两级管理体系建设和有效运行。有重点地开展各项创新、对标和创优工作。切实加强党风廉政建设，认真落实党风廉政建设责任制，加强对重点部位、重点环节的全过程监督，继续完善对基建工程、物资采购的监管办法。组织开展“五项费用”效能监察、“廉情风险”排查辨识以及党员干部廉情教育。安全管理明显加强，以“安全生产年”为主题，扎实开展“三项建设”、“三项行动”及系列安全保卫活动，有效地防范了各类安全事故的发生。

（黄晓辉）

’2009 中国·德清投资贸易洽谈会

2009 年 10 月 16 日，以“把握振兴机遇，共谱双赢华章”为主题的杭州北区·创业新城’2009 中国·德清投资贸易洽谈会在德清武康开幕。省人大常委会副主任程渭山宣布开幕。省政协副主席徐辉，市委副书记、市长马以分别致辞。省、市有关部门及客商代表等出席了开幕式。

’2009 中国·德清投资贸易洽谈会为期 2 天，来自海内外的 300 余名客商参加洽谈会。洽谈会上，共有 42 个项目达成了合作协议和意向，项目总投资 92.7 亿元，其中，开幕式上签约的“风力发电机械设备精美铸造及 CNC 加工中心项目”等 15 个项目全部为“大、好、高”项目，总投资达 48.6 亿元。

洽谈会上，近年来形成的生物医药、特色机电、新型建材、新型纺织、现代服务业五大特色产业将分别举行发展论坛，给处在转型升级、加快发展中的德清经济呈上新一轮发展的“思想盛宴”。

湖州市市长马以在’2009 中国·德清投资贸易洽谈会上致辞

德清县委书记王勤在开幕式上致欢迎词

德清县县长胡国荣主持开幕式

生物医药产业发展论坛

现代服务业发展论坛

项目签约

新型纺织产业发展论坛

特色机电产业发展论坛

德清县公民道德教育馆

市委常委、宣传部长胡菁菁（左）与德清县委书记王勤为公民道德馆开馆揭牌。

2009年10月21日，德清县公民道德教育馆开馆，包括陆松芳在内的22位德清道德先进典型入馆。展馆介绍了赵来法、许勋等人的敬业奉献精神，封丽娟、黄国强等人的爱家重孝行为，有陆松芳的倾囊捐赠、蒋引娣的守信还债、钱素春的舍命救人、马福建的敬老、钱立玲的拥军……“人有德行，如水至清”，德清的一桩桩凡人善举赋予了这个县名更深的内涵。

全县公安系统干警参观道德馆

“拉煤老人”陆松芳，汶川地震后，一下捐出了一万一千元。

孝子马福建，设立全县第一个民间奖——孝敬父母奖。

环保老人朱天荣

丰富多彩的文体活动

首届中国（下渚湖）湿地生存越野挑战赛

2009年3月30日，中央电视台“同一首歌·走进德清·相约欧诗漫”大型文艺晚会。

莫干山自行车越野赛

轮滑爱好者相聚德清

新市蚕花庙会

赛龙舟

2009年8月，中共中央政治局委员、上海市委书记俞正声和市长韩正在长兴大唐贡茶院参观。

2010年5月，原中共中央政治局常委、国家副主席曾庆红在长兴新四军苏浙军区旧址纪念馆参观。

长兴国际投资贸易洽谈会

2009年10月17日，2009中国·太湖明珠——长兴国际投资贸易洽谈会在长兴举行。来自国内外近千名宾朋齐聚于此，共谋发展大计。

自2002年以来，“长洽会”已成功举办8届。以“长洽会”为载体，融入国际茶文化研讨会、中日经济讨论会、长三角与欧洲波罗的海地区合作发展论坛等各种国际、国内盛会，使长兴成为世人关注的焦点。“长洽会”已经成为长兴对外开放的一个重要品牌和窗口。

第五届上海国际创意产业活动周长兴论坛、2009国际粉体技术商贸交流大会、长兴休闲产业投资恳谈会等主体活动也在“长洽会”期间上演。

市委常委、常务副市长吴水霖在开幕式上致辞。他代表市委、市政府对这次盛会的举办表示热烈祝贺，向长期以来关心支持湖州经济社会发展的各界人士表示衷心感谢。

长兴县县委书记刘国富在开幕式致辞（右），长兴县县长章根明主持开幕式。

国家能源局综合司司长周喜安作题为《中国新能源的发展状况和政策》的主题演讲

2009上海国际创意产业活动周长兴论坛

在“长洽会”中，长兴一批重点项目举行竣工揭牌和奠基仪式。

中国·超威（总部）绿色能源科技创业园一期项目竣工、二期及研发中心奠基仪式。

浙江省绿色动力能源集成创新公共服务平台暨浙江省绿色动力电源产品质量检测中心揭牌仪式

近年来，长兴交通基础设施建设实现了质的飞跃，高速、干线、农村公路建设均取得了历史性突破。随着“三高”、两国道、一黄金水道的崛起，一派和谐交通的景致跃然而生。

申苏浙皖高速公路

康庄工程

高速公路

高速公路枢纽

杭宁高速公路、104 国道。

2009 首届中国（安吉）
休闲农业与乡村旅游节

2009年10月25日，中国（安吉）休闲农业与乡村旅游高层论坛暨2009首届中国（安吉）休闲农业与乡村旅游节，在如诗如画的安吉开幕。

全国政协副主席、民革中央常务副主席厉无畏宣布中国（安吉）休闲农业与乡村旅游高层论坛暨2009首届中国（安吉）休闲农业与乡村旅游节开幕。

农业部副部长陈晓华，国家旅游局副局长王志发，全国政协常委、副秘书长、民革中央副主席修福金，副省长茅临生，省政协副主席冯明光；市领导朱坤民、杨建新、施荣耀、魏秀生等和来自全国31个省、自治区、直辖市及香港、澳门、台湾等地区的1000多位嘉宾应邀出席。

开幕式上，厉无畏发表了《发展创意产业，推进社会主义新农村建设》主题演讲，著名“三农”问题专家、中国人民大学教授温铁军作了题为《安吉社会主义新农村建设》演讲。

2009第二届安吉投资贸易洽谈会

新能源新材料及特色机电产业投资说明会

浙江汇同电源有限公司一期项目竣工仪式

浙江骏盛胶粘纸塑科技有限公司开工典礼

安吉独家荣获“中国人居环境奖”

经中国人居环境奖工作领导小组办公室初审、现场考察和专家评审，并经中国人居环境奖工作领导小组研究批准，国家住房和城乡建设部决定授予浙江省安吉县2009年“中国人居环境奖”。这是我国首次将“中国人居环境奖”获奖者面向县级区域。安吉县因此成为2009年全国惟一一个中国人居环境奖获得者。

高家堂

报福小桥

白茶产地

春回大地

递铺港

上张村

天下银坑景区

徐村湾村

雨后山村

安吉天荒坪江南天池日全食观测点剪影

2009年7月22日，世界目光聚焦安吉，来自澳大利亚、俄罗斯、印度等200多位天文学家和6000名天文爱好者云集竹乡，同赏天下奇观。

作为全球最佳观测点之一，日全食当天吸引了美国《国家地理杂志》、《自然与科学》，台湾TVBS，新华社、央视、《光明日报》等众多媒体600多名记者前来报道。

专家表示，这么长时间，可以充分观测太阳，观测的不仅是太阳的日冕层，还可以探测这期间太阳与地球间电离层的变化，还有重力变化，机会真的很难得。据介绍，在浙北地区下一次日全食要到2309年才有机会，而此前的一次则是1575年。

面对天文盛宴和各国嘉宾的到来，安吉县委、县政府高度重视，全面启动应对方案，全县各条战线周密部署，为日全食观测活动的顺利进行做好全方位的保障工作。观测期间，未发生一起安全事故，整个活动安全、有序。

吴兴区招商引资结硕果

三一重工吴兴工程机械制造有限公司签约仪式

2009年，吴兴区坚持招商引资“一号工程”不动摇，深入开展“百名干部进外地促招商”活动，连续三年提前一个季度完成市下达招商引资目标，实现全市率先完成“六连冠”。

湖州多媒体产业园项目签约仪式

湖州上实假日酒店奠基庆典

2009年10月15日，省委副书记、省长吕祖善（左3）在吴兴区调研经济转型升级。

2009年11月，常务副省长陈敏尔（左3）在市领导陪同下调研湖州振兴阿祥集团。

新农村
新景象

丰富多彩的群众文体活动

移沿山村舞龙队亮相于“吴兴之星”舞龙大赛

吴兴区首届农民运动会开幕式

八里店社区——水上舞台

移沿山庄现代农业示范园休闲渔业基地

吴兴长林茶果产业基地

南太湖吴兴生态农业科技示范园设施蔬菜种植基地

老虎潭水库

荣记辑里湖丝与世博会的故事

1851 年，英国伦敦举办首届世界博览会，上海商人徐荣村寄去 12 包产自浙江南浔辑里村的“荣记湖丝”，因品质极佳获得了由英国维多利亚女王亲自颁发的金银大奖，并获赠“小飞人”证书。由此，中国与世博会牵起了第一根红线。

2009 年 7 月 15 日，中共中央政治局委员、国务院副总理、上海世博会组委会主任委员王岐山在首都举办的中国2010年上海世博会暨世博会历史回顾展上听取“湖丝与世博会的故事”。

2009 年 7 月 15 日，十一届全国人大常委会副委员长、全国妇联主席陈至立在首都举办的中国2010年上海世博会暨世博会历史回顾展上饶有兴趣地阅读“湖丝与世博会的故事”。

2009年7月11日，全国政协副主席孙家正一行到南浔视察。

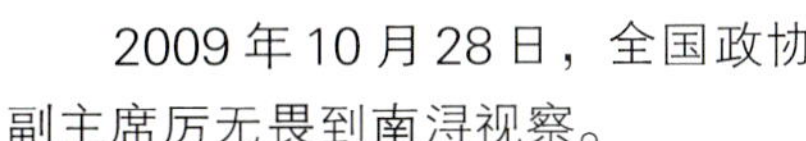

2009年10月28日，全国政协副主席厉无畏到南浔视察。

2009年11月19日，全国政协副主席林文漪到南浔视察。

2009年11月10日，南浔区以“积级融入、合作共赢”为主题，在上海隆重举行湖州市临沪工业区暨南浔内河临港产业带上海推介会。推介会重点推介了湖州市临沪工业区和南浔内河临港产业发展布局、重点产业项目，现有产业优势和优惠政策。会上重点推出16个招商项目，完成签约项目9个，其中外资项目6个，总投资34950万美元，注册资本14868万美元，内资项目3个，总投资7.36亿元。

湖州市副市长沈建平（左5）与上海市黄浦区副区长郭芳（左4）出席推介会

南浔区委书记张金根致欢迎辞

南浔区区长高屹在推介会上发言

2009年10月30日举行南浔区第一届运动会，全区共有3万多人次参与选拔赛，5000多人次直接参加了各项比赛，运动会设两个部分六个组别，共40个大项，152个小项。

南浔区第一届运动会上的锣鼓队表演

2009年10月30日，南浔区第一届运动会开幕。

练市小学在参加南浔区第一届运动会上的表演船拳

运动会会徽队

浙江之源资产评估有限责任公司

该公司创建于1999年1月，注册地在中国浙江杭州。首批二十家具有探矿权采矿权评估资格的中介机构之一，也是我国较早专业从事珠宝、首饰、艺术品评估的评估机构。公司擅长矿产资源和珠宝评估，是中国的知名评估公司，公司目前是中国矿业权评估师协会发起人及常务理事单位、中国珠宝玉石首饰行业协会理事单位、浙江省矿业协会常务理事单位。

公司拥有5名注册储量评估师、5名注册矿业权评估师、5名注册资产评估师、2名注册安全工程师。高级专业人才的行业领域涉及矿山设计、机械设计、地质、化工、冶金、有色、建材、煤炭、核工业和水电，其中教授级地质工程师5名、高级地质工程师3名、教授级采矿工程师1名、高级采矿工程师4名、高级选矿工程师2名和教授级高级岩矿鉴定工程师1名。

公司的执业经验和胜任能力

一、2004年版《矿业权评估指南》修订小组成员单位和2008年《以转让为目的矿业权评估应用指南》编制单位。已受理探矿权采矿权评估及评估咨询项目1200余项（其中上市项目10余项）

二、矿业项目投资分析、预可行性分析和可行性分析20余项

三、矿山设计（包括初步设计和施工图设计）10余项

四、宁杭铁路客运专线建设、温州绕城高速公路等建设项目影响的矿业权压覆评估项目10余项

五、浙江省高级人民法院入册司法鉴定机构

公司资质

资产评估资格证书编号：0012120

探矿权采矿权评估资格证书编号：矿权评资〔1999〕018号。

地址： 浙江省杭州市体育场路407号宏都宾馆A座商务楼

电话： 0571-85115488
88210956

传真： 0571-88210516

网址： www.cngeo.com

邮编： 310006

电子邮件： cngeo@cngeo.com

公司领导班子（右二为董事长王继）

对外开放 旅游

·外资·

【概况】 2009年，全市完成合同外资171470万美元，比上年下降4.95%；实际到位外资81095万美元，增长1.1%。全年合同外资总量居全省（含宁波）第四位，占全省份额10%，比上年提高近1个百分点；实际外资总量居全省第五位，占全省份额比上年增加0.2个百分点。

【提高外资质量】 2009年，全市外资质量走上一个新台阶。一是体现在全球500强公司仍有突破。列全球500强2008年排名第139位的法国欧尚集团在长兴开发区设立了总投资2500万美元、协议外资1000万美元的湖州欧尚超市有限公司。二是企业平均外资规模有所增加。新批企业的平均总投资规模达到1361万美元，比上年增加80万美元；平均合同外资规模为816万美元，增加18万美元。三是投资结构仍以二产为主。一、三产合同外资金额占比分别为4.5%和19.7%，分别下降1.6和6.2个百分点，二产提高7.8个百分点。投资的行业结构继续保持较好的趋势，机电业项目数和合同外资额仍保持首位；纺织服装业项目数占比保持上年水平，合同外资额提高了8个百分点；房地产类项目数及合同外资额占比分别下降0.6和5.9个百分点。

【加强政策引导】 2009年，根据形势变化及市委、市政府开放带动战略的要求，为克服金融危机给招商引资带来的严重影响，积极、有效利用外资，出台《关于进一步完善加快开放型经济发展扶持政策的意见》、《关于进一步加强和改进招商引资工作的若干意见》等政策，为推动全市完成年度目标任务打下了积极的基础。同时，为强化对“内外并举”开展招商引资的考核，市委、市政府在年内先后出台了《2009年度湖州市开放型经济考核——利用外资考核办法》和《湖州市招商引资综合考核办法》，从机制上确保招商引资工作的有效推进。

【优化投资环境】 2009年，为适应形势发展需要和吴兴、南浔区及湖州经济开发区有关的建议和要求，对实施四年的《湖州市外商投资“一卡通”制度管理办法》，作了进一步修订和完善，为外商在行政服务、医保服务、居住服务、子女教育服务、交通服务及金融服务方面提供便利。全市开展“百名领导联系服务百家企业百个项目”的服务活动，市各有关部门与包括外商投资企业在内的有关企业开展定期交流，协助企业解决有关在建项目及生产经营中遇到的困难和问题。

【构建招商平台】 2009年，以办好“浙洽会湖州签约仪式”和参加省举办的“浙江投资贸易洽谈会”及中国投资贸易洽谈会等为契机，密切加强与外商的联系，以提高实效为宗旨，巩固老客商，结交新客商，扩大对外联系渠道。

【创新招商方式】 2009年，为应对土地资源紧缺和金融危机给招商引资带来的叠加影响，发挥招商引资对经济转型和产业提升的积极作用，全市积极发挥各产业招商小组的作用。一方面，根据全市鼓励发展的电子信息、环保节能、动漫等有关产业积极招商活动，赴境内外相关国家、地区开展招商活动，拓展信息来源。同时，继续加强与市政府驻美联络处及湖州经济开发区的联系。各县区以各种措施强化产业招商。吴兴区以东部新区和埭溪上强工业园为平台，分别主攻电子光伏和机电产业，并组建了100人的专业招商队伍；德清县在招商局中设立“大好高项目办公室”、“产业招商办公室”和4个产业招商小组，完善配套政策，围绕重点发展产业开展定向产业招商；长兴县以“产业招商小组+良好服务推进现有企业增资”来应对金融危机造成项目线索减少的局面，以“存量加增量”的双保险模式做大做强重点产业。

（王　明）

·外贸·

【概况】 2009年，全市完成外贸进出口总额48.33亿美元，比上年下降13.6%。其中：出口40.76亿美元，下降16.9%；进口7.57亿美元，增长10.2%。

【出口贸易情况】 2009年受国际金融危机影响，全市外贸出口在经历了数年高位运行后首次出现“负增长”。1月至3月跌幅一路下行至19%左右，二季度降幅始终在22.3%左右徘徊，下半年开始逐月回升，降幅不断收窄。下半年全市月平均出口额为3.73亿美元，比上半年月平均出口3.06亿美元高出6700万美元；单月外贸出口同比跌幅平均每月收窄8.25个百分点。从11月开始连续两个月单月同比“实现正增长”，12月增幅达到10.5%，全市呈现外贸出口逐渐转好的趋稳态势和较为良好的发展后劲。2009年，全市进口贸易增幅较快，全年一直保持着正增长的态势，增幅位列全省第四，实现逆势上扬，为外贸发展积蓄了一定力量。

【一般贸易好于加工贸易】 2009年，从贸易方式分析，全市一般贸易发展好于加工贸易，一般贸易出口增幅在上半年触底后，迅速反弹，并逐月加速；而加工贸易受金融危机影响明显，出口跌幅较深。

全市一般贸易完成进出口41.79亿美元，比上年下降10.8%，其中出口36.65亿美元，下降14.3%，好于加工贸易20.6个百分点；由于加工贸易萎缩较大，占全市出口比重不断下滑，由1月的13.6%，下滑至年底的10.1%。

【中小企业出口好于重点企业】 2009年，全市重点企业支撑作用明显下降，2008年出口额达1500万美元以上的75家规模企业，在2009年下半年跌幅比上半年虽然收窄了5个百分点，但从全年看仍下降了31.8%，高出全市14.9个百分点，其中2008年全市出口贸易前三强的升华集团、金洲集团和诺力机械甚至出现了40%以上的大幅出口下滑，拉低全市出口8.1个百分点。而2008年全市出口额1500万美元以下的1466家中小企业，2009年共完成出口22.26亿美元，比上年上升1.5%，好于全市平均18.4个百分点，成为2009年全市外贸平稳健康发展的中坚力量。

【外贸市场情况】 2009年，全市对欧、美、日、港四大传统市场的出口在7月出现16.2%的降幅后，下半年开始以平均6个百分点的速度稳步提升，全年累计出口24.14亿美元，占全省对欧、美、日、港出口额的3.33%，比上年增长0.31个百分点；降幅为13.4%，低于全市平均跌幅3.5个百分点。亚、非、拉等新兴市场在经历上半年40%左右的降幅后，下半年降幅虽有不同程度减少，但仍远大于全市的平均跌幅。2009年全市对新兴市场累计出口16.61亿美元，下降21.6%，其中，拉丁美洲和大洋洲出口降幅分别为24.8%和22.9%，非洲出口降幅为35.2%。

【传统产业出口好于高新化工产业】 2009年，主要受国际市场需求和价格大幅波动因素影响，上年作为拉动全市出口生力军的高新化工产业，2009年量价齐跌，全年高新和化工产品出口降幅分别达到64.6%和50.3%。一直作为全市出口前两位的纺织服装和机电产业经过几年的稳定发展，2009年表现出了较大的出口优势。全年纺织品服装和机电产品分别出口14.95亿美元和10.87亿美元，降幅为4.3%和13%，低于全市平均出口降幅12.6百分点和3.9个百分点，两大传统产业出口额占全省纺织服装和机电产品出口的2.71%，增长0.16个百分点，实现逆势上升。

（王　明）

·外经·

【概况】 2009年，全市新设立境外投资项目15个，中方投资总额1943.24万美元，完成省、市计划的177%；对外劳务合作外派劳务404人，完成外经营业额1096万美元，完成省、市计划的157%。

【境外投资意识增强】 2009年，全市投资实体增多，境外投资新设立项目15个，全是境外公司，其中200万美元以上项目6个，占比40%。面对企业“走出去”发展的战略机遇期，全市企业家能够直面新的机遇与挑战，有意向的境外投资企业在注重风险防范的同时，也能够着眼长远、适应形势变化、从自身优势出发，及时调整发展战略和经营策略，适时进行境外投资。“走出去”发展战略是区域经济发展的需要，也是企业国际化发展的需要，这些观念已经被越来越多的企业家所接受。

【境外投资规范化凸显】 2009年，除新设立项目外，另有变更投资主体、变更经营范围等项目。企业能够根据自身发展需求，自我调整，将境外投资行为更加规范化，朝着更有利于融入国际化发展的需求发展。个别之前没有经过商务部门“走出去”的企业也咨询了如何补办正规“走出去”发展的程序，要求融入到全市“走出去”发展的大家庭中。境外投资的规范化保障了企业自身的利益，完善了境外投资的后续管理，也进一步促进了全市境外投资的发展。

【境外投资形式多样化】 2009年，全市对外投资形式呈现多样化，生产型企业、并购等形式的不断出现。如：安吉鼎立家具有限公司实物出资新设立的迪拜公司、浙江华彩化工有限公司在越南新设立的越南公司都是生产型企业。而浙江兴海能源科技有限公司以技术入股的形式并购德国ECC电化学公司25%的股份，是全市首次以专利技术出资的境外投资，该境外投资的新形式，为加速推进企业融入高端产业链，提升国际竞争力，进行了积极的探索。

【境外工程承包队伍有了新拓展】 2009年，拥有市政工程总承包一级资质的长兴市政公司为充分利用国际、国内两个市场，提高企业竞争力，根据《对外承包工程资格管理办法》要求，进行了对外承包工程经营资质的申请并获批准，为进一步推进全市境外工程承包市场开拓注入了新的力量。

【外派劳务仍呈下降趋势】 2009年，全市最大的劳工接受国日本，在金融危机冲击下，很多企业经营不善，濒临倒闭。劳务需求量明显减少，各劳务公司纷纷暂停和暂缓了外派业务，全市外派劳务人数同比下降26%，由2008年的548人下降到了2009年的404人。

（王　明）

·招商·

【概况】 2009年，市招商局切实转变招商理念，改进招商方式，强化源头招商。全年共引进外资项目12个，协议外资8459万美元，实到6887万美元，均超额完成市政府下达任务的90%。引进内资项目1个，投资额5000万元。在谈项目有41个，其中：外资项目37个，涉及总投资3.21亿美元；内资项目9个，总投资11.3亿元。

【引进项目的特点】 从年度引进、在谈项目看，呈现出“四增多二提升”的特点。一是增资类项目增多。受金融危机影响，许多在谈的项目投资意愿发生变化，有的放弃了投资计划、有的收缩投资规模、有的放缓投资步伐。但也有些投资商为湖州市的投资环境和主动服务的热诚所吸引，把在其他地方的投资项目集中到了湖州。如日本化药分两期完成增资1600万美元、注册资金800万美元；日本高田也有1500万美元的增资。其他还有葡萄牙的特拉建材、德国伊通、红星美凯龙应用精密等都有增资项目在谈。年内增资项目5个，总投资约7500万美元。二是三产类项目增多。第三产业是金融危机中影响最小的产业，2009年接洽的服务业、商贸业、房地产业、旅游休闲业、动漫服务外包等项目明显增多。如世界500强企业法国欧尚原准备在长兴和市本级投资两家大型超市，但经实地考察感到湖州的商贸服务业的发展空间和潜力很大，分别在南浔区、安吉县和八里店镇、环渚镇投资。包括沃尔玛和台湾、香港及日本等地的一些商贸旅游投资商频繁到湖州考察，在谈项目占比较高。三是高新技术类项目增多。金融危机给世界经济带来了影响，也突显了中国经济良好的发展势头，中国市场的潜力、经济长期增长的前景，被越来越多的投资商所看好，尤其是海外华人。年底，市招商局接连接洽了4批带专利带人才的美籍华人，投资均为高新技术类项目，涉及光电、生物医药、新能源等产业。2009年从湖州市申报南太湖“精英计划”的项目看，也明显增多。四是承接上海产业转移的项目增多。随着上海世博会临近及“两个中心”建设的大力推进，上海一些工业制造类项目向外搬迁的意向明显增多，如上海宝山的一些台资企业与湖州洽谈搬迁事宜；嘉定高新工业园区计划整体搬离到上海周边地区，也有意迁移到湖州。年内，市招商局在谈的项目信息有三分之一来自于上海。五是民营企业的招商主体作用有提升。一方面是民营企业与外商合资合作的项目增多，当前湖州的知名民营企业几乎都有与外商洽谈合资合作的项目。另一方面是外商主动寻求与民营企业合资及并购的意向。一些基金和风险投资等机构到湖州与民营企业洽谈并购和投资的增多，合资类项目占较大比例。六是产业集聚度有提升。金融危机给产业调整布局带来了新的机会。就市招商局引进和在谈的项目来看，汽配和机电类项目的集聚度明显提升，如台湾的富强鑫和万宏达等机电类项目分别从深圳等地迁入湖州，与昕超盟等企业进行配套，提高了产业的集聚度。

【完善工作机制】 按照“防下滑、保增长”的要求，确立了“强化主体，优化服务，整合资源，确保增长”的工作思路，发挥现有外资企业和民营企业的作用，做好主动服务企业的工作，促进外资企业增资和民营企业的引资，努力实现全年工作目标。一是进一步完善例会制度。加强对招商形势的研判和应对，改变上年的双月例会制为每月招商例会制，进一步提高例会质量，着重对重点项目进行分析研究，提高引进项目的成功率。二是坚持分管领导引进大项目工作督查汇报制，重点做好引进世界500强企业、中央企业、战略投资者的工作。三是完善与重点民营企业的联系制度，班子成员和各处室共同参与，主动联系企业，到企业挖掘商源，帮助企业开展招商。充分发挥主观能动性，加强走出去的力度。2009年，市招商局分别组织小分队到温州、厦门、宁波、深圳以及意大利、德国、瑞典等地开展有针对性的招商活动，取得了良好效果。

【充分拓展商源】 结合全市开展的“千名领导破难题”活动，深入一线开展调研，主动加强对外联系，充分挖掘信息，整合资源，形成合力。一是加强与招商平台的沟通、合作与交流。围绕各县（区）的特色产业状况，深入到重点乡镇，发掘招商资源，开展招商合作。专门组织人员到开发区、工业园区进行实地调研，了解平台建设情况，交流、沟通招商信息。二是主动联系有关部门，增强招商合力。在浙洽会上，会同旅游局举办了“湖州旅游招商项目专项推介会”，较好地体现了与部门合作招商的优势。三是整合协调招商资源。增强与项目投资方和县（区）的协调力度，提高项目信息的转化率。着重联系、协调了美国浩华投资咨询公司、法国欧尚、盛大网络和浙江索朗投资管理有限公司等涉及到新能源、生物医药、文化创意和现代服务业类的项目。

【提高招商实效】 加强节会的筹划和前期准备，增强针对性，提高招商活动的质量。年内，市招商局在主动外出招商、组织小分队招商的同时，筹划、组织了三次较大的活动。一是完成了“浙洽会”任务。按照市委大力发展服务业的要求，“浙洽会”前，市招商局注重加强同旅游部门的联系合作，在宁波共同举办了专项推介会，签约了总投资4000万美元的江甲漾旅游项目和总投资9000万美元的欧尚战略投资项目。发放《湖州市2009年重点招商合作项目本》2000多本。二是牵头组织“深洽会”。针对2009年招商引资形势严峻的实际，着重分析了深洽会的特点，强调利用深洽会这一高端投资合作平台，通过展示、推介、洽谈等方式，加强同投资机构的联系。组织县区招商人员参加“中小企业股权融资对接会”、“珠三角产业升级转移项目对接会”等活动，增加接触外商的机会，积极拓展招商渠道。组织有力，被组委会授予“优秀组织奖”。三是筹划加强产业招商活动。为巩固上年招商引资专项推进工作取得的成果，深化和推进产业招商，按照市政府要求，市招商局及早谋划，通过补充力量，整合资源，突出主攻方向，促进产业专业化招商，提高新水平。

【完善招商网络】 为确保在招引“大好高”项目上取得新突破，市招商局实行局领导领衔制、问责制，通过推动“三个平台”建设，着力构建招商新网络。一是建立项目储备平台保增长。每个处室、驻外招商处新建立、储备2个以上“大好高”项目，筛选、汇总新建立的储备项目线索40条。二是建立企业招商平台促转型。建立联系企业制度，其中局领导联系5家、招商处主任联系3家、一般招商员联系2家，共43家企业，对联系的企业深入挖掘商机，按照招商意向，分门别类加强联系和指导，促进以企引企，以外引外，推进企业增资扩股、合资合作。三是建立网络推介平台求发展。利用局网络招商平台，增强利用网络获取信息能力，帮助企业包装、宣传、推介项目。着力优化门户网站功能板块，向本市一批明星企业、优质企业作了重点推介，提升了网站的知名度和点击率。规范网站信息处理程序，增强利用网络获取信息能力，拓宽联系渠道，提高联系对象的档次。

（黄永生）

·区域合作·

【接轨上海融入“长三角”】 一是召开长江三角洲城市经济协调会第九次会议。3月27日，以“贯彻国务院指导意见精神，共同应对金融危机，务实推进‘长三角’城市合作”为主题的长江三角洲城市经济协调会第九次会议在湖州市举行，上海市副市长胡延照、江苏省副省长史和平、浙江省副省长茅临生、国家发改委地区司副司长邹勇和市领导孙文友、马以、李建平等出席会议。会议首次邀请了除原“长三角”十六城市外的江、浙两省其他8个城市的有关领导和“长三角”部分城市的24家企业代表参会，进一步拓展了“长三角”城市合作的领域。会上，16个成员城市领导共同签署了《长江三角洲地区城市合作（湖州）协议》，确定了2009年度“长三角”、“世博主题体验之旅”、金融合作、协调会研究中心筹建、医疗保险等四个合作专题和“长三角”会展合作专题。二是参加上海·浙江经济合作洽谈会暨项目签约仪式。4月30日，浙江省协作办组织的“上海·浙江经济合作洽谈会暨项目签约仪式”在上海举行。项目签约仪式上，吴兴区的湖州胜隆物资石油有限公司与中海油上海销售公司签订了投资金额达5亿元的建设销售总部基地及营销网络项目。三是出台《关于全面接轨上海，加快经济社会发展的若干意见》。5月21日，湖州市在开展接轨上海融入长三角课题调研的基础上，出台了《关于全面接轨上海、加快经济社会发展的若干意见》，进一步明确了2009～2011年接轨上海的目标任务，深化了工作举措，同时制定了《湖州市2009年度接轨上海服务世博工作要点》。四是“中国2010年上海世博会湖州宣传周”暨“我们大家的世博”图片展在湖州举行。9月21日，“中国2010年上海世博会湖州宣传周”暨“我们大家的世博”图片展在湖州市正式启动。上海世博会事务协调局相关领导、湖州市人民政府副市长方新旗出席了开展仪式，湖州市发改委主任、湖州市参与2010年上海世博会工作领导小组办公室常务副主任董立新主持开幕仪式。五是参加浙江（北京）经济转型升级洽谈会暨项目签约仪式。10月13日，成功组织湖州市参加浙江（北京）推进经济转型升级洽谈会暨项目签约仪式，共有12个重点项目在此次签约仪式上签约，项目数居全省第一；总投资额165.1亿元，居全省第二，其中市外引进资金132亿元。六是举办“绿色生态与宜居城市”世博论坛。11月6日，以“绿色生态与宜居城市”为主题的世博公众论坛在湖州举行，这次论坛由2010上海世博会执行委员会、浙江省人民政府主办，上海世博会事务协调局、湖州市人民政府、新华社长三角新闻中心承办。上海市人大常委会副主任王培生，浙江省人民政府副省长陈加元，中共湖州市委书记、湖州市人大常委会主任孙文友出席论坛并致辞，湖州市市长马以作为论坛演讲嘉宾发言。来自联合国环境规划署、住房和城乡建设部、环境保护部和企业界、新闻界的专家学者，在论坛上介绍了全球环境保护、生态建设以及城市化进程的最新潮流和最新成果，并对绿色生态与宜居城市建设的未来趋势和走向进行了预测、分析。

【参与杭州都市经济圈的建设】 6月2日，杭州都市经济圈第三次市长联席会议签署了《推进杭州都市经济圈一体化行动纲要》。遵循“优势互补、互惠互利、联动发展、共同繁荣”的原则，在湖州市参与杭州都市经济圈的建设中，德清、安吉两县作为都市圈的核心区域，以积极主动的姿态融入杭州，接受杭州的辐射，在产业承接、基础设施建设、公交、医疗等民生项目等方面开展了有效的合作，如德清在引进内资方面，杭资占90%左右，随着武康至杭州公交的开通、与杭州医保的联网结算等，同城效应日益显现。安吉也在加快杭长高速二期的建设，以进一步加快融入杭州的步伐。

【对口帮扶和支援】 四川仪陇和重庆涪陵是湖州市对口帮扶和支援的县区，在市委、市政府的高度重视和各县（区）的积极支持及社会各界的广泛参与下，继续在资金、技术等方面为帮扶地区人民改善生产、生活条件提供力所能及的帮助。年初，按照省协办的工作要求，湖州市制定下发《2009年度湖州市双对口工作要点》，明确了各县区本年度双对口工作的主要任务。2009年湖州市继续在扶贫新村建设、改善基础设施、扶持农业增收产业、劳动力培训转移等方面给予扶持。一是市委副书记、市长马以一行赴四川仪陇考察对口帮扶工作。6月21日至22日，马以率有关县区和部门主要领导到仪陇县，考察仪陇的新农村示范项目和湖州企业在当地投资建设的农产品基地及加工企业，并进行了当年援助项目资金的捐赠仪式，共捐赠帮扶资金210万元，主要用于扶贫新村建设120万元、农业产业化发展60万元和吊瓜子产业发展项目30万元；同时为南充市提供了10万元的农村劳动力转移培训经费，完成了年度对口帮扶四川仪陇和南充的任务。二是湖州市委书记、市人大常委会主任孙文友一行赴重庆涪陵考察交流对口支援工作。12月11日至12日，孙文友率湖州市党政代表团赴重庆市涪陵区考察交流对口支援工作，湖州市发改委和涪陵区移民局代表两地签订了2009年度对口支援协议，捐助60万元用于涪陵的交通指挥系统建设和移民技能培训。期间，浙江丝绸之路集团和涪陵区政府签订了1.2亿元的投资协议，在涪陵建立丝麻纺织服装企业。三是县区积极展开对口帮扶活动。6月，德清县领导带队赴重庆涪陵考察对口支援工作，并捐助20万元用于建设武陵山乡敬老院。德清县完美箱包公司向武陵山乡全体学生捐赠了价值16万元的新书包。安吉企业家助学基金会向仪陇武棚乡中心小学捐资50万元，新建1500平方米的教学楼，帮助解决学生入学问题。

【“山海协作工程”】　9月4日，湖州市委书记孙文友率团参加省委、省政府在衢州举办的全省“山海协作工程”系列活动。湖州市与丽水市签订了共建山海协作职业技能实训基地项目，湖州市捐资50万元。德清县和长兴县则以项目为抓手，扎实推进百村结对工作，在效益农业、基础设施建设、医疗卫生和教育、乡村旅游、来料加工业等方面给予扶持，帮助结对村改善生产生活条件。

（凌云霄）

·检验检疫·

【概述】　2009年，湖州检验检疫局紧紧围绕省检验检疫局党组“大变样”之年的总体部署，以“五化五新”为抓手，克服了严峻的外贸形势和艰巨的把关服务任务所带来的挑战，较好地完成了年初确定的目标和任务，稳步推进了湖州检验检疫事业的发展。

2009年，湖州检验检疫局共检验检疫出入境货物87659批，货值22.18亿美元，出入境货物检验检疫的批次、货值分别比上年同期减少2.6%和23.25%。其中，检验检疫出境货物86124批、20.84亿美元，分别下降2.02%和22.33%；检验检疫入境货物1535批、1.33亿美元，分别下降26.7%和35.22%。共签发各类原产地证书46091份，签证金额12.05亿美元。完成境外人员健康检查21人次。

2009年共检出不合格出入境货物833批、2097万美元，其中出境不合格771批、1525万美元，入境不合格62批、572万美元。

【服务外贸有新建树】　2009年，湖州检验检疫局紧紧围绕“深入学习实践科学发展观，全力促进经济社会又好又快发展”这一主线，坚决贯彻落实省检验检疫局“服务提升年”的各项措施和要求，对全市进出口企业全面推行“四送一减免”措施，减轻企业负担。指导8家企业获批出境竹木制品一类分类管理企业。上报4家符合条件的工业品分类管理一类企业。推荐11家“绿色通道企业”，4家“直通放行企业”。广泛开展法规宣传贯彻和质量培训活动，共举办大型义务咨询、法规宣传和质量培训活动27次，发放资料数千份，惠及包括美欣达集团、诺力机械、万荣家具等龙头企业在内的700多家企业，涵盖竹木制品、食品、宠物用品、蓄电池、电梯、机电、化工、纺织服装等20多个行业，2000多名企业人员从中受益。认真执行检验检疫收费减免政策，让企业享受实惠。累计为全市出口企业减免各类检验检疫费用181万余元、检测费96万元。在安吉、南浔设立现场办的基础上，加快德清办事处建设，支持长兴县要求设立办事处的意向，最大限度地方便企业就近办理检验检疫业务。加快检政合作步伐，方便企业实现就近报检。切实采取四大措施，帮助五家蓄电池企业喜获出口质量许可证，力助“蓄电池”之乡打造蓄电池出口基地。一是勤宣传，加大政策宣传贯彻力度。二是重服务，做好辅导预访工作。三是多沟通，加强检政协调合作。四是抓长效，探索区域监管模式。

【执法把关有新成效】　2009年以来，湖州检验检疫局根据国家质检总局开展“质量和安全年”活动精神和省检验检疫局“质量和安全年”活动实施方案要求，全局上下结合自身实际，制定了湖州检验检疫局质量和安全年活动实施方案，明确了九项主要活动内容，细化出台22项重要活动和重点措施，全面部署，全局动员，不断将活动引向深入。结合湖州辖区实际，开展质量整治行动。不断强化玩具、小家电等重点敏感商品检验监管工作，对辖区所有出口玩具企业100%完成产品监督抽查检测工作；对于出口小家电产品，严格按“出口产品型式试验+出口批次的抽批检验+工厂质量体系的监督”的模式实施检验监管，并加强对已获得型式试验确认书产品的核查和验证。狠抓食品包装企业备案管理和检验监管，在换证考核过程中，取消了8家达不到要求的食品包装企业备案资格。通过“调查研究上门、宣传贯彻政策上门、赠送资料上门、培训辅导上门”的“四上门”活动，由局领导带队，深入企业一线调研超过30人次，在湖州特色支柱出口产业的竹木草制品、纺织服装、机电轻工企业中广泛开展质量提升工程。抽调业务骨干，以多种形式累计培训700多家企业的2000多名人员，切实扶持特色优势产业，抓好质量提升工程。2009年，湖州检验检疫局防控甲型H1N1流感疫情工作扎实有效。抓住本市内陆口岸防疫关键环节，从严部署、从紧落实、从细保证，制定相关防控和应急处置预案，以“六个确保”做好各项防控工作，切实把好防范疫情传入第一关。2009年，湖州检验检疫局实现入境有害生物截获跨越式发展，全年共截获入境有害生物228种次，大幅度超过上年的83种次，其中检疫性有害生物14种次。截获总量在全省系统排名第五位，内陆局第一位，在质量和数量上均实现新突破。为确保进出口食品质量安全，圆满完成进出口食品安全整顿各项目标，湖州检验检疫局成立了以一把手为组长的领导小组，以“一个探索、一个发挥、一个督促”为主线，开展对37家企业和18个备案基地的“大清查”，全面建立质量档案，完善出口企业质量安全承诺制，建立辖区内企业食品安全员队伍，首次建立出口茶叶质量安全示范区。全面完成整顿行动的19项工作目标。2009年，湖州检验检疫局首次承担国家质检总局项目——制作出口眉茶鉴别样工作。经过充分准备，多方协调，共采集原料样品39个，鉴别样制作的各项准备工作已制作完毕。

【改革创新取得突破】 2009年，湖州检验检疫局开拓创新，不断深化业务模式改革，经过三年酝酿，终于取得突破性进展，独立的审单中心破茧而出——从开始实行四个施检部门各自派员值班审单放行，到实现两名施检部门负责人跨部门值班审单放行，直至2008年11月试行审单员核放制度，再到“集中审单、一站式服务”检验检疫工作的新模式。首批75家试点企业已由各业务部门确定。湖州检验检疫局在探索构建新型检验检疫业务模式的改革之路上，走在全省乃至全国系统的前列。并制订了《出境货物报检批审单派单工作管理规范（试行）》，明确相关工作职责、流程及要求，用制度的手段规范审单派单行为。2009年，根据检验检疫事业发展和业务模式改革的需要，按照机构编制管理要求，湖州检验检疫局对内设处室和职能进行了大范围调整，将原有的检验检疫一处、二处、三处、四处调整为动植物与卫生检验检疫处、食品检验检疫处和检验鉴定监管处，设立审单中心，处室职能重新调整，人力资源重新整合。机构调整后，各部门职能更加清晰，业务归口更加科学合理，进一步理顺与省检验检疫局行业管理部门的层级关系，提高了行政管理水平和工作效率。

【队伍形象有新提升】 2009年，局党组继续打造创新型、学习型、务实型、服务型、廉洁型的“五型班子”，不断加强自身建设。党组书记、局长宋海龙亲自撰写理论文章《把群众当亲人》，并在《国门时报》发表。

开门纳谏，深入剖析。采取发放征求意见表、设立党组征求意见箱、召开干部群众座谈会、开设局长接待日、开展破解难题行动和纪检监察走访六项举措，征求社会各界意见建议40条。局党组在专题民主生活会上，深入认真开展批评与自我批评。局机关党总支各党支部以多种形式开展专题组织生活会，全局52名党员开诚布公找问题、查原因、提建议。经过深刻剖析，认真撰写分析检查报告。并组织干部群众进行评议。结果显示，群众满意度为100%。湖州检验检疫局于4月，制定实施《湖州检验检疫局国检文化建设的实施意见》和《湖州检验检疫局2009年国检文化建设计划（试行）》，配合全国文明单位创建，从2009年到2011年在全局实施国检文化建设战略，打造具有湖州特色的国检文化。先后完成湖州国检文化建设三年规划、开辟国检文化专栏、成立国检文化沙龙、开展读书月活动、加强检验检疫文化苑和党团活动室（书屋）两室建设、开展“岗位大练兵”、举办一批健身趣味活动七大重点工作。2009年，湖州检验检疫局按照“完善制度建设、提高制度的执行力”的要求，不断规范内部管理，提升基础管理能力、提高工作效率，对现有规章体系进行了全面梳理，对一批规章制度作了修订，进一步加强了制度建设。

【基础建设有新进展】 按照“保安全、保质量、保进度、保控价、保廉洁”的要求，局本部和德清办事处两个大楼的基建工程顺利推进，至年底，德清办事处业务用房已进入外装修阶段，局本部大楼将顺利封顶。2009年湖州检验检疫局加大资金投入，不断提升检测技术硬件实力，共投入近140万元资金用于实验室仪器设备的引进，加速溶剂萃取仪、冷冻离心机等八台（套）大型设备先后到位。并在细化实验室内部管理，加强培训力度的基础上，持续改进实验室质量管理体系。对实验室质量管理体系的质量手册和程序文件进行修订，共修改质量手册15处，修改程序文件7处，新增或修改记录表格12个，增加作业指导书11个，确保了体系的适应性。在原有技术验证的基础上加大了质量控制频率，扩大了质量控制的范围，在应对技术壁垒工作上成效显著。2月中旬，湖州检验检疫局发现冻蚕蛹酸价检测标准存疑，便与省检科院、苏州检验检疫局技术中心、吴江检验检疫局动食处、山东省日照检验检疫局等单位积极交流，通过检测方法改进、试验验证比对、检测机构相互磋商，基本解决了因检测方法不一致而带来结果差异大的问题，为冻蚕蛹的顺利出口提供技术保障。针对日本对茶叶溴螨酯项目实施命令检查的问题，及时组织人员进行研究攻关，成功开验茶叶溴螨酯项目。法检目录调整后，及时研究标准，购置设备，顺利完成纺织品中8种重金属检测的方法验证，开验2个纺织品物理项目。此外，还成功开验了皮革纺织品中富马酸二甲酯，食品中蔗糖等项目，总计新开验项目达到15个。积极做好科研项目申报及论文发表工作。充分发挥检校合作平台，加强横向科研协作，以技术中心为科研主体，全局共申报《纺织品中六溴环十二烷的检测技术研究》、《食品中氨基脲的来源调查与风险评估》等9项科研或制标项目，在各类期刊上发表论文10篇。

（陆勋元）

·海关·

【概况】 2009年，湖州海关累计征收关税和增值税3.17亿元，创历史新高；审核进出口报关单16005份；监管集装箱30351标箱，货值5.4亿美元；备案加工贸易合同1447份，金额4.86亿美元；备案减免税项目18个，审批减免税项目免表92票，金额4361万美元；新批和重新审核通过A类企业163家，AA类企业6家；大力拓展转关和

"属地申报，口岸验放"通关模式，有76家企业实施区域通关。加强加工贸易和减免税后续监管，强化关警深度融合，建立"三查合一"联动机制，稽查企业23家，移交案件13起，非案补税43.9万元。查处走私违规案件22起，罚没入库282万元。

【服务地方经济】　建立领导助推企业发展责任制，通过实地调研、政策宣讲、上门服务等全力帮扶企业。积极推进"双千企业解忧工程"，参与湖州市"百名领导联系服务百家企业百个项目"活动，着力解决企业发展中遇到的实际问题，如：为湖州世纪栋梁铝业有限公司争取到800余万元的减免税，给全国其他企业进口同类设备提供了借鉴；为安吉雅风竹业有限公司联系，通过协调争取到1500万元的贷款，解决了企业燃眉之急。2009年海关领导联系走访企业60家，开展咨询活动24场次，举办免费培训班12次，解决企业重大实际问题12个。落实"5＋2"工作制（即每周5个工作日正常通关，双休日实行预约通关），实现预约通关常态化和监管场所卡口24小时值守，平均进口作业时间1.8小时，平均出口作业时间0.19小时，作业效率位居关区前列。帮助企业用足用好减免税等国家优惠政策，全年共为湖州企业进口设备减免税5411万元人民币。推出知识产权海关保护六项新举措，在辖区内所有县（区）举办知识产权保护政策宣讲会。举办了二期海关综合业务知识培训。通过走访调研、与企业建立联络专员制度、签订备忘录等形式，为企业提供一对一的优质服务。做好企业信息核查工作。积极推进在县（区）设立海关办事机构工作，长兴监管点2009年底已对外办理业务，德清设点的工作也正积极推进。

【加强基础建设】　以提升班子科学发展能力为关键，始终将党组自身建设放在重要位置，注重学习和调查研究，提高决策水平。坚持党组中心组理论学习和"机关学习日"制度。坚持民主集中制，完善领导班子分工、议事和决策机制。开展建言献策活动，听取群众意见和建议。坚持重大事项报告制度和领导干部收入申报、领导干部配偶子女从业情况登记公示、重大问题集体研究审批等制度。抓好学习实践科学发展观整改落实"回头看"活动，"回头看"工作测评满意率在90%以上，比较满意率达100%。完善"关长接待日"制度，更好地接受监督。以自查工作为契机，制订具体工作计划，明确部门职责分工，配合协调有力，工作细致扎实，问题查找深入，进一步推进"两个风险"的防范工作。注重学习借鉴兄弟海关的工作经验。针对自查发现的问题，限期作出整改。成立行政执法过错纠正及责任追究工作委员会，制订《湖州海关行政执法过错纠正及责任追究实施细则》。巩固"三抓三促"活动成果，修订完善各类规章制度25项。建立健全部门自查自纠机制，认真梳理相关业务的内部操作规程，规范各项行政执法程序。以内控系统为平台，利用系统的预警、量化、督察、排名等功能模块，改进内控措施，实现内控目标。严格规范财务管理，财务保障能力有新增强。加强建设节约型海关的宣传，推出节电、节水等厉行节约工作方案和工作措施，强化督办和检查落实，切实降低行政成本。加强海关科技基础建设，计算机及网络的稳定性、可靠性和可用性有新增强。

【海关文化建设】　紧紧围绕海关中心工作，以"快乐工作健康生活"为指导理念，充分发挥党、工、团组织优势，大力推动海关文化建设。设立海关行政效能建设举报、投诉电话、电子邮箱和举报箱。制作效能建设宣传展板和标牌，营造氛围。积极参加地方行风评议和机关效能测评、"群众满意基层站所（办事窗口）"创建活动。组织"行风热线"上线直播节目，并通过海关门户网站同步直播，产生较好社会影响。逐级签订《党风廉政建设责任书》，坚持党风廉政建设季度工作例会、关员思想动态分析、召开社会行风廉政监督员会议等各项制度。坚持内务督察制度，加强内部管理，推进关警融合和队伍准军事化建设。文明单位创建工作有特色，连续6年保持文明机关荣誉。湖州海关报关大厅连续三年被评为省级青年文明号。

（王一哲）

·旅游·

【概况】　2009年，湖州市的旅游工作认真贯彻《国务院关于加快发展旅游业的意见》，围绕年初提出的"1234"总体要求，以召开全市旅游业发展大会和市委、市政府出台《关于推进旅游业转型升级加快建设旅游经济强市的意见》为契机，超前谋划、迎难而上，以百倍的信心、有效的举措积极应对全球金融危机影响，旅游业有了较好发展。全年共接待国内旅游2321.69万人次，比上年增长19.16%，接待入境旅游28.27万人次，增长16.02%；门票收入1.71亿元，增长25.33%，实现旅游总收入166.24亿元，增长26.21%；乡村旅游接待人数达到536.64万人次。

【旅游规划】　围绕建设旅游经济强省的总目标，启动"规划引导工程"，深化完善《湖州市旅游发展总体规划》，按照"一心四片"、"三带十区"的总体布局，指导全市及区域旅游规划，尤其是对县区旅游总体规划修编，重要旅游区块规划编制和十大旅游景区规划提升，实施上下联动、景区互动的全市旅游整体规划。编制并实施《湖州市建设长三角重要休闲旅游中心三年行动计划》。科学指导各类旅游专项规划，编制《湖州城市旅游发展规划》、《湖州中心城区水上旅游项目开发规划》、《妙峰山—西塞山生态文化景区规划》等专项规划。科学指导县区各类旅游专项规划，2009年，市旅游局共指导县区各类专项规划20余个。

【项目建设】 确定2009年为“旅游项目推进年”，按照“建成一批，推进一批，启动一批、储备一批”的总体要求，全面实施旅游项目“十大百亿”工程，推进以太湖华东世界名牌旗舰现代服务产业区、长兴太湖湾旅游度假区项目、环灵峰山度假区、太湖明珠——渔人码头、市区旅游资源整合提升及旅游公共服务设施建设项目、下渚湖湿地风景区、西山景区、大场坪休闲度假项目、南浔古镇保护与利用项目、丰华五星酒店项目等为重点的十大项目建设。一年来，项目推进顺利，全市共有23个旅游项目，总投资达201亿元。其中十大旅游项目投资为169亿元，2009年完成投资额为27.4亿元，正在建设中的太湖明珠项目已成为湖州旅游的标志性品牌。

【旅游创强】 全力实施“旅游创强”工程，推进旅游创强“313”计划，德清县创建旅游经济强县、长兴水口乡等3个乡镇创旅游强镇（乡）已通过初评；安吉县天荒坪镇余村等8个村创特色旅游村已通过验收。以“创强”为抓手，逐步形成了以安吉报福镇为核心的高山休闲度假型乡村旅游示范区、以天荒坪（江南天池）为核心的大竹海生态旅游示范区、以德清县下渚湖及雷甸镇杨墩休闲农庄为核心的观光农业型乡村旅游示范区、以德清莫干山及西部生态农业观光园为核心的生态旅游示范区、以长兴水口乡顾渚农家乐及大唐贡茶院为核心的乡村旅游示范区、以仙山湖为核心的生态旅游示范区、以南浔区和孚镇获港渔庄为核心的水乡渔文化型乡村旅游示范区、以吴兴区八里店镇移沿山为核心的乡村旅游示范区、以妙峰山为核心的大型生态休闲度假旅游示范区和旅游综合体、以长田漾湿地为核心的美食娱乐文化型的环太湖乡村旅游示范区等十大生态乡村旅游板块，逐步构筑全市生态休闲度假为主体的重大旅游平台。

【乡村旅游】 全市累计发展各种类型农家乐3000余家，其中，达到“吃农家饭，住农家屋”标准，并能提供一定参与性活动的农家乐经营户（点）达到958家，投资规模达8.5亿元，餐位数近5.6万个，床位数近1万张。2009年末，全市共有省级农家乐特色村（点）22家，星级农家乐509家，三星级以上农家乐70家，直接从业人员达1.2万人。2009年接待游客536.64万人次，直接营业收入达5.4亿元。湖州市乡村旅游发展空间格局初步形成、产业层次逐步提升，长兴、安吉二县作为全省乡村旅游发展典型，在国内已具有一定的知名度和影响力。

【宣传营销一体化】 进一步加大媒体宣传营销的力度。在中央电视台新闻联播、朝闻天下、中国新闻，新华社、人民网、新华网、《浙江日报》、浙江电视台等30余家国家级、省级媒体播编发210多篇稿件。“旅游惠民”、“浙台旅游合作大会”以及“国际生态（乡村）旅游节”三大活动均上了中央电视台，创湖州市旅游历史记录。通过对《湖州日报》、湖州电视台、湖州在线旅游栏目整合，提高湖州旅游栏目效益和影响力。启动旅游宣传“五个一”工程，先后组织编撰了《旅游指南》、《地图》、《旅游形象宣传片——追梦湖州》、《旅游图册》、《追梦湖州》系列丛书等宣传资料，共发放6.5万册，增设大型旅游宣传广告牌4块，在市区160辆公交车上进行形象宣传，扩大了湖州旅游的对外影响力，同时为拓展旅游市场营造了良好的环境。5条世博旅游精品线路和10条全市旅游精品线路的开辟，为进一步拓展湖州市旅游市场奠定了扎实的基础。

【旅游惠民工程】 全力推进“送亿元惠卡，游生态湖州”的系列活动。为认真贯彻落实市委、市政府“保增长、扩内需、促转型、惠民生”的总体要求，通过在杭州举行“送亿元惠卡，游生态湖州”活动新闻发布会暨启动仪式；在上海举行了“迎上海世博，游生态湖州”旅游促销活动暨旅游惠民卡上海大派送；在南京举行湖州惠民旅游卡南京大派送暨浙台旅游合作大会新闻发布会，签订《宁湖甬三地共推民国文化游框架协议》等活动，全面启动了“旅游惠民工程”，开展“送亿元惠卡，游生态湖州”系列活动，全年发放惠民旅游卡100万张，总价值1亿元，回收惠民旅游卡25万张，金额2400万元，回收率在25%左右。全面启动旅游景区惠民工程、旅游交通惠民工程、旅游服务惠民工程、旅游设施惠民工程、旅游就业惠民工程等旅游惠民五大工程，建立健全旅游惠民长效机制，逐步形成覆盖全市的旅游公共服务体系和旅游品质保障体系。

【重大旅游节庆活动】 2009首届中国·湖州国际生态（乡村）旅游节，由国家旅游局、浙江省人民政府联合主办，由浙江省旅游局和湖州市人民政府共同承办，是浙江省由国家旅游局主办的三大节庆活动之一。活动全面展示了浙江及湖州优美的生态环境、生态文明和新农村建设取得的成果，增进国际、国内生态（乡村）旅游业发展的交流与合作，打响浙江及湖州“生态旅游”和“乡村旅游”品牌，确立了生态（乡村）旅游的“湖州模式”。浙台旅游合作大会，由浙江省旅游局、湖州市人民政府主办，湖州市旅游局承办，以“海峡情、太湖缘”为纽带，推出“民国文化”旅游系列活动，打造“民国文化”旅游产品，省委副书记夏宝龙、副省长王建满、国家旅游局副局长杜江、台湾八大公协会及台湾旅游界主要媒体、航空公司250人参加，充分体现了同胞同根同游，为浙、台两地旅游发展作出了积极贡献。

【旅行社及星级饭店管理】 以旅游标准为切入点，积极鼓励旅游企业创星评级，加快标准化、规范化建设。2009年在全市旅行社中，首次开展了旅行社品质评定工作，共评定湖州新国际旅行社、湖州快乐旅游有限公司、浙江美都旅游有限公司等三家旅行社为四星级旅行社；湖州天下旅行社、长兴天马等七家旅行社为三星级旅行社。培育和扶持6家饭店争创星级饭店，已评定1家四星级，太湖阳光雷迪森度假酒店创五星和安吉中汇大酒店创四星已报省星评委，德清莫干山大酒店成功创建省级绿色饭店。以品质提升为着力点，积极引导旅游企业品质化管理。在旅游星级饭店中开展学创活动。共创建了浙北大酒店、湖州国际大酒店等10家旅游星级饭店优质服务示范点。在旅行社中开展了样板旅行社评定活动，出台《湖州市样板旅行社经营管理规范》，评出湖州新国际旅行社等3家湖州市首批样板旅行社。同时在旅游企业中建立了例会制度和品质访查制度，实施动态管理。

【素质提升工程】　实施“金牌导游”培养计划，初选30名并进行集中培训，积极筹备“导游大赛”，以发挥金牌导游的示范效用，带动导游队伍素质整体提升。开展旅行社总经理素质提升培训班，通过到上海、宁波、杭州等地学习考察和邀请专家授课等方式，进一步提升经营管理者的素质，同时在全市开展“十佳经理”、“十佳导游”、“十佳营销员”等评选活动，逐步建立完善旅游业优秀人才培养和奖励机制，提高行业队伍素质。抓好市旅游协会换届，充分发挥协会作用。加强与各市、各大院校的交流与合作，重视行业管理人员和旅游从业人员的学习培训。加强与贸粮、总工会等部门合作，开展各种专项技能比赛活动，切实提升湖州旅游的软实力，打造服务与管理的“湖州旅游”新品牌。

【旅游安全】　以营造安全、和谐、有序的旅游环境为目标，开展3·15维权进社区大型现场咨询活动，认真做好各项旅游安全和旅游投诉工作。积极探索同工商、公安、交通等部门的联动机制，出动联动检查4次，逐步从重事后处罚向事前宣传教育转变，从重布置检查向主动走访调查服务转变，努力使旅游质监工作向“服务型”、“效能型”工作机制转变，从而进一步提升质监工作水平和质监队伍素质。2009年，全市旅游系统累计排查旅游企业830家，查出安全隐患707处，通过整治整改隐患707处，整改率为100%，投入隐患整改资金158.3万元。开展形式多样的旅游安全宣传教育活动，共悬挂标语横幅174条，张贴宣传画460张，出黑板报101期，举办知识竞赛24场，培训职工5037人，举办演讲比赛9场，开展安全咨询活动6次，发放宣传资料9711份。全市各级旅游主管部门对旅游企业进行旅游安全监督检查，共出动检查人员452人次，组织旅游安全检查108次，检查旅游企业46家，查出安全隐患204处，已全部整改到位。

（沈　旭）

城乡建设

·城市建设·

【概况】 2009年，全市建设系统以科学发展观为指导，以加快建设现代化生态型滨湖大城市为目标，按照“严规划、抓重点、统城乡、为民生、扬特色”的工作思路，努力克服经济形势、建设环境、融资拆迁等各方面不利因素，奋力推进“一港两区”建设、老居住区改造、“六路一河”综合整治等一大批重点项目，城市形象不断更新，群众生活逐步改善，城市品质全面提升。至2009年底，全市城市化水平达到55.5%（其中市本级58%），中心城市建成区面积达到82.6平方公里。

【规划工作】 坚持“适度超前、精品精做”的理念，高标准、严要求开展规划编制管理工作。全面完成了三县县域总体规划和“两规”衔接报告编制任务，实现县域总体规划编制全覆盖。市规划建设局被省住房和城乡建设厅授予“县市域总体规划编制工作先进单位”称号。在规划编制过程中，坚持实行“处室—专家—局长例会—市规划委员会”的四级规划管理机制，全年共完成各类行政许可和审批800多项，组织召开方案联合审查会15次，邀请专家80余人次，评审方案50余项，全年共有43个项目通过规划委员会审查，满意度达95%以上。特别是针对仁皇山公园、奥体中心等重大项目，层层论证把关，多方征集民意，历经5轮方案论证修改，向市四套班子等部门汇报8次500多人次，为二个项目的最终完善和实施打下了扎实的基础。

【城建重点工程】 着重围绕“扩内需、保增长”的工作主线，以超常规的状态和举措，抓拆迁、抓资金、抓进度，全年累计完成城市房屋拆迁1100余户，农房拆迁1560多户，全力推进了“一港两区”、星际广场、新浙北、东吴国际广场、长岛公园、项王公园等一大批重点项目，其中超过100米的地标性建筑就有4座（星际广场218米，东吴国际广场双子楼258米，新浙北150米），城市建设逐步向高档化、品质化的轨道发展。着力推动城市有机更新向更深层次、更广区域辐射延伸，扩面实施了劳动路、东街、人民路、白鱼潭路、勤劳街、府庙、龙溪港东段等“六路一河”综合整治，努力克服规模大、工期紧、标准高、施工干扰大等一系列困难，累计改造建筑单体80余幢、道路6000多米，比2008年改造量增长近60%，城市承载功能持续优化，城市面貌焕然一新。

【为民办实事】 始终把为人民群众解危解困作为城市建设的出发点和落脚点。全面完成了东湖家园33.9万平方米“三房”项目和2.81万平方米农民工公寓，加快推进了北白鱼潭15万平方米“三房”工程和22.4万平方米安置房小区，市本级共有3069户家庭成功申购经济适用房（截至2009年底，已有2132户购买了经济适用房），357户家庭获得了廉租房保障，切实缓解了城市低收入家庭住房难问题。深入推进“中间整治”，累计完成城市道路改造、背街小巷整治、老社区改造约11.3万平方米，极大地改善了群众的居住环境和出行条件。全面加快中心城区老居住区改造步伐，完成了白地街、眠佛寺街两个老居住区地块改造，市陌路、堂子村等8个地块总体拆迁签约率达到89.6%，启动面积超过60万平方米，超过总量的60%。

【城市管理工作】 按照“生态化、常态化、安全化”的理念，全面实施长岛公园、项王公园等一批公园绿化建设，中心城市新增绿化面积223万平方米，人均公共绿地达到14.4平方米，顺利通过了国家园林城市复评，莲花庄公园被评为国家重点公园，霅溪公园民俗系列雕塑荣获“2008年度全国优秀城市雕塑建设项目优秀奖”。全面引入保洁物业化、星级评比、GPS定位等先进理念、技术，市区道路保洁达到152条、面积超过300万平方米，城市环境大幅改善。全力加快城乡生态基础设施建设，全年累计配建镇级污水管网154公里，基本完成和已启动改造污水处理厂14座，污水日处理量达到32.3万吨，垃圾日处理能力达700余吨。特别是在蓝藻暴发、安保防恐等特殊背景下，供水、供气、公交等城市生命线行业顶得住、控得稳，有力地保障了城市安全稳定运行。

【“百千”工程】 以新农村实验示范区建设为载体，“百村示范、千村整治”工程纵深推进。全年共投入建设资金5.48亿元，完成43个示范村建设、144个整治村提升和11个小城镇环境综合整治，在全省“千村示范、万村整治”工程考核中位列所有设区市首位。围绕省委、省政府加快农房改造建设的部署，全年完成投资18.7亿元，启动项目82个，完成农房改造建设13668户、314万平方米，探索形成了“集中新建、中心集居、保护改建、困难救助”等具有湖州特色的农房改造“四型”模式，市委书记孙文友在全省农房改造建设现场经验交流会上作了大会典型交流，受到与会专家、领导的一致肯定。长兴县月明村、吴兴区八里店两个示范点作为典型经验在全省推广。

【行业管理】 认真贯彻落实中央、省市的保稳促调战略，坚定信心、强化监管、注重引导，各建设行业保持了较快发展。房地产业充分挖掘释放市场消费潜力，全年全市共完成投资110.5亿元（其中中心城市完成投资62.1亿元)，商品房施工面积和销售面积分别达到1155万平方米和411万平方米。全年中心城区住房销售10284套、销售面积127.64万平方米、总金额达74.8亿元，平均涨幅近200%，各类房产办证达到92921件，比上年增长121%。全年建筑业总产值达到314.7亿元，增长近30%，增长率在全省排名第四；市外产值达到95.05亿元，占比达到30.2%，“走出去”的力度进一步加大。同时，全年中心城市建设工程合同备案1095份、总值86亿元，质量安全监督部门房屋监督面积达到783万平方米，市政工程造价达9.5亿元，竣工备案面积达到360万平方米。城建档案馆馆藏达到76170件，并在全省技能竞赛中获得亚军。科技勘察、测绘等行业蓬勃发展，太阳能、地热等新技术不断推广，建筑节能技术广泛应用，GPS、三维仿真地图等高端技术在许多行业得到运用，为城市发展提供了有力的保障。

【援川援建】 按照中央、省的有关要求和市委、市政府的统一部署，紧紧围绕“优质、高效、特色、前列”的援建总要求，认真履行工作职责，与四川地震灾区密切配合，扎实、有序、高效推进各项援建工作，援建工作基本提前实现了“三年任务二年完成”的目标，走在全省前列。截至2009年底，湖州市实物援建的“五校、三院、三站、三桥、三路”项目全部完成，其中马鹿中学和马鹿小学均获得当地“天府杯”金奖。建成4个“一乡一品”产业化基地，开展农业技术指导和培训，建立了科学经营机制。同时，大力推广湖州模式，全力实施渴望工程、康庄工程、温暖工程，努力解决当地农村饮水、交通、住房困难，村庄环境整治取得明显成效。7月中下旬，面对突发而至的暴雨山洪，全体援建人员与当地干部、群众密切配合，奋起抗灾自救，至9月2日，恢复全部灾毁设施，取得抗洪抢险斗争的最终胜利，得到了省委书记赵洪祝和省指挥部领导的充分肯定。

(潘郁泉)

·县区城乡建设·

【德清县城乡建设】 2009年，德清县城建工作在县委、县政府的正确领导下，围绕建设“生态、文明、和谐、精致、宜居”的中等城市目标，不断推进城市规划、建设和管理工作，城市功能日趋完善，城市形象不断提升，城建事业得到了持续健康发展。

一、规划水平进一步提高。编制完成德清县域总体规划，以及一沿两环(沿德桐公路、环莫干山、环下渚湖)景观规划设计和09省道、104国道景观提升方案，进一步完善杭宁铁路德清站站前新区控制性详规等一批规划设计方案。委托同济大学建筑与城市空间研究所高水平编制德清中心城区城市设计。完善了规划决策机制，调整充实规划委员会人员组成，明确职责范围，规范议事程序。聘请上海、杭州等地21名规划咨询专家，对重要项目规划方案实行专家评审制。严格查处违反《城乡规划法》的行为，全年共查处违章建筑29起，违章建筑面积7568平方米。

二、基础设施建设进一步加快。2009年共实施14项重点工程，全年完成投资6.87亿元。行政中心、城南拆迁安置小区建设已完成，并交付使用；商检大楼已完成土建；城南道路、五龙安置小区正在加快建设；体育中心已进入施工图设计；余英溪三期基本完成地形改造；丰桥港改造已进入施工前准备。全年共实施拆迁项目14个，拆迁1969户，拆迁面积77.1万平方米。以“中国和美家园”、“十百工程”建设为抓手，全年新增市级全面小康示范村16个、整治提升村28个，农村住房改造建设3782户。供水一体化工程加快推进，东部环网工程组织进行项目立项、环评、融资等前期工作。城乡垃圾集中收集处理设施建设进一步加快，建成垃圾收集房222座，设置垃圾箱(筒)20315只。自3月起，全县生活垃圾运送至新市佳能垃圾焚烧发电厂处理，平均每天达230吨，全年共处理垃圾6万吨。

三、城市管理进一步精细。推行环卫“三定承包制”保洁管理模式，对城区部分路段、小区及公厕的清扫保洁工作实行定标准、定人员、定经费承包管理模式，全力确保城市整洁。高标准贯彻实施《德清县城市绿地系统规划》、《德清县生物多样性保护规划》，管、养绿化面积91万平方米，种植苗木10万余株，并荣获2009年湖州市“园林绿化精心养护”金奖。全年完成5675平方米的人行道板修复和1674平方米的路面修复。对城区主要路段雨污水管网进行了大规模的疏通清淤工作，共疏通雨污水管道12.1万米，清理窨井2782只。

四、建筑业发展环境进一步好转。制定《德清县房屋建筑和市政基础设施工程施工招投标评标办法》，并于4月1日起正式施行。全年招投标项目共179项，工程造价合计17.78亿元，对一家不良企业在网上进行了曝光。全年共发放施工许可证131项，面积147万平方米，合同造价14.23亿元。先后六次组织大规模的安全生产检查活动，对存在较大安全隐患的两个工地的钢结构工程责令暂停施工，安全管理力度进一步加大。

五、房地产市场秩序进一步规范。编制完成房地产投资三年行动计划，形成了以普通商品房为主体，经济适用房和廉租住房为保障的住房供应体系。全县房地产完成投资13.9亿元，商品房施工面积148万平方米，其中新开工面积55万平方米，商品房竣工面积43万平方米，销售面积65万平方米，实现销售额34.9亿元。坚持把安居工程放在民生的重中之重，全年共安排110户廉租住房、170户经济适用房货币化安置。联合县国土局、财政局起草《经济适用房上市的若干规定》，规范了经济适用房上市销售行为。加大住房公积金制度对住房保障工作的支持力度，全年共归集公积金2.44亿元，新增缴存人数3109人，向854户职工发放贷款

2.33亿元。

（倪建国）

【长兴县城乡建设】 2009年，长兴县建设局紧紧围绕加快建设山水园林型现代化新兴城市的目标，按照“统筹城乡、完善功能、强化管理、提升品位”的总体思路，认真落实科学发展观，不断丰富城市内涵、着力提升城市品位，中心城市建成区面积扩大到40平方公里，框架拉至50平方公里，城市化水平达到58%。

一、不断完善城乡规划，调控作用显著增强。全面实施《长兴县域总体规划》，注重县域城乡一体规划和城市空间发展战略研究，进一步优化城乡空间布局、合理配置资源，较好地发挥了城乡规划对经济、社会、环境可持续发展的引导、控制与促进作用。完成15项重点项目的规划设计以及西太湖（长兴）科教生态城、顾渚山茶文化旅游度假区、二界岭乡农业旅游开发、三河湾商务园等重大规划的编制，完成106个中心村建设规划的编制，实现中心城区控制性详细规划和中心村村庄建设规划“两个全覆盖”。

二、强势推进工程建设，基础设施不断完善。28项重点工程按时序要求加快推进，完成投资16.5亿元，项目数量、投资额再创历史新高。单体投资最大的画溪大道提前竣工通车；回龙山道路、解放路与回龙山道路连接线建成；城西立交桥、经一路跨铁立交桥以及广场路、县前街道路改造按计划加快推进，城市对外交通及城区道路网络不断完善。城区供水管道改造、城市天然气、第二水厂扩建等工程陆续竣工，完成供水管道改造10公里，铺设天然气管网23公里，发展用户3500户。新建污水管网110公里，12家污水处理厂全部建成运行，中水回用工程投入运行，生态垃圾填埋场建成。机关幼儿园和9条特色商业街整治按期完成，中心广场、文化馆、商业街工程加快推进。旧城改造稳步推进，完成中心城区房屋拆迁15万平方米。

三、全力推进村镇建设，统筹发展步伐加快。完成10个示范村创建、6个示范村提升和30个行政村的全面整治。9个小城镇启动56个基础设施和公共设施项目建设，完成投资5.4亿元，其中三个中心镇完成投资超过4亿元，小城镇镇区规模扩大到30平方公里。农村生活垃圾收集、清运、处理量大幅提高，城乡垃圾日处理量达到350吨以上。完成泗安、煤山二镇5个村的区域供水，全县六大供水区域已形成，区域供水5年目标任务全面完成，自来水通村率达到98%。

四、健全监督管理机制，行业管理不断加强。召开规划例会7次，审批方案、选址类项目125件，“一书两证”核发率达到100%，完善规划审批跟踪、监管、服务机制。进一步强化建筑和房地产市场管理，探索建立建筑企业诚信备案库。实现建筑施工产值35亿元。对14家违规违法企业进行不良行为公示。完成房地产总投资27亿元，房屋新开工面积112万平方米，销售商品房91.5万平方米。完善工程质量监督保证体系，严格执行基础、主体、竣工“三到位”监督模式，房屋质量通病得到有效治理。共有物业服务企业20家，管理101个住宅小区，面积400万平方米，物业管理覆盖面达到75%以上。

五、切实加强城市管理，城市运行安全稳定。以创建活动为动力，全面推进城市精细化管理，城市绿化、洁化、亮化、美化水平不断提高，城市面貌进一步改善。大力实施垃圾不着地和样板路保洁工程，着力做好城区300万平方米道路的清扫保洁和60万平方米河道的清捞保洁，城市主要道路全部实行18小时以上保洁。城市绿化工程全面完成，新增绿化面积132公顷，并做好120万平方米城区绿地及1万多株行道树的日常养护管理，布置各类鲜花100多万盆。共修复城市道路、人行道板7875平方米，清理疏通地下管网25万米，维护市政基础设施621件，保障了城市市政基础设施的安全、有序运行。

（钟　敏）

【安吉县城乡建设和管理】 2009年，安吉县建设系统深入学习实践科学发展观，按照城市项目建设年的总体要求，高标准设计、高速度推进、高品质建设、高效率服务，一批重点规划相继完成，一批重点项目相继落实，城市管理再上新台阶，各项工作取得了新的成效，为山区新型城市化样板区建设奠定了时间和空间上的基础。

一、城乡规划体系不断优化。完成县域中部分区规划中间成果、一批地标项目和重大区块规划设计任务，基本实现城乡总体规划全覆盖。完成包括单元控规、专项规划、城市设计、项目设计在内的各类城市规划成果29项。着手新一轮乡镇总体规划修编，全面完成全县新一轮村庄规划修编，及时组织38个平原地区行政村开展村庄规划再修编。建立城乡规划管理责任体系，实行规划设计方案科室内审、部门联审、专家评审、局长办公会议核审、县规划委员会终审五级审查机制。

二、城市承载功能不断增强。中心城市建成区面积达到19.6平方公里，城市道路框架扩大到24.7平方公里，城市化水平达到57.4%。完成递铺港2.6公里河道整治，建成一批休闲步道、过河步桥和新式护栏景观。完成体育中心顺利主馆、副馆和游泳池主体结构建设，城市地标形象初步显现。凤凰山公园建设开工；递铺南路、凤凰路南延、穆皇中路、环翠西路、直一路、后寨东路、外环东路、经四路、石佛路、安吉大道等10条城市道路路段先后开工建设，实现8条道路主车道通车，城市路网微循环进一步延伸贯通。

三、旧城改造成效不断显现。全年完成城市拆迁608户。港北二期拆迁实现“无强制、无上访、无遗留”和谐拆迁目标；中心区块拆迁实现上郎十年拆迁历史性重大突破；城东区块开拓了农村新社区建设的新路子。按照经营城市和东育人居要求，积极拓展城市空间，城东区块完成近2000亩土地预征，为未来几年加快发展提供了空间保障。积极服务重大休闲旅游项目，成功运作林权流转，完成凤凰国际项目3700亩和龙山华都项目1613亩的土地山林征租；龙山板块山地人居一期工程进展顺利。

四、美丽乡村亮点不断增多。79个“两双”（双十村示范、双百村整治）工程项目全部通过县、市、省三级考核验收。4条精品观光带建设初步完成；完成县域4大入口形象建设，形成了全新的视觉效果。通过深入推进环境提升工程，全县乡村品位明显提升。喜获2009年中国人居环境奖，在全国开创了以农村人居环境改善为主题申报的先河。“中国美丽乡村”建设经验登上联合国《城市世界》英文杂志和《中国建设报》头版头条。积极开展农村住房改造建设，编印5000册高品质农居建筑通用图集，引导农户集约用地和运用新型环保建材，得到住房和城乡建设部和省住房和城乡建设厅领导高度肯定。

五、住房保障体系不断完善。加强中低收入家庭住房保障，完成经适房和廉租房保障446户，提前三个月超额完成县委、县政府“为民办实事”任务。牵头探索行业主管部门、街道、社区三级联动管理机制，开展大规模、多形式宣传、参观、培训和清欠活动，居民物业意识和企业服务水平显著提高。

六、为民办实事项目深入推进。完成县城15个重要节点的增亮工作和5条老城区亮化改造工程，累计敷设电缆15000米，安装各类灯具2300多杆（盏）。组织实施了桃园新村改造工程，总面积达2万多平方米，粉刷围墙2550平方米、改造屋顶6271平方米、安装给排水管道2884米、浇筑路面5099平方米、改造绿化9417平方米、改造亮化1240米、安装庭院灯41套。同时完成了驿站广场、河滨和昌硕桥等7座公厕的改造工作，进一步改善了市民的如厕环境，助推城市品位的整体提升。

七、城市管理稳步推进。以国家园林城市复评和创省示范文明县城为契机，进一步强化城市管理，提升城市品位。一是狠抓保洁。编制完成《安吉县城乡环境卫生专业规划》，逐步完善长效管理机制；开展城市先进的环卫管理模式带动乡镇环卫的发展探索的经验总结，制定出台《全县农村环境长效管理机制的实施意见》；绘制《安吉县规划建成区环卫责任范围图》等，完善垃圾收运网络建设，稳步推进垃圾综合处置工程，使安吉县的环卫事业朝正规化、产业化、网络化道路发展。二是狠抓绿化。为提高城市园林绿化水平，紧紧围绕建设生态城市的中心任务，积极做好县城区绿化工作，增加绿化率，2009年新增绿化面积3.6万平方米。三是狠抓监管。强势推进“三沿”整治，规范道路交通秩序，合理安排停车泊位，缓解停车难问题。及时应对雪灾、台风等突发事件，按照“指挥有力、重点突出、措施到位”的要求，切实保障了市民生命财产安全。四是狠抓数字城管。2009年底，安吉县数字化城市管理信息系统联调一次性成功，标志着数字化城市管理系统初步建成，使安吉县的数字城管建设走在全省的前列。

八、供水应急工程建设。督促各供水企业设立24小时服务电话，并按要求制定抢险应急预案；对安吉县各大饮用水水源进行安全检查。城西水厂向康山等区块供水管网建设项目被列入2009年第三批中央预算内投资计划，并争取到中央首批补助资金600万元。

九、污水工程建设。至2009年安吉县已建和在建的污水处理厂有5座，总设计污水及处理能力7.5万吨/日。其中已运行污水处理厂3座，实际处理能力2.5万吨/日。县城污水处理率达81%。

十、环卫保洁及设施建设。新增道路面积50万平方米，全年处理垃圾11万吨，清运粪便2.1万吨；购置密闭式三轮垃圾收集车9辆和20立方米垃圾清运车1辆，提高了机械化作业率；水冲路面总面积达到180万平方米。更换果壳箱500只、垃圾桶2100只。

十一、城市燃气。加强燃气行业管理，出台《安吉县瓶装液化石油气专项规划》及安吉县液化气行业整治规划工作的相关政策。督促和指导瓶装燃气储配站、供应点的改进、整合和归并，确保瓶装燃气质量安全整治工作的顺利进行。一年来，对全县15个乡镇的55个小液化气供应站（点）进行实地核查，确保小液化气质量安全整治工作的顺利进行，整规合格率达80%以上。分别于5月和8月，在安吉成功举办了全市和全省的小液化气质量安全整治与规范工作的推进会。

十二、市政公用事业。2009年安吉县的城市市政公共服务能力进一步增强，人居环境进一步改善。城市生活饮用水水质综合合格率达到100%，管网水压合格率达到100%。路灯亮灯率达到98%以上，生活垃圾无害化处理率达到100%，粪便无害化处理率达到100%，市区主要道路实行了24小时保洁制，城市燃气安全供气合格率达100%。

十三、城市园林绿化。按照国家园林城市标准，积极推进城市园林绿化规划建设，按照“提升档次，挖掘整合，开发建设，强化管理”积极拓宽绿化思路，坚持以城市园林绿化项目建设为中心，以园林绿化管理为重点，切实履行园林绿化管理职能。截至12月底，建成区绿地面积为544.3公顷，人均公共绿地面积达11.59平方米，绿化覆盖率达43.2%。节约型园林绿化水平进一步提高，城市生态环境得到进一步改善。

（龚勇华、任金玉）

【吴兴区城乡建设】 2009年，吴兴区紧紧围绕“争创经济强区、建设和谐吴兴”的总体要求，按照“创业富民、创新发展”的奋斗目标，始终坚持城乡建设统筹、协调发展，新区平台建设、新农村建设、行业管理等各项工作扎实推进，并取得了较好成绩。

一、完善规划设计管理。一是乡镇规划编制基本完成。东林镇总体规划已完成编制工作，妙西镇的总体规划已上报市政府审批通过。同时，编制了《湖州市吴兴区南部次区域发展战略研究》，加快实现道场乡、妙西镇、埭溪镇和东林镇的资源共享。二是村庄规划工作有序开展。开展编制10个，累计完成编制村庄规划117个，占全区的70%，规划区外村庄规划编制实现了全覆盖。三是城乡规划管理得到加强。办理“一书两证”项目45个，总用地面积40.1万平方米；办理农转红线项目23个，总用地面积66.9万平方米；公开出让红线项目12个，总用地面积19.7万平方米；办理初审项目151件，总用地面积383.4万平方米；办理蓝线项目2个，总用地面积6.5万平方米，为企业协调、解决困难100多件。

二、推进新区平台建设。2009年东部新区新建道路10公里，新增道路面积31万平方米，累计达到195万平方米；新建市政管网12公里，累计达到75公里。八里店社区三期、市北农民新村、玉堂桥小区已竣工交付使用；八里店社区四期、汲道社区一期基本结顶；西山社区进入全面建设阶段。完成签约150户、拆迁1545户。沿路绿化工程基本完成，沿河、沿漾、节点绿化工程全面启动。新增绿化面积16.82万平方米，累计达到166.8万平方米；加快推进湖漾及水系清淤，全年完成清淤13.5万立方米，累计达到141.2万立方米。东部新区污水处理厂改造升级工程，底板施工基本完成，局部顶板施工完成，开始墙板施工。

三、“百千”工程全面实施。以“南太湖农村幸福社区”创建为契机，加大村庄整治力度，农村环境得到有效改善。全年完成村庄整治提升行政村33个（其中18个为省、市兼报村），涉及自然村255个、户数13043户、人口4.79万人。小城镇环境综合整治成效明显，东林镇深化完善了城镇总体规划，进行道路改造、河道清理、管网建设等，整治“三乱”现象，配套市政设施，共投入资金5026万元。为确保建设和整治的成果得以巩固，完善了垃圾收集设施，健全长效管理机制，落实补助资金。同时积极探索市、区补一点、乡镇配一点、村集体出一点、农户收取一点、企业赞助一点的“五个一点”筹资机制，全年投入资金480万元，有力地推动了各项工作开展。

四、行业发展有新突破。建筑业方面，严格落实安全生产责任制，与84家建筑施工企业签订了安全生产综合目标管理责任书，组织对71个工地进行了质量安全检查，着力确保建筑质量安全。污水处理方面，污水处理能力由8万吨/日提高到15.5万吨/日，实际污水处理量由3万吨/日提高到5.6万吨/日，东林、埭溪、道场、妙西污水处理厂一期工程已完成。燃气供应方面，联合市有关单位对全区63家小液化气配送站进行现场检查，对供气经营单位实行审核、许可，下发《燃气经营整改通知书》24份。房地产业方面，完成商品房预售现场勘察项目4个，前期物业合同备案4个，参与开发项目竣工综合验收项目4个。整理汇编《2008年度吴兴区住房保障考核材料》，对辖区内经济适用房申请进行了第二次公示，并参与公示后的复审、摇号；完成2008年度乡镇廉租房申请户租赁货币补贴的发放工作，2009年度的已进入复审阶段；完成中心城区972名教师的住房补贴审批工作，审批资金2028万元。

（李敏华）

【南浔区城乡建设】 一、城乡规划。加强南浔城市特色研究，挖掘整理南浔深厚的历史文化，编印《南浔城市风貌特色建设手册》，通过城市雕塑、景观小品、文化走廊等特有建设元素，在城市建设改造中展现南浔文化特色。深化南浔城市规划设计，完成了城市绿地系统规划及頔塘南侧地块城市设计编制工作；编制完成《湖州市临沪工业区概念性规划》和《南浔城区荻塘南侧地块城市设计》。启动“四路一河”有机更新方案设计；完成嘉业路和人瑞路东段沿线的专项绿化方案和沿街立面改造方案；完成南浔古镇及嘉业路、人瑞路东段的亮化方案和湖盐线（练和段）景观带方案设计。编制完成30个行政村村庄规划，使全区村庄规划覆盖率达到86%，完成9个镇、36个村的地形测绘，总测绘面积为10027亩，为农村住房改造建设和新一轮土地利用总体规划修编提供依据。

二、城市道路改造。完成永安北路、梅月路、江南路、同心路等“四路”改造；对原有道路的路灯、车行道、人行道和雨污水管进行了改造，并进行三线下埋。永安北路（垂虹桥至西木巷）改造全长230米，宽15米，投资95万元；梅月路（常增路至辽里路）改造全长300米，宽8米，投资140万元；江南路（泰安路至同心路）改造全长291米，宽7.5米，投资600万元；同心路（嘉业路至常增路）改造全长460米，宽8米～10米，投资500万元。

三、加快“四路一河”有机更新。根据《湖州中心城市建设四年行动纲要》和“古镇、水乡、文化、精致”的城市特色要求，从2009年起，计划用3年时间，对泰安路、嘉业路、南林路、人瑞路和嘉业河（简称“四路一河”）实施“提升绿化、完善亮化、河道净化、立面美化、彰显文化和附属设施优化”等六大工程，加快推进城市形态、城市道路、商业业态、生态环境、城市管理等方面的有机更新。2009年完成嘉业路800米（适园路—北水港桥）路东侧建筑立面改造，进行沿街建筑屋顶“平改坡”工程、马头墙砌筑、门面更换及立面亮化等所有工程，解决现状沿街建筑风貌杂乱的问题，展现粉墙黛瓦的江南水乡建筑风格。

四、新区路桥建设。至2009年底，新区道路框架已经成型，其中嘉业南路、联谊路基本完成建设；向阳路西段已完成宕渣路基和桥梁建设；朝阳西路锦绣中学至南林路段已全面完工，南林路至万顺路段宕渣路基、雨污水管线和草荡漾桥正在加快建设，万顺路至嘉业路段即将进场施工；万顺路已基本完成向阳路至朝阳西路段宕渣路基，并进行桥梁施工；南林路已基本完成年丰路至向阳路拓宽段宕渣路基、雨污水管线建设；风顺路污水管已完成沉井建设。

五、污水处理设施建设。双林、菱湖、和孚、善琏、千金、石淙等新建污水处理厂投入试运行，全区实际日处理污水总量约5万吨。积极推进企业纳管进网工作，在完成污水费征收、企业纳管的前期摸底、动员和洽谈工作的同时，与部分企业签订纳污协议，开始征收污水处理费。加快污水管网建设，在基本完成主干网建设的基础上，切实加快支管网建设步伐，全区累计完成新建污水配套管网79.8公里（包括污水截流工程）。加快污水处理设施升级改造，完成南浔振浔污水处理厂升级改造工程；练市污水处理厂土建工程完成；启动双林和菱湖污水处理厂升级改造工程。

六、城市绿化。按照种植一处、成活一块、美化一片的要求，提倡科学种植，优化种植，2009年中心城区新增绿化面积20万平方米。提高绿化养护水平，完善城区绿化管理办法，落实绿化责任，明确养护标准，落实考核机制，实现城区道路绿化32.5万平方米养护常态化管理。

七、市政管理。按照国家卫生镇和省级文明城区的标准要求，坚持高标准养护、高水平管理，以背街小巷整治为重点，注重日常维护管理。全年投入资金230万元，完成7911平方米路面维修、3657米平侧石铺装、947米雨水管网铺设、1843平方米零星绿化建设和寸池潭等8条背街小巷的综合整治；完成了适园路、南林路、大中路、便民路等路段维修工程；检修路灯6325盏，新增路灯1200余盏，基本消除了无路灯街巷，并确保路灯亮化率达98%，切实解决了老百姓出行不便问题。

八、小城镇建设管理。按照高要求建设、高标准养护、高水平管理的要求，以城镇配套设施建设为重点，加强城镇环境整治，逐步改善城镇环境面貌。2009年，全区各镇累计投资8800万元，结合污水管网铺设，对镇区主干道进行改造。如练市镇的万兴路、菱湖镇的河滨路、和孚镇的荻港路等，完成道路改造总长52公里。全区各镇结合文明卫生城镇创建等活动，通过开展集中整治和日常管理相结合，注重推行“洁化、绿化、亮化和有序化”管理，健全管理标准，注重部门协调，强化督查指导，完善考核机制，全区各镇常态化绿化养护面积256.13万平方米，全年共检修路灯4341盏，使镇容镇貌有了很大的改观。

九、建筑业管理。严格执行《南浔区外地建筑业企业进浔备案管理办法》，严格执行施工许可和竣工备案制度，严把施工许可证核发关，全年办理施工许可证61份，建筑面积90余万平方米；办理竣工备案工程130余个；加强合同备案管理。中心城区水冲轮胎实行常态化管理。严格建设程序监管，全年受理质量安全监督工程61项，建筑面积85万平方米；参加结构验收工程63项，建筑面积39万平方米；参加竣工验收工程31项，建筑面积51.6万平方米。认真开展隐患排查整治，结合安全生产各项活动，全年共排查施工企业140余家次，巡查涉及工程390项，工程面积228万平方米，保证了建设工程质量安全。

十、房地产市场监管。全区商品住宅开发形势良好，销售价格继续保持平稳。全区新开工项目13个，新开工面积44万平方米，已竣工面积17.6万平方米，在建施工面积62万平方米，全区商品房预销售面积26万平方米。以设施维护和改造为重点，全年实施危旧直管公房改造1.6万平方米；以火灾隐患检查和危房排查为重点，定期开展安全检查，加强日常巡查，消除公房安全隐患，确保直管公房使用安全。

十一、住房保障。继续实施城镇低保家庭和低收入家庭廉租住房保障政策，南浔城区经济适用住房完成销售39套，全区发放廉租住房租赁补贴金额32.6万元。

十二、“百千”工程和小城镇环境整治。示范村建设方面，以科学规划、合理布局为重点，以发展生产、惠民富民为基础，结合村庄地理、人文等实际，培育各自亮点，彰显各自特色，营造“一村一品”，全年共投入资金1370万元，完成了练市镇朱家兜村、菱湖镇杨港村、和孚镇张村村、石淙镇银子桥村等4个“全面小康示范村”暨“农村新社区”。同时完成和孚镇陈塔村的“全面小康示范村”提升任务。农村环境卫生整治方面，以湖盐公路（练和段）沿线等主要区域整治提升为重点，以“改路、改水、改厕、改线”内容为整治标准，全年投入资金5700万元，完成市级整村整治提升30个、省村庄整治村42个。村庄环境长效管理方面，强化环境长效管理，通过宣传教育，充分发挥群众主体作用，不断健全长效管理队伍，完善经费筹措、目标考核机制，开展11次长效管理督查。积极开展城乡垃圾清运工作，全年运送垃圾76650吨，平均每日运送210吨。小城镇环境整治方面，以道路改造、中心广场建设、绿化建设、镇区环境整治及沿线广告牌的统一改造为重点，开展镇容镇貌综合整治，共投入资金1500多万元，完成和孚镇的小城镇环境综合整治，全面改善城镇面貌。

（丁有法）

·城市规划·

【概况】 紧紧围绕全市“深入学习实践科学发展观，全力促进经济社会又好又快发展”这一主题，以及“生态、文化、和谐、精致、宜居、乐活”十二字城市特色定位，引领城市建设科学发展，力争几年内达成城市面貌大变样和城市功能的大提升。

【规划编制】 以学习贯彻科学发展观为指引，关注民生工程和城市有机更新的双主题，着力开展规划编制工作。一是完善总体规划和区域规划。湖州市三县全面编制完成并报批实施县域总体规划和“土地利用总体规划与县域总体规划”衔接报告。湖州市和安吉县荣获省建设厅“县市域总体规划编制工作先进单位”称号。为统筹协调好区域和城乡两个空间，深度融入长三角，积极配合省建设厅、杭州市编制完成《杭嘉湖绍城市空间协调规划》研究课题。二是以城市设计为抓手修编控规。《火车站地区城市设计》、《环城南路片区城市设计》和《小西街片区城市设计》已编制完成；《仁皇山北片城市设计》和《太湖路城市设计》经过多轮汇报，基本确定规划方案。适度超前的城市设计成果，已成为全面提升重点工程品位的主要手段。《东街片区单元控规》和《仁北片单元控规》已基本编制完成。三是为提升城市品位编制环境景观规划。《仁皇山公园详细规划方案》整合、《城图广场景观规划设计》等方案已经市规划委员会审查同意；《湖州市南太湖滨湖大道景观方案》、《湖州市小梅港沿线景观方案》、《新塘港东岸及旄儿港东段南岸景观设计》、《仁皇山公园山水清音景区及十二国会所方案》和《白鱼潭路街景规划设计》、《人民路街景规划设计》、《东街街景规划设计》已编制完成；《湖州市市民广场景观整治设计》初稿已经完成。四是为加快老城有机更新编制修建性详细规划。编制完成《承天寺巷片区概念方案》、《龙溪港东岸LC7号地块杭长桥中路地块前期方案》和《人民路与北街转角地块建筑方案》，《湿地奥体公园规划设计方案》、《城市外环线规划方案》已委托编制。五是编制专项规划和规划论证。编制完成《中心城区水上旅游规划》、《南浔城区基础设施专项规划》、《中心城区地下空间利用规划》和《市域城镇污水处理厂污泥处置专项规划》。市规划建设局局签约委托规划编制项目23个。

【规划监督】 按照《城乡规划法》的要求，增强规划方案的公开透明度，特别是根据“公众参与、共建共管”的原则，着力在提高规划决策透明度和参与度上下功夫，通过城建重点项目规划展、媒体宣传、网上公示等多种形式，认真落实市民“四权”（知情权、参与权、表达权、监督权）。在景观项目设计过程中，主动邀请文化、宣传、地方志、社科院、湖州师院等广大文化战线上的专家参与到规划设计中来，力求发动各方力量完善规划设计。认真梳理、完善城乡规划民主决策机制，通过向人大、政协汇报、专家论证、社区公示听证等方式，广泛听取社会各界意见和建议，规划决策日趋规范化、制度化。《湖州市建设工程规划许可证批后修改操作细则》、《湖州市城乡规划听证管理办法》、《湖州市城乡规划和建设项目规划公示操作办法》和《湖州市建设工程阳台面积计算规则》等8项规范性文件已经基本完成。会同监察局按照国家、省、市要求，深入开展工程建设领域突出问题专项治理和房地产开发领域违规变更规划、调整容积率专项清理工作，取得较好成果。依据《浙江省建设工程竣工验收规划认可办法（试行）》和《湖州市建设工程竣工综合验收管理办法》，建设项目竣工验收共规划认可189件（市中心74件，经济开发区78件，织里30件，南浔7件）；中心城区完成房地产项目竣工综合验收24项，建筑面积125万平方米。

【规划审批】 中心城市（包括经济开发区、织里、南浔）建设项目全部核发“一书三证”，其中规划选址意见书74件（市中心45件，经济开发区10件，织里16件，南浔3件）；规划条件207件（市中心118件，经济开发区31件，织里12件，南浔46件）；建设用地规划许可证158件（市中心83件，用地面积497万平方米；经济开发区31件，用地面积84.84万平方米；织里9件，用地面积48.36万平方米；南浔35件，用地面积100.23万平方米，总用地面积730.43万平方米）；建设工程规划许可证257件（市中心147件，建筑面积245万平方米；经济开发区60件，建筑面积183.39万平方米；织里26件，建筑面积70万平方米；南浔24件，建筑面积52.38万平方米，总建筑面积550.77万平方米）。

【规划评审】 进一步规范规划审批管理流程，形成处室初审、专家评审、局长例会审查、市规划委员会审定的四级规划决策机制。规划委员会办公室组织知名规划建筑专家以及市人大、市政协、市各有关部门共同召开规划建筑设计方案评审会20次，对40项规划建筑设计方案进行了审查。市规划委员会召开会议5次，审议各项议题44项，其中涉及局部用地性质调整2项，勤劳街片区城市设计1项，公园规划设计方案2项，规划建筑设计方案39项（其中房地产开发项目19项，公共建筑20项）。

（姚震骅）

·勘察设计·

【概况】 2009年湖州市共有勘察设计单位32家，其中甲级资质单位3家、乙级资质单位18家、丙级资质单位11家。施工图审查企业3家，其中房建一类2家、房建和市政二类1家。共有专业技术人员1030人，其中高级职称268人。全年共实现产值3.4亿元，其中湖州市单位2.1亿元、市外单位1.3亿元。

【勘察设计管理】 组织开展全市工程建设强制性标准执行情况、工程勘察质量综合检查。综合检查以企业自查、各县区检查和检查组抽查的形式开展。5月7日~8日组织专家检查组对市区、吴兴区和南浔区的16个在建工程进行了检查，对项目中存在的违反建筑规范和执行过程中存在的问题予以现场纠正，有关专家还针对节能中存在的问题进行了指导。6月30日至7月3日，省工程建设强制性标准执行情况、工程勘察质量和建筑节能工作综合检查组对湖州市进行了全面检查，检查组对湖州市的建筑节能推进情况、工程建设强制性标准执行情况以及开展综合检查情况给予了充分肯定。组织行业内有关企业和建筑设计单位开展新技术、新材料研讨。其中砂加气砌块与建筑围护结构研讨会、建筑窗膜与建筑节能研讨会分别就建筑节能中的墙体节能工程和门窗节能工程开展了研讨。就各类型保温系统的适应性、经济性以及安全性进行了对比和讨论，交流了实际工程应用中存在的问题和成功的范例。通过研讨，加深了各单位技术人员对建筑节能各分项系统的认识，了解了新型节能材料的性能和应用关键技术。为进一步提高全市建筑节能的设计水平搭建了良好的技术交流平台。全面开展建筑工程施工图审查工作，审查率达到98%以上。全年共审查378项，建筑面积737.1万平方米，纠正违反强制性条文、安全性条款和建筑节能条款等共1144条。2009年共办理勘察设计合同登记备案751项，其中市外企业勘察设计合同登记备案268项。

【注册工程师】 全市共有285人次参加了工程设计和工程勘察专业注册执业资格考试，5人获得一级注册建筑师执业资格，1人获得二级注册建筑师执业资格，3人获得一级注册结构师执业资格，1人获得注册岩土工程师执业资格。截至2009年底，全市共有注册师238人，其中一级注册建筑师40人、一级注册结构师68人、注册公用设备工程师14人、注册岩土工程师21人。

【勘察设计评优活动】 2009年市建设科技与勘察设计协会组织外出参观、考察，学习建筑设计和建筑节能新观念、新思路。依照《湖州市优秀勘察设计评审细则》，开展全市勘察设计行业评优活动。浙江天和建筑设计有限公司勘察设计“湖州市图书馆”项目和湖州市城市规划设计研究院勘察设计“中共湖州市委党校新建学院宿舍楼”项目分别获得浙江省建设工程“钱江杯”优秀勘察设计三等奖。核工业湖州工程勘察院的“湖州大剧院、群艺馆”工程勘察获浙江省勘察设计优秀行业奖。 （周旭东）

·测绘·

【概况】 测绘部门认真落实市、县基础测绘计划体制和财政经费机制，强化测绘统一监督管理，开展国家版图教育，加强地图市场、测绘市场、测绘成果和测绘质量监督管理，促进湖州市测绘事业持续、健康发展。截至2009年底，湖州市现有测绘单位20家，其中甲级资质单位1家、乙级资质单位2家、丙级资质单位4家、丁级资质单位13家。

【机构建设】 继续推进市、县测绘管理机构建设，各县区建设局积极与当地编制管理部门联系，落实管理机构，充实管理人员，三县测绘管理机构均得到当地编制管理部门的批准，在县建设局规划管理科增设测绘管理科牌子，对外加挂县测绘管理办公室牌子，管理人员配备2人以上。

【基础测绘】 按照《湖州市基础测绘“十一五”规划》，湖州市开展地理信息系统建设，建立共建共享机制。在市空间地理信息共建共享协调小组领导下，统一协调全市基础测绘计划、经费、成果共建共享等工作，为政府部门和社会无偿提供了大量基础地理信息数据。一是认真编制基础测绘年度计划。2009年市、县基础测绘计划均已列入国民经济和社会发展计划，经费列入年度财政预算，落实经费777万元。全市新测1:500地形图约58平方公里；更新1:500地形图30平方公里；入库120平方公里；地下管线新测和入库400公里。建立共建共享机制，提高基础测绘保障能力。湖州市空间地理信息共建共享协调小组及时召开会议，结合土地二调工作，协调全市基础测绘计划、经费、成果共建共享。二是推进基础测绘成果的共建共享工作，与市国土局、市水利局、吴兴区、南浔区、市房地产管理中心建立了成果共建共享机制。三是加快HUZCORS推广应用，湖州市连续运行卫星定位综合服务系统（简称HUZCORS）已于3月建成，并投入试运行。为方便各单位了解HUZCORS，加快HUZCORS的推广应用，市规划建设局举办了连续运行卫星定位综合服务系统培训班，三县二区建设局测绘行政管理人员和各测绘单位技术负责人40余人参加了培训。

【测绘资质和市场】 年初，完成全市测绘单位资质年度注册工作，对2家测绘单位作出缓期注册处理。6月，开展全市地理信息市场检查，围绕地理信息获取、提供、使用、生产、出版和传输等重要环节，针对无测绘资质或超出资质许可范围，非法采集、加工、提供地理信息的单位，以及容易发生地理信息泄密、窃密等问题的重点地区、重点单位和重点项目进行检查。共检查全市可能从事地理信息产业活动的单位32家，以及市规划建设局掌握的拥有地理信息系统的单位8家，从事地理信息系统开发的单位1家。

【地图市场】 2009年市规划建设局对湖州市地图市场进行了检查。共检查主要市场、商场、文化用品商店40余家，以及政府部门和企业网站200多家。纠正不规范现象10余起，对4家单位发出整改通知。

【测量标志保护】 继续开展全市测量标志分类保护管理工作。继安吉县的测量标志保护试点通过省级验收后，其他县区也随后开展测量标志分类保护管理工作，纳入保护范围的测量标志有省一、二等控制点186座，市GPS－D级控制点44座，GPS跟踪站4座。全市三、四等测量标志保管员均发放保管津贴，迁建三、四等测量标志1个。 （吴新民）

·市政公用事业·

【概况】 2009年湖州市的市政公用事业，以加快建设现代化生态型滨湖大城市为目标，围绕“六路一河”综合整治、长岛公园建设等工作，通过加强城市环境基础设施建设，改善了人居环境。中心城市水质综合合格率为99.32%、路灯亮灯率达到98%、污水处理率达

83.5%、生活垃圾无害化处理率达到100%、粪便无害化处理率达到100%，市区主要道路实行了20小时保洁制。

【“六路一河”综合整治】 全面实施劳动路、东街、人民路、白鱼潭路、勤劳街、府庙、龙溪港东段“六路一河”综合整治，整治改造着重围绕道路、立面、绿化、文化、亮化等五个方面，对建筑外立面、行道树、中间隔离带等进行重新设计和精心建设，打造道路不同的特色亮点。至年底，累计改造建筑单体80余幢、道路6000多米。

【城北大桥改造】 原城北老桥因船舶碰击等历史原因，安全等级降低，使用功能受到限制，2009年结合项王公园建设对其进行改造，改车行桥为人行桥。新桥桥面设置二组古典风格的廊亭建筑，形成风雨廊桥造型，二组廊桥通过10条横向联系走廊相互连结，形成10个观水洞，桥梁栏板和灯具也结合湖州历史文化特色进行了更新。

【道路及市政设施维护】 完成红旗路东段、广场后路、环城东路、环城西路、车站路、月河街等6条主次干道路整治，总面积5.4万平方米，其中人行道2.4万平方米；对东街、吉山中路等27条道路修补近0.68万平方米。完成建设路、车站路、红丰片区等65条道路及小区的下水管道疏通，总长度6.8万米，清捞检查井4700座、雨水井6000座。新装路灯111柱，补装路灯45柱，修复更换路灯杆82柱、灯泡9700只、镇流器1800只，检修路灯控制箱66套、路灯井盖145座，维修更换各种型号投光灯2330盏。

【老社区和背街小巷改造】 完成红丰四村、红丰客运宿舍、红丰邮电宿舍、环城西路交通局宿舍、雀杆下新村、塔下街二中宿舍、西门下塘酒厂宿舍和市陌二四社区等8个老社区整治改造，总改造面积2.5万平方米。完成狮象弄、广场东路、北齐巷弄、环城西路支弄、塔下街一弄和红丰四路等6条背街小巷整治改造，总面积1.3万平方米。

【环卫保洁】 新建都市家园、九八医院边2个公厕，改造邱家漾、吉山电影院和莲花庄右侧等11座公厕并交付使用。道路总清扫保洁面积为510.45万平方米，道路冲洗率达到76.43%，市场化保洁道路71.4万平米。

【城市供水】 全年完成供水量6796万吨，水质综合合格率达到99.32%；完成“户表”改造3069户；DN75毫米以上的供水管道安装新增66公里，累计总长1027公里。

【污水工程建设】 2009年市北污水处理厂和碧浪污水处理厂已基本完成升级改造，凤凰污水处理厂和小梅污水处理厂已启动升级改造。中心城市污水处理率为83.53%。

【城市燃气】 启动南浔天然气项目，城区管道东延伸至漾西工业区、南沿104国道至埭溪。全年中心城区新增燃气中压管网长度50公里，中心城市天然气供气总量7003万立方米，液化气总量2900余吨，以天然气为燃料的加气出租车已达531辆。

【城市公交】 2009年公交新增线路2条，共有线路52条，总长达328.8公里。拥有公交车辆294.8标台，年客运总量达到3665万人次，居民公交出行率达18%。

【城市亮化】 完成人民路、威莱大街亮化工程建设，设置投光灯1950套、LED灯带3150米、洗墙灯783套、其他灯具983套。行道树亮化设置LED灯笼挂件2850件、中国结1700个、彩灯灯组20组。

（颜　亮）

·城市园林绿化·

【概况】 全年共实施长岛公园、项王公园等一批公园绿化建设，中心城区新增绿化面积128.75万平方米，绿地率达38.7%，绿化覆盖率达44.3%。顺利通过了国家园林城市复评，莲花庄公园被评为国家重点公园，霅溪公园民俗系列雕塑荣获“2008年度全国优秀城市雕塑建设项目优秀奖”。

【长岛公园】 长岛公园位于新塘港与机坊港之间，南临环城河口，北临旎儿港和小梅港、长兜港，为南北向的带状区块，长度1800米，总面积17.9万平方米。长岛公园分五大功能区，由北至南分别是主题餐厅区、植物观赏活动区、文化休闲活动区、市民户外活动区、城市展演区。五个功能区共涵盖八大景点，分别名为“湖舟夕照”、“苇荡迷津”、“花谷春色”、“藕花香渡”、“斜阳青坊”、“漫江桃柳”、“流芳幽径”、“菰城春秋”。

【项王公园】 项王公园位于龙溪港南岸，东至城北水闸，西至飞凤大桥，南至劳动路，占地面积2.43万平方米，其中绿化面积1万平方米。项王公园包括项王城门城楼、项王长廊及周边绿化，工程采用仿古建筑，融入湖州老城门、项羽破秦等传说。公园内共设置三组雕塑，其中城门北侧正中放置项羽主雕，广场东、西两侧分置二组马拉战车雕塑。

【绿化建设】 完成长岛公园绿化、项王公园公共绿化、大桥公园绿化提升改造等绿化项目，增加公园绿地41.7万平方米；完成学府路、仁皇山北片道路和白鱼潭路等道路绿化19.5万平方米；完成东湖家园、馨水园、尊园和仁皇山中学等小区及单位附属绿化67.55万平方米。

（颜　亮）

·建筑业·

【概况】 2009年，湖州市建筑业依托《湖州市人民政府关于加快建筑业持续健康发展的若干意见》，积极应对国际金融危机，以“保增长、重服务”为目标，以强化行业管理、调整专业结构、转变增长方式为主线，大力实施“走出去”战略，建筑业各项指标均实现较大幅度增长，全行业保持强劲发展态势。

【行业发展】 全年完成建筑业总产值314.70亿元，提前一年实现产值突破300亿元的发展目标，总产值比上年增加72.26亿元，同比增长29.8%，其中市外产值达95.05亿元，产值外向度达到30.2%。共有41家企业开拓了安徽、江苏、山东等国内23个省（市）建筑市场，全年共完成省外产值69.57亿元，比上年增加12.3亿元，同比增长21.5%。全年房屋建筑施工面积2699.80万平方米，比上年增加556.83万平方米，同比增长26.0%；全年实现利税总额26.76亿元，比上年增加11.95亿元，同比增长80.7%，其中实现税金总额12.84亿元，比上年增加4.67亿元，同比增长57.2%。2009年全市建筑业实现持续、快速、健康发展，完成总产值超10亿的有5家，比上年增加3家，其中超30亿元的有2家。完成市外产值超1亿元的有16家，其中超10亿元的有2家，超3亿元的有9家，市外产值已占总产值的近三分之一。

【资质资格】 2009年湖州市建筑业企业资质结构得到进一步优化，新增一级主项资质企业8家（含设计施工一体化资质企业2家），一级增项资质企业2家、2项，新增二级主项资质企业25家、25项，二级增项资质企业18家、20项。截至2009年底，全市有资质的建筑业企业224家，其中一级企业25家，二级企业85家，资质专业门类、专业结构日趋合理，行业规模水平不断提高。湖州市全年有2家工程监理企业晋升资质，其中1家企业取得了监理综合资质、1家晋升为专业甲级，并新增监理企业1家，晋升造价咨询甲级企业1家。截至2009年底，全市共有工程监理企业9家，招标代理机构15家，造价咨询企业18家。全年共新增注册造价工程师15名、注册监理工程师67名、注册一级建造师54名、注册二级建造师282名，共有500余人完成“三类人员”安全生产考核，全年有10家企业取得了安全生产许可证。

【市场管理】 一是注重行业管理长效机制建设。在修改制订《湖州市区市外建筑业企业进湖备案管理办法》的基础上，2009年先后修订了《湖州市区市外工程监理企业进湖备案管理办法》、《湖州市区市外工程建设项目招标代理机构进湖备案管理办法》、《湖州市区市外建设工程地基基础检测机构进湖备案管理办法》，出台《湖州市建设工程监理市场行为管理暂行办法》等行业管理制度。二是招投标活动监管取得新进展。通过完善有形市场功能，规范各方主体市场行为等方面入手，不断规范建筑市场秩序。湖州市全年纳入招标监管的建设工程1406个，工程造价157.54亿元，其中应招标工程992个，工程造价135.03亿元，应公开招标工程652个，工程造价61.19亿元。在招投标监管方面，实现了依法监管、科学监管、严格监管、合力监管的良好局面。在招投标硬件管理方面，成功开发并运用了电子标书和计算机辅助评标系统，提高了评标效率，保证评标的正确性、公正性、科学性。三是对全市建筑业类企业实施动态管理。对全市221家建筑业类企业进行了定期检查，有32家企业被责令限期整改，14家企业不合格被注销了资质。加强对外来建筑业类企业的管理，全年共办理外来建筑业类企业备案140家，其中施工企业122家、监理企业12家、招标代理机构6家，同时对进湖备案的116家外来施工企业进行定期检查，其中有23家企业被清退，14家被责令限期整改。四是进一步规范工程咨询、建设监理、招投标代理、质量检测等各类中介机构的市场行为。认真组织开展建设工程质量检测专项整治活动。

【安全生产】 全年始终以高压态势狠抓施工安全，建筑施工安全总体处于平稳状态。2009年以“安全生产年”活动为契机，深入开展安全生产教育、安全生产治理、安全生产执法“三项行动”，全面加强安全生产体制机制、安全生产能力、安全生产监管队伍“三项建设”活动，并精心组织全年建筑工程安全大检查，以市场与现场联动为抓手，采取重罚手段、市场限制等手段遏制事故苗头，全方位、多手段打击安全生产违规行为。全市共有22家施工企业、14家监理企业因安全生产问题被不良行为记录和公示，其中有2家企业被暂扣企业安全生产许可证。全年共发生安全事故2起，死亡3人，事故起数、死亡人数与上年相比分别下降了71.4%和62.5%，较好地完成了上级部门的安全考核目标。

【质量监管】 2009年湖州市的建筑工程质量总体呈上升趋势，通过加强制度执行力度，切实保证工程质量监督工作。加大《湖州市住宅工程质量分户检验管理暂行规定》、《湖州市市区住宅工程分户检查细则》和《湖州市住宅工程质量通病防治规定（暂行）》等规范性文件执行力度，加大验收过程中分户验收的抽检比例，进一步强化住宅工程质量监管，切实提高用户满意率。以质量通病防止为工作重点，确保建筑施工质量。开展建设工程的专项检查和专项整治，在年初开展了钢筋专项检查，预拌混凝土专项检查和地基检测机构专项检查。全年“创杯夺优”数量创历史新高，评出市“飞英杯”优质工程32项，获省“钱江杯”优质工程8项。

（褚群如）

·房地产·

【概况】 2009年全市完成房地产开发投资110.47亿元，比上年增长3.4%；商品房销售面积410.97万平方米，比上年增长141.35%；全市商品住宅均价5151元/平方米，比上年增长17.68%；全市商品房竣工面积200.7万平方米，比上年增长9.8%；房地产业增加值54.04亿元，比上年增长33.1%。中心城区完成房地产开发投资62.1亿元，比上年增长8.8%；中心城区商品房销售面积147.24万平方米，比上年增长170.2%；商品房销售均价6136元，比上年增长12.9%；住宅（不含排屋别墅）销售均价5301元/平方米，比上年增长11.8%；商品房竣工面积72万平方米，比上年减少34.5%。截至2009年底，可售商品住宅为6792套，面积60.06万平方米，比上年分别下降11.16%和31.36%；商品房空置面积24.95万平方米，其中住宅空置面积14.03万平方米，比上年分别下降22.1%和17.5%。

【房地产开发管理】 加强房地产行业管理，促进房地产业健康稳定发展。一是开展2009年度房地产开发企业资质专项检查。对全市范围内房地产开发企业进行房地产开发资质专项检查，重点检查企业近三年来房地产开发经营行为、开发业绩、注册资本、专业技术人员到位情况，并公布了通过资质检查的191家房地产开发企业名单。二是加强预售、验收管理，严把商品房质量关。全年共核准商品房预售项目57个，面积191万平方米；竣工验收15个，面积72万平方米。三是推行新的预（销）售合同网上备案系统。完善预（销）售合同网上备案制度，扩大商品房预（销）售合同网上备案范围；推行落实2009版商品房买卖合同的签订，实现商品房预（销）售合同备案数据与产权产籍系统数据信息共享。四是举办第十届房交会。5月22日～24日交易会期间共接待参观人数4.75万人次，成交住宅447套，面积46198平方米；成交商铺7间，面积347平方米，总成交合同金额2.66亿元。

【住房保障】 保障房建设方面，2009年全市新开工经济适用住房13万平方米，其中，中心城区7.5万平方米。加快在建9.18万平方米经济适用住房建设进度，其中，北白鱼潭经济适用房938套、7.8万平方米；廉租房148套、7300平方米。2009年全市完成农民工公寓建设3.08万平方米，旧住宅区改造44.3万平方米。保障房分配方面，全市完成廉租住房保障1014户，其中，中心城区367户，发放645户廉租户年度租赁补贴，总金额300多万元。中心城区共有3069户获得了经济适用住房购房资格，其中，2132户购买了经济适用房，850多户摇取北白鱼潭资格号。开展廉租住房保障家庭年审工作，重点对2005年～2007年度594户廉租住房保障家庭的住房、人员、收入等变动情况进行审核，共审查出30户不合格，并对2008年度中心城区廉租住房保障户发放廉租住房保障资格证。保障房政策方面，修改并出台2009年度廉租房实施细则，廉租房政策突出采取“三个放宽”：首次放宽对“低保户”、“三属”重残疾和具有特殊疾病家庭申请人年龄不受40周岁限制；首次放宽“三属”重残疾和具有特殊疾病家庭人均年收入1万元以下，达到“低保标准”2.45倍；首次放宽承租直管公房的“低保户”可申请廉租住房，并享受租金减免政策。

【拆迁管理】 根据城市总体规划的要求，制定年度拆迁计划，合理控制拆迁规模。2009年全市新拆迁许可项目28个，拆迁总面积35.03万平方米，拆迁总户数1791户；已签约1039户，签约率达到58%，2009年完成新拆迁许可项目11个；历年拆迁许可项目25个，拆迁总户数1428户；已签约857户，签约率60%，2009年完成历年拆迁许可项目11个。全年核发拆迁许可证26个，依法组织拆迁许可前听证10次，受理行政裁决申请116件，作出行政裁决90户，召开强制拆迁前的听证会88次，完成行政强制拆迁4户。

【物业管理】 物业专项维修资金管理方面，制定出台《湖州市中心城市物业专项维修资金使用申请、审批流程》和《湖州市中心城市异产毗连房屋维修管理办法》，与工商银行合作开发物业专项维修资金管理系统，严格审查使用物业维修资金申请资料，2009年经审核共使用物业专项维修资金36笔，总计金额105.03万元，使用住房维修基金增值共9笔，总计金额536.77万元。物业市场管理方面，完成10个小区的物业管理前期招投标监督工作，开展了物业服务示范（优秀）住宅小区评比，全市共有16个住宅小区报名参评，评出示范小区4个，优秀小区8个，其中新嘉园·嘉华苑获得省级物业管理示范小区称号。同时积极引导物业管理企业做大做强，全年新批核定27家物业管理企业资质。

【房地产中介管理】 一是根据省建设厅《浙江省房地产经纪人员职业资格注册管理暂行办法》，加强房地产经纪人员的管理，做好职业资格注册管理的各项工作；二是协助浙江省房地产估价师与经纪人协会完成2009年全国房地产估价师、房地产经纪人执业资格考试和浙江省房地产经纪人协理从业资格考试考前培训及教材征订等相关组织工作；三是注重加强房地产估价师继续教育的组织管理，积极贯彻国家《注册房地产估价师管理办法》和《浙江省注册房地产估价师继续教育》中有关注册房地产估价师继续教育的规定，做好组织实施工作；四是配合浙江省住房和城乡建设厅对湖州市所有房地产估价机构的估价报告进行规范检查；五是不定期对房地产经纪机构进行行业规范检查。

【产权产籍管理】 一是在学习掌握新房屋登记办法基础上，2009年全面实施新房屋登记办法，公布新的收件标准，修改增设登记表单，启动询问、约定程序，开设预告登记、异议登记、更正登记等新增业务，启用了新版房屋登记权证。二是加强房产信息系统建设，提高房屋登记效率。完善湖州房产网，新增了申请表的下载、网上查询产权办证情况及办证的短信通知等功能。基本建立了以楼盘表为基础核心，集房屋测绘、合同备案、登记发证、档案管理、统计分析和地理信息于一体，包含权属登记、档案管理、房产测绘、信息发布等多个子系统的现代化房屋管理信息化系统。全年中心城区共办理房屋权属登记8.43万件，建筑面积1210.8万平方米；其中初始登记1.69万件，建筑面积272.25万平方米；转移、变更登记1.73万件，建筑面积220.6万平方米；抵押登记3.1万件，建筑面积514.76万平方米；注销抵押登记2462件，建筑面积21.54万平方米；乡镇房屋所有权登记发证1.43万件；完成各类房屋面积测绘465万平方米。

【房屋安全管理】 公房管理方面，全年共完成公房维修2500户次，中大修超过5000平方米；公房普查2次、3550户次；重点应急普查2次，跟踪监控40户次；及时排危抢修30户次，无塌房和责任性安全事故。从2月开始，对直管住宅公房调租，直管住宅租金收缴率达到96%以上。白蚁防治方面，全年完成白蚁防治项目203个，面积450万平方米。装修审批方面，全年审批房屋装饰装修项目121件，建筑面积6.34万平方米。住房改革方面，全年共出售公房560套、22500平方米、810万元。对70个单位、1239人发放住房补贴，总金额达1831.78万元。

（沈宏明）

·村镇建设·

【村镇规划编制】 2009年村镇规划编制的主要内容有：一、城镇总体规划。对南浔区旧馆镇城镇总体规划进行了修编，南浔区和孚镇、千金镇、石淙镇城镇总体规划修编已基本完成，正在申报市政府审查批准；吴兴区东林镇城镇总体规划调整、道场乡和织里镇乡镇域规划基本完成。二、城镇详细规划。加强推进城镇控制性详细规划编制，中心镇近期建设用地范围内实现控规全覆盖。三、村庄建设规划。结合乡镇新一轮土地利用总体规划修编的有利时机，启动新版村庄布局规划编制；完成了107个保留行政村的村庄规划编制工作，全市新一轮村庄规划编制的数量达到791个，覆盖率达到75%以上，规划引领作用进一步增强；逐步开展乡村沿河、沿路景观带规划编制，湖盐线、浔练线等4条线路的景观规划已编制完成。

【村镇规划管理】 继续加强小城镇、集镇、村庄规划建设管理，按照省住房和城乡建设厅、省监察厅《关于开展房地产开发中违规变更规划、调整容积率问题专项治理行动的通知》精神，对吴兴区、南浔区村镇房地产开发中违规变更规划、调整容积率问题进行了专项治理，两区共核查房地产开发项目28个。加强协调村镇重大、重点项目和区域基础设施规划选址，完成500KV妙西输变电站、500KV浙北变至杭北变，500KV妙西变至含山变特高压走廊规划选址论证，选址意见已报省建设厅批准同意；完成区域供水南浔至双林、练市供水管道规划选址。加强吴兴区、南浔区村镇建设项目规划管理，做好项目规划选址、建设用地规划、建设工程规划等管理工作。2009年湖州市吴兴区、南浔区农房建设共核发许可证494件、用地面积32.77公顷、建筑面积27.6万平方米；城镇建设共核发建设项目规划许可证“一书两证”122件，其中《建设项目选址意见书》17件、《建设用地规划许可证》47件、用地面积91.3公顷、《建设工程规划许可证》32件、建筑面积30.8万平方米。

【“百村示范、千村整治”工程】 全市完成39个示范村建设，累计完成资金投入1.2亿元，拆除旧房面积达到5.2万平方米，新房建设面积达到5.1万平方米，新增道路硬化长度为93.31公里，新增河道整治长度达29.77公里，新增垃圾箱842个，新增路灯安装641盏，新增绿化面积20.82万平方米。全市村庄整治累计投入资金3亿元，完成204个村庄的整治。村庄整治拆除旧房面积达到7.12万平方米，新房建设面积达到9.92万平方米，新增道路硬化长度为224.97公里，新增河道整治长度达101.43公里，新增垃圾箱2738个，新增路灯安装882盏，新增绿化面积27.23万平方米。垃圾收集方面，全市新增配置垃圾箱6084个，新建集中收集房111座，新配置清运车辆226辆，至年底，全市农村垃圾集中收集覆盖率达到95%以上；污水处理方面，全市新增生活污水治理池13.5万立方米，新增开展污水治理3万户，至年底，开展生活污水治理的户数占年度启动整治户数的比例达到60以上%；卫生改厕方面，新增卫生改厕户数近2万户，新建公共厕所630座；道路硬化方面，新增村内主要道路硬化长度183公里；村庄绿化方面，新增村内绿化面积48.76万平方米。全市农村“户集、村收、乡镇运、市县处理”的垃圾收集体系有效运作，市本级垃圾焚烧厂日均处理垃圾量在700吨以上。

【农房改造建设工程】 2009年，在市委、市政府的正确领导下，全市上下深入贯彻年初省农村工作会议提出的“保供给、促增收、强基础、重民生”三农工作方针，扎实推进农村住房改造建设，全年全市完成农房改造建设13668户，完成农村困难群众危旧房改造1610户，完成总改造建筑面积16.7万平方米，超额完成年初确定的10000户农房改造建设和1200户困难群众危旧房改造任务。全市有农房改造建设在建项目82个，完成改造农房建筑面积314万平方米，累计完成投资18.7亿元，年度目标已顺利实现。

（陆元昶）

·环境保护·

【概况】 2009年，全市环保系统努力推进生态市建设，在促进节能减排、开展重点领域整治、完善环境基础设施、提高环境管理水平等方面做了大量工作，取得了新进展、新突破。生态建设走在全省前列。湖州成为浙江省唯一省级生态文明试点设区市；安吉县被国家环保部列为全国生态文明建设试点县，成为浙江省唯一国家级试点县；德清县于12月25日通过国家生态县现场验收；长兴县获得省级生态县命名。主要污染减排超额完成。全年削减COD3.61%，削减SO27.15%，超额完成年初确定的减排目标，其中SO2提前完成“十一五”减排任务。新农村生态环境工程稳步推进。全面推行第三代农村生活污水处理技术。实施农村生活污水处理的村达到60%以上。安吉县列入全省农村环保试点。环保基础设施建设上新水平。完成所有建制镇污水处理厂建设并投入运行。湖州、长兴、德清垃圾焚烧发电厂投入运行。全市环境质量明显改善。全市市界断面水质考核结果为优秀；全市入湖口断面水质类别均好于Ⅲ类；地表水省控以上断面功能区水质达标率93.3%；全市8个国控断面水质均为Ⅲ类；全市县级以上饮用水源地水质达标率为98.3%；县级以上城市环境空气质量均达到二级标准；市区空气污染指数小于100的天数达到335天，其中优的天数56天，比上年增加43天。群众环境满意率位于全省前列。满意率比上年提高1.75个百分点，满意度综合排名全省第三。省市厅局环保目标责任制考核优秀，排名全省第一。生态省建设工作任务书考核优秀。市环保局领导班子被市委评为“创业创新好班子”。市环保局被市文明委命名为“市级文明单位”。

【服务经济发展】 一、强化服务保增长。一是完善举措，助推发展。结合湖州实际，市环保局出台服务经济发展七项意见，德清出台服务和支持企业发展“十项举措”，安吉制定环保服务经济十八条措施，主动提前介入、优化环保服务、提高行政效率。二是搭建平台，服务发展。开展治污技术对接和储备，与省环保厅联合开展太湖流域环保科技服务活动，与科技局联合组织召开污染治理技术交流洽谈会，为治污企业与中介机构搭建起双向交流平台。德清县环保局创新建立环保咨询专家库，为企业推选专家、学者开展技术评审指导，帮助企业提高污染治理水平。三是争取资金，支持发展。市、县（区）环保部门一把手亲自抓，多次召开专题会议，设立项目储备库，加强业务工作指导，积极汇报沟通，全年共争取到中央、省级环保专项补助资金达1.1亿元，用于支持引导湖州市生态及区域行业企业污染治理工程建设。二、深化探索调结构。一是严把项目环评审批关。严格执行国家和省相关产业政策，落实环保“十个不批”原则，全市共审批建设项目2415个；实行联审，加强重点行业建设项目环境管理，2009年共有37个项目通过联审程序，6个项目不予受理；试行生态环境功能区规划，切实把好项目选址关；有序推进规划环评以优化区域环境的承载质量，3个规划环评通过专家评审。二是以污染整治倒逼转型升级。严格执行太湖流域水污染物排放标准特别限值，淘汰落后生产工艺和生产设备，推进印染、化工、造纸和制革等传统行业产业结构优化升级；积极推进全市省级开发区（工业园区）生态化改造，全市所有7个省级开发区（工业园区）生态化建设与改造规划实施方案通过了省级专家评审；积极开展清洁生产，17家企业完成强制清洁生产审核。三是强化环保经济政策运用。落实绿色信贷政策，加大对企业环境违法行为的经济制约和监督，运用经济杠杆强化环境监管；运用主要污染物排污权有偿使用方法，利用有限的环境污染治理专项资金“回购”排污权，积极引导恒丰、金环等重污染印染企业转型。

【主要污染物减排】 一、强化减排制度支撑。及时制定年度减排计划，分解落实57个减排重点项目。认真做好减排统计，建立健全减排季度形势分析制度，及时掌握进度，研究对策，吴兴区不断深化减排保证金、风险承诺金、领导干部绩效考核奖惩、水费结算与达标排放挂钩等制度，加大激励约束力度，取得较好的实践效果。二、加强减排日常督查。完善减排长效管理机制，重点加强污水处理厂和国、省控重点工业企业的现场检查，确保工程减排、结构减排和监管减排各项措施落实到位。创新减排监管机制，排定减排重点环境管理企业名单，实施重点管理企业飞行监测每月通报制度和乡镇环保站每月巡查制度，不断提高企业污染治理水平和飞行监测达标率。三、推进减排项目建设。不断推进城镇污水处理厂配套管网建设和升级改造工程，完善环保基础设施。完成366公里污水管网建设，为污水处理厂运行打好基础，中心城区凤凰污水处理厂、长兴夹浦污水处理厂二级处理投产，长兴兴长、城关和洪桥新源污水处理厂完成升级改造；湖州市北、东郊、碧浪、安吉及南浔振浔污水处理厂等其余污水处理厂的升级改造工作也已基本完成，为减排提供了有效工程保障。长兴兴长污水处理厂中水回用建成投入使用，每年可直接减少COD排放量400吨。

【生态市建设】 一、生态文明建设研究和实践。积极参与市委书记孙文友亲自牵头开展的《湖州市生态文明建设的思路和对策》课题研究，成立课题小组，确定调研方案，明确调研重点、时间、内容和要求，形成了一个总调研报告和20个子课题的调研报告，《湖州生态文明建设实践与思考》已编撰出版。安吉县深入开展全国生态文明试点，安吉生态立县案例入选中组部和环保部《生态文明建设和可持续发展案例选编》。二、生态示范创建纵深推进。按照“巩固、扩面、深化、创新”的工作思路，修改完善了《湖州市生态乡镇管理办法》和《湖州市生态村管理办法》，开展生态乡镇、村的复评。安吉县山川乡高家堂村、德清县莫干山镇高峰村推荐申报全国生态村。夹浦镇、李家巷镇、埭溪镇、和孚镇4个乡镇成为省级生态乡镇。安吉县高禹镇等22个乡镇成为市级生态乡镇，钟管镇蠡山村等48个村成为市级生态村。三、农村环保继续走在全省前列。在全省率先编制完成《湖州市农村环境保护规划》；以推进与浙大共建社会主义新农村实验示范区为载体，开展农村生活污水处理新技术试点，全年187个村开展生活污水治理，累计开展680个行政村生活污水治理；推广多介质土壤层农家乐污水处理技术；积极推进生态养殖，南浔区旧馆镇成功引进了"生物发酵床"生猪养殖新模式，德清县开展水产养殖和规模化畜禽养殖污染治理及执法检查，吴兴区在全省率先提出对龟鳖养殖污染治理。

【环境污染防治】 一、重点环境问题整治有序推进。实行市、县重点监管、挂牌督办、限期整治。完成湖州经济开发区、长兴经济开发区和吴兴工业园区等3个省级开发区（工业园区）和104国道长兴李家巷过境段粉尘污染问题整治工作；加强对南浔区旧馆有机玻璃行业、长兴县铅酸蓄电池行业等省、市重点环境问题"摘帽"后的长效管理；安吉县竹木制品废水污染和烟尘污染专项治理取得阶段性成果，竹制品高浓度废水处理技术填补了国内空白。二、水污染防治巩固深化。按照国家、省、市"治太"工作要求，修改完善蓝藻应急预案，通过落实"治"、"建"、"防"、"监"、"管"五项举措建立蓝藻长效防治机制。大力推进"水专项"工作，积极推动太湖流域执行水污染物特别排放限值的提标工作。全面推进南太湖生态修复工程、"苕溪清水入湖"等太湖水环境综合治理工程。太湖入湖断面水质稳定好转，全年七个主要入湖口水质达到Ⅲ类水标准。加强饮用水源保护，完成7个合格饮用水源地创建任务，全市合格规范饮用水源保护区创建比例达到96%。加强饮用水源保护区监察、监测力度，为确保农村饮用水安全，2009年对市本级17个乡镇饮用水源地加密水质监测频次。三、固废、辐射等污染防治不断加强。湖州、长兴、德清垃圾焚烧发电厂投入运行。2009年市长马以和副市长方新旗亲自调研污泥处置工作，确定湖州南太湖热电、千金华晖建材、鑫翔建材有限公司等三个污泥无害化处置项目试点，德清、长兴也分别落实了污泥无害化处置试点。建立健全危险废物管理台帐，湖州市执行危废台帐管理制度的企业已经增加到108家。开展辐射安全监管联合执法专项行动，对检查中存在严重安全隐患的湖州三狮水泥有限公司4枚放射源实施收贮，全年累计收贮7枚各类闲置废旧放射源，确保废源收贮率保持100%。

【矿山环境专项整治】 矿山企业环境专项整治是2009年市政府的一项重要决策。整治10个多月，全市范围33个涉矿乡镇的207家整治企业，按照《湖州市矿山企业环境专项整治规范》的要求，助推"泥沙分离、药物添加凝固、淤泥干化离心"三项技术。采取"整治一家、验收一家、规范一家"的方法，150家企业通过了整治验收，32家关、停（含机组），25家停产整治。出台《矿山企业环保设施操作规程》等7项环境整治制度性文件，编制了废水设施记录等9种台帐，通过整治，矿山企业的废水治理、扬尘治理、固废处置、道路硬化和企业环保管理等得到了规范，矿区及周边生态环境明显改善，群众满意度显著提高，矿山企业循环经济意识进一步增强，产品结构调整加快，实现了环境、经济和社会效益多赢。矿山企业环境专项整治工作得到省政府副省长金德水批示肯定。

【环保执法监管】 一、环保执法力度进一步加大。以整治违法排污企业保障群众健康环保专项行动为载体，积极开展6次各有侧重的"天网"系列专项行动，对化工、重金属等行业开展安全隐患排查，国庆前夕开展突发性环境污染事故应急演练，积极开展绿色护考，深入开展边界联合执法，妥善处置6起边界环境污染纠纷事件。发出各类环境违法改正通知书1222份，比上年上升28.5个百分点，立案查处环境违法企业279家，超额完成排污费征收任务。2009年省级飞行监测达标率81%。市级飞行监测达标率84%，比上年提高7.7个百分点。二、环境维稳和信访工作卓有成效。完善环境信访接待制、领导包案制、环境信访工作联络制、矛盾纠纷排查预警制等多项环境信访工作制度，重点围绕省环保厅做好2009年维护稳定、信访工作的要求和市委、市政府开展"三抓两防保平安"百日行动及"信访积案化解年"活动。全市共承办信访2571件，比上年下降29.6个百分点，省环保厅转办101件，所有信访件处理率、结案率均达100%。全年未发生因环境污染问题引发的环境污染责任事故和生态破坏事件。

【环保工作机制】 一、开展扩权强区政策研究。在围绕"提效和服务"主题统筹推进扩权强县改革工作基础上，为进一步促进市本级经济社会发展，增强两区环境保护事业发展活力，编制《落实扩权强区部署，扩大两区环保管理权限方案》上报市政府并公布实施。二、全面实施水质交接断面考核制度。结合湖州主要河流特点，制定《湖州市跨行政区域河流交接断面水质保护管理考核办法（试行）》、《水质联合监测技术规范（试行）》和《水质监测结果评价技术规范（试行）》，加强水质监控，明确三县两区水质保护改善责任；结合考核办法对县区进行预警分析；同时采取工业、生活、面源污染治理三者并重以及重点流域、行业、企业污染整治三管齐下等有效措施。全市出境断面水质高锰酸盐指数及氨氮浓度低于上年平均水平。三、稳步推进排污权有偿使用和交易工作。积极开展排污权有偿使用试点工作，加强部门对接，协调金融机构开展排污权质押贷款业务，确定COD、氨氮、总磷、SO2的排污权有偿使用价，截至年底，市本级共有18个项目实施了排污权有偿使用，交易金额565.1万元。

【环保宣传教育】 一、运用媒体推进宣传。一是成功主办“浙江·杭湖嘉绍环保行”大型新闻联合采访活动，围绕四地生态建设和环境保护工作共播发各类报道80余篇（次），联合杭湖嘉绍在《浙江日报》刊登都市经济圈环保宣传专版。二是与《湖州晚报》成功举办湖州市第二届民间环保公益使者评选活动，评选出9位民间环保公益使者和4位提名奖。在《湖州日报》上开办市生态建设领导小组成员单位工作成果专题报道8期，完成《湖州日报》人与环境专刊12期，本地媒体刊播环境宣传稿件600余篇（次）。三是首次组织“环保科教短片下乡”活动，依托湖州农村数字电影院线平台放映《农村饮用水源地保护》、《生活垃圾巧处理》等科教宣传片1265场，开展环保知识进乡村宣传活动。编制印发了环保科普历书8000册、年画8000份、生态纪实选读2000册等宣传资料。二、部门联动合力宣传。联合团市委等部门启动“‘绿色苕溪·和谐湖州’环保志愿者在行动”暨“珍爱太湖百校红领巾节约资源保护环境大行动”；联合市国土局、团市委等部门召开全市“节约资源、保护环境，做保护地球小主人”活动工作会议暨“十校红领巾珍爱南太湖联合行动”推进会；联合市教育局开展全市中小学环保征文大赛，共收到参赛作文200多篇，并面向全市教师开展环境教育优秀教案设计评比活动，评选出25份优秀环境教案。通过开展形式多样的环保宣传活动以及绿色细胞系列创建，积极倡导生态文明理念，增强了全社会科学发展和环境保护的意识。三、分层分类强化教育。在“科学发展宣讲团暨学习超市”报告会上作《生态文明建设》专题辅导报告，提高党员干部科学发展意识；与市委组织部、市委党校联合举办第七期生态文明与生态湖州建设专题研讨班，市生态建设领导小组成员单位分管领导及县区分管领导等48人参加，邀请环保部、省环保厅领导及名牌大学教授讲课；对全市207家矿山企业和涉矿乡镇领导人员共计517人进行专题培训，通过培训动员、授课辅导、典型交流和现场观摩，提高生态环保意识和环保法律意识；举办第一期农村生态建设培训班，共235人参加，从抓思想着手巩固创建成果，切实增强基层干部的生态意识。

【环保精神风貌】 一、思想作风建设推陈出新。按照市委统一部署，全市环保系统认真组织开展学习实践科学发展观活动，深入基层开展调研、广开言路征求意见、联系实际分析检查、突出实效整改落实，市环保局领导亲自带队深入九川集成、盛邦化纤、努特五金等20多家企业，开展“服务项目到现场”活动，并开展蹲点调研，组织召开征求意见会23场，梳理解决实际问题50余个，形成6份调研报告，环保部门维护权益和服务意识得到明显增强。二、机构队伍建设稳步提升。市环境监察支队完成了参照公务员法管理，批准设立了环境监察支队开发区大队；全面启动固体废物管理中心标准化建设工作，提升固废管理能力和水平；德清县批准设立四个基层环保所，增加人员编制12名；为市本级17个乡镇环保站配备环境监测仪器，专门举办仪器操作培训班，促进乡镇环保站规范化建设。三、党风廉政建设常抓不懈。深入贯彻落实中共十七届四中全会精神，严格执行浙江省环境保护系统廉洁从政“十不准”，切实抓好党风廉政建设责任制，加强对制度执行情况的监督检查，充分利用机关学习日、警示教育活动等，开展经常性的反腐倡廉教育。

【环境质量状况】 一、水质总体保持稳定。与2008年相比，除运河与河网外各水系水质均有改善，运河与河网部分河段水质有所改善，部分河段水质有所下降。影响河流水质的主要污染指标为氨氮、总磷。2009年全市各河流监测结果表明，符合Ⅱ类、Ⅲ类、Ⅳ类、Ⅴ类、劣Ⅴ类标准的，分别为25.3%、54.7%、6.7%、8.0%和5.3%，满足功能要求断面比例为77.3%。2009年湖州市地表水县以上出界断面共17个，水质达标率为82.4%。二、大气环境质量稳中有升。二氧化硫年日平均浓度为0.022毫克/立方米，二氧化氮年日平均浓度为0.038毫克/立方米，可吸入颗粒物年日平均浓度为0.087毫克/立方米。与2008年相比，二氧化硫和可吸入颗粒物浓度值有所下降，二氧化氮浓度基本持平。湖州市城镇空气质量总体较好，市本级及三县均达到GB3095－1996《环境空气质量标准》中的二级标准。市区环境空气质量达到Ⅰ、Ⅱ级的天数为335天，优良率为91.8%。城市空气综合污染指数1.71，与2008年相比，城市空气综合污染指数下降0.27，城市空气质量有所好转。在二氧化硫、二氧化氮和可吸入颗粒物三项指标中，可吸入颗粒物所占的污染负荷最大，其污染负荷系数占50.8%，表明湖州市以尘类污染为主。三、酸雨污染依然严重。全市所有地区降水pH平均值均低于5.6。2009年湖州市酸雨总频率为90.2%，pH平均值为4.56。长兴县酸雨频率最高，达到97.1%，其次是安吉县，酸雨率为96.2%，德清县为86.7%，市区为73.0%。与2008年相比，全市酸雨总频率下降2.3个百分点，降水pH平均值也有所升高。四、声环境质量有所好转。由于人口增长和车流量日益增加，商贸业日趋繁荣，对湖州市声环境质量影响较大的是交通噪声。（1）区域环境噪声：市区域环境噪声平均值为54.7dB（A），总超标率为43.7%。与2008年相比，区域噪声平均值下降3.9个分贝，总超标率下降14个百分点。（2）功能区噪声：市区除1类功能区的夜间等效声级超标外，其余功能区的昼间和夜间等效声级均达标。（3）高空噪声：湖州市区高空噪声中昼间等效声级、夜间等效声级和昼夜等效声级分别为59.4分贝、54.7分贝和61.9分贝。高空噪声昼间达标，夜间超标。与2008年相比，高空噪声中昼间等效声级有所升高，而夜间等效声级和昼夜等效声级均有所降低。(4)道路交通噪声：2009年湖州市区城市道路交通噪声路长计权平均等效声级为67.7分贝，低于国家控制值要求，比2008年下降了0.8分贝。湖州市区城市道路交通噪声超标的路段长度共7.56公里，占总路长31.6%，比2008年下降9.7个百分点。

(韩新伟)

·住房公积金管理·

【概况】 2009年湖州市住房公积金管理工作，经受住了金融危机冲击和房地产市场罕见的旺盛需求带来的严峻考验，圆满完成了年初确定的目标任务，进一步推进了全市公积金事业的健康快速发展。2009年，湖州市住房公积金管理主要业务指标再创历史新高。一是住房公积金归集。全市归集住房公积金16.30亿元，其中市区归集8.52亿元，分别比上年增长17.41%和18.88%。全市累计归集住房公积金81.20亿元，归集余额37.15亿元。二是住房公积金提取。全市有45801人次提取住房公积金12.45亿元，分别增长66.49%和122.98%，其中市区30659人次提取住房公积金6.79亿元，分别增长105.43%和144.45%。全市职工累计提取44.06亿元。三是住房公积金贷款。向全市6194户职工家庭发放贷款，其中市区发放3473户，发放户数分别增长24.93%和15.33%；全市发放金额14.15亿元，其中市区发放7.27亿元，分别增长49.29%和36.94%。截至2009年年底，全市累计发放住房公积金贷款43342户、66.74亿元，全市公积金贷款余额为34.61亿元，存贷比率达到93.16%。四是住房公积金制度扩面。2009年全市非公企业公积金制度扩面新增25057人，其中市区新增14690人，分别完成年度计划的125.29%和124.49%；全市净增8458人，其中市区净增3305人，比上年底分别增长5.18%和3.52%；全市新增缴存单位733家，其中市区349家。截至2009年年底，全市累计参加住房公积金制度的职工34.99万人，现有缴存职工21.78万人，其中正常缴存职工17.16万人。五是住房公积金资金安全。湖州市在创造连续十年年末无逾期贷款的基础上，2009年，市区和安吉、德清县再次实现年末无逾期，确保了资金的安全完整。六是实现增值收益。2009年，全市实现增值收益8870.85万元，增值收益率为2.52%，其中市区实现增值收益4908.53万元，增值收益率为2.58%，增值收益率位居全国、全省同行业前列。全市提供廉租房补充资金1776.17万元，其中市区提供910.20万元，分别增长20.27%和12.09%。

【制订扶企惠民政策】 2009年，按照市委、市政府关于“保增长、抓转型、增活力、重民生、促和谐、强保障”的工作主线，出台暂缓调整非公企业公积金缴存额度、简化困难企业降低缴存比例或缓缴住房公积金的手续、调低房地产开发企业期房楼盘公积金贷款保证金的收取标准、调整住房公积金贷款最高限额、放宽商业性个人住房贷款转住房公积金贷款等7项扶企、惠民措施。在学习实践科学发展观活动中，通过听取群众意见，在全市范围内开展住房公积金制度解决低收入职工家庭住房困难专项行动。通过整合已出台的优惠政策、建立住房公积金缴存托管中心、加强对经济适用房和农村住房改造建设的配套支持等措施，让更多的低收入职工享受到公积金制度的优惠政策。推出“按月冲还贷”政策，按照统筹规划、精心设计、先试后推、万无一失的要求，在全省率先实施用职工每月缴交的公积金直接冲抵贷款。在市区全面推开，已受理3300多户。继续开展低收入贷款家庭贴息工作，2009年调整贴息政策，低收入住房公积金贷款家庭当年就可享受贴息政策，并逐步实行按月贴补。全市低收入职工家庭贴息494户、55.97万元，累计1647、共157.84万元。做好经济适用房申购服务工作，通过提前介入服务、制定优惠政策、优先安排资金、提供优质服务，确保政府惠民政策顺利实施。截至2009年底，市区已签约经济适用房申购对象2200户，其中申请公积金贷款729、总计8437.3万元，占申购户数的33.14%。积极推进新就业大学生和引进人才实施住房公积金制度，2009年全市为1462名新就业大学生和引进人才建立了住房公积金制度，其中有524户申请公积金贷款，共计1.88亿元。这些政策措施，对服务全市工作大局、帮助企业克服困难与稳定发展、促进房地产业持续健康发展、支持中低收入职工解决住房困难，发挥了较好的作用，深受企业和缴存职工的欢迎。

【公积金扩面工作】 2009年，全市制度扩面工作取得了明显的成效，全市一次性新建人数达到100人以上的单位有9家，合计1508人，其中南浔尤夫、久立特材料和湖州经济开发区永兴特钢一次性新增人数200人以上。安吉分中心为全县卫生系统240名聘用职工和社区全部工作人员建立了公积金制度。自湖州在全国、全省率先开展住房公积金制度扩面工作以来，已有5000多家非公企业、12万名职工参加了公积金制度。2009年的制度扩面工作主要表现为四个特点：一是围绕中心。2009年，市委、市政府在确定“百件实事惠民生”中，把公积金制度扩面作为其中一项重要内容。围绕这一中心工作，市中心积极制订工作计划，切实落实工作措施，做到分步推进、圆满完成了工作目标任务。二是重点明确。在统筹考虑经济形势和企业生产经营状况的前提下，把具备条件的规模以上工业企业、第三产业的相关企业员工和单位、机关事业单位非在编人员、新就业大学生和引进人才，作为扩面工作的重点对象。三是措施到位。为协调好抓扩面与扶企业的关系，在开展工作的过程中，既掌握节奏和工作力度，又在有条件的单位积极推进。行政推动力度进一步加强，乡镇在制度扩面工作中的主体作用进一步发挥，法规政策宣传更注重实效，扩面工作长效机制基本形成。加大对归集单位缴存的催收力度，实现了归集催缴的经常化和制度化，确保归集每月及时、足额到账。四是积极创新。开展住房公积金制度支持农村住房改造建设的调研工作，初步形成了操作办法。探索建立湖州市住房公积金缴存托管中心，为个体工商户、自由职业者和其他灵活就业人员缴交住房公积金、解决住房困难搭建起平台。

【规范化管理】 结合开展专项治理，加强住房公积金监管工作，重点抓好五个方面的工作。一是抓完善制度。为适应住房公积金管理工作的发展，对贯彻实施已经五年的《湖州市住房公积金管理办法》和归集、提取、贷款管理三个实施细则进行了修改完善。二是抓重点环节。抓好住房公积金贷款本息归还“月月清”工作，在创造10年年末无逾期贷款记录的基础上，2009年年底全市除两笔贷款进入司法程序外，再次实现了“零”逾期。安吉分中心创下了连续10年月末公积金贷款，本息足额回收、贷款风险始终为“零”的记录；加强账户管理，进一步健全存储资金、大额资金调度审批和管理制度；在严格常规审核的同时，重点健全了征信平台查询制度；严格提取风险防范，对缴存与贷款地分别在三县和南浔区的缴存人，办理转移缴存和提取还贷业务时，做到笔笔登记，笔笔跟踪；进一步加强档案管理，按照省住房公积金档案管理规范，集中精力进行规范整理，11月，市中心档案目标管理工作顺利通过省一级认定。三是抓资金安全大检查和基础数据大清理。8月上、中旬，组织全市住房公积金资金安全大检查，按照6个大类77个小项的要求，逐项进行检查，并进行认真整改。同时，组织对全市住房公积金缴存单位信息、缴存职工信息、未还清的个人贷款信息、开发公司信息和楼盘信息等基础数据进行了大清理。通过提高基础信息质量，加强了基础管理工作。四是抓稽核内审。坚持每月抽取20%业务资料进行审查，截至12月底，共审查业务资料19800笔，及时发现政策和操作上的漏洞，有效防范了潜在风险。五是抓年度调整、验审。2009年全市统一部署了年度调整、验审。全市完成年度调整和验审的单位共6355家，职工160854人，占全部缴存单位和缴存职工人数的93.85%和97.07%。年度调整、验审采取了“两变、两不变”的办法，即对机关事业单位和有条件的企业缴存在规定范围内提高，时间从1月开始调整，这是“两变”；对暂时困难企业的缴存额和缴存标准采取了“两不变”，同时简化了审批手续。通过“两变”的调整，进一步规范了缴存政策、缴存量和管理水平都得到了提高。

【提升服务水平】 2009年，全市公积金管理系统深入开展以“服务发展、服务民生、服务企业、让人民群众满意”为主题的“提升服务年”活动。在深化完善政务公开、服务承诺、首问责任、限时办结等服务制度的同时，启动了公积金工行联网系统项目，公积金的提取和还贷手续更加安全、方便、快捷；坚持周六上午对外办理业务，全年周六上午共接待客户900多人；市中心先后设立了公积金年度调整、经济适用房贷款受理、“按月冲还贷”和贷款贴息四个业务专柜，德清分中心精心制作了“便民服务卡”，方便群众办理业务；市中心和县区都积极整合大厅“窗口”的服务功能，推出综合柜员制和业务办理叫号系统，为职工办理业务节约了时间、提供了方便；做好上门服务和批量服务，共上门服务56次，市中心组织人员加班对华源天昌、达昌两家单位1300多名职工的缴存账户进行批量核对和办理补缴。南浔管理部8年来，坚持每月6天分别派专人在菱湖、双林两镇定期集中办理业务。市中心以公积金缴存使用为纽带，牵头召开吴兴区城北片开发企业与缴存企业联谊会，为服务企业、推进公积金缴存使用作了新的探索。市中心开展开发企业售楼人员业务培训共12次，受到了开发企业和贷款职工的好评。通过不断提高服务质量和服务水平，群众满意率不断提高，中心形象得到提升。

（张银荣　杨　菁）

交　通

·综述·

【概况】　2009年，湖州交通紧紧围绕“保增长、抓转型、增活力、重民生、促和谐、强保障”这一主线，按照科学发展观，不断推进现代化大路网、大港口、大物流建设，全力实施《湖州市2007～2012年交通建设与管理工作实施纲要》，顺利完成了年初确定的各项目标任务。

一、交通建设投资。全年湖州市交通基础设施建设完成投资73.48亿元，超年度计划50亿元的47%，创历史新高。全年共组织实施29个建设项目。其中，2项高速公路工程，完成投资13.7亿元，申嘉湖杭高速公路练杭段顺利建成；宁杭铁路工程，完成投资27亿元；长湖申航道工程，完成投资4.14亿元；318国道李家巷至浙皖界牌段改建、09省道秋山互通至乾元段改建等16项干线公路工程，完成投资17.45亿元；农村联网公路等5项农村公路完善工程，完成投资7.47亿元；太湖搜救中心等3项配套设施工程，完成投资1.53亿元；港口建设，完成投资2.2亿元。

二、现代化物流发展。2009年编制完成了《湖州市物流基地布局规划》，按照“三园六中心”的规划布局，大力推进物流基础设施建设，占地1500亩、计划总投资6亿元的西塞港物流园区规划通过多部门联合初审；占地3750亩、计划总投资31亿元的德清临杭物流园区被列入省级重点扶持物流基地，完成投资1.65亿元；占地2555亩、计划总投资23.17亿元的长兴综合物流园区被列为省运管局与长兴县政府共建项目，完成投资1.48亿元，主体工程已投入试运行；南浔、吴兴和织里三个物流中心正在抓紧建设，浙江令通、德清升大等一批大中型物流码头建成并投入使用。进一步加大龙头企业培育力度，向省申报了祥瑞物流、鑫达物流和广和物流3个物流龙头企业扶持项目，市本级第一批186万元和省交通运输厅670万元专项扶持资金拨付到位。积极推动第三方物流外包服务，华安物流与美欣达、泰仑、人本等集团公司，一通物流与香飘飘食品、欧美环境等大中型企业分别签订协议，开展外包合作。城乡物流配送体系和小件快运发展迅速，全市共建成乡镇配送中心1个、农村客货运一体站10个、农村配送网点站145个，其中长兴县16个乡镇配送网点覆盖率达100%。安吉县交通、邮政两部门还联合开通6条直线物流配送线路，开创了农村物流综合服务新模式。

三、内河大港建设。依托湖州内河航道众多、水运相对发达的优势，加强规划引导、深化港口整治、加快码头建设，整合资源、优化配置，全面提升港口码头的综合服务能力。深入贯彻实施《湖州港总体规划》和《湖州港总体规划实施意见》，对外公布了《湖州港港口章程》，编制完成了《湖州港岸线利用发展规划》，进一步加强港口岸线管理，规范经营行为，强化安全监管。继续加大港口整治力度，稳步扎实推进资源整合工作，全年共关闭22座与规划要求和建设规范不符的码头。努力加快港口码头建设，全年新建、改建码头泊位25个，建成15个。至2009年底，全市拥有港口企业460家，码头总延长61142米，泊位数1152个，最大靠泊能力1000吨级，年通过能力1.37亿吨、15万标箱。湖州港全年完成货物吞吐量14945万吨，跃居我国内河亿吨大港第二位。

四、道路客运服务。以道路公共客运为重点，不断改进服务、拓宽服务、提升服务，努力满足人民群众日益提高的出行需求。全力推动湖州至长三角25个地级以上城市道路客运无盲点工作，与苏州签订了线路改造协议，与上海的线路改造也达成初步意向，与淮安、宿迁的线路改造已进入申报许可阶段。坚持统筹区域交通、城乡交通协调发展，不断深化城乡公交一体化建设，顺利开通湖州中心城区与三县城际公交。继续优化客运班线，适时调整部分线路走向与时间，较好地解决群众乘车难问题。积极探索农村客运新模式，在吴兴区妙西镇试点开通乡村区域小巴。同时在公共客运行业广泛开展“文明伴我行”等活动，有效促进服务质量提升。

五、农村公路管养。为不断完善农村公路管理养护机制，巩固建设成果，促进农村公路事业可持续发展，在2008年出台《湖州市农村公路管理养护体制改革实施意见》和《湖州市农村公路养护与管理办法》的基础上，制定出台《湖州市农村公路管理养护检查考核办法(试行)》，进一步明确检查、考评、奖惩措施，并着手编制预防性养护技术指导手册，健全制度体系。按照“统一领导、分级管理、以县为主、乡村尽责”的原则，突出各级政府主体地位，全面落实管养责任，部分乡镇已建立农村公路养护管理站，市本级县道全部委托县级公路管理机构管养。公共财政支持力度加大，农村公路管理养护资金被纳入各级政府年度预算。同时积极采取集中培训、专题讲座、现场观摩、赴校专修等形式，大力加强养护专业技能培训，全市农村公路管理养护队伍业务水平得到进一步提升。

六、生态环保建设。自觉强化科学发展意识，主动转变交通发展方式，全力推进资源节约型、环境友好型交通建设。认真制定《2009年循环经济与节能减排主要工作任务分解》，明确各行业年度节能减排目标，落实具体措施。大力倡导生态建设，广泛应用“四新”技术，长湖申航道改造工程在全省内河航道建设中率先使用生态型混凝土草坪护岸技术，有效保护了沿线生态环境，12月，省交通运输厅、环保厅专门在湖州市召开现场会，推广这一做法。湖盐公路大中修工程首次采用泡沫沥青及半刚性基层再生技术，成功地实现废弃料循环再利用。继续优化运力结构，分批淘汰高能耗、高排放运力工具，提高车、船营运效率。至年底，全市共有915辆出租车完成了“双燃料”技术改造，厢式化、重型化、专业化货车占比上升到40.9%，船舶标准化率达到87.4%，其中，所有新建船舶均实现标准化。积极推广节能环保型教具，全市各驾校驾培模拟器使用率达100%。着力抓好维修行业“五废”回收工作，市本级92家维修企业全部签订“五废”回收协议，废水、废气排放量较上一年下降20%。

七、安保维稳形势。坚持预防为主，严格落实责任，不断完善措施，力保全行业安全稳定。定期分析安全生产形势，扎实开展“安全质量年活动”、“安全生产三项行动”，突出道路客运和危险化学品运输、水上交通安全、在建工程、病害桥梁、危险路段等，组织专项检查，消除安全隐患。严密组织中小学生安全接送和春运、清明、五一、端午、中高考、国庆等特定时期交通运输工作，做到运输通畅、安全有序。不断完善应急预案，提高应对能力，出色完成甲型H1N1流感防控、国庆六十周年安保维稳等应急任务。尤其是台风“莫拉克”影响期间，周密安排组织各项保障工作，8000余艘船舶、2万余名船民滞留航区12天，未发生一起群体性事件和安全事故，得到了省、市政府和省交通运输厅的高度肯定。

八、学习实践活动。以“转变交通发展方式、推进交通三大建设，加快构建现代化综合交通运输体系”为实践载体，紧密结合交通工作实际，扎实开展深入学习实践科学发展观活动。着眼于推进民生交通建设，制定出台了2009年发展民生交通服务社会主义新农村建设的工作意见和服务企业促发展的指导意见。圆满完成了湖州市委、市政府下达的2009年度交通惠民项目，其中，一般县、乡公路完成投资2.43亿元，超年度计划279%；建成农村联网公路424公里，完成投资2.9亿元，超年度计划130%；加固改造完成82座桥梁，完成投资6600万元，超年度计划32%；安全设施完善工程完成投资4183万元，超年度计划318%；农村公路大中修完成投资1.06亿元，为年度计划100%。农村公路指路体系建设研究和试点走在全省前列，在全省率先实现市、县际公交客运全覆盖。组织了公共交通转型提升、港航强市建设和现代物流发展等八项全局性重大课题调研。针对交通基础设施建设资金需求大、融资难的矛盾，转变理念、拓宽渠道、创新办法，成功发行30亿元企业债券，并通过银团重组调整了10亿元贷款期限，有效缓解建设资金短缺问题，保障各项重点建设项目顺利推进。通过学习实践活动，不断强化为党工作、为民服务的理想信念，加强干部职工的思想政治教育，深入推进党风廉政建设，努力提升队伍建设水平，为湖州交通事业发展提供了精神动力和智力支持。

【公路和航道等基础设施建设】

一、高速公路建设。1. 申嘉湖杭高速公路练杭段工程进入扫尾阶段。工程全长51公里，其中湖州境内29.6公里，计划投资23.3亿元，2006年10月开工建设。截至12月底，累计完成投资22.67亿元，占总投资的97%，其中2009年完成投资8.2亿元，整个工程进入扫尾及交工检测和验收阶段。2. 杭长高速公路二期（杭州至安城）累计完成投资8.5亿元。项目全长66.72公里，其中湖州境内24.445公里（含一期1.88公里），概算投资20.12亿元（含一期0.79亿元），建设工期为40个月。2008年12月18日举行开工典礼。3月25日，杭长高速公路二期工程安吉段正式破土动工，截至12月底，累计完成投资8.5亿元，占总投资的42%，其中2009年度完成投资5.5亿元。3. 申嘉湖高速公路浙沪全线贯通。申嘉湖高速公路湖州段2008年1月28日投入试运营，但与上海未能连通。2009年3月1日，上海段应急通道开通，该高速公路“断头”状况结束。12月31日，与申嘉湖高速公路对接，通往上海浦东机场的上海S32高速公路正式开通营运。至此，申嘉湖高速公路浙沪全线贯通，成为浙江省西北部直通上海及浦东机场最便捷的快速通道。

二、国、省道及重要县级公路建设。1. 318国道李家巷——界牌段改建工程“二改一”获准。11月3日，318国道长兴段改建工程技术等级调整获省发改委批准。318国道长兴段日均交通量近1.5万辆，为满足交通量快速增长的需要，并更好地与安徽省境内段（计划按一级公路技术标准改造）衔接，省发改委同意318国道长兴段改建工程技术等级从原设计的二级公路调整为一级公路。工程起点位于长兴李家巷（与104国道相接），由东向西经吕山、虹星桥、林城、天平桥、泗安，终点为浙皖两省交界处的界牌，路线全长43公里，设计时速80公里，路基宽24.5米，桥涵设计汽车荷载等级为公路1级。项目概算投资11.8亿，其中由省交通厅补助4.5亿，其余资金由长兴县政府负责筹措。工程于2008年正式开工，2009年完成投资3.325亿元，计划2011年建成通车。2. 104国道长兴段过境段经三线北延工程开工。104国道长兴段过境段改造工程全长10公里，按六车道一级公路标准设计建设，设计速度100公里/小时，概算投资3.33亿元，计划2011年建成。其中，经三线建成于2006年，长约4公里；经三线南延工程于2008年12月完工，长1.92公里；经三线北延工程于12月1日开工建设，全长4.2公里，年内完成投资7150万元。3. 09省道杭宁高速公路秋山互通至乾元段开工。工程全长8.5公里，按六车道一级公路标准设计建设，兼顾城市道路功能，设计行车速度为80公里/小时，路基宽39米，概算投资4.58亿元。12月31日开工，前期完成投资1.2亿元。4. 新市至五杭公路改建工程完工。线路位于德清县境，工程全长12.6公里，按二级公路标准设计建设，概算投资2.13亿元。至12月底，工程完工待验收。5. 下跨塘至仁和公路改建工程完工。线路位于德清县境，工程全长16.2公里，按二级公路标准设计建设，概算投资1.2亿元。截至12月底，工程完工待验收。6. 小浦至槐坎公路改建工程开工。线路位于长兴县境内，全长17.02公里，按二级公路标准设计建设，路基宽12米，概算投资2.0亿元，7月6日开工建设，计划2011年建成。截至12月底，累计完成投资1896万元。7. 长兴至吕山公路开工。线路位于长兴县境，9月1日开工建设，工程按一级公路标准实施，全长7.61公里，计划总投资2.62亿元，年内完成投资2230万元。8. 长兴至洪桥公路东延工程开工。线路位于长兴县境，9月1日开工建设，工程按一级公路标准实施，全长10.832公里，与环太湖大道相连，计划总投资4.36亿元，年内完成投资2920万元。

三、农村公路完善工程。1. 湖州市农村公路完善工程超计划完成。2009年，湖州市农村公路完善工程完成建设投资7.47亿元，为年度计划的199%。其中，一般县、乡公路改建完成投资2.43亿元，为年度计划的279%；农村联网公路完成424公里，完成投资2.9亿元，为年投资计划的130%；桥梁加固改造完成82座，完成投资6600万元，为年投资计划的32%；安全设施完善工程完成166公里，完成投资4183万元，为年投资计划的318%；农村公路大中修完成投资10634万元，占年度计划投资的100%。2. 湖州市农村公路管理养护检查考核办法正式出台。7月3日，《湖州市农村公路管理养护检查考核办法（试行）》正式出台。该《办法》的实施将有力地推动湖州农村公路管理养护工作走上正常化、规范化和制度化轨道。该《办法》共分七章三十四条，考核以县（区）为单位按千分制进行，主要考核内容包括：综合管理、计划管理、资金管理、养护管理、路政管理等五个方面。同时该《办法》还制定了检查考核评分表，就考核条款、计分标准等作了科学而详尽的规定，细化了考核内容，明确了考核标准。3. 湖州市农村联网公路建设规划（2008～2012）获准。12月25日，省交通运输厅批复《湖州市农村联网公路建设规划（2008～2012）》，同意2008年～2012年湖州市规划建设里程1503公里，2013年～2015年规划建设里程704公里。

四、水运基础设施建设。至2009年底，全市拥有京杭运河、长湖申线、杭湖锡线、东宗线和湖嘉申线5条主干线航道，梅湖线、武新线、东苕溪线、泗湖线、李湖线等5条重要支线航道。通航里程1171.5公里，其中等级航道687.3公里，等外航道484.2公里。在等级航道中，三级航道43.2公里、四级航道241.5公里，五级航道94.6公里，六级航道192.5公里，七级航道115.4公里。2009年末，全市拥有港口企业460家，码头总延长61142米，泊位数1152个，最大靠泊能力1000吨级，年通过能力1.37亿吨、15万标箱。公用码头仅占18%。专业化泊位仍然偏少，煤炭泊位、成品油泊位、液体化工泊位、木材泊位、粮食泊位和集装箱泊位分别为115个、91个、22个、21个、19个和2个，仅占总泊位数的23%。靠泊能力达1000吨级、500吨级和300吨级的泊位数分别为4个、356个和385个。现有码头大部分是2000年以前建造的，2004年1月1日《中华人民共和国港口法》颁布实施后至2009年末，全市新建、改建、扩建的码头泊位累计191个。1. 长湖申线（浙江段）航道扩建工程进展顺利。工程全长77.7公里，其中三级航道62.58公里，四级航道15.11公里，计划总投资18.59亿元。2008年7月29日开工建设，建设工期为5年。截至12月底，累计完成投资8.26亿元（湖州43931万元、长兴38649万元），占总投资的44%，2009年度完成投资4.14亿元（湖州22031万元、长兴19350万元），超年度计划4亿元的4%。长湖申航道扩建工程长兴县境陆上新开挖航道于1月正式动工，新开挖航道为帅家村至大树下段，全长9.13公里，涉及雉城镇等5个行政村。新开挖航道按通行500吨级船舶（四级航道标准）设计。2. 太湖搜救中心主体工程建成。10月30日，湖州市太湖水上搜救中心主体工程顺利结顶。太湖水上搜救中心位于太湖南岸太湖旅游度假区长兜港西侧，占地13418平方米，总建筑面积9991平方米，其中指挥大楼建筑面积9966平方米（地面建筑8957平方米、地下室1009平方米）；建筑楼层地上5层，地下1层；项目计划投资5000万元，该工程年内基本完成。中心建成后可与苏州、无锡两个太湖水上搜救中心形成三角态势服务于整个太湖水域，实现信息互通、联防共管、就近抢险救助，水上应急快速反应和搜救能力将明显提高。3. 长湖申线南林大桥顶升创国内三项记录。12月13日下午14时，长湖申线南林大桥完成顶升，13000吨的大桥成功增高3米，创造了国内桥梁整体同步顶升跨度最长、高度最高、重量最重三项新记录。横跨长湖申线航道的南林大桥建于1997年，此次采用桥梁顶升技术进行改造，桥梁通航净高从原来的4米提升至7米，可避免拆除重建造成的资源浪费，最大限度地减少施工对周边交通及环境影响。南林大桥全长468米，主桥有3跨，单跨最大60米，上下引桥分开呈Y字形匝道，整体抬升的控制难度很大。顶升工程首次采用3套PLC液压同步顶升控制系统，21台液压泵房，164台千斤顶同时发力，每个千斤顶最大承重力200吨。南林大桥于11月26日完成桥墩切割正式进入实质性顶升阶段。整个顶升由电脑控制，每分钟顶升控制在2毫米，一天最多30厘米。南林大桥抬升到位之后，随即进行加接桥墩柱、铺设两端引桥路面等设施建设，2009年底恢复正常通车。4. 湖嘉申线湖州段航道扩建工程通过竣工验收。12月28日，湖嘉申线湖州段航道扩建工程通过竣工验收，质量评定为优良。湖嘉申线湖州段是浙江省内河首条按三级通航标准进行改造的1000吨级航道，也是长三角地区水运网络规划中的集装箱疏运通道，被交通运输部确定为全国内河水运建设示范工程项目。工程于2005年1月开工建设，2007年12月基本完工，并通过交工验收。投入试运行后较好地强化了航道网络作用，有效地缓解了长湖申线通航压力。5. "四自"航道妙湖线通过竣工验收。2月11日，湖州市首条"四自"航道妙湖线航道改造工程建设项目通过省发改委、交通厅组织的竣工验收。妙湖线航道改造工程，全长8.6公里，实际改造6.35公里，按五级标准改造，设计最高通航水位3.8米，最低通航水位2.5米。工程于2004年6月3日开工，2006年8月30日完工，2006年9月通过交工验收并投入运行。6. 长兴捷通物流有限公司码头扩建工程开工。5月18日，市级重点龙头企业——浙江长兴捷通物流有限公司码头扩建工程举行开工奠基仪式。项目计划总投资2.35亿元，新征土地195亩，建设周期18个月。7. 湖州升大物流码头投入运行。8月，湖州升大物流码头正式投入运行。码头位于德清县与桐乡市交界处，2007年开始筹建，计划总投资8000万元，占地120亩，设计年吞吐量400万吨。码头拥有10个、7米深的内河深港式1000吨级泊位，拥有可提供钢材板材裁切、加工服务的仓储中心。建筑面积8200平方米，可为经营户提供办公、住宿、餐饮服务的综合大楼已经建成。据预测，3年后码头年货物进出量将达10亿元。

五、站场（物流基地）建设。截至2009年底，湖州市共拥有道路客运站1532个，其中一级站1个，二级站5个，三级站13个，四级、准四级站19个，港湾式停靠站1494个；全市在建或已建成一定规模的货运场站共13个，其中物流园区3个，大中型货运集散中心10个；经许可经营的小型货运配载站、仓储点共138个；城乡物流配送客货运一体站和网络站共155个。1. 湖州德清临杭物流园区被列入省重点扶持物流基地。8月11日，省交通厅批复同意德清临杭物流园区列入省重点扶持物流基地。德清临杭物流基地位于德清县雷甸镇，园区总面积3750亩，分三期开发建设，其中一期已建成项目3个，占地435亩，二期1500亩，三期1815亩。规划至2015年全部建成，计划园区总投资42亿元，其中政府基础设施与公共平台项目投资9.8亿元，引进经营性项目投资32.2亿元。2. 省、县共建长兴综合物流园区。8月25日，省运管局与湖州市长兴县政府签订长兴综合物流园区共建协议，合力打造浙北高品质综合物流园区。长兴综合物流园区位于长兴县东南方向，园区规划总占地面积2555.2亩，总投资23.16亿元，分A、B、C三区开发。A区于2008年10月开工，主要功能为零担配载中心、仓储加工中心、综合服务中心和信息中心，待建的B区与C区，分别为"商贸物流区"和"汽贸中心"。根据协议，省运管局主要负责项目建设工作指导、技术咨询、政策扶持、资金补助；长兴县政府具体负责项目建设、管理工作和做好项目的资金筹集、规划设计、土地征用、政策处理等工作。3. 湖州市城乡一体化货运配送网络建设继续推进。截至12月底，湖州市已建成乡镇配送中心1个、农村客货运一体站10个、农村配送网点站145个，其中长兴县16个乡镇已全部完成设点工作。安吉县交通、邮政两部门联合启动共建城乡配送网络项目，在原有2条邮路的基础上，增开了4条直线物流配送线路，形成新型农村物流综合服务模式。

六、宁杭铁路建设。1. 宁杭客运专线湖州段正式开工建设。4月1日，宁杭客运专线NHZQ－3标开工动员大会在湖州隧道出口处举行，标志着宁杭客运专线湖州段正式开工建设。宁杭铁路是经国家发改委批准建设的客运专线，是国家铁路快速客运网的重要组成部分。铁路等级设计为I级电化双线，设计时速350公里/小时，起自南京南站，经溧阳、宜兴、长兴、湖州、德清、余杭，终于杭州东站，全长248.963公里，共设南京南、湖州南、德清和杭州东等11座车站，项目概算总投资297.8亿元，建设工期三年。其中湖州市境内段长77.5公里，概算投资约84亿元，计划2011年建成。年内完成投资27亿元，为年度计划的159%。其中湖州市境德清段工程全长16.1公里，总投资约25.7亿元，年内完成投资5.5亿元，为年计划的143.6%。2. 铁路湖州南站站前配套工程建设启动。7月1日，铁路湖州南站站前配套工程可行性研究报告获湖州市发改委批复。站前配套工程总用地面积30万平方米。其中站前广场3万平方米，城乡公交站11万平方米，综合业务用地5.2万平方米，道路、桥梁、绿化及水泵等用地10.8万平方米。项目概算总投资为6.55亿元。配套工程概念设计已完成，站前路工程初步设计基本完成，建设用地报批资料已上报省国土厅，拆迁工作全面启动，房屋拆迁签约基本完成，年内完成前期工作费用4000万元。由于合杭铁路引入等原因，整个项目暂停建设待调整。

【工程质量管理】 2009年，湖州市交通工程质监部门共组织公路水运工程竣（交）工质量鉴定（交工检测）项目34个，其中交工质量检测项目4个，交、竣工合并项目29个，竣工质量鉴定项目1个。其中造价500万元以上的公路工程和100万元以上的水运工程竣、交工质量鉴定合格30个，其中优良工程25个，优良率为83.3%。市交通工程质监部门全年共抽检钢筋、水泥、沥青、砂石、支座等各类原材料、常用产品4批次。检测路基弯沉15190点，压实度170点；路面弯沉、厚度、平整度1489车道公里，压实度380点，基层取芯256处；结构物水泥砼强度11700测区；

路基、路面、桥梁、交安等工程结构尺寸18280点，为工程交工质量检测和竣工质量鉴定工作提供了充分的实体质量数据。

【客货运输生产】 1. 公路运输：2009年全市完成旅客运输量9735.4万人，旅客周转量32.42亿人公里；分别比上年同期增长4%和6.2%。2009年末，全市共有客运班线618条（不包括城内公交），日发班次11978次，比上年客运线路增加16条，日发班次增加141班次。2009年在全省率先实现市县际公交化客运全覆盖，并开通首条跨市（安吉至杭州）公交班线。2009年末全市道路客运经营户215户，其中，班线客运19户，包车（旅游）客运6户，出租客运198户，其他（公交）3户。客运经营户比上年减少4户。2009年全市完成货物运输量6331万吨，货物周转量32.91亿吨公里，分别比上年增长3.1%和8.2%。2. 水路运输：2009年完成旅客运输量16.8万人次，旅客运输周转量86.2万人公里，分别比上年增长193.2%和152%。水上旅客运输主要以市境内旅游区，水上旅游观光为主。2009年全市完成水路货运量10021万吨、货物周转量154.7亿吨公里，分别比上年增长2.1%和6.1%，占全市公路、水路总货运量和货物周转量的比重分别由上年的59.1%和82.3%提高到本年度的61.3%和82.5%。矿物性建筑材料、水泥、非金属矿石三大货种依然是湖州市水路货物运输的主要货种，其发送量占总发送量的90%以上。2009年湖州港吞吐量首破亿吨，全年完成货物吞吐量14945万吨，其中出港12127万吨、进港2818万吨，排名全国内河港口第二位，仅次于苏州港。依据《湖州港总体规划》，湖州港吞吐量统计范围从1月起，包括吴兴、南浔、长兴、德清、安吉和太湖旅游六大港区。3. 公路水路运力结构进一步改善。2009年末，全市拥有营业性载客汽车3403辆、67896客位，拥有营业性载货汽车12314辆、55159吨位。全市大型班线客车比重达到59%，列全省第一，比2008年提高2个百分点；中、高级客车（不包括出租车）比重达到74%，比2008年提高1个百分点。重型车、厢式车、专用车比例达到40.9%，比上年增长7%，其中厢式车增加217辆，牵引车增加142辆、挂车增加132辆，集装箱车增加17辆，运输能力进一步提高。2009年，全市拥有本港注册船舶5008艘（包括：客船27艘、拖船42艘）、114.21万载重吨，单船平均吨位达231吨，比2008年底提升12个百分点，创历史新高。年内全市新增本港注册运输船舶458艘，18.22万吨。随着航道等级不断提升，大吨位船舶数量增加，全市拥有200吨级以上船舶2569艘、84.10万载重吨，约占船舶总量的51.30%和73.64%。在册船舶平均船龄缩至7.1年，技术状况不断提升。

【运输安全生产管理】 1. 湖州市率先启动农村公路指路体系建设。2009年，湖州市公路管理部门组织全市标志标线管理人员，赴同济大学接受交通安全设施管理业务培训，提升规范化管理意识，强化标志标线现场管理。完成了普通公路指向国家高速公路指路标志的统一命名及调整工作，并在全省率先启动农村公路指路体系建设，编制完成了全市农村公路指路体系建设方案，顺利完成了在德清庾烂线、递筏线和安吉王孔线的试点工作。2. 全力保障水上交通安全形势平稳。2009年，湖州市港航管理部门以深化平安航区创建为契机，全面落实安全生产责任制，有重点地开展船舶安全隐患排查，加大对严重超载船舶处罚，不断完善危险品船舶动态报告和申报制度，全面实施港口危险货物装卸作业资质认可，积极推行重点危险品码头视频监控，进一步健全环太湖船舶运输安全联动机制，全年封航70次、1426小时，有效保障南太湖水域航行平安。全市全年共受理水上交通事故464起，死亡4人，沉船6艘，经济损失134.38万元，四项指标同比分别下降1.3%、上升33.3%、下降53.8%和下降29.2%。3. 受台风“莫拉克”影响，湖州船闸关闭12天。8月18日，副省长王建满率省交通厅、省水利厅、省港航局等部门领导视察湖州航区船舶滞留情况。由于受台风“莫拉克”影响，湖州船闸自8月7日17时30分关闭后，航区滞留船舶陆续达到8000余艘、船民3万余人，严重影响水上交通运输、船民基本生产生活以及湖州市和周边地区经济正常运行。8月19日，随着水位开始下降，湖州船闸于上午9时开始放行上行空船，至8月22日上午8时，湖州航区滞留船舶全部放空，长湖申线、湖嘉申线、东宗线、杭湖锡线主干线通航基本恢复正常。4. 湖州建成65个“电子眼”覆盖全航区重要航段。12月17日，湖州航区新建航道视频监控点工程通过验收。新建航道视频监控点29个，加上前期已竣工的长湖申线、湖嘉申线、乾元市河等航道视频监控工程，共有65个“电子眼”覆盖全航区各重要航段。“电子眼”在水上交通指挥、事故纠纷处理等管理工作中发挥良好作用，可大大提高湖州航区水上交通安全保障能力。

【交通环保】 1. 湖州“双燃料”出租车比率位居全省第一。2009年，湖州市客运出租车“双燃料”汽车动力改装技术被省交通运输厅列为首批节能减排示范项目。该项工作于2005年启动，2009年底，湖州市已完成“双燃料”动力技术改装或更新出租车915辆，占出租车总数的60.8%。天然气出租车比例位居全省第一。4月，湖州市出租车行业作为浙江典型参加全国节能减排经验研讨会。2. 湖州市出台交通运输节能减排专项行动计划。12月22日，湖州市交通局出台《湖州市交通运输节能减排专项行动计划（2009～2012年）的通知》，要求在全市范围内组织开展“道路运输结构优化”、“水路运输结构优化”、“港口技术设施改造”、“废旧沥青再生利用”、“隧道照明技术改造”和“驾培设施技术改造”六项专项行动。3. 长湖申线航道扩建工程引进生态护岸专利技术。2009年长湖申线航道扩建工程引进生态混凝土草坪护岸专利技术，应用于湖州市河绿色生态挡墙护岸。该类型护岸是在箱体内混凝土孔隙内填充复合保水长效营养材料，为植物提供生长环境，如同在土地上一样可种植，既能使坚硬的混凝土里长出花草，又能为小鱼小虾水生物繁衍提供空间，维护水生态链，增强航道自我净化能力。此项技术的应用在浙江省水运建设工程中尚属首次。

【交通行政执法】 1. 湖州市交通局下放多项管理权限。根据湖州市委、市政府有关扩权强县改革的部署，3月27日，市交通局以湖交〔2009〕70号文件对涉及交通部门的多项放权事项进行了布置。其中县道改建工程和公路建设项目交付使用许可两项减少审批层级，由县交通局初审后直接上报省交通厅审批或许可；原由市级部门审批和许可的危险货物运输车辆年审、危险货运经营许可（包括非经营性危险货物）、公路用地林木砍伐许可（除高速公路外）、禁令标志的增设或变更（除高速公路外）、公路用地内非公路标志牌设置许可（除高速公路外）和出租车驾驶员客运资格证等六项直接由县级相关部门审批；车辆养路费报停延长到6个月、养路费滞纳金减免二个审批事项因燃油税改革已不复存在。2. 全省首个县级“96266”公路指挥中心在安吉建成。2009年，湖州市安吉县公路管理部门投入70万余元，在全省率先成立首家县级“96266”公路信息指挥中心，集公路咨询、救助、投诉、举报为一体，并接入道路监控视频信号，对县域内公路干线及主要县道、旅游公路节点实行全天候监控。3. 公路运输车载动态监控系统正式投入运行。湖州市运管处研发的车载动态监控系统于7月正式投入运行。装有该系统的执法车辆一经启动，监控系统便同步工作，实时记录监视执法车内外状况的图像和摄像机的地点、时间提示与标识，完成摄像取证、网上登记查询等不超过1分钟，大大提高了行政执法效率。4. 加强执法工作的社会监督。系统内各单位通过聘请行风监督员、自觉接受人大代表、政协委员和人民群众的监督。市公管处开通了“96266”投诉服务电话，市运管处开通了“96520”投诉服务电话，市港航局开通了“12395”投诉报警服务电话，所有电话都实行24小时接听，随时接受投诉举报。

【交通科技】 1. 申嘉湖杭高速公路练杭段应用新科技破解路基沉降难题。7月26日，气泡混合轻质土成功应用于申嘉湖杭高速公路练杭段软基处理。该项新技术工艺便捷、强度高、重量轻、成本低、耐久性好，能有效解决路基沉降不稳定的问题，在全省公路建设上是首次应用。气泡混合轻质土（英文简称FCB）是指将水泥、水、细粒的砂或砂性土（可以不用）和气泡按一定比例，经充分混合、搅拌并最终凝固成型的一种轻型填筑材料。2. 湖州积极推广应用公路建设新技术、新工艺。2009年，湖州市公路管理处继续推广应用“橡胶沥青应力吸收层”、“短切玄武岩纤维砼”和“共振破板”等多项新技术、新工艺，其中“泡沫沥青就地冷再生”工艺是将旧沥青路面沥青混合料经过加工和处理，变成一种新的沥青路面混合料，重新铺筑为新的路面，能有效降低建设成本，环保效益明显。3. 重载条件下沥青路面的设计方法及设计指标分析研究成果通过鉴定。该研究项目于12月通过鉴定。专家认为，研究有独到见解，具有系统性、完整性和实用性。项目重点分析重载条件下不同沥青路面结构的力学响应及其应力应变规律，剖析了重载条件下沥青路面的破坏机理。通过室内车辙试验及实体工程验证，建立了基于车辙试验的沥青层永久变形预估模型，并提出了基于厚度分层容许永久变形检验的车辙控制方法。研究成果已在318国道交叉口路面结构设计中得到应用。4. 港航ASM一体化终端机研究和水路运输经营者综合管理系统两个科技项目通过验收。8月26日，湖州港航局承担的“港航ASM一体化终端机研究”和“水路运输经营者综合管理系统”两个科技项目通过省交通厅组织的项目验收。项目研究成果不仅可以提高港航一线稽征管理的工作效能，还能方便船户（代扣代缴船户），为其提供全天候自助服务，为港航稽征服务模式的完善提供了良好的技术手段和支撑。该软件于2008年12月开始在湖州港航局正式启用，应用状况良好。5. 湖州德清成功开发以石油液化气为燃料的新型能源游船。10月，湖州市德清县洛洋游艇制造有限公司成功开发以石油液化气为燃料的新型能源游船。以石油液化气为燃料的新型能源游船，动力性能好，航速快，在行驶过程中动力部分的污染排放量为零，达到真正环保节能，具有很大推广应用价值和市场销售潜力。

（沈莉莉）

·公路管理·

【工程建设】 2009年，公路重点工程完成投资8980万元，完成年度计划的110%。其中完工工程3项，完成投资1530万元，即：环渚互通立交亮化工程、申苏浙皖高速连接线景观改造工程和织菱公路廿五里牌大桥至新兴港段改建工程；在建工程3项，双新公路改建工程完成投资3100万元，墙莫公路改建工程完成投资4200万元，湖薛公路大钱桥改建工程完成投资150万元。2008年跨年度干线公路路面大中修工程：全市计划实施3个项目、18.576公里，全部完工并通过质量鉴定和验收，完成投资4390万元。2008年跨年度冰雪灾后公路路面改造工程：全市计划实施6个项目、39.3公里，全部完工并通过质量鉴定和验收，合格率100%，优良率85.7%，完成投资5810万元。2009年干线公路路面大中修工程：全市计划实施12个项目、71.04公里，除104国道湖州南大门4.1公里省公路管理局批复为分年度实施外，其余工程全部完工并通过质量鉴定和验收，合格率100%，优良率81.8%，完成投资13787万元。2009年危病桥梁修复改造工程：全市计划实施116座桥梁，其中国、省道16座、农村公路100座，全部开工并完成了91座，占年度计划的80%，完成投资7820万元，超过了省公路管理局下达的考核指标。2009年公路安保工程：全市计划实施92条线路、166公里的临水临崖高落差危险路段安全设施设置、6处急弯等危险路段处治，已全部完工，完成投资4183万元。2009年农村公路大中修工程：全市计划实施224.7公里，已全部完工，完成投资10634万元。2009年公路水毁工程：全年完成44项，完成投资5361万元，干线公路水毁抢通率100%。2009年公路绿化工程：全年完成绿化面积74580平方米，完成投资580万元。站房建设工程：计划实施跨年度业务用房改造工程13项，2009年开工6项，完成1项，完成投资500万元。

【行业管理】 深化了精细化养护模式。以国、省道干线公路为重点，建立目标、标准、任务、流程等细分的精细化养护模式，严格执行路面保洁、路基维护、绿化管理等养护标准，精确控制，量化实施，有效提升了干线公路路况水平。开展了预防性养护研究。对历年来的干线公路状况和大中修工程实施情况进行调查，完成了基础数据的收集和整理，与同济大学合作拟定了沥青路面性能衰变、预防性养护后路面性能衰变等三个数学模型，提出最佳预防性养护时机，为制订全市预防性养护技术手册奠定了基础。加强了农村公路养护管理。开展农村公路养护管理监督考核体系的调研，形成调研报告，保证了全市农村公路管理养护检查考核办法的按时出台。同时做好县道的接养工作，督促乡镇组建了农村公路养护管理站。在南浔镇屯圩村开展“交通示范村”建设，一期工程顺利完工，完成投资213万元。加大“四新”技术的推广应用。“橡胶沥青应力吸收层”、“短切玄武岩纤维砼”、“共振破板”和“泡沫沥青就地冷再生”等多项“四新”技术广泛使用，其中“泡沫沥青就地冷再生”技术，还到河南周口、安徽铜陵等地进行了推广实施。积极开展校地科研合作，与同济大学交通运输工程学院共同建立了工程硕士研究生教学、实习基地。加快固定治超站建设。306省道（原11省道）安吉治超站按时完工并投入使用；318国道长兴治超站、申苏浙皖高速公路泗安治超站完成土地征用和站房设计准备开工建设；申苏浙皖高速公路南浔治超站完成选址，进行土地征用等前期准备。推出了“农村公路路政管理服务年”活动。组建农村公路路政管理中队，完善农村公路交通安全设施和协管网络，推行路政专管员制度；健全农村公路路政管理台帐，规范登记农村公路路产路权，完善了农村公路标志标线数据库。严格超限运输管理。建立与江苏、安徽等省、市路政部门之间的联合工作机制，解决了跨省超限、超限逃逸等难点问题。启动农村公路治超网络建设，实现了干支线联合布控、联动治理的目标。全年共检测车辆48826辆，查处超限车辆9443辆，卸载14178.39吨，实施行政处罚9408件。规范标志标线管理。组织全市标志标线管理人员，赴同济大学接受交通安全设施管理业务培训，提升规范化管理意识。强化标志标线现场管理，完成了普通公路指向国家高速公路指路标志的统一命名及调整工作。在全省率先启动农村公路指路体系建设，编制全市农村公路指路体系建设方案，完成了在德清庾烂线、递筏线和安吉王孔线的试点工作。加强路政信息化建设。应用安全设施信息化管理系统，建立了全市统一的干线公路交通安全设施数据库和电子档案，交通安全设施缺乏统筹管理等难题得到解决。推广应用路政许可网上审批系统及执法监督网络系统，实现了路政许可和执法监督的网上运行和事前、事中、事后全程监管。

【安全管理】 保障重要时段的公路安全畅通。突出“春运”、国庆长假等重要时段，加强公路巡查，及时掌握全市公路的通行状况。完善应急保障机制，健全抢险队伍，落实值班制度，提高应急抢修能力。建立路况信息发布机制，利用新闻媒介及网络平台，推出公路通行信息直播，方便了群众出行。加强公路“三防”工作。完善“三防”值班制度，制定雨雪冰冻灾害公路应急保障方案，落实抢险人员、机械设备和抢险物资，开展战备钢桥架设演练，提高了保障能力。加大对水毁公路的抢修，对8号台风“莫拉克”造成的公路水毁进行及时修复，保障了公路的安全畅通。开展“安全生产月”活动。制定实施公路养护维修作业（安全）规程，提高养护生产的规范化程度。围绕安全生产“三项行动”，进行安全生产法律、法规现场咨询和安全生产大检查。完善安全生产责任制，落实在建工程施工安全管理制度。组织安全生产专题培训，提高了全员安全生产责任意识。强化安全监管和治理。联合安监、交警等部门对12处省、市级道路交通事故多发点（段）进行治理，投入资金150万元。制定安全保障工作方案，及时对318国道范村桥实施拆除重建。指导农村公路安全防护设施设置，完成了农村公路危险路段整治。

【文明建设】 开展调研工作。对七项调研课题和影响行业健康发展的五大难题进行了集中破解，其中《湖州市农村公路管理养护检查考核办法（试行）》由市政府办公室发文实施，《湖州市农村公路指路体系建设的研究》通过省交通厅的验收，被列为2009年省交通厅重点调研课题。推出“百名路政队员结对服务企业”活动，为企业办实事52件，初步实现了路政服务的“面对面、零距离”。深化行业文明建设，市公路管理处全年有3家单位通过市级文明单位的申报和复评，1家单位被列为基层公路文化建设试点。积极开展农村公路文明创建，长达线、东保线顺利通过省交通厅的验收。深化行风建设，提高服务能力，全年受理市长热线48件、96266路政电话2957件。实行路政执法行为社会评议制度，全年发放执法评议单1368份，执法满意率93.52%。积极组织全市养护机械操作技能比赛，在全省公路养护机械操作比武中获得组织奖和优胜奖。

（赵华伟）

·公路运输管理·

【概况】 2009年，全市完成道路运输客运量9735.4万人、旅客周转量32.42亿人公里、营业性货运量6331.5万吨、货物周转量32.9亿吨公里，分别比上年增长4%、6.2%、3.1%和8.2%；完成维修工作量225.8万辆次，汽车驾驶培训61410人；安全形势保持平稳，道路运输事故起数、死亡人数、受伤人数和直接经济损失，分别下降41.12%、48.15%、56.52%和50%，无特大事故发生。全年共组织10次专项稽查行动，查获各类违章1.1万起，“黑车”、残疾车、“跑马机”等违法违章行为得到有效遏制。全年共组织安全检查258次，出动检查人员2647人次，整改安全隐患182处。

【取消“六费”】 根据国务院《关于实施成品油价格和税费改革的通知》，自2009年1月1日起实施成品油税费改革，在全国范围内统一取消原在成品油价外征收的公路养路费、航道养护费、公路运输管理费、公路客货运附加费、水路运输管理费、水运客货运附加费，逐步有序取消政府还贷二级公路收费。自此，公路养路费等6项收费退出历史舞台。

【专家组考察德清临杭物流园区】
5月5日，由省内有关部门专家和省运管局领导组成的专家组到德清临杭物流园区考察园区建设和企业发展情况。专家组指出：园区建设要依托临杭工业园区建设和杭州北部产业升级带来的需求为支撑，面向大杭州都市经济圈，辐射长三角。同时，园区各功能分区划分方式还有待探讨，各功能片区的空间布局有待进一步结合市场需求进行优化和调整。此外，专家组就园区内部交通组织设计、临杭物流园区分阶段发展思路和信息平台建设提出了具体建议。

【举办节能技能竞赛活动】 由市交通局组织、市运管处承办的市交通行业“宇通杯”机动车驾驶员节能技能竞赛活动于7月15日展开。此次比武共分综合理论知识、节能驾驶实际操作技能两大部分。湖州长运公司大客驾驶员潘建平获得第一名，20公里内用油仅2.758升。安吉长运公司大客驾驶员姚涛涛和俞爱国分别获得个人第二名和第三名。

【危险品运输罐车事故应急处理】
8月9日12时，杭宁高速出口杨家埠镇附近两辆危险品运输罐车发生严重追尾事故。事故发生后，市应急办启动联动救援机制，安监、消防、公安交警、交通、医疗卫生、环保等各部门迅速派出应急力量赶赴现场。市运管处接到上级命令后，即刻启动危险化学品道路运输事故应急救援预案，市运管处应急领导小组组长带领应急分队迅速赶赴事故现场，同时联系危运事故应急处理企业，紧急调拨30吨位罐式驳运车、泵车等应急车辆以及危化品处置专家增援现场进行事故救援。事故现场被撞危险品车辆罐体毁损严重，大量危化品苯泄露而出，污染了周边路基、农田和居民区，公路交通完全瘫痪。为尽快处置危情，各相关部门相互配合，公安交警部门出动重型吊车对罐体实施起吊，消防人员水枪喷水保护，交通过驳车辆实施罐体过驳，经过4个多小时的紧张作业，直到17点30分左右，危险品罐体成功过驳、危险源后续处理完成后，市运管处应急处理人员随其他部门撤离事故现场，交通得到恢复。

【签订长兴综合物流园区共建协议】
8月25日，浙江省运管局与长兴县政府签订长兴综合物流园区共建协议。根据协议，省运管局主要负责对项目建设实行工作指导、技术咨询、政策扶持、资金补助，帮助长兴县人民政府明确项目的战略定位和工作方向，并争取将项目列入省级重点物流基地资金补助项目；长兴县政府具体负责项目的建设和管理工作，做好项目的资金筹集、规划设计、土地征用、政策处理等工作。通过省、县共建，双方利用各自资源优势，共同建设长兴综合物流园区，加快推进园区建设的步伐，积极构筑区域性“多式联运”型物流公共平台，打造省级重点物流基地典范，力争把项目打造成浙北一流的高品质综合物流园区。

【安吉道路运输信息指挥中心成立】
9月初，总投资150万元的安吉道路运输信息指挥中心成立。该中心集车辆调度、出租车呼叫、站场实时监控、“黑车”取证等多功能于一体。同时，该中心通过车上安装的GPS掌控车速、位置、状态，可大大提升道路运输服务能力。此外，该中心还在部分车站安装了摄像监控仪，通过摄像对全市客运站的站外违规经营、站内客运秩序等进行有效监控、发现可疑情况或存在安全隐患可及时进行处理。

【“浙江惠农快修”品牌建设】 7月10日，湖州首家“浙江惠农快修”品牌修理厂——练市海升汽车快修部开张营业，受到了当地车主的广泛欢迎。统一的品牌、统一的标识，方便了农村百姓修车。9月17日，中国美丽乡村——安吉县举行“浙江惠农汽车快修”网络建设启动仪式，该县首批7家“浙江惠农快修”品牌汽车维修企业正式开张营运。省运管局副局长陈永林、安吉县副县长张娅茜及相关单位的负责人参加了启动仪式。截至2009年底，湖州市“惠农快修”网点共建成17家，其中市本级5家、安吉县7家、德清县3家、长兴县2家。

【城区至三县城际公交开通】 9月29日，经过交通运管部门与交警、城建以及三县人民政府的多次协调沟通，通过整合城乡客运资源，湖州市中心城区至三县城际公交正式开通，将原有的三县公交延伸进城市中心腹地，最大限度地满足了三县市民的出行需求。11月18日，安吉县至杭州中心城区的城际公交正式开行，加强了县城与省会城市的密切联系，方便了百姓出行，标志着县一级城际客运发展的新突破。

【车载动态监控系统正式投入运行】 市运管处研发的车载动态监控系统于7月正式投入运行。该系统由前端车载设备，包括数字硬盘录像机、一体化摄像机（对车外）、摄像头（两路对外、一路对内）、传输转发设备、音频设备、LCD监视器、电源设备及其他辅助设备等构成。装有该系统的执法车辆一经启动，监控系统便同步工作，实时记录监视执法车内外状况的图像和摄像机的地点、时间提示与标识，这些不仅能在车载液晶屏实时清晰地显示，还能通过无线网络，回传至后方以供实时监控。按每天8小时监控量计算，仅车载主机系统便可保存2个月左右的数据，而设于市运管处的服务器，更是能保存大量数据，方便了调查取证。过去，违规违章行为的调查取证往往要半个小时，该系统的投入使用，摄像取证、网上登记，整个过程不超过一分钟，大大提高了行政执法效率。

【物流基地建设试水“3G”模式】 2009，市“大物流”建设年创新“3G”（3Gradation）发展模式。物流园区建设方面，湖州、长兴和德清临杭三大重点物流园区承担了全市主要大宗物资进出、国际通关进出口和骨干运输网络职能，成为全市物流网络体系的神经中枢。德清临杭物流园区，7月被省交通厅列入浙江省级重点扶持物流基地；区域物流中心建设方面，规划中的6大物流中心，至年末已有3家建成运作，其余3家进入规划建设；城乡一体货运配送网络建设方面，截至12月底，全市已建成乡镇配送中心1个和农村客货运一体站10个、农村配送网点站145个，其中长兴县16个乡镇已全部完成设点工作。7月，安吉县交通、邮政两部门联合启动了共建城乡配送网络项目，在原有2条邮路的基础上，增开了4条直线物流配送线路，形成了新型农村物流综合服务模式；第三方物流发展方面，配合市经委开展了物流外包企业试点工作，华安物流、一通物流分别与人本轴承集团等6家大中型企业开展了物流外包合作，同时完成了大东吴集团等6家企业物流业分离工作；龙头物流基地及企业培育方面，通过专家评审，基本确定3个物流基地建设项目、3个物流龙头企业项目和10个农村货运站项目，同时争取省、市补助资金730万元；物流信息化建设方面，物流通用软件推广工作进展顺利，至年末，已在11家物流企业和50家中小货运企业推广应用。

【客运网络步入良性发展轨道】 推进客运资源整合，完成湖州至绍兴、柯桥线改造，湖州至苏州线已进入省运管局许可程序；继续完善城乡公交网络，2009年新增改造农村客运班线8条；不断优化乡村公交供给体系，5月，在妙西镇试点投放4辆乡村区域小巴，德清县因地制宜，2009年择点投放了3条小区公交；大力发展商务客运，开通了湖州至萧山机场专线，长兴至萧山机场专线进入省运管局许可程序，湖州至上海浦东机场专线已列入省运管局发展计划。

【提升出租车行业服务水平】 2009年，市运管处通过“引、考、创、治”四方面举措，不断提升出租车行业“城市名片”形象。组建湖州首支“玫瑰红”特色服务车队和“丁晓春”品牌服务车队，树立文明典型和服务品牌，引导出租车行业整体服务水平提高；5月，出台实施《湖州市客运出租汽车驾驶员服务质量计分考核办法》，全年共有630辆出租车被扣分；以行业文明创建为载体，在行业内开展了“文明的士伴你行”、“出租车文明出行手拉手”等多种类型的创建活动，全面展示行业风采；相继开展出租车夜间稽查、全员稽查等专项稽查行动，同时，为推行人性化执法，4月，组建了全市首支女子运政稽查中队，8月，安吉县也成立了“花木兰”稽查中队，开创了运政温情执法的新模式。12月，市运管处出租车管理所作为2009年度全省交通系统“群众满意基层站所（办事窗口）”候选单位公示。

【节能减排工作】 “双燃料”出租车比重进一步增加，截至12月底，市本级“双燃料”出租车有570辆，约占市本级总车辆数的61.3%，同时，“双燃料”湖州模式在嘉兴等周边城市得到推广。抓好维修行业“五废”回收工作，试点对维修企业设备设施进行技术改造，市本级92家维修企业全部签订了统一回收协议。积极推广驾驶培训模拟器的使用，全市各驾校驾培模拟器使用率达100%，全市全年新增驾驶培训模拟器28台（套），有10家驾培机构配备使用了20台电动驾驶培训仪。举办交通行业机动车驾驶员节能技能竞赛，并选拔优秀选手参加全省节能竞赛，取得团体第三名、个人第三名和第五名的好成绩。

（张 奕）

·港航管理·

【航道扩建工程】 一是长湖申线（浙江段）航道扩建工程，是湖州市有史以来投资规模最大、改造里程最长的水运建设项目，也是构建湖州市高等级航道网络的重中之重工程。2009年，湖州市港航管理局坚持重点工程重点保障的原则，通过强化协调，合力破难，工程建设进展顺利。全年完成投资4.1亿元，为年度计划的102.5%；累计完成投资8.2亿元，为概算总投资的44.1%。二是湖嘉申线湖州段是浙江省内河首条1000吨级航道、被交通部列为全国内河水运建设示范工程项目的湖嘉申线湖州段航道扩建工程，自2007年12月通过交工验收试运行以来，较好地发挥了航道网络的作用，有效地缓解了长湖申线的通航压力。工程于2009年12月28日顺利通过竣工验收，质量评定为优良。

【太湖水上搜救中心主体工程建成】 太湖水上搜救中心主体工程，自2008年12月底开工以来，湖州港航管理局加强协调，抢抓工期，按时完成了主体工程建设。全年完成投资3000万余元，为2010年全面启用创造了良好的条件。太湖水上搜救中心位于太湖南岸太湖旅游度假区长兜港西侧，占地13418平方米，总建筑面积9991平方米。该中心建成后可与苏州太湖水上搜救中心、无锡太湖水上搜救中心形成三角态势服务于整个太湖水域，实现信息互通、联防共管、就近抢险救助，水上应急快速反应和搜救能力将明显提高。

【港口资源整合】 2009年，湖州市港口资源整合及建设步伐进一步加快。湖州港完成货物吞吐量达1.5亿吨，首次跨入亿吨大港行列，排名全国内河港口第二位。2009年，市政府与县（区）政府续签了《2009年度湖州市港口建设和管理目标责任书》，完成了境内4条支线航道沿线码头的调查摸底与分类工作，港口整治实现了由干线航道向主要支线航道的纵深推进，全年共关闭码头22座，为年度任务的122%。2009年，港口建设进一步规范。严格督促码头业主落实港口建设程序。同时加强了与建设、监理等单位的联系沟通，全面掌握工程的建设情况，及时纠正违规建设问题。全年新建改建成码头泊位15个，在建码头泊位10个，累计完成投资额2.2亿元，为年度计划的122%。德清升大物流、浙江众人工贸等一批港口物流码头相继建成，并投入使用。

【辖区航道安全通畅】 2009年、湖州市在加大航道养护投入的基础上，积极推广养、建结合成功经验，加快实施了李湖南线、白三线和湖钢线支线航道改造等航道养护单项工程，全年完成工作量1712万元。不断完善航道专业绿化和协管养护相结合的长效机制，强化航道预防性和经常性养护，巩固了京杭运河、杭湖锡线、东宗线文明航道的成果。加大航道巡查力度，及时做好护岸修复、碍航物清障、浅点疏浚、违章查处等工作，保持了航道的安全通畅。加强航标维护管理，完成217座跨航公路桥梁助航、安全警示标志及11处饮用水源保护区标志的布设，提高了全市辖区航道的通行能力。

【水路运输与运力发展】 2009年，湖州港航局以开展水运管理规范年活动为契机，通过狠抓运输市场规范，切实做好湖州港运力发展，取得了显著成效。到12月底，湖州港注册营运船舶运力达到114.2万载重吨，单船平均吨位231载重吨，比上年分别增长4.5%和12%。全年完成货运量1亿吨、货物周转量154.7亿吨公里，分别增长2.1%和6.1%。

2009年，专项整治力度加强。开展以查处外港船舶不规范经营行为为重点的"加强营运船舶管理、规范水运市场秩序"专项整治。全航区共核查外港船舶5320艘，对涉嫌无证、船证不符的1248艘船舶进行了严格处理，从而规范了水运市场，为湖州港船舶公平发展提供了优良的运输环境；2009年，服务企业工作深化拓展。根据水运企业和船户造船融资难的问题，主动加强与银行的沟通，积极搭建银企合作平台，拓宽造船融资渠道。全年共为642艘船舶办理抵押贷款1.25亿元。2009年，加强对水运经营行为监管的力度。港航部门及时把握经济运行情况，为水运企业提供信息服务。同时还加强了教育引导和检查督促工作，强化水运市场诚信体系建设，2009年全市有2家水运企业获得省级"诚信企业"称号。

【水上交通安全形势平稳】 2009年，湖州市港航系统扎实开展"安全质量年活动"和"安全生产三项行动"，深化平安航区创建，全面落实安全生产责任制，保持了航区安全形势的平稳。全年共受理水上交通事故464起，死亡4人，沉船6艘，经济损失134.38万元，四项指标比上年分别下降1.3%、上升33.3%、下降53.8%和下降29.2%。

2009年，湖州航区通航安全管理得到加强。在全面实施《湖州航区通航管理规定》的前提下，充分利用现有航道资源分流船舶，有效减轻长湖申线通航压力。不断加大巡航力度，积极应对水位暴涨和枯浅对通航的影响，确保了航道的安全畅通。健全环太湖联动机制，推行定期签证和GPS免停靠报告，及时做好灾害性天气的预报和封航工作，保障了南太湖水域的平安。全年共封航70次1426小时，维护了航区水运安全的稳定。2009年，全市安全专项治理工作扎实有效开展。有重点地开展了隐患排查，严格规范船舶标识，加大对严重超载船舶处罚，进一步巩固了船舶违章整治成效。不断完善危险品船舶动态报告和申报制度，全面落实港口危险货物装卸作业资质认可，积极做好重点危险品码头的视频监控安装，进一步加强了对危险品运输和装卸作业的安全监管。2009年，市乡镇非运输船舶安全管理的长效机制基本建立。德清、安吉县政府与各有关乡镇签订了为期3年的乡镇非运输船舶安全管理责任书，并逐级落实到行政村和船户。同时会同安监部门对全市乡镇非运输船舶管理人员实施全员业务培训，提高了管理队伍的业务素质和工作技能。2009年，全市"三防"应急保障水平全面提高。在充分发挥水上交通指挥中心监控和调度职能的同时，组织开展应急演练，提高了及时应对和快速处置各类水上突发事件的能力。8月，受台风"莫拉克"影响，在湖州船闸关闭长达12天，滞留船舶8000余艘、船民3万余名的情况下，通过强化现场管制、实施科学调度、调动社会力量，最大限度地保障了船民的日常生活，最大限度地保障了重点物资运输，最短时间内恢复了航区通航，做到了无一起安全事故发生，得到了省、市领导的高度肯定。2009年，全市船员、船舶基础管理进一步得到规范。船检部门及时准确办理初次登记、抵押、过户、转港注销等手续。积极做好船员培训以及船员适任证书审验、船员注册和船员服务簿换发工作，提高了船员的素质，适应了湖州市船舶大型化发展和上海码头外迁的需求。

【全面把好船舶质检关】 2009年，湖州航区加强了船舶建造审图和检验。全年共完成船舶建造检验511艘、20万余载重吨。承担了浙北地区最大的一艘75标箱、1200总吨集装箱船的建造检验。加强营运船舶检验工作，全年完成营运检验4206艘、转籍检验293艘。2009年，继续严肃查处大船小证、私自改建、船证不符等违法违章行为，努力营造公平、公正的水运市场环境。同时为造船企业发展服务，组织30家造船企业的技术人员赴江苏无锡船舶工业学校进行了为期18个月的系统培训，举办了三期船舶焊工培训班，为逐步实现辖区所有造船工种持证上岗打下了基础。

【港航规费征收平稳增长】 2009年，湖州港航管理局有针对性地开展调研工作，积极应对费税改革后出现的一系列新情况。化解了费收改革后工作量不减反增、现场征费压力增大的新问题。同时，发挥源头优势，完善稽征考核办法，强化扎口管理，实现了规费征收的平稳增长。全年征收各类事业费2.05亿元，其中港航事业费1.33亿元，浙北干线航道通行费0.72亿元，分别比上年增加33%和29%。

【科技和信息化建设】 2009年，完成了2006年省交通厅科技项目“水路运输经营者管理系统”和“港航ASM一体机研究”的研发和验收。组织实施省交通厅补助、省港航局立项的船舶GPS终端推广安装，2009年全市累计安装6100余台。科技和信息化建设项目的开发应用，大力提高了港航综合管理、现场动态监管和服务企业、船户的效率和水平。

【获得荣誉】 2009年，湖州市港航管理局获交通部“内河水运建设示范工程活动先进集体”、“第三次全国港口普查先进集体”荣誉称号。湖州地方海事处太湖所获得交通部2008年度“全国海（水）上搜救先进集体”称号。湖州港航管理处太湖港航管理所检查站、德清县港航管理处浙海巡0399号艇、安吉县港航管理处浙海巡0379号艇，分别获得“2008全省水运系统安全优秀船舶、班组”称号。长湖申线湖州段航道扩建工程指挥部，在湖州市人民政府办公室“关于表彰2008年度市重点建设先进集体先进个人和目标管理优胜单位表彰单位的通报”中获市重点建设先进集体称号。2009年，湖州市文明办公布的省级文明单位复评结果，湖州港航管理局、湖州港航管理局湖州处、德清县港航管理处和安吉县港航管理处继续保留了“省级文明单位”荣誉称号。

（高宝平）

·铁路建设·

【市铁路建设管理处成立】 2009年3月，经湖州市机构编制委员会批准，设立市铁路建设管理处（副县级），全额拨款单位（性质为社会公益类纯公益性事业单位），挂靠市发改委，三块牌子一套班子，即市铁路建设指挥部办公室、市铁办、市铁路建设管理处。主要职责为铁路“前期、建设、管理”等综合性工作。正式事业编制6名，下设综合科、工程管理科。

【宁杭铁路湖州段工程】 一、工程概况。宁杭铁路建设目标为时速350公里的高速客运专线。线路起自南京南站，经溧阳、宜兴、长兴、湖州、德清、余杭，终于杭州东站。全长248公里，项目计划投资313.8亿元。其中浙江段长约102公里（其中湖州段77.5公里），湖州段设桥梁13座；隧道10座；路基长11.03公里。其中最长的隧道为湖州隧道，从长兴县洪桥镇到湖州经济开发区，长5.51公里；最长的高架桥为长兴特大桥，从长兴县夹浦镇到洪桥镇，长21.13公里。设新长兴、湖州南、新德清三个站，站房面积分别为9000平方米、20000平方米和6000平方米，均由铁道部组织设计和施工。其中长兴站是全线唯一的高架车站。项目于2008年12月27日开工建设，工期为三年。该铁路为铁道部和地方合资项目，项目业主是宁杭铁路建设有限公司，公司总部设在杭州。湖州段的施工单位有2家，分别是中铁十七局和中铁二十四局。其中，中铁十七局负责从长兴的夹浦镇到湖州妙西镇路段的施工；中铁二十四局负责从湖州妙西镇到德清三合乡路段的施工。湖州市长兴县、湖州开发区、吴兴区、德清县分别负责征地拆迁和工程协调、配套建设等工作。

二、工作进度。一是征拆进度总体较快。2009年，湖州段红线内农户拆迁完成100%，企业拆迁完成93.5%，交地完成97.3%。宁杭铁路湖州段工程全年完成投资27亿元，为年度计划的158.8%，约占湖州段总投资的32%。二是工程施工有序推进。湖州段完成路基土石方103万立方米，占总量353万立方米的29.2%，特大和大、中桥梁完成10601米，占总量46419米（折合米）的22.8%，隧道完成3395米，占总量19870米（折合米）的17.1%，箱梁预制完成33孔，占总量1159孔的2.8%。三是根据铁路建设需要，湖州火车站于9月底暂时封闭。湖州市会同铁路方采取了临时过渡措施，有序实施公交直达运送等过渡方案。四是站前广场有关工作及时启动。新的湖州火车站站房由宁杭公司负责建设，与其配套的站前广场由湖州市交通枢纽公司负责建设。长兴、德清两县已开展站前广场的有关工作。

【合（湖）杭铁路前期工程】 合杭铁路是铁道部新规划的商丘—阜阳—合肥—芜湖—杭州客运专线的一部分，原规划不经过湖州南站。2009年，湖州市积极向上争取、加强周边省、市衔接，注重技术支撑、服务铁路建设，经过多方争取，合杭铁路引入湖州站的方案最终得到了铁道部的认可，同时还明确了湖苏沪铁路引入湖州站的方案。这标志着湖州市铁路争取工作迈出了重要一步。合杭铁路争取在湖州并站具有重大战略意义，届时湖州将真正构建东西（合湖沪）、南北（杭湖宁）十字交叉的高速铁路网架，成为长三角的重要节点城市，将对湖州经济社会产生深远的影响。10月，铁道部正式启动合（湖）杭铁路的前期工作，铁四院、铁三院已在准备设计方案竞标，预计2010年完成立项和初步设计。

【湖苏沪铁路前期工作】 湖苏沪城际铁路，已列入国家中长期铁路网规划（2008年调整）方案。根据铁四院2006年编制的规划方案，线路起自湖州南站，向东至南浔，经苏州市吴江县和上海市青浦县，接入虹桥枢纽。全长约142公里。设计时速200公里/小时以上，从湖州至上海虹桥站（虹桥机场）全程约50分钟。由于合湖杭铁路、长三角城际轨道网规划等因素，导致有关条件发生了变化，下一步将对原规划方案作深化研究和优化完善。

（林世全）

邮政　通信

·信息化·

【概况】 2009年，全市认真贯彻党的十七大提出的“五化并举、两化融合”的精神，紧紧围绕“保增长、促转型、调结构”的工作主线，积极应对宏观经济带来的不利影响，在十分严峻的国际国内经济形势下，信息服务业仍取得了较好的发展，全年信息服务业实现增加值20.83亿元，比上年增长10%。

【信息服务业】 一是信息基础建设不断完善。2009年，全市移动电话用户数233万户，比上年增长15%；互联网用户数38.25万户，增长32.5%；固定电话用户数114.32万户，下降3.2%，小灵通用户数17.48万户，下降10%。全市实现“村村通电话”、“村村通有线电视”，行政村通宽带从85%上升到100%，自然村通宽带率达到85%以上，基本实现“村村通光缆”的目标。二是软件与系统集成企业核心竞争力不断增强。在激烈的市场竞争中，企业注重以市场为导向，以应用为基础，行业特色明显，多个行业的专业应用软件具有较强研发优势，在国内市场享有较高占有率和品牌知名度。10家企业取得“双软”认证，6家软件企业被列为市服务业优强企业。三是电子商务交易呈现快速发展态势。据统计，全市网上交易市场成交额27.9亿元，比上年增长140%。其中，浙江织里童装市场网上交易城成交额3.5亿元，比上年增长13%；长兴建材城成交额4.2亿元；淘宝和拍拍等平台交易额达15亿元以上，湖州市网购用户平均消费达1500元，比2006年增长了4倍。网上交易市场已成为湖州市市场交易中新的增长点。德清县通过与阿里巴巴签署合作文件，共同向德清企业推广使用阿里巴巴“中国供应商”和“诚信通”电子商务技术服务。100多家德清企业使用“中国供应商”电子商务服务，500家德清企业使用“诚信通”电子商务服务。四是信息服务业重大项目建设带动作用明显。2009年列入全市服务业重大建设项目计划28个，比上年增加12个；总投资13.98亿元，比上年增加1.2亿元；年度计划投资6.87亿元，比上年增加2.3亿元；全年完成投资7.23亿元，比上年增加1.15亿元，完成年度计划105%。其中通信基础设施工程建设计划投资5.05亿元，实际完成投资5.4亿元，完成年度计划的107.4%；行业应用建设项目，全年计划投资1.2亿元，完成年度计划的100%；行业信息服务建设项目全年计划投资1030万元，完成年度计划的100%；电子商务项目计划投资1738万元，实际完成1917万元，完成年度计划的110.3%；自动化系统建设项目计划投资2050万元，实际完成2000万元，完成年度计划的97.5%。

【农村信息化】 一是农民信箱用户注册、培训、应用成效显著。2009年，全市农民信箱累计注册农户18万余户，比上年新增4万余户，正式启用用户为17.5万户，启用率达到95%以上，比上年增长7个百分点。全年采取查漏补缺或轮训的形式，共计培训乡镇、村级信息员1704人次；培训各类应用示范户4758人次，比上年增长10.7%；培训普通用户14.23万人次。累计利用农民信箱发布公共信息、买卖信息、个人信件、个人短信分别为0.41万条、2.14万条、4458.15万条和4431.07万条。二是万村联网工程进展顺利。2009年截至12月10日，全市累计建立行政村子网站938个，设立栏目11126个，累计发布信息2.9万条次。其中2009年新增子网站151个，栏目1905个，发布信息1.56万条。累计建站数达到全市行政村总数的90%，比上年上升10个百分点。三是市级农村信息化示范村创建工作有序开展。1月，湖州市成立了市农村信息化工作领导小组，全面组织、协调农村信息化建设及相关工作。2009年经综合评定，新增63个市级农村信息化示范村，市级农村信息化示范村数量已增加到160个，占全市行政村数量的16%。

【电子政务】 一是门户网站内容建设不断丰富。2009年网站建设以推进政府信息公开为抓手，专门召开工作推进会，落实责任，细化要求，着力提升政府信息公开统一平台的信息加载效率和质量，切实发挥好门户网站作为政府信息发布的第一平台作用。重大项目实施进程以及为民办实事等栏目基本形成长效机制，通过扩大信息公开的渠道，规范信息公开标准，提高信息整合，提升网站服务水平。二是电子政务应用不断深化。加强网络平台基础建设，办公自动化系统、电子公文交换和邮件系统等功能更加完善。运行维护体系不断健全。数字认证技术应用范围逐步扩大，进一步提高电子政务运行安全性。深入实施电子监察工程，市、县区电子监督系统已初步建立。三是信息安全保障不断提升。根据《浙江省信息安全等级保护管理办法》，做好全市重要信息系统定级工作，增强企事业单位的安全意识。市信息中心会同市公安局等相关部门，多措并举有效保障门户网站的安全运行。四是区域合作不断加强。按照杭州都市经济圈合作发展协调会信息化专委的要求，加快推进区域信息化合作，提高区域产业配套创新能力，构筑跨区域的信息产业链，为湖州市实施“创业创新”总战略提供有力保障。

（何　骏）

·邮政·

【概况】 2009年，湖州邮政共有从业人员1591人（专业技术人员105人），其中，市邮政局从业人员730名（专业技术人员55人）。全市邮政服务网点共139个，报刊亭220个，其中市、县局营业中心4个，支局43个，自办邮政所47个，邮政代办所45个，平均服务半径约3.65公里，平均服务人口约1.96万人。邮政生产使用汽车122辆，自办汽车邮路34条，其中农村汽车邮路17条（通达全地区重点乡镇邮政支局），邮路总长达5015公里，农村投递路线3808公里。

2009年，市邮政局顺利通过“浙江省文明单位”、“浙江省文明行业”，“湖州市文明单位”、“湖州市文明机关”的复评。市邮政局被湖州市委评为2009年度“创业创新好班子”争创活动先进单位和2008年度浙江省“创建学习型组织，争做知识型职工”活动先进单位。认真开展“创新服务理念，创建示范窗口”活动，红旗路营业中心被评为“全国青年文明号”，还被授予“浙江邮政质量达标服务创优最佳示范窗口”荣誉称号。德清县邮政局吴阿康被全国“创建学习型组织，争做知识型职工”活动领导小组授予“2008年度全国知识型职工先进个人”称号。在全国邮政系统“创‘优+’服务，保运行质量”劳动竞赛活动评选中，长兴县邮政局沈亮荣获集团公司授予的“优+”服务标兵称号。吴兴分局被省公司评为“营业规范服务示范单位”。信息技术中心荣获“省级青年安全示范岗”称号。市邮政局女职工委员会获省“邮政先进女职工集体”，开发区邮政储蓄支行荣获“省级巾帼文明岗”称号，凤凰邮政营业中心、EMS旗舰店荣获“市级巾帼文明岗”称号。洛舍支局被评为“浙江省邮政农村支局（所）模范职工小家”。邮协选送的三部作品参加“庆祝中华人民共和国成立60周年浙江省集邮展览暨浙江省体育集邮展览”荣获金奖、镀金奖和银奖。在浙江省邮政职工“迎全民健身日”棋类比赛中，湖州邮政代表队获得棋类比赛总团体第三名。

【邮政品质提升年活动】 2月～4月，开展“提高通信服务质量，抓好用户投诉，完善首问责任制”专项整治活动，组织学习北京东四邮政局的先进事迹，建立完善客户投诉解决流程，窗口服务质量明显提高。5月～6月，进行贯彻GB/T19001－2000标准内审、管理评审，顺利通过外审。采取项目公示、制定整改时限计划、落实责任部门、进行跟踪验证考核等办法狠抓工作落实，以报刊亭建设、营销项目推进等为重点的各项工作得到较好落实。

【大客户部建设】 3月26日～27日，全省邮政大客户部建设经验推广会议在湖州举行，会议期间，市邮政局专题介绍大客户建设经验。在2008年全省邮政系统“创建优秀营销团队、争做优秀营销员”劳动竞赛中，湖州市邮政局荣获“营销系统建设优秀组织奖”；市邮政局大客户部营销团队荣获全省“十佳营销团队”；大客户部沈蔚荣获全省“十佳营销员”称号。

【稳步推进速递专业经营改革】 2009年，稳步推进邮政速递物流市、县一体化专业经营改革，完成专业机构的设置，一市三县邮政速递物流专业公司全部建立（其中市速递物流公司1个，县速递物流分公司3个，速递物流营业部3个）。速递业务的服务质量位居全省前列。及时启动浙江省内“次日递”暨湖州地区“当日递”业务承诺服务，杭州百事可乐饮料有限公司的物流配送服务项目成为物流项目的新亮点。

【企业文化建设】 2009年，市邮政局初步建成以驿站、网站、企业形象宣传册等为主要载体的宣传平台，进一步加强企业文化建设，编制《员工文明手册》，组织全体员工学习新的《中华人民共和国邮政法》。8月8日，市邮政局杨毅鸣参加全国邮政书法美术家协会成立大会暨第一届会员代表大会，并当选为全国邮政书法美术家协会副主席。市邮政局517名员工参与爱心包裹捐赠活动，金额达到4.19万元。组织职工义务献血7200毫升。

【湖州市成为全省村邮站建设和信报箱建设试点单位】 5月26日，由省发改委副主任金兴盛、省邮政公司副总经理徐建华、省邮政管理局副局长王文海，以及浙江省财政厅相关人员组成的浙江省公共服务均等化邮政项目调研组一行到湖州、安吉两地调研。湖州市副市长方新旗、安吉县副县长凌建荣以及市邮政局局长陈胜达、副局长吴斌等陪同调研。省公共服务均等化邮政项目组通过调研，最终确定湖州为全省村邮站建设、信报箱建设试点单位。

【市集邮协会第七次代表大会召开】 8月25日，湖州市集邮协会第七次代表大会在湖州召开，市政协主席王金根为大会发来贺信，省集邮协会副秘书长范征南、团市委副书记石一婷、市民间组织管理局局长孙建康及近百名基层邮协代表出席了会议。市邮政局党委书记、局长陈胜达致开幕词。会议审议通过《高举先进文化旗帜，不断进取，推动我市集邮事业持续健康发展》的工作报告，会议选举产生新一届邮协领导班子，七届理事由45位同志组成，市邮政局党委委员、副局长谢楼骏担任会长，俞栋、史国民、张运达、马建琴任副会长。协会聘请市政协主席王金根、副市长方新旗为名誉会长。

【走进“行风热线”】 10月13日，市邮政局副局长谢楼骏、助理调研员杨毅鸣率综合办和安保视察部相关人员一行四人，走进湖州广电总台广播中心“行风热线”直播室，通过电波和网络视频与广大听众和网民零距离接触，倾听群众意见，就群众关注的新《中华人民共和国邮政法》的变化、投递丢件的损失赔偿、邮政网点的设置、信报箱的建设等问题一一作了解答，为广大听众答疑解惑。

【邮政局报刊亭建设】 2009年，市邮政局把推进报刊亭建设作为工作重点，成立工作推进小组，制定落实时间表，相关部门积极配合，通过艰苦努力，共新增报刊亭建设41个，成为新增数量最多的一年。市区邮政报刊亭已成为党报、党刊以及畅销报刊销售的主渠道。

【庆祝建国六十周年集邮巡展】 9月16日～10月20日，由市邮政局、市集邮协会联合主办，湖师院工会、湖师院集邮协会承办的“湖州市庆祝中华人民共和国成立六十周年集邮巡展”在湖州举行。市邮政局副局长谢楼骏、湖师院党委委员、工会主席俞新民、市文广新局副局长、市集邮协会副会长俞栋、湖师院集邮协会会长余剑林等出席了在湖州师范学院举行的开幕仪式。

【全省邮政农村“职工小家”经验交流会在德清举行】 11月25日～27日，全省邮政农村支局（所）“职工小家”经验交流会在德清举行。省公司副总经理、省邮政工会主席裴英杰、国家邮政工会部长陈玉兰、省邮政工会副主席瞿国宁以及来自全省各市局邮政工会的领导参加会议，长兴、安吉、德清县邮政局的工会主席列席会议，会议由省邮政工会部长李志铭主持。湖州市邮政局党委书记、局长陈胜达应邀参加会议并致欢迎辞。省邮政工会副主席瞿国宁在会上作了农村支局（所）职工小家建设工作报告，国家邮政工会陈玉兰部长和省邮政公司副总经理、省邮政工会主席裴英杰分别对浙江省邮政“职工小家”建设作了指示。共有22个支局（所）被省邮政公司和省邮政工会授予“浙江省邮政农村支局（所）模范职工小家”荣誉称号，德清洛舍支局成为湖州一市三县第一个“模范职工小家”。

【长兴县邮政局成功运作与中铁十七局的全面合作项目】 长兴县邮政局与中铁十七局项目工程部顺利签订工程全部劳务人员代发工资合同。到12月底，双方合作关系更加密切，开发代发工资业务5357笔。

【“中国美丽乡村”城乡物流配送启动仪式在安吉举行】 7月21日，为贯彻落实山东现场会议和副总理张德江的讲话精神，由安吉县政府主办的“中国美丽乡村”——城乡物流配送启动仪式在安吉邮政局举行。省道路运输管理局局长张平平、副局长胡森、安吉县县长单锦炎、副县长凌建荣、省邮政速递物流公司副总经理钱奕荣、物流部经理钱文南、湖州市邮政局副局长谢楼骏等领导出席启动仪式。省道路运输管理局局长张平平与安吉县县长单锦炎为“中国美丽乡村”邮政城乡物流配送中心揭牌，并签订省、县共建项目协议。“中国美丽乡村”城乡物流配送体系是以现有邮政网络为基础，整合交通运输、客运站场、小件快运、货物联托运等社会资源，建立安吉县城乡物流配送体系。

【安吉《劳模风采》邮册首发式隆重举行】 12月28日，安吉县邮政局与县总工会联合策划的安吉《劳模风采》邮册首发式在安吉隆重举行。市总工会副主席韦敢、县委常委、常务副县长陆为民、县总工会主席朱玉成等领导到会祝贺。《劳模风采》邮册收集了从建国至2009年10月以来，安吉县各行各业、各条战线作出突出贡献的各级劳模、先进生产（工作）者387名，各级模范集体名单76个，劳模照片145张，以及中华全国总工会成立80周年和国旗、国徽及舞龙、舞狮等珍贵邮票。

（姚玉萍）

·中国电信湖州分公司·

【概况】 中国电信湖州分公司是湖州市商贸（服务）企业诚信联盟会员单位和湖州市服务业百家优强企业；为财税收入贡献大户1000万元以上单位；是湖州市支持消费者维权先进单位。2009年，中国电信湖州分公司荣获“全国精神文明建设工作先进单位”和国家安全人民防线工作先进集体称号；已连续6年被省公安厅、省社会治安综合治理委员会评为“浙江省治安安全示范单位”。中国电信湖州分公司10000客服中心获得了全国“巾帼文明岗”荣誉称号。总经理陈新荣获首届湖州市“五一”劳动奖章，也是通信运营商唯一的人选。

【提升服务水平】 2009年明确以10000号为核心的用户投诉处理机制，建立面向客户服务的快速反应机制，同时制定了有关服务质量考核办法和热点问题处理跟踪流程，避免部门间的相互推诿。通过“基础服务能力提升攻坚行动计划”，服务例会常规化，及时统一服务口径，规范细节操作，第一时间控制投诉升级蔓延，有效解决当前服务热点问题和落实服务重点工作。

【构建新农村信息化】 3月18日，由长兴县人民政府主办、中国电信湖州分公司承办的“让农民朋友共享信息文明新成果”——长兴县助推新农村建设现场会，在长兴县煤山镇凤凰山庄隆重召开。新农村建设现场会具有里程碑式的意义，中国电信湖州分公司领导及相关人员与长兴县新农村带头人一起齐聚在凤凰山庄，共同构画建设新农村信息化的蓝图。以信息化促进农业、农村社会经济发展，以信息化带动产业链的发展，以企业价值实现社会价值。

【签署战略合作协议】 6月3日，中国电信浙江公司与湖州市人民政府签订战略合作实施协议，双方将在信息化基础设施建设、信息服务业壮大、信息技术推广、信息服务三农等领域开展紧密合作，共同推进湖州的信息化建设。签约仪式上，湖州市委书记孙文友讲话；市长马以和中国电信浙江公司总经理张新建分别代表湖州市人民政府、中国电信浙江公司签署了战略合作实施协议；湖州市政府副市长方新旗主持签约仪式。湖州市人民政府与中国电信浙江公司签署战略合作实施协议，是湖州市政府与中国电信共同推进湖州市信息化工作的一项重要举措，也是湖州市加快推进信息产业和信息服务业发展，推进经济社会发展转型升级的有效途径，为湖州经济又好又快发展起到积极的促进作用。

【参与全民健身日活动】 8月8日是首个全国“全民健身日”，又是纪念奥运会举办一周年的日子，湖州市体育局举办了全民健身健步走活动。中国电信湖州分公司组织了60名员工参加此次活动。

【C网替换割接工程圆满“收官”】 9月26日2：10分，中国电信湖州分公司顺利完成全网替换割接任务，这标志着为期近一个月的湖州本地网C网替换割接工程取得圆满成功。此次C网替换割接工程，湖州创下了三个全省之最：一是用最短的工期完成到货、安装和调测工作；二是完成最多日割接量；三是实现最少割接批次。割接一次完成，在全省也是唯一。

【服务新型农村合作医疗】 6月25日，中国电信湖州分公司顺利建成并成功运行了在全省率先完成的湖州市新型农村合作医疗“一卡通”信息系统，为全市170余万的参合农民，在全市范围内的630家定点医疗机构间跨区域就医和看病就医刷卡实时结报，得到了市委市政府充分肯定，强化和巩固了中国电信的主导运营商地位，提升了品牌形象。

（梁娟芬）

·中国移动湖州分公司·

【概况】 2009年是中国移动湖州分公司3G发展第一年和全业务转型年。面对TD运营和全业务转型，公司上下一心，克服了时间紧迫、经验不足、资源缺乏等诸多压力，确保中国移动3G在湖州正式上市。

2009年，面对激烈的市场竞争、资费单价持续走低复杂的宏观经济形势给公司业绩带来的影响，中国移动湖州分公司根据省公司“坚持发展为第一要务，有效开发增量市场，稳固提升存量价值，积极应对市场竞争”的总体工作思路，以学习实践科学发展观为载体，分解落实各项工作任务，不断提升运营管理水平，圆满完成了2009年生产经营目标，全年运营收入超过13亿元；净增通话客户数达30.3万户，创历史新高；通话市场占有率达78.3%，继续占据区域市场的主导地位；计费时长比上年增长29.1%。上缴税收4000万元，为推进湖州市经济社会发展贡献了一份力量。

截至2009年底，中国移动已与237个国家和地区的403家运营商开通了GSM国际及港、澳、台地区漫游业务，与186个国家和地区的280家运营商开通了GPRS国际及港、澳、台地区漫游业务。国际及港、澳、台短信共通达128个国家和地区的281家运营商，国际及港、澳、台彩信通达62个国家和地区的111家运营商。至2009年底，中国移动湖州分公司的网络容量达到280万门，在继续建设2G网络的同时，3G网络正式商用，在全市构建起了一张覆盖面广、网络容量大、技术先进的移动通信网络，实现了全市城乡的全覆盖，交通干道的无缝覆盖及高话务区域的立体覆盖，室内、地下场所和电梯的深度覆盖。2009年，中国移动湖州分公司各项网络指标在湖州地区通信行业中持续保持领先，中国移动湖州分公司获省公司网络运维综合管理一等奖（第一名），连续十年保持全省前三名。精品网络、卓越网络已经成为中国移动湖州分公司持续发展的重要保证。

2009年中国移动湖州分公司继续坚持以客户为中心，客户满意度稳步提升，综合满意度及三大服务短板满意度评测结果名列全省前茅。

2009年，中国移动湖州分公司进一步深化精神文明创建，实现企业文化落地。五个县区分公司中，四个获“省级文明单位”称号，一个获“市级文明单位”称号；吴兴分公司团委获“全国五四红旗团委（团支部）”称号（浙江省通信行业唯一）；南浔分公司通过省级“青年文明号”初评；4家营业部（厅）通过市级“青年文明号”初审；14家营业部（厅）获市级“巾帼文明岗”称号。

【开发增量市场】 充分开发增量市场，确保客户份额优势。针对农村、家庭、外来务工人员和校园市场的不同消费特点，充分发挥品牌优势，开展稳存量，拓新增的各类营销活动。坚持以客户为中心，客户满意度稳步提升，在2009年1至4期客户满意度测评中，公司综合满意度及三大服务短板满意度评测结果名列全省前茅。

【拓展业务领域】 一是做实数据增值业务。通过外呼、针对性群发、精细化个性化推荐等常态化运作，培养客户使用习惯，使数据业务收入占比逐月稳定提升。二是积极拓展政企市场，积极利用自身优势助推经济信息化建设，与公安、教育、交通、水利、电力、金融、气象、航管和卫生等多个行业系统展开合作，提供全面行业信息化解决方案，加速了整个社会信息化的进程。公司还与全市数百家企业合作，为他们量身定做移动信息化全面解决方案，不仅提升了这些企业的工作效率，还为他们带去管理方式和观念的转变，为建设“数字湖州”提供专业的技术支持和优质服务。

【加强资源能力建设】 1．全力推进TD建设，确保3G如期商用。2009年，中国移动湖州分公司开始建设TD网络。4月13日，市政府下发《关于加快推进我市TD－SCDMA建设和发展工作的通知》，并成立了湖州市TD建设推进工作小组。4月27日，市政府组织召开了湖州市TD建设推进工作第一次会议。在中国移动浙江公司的统一部署下，中国移动湖州分公司克服了设计、施工、开通各个方面的困难，于10月20日，提前41天开通了TD三期试验网全部76个宏站和166个室内分布系统，为3G商用提供了良好的网络保障。11月9日，中国移动3G在湖州正式上市。

2. 2G建设不放松，网络质量持续领先。2G工程有序推进，积极开展站址落实和协调工作，完成G16期201个基站，覆盖延伸新建项目261个，汇聚层节点机房落实站址43个，汇聚层建设完成47段。同时，通过开展2G网络专项优化和网络质量提升活动，各项网络指标均达到省公司考核要求。

3. 优化业务流程，通过明确接入原则、优化业务流程、提升员工能力实施全业务能力建设。

4. 多项措施并举，提升综合运维水平。网络资源无线利用率从54%提升到75%，中秋节晚忙时利用率高达89. 5%；各项短板都得到有效改善，满意度达80. 8%，位居全省前列；开展“百日会战”，持续深入解决弱覆盖，全地区的历年弱覆盖投诉的总体解决率达64%。

【深化精细管理】　1. 顺应发展要求，加强人力资源管理。从一线竞争需要出发，市公司本级成立了政企客户部、增设了市场经营部数据业务中心和网络部综合接入中心，进一步强化政企市场、增值业务、综合接入职能；分阶段开展空缺中层管理职位、市场及网络片部分管理职位的内部竞聘，优化人力资源配置，加大人才交流力度，确保市场竞争的主动性；实施以计件为导向的考核机制，鼓励闲厅营业员“走出去”，引导客户经理向营销转型；电子渠道利用率明显上升，营业厅人员配置效率明显提升。以“市场人员看网络”的全新视角，设计全业务培训课程，参培率达到93.4%。

2. 鼓励创新意识，开展群众性QC活动。创新工作质量和数量呈现一定的上升趋势；创新提案全年获省公司二等奖两个、三等奖一个。2009年获得三个QC活动全国奖和两个全省奖。

3. 树立成本意识，加强内部风险管控。通过月报制度和项目化推广，加强预算的可控性，2009年全年成本使用情况控制良好；全年未出现法律纠纷及信息泄露事件，全年生产经营活动“零事故”。

（徐　飞）

·中国联合网络通信有限公司湖州市分公司·

【概况】　2009年是中国联合网络通信有限公司湖州市分公司全面运营的开局之年，湖州分公司在网络建设、企业管理上都有了长足的进步，在本地市场占有率，用户质量及结构改善，用户保有和维系，3G网络建设及市场营销等方面取得了一定的成绩，在移动业务渠道转型、集团客户拓展模式调整以及产业链市场模式发展等方面作了一定的尝试和探索。湖州市分公司分主体公司和网络公司，主体公司10个部门，网络公司3个部门。湖州分公司共有20个经营部，从业人员924人。

【公司业务平稳发展】　电信行业融合重组后，湖州分公司坚决贯彻省公司的一系列决策部署，及早谋划、积极应对，经过全市上下各条战线的共同努力和上下联动，公司各项指标逐步上升，呈现出平稳发展的态势。在网络质量明显改善，公司品牌得到认同，业务品种更加完善的前提下，充分解放思想，大力拓展集团客户。推进移动业务渠道转型。分层分级日趋完善，优质渠道发展成熟，二级渠道销售占比稳定，市场环境更为健康。公司3G业务发展开局阶段各项工作开展顺利，近6个月的营销工作，经历了一个政策不断下达、资料不断完善、号源不断梳理、有效性不断提高的过程。

【提升网络质量和支撑能力】　2009年着力加强移动网络与宽带网络建设，全力做好移动通信工程实体建设及项目管理中各类新建工程、续建工程、应急保障、疑难站点攻坚克难工作，加快投资项目的运作，明确工程项目建设目标，快速启动投资项目，确保主体网络建设及接入网工程建设进度，同时理顺工程项目管理流程，对工程建设全过程进行控制，狠抓迁、改建工程管理。2009年湖州联通以全省第一的进度完成了W室分工程并获得优胜奖；GSM/WCDMA网络质量在全省处于领先地位，A达标验收工作首批通过了省公司验收达标，AA达标全省第一，并代表浙江分公司接受总部二次验收。

【提升服务效能】　完善体系抓短板。建立专职服务质量监督员、兼职服务质量监督员和社会监督员三支队伍的服务质量监督体系，并针对湖州存在的服务短板开展了各类专项整治工作，通过一系列举措，确保全年公司服务质量位于全省前两位。强化维系带发展。积极开展科学维系，结合用户的结构和消费行为制订针对性的维系政策，围绕星级维系指标，通过政策绑定、业务渗透等方式增加用户的粘性，2009年星级用户保有率位全省第一。2009年“10010”中心通过QC小组活动，将用户话后测评满意度始终处于全省前两位。

（刘善文）

财政 税务 审计

·财政地税·

【概况】 2009年，全市财政总收入完成146.7亿元，比上年增长9.7%，增幅排名居全省第5；其中，地方财政收入完成80亿元，增长11.7%，增幅排名居全省第3，均提前一年完成了“十一五”规划目标。市本级财政总收入完成66.1亿元，增长5.8%；其中，地方财政收入完成36.2亿元，增长7.8%。全市地税部门组织各项收入98.4亿元，增长12%，其中，税收收入58.7亿元，增长10%，社保费及其他收入39.6亿元，增长14.7%。2009年，全市财政支出108.5亿元，比上年增长25.6%，其中，市本级财政支出49.7亿元，增长26.8%。

【服务经济发展】 把服务发展摆在财税工作的重要位置，积极做好推动工作，在保稳促调中发挥了积极作用。一是帮扶企业应对危机。扎实开展“三访三优、共克时艰、和谐共进”专项活动和“帮扶企业‘春雨’专项行动”，加大财税政策宣传力度，优化财税服务。积极采取有效措施，合理运用税费缓缴、减免等手段，认真落实高新技术企业税收优惠、技术开发费加计扣除政策，取消、暂停和降低行政事业性收费，下调养老保险费率和临时性下浮企业社会保险费等，全年减轻企业负担超过20亿元。认真做好再生资源增值税资格认定和及时退付，全市退付1.99亿元。出资2000万元组建网络银行“风险池”，为小企业提供6亿元的信贷支持。二是促进投资、消费和出口。积极争取中央补助资金，支持重点项目建设，增加政府公共投资，着力扩大投资需求。争取扩大内需新增中央投资项目四批100个，补助资金3.68亿元，落实配套资金17.24亿元。争取到地方政府债券发行额度7.5亿元，债券规模居全省第4。认真落实促进房地产市场健康稳定发展的有关政策，合理引导住房消费与房地产开发建设。积极推进“家电下乡”、“汽车摩托车下乡”、家电“以旧换新”，全市共兑付补贴资金3637万元，拉动消费4.48亿元。继续加大对外贸的支持力度，加快外贸扶持政策兑现速度，稳定外贸出口。三是推动产业优化升级。认真落实《关于加快工业转型升级的若干意见》，市财政直接安排工业专项资金超过1亿元，突出重点扶持高新技术产业和新兴、特色产业发展。推进科技创新，全市科学技术支出3.25亿元，增长15.4%。调整、完善了科技创新专项资金管理办法，重点支持科技创业创新平台和研发中心建设、科技成果转化与产学研合作及重大科技项目实施。全市122家企业享受国家高新技术企业政策。继续增加人才开发、领军人才和创新团队专项资金，推进“南太湖精英计划”顺利实施。大力推进工业企业分离发展生产性服务业，全市新增45户企业分离发展服务业，增加地方税费2240万元。省地税局予以充分肯定，经验在全省推广。

【组织财税收入】 面对十分困难的组织收入形势，在认真落实各项财税政策的基础上，千方百计克服困难，通过全市的共同努力，收入形势逐步好转。一是切实加强税源管理。完善税源间接控管模式，加强分析和税源监控，对收入有重大异常变动的企业及时了解原因，有针对性地采取措施，确保掌握组织收入主动权。进一步推进纳税评估工作，健全常态化工作机制，日常评估比例达到10%，开展了多种形式的深度评估。全面推广应用《税友2006》快捷查询管理软件，认真做好数据清理工作，着力提高数据的收集、整理效能。加强与国税、工商等部门合作，成功实现地税与工商的信息联网，对新办企业实行源头控管。二是切实细化税种管理。认真贯彻新《营业税暂行条例》及其实施细则，强化“以票控税”征管手段。充分发挥信息化在税收征管中的作用，积极应用不动产建筑业税收管理软件。进一步规范企业所得税管理，执行好企业所得税征管范围调整规定。依托信息化推进个人所得税全员全额管理，年所得12万元以上个人所得税自行申报缴纳工作扎实推进，全市有11240人自行申报。进一步规范机动车车船税保险机构代收代缴工作，完善城镇土地使用税、房产税等地方小税种的动态管理，在深入调研的基础上，出台应税自用房产计税价格核定办法，对无原值房产和原值明显偏低的房产加强税收征管，进一步挖掘征收潜力。三是切实规范非税管理。完善征缴管理考核办法，督促各执收单位依法征收、规范操作，确保非税收入征缴规范有序。建立健全财政票据基础化信息档案，实行财政票据精细化管理。强化财政票据结报管理，认真做好票据年检年审工作。做好社保费“五费合征”工作，完善社保费全面自行申报缴纳，抓好信息分析和比对，提高社保费征缴水平。

【保障改善民生】 狠抓增收节支，着力优化支出结构，积极筹措、合理调度，在民生政策出台多、财政收支矛盾突出的情况下，确保了各项民生支出需要，全市财政支出增量用于民生的比例达75.2%。一是支持新农村建设。进一步加大对“三农”的投入，全市预算内“三农”支出36.17亿元，增长25.04%；其中农、林、水事务支出10.3亿元，增长38.6%，财政支农资金稳定增长机制进一步巩固。大力推进市校共建，在推动市校合作拓展领域、提升层次、增强实效等方面作用进一步发挥。全市财政投入“百村示范，千村整治”专项资金2.6亿元；累计投入38亿元，共创建示范村173个，1003个行政村村庄环境得到整治，80%以上农村人口受益。市财政拨付水利建设资金1.33亿元，支持大钱港、长湖申等水利工程建设和河道疏浚清淤。深化农村综合改革，建立村组织运转经费保障机制，村干部基本报酬列入财政预算。依托“农民补贴网”，为农户免费办理“一卡通”47万张，兑付综合直补资金7365万元，补贴面积179万亩。二是支持社会事业发展。全市教育支出21.51亿元，增长18.8%。进一步完善义务教育经费保障机制改革，全市投入1.18亿元，提高中小学校生均公用经费标准，继续实施免杂费、免费提供教科书等制度。筹措资金5亿元，确保义务教育学校教师绩效工资实施到位。严格执行义务教育债务化解激励机制，2009年全市投入1.32亿元，三年累计投入3.81亿元，义务教育债务化解工作基本结束。支持职业教育“五大工程”建设，推动中等职业教育发展。支持农村公共文化服务体系“十大工程”实施。通过专项补助，推进广播电视“村村通”建设任务全面完成。落实非物质文化遗产保护和全国第三次文物普查活动经费，文化遗产保护力度进一步加大。积极做好医药卫生体制改革准备工作。建立市区社区卫生服务财政补助政策。及时落实甲型H1N1流感、手足口病等防控经费，保障公共卫生安全。三是完善社会保障体系。全市社会保险基金支出31.68亿元，比上年增加4.38亿元。支持新一轮就业政策实施，加大对高校毕业生就业工作补助力度，向吸收高校毕业生的民营企业派送“就业券”，对到见习基地见习的高校毕业生提供生活补助和工伤保险补助。继续落实对灵活就业人员、农村低保家庭等就业优惠政策措施。实行企业职工基本医疗保险门诊医疗统筹办法，5.77万人享受门诊医疗报销。完善新型农村合作医疗制度，市区人均筹资水平提高到180元。出台城乡居民社会养老保险制度。提高市区被征地农民基本生活保障（补助）金标准。落实好困难群众医疗救助财政补助和低保人员物价补助；抚恤优待对象医疗补助资金列入财政预算。大力支持残疾人奔小康工程实施。支持廉租房等保障性住房建设，城乡居民住房条件有所改善。四是推进生态环保和城市建设。全市预算内环保支出6.8亿元，争取到中央三河三湖流域水污染防治专项资金1.54亿元。对污水集中处理项目实行以奖代补，建制镇污水处理设施实现全覆盖。对垃圾处理费实行补助，垃圾“户集村收镇运市、县（区）处理”机制进一步完善。推进城市基础设施建设，多方筹措资金，重点支持旧城改造、滨湖大道、长岛公园、龙溪港东岸景观改造、仁皇山新区路、桥等建设。推进交通路网建设，市财政分三年拨付1.5亿元支持高速铁（公）路枢纽工程建设；落实交通道路补助资金9000万元。积极筹措援川建设资金，确保援建项目顺利实施。同时，认真贯彻落实中央、省厉行节约的各项规定，出台了湖州市厉行节约的意见，按规定压缩会议费、出国费、招待费、车辆运行费等四项经费，停止购置公务用车一年，严格控制一般性支出。

【推进精细管理】 继续推进公共财政改革，基本形成了从投资评审、部门预算、政府采购、国库集中支付到绩效评价的制度体系，财税科学管理得到了新的加强。一是加大预算管理改革力度。按照“收入一个笼子、预算一个盘子、支出一个口子”的要求，加强预算内外资金的统筹力度。深化部门预算改革，完善预算定额体系，实行“三下两上”的编制方法，采取项目优先级管理。扩大部门预算报送人大审查的数量，2009年达到40个，其中4个提交大会审查。深化国库管理制度改革，对市级所有行政单位和部分事业单位实行集中支付，规范了资金拨付管理，强化了预算资金监管。加强绩效评价工作，全市评价项目57个，涉及财政资金12.66亿元；强化评价结果的应用，促进部门加强项目管理。二是强化财税监督管理。加强对政府投资项目的预算审核，全年完成市级审核项目116个，核减资金4.1亿元。开展市级行政事业单位经营性国有资产专项调查，规范出租、投资等行为。完善政府采购协议供货询价机制，降低采购成本，全市节约资金2.5亿元，综合节约率达17.3%；政府采购信息管理平台内网实施范围扩大到69家，大部分一级预算单位通过网络实施申报和确认。认真实施规范公务员津贴补贴工作。组织开展党政机关和事业单位“小金库”专项治理工作。推进会计诚信建设，会计行业执业质量和管理水平进一步提高。坚持依法稽查，大力推行阳光稽查、文明稽查，充分发挥“以查促管、以查促收”的作用，全市共查补入库9151万元。

（陈洪全）

·国税·

【概况】 2009年，湖州市国税系统面对金融危机冲击、结构性减税政策等诸多不确定因素，以深入开展学习实践科学发展观活动为契机，把“尽职履责保增长、优化服务促发展”作为工作重心，全力以赴抓好组织收入工作，切实加强服务经济的能力，各项工作取得了显著成效。全年全市累计入库国税收入84.27亿元，比上年实绩增收8.67亿元，增长11.47%，比上年基数增收9.46亿元，增长12.65%。在全省10个设区市中，湖州市增幅列第3位。全市3个县局和本级3个分局的全年国税收入首次全部超过10亿元，取得了历史性突破。

【加强征管促收入】 开展“11+X”行动，“11”，即根据湖州国税征管工作实际，提出11项堵漏增收重点措施的指导性建议及工作要求，具体包括行业建模、纳税评估、税务稽查、大企业专业化管理、出口退免税征管、社会化征管、户籍管理、小规模纳税人管理、清理欠税、普通发票核查、新增税源管理等。“+X”，即各县局、分局结合自身实际，积极发挥主观能动性和创造性，在符合依法行政的前提下，采取各项有针对性、有地域特色的堵漏增收措施，群策群力确保完成全年组织收入计划目标。“11+X”行动，充分调动了广大基层干部“眼睛向内想点子，加强征管促收入”的积极性和创造性，取得了明显成效。2009年，全市有179个行业的5725户企业纳入行业系统监控，其中工业企业一般纳税人4952户，占全市工业企业一般纳税人户数的55.661%，入库税款46.22亿元，占全市国税收入57.91%。全市通过征管辅助系统下达纳税评估任务3249户次，经评估发现有问题的有1832户，补税20020万元。全市一般纳税人平均税负率为3.17%，比上年上升0.05个百分点，高出全省平均0.57个百分点；全市一般纳税人税负异常率为26.14%，比年初下降21.92个百分点，低于全省平均3.66个百分点。全市一般纳税人零负申报率为10.48%，比全省平均低12.09个百分点。

【推广依法治税】 对外以加强税收宣传为切入点，努力促进税负公平，为经济健康有序发展提供规范有序的税收环境。落实“服务企业、服务基层”专项活动，因地制宜开展特色税收宣传活动，与市地税局联合开展2007~2008年纳税信用等级评定，分层、分类开展税收政策宣讲与辅导，全市共组织各类政策宣讲与辅导会50余场次，参加纳税人达6800余户次。对内以管理创新为抓手，不断推进科学化、精细化管理，切实防范执法风险、提升执法水平。在强化税源管理、优化纳税服务、加强队伍建设等方面涌现出一大批具有湖州国税特色、行之有效并获得广大纳税人好评的管理措施、管理手段和管理方法。因管理创新成绩突出，市国税局连续2年被省国税局记三等功，三县局均获省国税局嘉奖，首次实现了“满堂红”。深入开展税收执法检查和执法监察，严格过错责任追究。据税收执法管理信息系统考核子系统数据反映，全市申辩调整后执法正确率为99.9995%，全年全市执法过错仅2户次，其中市本级执法正确率为100%，执法过错为0户次。同时，以查处税收违法案件为重点，切实加强税收专项检查和发票专项整治工作，有力地促进了稽查工作质量和效率的全面提升。2009年全市稽查共查结案件1053件，查补入库税款15740万元，比上年增长33.24%，占总税收收入2.23%，查处50万元以上案件78件，其中查处100万元以上案件27件。

【优化纳税服务】 立足国税工作实际，不断创新理念，健全制度，改进手段，突出特色，在服务中深化管理，在管理中优化服务，努力构建和谐的征纳关系。按照“两个减负”的要求，大力实施业务重组。从3月开始，市国税局在直属分局开展生产型出口企业“征退税合一”管理模式试点。全年全市实际完成退（免）税33.31亿元，比上年增长25.3%。6月21日，市国税局对直属分局、吴兴分局进行了搬迁，并挂牌成立了开发区分局，更好地贴近地方、贴近纳税人，并以此为契机，重点开展了办税服务厅标准化建设，对涉税事项推行“同城通办”，推广使用“一窗统办”和智能排队叫号系统，推行POS机刷卡缴税；落实全程服务各项措施，简化程序，优化流程，为纳税人办税提供了更多便利。进一步深化审批制度改革，减少审批项目14个，对38个项目减少纳税人报送资料56份。对全程服务内容中的6项业务简化了手续，缩短了流程。根据“落实政策、突出重点、简化流程、提高效率”的原则，重点围绕增值税转型、出口退税率多次调整等政策变动，在加强宣传辅导的同时，不折不扣落实税收政策，努力发挥其促进转型升级的引导作用。2009年，全市共审核固定资产抵扣税额4.52亿元；审核高新技术企业60户，减免所得税3560万元；全市办理福利企业退税1.69亿元、资源综合利用退税1970万元；通过“农村税收征管服务系统”发放农民办税方便卡1272张，代开免税发票金额2.08亿元。

【加强队伍建设】 以实施“四项工程”为着力点，大力加强队伍建设，努力形成“风正、气顺、劲足、人和”的良好局面，为推动全市国税各项工作的完成，提供了有力的保证。2009年市国税局先后组织各类业务培训班9期，参训干部近500人次。提出党风廉政建设“零发案”、行政效能“零督办”、行风建设有新进步的年度工作目标。推行廉政建设责任区管理办法，完善与纪委、检察院联系走访制度。组织实施“两提高、两降低”效能建设主题活动，切实抓好群众满意基层站（所）的创建和复评工作，巩固完善国税廉政文化建设。2009年，市国税局被评为“全国税务系统先进集体”；市国税局领导班子被市委命名为全市首批“创业创新好班子”；市国税局办税服务厅被团中央和国家税务总局命名为“全国青年文明号”；市国税局被省局评为“四项工程”工作先进单位；全市国税系统7个单位被评为全省国税系统文明单位；市国税局被市纪委命名为全市廉政文化进机关示范点先进单位；全市国税系统新增4个窗口单位被市纠风办列入“群众满意基层站所（办事窗口）”先进单位。

（张　杰）

·审计·

【概况】 2009年，全市完成审计项目302个，查出各类违规金额28349万元，其中依法处理上缴财政1356万元，审计后挽回损失34920万元。通过审计，移送司法、纪检监察机关案件线索4起。提交审计工作报告149篇，审计信息327篇，其中信息被采用357篇次，向社会公告审计结果35次。

【突出五大领域审计】 全市审计机关紧紧围绕经济社会发展大局，

按照国务院总理提出的“财政资金运用到哪里，审计就跟进到哪里”的新要求，关注需求、关注风险、关注责任、关注绩效、关注民生，及时“跟进”，切实履行好审计职责。一是围绕经济安全和财政风险，全面提升财政审计的层次和水平。认真组织开展了2008年度市本级财政预算执行审计工作，对全部政府性资金与财政风险进行了专项审计调查。市政府常务会议和市人大常委会先后听取了2008年度市本级预算执行和其他财政收支的审计工作报告，并给予充分肯定。年底，市人大常委会专题听取审计整改情况报告。二是围绕权力责任和问责问效，深化和完善领导干部经济责任审计。全市共对70名领导干部实施了经济责任审计。市长马以主持召开市经济责任审计联席会议，研究部署经济责任审计工作。市纪委、市委组织部、市监察局、市审计局共同研究出台《关于开展市直单位内部管理领导人员任期经济责任审计工作的意见》。市委组织部部委会议专题听取审计工作情况，分析研究审计结果的运用。三是围绕民生安全，积极组织开展专项资金审计和审计调查。重点围绕经济发展、新农村建设、环境保护和社会保障等民生问题，组织力量对71个专项资金项目进行了审计或审计调查，涉及资金总额370.96亿元。通过审计提出规范资金管理、提高使用效益的意见和建议193条。四是围绕促进内需和投资绩效，切实加强政府主导性重大建设项目审计。全市审计机关实施并完成政府投资建设项目审计148个，涉及投资总额89.51亿元，查出违规金额1.94亿元，核减工程款3.33亿元，提出资金管理、项目建设及绩效管理等方面的建议155条。组织开展新增政府主导性项目实施情况、支援四川省青川县马鹿乡灾后恢复重建项目等关系国计民生的重点投资项目和国家专项建设资金的审计。及时掌握在执行国家宏观调控政策措施过程中出现的新情况和新问题，为政府宏观决策服务；重点关注援建工作过程中存在的问题和困难，为确保湖州市援建任务圆满完成，发挥了审计应有的作用。五是围绕企业安全，扎实开展国际金融危机对湖州市中小企业影响情况审计调查。针对中小企业发展面临的突出问题，以及扶持中小企业发展政策落实中存在的问题，提出了审计建议。市审计局上报的《调查显示多数中小企业期盼政府围绕四个方面完善企业服务体系》审计信息，先后被市委办、市府办、省审计厅、省委办公厅录用，并由省委办公厅转报国务院办公厅。

【强化审计“五个环节”】　积极探索审计工作规律，从预防、揭露、抵御三大功能入手，强化“五个重点环节”，努力发挥审计“免疫系统”功能。一是前移关口，发挥审计的预警性作用。市审计局对湖州市爱山广场（步行街区）改造项目、对口支援四川青川县马鹿乡灾后恢复重建项目等重大项目和重大事项实行了全程跟踪审计，前移关口，及时有效地发现问题，提出相应的整改措施。二是突出绩效，发挥审计的建设性作用。全年全市完成绩效审计项目266个，占完成项目总量的88.1%，审计后挽回损失金额3.2亿元，提出审计建议482条，有效促进了政府性资金的规范运作和资金使用效益的提高。三是提升成果，发挥审计的服务性作用。全市共提交审计信息327篇，被上级部门和新闻媒体采用138篇次。提交审计专题或综合性报告149篇，向社会公告审计结果35次，提出财政财务、资产资金规范管理的建议559条。2009年，市长马以先后多次在市审计局提交市政府的审计专题报告及信息上批示，审计查明的有关问题得到切实整改。四是加强整改，发挥审计的促进性作用。市审计局通过对市本级（含吴兴区、南浔区）农村五保对象和城镇“三无”人员集中供养资金专项审计调查，提出了进一步完善集中供养的配套制度建设、加强敬老院管理工作等审计建议，吴兴区和南浔区制定和完善了相关制度，及时规范集中供养工作。市审计局通过中心城区社区建设与管理情况专项审计调查，提出了理顺社区资金管理体制、加强社区前置规划等审计建议，市委、市政府对社区工作高度重视，研究制定《关于进一步加强城市社区建设的若干意见》，从9个方面加强了城市社区建设的管理。五是推进内审，提高被审计单位自身“免疫力”。建立健全以会员单位项目质量、成果利用、理论研究为重点的内审工作考核机制。通过调研提交的“推进内部审计发展，发挥‘免疫系统’功能”的调研报告，得到了市政府的高度关注，市政府常务会议专题听取内审工作情况汇报，研究出台《关于进一步加强内部审计工作的意见》，对指导全市的内审工作起到了积极的推动作用。

【推进审计“五大建设”】　按照“以审计精神立身、以创新规范立业、以自身建设立信”的要求，着力推进审计机关“五大建设”。一是着力推进审计队伍建设。紧密结合审计工作实际，扎实开展深入学习实践科学发展观活动，自觉承担“免疫系统”责任。加强对审计队伍的法治教育，提高全体审计人员的执法能力。开设了湖州审计论坛，通过专家讲座和实务探讨等方式，提升干部政策理论水平。组织高师调研组开展集中调研，积极尝试导师制。进一步落实党风廉政建设责任制，认真执行审计纪律“八不准”规定，加强监督检查，树立良好审计形象。二是着力推进审计质量管理建设。制定和完善《重点审计项目全程跟踪问效实施办法》、《宏观服务型绩效审计操作办法》和《进一步加强审计结果跟踪管理的实施办法》等审计质量管理制度。积极组织开展了审计项目“双创优”、审计目标“双评议”和审计结果“双复核”，严把审计质量关。三是着力推进审计信息化建设。加大计算机软件开发应用力度，市审计局集中力量开发了“固定资产投资全过程审计软件”，提高固定资产投资审计水平和工作效率。积极尝试现代信息技术在审计项目中的应用。及时总结提炼计算机审计成果，积极推荐参加审计署AO应用实例和计算机审计专家经验评优，2009年全市审计机关运用计算机实施的审计项目、提炼的专家经验、编制的“三小软件”在审计署、省审计厅评比中先后获奖有14项。四是着力推进审计理论建设。进一步强化审计基础理论和应用理论研究，积极申报省审计厅审计理论科研课题。针对全部政府性资产审计、宏观服务型绩效审计等新的审计领域，深入实际开展调查研究，形成较高质量的审计研究成果，为指导审计实践服务。2009年完成各类科研成果47项，其中2项课题获省审计厅重点审计科研立项课题，并获得三等奖。五是着力推进审计文化建设。以机关作风建设、文明单位创建活动为载体，以提升干部队伍文明素质为核心，认真开展“文明素质提升、文明风尚培育、文明环境建设”三大行动，组织开展“优胜文明处室”和“最佳效能处室”评比活动，充分运用各种平台，营造学习实践活动和文明创建工作的浓厚氛围，进一步改进作风，优化服务，树立良好审计形象。

（葛学建）

金融　保险

·金融业·

【概况】　2009年，面对国内外复杂的经济形势，中国人民银行湖州市中心支行坚持以科学发展观为指导，按照“谋发展、求创新、重内控、促和谐、争一流”的总体要求，紧密结合辖内实际，组织全市金融机构深入开展以“扩内需、保增长、调结构、惠民生”为主题的“金融服务年”活动，认真贯彻落实适度宽松货币政策，不断加大金融支持力度，着力改进金融服务水平，积极维护全市金融平稳运行，取得了实效。在中心支行各项措施的强有力支持下，全市金融总量大幅增长，存贷款余额先后于年初和6月末突破千亿元大关，存贷款增幅均高居全省首位，当年贷款新增额超过了前三年新增额的总和，为在国际金融危机背景下全市经济回升向好发挥了强有力的支撑作用。

【存款总量大幅增长】　2009年末，全市本外币各项存款余额1397.69亿元，比年初增加379.94亿元，同比多增177.71亿元，同比增长37.88%，增速高于上年同期12.9个百分点，高于全省平均10.5个百分点，列全省第1位。从结构来看：一是企业存款增势迅猛。全年本外币企事业单位存款新增169.22亿元，是上年同期的4.3倍，增幅高达61.86%。年初以来，随着投资项目启动，消费逐步回暖，资金需求巨大，银行放贷迅猛，资金沉淀较多，导致上半年企业存款新增达115亿元；第三季度企业资金运用加快，资金沉淀减少，当季企业存款仅新增14亿元；第四季度企业生产继续回暖，以及年关前后应付工程款、货款和薪金等需要，企业加快筹资备用，当季企业存款新增40亿元。企业存款大幅增长，既有经济回升的客观需求因素，也有因担心政策变动，企业提前借款，银行加快放款的因素，总体看，企业下一个阶段发展的资金储备已较充裕。二是储蓄存款增势回落。全年本外币储蓄存款新增145.28亿元，同比多增20.46亿元，年末储蓄同比增长26.96%，比6月末减缓8.5个百分点，全年最高增幅为5月末，达36.05%，随后逐月回落。从增量变化看，上半年新增120亿元，占83%；下半年新增25亿元，仅占17%。2009年股市整体走高，房市明显趋热，吸纳了大量资金，对储蓄形成明显分流，储蓄定期化走势持续减弱，定期储蓄增幅由最高的48.8%回落至年末的21.7%。三是其他存款增势减缓。全年本外币其他存款新增65.05亿元，同比增长34.4%，比9月末和6月末分别回落2.9个、10.8个百分点。从本外币其他存款统计项目归属看，主要是由于下半年大量票据到期及向贷款转化，使得保证金存款下滑明显。年末保证金存款比年初增加8.4亿元，比上半年下降33.3亿元。而农业存款和机关团体存款则分别增加30.9亿元和19.2亿元，是其他存款新增的主要组成部分。

【银行信贷高速增长】　2009年末，全市本外币贷款余额达到1150.71亿元，比年初增加358.89亿元，新增额是上年同期的3.1倍，同比增长46.4%，增速比上年同期提高29.8个百分点，高于全省平均14个百分点，增速列全省第1位。2009年在扩大内需政策和适度宽松货币政策的强力推动下，经济领域资金需求巨大，信贷支持能力明显提升。从期限看，各期限贷款均大幅增长，全年短期贷款新增173.6亿元，同比增长39%，增量占全部新增贷款之比为48%；中长期贷款新增159.2亿元，同比增长50.9%，占比44%；票据融资新增13.9亿元，同比增长140%，占比4%。从机构看，各机构贷款投放普遍强劲，四大国有商业银行人民币贷款新增165.9亿元，占全部机构人民币新增贷款的48.7%；其他银行机构新增贷款174.5亿元，占51.3%。从全省看，各月贷款增速均位居前列，全年贷款增速有6个月列全省第1位，其余6个月居第2位；年度新增贷款占全省新增贷款的3.8%，比上年提高1.3个百分点，年度占比为近几年的最高水平。同时，全市信贷结构得到进一步优化。一是在行业投向上，主要集中于制造业、基本建设和个人三大领域。2009年，全市制造业贷款新增103.3亿元，占全部新增贷款的28.8%。水利、环境和公共设施管理业，交通运输、仓储和邮政业，房地产业，建筑业合计新增贷款93.8亿元，占比26.1%。个人贷款新增122.6亿元，占比34.2%，其中个人消费贷款新增76.2亿元，占个人贷款的62%。租赁和商务服务业，批发和零售业合计新增贷款31.6亿元，占比8.8%。二是在企业规模上，重点支持中小企业发展。全年全市各类企业贷款新增192.3亿元，其中，大型企业新增27亿元，占企业新增贷款的14%；中小企业贷款新增165.3亿元，占全部企业新增贷款的86%，比上半年提高5个百分点，其中小型企业新增91.6亿元，占全部企业新增贷款的47.5%，比上半年提高3.2个百分点。三是在支农力度上，涉农领域信贷增长较快。前三季度，全市涉农贷款余额489.9亿元，比年初增加130.9亿元，增长45.2%，高于同期全部贷款增速2.1个百分点。四是在区域分布上，县区贷款配置总体均衡。市本级新增贷款184.7亿元，同比多增127.5亿元，占全市新增贷款的51.5%；县域新增贷款174.2亿元，同比多增113.6亿元，占比48.5%。

【房地产金融保持增长态势】　一

是开发贷款受销售市场波动明显，资金总体宽裕。12月末，全市房产开发贷款36.19亿元，比年初新增7.83亿元，增长27.6%，增幅同比提升18.46个百分点，其中，住房开发贷款比年初增长25.51%，增幅同比回落5.43个百分点。二是个人融资成为市场主要增长点，全年增幅明显。12月末，全市个人住房贷款余额142.84亿元，比年初新增52.37亿元，增长57.89%，增幅同比提高32.1个百分点。三是住房信贷结构持续改善，融资重点突出。年内全市金融机构切实加大对普通及自住型住房需求的支持，有效满足了正常融资申请。四是利率杠杆效应得到有效发挥，融资压力缓解。全年个人住房贷款利率总体保持低位，12月末，个人住房贷款加权平均利率4.55%，同比下降1.36个百分点，降幅23.01%。从对五家国有商业银行调查显示，首套房购买者和改善性购房者基本能够享受最高利率折扣优惠，部分二套房购买者也按照各家银行的实施细则，实行不同程度优惠。

【外汇收支和结售汇顺差规模双收缩】 2009年末，全市涉外收入和支出总计55.36亿美元，同比下降1.75%，其中，收入45.79亿美元，同比下降5.57%，支出9.57亿美元，同比增长21.84%；净流入36.23万美元，同比下降10.87%。同期，全市银行结售汇总额51.55亿美元，同比下降7.94%，其中，结汇45.74亿美元，售汇5.80亿美元，分别下降6.68%和16.83%；净结汇39.94亿美元，同比下降4.99%。从外汇收支和结售汇之间的关联关系来看，结汇与收入的比重由上年同期的101%下降到100%，售汇与支出的比重由上年同期的89%下降至61%，净结汇高于净流入3.71亿美元，同比增长166%，外汇收支形势亟待进一步关注。

【银行业经营总体向好】 银行业资产质量继续提升。2009年末，金融机构不良贷款余额7.86亿元，较年初减少1.17亿元；不良贷款率0.68%，比年初下降0.46个百分点。5家国有商业银行（含交行）不良贷款余额3.44亿元，不良贷款率0.47%，比年初下降0.31个百分点。农村合作金融机构不良贷款余额为3.64亿元，比年初减少0.95亿元，不良贷款率1.47%，比年初下降1.05个百分点。

【保险市场保持平稳】 2009年末，全市保险机构保费收入为31.45亿元，比上年增长7.2%，比前三季度提高4个百分点；理赔款支出6.35亿元，下降30.7%。其中财产险保费收入11亿元，增长26.4%；保险业务下降主要体现为寿险业务的下滑，全年寿险保费收入20.4亿元，下降0.9%，其主要原因是银行代理的中介业务下降20.7%。

【证券市场增长快速】 2009年上证综指上涨1456.33点，涨幅达79.98%，成交额较上年放大91%。股市大幅上行，带动湖州市证券成交量快速扩大。1月～12月，全市累计实现证券交易额2534.1亿元，同比增长101.6%。其中，A股交易2322.7亿元，同比增长117.5%。

【支持经济回升向好】 一是加大窗口指导力度。积极引导金融机构把保持信贷合理平稳增长作为首要目标，明确全市信贷增长“三个高于”的年度目标。及时下发《关于2009年湖州市货币信贷工作的指导意见》、《关于2009年度金融支持新农村建设工作方案》等指导性文件，从宏观层面对辖内信贷投放进行有效把握。围绕“2009金融服务年”活动这一工作主线，抓重点、抓转型、抓服务，切实履行基层央行各项职责，并通过适时召开金融形势分析会，及时向地方政府和金融机构转达上级行工作会议精神，有效地促进了对货币政策意图的理解，并得到了地方政府的大力支持与配合。二是突出信贷支持重点。引导金融机构全力做好支持全市重点项目建设信贷工作，重点做好纳入国家年内1000亿元中央投资项目、全省明后两年政府主导性重大建设项目的对接工作，鼓励通过银团贷款、联合贷款等模式满足大项目建设资金需求，并对各金融机构信贷投放额度和进度情况建立跟踪监测制度。截至2009年末，全市156个重点建设项目授信总额224.19亿元，贷款余额108.79亿元，比年初新增46.71亿元。在支农领域，全面落实农业贷款风险补偿工作，2008年～2009年湖州市农村合作金融机构共获得259.53万元补偿资金，其中省级189.78万元。在支持中小企业发展方面，会同科技局转发《浙江省专利权质押贷款管理办法》、《浙江省商标专用权质押贷款暂行规定》，推动创新商标质押贷款等中小企业信贷模式，通过牵头举办银企洽谈会、指导设置小企业金融服务专营机构，进一步优化信贷服务机制。在扶持弱势群体方面，认真贯彻落实国家助学贷款政策，探索个人创业信贷模式，充分发挥小额担保公司、农村合作金融机构在支持失地农民创业就业中的特殊作用。此外，组织全市金融机构开展“万名信贷员下厂入户服务月”活动，下厂入户信贷员累计达1313人次，走访企业6495家、农户60266户，满足信贷需求46.48亿元。三是灵活运用货币政策工具。运用有区别存款准备金制度促使合作金融机构加大对“三农”投入。科学指导利率定价，引导金融机构合理确定贷款利率浮动区间，重点引导金融机构不断降低支农信贷利率水平。2009年末，全市农村合作金融机构一年期固定利率贷款加权平均利率7.69%，同比下降0.97个百分点，为支持“三农”发展提供资金保障。2009年，为进一步发挥支农再贷款效应，将5000万元的支农再贷款额度全部下发至人民银行三县支行，充分体现支持县域经济发展的政策导向。重启辖内再贴现业务办理，截至11月底，再贴现办理业务1379.3万元，切实发挥了再贴现窗口功能。

【外汇服务能力增强】 出台《关于外汇管理支持湖州涉外经济发展

的实施意见》，放宽企业预收货款结汇比例、出口收汇远期备案条件、出具核销专用联等十项规定，有效促进了贸易投资便利化。通过举办培训班、进行汇率避险宣传、实施“诚信兴商”活动、开展月度汇率走势分析等，进一步提高企业和个人对外汇政策的理解水平。注重政策搭配，加强与国税部门退税政策的密切配合，对货物出口合同约定收汇日期晚于合同约定出口日期或实际收汇日期晚于实际出口报关日期90天以上（不含）的收汇，已在贸易信贷系统登记并确认通过的，允许为其出具延期收汇登记证明并办理出口退税。积极争取中资企业借用外债试点，重点从制订管理办法入手，在中资企业借用外债的资格审核、提款登记、外债偿还和风险管理等方面提出具体意见措施。结合《境内个人境外购房操作办法》，加强对个人赴境外买房资金汇出环节的指导，实现辖内境外购房“零突破”。

【金融基础设施建设持续深化】 一是加快推进信用体系建设。在全省率先出台《湖州市金融机构企业信用信息基础数据库管理规程》、《湖州市个人信用报告使用指南》等制度，规范查询使用和异议处理。加大非银信息采集力度。建立征信信息与法院执行信息共享机制，促进公积金个人信用报告的应用，并将企业环保违法和欠薪等信息纳入企业征信系统。探索农村新型经济组织信用评定机制，指导全市农村合作金融系统积极推进“信用农户”、“信用村”、“信用乡（镇）”评定工作，建立“诚信—授信—用信”的普惠金融服务快速通道。至12月末，全市信用村、镇341个，信用农户31.05万户，信用农户覆盖率达到55.67%，期末，信用农户贷款余额87.82亿元，比年初新增24.57亿元。会同农业局出台《湖州市农民专业合作社信用评定办法》。二是农村支付结算环境进一步优化。农村金融机构支付清算系统基本实现全覆盖，截至2009年末，全市农村金融机构（邮政机构除外）对公网点支付系统覆盖面达100%，对私网点支付系统覆盖面（不含邮政储蓄网点）达97.46%，新增同城票据交换机构2个，有效提升农村金融机构支付清算能力。农村地区银行卡受理环境明显改善，年末，县域农村地区ATM机达301台，基本实现乡镇覆盖率100%，各类POS机具7734台，同比均有较大幅度增长。县域农村地区银行卡应用范围得到进一步拓展，安吉县创建完成了全省首个乡村“银行卡消费示范村”，并在商贸广场创建完成了“刷卡无障碍示范广场”，银行卡市场环境的改善有力地促进了银行卡的应用，2009年度银行卡直接消费566.44亿元，同比增长106.80%。三是切实加强人民币流通管理。增强现金供应的主动调控能力，着力加强对人民币现金流通状况监测预警，优化市场券别结构，引导商业银行加大20元纸币、5元纸币、5角硬币的市场投放，深化硬币回笼长效机制建设，确保小面额货币合理供应。深入开展反假货币工作，充分发挥市反假货币工作联席会议的作用，加强与市文广新局、交通、公安、工商、教育等部门协作，依托反假货币长效网络平台开展“全民普及反假货币知识活动”，切实提升公众反假、识假能力。四是不断提升经理国库水平。积极拓展国库服务领域，开办了国库直接支付个人购房补贴、污染治理补助、优势农产品生产基地补助、优质水稻示范户奖励、淡水养殖项目补助、后备母牛补贴、农业产业化以奖代补和专业合作社项目补助等8类直补业务。

（柳颖君）

·银行监管·

【概况】 2009年，湖州银监分局以科学发展观为指导，紧紧围绕“保稳促调”这一中心，认真贯彻国家宏观政策，组织开展“社会责任年”活动，深化“先进银行”创建，引领辖内银行业加大对地方经济的支持力度，促进了湖州经济社会又好又快发展。2009年，湖州银监分局获得“全国精神文明先进单位”、2008年~2009年度中国银监会系统“文明单位”和浙江银监局系统四星级“文明单位”等多项荣誉称号，并连续四年在省银监局工作绩效综合考核中获得“一等分局”称号。

【全力支持地方经济发展】 一是扶持重点项目企业。从建立“五项机制”（定点联系机制、上下联动机制、信息报送机制、部门协商机制及考核评价机制）入手，引导和督促银行机构主动对接重点建设项目、支持重点企业，积极满足重点项目、企业的金融服务需求。至12月末，全市银行业对全市102个重点项目新增贷款67.15亿元，对104家重点企业新增贷款47.55亿元，为重大项目顺利启动、重点企业加快发展、地方经济较快复苏提供重要金融保障。二是助推小企业成长。制定出台“百家银行助推万家小企业成长”活动方案和年度小企业金融服务工作方案，适时召开交流推进会、举办小企业贷款客户经理培训班，积极探索针对小企业的专业化金融服务；选择性的开展银行与担保公司合作试点，在国家规定的范围内和风险可控前提下，适当提高担保放大倍数。截至2009年底，小企业贷款余额274.01亿元，比年初增加91.61亿元，增长50.23%，顺利完成年初确定的小企业授信户数增长10%、小企业贷款增速高于全部贷款平均增速的目标。三是开展金融惠农工程。全面启动并扎实推进以“一创三送”（即：创建农村信用工程、送金融知识、送信贷资金、送金融服务下乡）为主题的“金融惠农工程”，起草《关于进一步深化农村金融改革发展的实施意见》，督促涉农银行机构切实提高服务“三农”能力。在分局的引导下，全市涉农银行机构共组织“送金融知识下乡”活动53次，发放金融宣传资料1.52万份。截至2009年末，全市农业贷款余额128.45亿元，较年初增加32.4亿元，增幅为33.73%。

【提升银行综合竞争力】　一是全面倡导社会责任。全面动员，指导银行机构发布责任宣言，加大社会宣传力度，营造良好氛围，分局领导带队下基层，摸情况、析形势、解难题，主动加强与湖州经济的对接力度；通过组织交流推进会、青年演讲比赛及活动成果展等形式多样的活动，将合规文化和责任意识渗透至辖内各银行业金融机构。二是深入推进农村金融机构改革。支持长兴村镇银行在县域乡镇新设2家支行，启动安吉交银村镇银行、德清农村资金互助社的组建工作；做好南浔农村合作银行股份制改造前期准备的协调工作。三是活跃金融市场，优化合理布局。指导中信银行、招商银行等2家全国性股份制商业银行开业，并督导其规范运作；鼓励各银行机构在县以下地区增设网点，进一步优化网点布局，同时利用技术优势扩大电子产品在农村地区的使用率。四是推动业务创新。结合湖州市新农村示范区建设的特点，以破解农村地区贷款难、担保难为切入点，继续推动相关涉农银行机构开展农民住房抵押贷款、“诚信彩虹”工程，积极推动全市各涉农银行机构开展农村青年创业贷款、“和美家园”农户建房贷款、“创业之星”商户贷款、“美妙人生”人寿保单质押贷款等一批有利于改进支农服务的业务创新，在较好地推动了农村经济的发展的同时，也提高了银行自身综合竞争力。截至12月末，全市银行业本外币存款余额1397.69亿元，比年初增加379.94亿元，增长37.88%；本外币贷款余额1150.71亿元，比年初增加358.89亿元，增长46.4%；存、贷款增幅均列全省第一。

【促进银行业稳健运行】　一是深入开展风险防范活动。组织辖内各银行机构开展案件风险百日大排查专项活动，加强日常走访，及时掌握情况，督导银行机构加强内部管理，建立案件风险防范的长效机制；深入推进农村合作金融机构“树合规、严内控、防风险”专项活动，选择内控薄弱的邮储银行开展“强基础、严内控、促发展”活动，举办风险管理培训班，提高高管人员风险管理意识，引导树立科学经营理念，打造良好企业文化，促进持续健康发展。二是密切关注不良贷款。科学设置风险容忍度，将不良贷款考核由“双降”调整为“双控”；关注银行机构在信贷高增长形势下的不良贷款的反弹压力，积极督促各行加强不良贷款监测和处置。同时，强化新增大额不良贷款的监测，建立信贷客户出逃情况报告制度，对于信贷客户出逃的，要求银行业金融机构及时报告相关情况；完善信贷客户违约信息通报制度，及时向银行机构进行风险提示。

【持续提高监管有效性】　一是综合运用监管手段。加强非现场检查监管与现场检查的联动，主监管员参加被监管对象的现场检查，增强非现场监管对现场检查的指导作用；同时，注重监管调查工作，通过组织开展“监管调查月”、重点课题招标等形式，营造良好的调研信息氛围，及时分析、化解监管工作中遇到热点难点问题。二是提高现场检查工作水平，进一步完善现场检查流程、考核评价体系，不断创新现场检查手段。2009年，共组织实施各类现场检查项目27个，投入工作日2479人·天，查出违规金额2.59亿元，行政处罚5次，其中经济处罚75万元，责令处理18人次，提出整改意见133条。三是提升内部管理质量。全面导入ISO9001质量管理体系，按照科学化、系统化和标准化的要求，梳理分局内部制度，规范流程操作，提高各项工作效率；对在贯标中发现的问题及时采取措施，持续改进。

（崔　嵘）

·中国工商银行湖州分行·

【概况】　2009年，工商银行湖州分行积极应对复杂多变的外部环境，认真贯彻市政府“保增长、抓转型”的精神，积极投入“金融服务年”活动，加快推进经营转型，不断提升服务水平，既推动了业务增长，又促进了地方经济发展。2009年末，本外币存款余额238.45亿元，比年初增加57.86亿元；本外币贷款余额211.23亿元，比年初增加46.35亿元；本外币不良贷款余额和不良率分别为7022万元和0.33%，继续保持双降。在湖州金融同业中，连续三年被湖州银监分局授予“创建先进银行”活动优胜单位；在省工行经营绩效考核综合排名第4位；在工总行二级分行综合排名第18位，已连续8年入围“30强”行列。

【支持地方经济建设】　2009年，工商银行湖州分行加大信贷投放力度，推进结构调整，较好地发挥了工商银行作为国有大型银行融资主渠道作用。一是加大对重点项目、重点企业的支持。建立三级联动机制，限期评估审批，全年重点支持建设项目45个。二是积极探索小企业服务新模式。出台了小企业金融业务专营实施方案，确立了“专业化经营、个性化考核、最优化流程”模式，在全市建立6家小企业专营机构；同时扩大对专营机构小企业信贷业务授权范围，下放业务审批权限，进一步简化审批流程，有效地推动了小企业信贷业务发展。年末，小企业贷款比年初增加9.11亿元，贷款增幅高于全部贷款增幅。三是推进信贷结构优化。坚持绿色信贷理念，严格控制对高能耗、高污染项目的信贷投入，并以湖州市产业政策为导向，积极支持一些技术实力强、有发展前景、促进节能减排的工业性技改项目；加大对县域经济的投入力度，三县各项贷款增加23.99亿元，同比多增13.05亿元；大力促进扩大消费特别是居民消费，个人住房及消费贷款比年初增加17.9亿元，同比多增14.35亿元，有效地推动了居民购房、装修、汽车等大宗消费。

【提高客户服务水平】　面对企业和客户多样化的金融服务需求，2009年，工商银行湖州分行从渠道、产品、流程等多方面创新入手，努力提升金融服务效率和服务水平。一是不断拓宽融资渠道。通过开展资产转让、信托理财、票据移存等新业务，腾出规模支持当地企业发展，全年实现资产转让8.17亿元，发行信托类理财产品4.7亿元，签发银行承兑汇票32.66亿元。二是加大信贷新业务运用力度。充分利用项目搭桥和项目前期贷款等政策，及时满足了客户资金需求；大力推进贸易融资业务以及@网贷通"和"易融通"等网络融资业务。三是推进网点转型和流程优化。大力推动营业网点从单一服务型向综合服务型转变，所有网点实现全面开办对公业务，并积极探索网点前中台业务分离改革；加大自助设备投入，大力推广网上银行、手机WAP银行等服务渠道，业务综合离柜率达到55.71%。四是不断提升服务质量。坚持开展"星级网点"、"服务明星"等评选活动，在营业网点全面推行"四个规范"标准化服务模式，连续六年被省工行授予"服务工作先进单位"。

【提高风险防控能力】 2009年，工商银行始终坚持将防范金融风险、维护金融秩序作为持续发展的基础，努力营造稳定的区域金融环境。一是深化信用风险防控。在不确定因素增加的情况下，加大企业走访了解频率，分级明确重点监控的职责，通过建立完善风险预警防控机制、强化贷后检查等多项举措，防范信贷质产质量蜕变，有效防范金融风险，共筑最佳发展软环境。二是完善内控防案体系。加强管理人员和客户经理的监督，重点防止商业贿赂以及员工违规行为等；强化教育宣传和检查监督，落实内控管理措施，通过警示教育、内控防案经验交流、员工行为动态管理、防案分析等形式，不断规范客户经理、营业经理和各级管理人员履职行为。二是加强合规管理。坚持依法合规经营，加大重点环节和薄弱环节风险防控，加强监督管理，启动监督体系改革，推行违规积分管理，有效防范操作风险，连续十年实现安全经营无案件发生，被省工行列为内部控制评价一级行。

【队伍建设得到增强】 2009年，工商银行湖州分行加大人员培训力度，抓好法人代表、个人、机构客户经理以及临柜人员等不同层面的定期培训，落实"一训一考"制度，有效地促进了员工业务素质、操作技能的提升。同时，积极推进家园文化建设，建立多层次帮困救助机制，设立特困人员帮困互助基金；通过开展各类文体活动，帮助员工释放工作压力，有效提升了全行员工的凝聚力和归属感，2009年获得工商银行总行精神文明建设先进单位荣誉称号。

（王　峰　吴　玲）

·中国农业银行湖州分行·

【概况】 2009年，面对新世纪以来最为困难的外部经济环境，中国农业银行湖州分行充分发挥金融对"保增长、促转型"的核心保障和支撑作用，实现了自身效益和社会效益的同步快速发展。全年存贷款增量超100亿元，其中各项存款新增52亿元，增幅列全省农行第三位；各项贷款新增53亿元，比上年增长54%，增幅列全省农行第一位；中间业务收入占比、优良法人客户贷款占比、不良贷款占比、个人贷款占比等结构性指标均优于全省农行平均水平。荣获了市政府综合考评一等奖；绩效考核满分，列全省农行第一位；内控综合评价得分列全省农行第二位，市分行本级及所有一级支行均为一类行；业务综合评价前进一位。

【加快总量发展】 在继续优化结构的同时，紧紧抓住国家投资拉动内需的机遇，进一步加快总量发展。大力开展"对接百个重点项目、支持百家重点企业"活动，在投向上积极支持重点项目和重点企业，并努力破解中小企业融资难的问题；积极开展"百家银行助推万家小企业成长"活动，采取更为灵活的授权和担保方式，放宽增量贷款审批权和放宽保证项下贷款审批权。践行"服务三农"的市场定位，加强县域和"三农"领域投入力度，加强了对县域一级支行和集镇二级支行的授权管理、资源配置，强化了县域支行作为服务"三农"的主体地位。大力发行金穗惠农卡，实施农户小额贷款扩面工程。

【推进机制创新】 2009年是农行股份公司挂牌后的第一年。农行湖州分行着力营造"新银行、新要求、新贡献"、"岗位价值创造"和"人人都是前台、都要为全行业绩做贡献"的三大工作理念，并从机制创新上引导推进。突出同业排位，鼓励各行进位领先，对需要重点发展的主体业务或"短腿"业务采取争抢制考核。扁平化设计各层面员工的考核制度，扎实推进了市、县行机关转型，开展"三型"机关创建活动，加大机关部室服务基层和基层评价机关的考核比重。

【加强风险防控】 切实强化信贷风险防控，统一全行标准，细化重点行业和小企业财务指标分析与运用；采取"二次进点"的信贷监管方式，现场剖析问题和责任追究；实施"一增加四控制"的担保方式管理；下发风险预警提示，落实好风险排查和防控措施。切实强化操作风险和案件防控，在继续深化链条式监管和365天无间歇授权的同时，上收县（区）行监管员职责，实行"四统一二不变"的新模式；率先在全省农行实行了全市票据交换提回的后台集中处理；加大了员工行为分析和"飞检"频率。

【提升社会形象】 在前几年大力推进网点转型、拓宽服务渠道、提高文明服务水平的基础上，通过实施弹性窗口工作制增加窗口、增配大堂经理引导分流客户等措施，不断提高窗口服务效率。大力推行离柜业务，配置存取款一体机等自助设备135台，其中2009年新增30台，积极推广网上银行、电话银行、手机银行等电子渠道，较好地解决了“排队难”问题。进一步加强了临柜员工培训，实施网点文明标准服务导入工程，切实提升了服务技能和质量。（朱文泉）

·中国农业发展银行湖州市分行·

【概况】 2009年，面对国际金融危机，市农发行坚持以科学发展观为指导，认真贯彻执行中央刺激经济的一揽子计划和强农惠农的各项政策措施，加大信贷投放，强化经营管理，切实防控风险，在极其困难的情况下全面完成了年初确定的各项目标任务，较好地发挥了农业政策性金融在支持新农村建设中的职能作用。全年累计投放各项支农贷款10.78亿元；年末，各项贷款余额22.84亿元，比年初增加3.89亿元，增长20.5%；实现账面利润4499万元，较上年增盈52万元，超额完成上级行下达的利润计划指标。并被湖州银监分局表彰为“2009年度湖州市银行业金融支农先进单位”。

【加大信贷支农投入】 认真落实国家和地方政府“扩内需、保增长、调结构”政策举措，切实增强政策性银行履职的积极性和自觉性，围绕政策做文章、抢抓重点促发展。一是以巩固主体业务为首要任务，全力做好粮棉油信贷工作。始终把支持粮油收购作为业务工作的首要任务，积极支持各级储备粮油增储和轮换计划的顺利实施，保障各级储备粮油增储轮换信贷资金及时供给。累计发放政策性贷款2.89亿元，发放准政策性贷款0.32万元，支持企业轮入、调入各级储备粮油及收购粮食9274万公斤。二是以发展非经营性业务为重点，大力支持农业开发和农村基础设施建设。累计发放贷款5.3亿元，新增支持农村路网、水网及农村流通体系建设贷款项目3个，有效促进了湖州市新农村建设重大项目的落实，改善了农村生产、生活条件，推进了城乡一体化进程。三是以推进“强龙兴农”工程实施为着力点，择优扶持产业化龙头企业做强做大。认真落实“解困、扶持、服务”六字方针，围绕湖州市“4231”产业培育计划实施，积极帮助农业企业应对金融危机，重点支持粮油食品、竹木、蚕茧等湖州市主导产业的龙头企业8家，累计发放农业产业化龙头及加工企业短期贷款1.91亿元。同时，坚持审慎稳妥、量力而行原则，对8家农业小企业累计发放农业小企业贷款10笔，共计0.37亿元，农业小企业贷款的覆盖面逐年扩大。

【加强信贷风险防控】 牢固树立“审慎、规范、稳健”的指导思想，坚持规模、速度、质量和效益协调平衡，着力构建良好的风险防控体系，努力提高风险管理能力。一是加强信贷基础管理。以全面推行贷款尽职管理工作为契机，切实加强贷款管理基础工作，进一步规范了贷款调查、贷款发放、贷后管理各环节的操作。认真执行省分行《信贷风险经理管理办法（试行）》，按季开展信贷风险经理履职监督检查，进一步加大了对经营行客户经理履职尽职的监督管理力度。二是高度重视风险防控。坚持以案件排查工作和案件风险“百日大排查”活动为契机，及时针对发现的问题抓好整改，有效地加强对操作风险的防范。配合粮食部门完成了全市粮食清仓查库工作。切实加强对抵质押品的管理，认真进行抵押品价值管理分析，动态监控抵质押品质量，严防抵质押品贬值、灭失，防范信贷风险。认真做好了CM2006系统二期风险管理项目上线运行工作，客户准入和风险总量控制实现了由人控向机控的转变。三是强化了监督管理。落实重要岗位和敏感环节工作人员强制休假制度，设立了信贷独立审查官。

【强化内部管理】 围绕着力打造现代农业政策性银行的要求，不断深化内部改革，强化经营管理，提高经营管理水平和效益。一是改革经营绩效考评办法，实施了目标责任管理。二是强化负债业务管理。通过开展组合营销、以贷引存、落实回笼资金按比例归行、拓展同业合作领域等途径，各项存款大幅增长，有效地降低了资金成本。三是加强资金营运管理。信贷资金运用率保持在较高水平，提高了资金使用效益。四是强化内部控制。对会计坐班主任进行了异地短期委派交流。五是不断改善金融服务。探索开办了林权抵押等新型担保方式，全面启动了大客户走访计划，加强对优质客户维护工作。推广综合柜员制改革、收购资金非现金结算以及大、小额支付系统，有效提高了工作效率。六是加强信息系统基础设施建设，提高了信息安全保障和服务能力。七是抓好安全保卫工作。坚持预防为主，以提高安全防范意识和整体防范能力为重点，切实抓好安全保卫工作，实现了“四无”目标。（赵建银）

·中国建设银行湖州分行·

【概况】 2009年，中国建设银行湖州分行围绕“推进和谐分行建设，争创一流业绩目标，全面促进各项业务又好又快发展”这一主题和“抓转型、促发展、调结构、练内功、增和谐、创一流、保质量、控案件”这一主线，坚定信心、把握机遇，团结拼搏、负重奋进，实现了各项工作又好又快发展。年末一般性存款余额和各项贷款余额分别比上年增长39.18%与28.32%，增速分列全省建行系统第1、第2位。经营效益稳步增长，账面利润比上年增长21.19%，列全省建行系统和四大行（工、农、中、建行，下同）第一；贷款收益率、存贷利差均列全省建行系统和当地四大行第一。不良贷款额和不良贷款率继续双降，不良贷款率0.33%，比年初下降0.14个百分点。在2009年度KPI考核中列全省建行系统第1名。实现了全年安全无事故。集约化经营程度有了一定提高，人均存款、人均贷款、人均利润（拨备前）、人均中间业务收入均列当地四大行前列，已成为在当地最具实力和竞争优势的大型商业银行之一。

【支持地方经济发展】　2009年，该行顺应金融支持经济发展政策，突出重点，稳妥投放。一是在投向上积极支持中小企业、重点项目、民生工程和优质个人客户。支持了滨湖大道、杭长高速二期、铁路湖州南站综合交通枢纽、水利东苕溪等重点基础设施项目；支持了中海油金洲、久立特材大口径不锈钢等重点工业项目和三一重工、多媒体产业园等招商引资项目，以及“一港两区”、“六路一河”城市建设项目与综合整治工程。年末重点项目贷款和小企业贷款的新增均超过了9亿元，其中“网络银行贷款”新增近2.5亿元。二是大力发展个人住房贷款，个人住房贷款增幅列全省建行系统第一，贷款余额占比、新增占比均列当地四大行第一。年末大型、特大型公司客户，中型及以下公司客户以及个人信贷客户结构基本维持着“三三制”格局。

【渠道建设稳步推进】　2009年，该行继续推进网点建设，全年共完成6个网点的装修改造，其中迁址2个，新增离行式ATM3台，新设离行式自助银行2个，网点形象得到进一步提升。完成了12个网点的升格，建设了财富管理中心，重点推进柜面分流，电子渠道分销能力显著提升。自助设备的交易占比从年初的22%提高至30%，电子银行与柜面交易占比从年初的27%提高至59%，离柜率由年初的38%上升至51%。开展了网点上台阶活动，全行1.5亿元以下低产网点从年初的23个减少到6个，17个网点摘掉了1.5亿元以下网点的“帽子”。年末点均存款和网点单产新增均列当地四大行第一。

【创新经营机制】　2009年，该行继续推进业务转型，完善经营机制，充分发挥小企业中心的作用，试点县支行经营管理模式改革；积极探索审批体制改革，实行了专职贷款审批人派驻制；继续深化会计检辅集中管理，会计基础工作等级管理不断跃上新台阶。同时，加大创新力度，业务创新能力不断增强。大力发展网络银行、保理业务、偿债资金监管、债券监管、“周周盈”等新兴类产品。长兴支行为企业债券发行提供债券抵押资产和偿债基金账户监管服务，开创了在全省商业银行中县级支行作为托管行身份的先河；德清支行完成了全省建行系统第一笔服务保理业务。此外，该行还积极开展“海外联动”，拓展投行业务，实现了全行IPO及再融资财务顾问收入零的突破。

【安全运营】　进一步完善贷后管理，信用风险管理进一步强化。不断强化内控管理，在三县支行建立起纪检监察特派员制度，加强了纪检监察工作，积极推进违规责任追究常态化。不断加强和完善操作风险管理，建立了操作风险季度分析例会制度，加强对操作风险管理状况的评估。切实抓好反洗钱工作，开展风险警示教育，强化员工从业行为管理。深入推进“平安建设工程”，加强安全检查工作，完善安全管理制度，确保了国庆60周年期间的安全运营，实现了全年安全无事故。

【和谐分行建设】　认真开展“关爱员工”系列活动，真心关爱员工，关心员工的职业生涯发展，充分体现人文关怀。经常性开展行长接待日和下访活动，畅通沟通渠道。树立标杆，加大典型宣传，激发员工的工作热情和积极性。积极开展文明创建活动，安吉递铺路支行获得省级（总行级）“青年文明号”，德清武康支行获省级“巾帼文明示范岗”称号。

（赵　宁）

·中国银行股份有限公司湖州市分行·

【概况】　2009年，湖州中行以“工作作风大转变”为契机，围绕“提点升位”发展目标，立足区域经济，发挥特色优势，加大授信投入，业务发展和经营管理取得了一定的实效，为新三年发展规划创造了较好的开端。全年人民币存贷款增幅分别为33.9%和71.71%，中间业务收入增幅11.54%，本外币贷款不良率0.46%。2009年，湖州中行被湖州银监分局评为市小企业金融服务先进单位，下属长兴县支行被授予“先进银行创建优胜单位”称号，吴兴支行被授予“先进银行创建进步显著单位”称号。南浔区支行、安吉县支行、南街支行及长兴金陵中路支行被评为湖州市“平安金融单位”。同时湖州市分行营业部、南浔区支行、吴兴支行营业部、德清广场分理处还被湖州银行业协会评为2009年度“湖州市银行业文明规范服务示范单位”。

【支持地方经济发展】　紧跟形势变化，把握政策导向，优结构、促提升，加大对工业企业信贷资金的投入和重大基础设施项目的争揽及有效投放，努力服务于湖州经济发展。一是积极开展“十大银行对接百个重点项目，支持百家重点企业”专项行动，主动与湖州市重点项目、中小企业对接，先后重点支持10多家制造企业及湖州城建地下通道工程、湖州历史文化古街——衣裳街改造等市政基础设施建设项目，并与上级行联动叙做了杭长一期、二期、申苏浙皖公路项目，有力地支持了当地项目的建设和企业的发展。二是全力以赴开拓中小企业金融服务工作，扶持中小企业成长。抓住时机成立中小企业业务中心，并在县级支行设置钻石团队。针对中小企业融资“短”、“频”、“急”的特点，量身定制授信模式为中小企业服务，积极推广“中银通达”产品，减少审批环节，提高审批时效，切实解决中小企业实际融资困难，深受社会各界好评。截至2009年末，湖州中行小企业客户数增长210.34%，小企业贷款增幅达到412%。三是加强与优质房产开发商、汽车销售商的沟通与联系，积极拓展按揭贷款业务。通过增加营业机构的业务功能，利用经营性网点拓展零售贷款业务面，扩大业务营销触角。

【加大产品创新力度】 面对复杂的国际经济环境及持续低迷的外贸进出口形势，继续发挥国际结算业务独特优势，认真梳理客户，结合中行产品特点与客户需求，“一户一策”提供差异化服务。紧跟市场变化，加大产品组合和创新，积极叙做了汇利达、融易达、NDF、IFC担保项下福费廷等业务，实现多个新业务、新产品零的突破，挖掘国内市场潜力，叙做了首笔国内信用证、国内商业发票贴现等业务，积极扩大业务发展机会，拓宽企业服务范围。同时零售贷款业务针对区域经济的特点，积极开发区域性产品——“童装、木业经营户信用保证贷款”，并投入运行。

【强化主动风险管理】 开展区域经济调研和区域特色行业跟踪分析，制定区域授信指引和特色行业授信指引，并被上级行评为“区域授信指引制定工作优秀奖”，切实发挥了对业务前台的导向作用。完善政策传导机制，加强窗口指导，强化业务培训，多层次、多渠道贯彻落实风险管理政策制度，切实提高风险防范意识。完善“抓住重点、分类管理、快速反应”的尽责机制，实施差异化授信审批流程，执行授信审批工作时效承诺，提高审批质效，加快授信需求响应速度。研发授后监督财务预警系统，探索运用IT手段打造授后监督平台，创新管理工具，填补风险管理空白，并得以在全省系统内运用推广。建立公司授信授后监督独立评价工作机制，强化了重大风险事项预警能力。

【注重内控合规建设】 进一步完善内控体系组织建设，加大日常检查力度，采取突击检查、例行检查、重点检查等方式，全方位、多层次地对各业务条线进行内控合规检查，并从业务条线抽调骨干成立代职检查团队，强化过程监督，增强检查辅导功能。认真开展案件风险“百日大排查”活动，加大对员工违规操作的处理力度，强化了制度的执行力。举办多形式的合规教育活动，进一步强化员工合规操作意识和防案能力。组织到长湖监狱进行“现身说法”教育、观看银行业反腐倡廉展览等警示教育活动，通过签订党风廉政建设目标责任书、下发有关廉政教育文件与刊物，抓好党员干部廉政建设。建立长效防御机制，加强与公安、银监、消防、综治等部门的沟通与联络，结合当前社会治安形势和工作实际，制定经营性机构突发事件应急预案，组织演练，使员工真正掌握预案的流程、要点和防范手段，确保应急预案真正发挥作用，防患于未然。

（盛惠芬）

·交通银行湖州分行·

【概况】 截至2009年末，人民币各项存款余额98.11亿元，比年初增加26.64亿元，增长37.28%；其中人民币对公存款75.95亿元，比年初增加21.49亿元；人民币储蓄存款22.16亿元，比年初增加5.15亿元。人民币各项贷款余额80.51亿元，比年初增加23.6亿元，增长41.48%，其中小企业和个人贷款余额23.64亿元，比年初增加9.16亿元。实现中间业务收入5363万元，同比增长29.67%。实现税前经营利润22887万元，同比增长17%。资产质量继续保持较高水平，不良贷款余额51万元，占比为0.006%。连续四年被评为市先进银行创建优胜单位、蝉联市小企业金融服务先进单位。顺利通过市级文明单位复评。

【金融服务】 深入开展重点项目对接支持活动，从产品创新、流程简化、效率提高等多个方面开通绿色通道，专门建立了“蕴通财富”服务中心，新设公司业务发展部，加快对重点公司客户金融服务需求的支持。至12月底，对接企业42家，信贷投入12亿元；对接项目10个，信贷投入6亿元。成立小企业信贷服务中心，积极支持小企业发展，至12月底，“展业通”小企业贷款余额5.98亿元，比年初新增3.69亿元，完成年度计划的134.52%。服务民生，大力发展个人消费贷款，12月末，个人贷款余额17.6亿元，新增5.58亿元。国际业务积极创新，同时办理了在浙江省交行系统首笔进口代收融资业务，同时，办理了首笔离岸快速汇款业务、首笔结构性付汇理财业务、首笔中信保项下出口托收融资业务、首笔票汇业务，有效地支持了外贸企业的发展。

【合规管理】 加快调整贷款结构，12月底，关注类行业贷款占比25.64%，比年初减少4.8个百分点；减退计划完成良好，全年计划减退贷款5355万元，实际减退12432万元，完成率达232%。期限结构继续优化，中长期贷款占比39.94%，比年初提高了13.23个百分点。加强贷后管理。积极开展“贷后管理，争先达标”主题活动，通过整章建制、实行贷后管理每月推进例会、加强考核处罚等措施，推动贷后管理水平提升。加强逾期贷款管理，通过诉讼、重组等多种手段，收回了多笔不良贷款。加强会计基础管理，修订《2009年基层营业机构会计管理综合考核办法》，严格执行会计人员轮岗轮调制度，在防范会计风险中发挥了积极的作用。继续开展各类风险排查，对自查中发现的问题和华东审计、外部监管检查中发现的问题，及时召开内控专题会议进行深入剖析，逐一落实整改措施。认真开展百日案件排查和案件专项治理工作，保持了案件和重大业务差错的“零记录”。

【战略转型】 加强零售业务转型，个金条线对全行利润的贡献度得到明显提升。截至12月底，全行人民币储蓄存款余额22.16亿元，比年初增加5.15亿元；市场占比5.24%，比年初上升0.11个百分点。个金条线全年中间业务收入1079.7万元，占全行中间业务收20.13%，行内占比比去上年提升

1.39个百分点。零售类贷款增幅创历史新高。截至12月底，零售类贷款余额达23.64亿元，比年初新增9.16亿元，完成计划的305.36%。

【渠道建设】　继续加大投入、加快网点布局、优化和装修改造步伐，长兴支行顺利开业，南浔支行完成迁址搬迁，网点服务功能进一步完善。自助机具和电子渠道加快发展，新增ATM机9台，新增离行点6个；企业网银动户数达到386家，完成年度计划的110%；个人网银动户数达到7671户，完成年度计划的255%；电子银行业务分流率达到44%，完成年度计划的102%；电银条线实现收入236万元，完成年度计划的157%。

【队伍建设】　深化以学习型组织创建为载体的全员培训体系建设，针对中层干部、经营单位负责人、客户经理、大堂经理、一线柜面人员，推出“脱产培训周”计划，全年自办培训班39期，其中中层干部培训班一期、客户经理培训班二期、会计人员培训班三期，参训2345人次；选送40余人参加AFP培训考试（37名通过）。完善人才培养机制，制订出台《湖州分行干部竞聘上岗暂行办法》、《交流、外派干部管理办法》等，逐步形成比较完整的人力资源管理机制，为青年员工成长创造了良好的条件。全年有28位青年员工通过竞聘，走上了干部岗位。

（涂丽华）

·湖州市商业银行·

【概况】　2009年，湖州市商业银行坚持以科学发展观为指导，牢牢把握“保发展、防风险、抓转型、增活力、强服务、促和谐”这一主线，加强风险管理，深入推进战略转型，积极履行社会责任，在不断变化的经营环境中保持了经营规模、资产质量、经营效益的同步提高。截至2009年末，全行总资产144.92亿元，比年初增加36.52亿元，增长33.69%；各项存款余额为123.71亿元，比年初增加31.44亿元，增长34.07%；各项贷款余额为89.43亿元，比年初增加26.42亿元，增长41.94%；五级分类不良贷款余额为7734万元，不良率为0.86%，实现利润总额2亿余元。

【支持地方经济和社会发展】　认真贯彻落实关于促进经济增长和转型的要求，积极推进“百名领导联系服务百家企业百个项目”活动，贯彻落实“区别对待、有保有压”信贷政策，助推地方经济和社会发展。截至2009年末，商行对重点项目的授信总额3.08亿元，重点企业的授信总额5.67亿元。积极开展同业合作，通过银团贷款方式，引进2个项目共计3.56亿元，有力地支持了湖州重点设施项目的建设。加大小企业金融服务力度。以小企业业务和个人业务作为战略方向，通过强化考核、加大激励、下放权限、优化流程、创新产品、设立专营机构等手段，推进小企业业务快速发展。年末，全行小企业授信户数1257户，比年初增加378户，增长43%，小企业贷款总额66.54亿元，在全部贷款中的占比高达73.57%。全力做好金融支农工作。积极组织开展金融惠农活动，送金融知识下乡，做好市场宣传，充分发挥客户经理“本土化”优势，在防范风险基础上继续做好农户联保贷款和个人助业贷款，全力做好支农工作。

【加强战略管理】　制定并通过三年发展规划，着手落实规划的实施工作，提升科学引领能力。积极探索建立强有力的战略管理体系，把战略管理与日常经营有机地结合起来，提高战略执行力。充分发挥公司治理各主体的作用。初步构建董事会决策、经营层执行、监事会监督的职责明确的治理架构。启动增资扩股工作。积极谋划引进战略投资者，增资工作第一期9800万股已募集到位，并妥善解决了股权历史遗留问题。

【服务创新水平提高】　搭建湖州青年企业家融资服务平台。与湖州市青年企业家协会共同建立“湖州青年企业家融资服务平台”，为本市优秀青年企业家创业提供优质的金融服务。推出“百合花”系列小企业产品。陆续推出了“百合花—1+N物流链融资贷款”、“百合花—融易通”、“百合花—银保通”、“百合花—赢收通”、“百合花—全覆盖抵贷”、小企业股权质押贷款、小企业排污权质押贷款和白领阶层信用贷款、个人船舶抵押贷款、“微贷通”等系列新产品，满足小企业和个人的融资服务需求。支持科技型中小企业发展。与市科技局签订科技金融全面战略合作协议；与市科技局、担保公司三方合作成立湖州市科技企业融资服务中心；与市科技局，北京连城评估公司三方合作推出知识产权质押担保融资业务，发放首笔500万元的发明专利抵押贷款；发行3000万元“太湖之星”科技型中小企业集合信托债券基金。创新开发理财产品，探索支持地方经济发展新途径。至年末，共累计发行“百合花”理财产品9期，金额5.02亿元，积极支持市政基础设施建设和重点龙头企业发展。不断完善服务手段。上线了“银讯通”业务，开发本行的网上银行功能、湖州财政统发工资业务系统、城商行资金清算系统和电子商票系统等。

【风险管理得到强化】　2009年建立了日常修改完善与定期修订完善相结合的制度完善机制，实行二年一次全面修订完善制度，启动了《2009版制度汇编》工作。认真落实银监部门有关操作风险排查要求，开展案件风险排查，组织对2009年新增授信、风险分类和贷后管理情况专项检查，开展了案件“百日大排查”专项活动等。认真梳理和分析银监部门提出的有关操作方面存在的风险与问题，落实整改措施，防范操作风险。组织实施网点坐班会计轮岗、轮调和强制性休假制度。加强会计监督，提高会计检查的广度和深度，努力提高制度的执行力。以创建“平安银行”

安全生产水平得到进一步行网点安全达标率达到资产负债比例控制在法定，增配流动性较强的票据产，以加强流动性风险管理，流动性风险管理良好。未发生媒体负面报道等影响公司声誉的风险。（沈佩英）

·湖州农村合作金融·

【概况】 2009年，全市农村合作金融机构以“保增长，防风险，强基础”为工作主线，积极发挥服务“三农”和小企业的金融主渠道建设作用，支持湖州市新农村建设和地方经济社会发展。至年末，各项存款余额340.16亿元，比年初增长32.4%；各项贷款余额247.66亿元，增长36.12%。存款、贷款增量和总额在全市银行业机构中居首位，存、贷款增幅均居全省系统地市排名第一。上缴地方税收3.18亿元。

【深化支农服务】 一是加大支农支小扶持力度。出台深化农村信用工程、加强小企业服务等意见（办法），以“走千家、访万户、共成长”活动为抓手，全力支持农业和小企业工作。年末，全市系统小农业贷款新增38.48亿元，增长40.58%；小企业贷款新增32.48亿元，增长43.18%。二是加强小企业信贷服务。针对宏观经济形势对实体经济影响的不断加深，积极贯彻落实“服务企业、服务基层”的行动要求。与市经委、市工商局联手加大对微小企业的扶持，累计支持小企业贷款392户、金额8.64亿元；微型企业贷款2059户、金额5.52亿元。与全市47家担保公司开展合作，为中小企业提供担保贷款余额11.46亿元。助推节能减排和转型升级，支持污水处理基础设施贷款1.44亿元、工业循环经济节能型企业贷款5.13亿元、技术升级转型企业贷款5.18亿元。加快产品服务创新，推出小企业股权质押、仓单质押和应收账款质押，福费廷，进口押汇等融资新产品，设立小企业贷款中心，开通支农服务热线，进一步完善信贷服务。三是推广现代金融机具。改进信贷服务、改善农村结算条件，率先在全省系统开展丰收小额贷款卡试点工作，吴兴、南浔、德清、长兴合作银行和安吉信用联社等5家行社完成小额贷款卡上线工作，吴兴、南浔、德清、长兴等4家合作银行开办丰收贷记卡业务，全市系统布放ATM机138台、POS机具6331台，基本覆盖全市乡镇。四是深化信用工程建设。在安吉召开全市农村信用工程现场推进会，明确三年信用工程创建目标和措施要求。与市农业局、市供销社合作开展农民专业合作社信用评定工作。年末，全市系统创建信用乡镇16个，信用村325个，信用农户评定31.05万户，授信总额达到87.82亿元。涉贷农民专业合作社157家、社员5356名，贷款2.38亿元。安吉联社“诚信彩虹”农村信用工程得到了省政府副省长茅临生的充分肯定和重要批示。五是支持农村创业创新。与市委组织部、团委、妇联、供销、农业、林业等部门合作，支持农村青年、团员、妇女、林农等创业共计3678户、贷款6.17亿元。农村青年创业贷款工作得到共青团中央的高度肯定和推广，湖州市系统支持“双创”工作得到市政府领导充分肯定。

【强化风险管理】 一是加强合规建设。按照“科学发展，建设好银行”的目标，组织开展“树合规、严内控、防风险”专项活动和“百日大排查”活动，深入推进合规文化建设。二是强化审计监督。探索实施计算机辅助审计，建立监审联动工作机制。三是增强内控基础。组织开展清算中心、信贷、财务、安保等大检查，开展消防演练，举办安防知识讲座，推进社会化守押。

【强化基础管理】 一是开展学习实践活动。全市系统围绕“保增长、防风险、强基础”这一主线，以战略管理、信用工程、百日大排查、小企业贷款推进等活动为实践载体，通过组织集体学习、干部员工大讨论、课题调研、体会交流和征文演讲辩论比赛等活动形式，进一步深化科学发展理念。二是实施发展战略管理。针对县级法人体制，积极创新发展思维，推进发展方式转变，制定2009～2011年发展战略规划，加强战略管理。南浔合作银行率先完成增资扩股工作，并在杭州首家主发起设立建德湖商村镇银行。三是加快网点和服务建设。深入开展“文明服务建设年”活动，全市系统改造旧网点14家，打造精品网点13家，创建省级系统文明服务示范单位2家、市级银行业文明服务示范单位5家。

【加强队伍建设】 2009年全市系统共举办各类培训班137期、培训6600余人次。一是加强宣传报道。全市系统积极开展支农保增长、丰收卡消费、反假货币、反洗钱等各类农村金融知识宣传活动达61次，在《湖州晚报》开展每月一期的农村合作金融专版，普及宣传农村金融知识。中央电视台《新闻联播》播报了安吉信用联社“诚信彩虹—青年创业”贷款工作。二是加强和谐企业建设。捐款援助四川青川农信社重建，走访慰问特困职工和退休职工，开展省级青年文明号、巾帼文明示范岗、文明单位创建等活动。2009年，吴兴合作银行在区银行业年度考评中排名第一，南浔合作银行荣获区服务业特别贡献奖，德清合作银行在县千人评议机关（单位）活动中获企业化管理垂直单位组的第一名，长兴合作银行在县“一讲二评三服务”活动中获奖，安吉信用联社获得“安吉骄傲”荣誉称号。

（赵 寅）

·中国人民财产保险股份有限公司湖州市分公司·

【概况】 2009年，湖州市分公司全体员工面对日趋复杂的市场环境，按照“围绕效益中心、践行科学发展、深化九字方针、创建一流公司”的总体要求，以提升盈利能力为中心，全面落实科学发展观，深化“促发展、保效益、防风险”的科学内涵，推动公司在规模、效益、管理等各方面健康平稳发展。全年全市系统实收保费收入44028.08万元，比上年增幅27.62%，亿元规模支公司达到两家。全年公司共支付赔款22151.18万元，其中政策性农业保险赔付1164.78万元，极大地显现了保险保障社会经济建设和人民安居乐业的作用。

【推动业务发展】 抓住汽车销售快速增长和政府重大项目建设的有利时机，围绕效益中心，加强市场开拓，实现业务的健康发展。车险上，充分利用保监会严管及行业自律的有利形势，抓好车险盈利能力建设，大大提高了保费充足率，改善车险业务质量。非车险上，突出经营效益、加强风险管控，严把承保质量关，有效地改善了非车险的业务结构。全市系统紧盯大项目，续签了天荒坪抽水蓄能电站等一批重点项目业务。在责任险、货运险、意外险等效益险种上，各经营单位以当地产业特点为切入点，形成多个特色险种，使得效益险种上规模。农业险上，配合政府有关部门做好农房险续保和政策性农业保险工作，按照“主动、迅速、准确、合理”的原则开展好理赔工作，风险控制和农村市场开拓成效明显。

【提升销售能力】 严格按照省公司销售团队建设和销售人员管理的方案，对德清、长兴、安吉等三个试点单位实施标准化管理，为在全市范围内全面实施打下了扎实的基础；抓好营销员队伍建设，组织全市营销人员参加“继续教育培训”，就销售技能、业务专业知识等内容举办培训会，提高销售团队实力和专业化服务水平；积极推行营业分部制，对营销人员实行团队化管理，扩大乡镇服务网络覆盖面，提升产品销售能力；积极推进交叉销售工作，将公司丰富的客户资源与寿险公司专业的销售方式相结合，广泛开拓保险市场。

【塑造服务品牌】 深化服务举措，继续深入开展“理赔无忧”活动，2009年共有14417件案件接受了“三日付款”服务，有15270件赔案从单证提交到核赔通过的时间均在2天以内。延伸服务内容，做好重要客户统计及档案管理工作，进一步加强对重要客户的管理，提高差异化服务水平。认真做好客户单位的防灾、防损工作，与企业共同寻找在生产经营中存在的风险。公司通过举办客户服务节、60周年公司庆典、寻找“五老”（老客户、老员工、老保单、老照片和老故事）等活动充分展示广大员工的风采，促进员工技能全面发展，更好地服务于客户。

【加强内控管理】 全面落实党风廉政建设责任制，对经营单位开展效能监察、廉政监察和“六条禁令”监察，为公司的健康发展打下基础。在车险上，严把承保质量关，切实提高车险赢利能力，在非车险上，全面推行财产险业务承保前现场验险制度，为公司有效提高承保风险管理水平打下了良好的基础。理赔管理上，落实多项理赔关键举措，协助保险行业协会筹建全市拆检定损中心，加强车险第一现场查勘力度；认真落实医疗审核、调查和跟踪制度，加强对诉讼案件的管理。严格执行见费出单制度，全面开展财务业务数据真实性检查，执行无现金收付的管理规定，有效降低公司现金管理风险。高度重视数据质量工作，严格执行数据日清日结，在全省数据质量考核评比中荣获一等奖。加强单证和档案管理，确保单证管理工作流程的顺畅，为业务发展提供有力保障。

【构建和谐企业】 认真落实省保监局“建设‘三大保险’”实践活动，深入开展学习型组织建设，以提高岗位能力为重点，积极组织各类培训班56期，参加培训人员5062人次；全员推广网络教育培训，上网学习人数76人，学习指标名列全省系统前茅。全年编发了《廉文荐读》四期，组织观看警示教育多次，组织行风监督员开展检查指导活动，发挥行风监督员的作用。充分保障职工合法利益，劳动关系长期和谐稳定，被评为湖州市“劳动保障诚信单位”。

（陈　绮）

·中国人寿保险股份有限公司湖州分公司·

【概况】 2009年，湖州全市国寿系统以科学发展观为统领，积极贯彻落实公司党委确定的“扩队伍、调结构、守规则、防风险、控成本、增收入”的发展思路，逐步实现了队伍建设有序增长，业务结构明显改善，基础管理日益强化，风险管控逐步加强、成本意识显著增强、公司效益稳步提升的目标，卓有成效地完成了各项工作任务，实现了湖州国寿又好又快发展。公司荣获湖州市“第八届消费者信得过单位”荣誉称号。

【加强队伍建设】 公司以员工队伍和销售队伍建设为重点，实现了销售队伍的有效增长，干部员工的综合能力得到了明显提升。一是在干部队伍方面，着力在绩效考核、薪酬管理、用人机制上做了许多积极尝试，充分调动管理干部的工作热情。坚持干部属地原则，充分发挥当地的优势，规范干部的任期、年限要求等，有效地避免了短期行为的发生。二是提升了员工的综合素质。按照“控制人员总量，优化队伍结构，提升队伍品质”的总体思路，不断规范用工管理，加强教育培训，强化实践锻炼，提升各级各类人员的职业素质，丰富后备人才储备，有效地增强了员工队伍整体素质。三是三大渠道的队伍建设和销售模式成效明显。个险渠道以“万众创富、团队成长”为主线，以新版基本法实施为契机，以周经营为指导，以三个确保为抓手，搭建周创富平台，提升营销员活动量，配套星级营销员管理，有效突破队伍发展瓶颈，实现人力快速增长。2009年，全市系统个险年初人力为2156人，年终人力为2476人，累计增员1067人，净增320人，晋升主管150人，全年每季平均举绩率达50%，位居全省前列。团险渠道在全市范围内深入开展“村村有业务员工程”，全市1003个行政村中覆盖率达60%，累计建成保险示范村120个。银保渠道按照人力与网点科学配比的要求加强银保队伍建设，通过业务对抗赛和驻点大练兵活动，坚持和完善驻点经营模式，历练了银保客户经理的综合销售技能，提升队伍驻点经营能力，推动了全市银保期交的发展，成为全省系统第一家完成目标的设区市分支机构。作为浙江设区市公司先进代表，参加了总公司提升城区市场竞争力论坛，就银保业务发展进行专题交流。

【调整业务结构】 在“任务不缺、总量不减、市场份额不降”的前提下，调结构、促转型，提高创费能力，达到了预期效果。2009年，湖州国寿（含集团）实现总保费收入10.14亿元，市场份额49.61%，其中股份公司实现保费收入9.41亿元，市场份额46.08%。完成长期险新单保费49148.73万元，其中长期险期交首年保费16168.59万元，比上年增长25.70%。完成短期险保费5291.23万元，完成全年目标任务的115.53%，比上年增长18.90%，其中短期意外险2316.97万元，短期健康险2974.26万元。短险赔款2618.15万元。2009年，在系统内全国79个大中城市中，湖州国寿的总保费排名跃升至68名，10年期及以上期交保费排名第59位，银保期交规模排名全国第48位。

【提升公司效能】 公司对各项经营管理工作进行规范管理，严格控制，抓管理、促效益。一是在业务管理方面。认真贯彻执行业务管理质量、客户服务质量、留存业务代理工作检查、精算指标考核四个办法，落实“两标建设”，制定配套方案，明确工作措施，分解考核指标，推广使用柜员综合管理系统，组织开展保全业务、理赔调查、客户服务等专题培训，大力推进柜面服务时效、新单出单时效、理赔服务时效建设，努力提升客户服务水平。二是在财务管理方面。采取渠道考核、单位核算、收支平衡的财务政策，从源头抓起，提高一线干部员工的经营意识、成本意识，强调公司不仅是完成任务，而是要实现有效益的发展。同时完善费用审批制度，开发了费用预警系统和费用实时查询系统，建立了单项费用上限制度，集中采购制度、会议预算制度等等，有效地控制年度预算成本。在2009年度省系统综合考核中排名第四位。三是在综合管理方面。加大对固定资产的集中管理力度，每半年开展一次固定资产盘点，闲置资产进行统一调配，充分发挥对“财、物”的有效管控。基建装修项目实行集中管理，严格按照规定进行逐项核算审批。保持与湖州各大媒体的良好合作关系，大力宣传公司品牌、产品和服务，完善应急预案，加强危机事件管理，有效地避免了负面报道和重大投诉案件，维护了和谐稳定的发展大局。四是在信息技术方面。健全信息技术支撑体系，积极配合省公司做好各项经营管理支撑软件应用系统的上线和应用推广工作，加速全市系统计算机网络建设和电子设备的更新换代，在确保数据安全和网络畅通的前提下，为业务及管理部门设计便于管理统计的应用工具，为公司经营管理提供了良好的技术支撑。

【严抓风险防范】 为适应监管要求，防范系统性风险，公司在风险控制方面进行了积极探索，提高了风险防范和管控能力。一是纪检监察方面。公司总经理室和各县（区）公司经理及本级各部门负责人签订“两书”（党风廉政建设责任制和案件防范目标管理责任书、依法合规经营责任书），召开全市系统纪检监察工作会议，部署了纪检监察工作的主要任务，进一步抓好领导干部教育、监督、廉洁自律和作风建设。二是内控建设方面。认真开展内控标准执行、反洗钱自查自纠、关键岗位检查试点、“小金库”问题自查自纠以及经济责任审计等工作，有效地防范了经营风险，促进了公司依法合规经营。三是销售督察方面。大力开展“诚信我为先”活动，对“零现金收付费、代签名、销售误导”三个关键风险点进行了掌控，将营销员的信用品质管理纳入制度化、科学化管理的轨道，在营销员中大力倡导“真诚待客户、诚信得回报”的经营理念，通过营销员信用评价系统，引导和约束保险营销员的从业行为，预防营销员的职业道德风险。四是法律事务方面。逐步规范法律事务操作流程，严格对外合同和拒赔资料审核，加强诉讼仲裁管理，大力提升员工和业务人员的法律意识。切实做好新《中华人民共和国保险法》的宣传普及和贯彻落实工作，实现了公司业务在新《中华人民共和国保险法》实施前后的平稳过渡。五是风险防范方面。加强全市系统印章和单证管理，推行印章管理系统，实行单证的垂直归口管理。扎实做好零现金收费工作，实现收付费的专业化、精细化、规范化管理，提高收付费运营效率和服务水平，确保资金收付安全。

【树立企业良好形象】 倡导诚信服务、营造良好环境，大力提升客户服务综合水平，从而实现公司的健康有序发展。对全体办理转账扣款的客户开通了“一户通”，方便群众及时缴费。公司率先在业内推出面向大众客户的服务卡——“国寿鹤卡”，积极推动“国寿1+N”服务升级。2009年，已发放4.16万张，综合发卡率达到16%，进一步展现了公司优质的服务品牌和良好的企业形象。每年的9月16日定为公司的“诚信合规日”，把每年6月16日定为“国寿客户节”，向全社会表达诚信决心，接受社会和舆论的监督，在保险行业内率先树立了诚信合规经营的典范，力争在行业诚信建设方面起到良好的示范带头作用。

（唐　勇）

政 法

·公安·

【概况】 2009年，全市公安机关紧紧围绕确保新中国成立60周年大庆安全、确保实现平安湖州创建"三连冠"的目标，以"护航"行动为载体，全力维护社会稳定，不断深化"三基"工程，扎实推进"三项建设"，大力实施"警务广场"行动计划，深入开展人民警察核心价值观大讨论活动，严格队伍教育监督管理，圆满完成了国庆安保任务，平安湖州建设保持良好态势。全市社会持续稳定，未发生重大政治事件和群体性事件；刑事发案保持"零增长"，命案等严重刑事案件侦破、打黑除恶、打击整治"两抢"犯罪等工作成效显著；安全生产态势平稳，交通、火灾事故各项指标完成良好；全市公安队伍在重大任务中经受了考验，整体素质和战斗力进一步增强。

【维护社会稳定】 坚持把国庆安保工作作为头等大事。根据市委、市政府和省公安厅统一部署，围绕"六个严防、一个确保"目标，细化部署25项重点工作，以立项形式抓推进、抓落实，出台全市公安机关国庆安保专项督导工作方案和问责规定，强化检查督导，强化过程控制，确保安保工作措施见底到位。强化重点物品监管。深入开展防范打击涉枪涉爆犯罪专项行动，全面加强民爆物品和重点易制毒化学品的监管工作，全市共检查涉危单位1701家次，发现整改隐患107处，处罚重点易制毒化学品企业9家；集中收缴并销毁废旧炮弹2枚、炸药1014公斤、雷管1507发、导爆管2600米，查扣各类易制毒化学品280余吨。督促车站、码头以及海关、邮政、联托运、快递等行业从严落实安检措施，国庆期间对发往北京的客运专线实行凭身份证实名购票制度、物品实行开包检查和实名登记。强化了重大活动的安全保卫。圆满完成各级"两会"安全保卫和"同一首歌"、"欢乐中国行—魅力珀莱雅"大型文艺晚会等大型活动安全保卫30余次，出动警力近万人次；协助做好高考、中考等安全警戒工作；执行各级警卫任务52批次，其中三级以上警卫19批次，均做到了"万无一失"。

【主动服务经济建设】 积极为企业帮扶解困。广泛开展"全警大走访"活动，及时掌握经济下行环境下一些重点企业的经济运行状况，加强安防指导和帮扶解困工作，共协助企业化解矛盾纠纷1500余起，为企业办实事1500余件，征求意见和建议2000余条；与全市104个重点项目和104家重点骨干企业建立警务联系制度，为企业生产保驾护航；推出"护航发展"30条举措，简化办事程序，提高工作效率，为企业和市民提供方便与实惠。全力维护市场经济秩序。开展打击假币犯罪"09行动"、打击整治发票犯罪、打击涉众型经济犯罪以及打击传销百日联合执法行动等专项行动，有效地维护了全市经济发展秩序。切实加大安全监管力度。扎实开展新一轮平安畅通县（区）创建，认真组织实施严重交通违法行为集中整治、"蓝盾09"系列集中统一行动等专项整治活动，严格落实交通管理五条常态严管措施，进一步完善交通安全宣传社会化机制，严厉整治酒后驾驶等严重交通违法行为，共查获酒后驾驶3941起，醉酒驾驶419起，拘留419人，拘留执行率达100%。不断加大安全隐患"双排查、双整治"工作力度，全市12处省、市级交通事故危险点段和8处省级临水临崖高落差危险路段全部整改到位。

【确保社会治安平稳】 采取严打、严防、严管、严控高压措施，全力维护社会治安平稳。严厉打击命案等严重暴力犯罪。严格执行命案等重大刑事案件同步上案工作机制，切实做到多警联动、快速反应、协同破案、快侦快破，成功侦破了南浔"1·20"特大抢劫杀人案、吴兴"9·22"抢劫杀人案和长兴"11·9"抢劫杀人案等一批社会影响较大的大要案件。深入开展除黑恶、打"两抢"、治"三车"等专项行动。打黑除恶工作取得了前所未有的重大成果，共抓获各类涉黑涉恶违法犯罪人员1300余人，查处涉黑涉恶人员912人，打掉团伙117个、727人。共破获"两抢"案件371起，摧毁犯罪团伙59个、204人，"两抢"案件立案数比上年下降32.7%。在打击整治盗窃"三车"犯罪专项行动中，全市共破获各类"三车"被盗案件2463起，抓获违法犯罪人员549人，打掉团伙39个、117人，收缴车辆2330辆。开展"被盗三车大发还"活动，共发还赃车2100余辆。大力整治治安乱点。2009年全市共受理治安案件3.12万起，比上年下降5.71%，查处3.05万起，查处率97.69%，比上年上升4.17个百分点。7处省公安厅、市公安局挂牌督办的重点整治单位全部按期整改到位，治安状况明显好转。深入开展"砺剑"专项行动，大力整治黄、赌等突出治安问题，共查破涉黄案件665余起、涉赌案件1743余起。不断加大禁毒工作力度，共破获毒品案件104起，抓获犯罪嫌疑人202名，查处吸毒人员679名，增长40.29%。组织开展打击制贩假证违法犯罪活动，共查处案件22起，打击处理违法犯罪人员38人。加强出入境人员管理服务工作，办理中国公民出国（境）申请42.7万人次，登记管理临时入境境外人员2.20万人次，受理境外人员业务774人次。进一步加强民爆物品管理工作，实施"四统一"管理模式，省公安厅在湖州市召开全省民爆管理工作现场会和危险物品管理工作会议，推广湖州市做法。

【推进和谐警民关系建设】 大力实施“警务广场”行动计划，推进以“得民心、保民安”为主要内容的创满意工程建设，积极探索建立以民意为导向的警务运行模式，搭建群众参警议警、警务协商、民主监督的平台，努力构建警务共同体，推进警务民主化，使公安工作充分体现民意，更好保障民安。目前已开展2次全市性的广场警务活动，全市共设置互动点166个，直接参与的群众1.7万余人，收到各类意见、建议700条，努力做到件件有答复、事事有回音。开设了“警务e广场”（公安门户网站），加强网上警务建设，畅通社情民意渠道，提供网上咨询预约服务，宣传发动群众共建平安。网站开通以后，网民访问量达到31.2万余人次，收到群众意见、建议和各类咨询860余条，为群众提供服务、解决困难500余件。

【增强队伍凝聚力战斗力】 严格落实从严治警措施。坚决把从严治警思想贯穿于队伍建设全过程、贯穿于执法工作各环节，做到从严治警不动摇、不含糊、不走样。在全市公安机关组织开展执法为民作风纪律集中教育整顿活动，制定实施了队伍管理“六个绝不容忍”规定，进一步强化从严治警措施。开展了“两整顿两规范”和玩忽职守、徇私舞弊、刑讯逼供三类案件专项治理活动、整治执法突出问题活动和监管场所执法专项检查工作。切实加强领导班子和干部队伍建设。始终牢固树立“班子正则局正、班子强则局强、班子顺则局顺”的理念，继续深化“创业创新好班子”创建，大力加强各级公安领导班子和领导干部自身建设，坚持以过硬班子带出一流队伍、创造一流业绩。不断优化干部队伍结构，坚持德才兼备、以德为先的用人原则，成功组织实施市公安局中层干部竞聘工作，共提任18人、岗位交流19人。2009年中央、省编办给湖州市新增的365名公安专项编制全部分配到县（区）局和一线单位。继续完善“大教育”、“大培训”工作格局和工作体系，大力开展民警教育培训，共举办所队长、警衔晋升等各类培训班22期，参加民警1100余名。大力培育人民警察核心价值理念。认真开展“人民警察核心价值观”的全警大讨论活动，大力培育“忠诚、为民、公正、奉献”的人民警察核心价值理念，强化广大民警对核心价值观的政治认同、职业认同、思想认同和感情认同。10月21日，省公安厅在湖州市召开了全省公安机关人民警察核心价值观学习教育活动动员部署电视电话会议，总结推广湖州市做法。组织开展了“为湖州公安作出突出贡献的英雄模范人物”和湖州市首届“我最喜爱的十大人民警察”评选表彰活动，弘扬先进典型，凝聚警心、激励斗志。积极落实真心爱警措施。坚持“问需于警、问计于警”，开展“倾听警声、凝聚警心”活动，认真研究和不断满足民警政治、工作和家庭生活上的需求，落实民警定期体检、伤亡保险以及建立民警互助金制度等举措，共走访民警家庭3500余人次，帮助解决民警困难40余件，提任民警科级非领导职务38名。

【消防安全工作】 湖州消防支队紧紧围绕全市“保增长、抓转型、增活力、重民生、促和谐、强保障”的战略决策，以火灾形势和队伍建设双稳定为目标，切实加强队伍、业务建设，圆满完成了以国庆60周年消防安全保卫任务为中心的各项工作。2009年，湖州消防支队被公安部消防局评为国庆60周年消防安全保卫工作先进单位，德清大队、南浔大队和长兴大队分别被省公安厅荣记集体三等功；特勤中队战士邢红华荣获“湖州市十大杰出青年”、“为湖州公安作出突出贡献英雄模范人物”等荣誉称号；德清大队代理排长王锋被评为“德清县十佳青年志愿者”、“全县百名科学发展典范”等荣誉称号。

扎实推进消防安全整治“利剑行动”。突出加强了火灾隐患整治工作，共排查整治“三合一”场所67家；排查高层建筑415家、地下建筑12家，发现整改火灾隐患261处；排查公众聚集场所825家，发现整改火灾隐患833处；排查居住出租房1.93万家，发现整改火灾隐患1.22万处。22个省、市、县级重大火灾隐患挂牌单位全部整改到位。2009年，全市共发生火灾事故数117起，与上年同比持平，直接经济损失401.74万元，比上年下降0.03%，未发生伤亡火灾事故。

（许政华）

·检察·

【服务改革发展大局】 坚持把保障经济平稳较快发展作为服务大局的首要任务，充分运用检察职能调节经济社会关系，为湖州市经济企稳回升、实现平稳较快发展提供了有力的司法保障。一是积极服务企业健康发展。根据市委“保增长、促转型”的工作部署，深入开展服务企业专项行动，帮助企业解困，促进企业健康发展。全市两级检察院主动深入基层和企业开展专题调研41次，征求企业对检察机关的意见和要求29条，改进和完善服务举措17项，帮助企业解决困难13个。加大对损害企业合法权益、危害企业生产经营秩序等犯罪的打击力度，发放检察机关“保增长、重民生、促和谐”护航服务卡，对有关部门在办理企业纠纷中处事不公、不法分子干扰、破坏企业生产经营等五种行为进行法律监督，定期对办理情况进行分析和研究，保证护航服务效果。立足职能加强法律服务，在全市范围铺开检、企党组织结对共建活动，实现服务企业发展与指导企业党建同步推进。全市检察机关制定了帮助企业解困、服务经济增长的实施意见，建立和落实服务企业的长效机制，形成了积极为发展服务，为企业解难，提升检察形象的良好氛围。二是积极维护市场经济秩序。依法严惩破坏市场经济秩序犯罪，重点打击金融诈骗、侵犯知识产权、扰乱市场秩序的犯罪活动，全年共批准逮捕集资诈骗、假冒商标、合同诈骗、非法经营等严重经济犯罪嫌疑人51人，提起公诉72人。加强对环境资源的司法保护，批准逮捕盗伐林木、非法采矿等破坏环境资源犯罪嫌疑人6人，提起公诉28人。严厉打击破坏企业生产经营犯罪，批准逮捕职务侵占、挪用资金、侵犯商业秘密等犯罪嫌疑人14人，提起公诉21人。深化治理商业贿赂工作，促进公平竞争，严肃查办在项目审批、工程建设、政府采购和资源开发等领域的商业贿赂案件42件。加强对涉企案件立案监督、侦查监督和审判监督，及时提出检察建议和纠正意见，依法保护各类市场主体利益。加大追逃、追赃力度，尽可能挽回企业经济损失。三是积极完善涉企案件办理。坚持从有利于维护企业正常生产经营，有利于维护企业职工利益，有利于促进经济社会秩序稳定出发，完善涉企案件办理机制，提高办案的综合效果。推出了涉企案件信息通报、提前介入、风险评估、听取意见以及备案督察等五项制度，加强与工商、税务等经济管理部门和公安、法院的沟通协调，在坚持依法办案的前提下，最大限度地保护企业健康发展。着眼经济发展中出现的新情况新问题，加强对涉企案件的政策指导和审查把关，严格区分经济纠纷与经济诈骗、合法收入与贪污受贿、企业不规范融资与非法吸收公众存款、工作失误与渎职等罪与非罪的界限，特别在办理涉众型企业集资案件中把是否用于生产、是否具有非法占有目的、是否影响社会稳定等情节作为审查重点。切实改进执法方式，把握好办案重点、办案时机，慎重采取强制措施，慎重查封、冻结、追缴企业帐目、银行帐户和生产经营款物，尽可能地减少对企业的影响。

【**推进平安湖州建设**】 坚持把维护社会和谐稳定作为压倒一切的中心任务，全面贯彻宽严相济刑事司法政策，依法打击各类犯罪，积极参与平安创建，妥善化解社会矛盾，有力地维护了社会和谐稳定。一是坚持宽严相济，惩治刑事犯罪。依法严厉打击危害国家安全和严重危害社会治安的刑事犯罪，深入开展“打黑除恶”专项斗争，积极参加打击整治“两抢”犯罪大会战，突出打击黑恶势力犯罪、严重暴力犯罪、多发性侵财犯罪和毒品犯罪，全年共批准逮捕各类刑事犯罪嫌疑人3347人，提起公诉4277人。从严从快办理了以沈杰为首的18人涉嫌组织、领导、参加黑社会性质组织案等一批恶性刑事案件，坚决遏止严重刑事犯罪高发态势。在严厉打击严重刑事犯罪的同时，对主观恶性较小、犯罪情节轻微的初犯、偶犯、过失犯，特别是对未成年人和在校学生，依法从宽处理，决定不批准逮捕173人，不起诉86人，比上年分别上升64.8%和43.3%，努力减少社会对抗面。认真落实检察环节的综合治理措施，配合有关部门加强特殊人群帮教管理，帮助刑释解教人员妥善安置、融入社会，做好预防未成年人犯罪工作，开展创建“优秀青少年维权岗”活动、继续深化检察官导师制，加强对青少年法制教育。加强社会治安动态及对策研究，推动社会治安防控体系建设。二是坚持标本兼治，惩防职务犯罪。坚决贯彻党中央关于党风廉政建设和反腐败斗争的总体部署，把查办和预防职务犯罪工作放在突出位置，全年共依法立案查办贪污贿赂、渎职侵权等职务犯罪案件77件86人，提起公诉61件69人。其中，贪污贿赂大案56件，大案比例达到94.9%；渎职侵权案件18件，比上年增长28.6%；查处科级以上现职领导干部要案17人，比上年增长54.5%，其中处级4人。以集中查办城镇建设领域商业贿赂犯罪、治理工程建设领域突出问题、查办涉农职务犯罪、查办危害能源资源和生态环境渎职犯罪等专项工作为抓手，进一步推动查处职务犯罪工作深入开展。创新执法办案方法，完善案件线索管理机制和侦查指挥协作机制，加强与执法执纪部门的配合，加大职务犯罪查处力度，提高发现犯罪、侦破案件的能力，保证办案质量。办理的一件受贿案被评为2009年度全省检察机关“反贪侦查精品案件”。深入推进预防职务犯罪工作，结合办案，重点围绕职务犯罪多发行业和领域开展预防，认真落实一案一剖析制度，召开职务犯罪案例剖析会9次，提出检察建议35份，帮助有关单位和部门健全机制、堵塞漏洞。积极实施“三个千亿”等重大政府投资建设项目预防，保障政府投资安全。推动建立党委领导、检察、监察、审计监督指导、相关职能部门密切配合的预防工作机制，健全完善侦防一体化机制，深化涉农职务犯罪预防，广泛开展行贿犯罪档案查询工作，加强职务犯罪预防信息库建设，预防工作的成效明显提高。三是坚持平和执法，化解社会矛盾。把化解矛盾贯穿到执法办案的全过程，重点围绕国庆安保，切实做好涉检信访工作，坚持检察长接待日制度，完善联合接访、带案下访、定期巡访，进一步畅通信访渠道，全年共受理群众来信来访1125件，依法妥善处理涉检信访51件。深入开展排查化解涉检重信重访专项工作，落实领导包案制度，强化责任倒查制度，建立涉检信访风险评估机制，加强涉检信访分析、研判和排查，努力从源头上减少产生涉检信访的因素，没有发生涉检进京访和重大群体访。开展对轻微刑事案件和解工作，在犯罪嫌疑人真诚悔罪、积极赔偿损失，并取得被害人谅解后，依法予以从轻处理，共主持和参与了30件轻微刑事案件的和解工作，既保护了被害人利益，又化解了矛盾纠纷，取得了良好的办案效果。注意做好释法说理工作，对于侦查机关和被害人有异议的不批准逮捕、不起诉、不抗诉决定，及时以书面形式说明理由；对于法院裁判公正的申诉案件，认真做好息诉工作，理顺当事人情绪，维护司法权威。

【**维护社会公平正义**】 坚持把维护社会公平正义作为执法为民的根

本任务，抓住关系民生、群众反映强烈的突出问题，加大法律监督力度，不断改进检察工作。一是加大查办民生案件力度。重点查办侵犯群众利益的职务犯罪案件，立案查处征地拆迁、社会保障、医疗卫生、教育就业等与民生密切相关领域的职务犯罪案件42件48人。积极服务农村改革发展，立案侦查发生在涉农资金发放、农村基础设施建设、农村土地征用以及农村建设项目审批、资金划拨管理等领域和环节的职务犯罪案件18件23人，保障和促进各项富农惠农政策措施的落实。依法及时查办国家机关工作人员虐待被监管人等侵犯公民人身权利，以及滥用职权、玩忽职守造成国有资产流失的职务犯罪案件13件13人。依法介入重大安全生产事故、重大食品安全事件调查。二是加大维护群众权益力度。认真倾听和处理群众的利益诉求，创新便民利民举措，通过设立检察工作站、聘任检察联络员、深入社区乡村开展法律服务等方式，畅通便民诉求的“绿色通道”，积极参与矛盾调处、法律咨询、法律援助等，依法维护人民群众合法权益。高度重视群众举报，加快举报线索查处和反馈，做到署名举报件件有答复。认真做好群众申诉案件处理工作，凡是申诉合理合法的，坚决予以纠正；属无理要求的，加强释法说理。强化对涉及劳动争议、保险纠纷、补贴救助等民事审判和行政诉讼活动的法律监督，加强源头治理，积极配合有关部门做好群众安抚和善后工作。市检察院办理的企业退休职工金银琴等98人养老保险合同纠纷申诉案，经省、市两级检察院多方协调，当事人之间最终达成和解意见，其做法得到中央政治局常委、政法委书记周永康、最高检察院检察长曹建明等领导的批示肯定。三是加大诉讼监督工作力度。以群众反映的司法不公、执法不严等问题为重点，加大监督力度，增强监督实效。加强对侦查活动的监督，重点监督有罪不究、违法办案、侵犯人权的问题，对侦查机关应当立案而不立案的刑事案件，督促立案55件；对侦查机关不应当立案而立案的刑事案件，督促撤案4件；对应当逮捕、起诉而未提请逮捕、移送起诉的，决定追加逮捕6人、追加起诉92人；立案监督和追加起诉案件被判处三年以上有期徒刑66人；对侦查活动中违法情况提出纠正意见94件次。加强对审判活动的监督，重点监督有罪判无罪、量刑畸轻，以及徇私枉法和严重违反法定程序影响公正判决的问题，对认为确有错误的刑事判决、裁定提出抗诉11件，法院已改判6件；对刑事审判活动中的程序违法情况提出纠正意见15件次；对认为确有错误的民事、行政判决和裁定提出抗诉57件，法院已改判纠正18件。加强对刑罚执行和监管活动的监督，重点监督违法减刑、假释和监管不当等问题，完成县级检察院派驻监狱、劳教所检察室改为市检察院派驻工作；监督纠正监管单位呈报的减刑、假释、暂予监外执行不当181件；加强法定办案期满前一周的告知催办，注重对依法换押的监督，努力防范超期羁押，继续保持超期羁押“零”纪录；加强对监外执行和社区矫正活动的监督，防止出现脱管漏管等情况，建议收监执行4人。重点监督司法领域中的腐败，严肃查处司法人员职务犯罪案件5件5人。

（杨国志）

·审判·

【概况】 2009年，湖州市两级法院以科学发展观为统领，牢固树立“党的事业至上、人民利益至上、宪法法律至上”的指导思想，大局意识进一步增强，依法履职取得新的成效，司法为民落到实处，队伍建设得到有效加强，在克服了“案多人少”、案件难度越来越大等困难的情况下，全年新收各类案件42895件，办结43014件，同比分别上升3.95%和5.95%，解决诉讼标的金额60.14亿元，为全市经济社会又好又快发展提供了良好的司法保障。

【依法保障经济平稳发展】 围绕市委“保增长、抓转型、增活力、重民生、促和谐、强保障”工作主线，强化能动司法，在认真落实2008年底出台的《全市法院关于保障服务加快经济转型升级的工作措施》的基础上，又制定《关于充分发挥司法职能服务深化改革开放的工作意见》，提出鼓励创业创新、推进企业重组改制、加大知识产权保护、完善土地承包经营权流转机制、推进金融改革创新等7个方面共31条具体措施，为经济发展营造“宽松的创业环境、优质的投资环境、公平的市场环境、和谐的社会环境和稳定的发展环境”。加强对金融危机在司法层面上反映出来的新情况、新特点的研判，就涉企纠纷、民间借贷、劳动争议、农村改革等问题提出司法对策，顺势应变，适时调整审判工作的思路与重心，发挥好社会关系“调节器”的作用。审结与经济发展密切相关的一审民商事案件12703件，同比上升10.42%，解决诉讼标的40.77亿元。对企业破产、融资借贷和重点建设项目等涉经济发展、社会稳定的案件，加大审判执行力度，对资金周转暂时困难、尚有发展前景的企业，加强调解，慎用保全和强制执行措施，协调各方利益，帮助企业渡过难关。坚持为农业增效、农民增收、农村发展服务的司法理念，对有利于农民得实惠，有利于土地规模化、集约化经营，有利于推进社会主义新农村建设和城镇化发展方向的，依法保护，全力支持，共审结涉农案件10906件。加强知识产权保护，积极参与湖州市国家知识产权试点城市工作，经努力争取，最高法院已批复同意市中院为审理专利纠纷案件的一审法院，市编委批准中院增设知识产权审判庭。共审结知识产权案件23件，为湖州市创新型经济发展提供司法保障。

【维护社会和谐稳定】 全面贯彻宽严相济刑事政策，共审结一审刑事案件2344件，判处罪犯3685人，其中，判处5年以上有期徒刑直至死刑422人。积极开展“打黑除恶”专项活动，依法从重判处涉黑涉恶犯罪案件4件71人；加大对职务犯罪的打击力度，审结贪污、受贿、滥用职权案件76件85人，其中，县处级以上领导干部5人。对主观恶性不深、罪行轻微的未成年犯、过失犯和偶犯、初犯依法从轻处理，958名被告人被判处缓刑、管制或单处附加刑，占26%。依法减刑5673人次，假释579人。积极探索预防和减少青少年违法犯罪的新举措，在全市建立6个异地籍未成年犯帮教基地。审结一审民事案件9109件，调解撤诉率56.92%。完善人民调解、行政调解、诉讼调解对接机制，在全市法院立案接待大厅设立“诉前调解中心”，在人民法庭设立“人民调解窗口”，充分发挥人民调解组织“第一道防线”作用，降低民间纠纷成讼率。加强调解指导，积极开展委托调解和邀请调解，推进“大调解”格局建立，共委托调解898件，调解成功率达86.53%。吴兴法院“沈金汝调解工作室”得到了中央政法委领导和市领导的充分肯定。审结一审行政案件96件，经法院协调后和解、撤诉的占48.96%，高于全省平均15.15个百分点。突出国庆安保维稳重点，做好涉诉信访工作，共办理、接待来信来访2356人(件)次，成为全省涉诉信访最少的地区之一。历时47年25次进京上访的胡承福案等一批信访老案得到有效化解，中央和省委政法委督办的6件案件已办结5件。重视源头治理，加强判后答疑，完善院庭长接访制度，控制信访增量，90%以上的信访在初信初访阶段得到解决。

【保护涉案民生】 进一步畅通涉及民生案件“绿色通道”，快立快审快执，共审结劳动争议案件1900件，同比上升55.23%，对拖欠农民工工资案件开展专项执行活动，追索劳动报酬988.16万元。突出对老年人和妇女儿童合法权益的保护，妥善审结婚姻家庭案件2581件，促进家庭和谐。稳妥审结道路交通事故、医疗事故、工伤事故等人身损害赔偿案件3291件，保护受害人的合法权益。加强立案窗口建设，开通“114阳光诉讼热线”，共为1100多人提供法律咨询和预约立案。在立案大厅设立法律援助工作站，实现司法救助和法律援助的“无缝对接”，为1148件案件的经济困难当事人缓、减、免诉讼费235.27万元，为198名经济困难刑事被告人指定辩护人，在市、县(区)政法委协调支持下，为346名特困申请执行人、申诉人发放司法救助金289.53万元。实行“公众开放日”活动，主动邀请人大代表、政协委员和社会公众视察、参观法院500余人次，听取意见建议。加强外部网站建设，在湖州法院网设置“院长信箱”、“举报信箱”、“诉讼指南”等栏目，搭建与人民群众交流沟通的网络平台，对收到的邮件及时分析、处理、反馈，截至2009年年底，网站访问量已达26万人次。加大执行工作力度，共执结案件10840件，执结率91.45%，执结标的金额14.63亿元。扎实开展中央政法委、最高法院部署的集中清理执行积案活动，共执结积案895件。建立和完善执行威慑、执行联动、执行监督、执行规范、执行保障“五项机制”，得到中央综治委领导的肯定。

【强化监督管理】 深入推进“阳光司法”，充分运用信息化手段，推行开庭、送达、委托拍卖、规范性文件等司法信息的公开。市中级法院从6月起，建立裁判文书上网公开制度，已上网124件。在全面落实庭审公开的基础上，对执行异议、减刑假释、申诉复查等案件举行听证会187次。推进司法民主，一审普通程序人民陪审员参审率达55.38%。全市法院对外委托鉴定、评估、拍卖工作由市中级法院统一抽签选定，确保公开、公正。加强案件质量评查，共评查各类案件16660件。充分发挥审判质量效率评估体系的作用，完善审判执行绩效考核办法，强化院庭长监督管理职能和审判委员会把关功能，自觉主动接受人大、政协和社会各界监督，全市法院办案质量效率有了新的提升，结案率、平均审理天数、上诉率、生效裁判息诉率等多项指标进一步优化。

【加强法院队伍建设】 深入学习实践科学发展观活动和“人民法官为人民”主题实践活动，出台《关于认真贯彻市委六届九次全会精神，围绕“五个党建”做好法院工作的意见》，不断加强法官的思想、组织、作风和制度建设。市中级法院举办新大楼启用暨升旗宣誓仪式，开展“我崇尚的法院精神”征文演讲活动，培育广大干警的职业荣誉感和责任感。发挥先进典型的示范引领作用，有18个集体和49名个人获市级以上先进荣誉。加强业务培训，举办4期全市法院业务培训班，邀请上级法院法官、专家学者授课，选送225人参加上级法院组织的各类培训，提高干警司法能力水平。注重年轻干部的培养，实行新录用人员结对培养导师制，安排年轻干警到立案窗口接待信访、到基层法庭锻炼，培养他们熟悉社情民意和解决实际问题的能力。大力加强司法调研，在国家和省级刊物上发表调研文章55篇，同比上升17%。进一步完善诉讼突发事件应急管理办法，出台加强涉法网络舆情应对工作规定。认真贯彻最高法院“五个严禁”和省高院“约法十章”，公开24小时举报电话，随案发放廉政监督卡，在业务庭设立兼职廉政监督员等，拓宽监督渠道，增强监督的有效性。加强基层基础建设，16个人民法庭中有5个荣获省级模范五好法庭，82个审判法庭中已建成38个数字法庭，实现庭审的同步录音录像，为科技强院奠定了扎实基础。

(沈 伟)

·司法行政·

【概况】 2009年，全市司法行政系统把服务发展作为最大课题，积极搭建服务平台，主动服务经济转型升级、应对金融危机和重大项目建设；把服务民生作为最大目标，深入开展法制宣传，深化农村法律服务，大力加强法律援助；把维护稳定作为最大责任，确保监狱劳教场所安全，着力推进社区矫正工作，加强归正人员安置帮教，实现国庆安保“零事故”；把队伍建设作为最大任务，切实加强教育管理，大力提高服务水平，扎实推进基层基础建设。

【人民调解切实加强】 坚持调解优先原则，创新发展枫桥经验，加强人民调解能力建设。在全省率先成立人民调解员协会，德清矿山纠纷调解机制和安吉人民调解专家会诊制度分别获得省司法厅创新奖。组建医患纠纷和“两保两业”等行业性专业调委会64个，推动“以奖代补”措施落实，探索专职调解员队伍建设，实施人民调解质量工程和形象建设，开展“双十佳”评选。与劳动保障部门联合建立人民调解与劳动仲裁调解衔接机制，积极构建大调解工作格局。开展矛盾纠纷排查化解“百日行动”和“人民调解平安守护”专项行动，维护社会稳定。全年调解各类矛盾纠纷1.62万件，同比增长25.1%，调解成功1.58万件，成功率97.8%，比上年上升0.6%，人民调解对维稳的贡献率进一步提升。

【法律服务提升层次】 制定助推转型升级、服务重大项目、企业法律体检等指导文件，成立服务转型升级业务指导委员会，召开民营企业法律服务推进会，与工商联签订战略合作框架协议，组织律师公证服务企业巡回宣讲，健全服务发展八大机制。推进政府法律顾问团组建，落实律师信访值班和领导接访随同制度，律师参与信访处理144人次，公益服务201人次，办理援助案件438件。发放法律服务联系卡和手册，设立帮困热线，出具“法律风险提示函”，对20家重点企业集中进行“法律体检”，走访企业1034家，担任法律顾问1813家。设立海关和科创园区知识产权保护窗口。累计结对重点建设项目140个，规模以上企业法律顾问覆盖率近40%。参与处理投融资、并购、清算、贸易纠纷和仲裁等案件1081项，挽回经济损失14.5亿元。组织律师和基层法律工作者深入乡村定点服务，全市行政村法律顾问在全省率先实现全覆盖，得到副省长葛慧君和厅长赵光君等领导批示肯定。积极发挥公证职能作用，参与政府组织的各类专项行动，现场公证58次，重大项目招投标公证219次。指导律师代理涉及“法轮功”等敏感案件，组织法律服务维稳工作。深化主题教育，强化执业监督，健全诚信体系，依法查处信访投诉案件，加强行业管理。执业律师、办案数量和业务收费分别比上年增长9%、20%和12%。《人民日报》对湖州市律师为企业提供法律服务作了专题报道。

【社区矫正逐步规范】 认真落实宽严相济刑事政策，全面推进社区矫正工作。加强矫正组织建设，规范各类基础台帐，理顺经济开发区与吴兴区衔接管理关系。建立矫正机构79个，落实专（兼）职人员147名，吸收志愿者1839人。组织集中培训，开展执法检查和专项整治，建立各项制度33项，健全部门联动机制，开展联合执法检查，加强国庆安保等期间滚动排查，落实重点对象管控措施。建立教育、公益劳动、就业基地173个。组织集中教育、个别谈话、心理矫治、公益劳动和技能培训，指导就业281人次，落实责任田671人，解决低保87人。严格执行分级处遇，按期解矫717人，依法收监执行10人。矫正执法保持零投诉，无上访滋事、无严重刑事案件及参与群体性事件发生。接收矫正对象832人，再犯罪率0.38%。健全归正人员安置帮教网络，加快推进衔接规范化、帮教社会化、安置市场化和管理信息化。新增过渡性安置基地35个，建立帮教基地40个，创办安置实体16个，落实社会救济42人。归正人员帮教率99.7%，安置率95.1%，重新犯罪率1.96%。

【法律援助深入民心】 加强援助通道建设，设立法院、劳动仲裁和交通事故等援助站点，推动法律援助与司法鉴定有机衔接，建立区域援助异地协作机制，制订《乡镇（街道）援助站管理办法》、《司法鉴定援助实施办法》和《援助案件指派办理流程规则》，完善“半小时法律援助圈”。发放办案监督卡，公布投诉电话和网络举报电话，加强窗口建设，完善便民措施。健全诉前调解机制，降低群众维权成本，诉前调解结案117件。加大宣传力度，提高社会知晓率，刑事案件中犯罪嫌疑人、被告人和自诉人直接申请增长36.3%。拓展援助范围，民事援助案件中农民工占69.2%，妇女占43.8%，残疾人占4.5%，为农民工争取各类利益800多万元，其中讨回欠薪358万元。为申请人代书346件。受理援助案件1777件，比上年增长26.6%，办结1506件，办结率84.7%。“12348”接待法律咨询1万余件，比上年增长9%。

【普治工作全面推进】 深入实施“五五”普法规划，全面推动“法律六进”。强化领导干部和机关公务员学法用法，确定每年6月机关学习日为“学法日”，在全省率先组织公务员法制轮训和学法用法“双十佳”评选。组织省管干部网上作业、市管干部集中考试和公务员征文、演讲活动。开展应对国际金融危机、促进农村改革发展、百名讲师进百校、国庆安保平安守护和弘扬法治精神、促进科学发展等主题宣传活动，举办“经济与法”论坛，组织律师公证服务企业巡回宣讲，开展企业经营管理者法律知识竞赛，编印《企业职工法律知识读本》。推行农村“四会”前学法新举措，建立“学法用法示范户”516家，开设“普法大讲堂”。建立青少年普法讲师团，开展法制副校长培训，加强青少年法制教育基地建设。扎实开展“十百千万”活动，发挥新闻媒体作用，通过报纸、电视台专题、专栏以案说法，使广大群众在依法维权中增强法制观念，树立法律信仰。民主法治村（社区）达标率分别达 95.8%、94.9%，已有 4 个村被命名为全国示范村。普法工作纳入县（区）综合考核、法治湖州考核目标，“民主法治村”创建列入五大考核指标，安吉县和德清县把普法列为中国美丽乡村与和美家园创建前置条件，“大普法”格局初步形成，普治工作对经济社会发展的导航作用进一步显现。市普治办被评为“五五普法”中期全国先进。

【加强基层基础建设】 贯彻市委办、市政府办《关于进一步加强基层司法建设的意见》，以推进直派所建设为契机，不断提高规范化建设水平。制定《司法所形象建设意见》，积极争创省级规范化司法所。向政府提供法律建议 101 条，89 条被采纳，协助制定政府规范性文件和村规民约 64 件，参与专项治理活动 811 次。市编委和吴兴区、南浔区先后下达司法所机构编制，市本级 7 个中心镇司法所管理体制实行直派，其余乡镇（街道）落实了专项编制。

【四件大事实现突破】 以体制改革为契机，监狱事业全面发展；以争创部标为动力，劳教工作态势良好。坚持首要任务，落实首要标准，以创建平安监所和专题教育、专项整顿为抓手，扎实开展各类专项行动，健全防控、排查、应急和领导责任四大机制，巩固三道防线，落实各项安全措施，完善教育改造矫治质量评估体系，实现安全“四无”目标，监狱、劳教所分别保持五年八个月和十年九个月监管安全。监狱体制改革方案通过市委常委会和市政府常务会议正式批复，新址建设基本完工，整体搬迁准备就绪。隆重召开劳教所十年场所安全无事故记功表彰大会，启动整体迁建规划。坚持严格公正文明执法，开展减刑假释、保外就医案件执法督查，无一例违规审批和执法投诉。监狱举办警示教育 23 场次，受教育近 1.67 万人。以方便群众为宗旨，公证布局趋于优化。市区第二家公证处通过市编委和省司法厅批准，公证办证数量和业务收费分别增长 17%和 15%。以网络技术为依托，信息平台初具轮廓。司法行政网和普法网开始分设运行，“12348”法律咨询服务平台等开始组织实施。完善司法鉴定布局，鉴定机构增至 3 家。加强执业监管，成为全省唯一多年“零投诉”市。在全省率先实行司法鉴定法律援助和监狱病残犯鉴定工作，办结案件、业务收入分别增长 40.86%和 26.79%，为 465 人次提供法律援助，减免费用10万余元。精心组织国家司法考试，圆满完成各项任务。

（戴泽斌）

劳动人事

·劳动和社会保障·

【稳定和扩大就业】 2009年，全市新增城镇就业人数55702人，帮扶失业人员再就业21803人，其中困难人员再就业5240人，开发社区就业岗位3771个，城镇登记失业率为3.2%。一是制定政策扶持就业。认真研究制定新一轮促进就业政策，以市政府名义出台《关于做好促进就业工作的实施意见》，全面实施促进就业政策，扩大了政策扶持对象和范围，加大了政策扶持力度。同时，牵头与有关部门制定出台社会保险补贴实施办法和创业小额担保贷款实施办法等配套政策，将各项就业优惠政策尽快落到实处。二是帮扶企业稳定就业。为切实减轻企业负担和稳定就业局势，积极采取帮扶措施，为困难企业提供社会保险费缓缴、社保补贴、岗位补贴等，全市共发放困难企业社保补贴和大学生就业岗位补贴901.3万元；按照省政府要求，及时为各类企业减征一个月社会保险费1.3亿元，将市区企业职工基本养老保险用人单位缴费比例从20%降低到18%；引导企业和职工开展平等协商，指导企业根据当前经济形势和生产特点申请实行不定时工作制或综合计算工时工作制，有效缓解企业用工矛盾，稳定劳动关系和就业岗位。三是开展援助帮扶就业。依托各级人力资源市场和基层就业援助工作队伍，通过“四个一批”、“一户一策一干部”等就业援助服务举措，深入开展困难人员就业援助周、春风送岗位农民工就业服务专项行动、迎国庆就业援助进家入户专项活动，同时与市人事部门一起做好大学生“就业券”发放工作，共发放就业券5477张，积极帮扶失业人员、农民工、大学生等重点就业人群和困难就业群体实现就业再就业。四是优化服务保障就业。建立全市3000家规模以上企业用工情况专项统计和30家重点行业企业失业动态重点监测报告制度，发布人力资源市场季度分析报告，全面掌握全市人力资源供需状况。为企业和劳动者双向选择搭建有效平台，举办春、秋季大型人力资源交流大会及“月市招聘”会和“专场招聘”会共46场，累计组织2467家用工企业参会，筹集就业岗位8.9万个，达成就业意向3.1万人。五是推动创业促进就业。深入实施创业促就业“845”工程，全面启动实施国家级创业型城市创建工作。召开创业项目展示洽谈会，推出80个创业项目，有1300多人参与洽谈。积极开展创业培训，全市举办17期SYB创业培训班，网上开店培训766人，有299人成功开店。不断深化创业孵化服务，全市新建创业孵化基地12个，推进创业服务工作者队伍建设，初步形成了“四横五纵”的创业服务体系和创业项目经理人“五个一”工作模式。

【完善社会保障体系】 2009年，全市职工基本养老保险、城镇职工基本医疗保险、失业保险、工伤保险，分别新增5.3万人、5.25万人、6.3万人和5.91万人，超额完成全年目标任务。一是大力推动社会保险参保扩面。通过加强政策宣传，强化五费合征，以中小私营企业、个体工商户、灵活就业人员和农民工等为重点，推进扩大社会保险覆盖面。全市职工基本养老保险、城镇职工基本医疗保险、失业保险、工伤保险、生育保险参保人数，分别达到59.07万人、49.34万人、34.6万人、54.18万人和33.64万人。二是继续提高各类社会保障待遇水平。大幅提高企业退休人员养老金标准，人均增加养老金140元，全市人均月养老金水平达到1406元。按时足额发放失业保险金和农民工一次性失业补助金，切实保障失业人员基本生活。进一步提高被征地农民养老保障水平，市区被征地农民基本生活保障金和补助金标准分别提高到每人每月345元和265元，并逐步缩小两者之间的差距。全面启动了职工医保参保退休人员免费健康体检工作，继续做好困难人员医疗救助工作。三是加快建立覆盖城乡居民的养老保险体系。认真贯彻《浙江省职工基本养老保险条例》，出台了完善职工基本养老保险有关政策，明确了职工基本养老保险制度与其他社会保险(保障)制度的衔接、延缴问题处理、中断缴费人员的处理、军队转业及退伍人员参加职工基本养老保险后个人账户处理等。认真贯彻国务院《关于开展新型农村社会养老保险试点的指导意见》和省政府《关于建立城乡居民社会养老保险制度的实施办法》精神，以市政府名义出台市区城乡居民社会养老保险实施办法，将农村和城镇无养老保障居民纳入了社会养老保险体系内，真正实现了养老保险制度全覆盖。四是进一步完善城镇医疗保险政策。逐步建立企业职工基本医疗保险门诊统筹制度，以市政府办公室名义出台了《市区企业职工基本医疗保险门诊医疗统筹暂行办法》，从7月1日起对市区参加企业职工基本医疗保险的退休人员门诊医疗实行社会统筹管理，制度实施以来，已有95%的企业退休人员参加了门诊统筹，10万人次享受了门诊医疗待遇。调整了城镇居民基本医疗保险政策，提高了财政补助标准和参保成年人医疗保险待遇水平。进一步扩大了城镇居民医保覆盖范围，出台了大学生参加城镇居民基本医疗保险政策，将市区2.4万名在湖州大学生纳入城镇居民医保。五是继续推进工伤和生育保险工作。进一步完善工伤保险制度，深入推动重点行业、重点人群特别是农民工参加工伤保险，化解工伤风险。全市共认定工伤5175件，劳动能力鉴定2588人。继续加强生育保险工作，落实生育保险各项政策，保障女职工生育合法权益。

【构建和谐劳动关系】 2009年，全市受理劳动保障投诉举报1454件，立案754件，结案750件，结案率达到99.5%；劳动争议立案2921件，结案2724件，结案率达到93.87%，案外调解4230件。一是加强劳动保障执法服务。积极开展各类执法专项检查活动，全市防范和处置企业拖欠工资行为专项检查活动，共检查用人单位1.1万家，涉及劳动者34万人，责令支付工资和赔偿金680万元，有效防范因拖欠工资而引发的严重群体性事件和恶性事件的发生；全市清理整顿人力资源市场秩序专项检查活动，共检查用人单位767家，涉及劳动者7802人，进一步净化人力资源市场环境；全市整治非法用工打击违法犯罪活动，共检查用人单位3219家，补签劳动合同1.38万份，补发劳动者工资和经济补偿金269.97万元，进一步规范了劳动用工秩序。全面开展劳动保障书面审查，通过延伸服务等方式，对1.83万家用人单位开展书面审查，并做好诚信档案建库工作。同时，深入开展劳动保障"双争"考评活动，进一步推动了劳动保障用工诚信建设。加快推进劳动保障监察"网格化、网络化"建设，全市建立劳动保障监察中队36个，建成二级网格70个。二是积极开展劳动关系调处。畅通劳动争议仲裁申请渠道，进一步拓展劳动争议立案绿色通道，加大仲裁受理工作力度。全市鉴证劳动合同61824份，为职工追索工资5873.88万元，为企业挽回经济损失750.22万元。积极开展劳动争议调解，做好案前、庭前、庭中和裁前劳动争议调解工作，调解率达到85.21%。扎实推进区级劳动争议仲裁实体化建设，深入开展"五级联动"调处体系建设，全市共建立乡镇（街道）、村（社区）劳动争议调解委员会780家，企业劳动争议调解委员会1460家，市本级新建乡镇及企业调解组织365家。三是全面加强职工工资收入宏观调控。进一步完善劳动力市场工资指导价位制度，发布市区150个职业（工种）劳动力市场工资指导价位。加快推进工资平等协商，全市已签订集体合同3500多份，涉及职工39万人，其中行业性集体合同3000多份，涉及职工37万人。进一步健全工资支付保障机制，全市已建立工资支付保证金2.73亿元，欠薪应急周转金2240万元，为保障劳动者合法权益发挥了积极作用。四是扎实开展信访维稳工作。高度重视、妥善处理来信来访和集体争议，认真做好积案和群体性矛盾化解工作，维护重大节庆和时点社会稳定，圆满完成了新中国60周年国庆维稳任务。全市共受理人民群众来信564件，接待群众来访10229人次，立案处理集体争议17件。

【推进技能人才队伍建设】 2009年，全市职业技能培训鉴定5.88万人，高技能人才培训鉴定4970人，其中技师以上903人；开展失业人员再就业培训1.29万人、外省到湖州务工人员培训1.26万人，创业培训1619人。一是突出抓好高技能人才培养。紧紧围绕全市经济转型升级和产业结构调整方向，加强政策研究，由市委办、市府办出台进一步加强高技能人才工作的意见，建立了高技能人才培养、考核评价、激励服务和资金投入的政策体系，南太湖新技师培养工程开始全面实施。加强分析预测，编制湖州市2009年~2020年技能人才队伍建设中长期规划。加强培训服务，成立了为企业上门送教服务的行业专家技术服务队，组织了全国、全省技师（高级技师）统一鉴定考试，进一步扩大大中型企业高技能人才评价和直接认定范围。二是深入开展各类职业技能培训。实施特别职业培训计划，广泛开展失业人员再就业培训、进城务工农村劳动者培训，不断提高广大劳动者的职业技能水平，增强就业和择业能力。加强民办培训机构管理，积极指导技工院校开展招生、培训和教学工作，规范培训秩序，提高培训质量。三是加强职业技能鉴定。积极拓展鉴定工作领域，探索开发鉴定新职业和新工种，在职业院校大力开展职业技能鉴定工作，全面推行职业资格证书制度。切实加强考评员队伍建设，提高鉴定工作质量。四是多渠道开展职业技能竞赛。采取本市竞赛与参加全省竞赛选拔赛相结合、群众性与竞技性相结合和部门联合举办等形式，共组织12次、30多个职业（工种）、630多人参加的全市各类技能比赛，部分选手代表在全省技能比赛中取得了优异成绩，进一步在竞赛中发现和选拔了一批企业急需的技能人才。

（丁会强）

·人事人才·

【概况】 2009年，全市人事系统紧紧围绕"保增长、抓转型、增活力、重民生、促和谐、强保障"这一主线，深入实施人才强市战略，大力开发创新人才，继续完善体制机制，努力打造和谐人事，为推进湖州市经济转型升级，实现经济平稳较快发展作出了积极贡献。

【发挥人才引领作用】 一是加强高层次人才引领示范。会同市委组织部、市科技局等相关部门，认真推进2009年"南太湖精英计划"实施工作，共收到186个项目的申请书和创业计划书，报名人数比2008年增长67.3%，有18个项目入围。出台了《湖州市"南太湖精英计划"领军人才及项目服务管理暂行办法》，探索设立"南太湖精英计划"领军人才及项目服务中心，加快推进项目产业化。2008年底签约的"南太湖精英计划"领军人才，除1名引进到企业工作外，其他领军人才已注册企业10家，实现产业化项目8个。推进博士后科研工作站建设，组织8家工作站参加了人力资源和社会保障部、省人力资源和社会保障厅的建站评估，组织13家工作站参加了省人力资源和社会保障厅的业务培训，有12家工作站参加第二届中国博士后人才与科技项目浙江洽谈会，与25名博士后达成初步合作意向，升华拜克等5家工作站与5所国内著名高校签订了联合招收培养博士后研究人员协议。认真做好高层次人才选拔推荐工作，4个项目入选人力资源和社会保障部留学人员择优资助科技项目，48人入选浙江省“151人才工程”第三层次，1人入选浙江省突出贡献中青年专家，1人入选浙江省西湖友谊奖。二是加强人才服务经济力度。精心组织专家破难题智力服务活动，在省人力资源和社会保障厅的支持下，邀请37位来自浙江大学等省内高校、科研院所的高级专家深入湖州市各县区的28家企业，帮助解决生产、科研中碰到的技术难题。继续抓好新农村建设人才服务工作，组织第二批农民专家到浙江大学进行创业创新培训，评选产生了200名工程师或农艺师；加强新农村建设国外智力引进工作，4个项目入选2009年度浙江省“百村引智示范项目”；完成了127名大学生“村官”的选聘工作，参与了“十佳”大学生“村官”和大学生“村官”创业示范基地评选活动。不断加强人才与一线对接，完成国外技术、管理人才引进项目33项，引进国外专家40余名，为30多个单位解决了智力和技术问题；改进“南太湖精英计划”推进手段，让企业家直接与参加项目答辩人员进行接洽，实现领军人才与需求企业的直接对接。三是加强人才引进培养工作。启动实施“南太湖特聘专家计划”和“南太湖紧缺急需人才引进计划”，组织参加了教育部和科技部联合举办的第四届“春晖杯”创业大赛在线访谈活动，积极组团赴北京、上海等地参加人才招聘会，2009年全市引进各类人才12661人（其中高层次人才629人），柔性引进各类人才2123人。深入实施“1112人才工程”，举办市学术技术带头人继续教育高研班13期，新设立了安徽理工大学硕士研究生教学点，继续抓好全国职称外语和计算机应用能力考试及考前培训工作。在生物医药、节能环保两个领域开展职称评审改革试点，突出企业对专业技术人员业绩和能力的认可。继续做好职称评审和全国职业（执业）类考试考务工作，2009年全市晋升高级职称1135人、中级职称10003人、初级职称4799人。

【完善人事机构编制管理】 一是切实加强公务员队伍建设。认真做好公务员招录工作，新录用公务员191名，招录公安、司法行政系统人民警察（司法助理员）学员33名。做好评选推荐工作，推荐的2个省级“人民满意的公务员”全部入选，其中王法金还被评为全国“人民满意的公务员”；推荐的4名优秀军转干部、2名先进军转工作者、1个军转安置工作先进单位，在浙江省军转表彰大会上受到了表彰。继续抓好公务员的更新知识培训、任职培训、初任培训，受训人数达到1600多人。稳步推进事业单位参照公务员法管理工作，市级18家事业单位经省人力资源和社会保障厅审批同意后，及时进行人员过渡；加强对县（区）事业单位参照公务员法管理工作的指导，首批县属事业单位已完成审批。二是稳步推进各项改革。继续深化体制机制改革，调整了全市监狱、劳教所检察机构派驻体制，监狱、劳教所的检察室统一由市检察院派驻。深化文化体制改革，研究制定了湖州日报报业集团、湖州广播电视传媒集团的机构编制方案。开展扩权强区相关调研，对市下放到区的159个事项进行了分析归类，提出了机构编制跨层级调整的建议。实施收入分配制度改革，会同有关部门认真做好义务教育学校绩效工资实施工作，结合湖州市实际妥善做好提高离休人员和机关退休人员待遇相关工作，开展了公共卫生与基层医疗卫生事业单位和其他事业单位实施绩效工资的数据统计等前期准备工作。推进事业单位改革，会同市财政局对市级机关和市属事业单位的现有编外人员和编外用工计划申请情况进行了调查核实，核定84家市级机关和参照公务员法管理事业单位的编外用工员额2174名；完成了市机关汽车修理站转体改制。三是认真加强机构编制管理。开展了全市政务和公益专用中文域名注册管理工作，共申请办理中文专用域名500个，涉及全市各级机关、事业等单位331家。规范了农村“五保”供养服务机构管理。建立了铁路建设、老虎潭水库水源地保护、“数字城管”、科研平台等工作机构，调整和加强了相关部门和单位的内设机构或下属事业单位的机构编制，完成了撤销白雀乡，建立滨湖、仁皇山街道相关机构编制工作。

【推进人事人才公共服务】 一是积极促进大学生就业。以市政府名义出台了《关于做好2009年普通高等学校毕业生就业工作的意见》，实施就业导向、自主创业、企业储备、就业见习、就业指导、就业培训、就业援助、公共服务八大计划，推出了向企业派送就业券、向未就业大学生发放技能培训券、对企业储备紧缺人才发放补贴等创新举措，引起了省领导和省内外媒体的关注；加大人才招聘力度，共举办专场招聘会57场、人才集市32场，提供毕业生就业岗位18765个；做好困难家庭毕业生就业援助，149名困难家庭高校毕业生全部实现初次就业；加强见习基地建设，全市新建106家市级大学生就业见习基地，推出见习岗位2037个；开展职业技能培训，有2121名大中专毕业取得了职业技能资格证书。全市共接收2009年应届高校毕业生11051人，比上年增长22.4%，就业率达88.9%，其中接收湖州籍高校毕业生9210人，回乡率达69.7%。二是加强服务平台建设。自筹资金近1000万元，购置1260平方米业务综合用房，11月初，正式投入使用，人才公共服务平台软硬件建设得到明显改善。进一步加强服务功能，实施工资业务网上预审制度，完善人才统计系统运行工作，及时答复网上提问；更好发挥人力资源经理协会作用，通过开设人力资源管理名家讲堂、组织外出学习交流、参加素质拓展训练、开办人力资源经理讲堂，积极为加强湖州市人力资源经理队伍建设服务。强化市退管中心服务职能，不断完善市本级机关事业单位退休人员信息库，提高退休职工管理工作信息化水平；组织开展局级退休领导干部读书会、春季踏青、棋牌比赛、乒乓球比赛等活动和80岁生日慰问、60周年国庆明信片寄送等工作，让老同志老有所为、老有所乐。三是认真做好军转安置和维稳工作。加强组织协调，圆满完成115名军转干部的安置任务，对市本级34名营职及以下军转干部通过实施“以考评绩、以绩定岗”的安置办法落实了工作单位，安置总数在全省11个设区市中排名第四。扎实做好部分企业军转干部解困维稳工作，有效维护了重大活动期间的社会和谐稳定。认真处理涉及事业单位改革的来信来访，坚持以人为本，多个上访或信访难题得到了解决。坚持预防为主、工作前置的方法，市属事业单位的人事争议发生率明显减少。加强依法行政，对局机关前些年的规范性文件作了认真清理，废止已经失效的规范性文件12个，进一步规范行政决策和行政行为。加强政府信息公开工作，及时在市政府门户网站和湖州人事人才网上做好信息发布。

（杜李威）

外事　侨务　台务

·外事·

【概况】　2009年，湖州市外事工作以打造“经济外事、优质外事、诚信外事”三大品牌为目标，着力构建大外事格局，全面提升服务国家总体外交和湖州经济社会发展水平，全方位推进全市国际友好交流与合作，不断加大因公出国（境）管理和服务力度，切实加强应急涉外管理。2009年被省外办评为“全省外事系统先进集体”。

2009年，全市因公出访团组244批、774人次。其中：自行审批因公出国（境）团组81批、312人次，确认4批、5人次，合计85批、317人次；赴港澳团组9批、43人次。经审核，全市当年调整压缩团组5批，减少8人次。出访人员中，市级领导20人次，县（处）级领导175人次。出访团组中，执行经贸交流任务的有117批、463人次，执行访问考察任务的有68批、180人次，执行以上两项任务的团组批数和人数分别占出访总数的75.82%和83.07%。全年自行审批到湖州外国人436批、614人次，分别来自美国、芬兰、土耳其、巴基斯坦、孟加拉国等40个国家，主要从事经贸、科技等活动。

【加强因公出国（境）管理工作】　一是把政策宣传到位。在认真学习、领会中央《关于进一步加强因公出国（境）管理的若干规定》和省委《关于进一步加强因公出国（境）管理的若干规定》的基础上，结合湖州实际，制定印发了湖州市《关于进一步加强因公出国（境）管理的若干规定》；利用全市县区外办主任工作会议和市外办工作例会等机会，集中组织学习和传达省委办、省府办《关于坚决制止公款出国（境）旅游的通知》、省纪委《关于转发中央纪委〈关于制止公款出国（境）旅游专项工作情况的通报〉的通知》等一系列文件精神；利用部门来访咨询以及向领导汇报工作等时机，加大对文件精神的宣讲；会同市纪委、市委组织部，编印了《党政干部出国（境）必读》，分发至每位县处级领导干部。二是有序推进计划报批。2009年是实行因公出国（境）计划管理的第一年。年初，按照省外办的要求，市外办认真做好本年度的计划汇总、审核与上报工作。按照“总体平衡、略倾基层”的原则，对计划指标进行分配。在执行计划管理制度时，规定所有报批团组必须在年初上报计划之列，以确保计划的严肃性。三是严格执行审核审批。严格执行湖州市《关于进一步加强因公出国（境）管理的若干规定》中的量化管理相关规定，进一步把好控制关口，对超规定的人员一律不予审批；加强对上报团组出访任务、人员结构、邀请函电和出访行程等内容的审核，认真对照双跨团组的有关规定进行审核审批，进一步细化审核要求，切实把好审批关；实行组团预报制和审批会审制，要求部门在组团前将团组情况向市外办作预报，征得同意后方可履行报批手续，对复杂团组采取市外办领导和业务处室集体会审的办法进一步加强审核。四是努力降低行政支出。认真执行经费管理规定。根据省财政厅、省外办等四部门《关于加强党政干部因公出国（境）经费管理的通知》，配合市财政局制定印发了《湖州市关于加强因公出国（境）经费管理的通知》，对全市市级各部门2008年党政干部因公出国（境）经费进行统计，按照在此基础上减20%的要求，认真做好2009年度出国经费预算和压缩。五是切实强化教育监督。严格按照“谁派出、谁负责”的要求，加强对派出（组团）单位和出访人员进行行前教育工作的指导和检查，对重点团组，市外办领导亲自到场进行宣讲；修订和完善《因公出国（境）团组承诺书》，规定团组在完成行前教育后必须填写《承诺书》；加强对因公出国（境）团组的监督检查，根据省委《关于进一步加强因公出国（境）管理的若干规定》精神，市外办制订了《因公出国（境）团组完成任务情况反馈表》；四是坚持平时检查和集中复查相结合的办法，对出访团组和人员在外执行任务和遵守外事纪律情况进行核查，及时发现问题，总结经验教训。

【做好服务保障工作】　一是做好领导团组的安排工作。根据出访任务和时间顺序，科学安排市领导全年的出访任务，做到早落实。二是加大对企业经贸团组的服务力度。通过召开民主恳谈会等形式，认真听取企业对因公出国（境）工作的建议与意见。为企业提供高效便捷的审批与办证服务。8月，市委书记、市人大常委会主任孙文友率团赴尼日利亚、肯尼亚、阿联酋进行经贸考察与项目洽谈。出访期间，分别在尼日利亚和肯尼亚进行了投资推介洽谈，与尼日利亚签订了矿业开发合作协议，考察了尼日利亚卡诺市纺织品市场和迪拜中国龙城，重点看望了湖州有关企业设在龙城的鼎立家具有限公司、均势食品有限公司等企业负责人。10月，市长马以率团出访波兰、俄罗斯和印度三国。出访期间，举行了投资环境说明会，走访了印度塔塔集团等相关企业。

市外办积极参与市重大活动。9月，市政府在德国柏林举办湖州市投资推介会，邀请40余名德方企业界和商界代表出席，并拜访了德国鲁尔区代表处与ETAG公司，双方就加强经贸合作达成共识。

【外宾接待】　2009年，湖州市与世界各国友人广泛开展友好交往，全面开展经济、文化、教育等领域的交流与合作。全年接待的重要外宾和团组有：日本国际贸易促进协会专任副会长中田庆雄，荷兰驻沪总领事馆团组，捷克共和国经贸考察团，日本贸易中心考察团，日本产学研究环境访问团，波兰华沙理工大学代表团，西班牙雷嘎纳斯市市长拉法尔·蒙托亚、常务副市长劳尔·加拉多和副市长玛奴艾尔·甘坡，西班牙驻上海副领事李阳，阿根廷驻上海总领事爱德华多·艾伯林，秘鲁驻上海总领事马雅德，尼日利亚驻上海领事希图，日本岛田市市长樱井胜郎和议长富泽保宏，韩国清州市副议长延哲钦，惠而浦公司董事局主席兼首席执行官杰夫·费蒂格，联合国环境规划署博士德琛次仁，亚太旅游协会（PATA）理事会专家波特·范·沃尔比克，等。

【友好交往】　通过定期拜访等活动，市外办与各国驻沪领馆之间建立了良好而稳定的联络机制。年初，副市长李建平率市外办相关人员赴上海拜会了日本、澳大利亚、意大利、乌克兰和奥地利五国驻沪总领事，送上新年的祝福。4月，副市长李建平率市外办相关人员赴上海拜会美国和西班牙驻沪总领事，介绍湖州市近年来经济社会发展情况。年内，市外办领导多次专程赴上海拜访韩国、意大利、印度、希腊等国驻沪领馆。6月、12月，市外办应邀赴上海参加菲律宾和日本驻沪领馆举行的相关庆典活动。

【友好交流】　2009年，市外办统筹兼顾，突出重点，积极巩固和发展与现有友城的友好交流关系；创新思路，优化手段，主动联系与湖州经济实力相当的国外相关城市。年内，市领导率团访问日本岛田市、韩国清州市、西班牙雷嘎纳斯市等友好城市，进行友好会谈，开展经济、农业、城建等方面的交流。岛田市第21次友好访华团、清州市议会代表团、雷嘎纳斯市友好代表团等友好团组分别访问湖州，双方进一步增进了解、加深友谊。10月，湖州市与雷嘎纳斯市在湖州举行两市建立友好交流关系协议书签字仪式，西班牙驻沪领馆官员前来祝贺。同月，市长马以率团出访波兰拉多姆市，双方就深入开展经济、文化和教育等领域广泛的交流达成一致，并签署了两市建立友好交流关系意向书。

2009年，市外办积极发挥全市主要对外交往窗口的作用，与国外各友城保持密切的联络，互相通报经济社会发展现状、市重大活动、机关人事变动等情况，磋商友城今后友好交流的思路、计划和打算。对韩国清州市友好城市展示厅的建造，市外办给予充分的协助，及时提供文字、影像、实物等各类资料。

（窦　锋）

·侨务·

【概况】　2009年，侨务部门以深入学习实践科学发展观活动为契机，积极围绕中心抓发展，以人为本抓服务，面向全球抓资源，整合力量搭平台，奋力推进侨务工作创新发展，取得了较好业绩。市侨办、侨联分别荣获全省侨办系统先进集体、全省侨联系统先进集体称号。

【服务经济社会发展】　一是招才引智工作有新成效。成功举办'2009“相聚长三角”海外高层次人才湖州行活动，活动邀请了来自美国、德国、英国等七个国家和地区的50多位华侨华人专业人士，并带来60多个符合湖州产业发展导向的高新技术项目参会。侨务部门紧扣转型升级和科技创新主题，通过召开以推进“南太湖精英计划”为主题的湖州市创业环境说明会，举行高新技术项目、生物与医药项目两场合作洽谈会及实地考察，使海外高层次人才与湖州100多家企业、科研院校和开发区进行了项目对接，达成了初步意向25个，有效地促进了海外高层次人才和湖州企业的双赢合作，全面提升了湖州在海外高层次人才中的关注度和吸引力，并推进了以“南太湖精英计划”为主抓手的海外高层次人才引进计划的实施。2009年，通过侨务部门申报“南太湖精英计划”的共有54人，占全市总数的市四分之一，并成功引进了杨军等4位海外高科技领军人才落户湖州。二是招商引资工作有新进展。2009年协助开发区等有关招商主体举办各类招商推介会6次，为基层招商引资拓展了渠道。来自美国、英国、奥地利、德国和澳门等多个国家和地区的近百名侨商应邀参会，并就新能源、电子等行业的有关项目达成了初步意向。通过海外同乡会、侨商会等平台，依托市内外重大节会活动，积极邀请有投资意向的海外工商界人士到湖州。6月，以浙洽会湖州签约仪式活动为契机，邀请了包括以会长魏容宁为团长的扬州市华商会代表团在内的来自加拿大、巴西、日本、新加坡和香港等5个国家和地区的17名侨商参会，并精心安排商务考察活动。10月，又邀请了以台州侨商会会长、澳门银润（上海）控股有限公司董事长廖春荣为团长的台州侨商会代表团一行18人到湖州做商贸考察，期间，精心安排廖春荣会长做在湖投资的现身说法，激起了代表团成员到湖州投资的浓厚兴趣，达到了以侨引侨，拓展资源的效应。下半年，以湖州市侨联换届为契机，有针对性地邀请意大利那不勒斯华商会代表团和温州华商会代表团赴县区做投资考察，并促成了意大利那不勒斯华商会投资2000万美元的BT项目落户吴兴区。

【拓宽海外联络】　一是加大“请进来，走出去”工作力度。2009年，共邀请接待了30多个国家和地区的华侨华人700余人次到湖州作交流考察，新结交一批重点侨团、重点人物，进一步完善了国外工作网络；侨务部门领导还随团赴美国、加拿大、澳大利亚访问，期间，通过走访、召开推介会等形式，与海外专业人士、华人华侨新生代进行了广泛交流和沟通，并与美国中国华人科技企业协会、加拿大华侨华人专业人士协会等一批社团建立了良好合作关系。全国侨代会期间，部门主要领导拜访了英国、泰国和印尼等国的重点侨领、侨商，与东南亚等重点国家建立了新的联络渠道。二是努力推进“三百工程”建设。突出重点，不断加强与重点人士的联络，密切与重点侨商、重点新生代和重点专业人士的联系，采取灵活多样的方式，以亲情乡情为纽带，有计划、有力度地开展工作。充分利用节庆、会展等活动，加强与他们的联系交流。逐步建立起海外100名重点侨商、100名重点新生代和100名重点专业人士的资源库，并探索建立长效联络机制，通过网络、短信两个平台，实现动态管理，常态联络，取得了较好的联络效果。三是深化新生代工作。从交流合作、文化影响、荣誉激励入手，多管齐下地深化新生代的工作。通过表彰侨界创业创新十佳青年，激发他们做大做强企业的积极性；邀请美国浙江大学校友会子女夏令营到湖州进行文化交流，使这批在美国出生长大的“高中生”在领略湖笔文化和丝绸文化中，进一步加深对中华民族的认同感；侨务部门领导在美国、澳大利亚、新西兰和新加坡访问期间，还专门与当地侨团、华人华侨新生代就促进交流合作进行了探讨和沟通。

【强化为侨服务】 一是服务侨企促发展。上半年，开展了“访侨企、解侨忧、促发展”活动，侨务部门领导分别走访了各自联系的重点侨资企业，了解企业生产经营情况和存在的困难，协助企业与政府相关职能部门进行沟通，为他们解决实际困难，如为南星木业落实吊运码头使用权、浙江天湖裘皮制品有限公司办理“一卡通”和长期往来港澳通行证提供帮助，通过联系卫生、教育等部门，帮助侨商解决就医、子女就学等困难，积极营造良好的投资软环境。下半年，侨务部门开展了“送政策、送法律、送信心”活动，邀请海关、商检、工商等部门为侨资企业详细介绍了有关扶持政策，邀请法律专家为侨企作“在国际经贸活动中如何防范风险”的讲座，为企业积极应对挑战，加快转型升级提供服务和帮助。二是扶侨帮困送温暖。春节期间，侨务部门领导上门走访、慰问60多家特困侨户以及部门联系帮扶的南浔区菱湖镇千丰村的困难群众；陪同省侨务部门领导走街道下社区开展访贫问苦送温暖活动，把党和政府的关怀送到广大归侨侨眷的心坎上。2009年，继续开展了“双千万结对帮扶”工程，对帮扶对象，分别制定了帮扶计划，党员干部主动捐款给予资助。还主动与织里镇曙光村党支部开展学习实践活动结对共建工作，在完成“五个一”任务的同时，走访慰问了一批困难党员。三是社区侨务见新效。侨务部门不断拓展社区侨务工作的形式和内容，增强开展双向服务的作用和效果。在巩固县区侨务工作的同时，不断向有条件的社区推进，鼓励和引导更多的社区开展社区侨务工作。按照《关于设立侨法宣传角工作达标考核标准的通知》规定，选送上报了第一批条件成熟的社区，湖州第一家社区侨法宣传角——滨河社区侨法宣传角已经建立。市侨务部门还主动配合市人大开展侨法贯彻落实情况调研，加大侨法执行的督查力度，努力营造知侨、爱侨、护侨的良好氛围。认真做好信访接待工作。2009年，共受理海外侨胞、港澳同胞和归侨侨眷的来信来访35件（次），做到件件有回应，事事有落实。

【召开市第六次归侨侨眷代表大会】 11月，根据侨联章程，召开了湖州市第六次归侨侨眷代表大会，会议回顾总结了五年的工作，提出了今后五年的工作目标和任务，表彰了“侨界创新创业十佳青年”、“先进归侨侨眷”和“优秀侨务工作者”，选举产生了湖州市侨联新一届领导班子。市侨联以侨代会为契机，邀请50多位来自意大利、法国等八个国家和地区的著名侨领和侨商到湖州参加侨代会，不仅扩大了对外联络面，而且拓展了经贸合作渠道。

（沈 列）

·台湾事务·

【概况】 2009年，湖州市各级涉台工作部门紧紧围绕党中央关于新形势下对台工作的总体部署和要求，坚持以科学发展观为指导，认真学习贯彻党的十七大精神和总书记胡锦涛在纪念《告台湾同胞书》发表30周年座谈会上的重要讲话精神，进一步解放思想、创新创业，充分发挥“组织、指导、协调、管理”的工作职能，服务基层、服务企业，各项对台工作取得新的进展。湖州市台办、德清县台办分别被浙江省台办评为“全省对台经济工作先进单位”、“全省县（市、区）级台办对台工作先进单位”。

【搭建平台促合作】 一是加强湖台农业合作。引进和推广台湾在精致农业、休闲观光农业、种子栽培技术、农产品深加工技术方面的新成果。围绕湖州南太湖现代农业科技推广中心、浙江大学（长兴）现代农业高科技园区等农业科技创新服务平台建设，积极争取省农办、省台办的支持，做好设立“湖州台湾农业创业园”的调研及准备工作，联络台湾亚蔬世界蔬菜中心、二十一世纪基金会、台湾大学农学院等农业专家组团到湖州考察洽谈合作事宜，定向邀请台商6批50多人次。二是配合招商主体开展产业招商。围绕三电行业发展重点，组织湖州经济开发区和吴兴工业园区赴台湾，到广东、福建等地招商。配合各园区开展汽车电子、机械、轻工、纺织、太阳光电、LED照明、通讯、电动车辆、精细化管理、服务业引进等与台湾产业的合作交流。举办台北、深圳、上海等多场产业对接洽谈会，搭建产业引资平台。三是充分利用国台办、省台办“台字号”工作平台，积极参与“海峡论坛——县市主题日”、“浙洽会”、“厦洽会”、“第七届全国技术市场中介机构峰会”等产业对接及招商活动，加大湖州对外经贸宣传。2009年，接待了台湾铨智知识服务股份公司董事长吴欣怡女士和台湾中央贸易开发公司代表等台商。长兴县还通过举办“台湾技术转移机构负责人座谈会”，在技术、经贸、教育和农业方面进行了对接。四是在技术、管理、营销和引进人才等方面进一步拓展合作方式，积极推进民营企业利用台资。协助森宏复合材料有限公司、湖州美典新材料有限公司、德清县一帆颜料有限公司、长兴县华星高温电炉有限公司和永大自行车料湖州有限公司等一批企业先后赴台商务考察，涉及设备购置和签订商贸合同资金600多万美元，拓展了湖州企业走出去发展的空间。截至年底，共引进台资项目9项，总投资1.05亿美元，其中1000万美元以上项目3项。

【拓展湖台交流交往】　一是主动配合参与做好专项涉台工作。如“首届互利双赢——浙台旅游合作大会”，来自台湾《联合报》、《TVBS》、《中国时报》、《台湾时报》、《壹凸新闻报》、《新新闻报》、《青年日报》、《中视》、《苹果传媒集团》、《旅报周刊》等10家媒体聚集湖州联合报道，成为湖台交流一大亮点。湖州市台办配合有关部门认真做好对湖州各媒体记者的培训工作，联络台湾记者朋友，搞好采访服务接待工作。二是按照国台办和省台办要求，做好中国华艺广播公司电视中心与台湾庚云国际传播有限公司合作的《京杭运河两岸行》摄制组到湖州的拍摄协调工作。与县（区）台办联动，积极配合摄制组工作，保障了顺利拍摄。三是配合做好“陈英士故居”、“陈英士陈列馆”布展开馆等工作，接待台湾原新党主席谢启大、陈英士后人陈祖烈、陈泽祯等到湖州参访。一年来，共接待涉及经贸、旅游、中介、媒体及旅台湖州同乡会等团组1500多人次。四是配合做好“2009中华老字号台北精品展暨两岸老字号精品展”的筹备工作，为湖州“丁莲芳”、“周生记”等陆资入岛连锁经营创造条件。五是认真抓好协会管理工作，指导湖州市台协会和台属联谊会顺利完成换届工作。同时，积极参与组织台联会开展联谊联络活动，邀请省台办专家为广大台属举办“台海形势报告”会，增强了服务两岸关系和平发展的责任感和使命感。

【做好台胞服务工作】　一是服务落户台企增资扩股。配合省人大民侨委、市人大民侨委对贯彻《浙江省台湾同胞投资保障条例》组织执法调研，逐个走访了三县二区及投资千万美元以上企业。协同召开市级各部门与台胞、台商座谈会，向有关涉台涉外部门通报在贯彻执行《条例》过程中存在的10个方面的薄弱环节，对造成企业困扰的7个个案，积极通过有关途径向上反映，使服务工作更具针对性和有效性。二是邀请省、市工商业联合会及相关律师事务所专家举办“应对危机、规避风险”及“劳动争议调解”培训等5个班次，举办由台湾电机电子工业同业公会讲师主讲的企业转型升级高阶管理人培训和在湖台资企业法规讲解，使企业进一步增强了应对危机的信心。在“双百双千”工作中，坚持每月联系走访企业，积极协调解决企业疑难问题。帮助3家台资企业解决了融资难的问题，协助台企茂源鹿业有限公司购置大型农机享受国家补贴，得到了企业好评。三是积极开展维权活动，全力做好台商、台属的来信来访以及投诉的协调工作。吴兴区龙泉街道一名台胞因购买染发剂使用后头部感染住院，市、区台办得知情况后主动前往医院探望，并协调消协和法律援助。在“每月企业服务周”活动中，帮助台资企业三可仕协调解决房产证办理、住宅用电超容等问题；帮助台荣协调土地出让金兑现；协调银监局，帮助台资企业圆典工艺品公司协商预收货款额度；并帮助解决了一些台商和台胞子女入学问题。

（高　辉）

地方军事

·军事·

【概况】 2009年，全市武装工作，在省军区党委和湖州市委的正确领导下，坚决落实中央军委胡锦涛主席关于国防和军队建设的一系列重要指示，深入学习实践科学发展观这项重大政治任务，进一步掀起大抓军事训练热潮，毫不松懈地推进军事斗争准备，奋发进取，真抓实干，圆满完成了年度各项工作任务，全市武装工作呈现出协调发展的良好局面。

【战备工作】 围绕作战任务，修改完善湖州地区防卫作战、国防动员、人民防空“三合一”和应急动员等方案、预案，初步形成上下对接、横向配套的方案体系。调整细化战备方案。加强了重难点问题的研究攻关，突出重大节日、敏感时期安保、反恐维稳、防台抗洪、山林灭火等演训。组织动员能力等评估，摸清全区战斗力底数。落实各类战备制度，认真开展形势战备教育，严格作战值班和值班分队的落实，加强对人员、车辆的管控，确保遇有情况，能够有效应对。

【军事训练】 按照上级要求，坚持不懈地抓好形势战备和我军根本职能教育，紧绷战备训练打仗之“弦”，做到思想不松、标准不降、力度不减。科学搞好统筹，拟制完成作战方案和实施计划，展开重难点问题研究攻关。认真组织两级首长机关网上开训、理论辅导和基础课目训练，举办全市基层专武部长业务培训，圆满完成了全省民兵重点分队“三个现地”对抗训练、民兵预备役兼职“四会”教练员跨区联训试点。规范基层人武部正规化建设，完成各级作战室信息网络联通，实现指挥自动化。统筹加强非战争军事行动能力建设，以反恐维稳、防台抗洪、山林防火、应急救援为重点，搞好专业力量配套建设，理顺军地联合指挥协调机制。

【后勤建设】 围绕全面建设现代后装目标，提高遂行多样化军事任务后装保障能力。认真研究制定抗洪抢险、防抗台风、处置突发公共卫生事件等非战争军事行动后装保障任务方案和计划，建立军地协作准备、协调保障、协同行动机制。加强后勤保障重难点问题研究，《深化经济动员中心建设需把握的几个问题》获省军区后勤系统研讨成果三等奖。拓展采购改革范围，推广协议采购、集中定点采购方式，年度完成4个批次集中采购，资金节约率达到9%以上。学习推广党委管财“五控法”模式，深化经费资产一体化管理。完善基础设施建设。民兵武器仓库营院改造工程顺利完工，积极协调地方做好分区老营区房屋腾退拆除工作。干休所老干部住房改造有序推进，南浔区人武部征兵楼、安吉县民兵训练基地积极筹建，分区机关营区被总后评为“绿色营区”。

【老干部工作】 围绕“一保本色、二保长寿”的目标，党委分工一名常委挂钩干休所，高度重视老干部工作。针对老干部高年龄、高发病和重病高发期等“三高”特殊情况，加强了研究探索，构建了集预防、医疗、急救、保健和康复于一体的多层次保障，生理、心理和社会适应能力于一体的多元化服务。尤其是针对老干部疾病日益增多的实际，积极将防病工作关口前移，每年组织一次老干部体检，对体检信息实施计算机管理。健全健康档案，在健康评估的基础上实施健康干预，并定期进行健康跟踪，做到对老干部疾病“四个知道、一个跟上”，即对疾病知道、用药知道、生活规律知道、心理变化知道，医疗保健措施及时跟上。积极协调地方有关部门帮助做好干休所营房搬迁、改建工作。建立老干部兴趣活动小组，定期开展活动，使老干部情趣健康、老有所为。

【后备力量建设】 组织召开市国动委第九次全体会议，扎实推进国防动员和后备力量建设科学发展。组织基层战备规范化建设试点，基层基础建设进一步夯实。深化拓展“百连结对百村，携手共建新农村”和“湖州军民携手奔小康”活动，参建工作有了新成效。初步总结了长兴县依法开展民兵预备役工作经验做法，军民融合工作机制不断完善。金洲集团董事长俞锦芳被评为“全国全民国防教育先进个人”。长兴县新四军苏浙军区纪念馆被评为“首批国家级国防教育基地”。坚持党管武装原则，认真落实议军会、县（区）党管武装工作考评和领导干部“军事日”活动等制度。

【民兵武器装备管理】 加强仓库安全管理，严格武器装备各类管理制度，加强仓库值班，定期检查和擦拭保养武器装备，保持了各类装备完好率。德清县民兵武器装备仓库被省军区评为“先进仓库”。实现了全区连续28年武器装备管理安全无事故。圆满完成了报废弹药的销毁运输、186武器库整治、监控系统的升级改造工作，装备“三化”管理进一步规范。

【精神文明建设】 按照市委、市政府“两创”战略的要求，坚持军民融合式发展，推动国防建设和经济建设良性互动。积极探索创新新形势下双拥工作的载体和抓手，深入开展以“百连结对百村，携手共建新农村”为主题的军民共建社会主义新农村活动，进一步深化“湖州军民携手结对奔小康活动”。注重活动的实效性，精心组织开展危房改造、扶贫帮困、村庄环境整治、农村卫生人员培训、义务巡诊、消防护农等深受广大农民群众欢迎的共建活动。分区政治部和吴兴区八里店镇南塘漾村，深入探索军地农村社区双拥共建站建设的路子。在指导长兴县人武部开展“万名退役军人创业致富大行动”活动中，积极引导退役军人和民兵预备役人员创业致富，至年底已有2300多户投入创业行动。发动民兵预备役人员深入开展“双送双争”主题实践活动，春节期间，组织官兵对结对低收入农户进行逐一走访慰问送温暖。加强活动的经常性，军政军民关系进一步密切，受到了地方党委、政府和人民群众的好评。

【征兵工作】 2009年，湖州市冬季征兵工作，在市委、市政府和军分区的直接领导下，坚持以科学发展观为指导，深入贯彻落实省、市征兵工作电视电话会议精神，积极适应征集对象主体调整，推进征兵调整改革。组织领导坚强有力，宣传发动深入持久，征兵工作透明高效，政策规定有效落实，廉洁公开确保质量，征接双方融洽和谐，兵员质量大幅提升，圆满完成了上级下达的征集任务，连续15年实现了无责任退兵。

【国防教育】 全民国防教育工作深入开展，全市各级党委把机关干部国防教育纳入党管武装、中心组理论学习和“军事日”活动内容。8月，举办国防形势报告会，从市、县（区）四套班子领导到市国动委、国教委成员260多人，听取了国防大学教授李莉所作的有关全球战略格局和中国安全形势的专题报告。结合国庆60周年华诞庆典，开展“祖国在我心中”为主题的国防教育电视大奖赛活动，获得浙江省庆祝建国60周年湖州八大优秀项目之一。南浔区获得竞赛第一名，产生了较好的国防教育和社会效益。在征兵工作开展期间，全市城乡社区广泛宣传《中华人民共和国兵役法》、国防法律法规和国防军事知识，悬挂宣传用语（横幅）2100条次，社区墙报、黑板报、宣传橱窗等阵地选登宣传资料近万篇，向居民和村民家庭散发国防教育宣传资料10万余张。

（宋华清）

·人民防空·

【概况】 2009年，湖州市人民防空办公室（民防局）以深入开展学习实践科学发展观活动为总抓手，积极克服金融危机带来的不利影响，抓紧抓实人防应战应急准备，齐心协力，共克时艰，圆满完成全年各项目标任务，被评为2009年度全省人民防空工作先进单位，连续二年获得此项荣誉称号。

【人防工程】 2009年，全市新增人防工程面积9.75万平方米，人防工程使用面积总量比上年度增加24.2%，湖州市中心城区（含吴兴区）人防工程使用面积比上年增加38.7%。继上年完成203工程后，年初，开工建设口部房及地面指挥中心，总投资达2400万元，建筑面积3800平方米，年底基本完成土建。4月，荻港渔庄疏散基地二期竣工，市委书记孙文友、省人防办主任李杭等省、市领导亲临竣工启用仪式。荻港渔庄疏散基地概算投资2300万余元，建筑面积7262平方米，项目分三期建设竣工后，战时灾时可应急疏散1万余人。5月，湖州人民广场地下工程竣工，总投资4300万余元，总建筑面积达9902平方米，平时作为中心城区停车及小商品市场使用。德清应急救援指挥中心项目概算投资3700万元，年底开工建设。长兴水口疏散基地概算投资2998万元，土建主体已完工，装修方案已通过会审。安吉应急救援疏散中心项目因土地拆迁问题，另外选址。吴兴应急救援指挥中心项目计划投资2850万元，上报省人防办立项。南浔703工程总投资3138万元，年底前完成基础浇筑。南浔行政中心物资库工程总投资1800万元，已基本完工。市本级落实一个通信专业工程，长兴县、安吉县各落实一个医疗救护工程。南浔区完成一个区块的控制性详细规划，吴兴区完成东部新区核心区的人防规划，德清县完成城东新区北片控制性详细规划编制。

【组织指挥】 从“长期准备、常态化准备”需要出发，重点抓好各种训练演练，抓好通信警报设施的完善与应用，提升人防应急保障能力。5月，市人防办带吴兴、南浔两区人防办，组织湖州中心城区部分社区干部、群众及湖州师院学生共200余人，开展了防空袭疏散演练，对荻港渔庄疏散基地的应急接收能力进行了检验。9月，德清县组织10个社区和部分学校，进行了紧急疏散；长兴县利用警报试鸣，组织1万余名社区群众和学生，进行了紧急掩蔽和逃生演练；安吉县对200余名社区群众开展了疏散演练。积极参演全省综合演练，经过3个多月的准备和反复预演，8月，市和三县两区人防指挥部成员，全部参加网上指挥演练，分管市长和各县（区）领导全程参加，市人防地下指挥场所与县（区）人防综合网实现了网上互联互通，与省人防办联通顺畅，进一步检验了通信设施设备和人防队伍应急应战能力。10月，组织人防通信保障专业队训练，对全市短波电台、移动指挥车等设施设备的操作运用，进行有针对性的强化训练。在县（区）人武部的支持下，各县（区）先后完成专业队整组训练。长兴县组建了人防应急救援专业分队，配备雷达生命探测仪。

【通信警报】 2009年，新增警报5台，全市百余台（套）警报器全部实现无线集中控制，32个人防重点镇均有1台以上警报。结合“9·18”事变78周年纪念日和国防教育日等活动，经市政府批准，9月18日，组织在市和吴兴区、南浔区及所属人防重点镇警报试鸣，三县也结合本地实际，组织试鸣活动。湖州中心城区和县区首位镇的警报覆盖率、鸣响率、完好率均达到100%。完成全部灾警和广播功能改造，制订了防灾警报发放办法，使全市防空警报具备了灾情警报发放功能和语音广播功能，为民防应急救援工作的开展提供技术保障。新增5辆移动指挥车，全面实现人防系统语音通信、数据传输、视频会议的互联互通，有效提升人防的机动指挥能力，提高信息化水平。

【队伍建设】 加强人防队伍能力素质锻炼，年初制定“准军事化”达标验收方案；5月，组织全市人防系统全体干部职工开展“准军事化”训练，邀请专家授课，围绕军事知识、专业知识和业务技能进行集中学习，并组织综合测试，在年终省级达标验收中一次性通过，获得全省人防机关“准军事化”建设全面达标单位称号。机关干部职工上下协调，团结和谐，互相支持，自觉遵守各项廉政规定，营造心齐、气顺、风正、劲足、实干的工作环境。

【依法行政】 以规范人防审批为抓手，结建政策落实情况良好。根据上年下发的《关于规范人防工程建设审批程序的通知》，全市人防系统严格对照执行，贯彻落实情况总体良好，较好地推动人防结建政策的落实。上半年房地产市场低迷，人防结建政策落实受到一定影响的情况下，市和县（区）两级人防部门坚持依法行政，严格结建标准，规范审批程序，自觉改善服务，除少量项目缓建缓缴外，基本上做到了应批全批、应建全建、应收全收，没有发生行政审批上的重大投诉事件。2009年，全市共审批各类建设项目385个，会审人防结建项目初步设计56个，审核施工图项目41个，人防专项竣工验收项目30个。全市依法征收人防易地建设费6749万元。严格人防行政执法检查，执行工程监管各项制度，年内没有发生安全事故。依法依规做好人防财务管理，确保人防资金专款专用，提高资金使用效益。进一步贯彻落实《中华人民共和国政府信息公开条例》，及时更新信息内容，共有234项内容全部上网公开，接受社会和公众的广泛监督。组织参加公务员法制培训，新增6人取得人防行政执法资格。

【宣传教育】 以学校、社区为重点，积极推进人防教育进党校、机关、企事业、社区和网络等活动。全市共有61所初级中学开展了人防知识教育，实现了学校人防教育全覆盖。市和各县（区）都落实了一所以上示范学校，年终与教育部门联合开展人防教学先进评比，召开总结表彰会议，组织部分教师参观上海人防科技教育馆。坚持从实际出发，抓好示范社区建设，安吉县天目社区、昌硕社区，湖州华丰二社区、余家漾社区等人防工作成效明显。市人防办和吴兴区共同投入资金20万余元，在15个社区竖立电子标识标牌；安吉县组织社区干部到上海学习考察，开阔了视野，增强工作责任感；南浔区在8个社区开设了人防宣传橱窗；长兴县组织16000多名社区居民、学生和干部，参加了全省人防知识竞赛，共有14人获奖，占获奖总数的14%。在《中国人民防空》杂志、中国民防网等国家级媒体上刊登湖州人防信息7篇，《浙江日报》深度报道1篇，《浙江民防》杂志42篇，《湖州通讯》1篇，《湖州日报》出专刊8期，《湖州民防》1期。改版湖州人防网，增加了科学发展观学习实践活动等内容，及时更新人防信息。全年共发放各类宣传资料2.42万册。启动《湖州人防志》的编纂工作。

【人防重点镇】 全市32个人防重点镇，基本上落实了人防结建政策，安吉县梅溪镇、长兴县泗安镇等开展结建工程建设。积极探索重点镇“两防一体化”工作，安吉县梅溪镇和南浔区和孚镇建立了民防应急专业队，打出了民防牌子。在抗击“莫拉克”台风的应急行动中，梅溪镇专业队发挥了很好的作用。德清县钟管镇成立了防化专业队，县人防办出资配备了防护服，开展了专门的防化训练。

（范继明）

·武警·

【概况】 2009年，武警湖州市支队以党的十七大精神为指导，全面贯彻落实科学发展观，按照武警总部、总队党委总体工作部署，狠抓思想政治建设，坚持按《纲要》统揽、按条令规范、按三项经常运行，坚持依法从严治警，突出抓好中心工作和党委（支部）班子建设，充分发挥广大官兵的主体作用，坚持“求实、务实、扎实”的工作作风、“吃苦、刻苦、艰苦”的精神状态、“亲兵、为兵、爱兵”的人本情怀、“创新、创造、创业”的建队理念，部队全面建设呈现出科学、安全、和谐、创新的发展态势，支队被总队评为先进支队和风气与廉政建设先进单位。

【思想政治建设】 坚持用中国特色社会主义理论体系武装官兵，稳步推进第二批、第三批学习实践科学发展观活动，始终保持大事大抓的强劲态势，一批影响和制约部队建设科学发展的问题得到有效解决。大力培育当代革命军人核心价值观，坚持开展经常性思想教育、形势政策教育和随机教育，“三项活动”、“红色文化”等载体运用较好，官兵理想信念坚定可靠。文化育人成果丰硕，政委应有良成功举办了“警营画家进高校”国画展，编印下发“青春三部曲”之《青春有思》。营区政治环境和基层网络学习室不断完善，支队警史馆正式建成。“五个过一遍”活动卓有成效，官兵思想根基扎实稳固。注重典型选树，有38人次荣立三等功，295人次受到各级表彰。重视对外宣传，9篇政治工作经验做法被各级刊载转发。一大队三中队指导员董学增先进事迹被《浙江日报》等8家省级媒体刊播，并被评为“感动湖州十大人物”。支队政治处被武警总队表彰为“先进支队政治机关”。

【战备执勤】 坚持“以人为本、信息主导、正规执勤、确保安全”

的工作思路，严格落实党委议勤、领导查勤，继续狠抓专勤专训、专哨专训，扎实开展勤训轮换、“三员”集训、新兵岗前勤务训练活动，官兵执勤能力显著增强。全年成功处置了4起拍照、冲监、脱逃等事件。积极推进人防、物防、技防、联防“四防一体化”建设，着力改进“三员一兵一组”组勤模式，运用试点成果全面铺开执勤信息化建设。9月4日，在迎接武警总部执勤交叉检查工作组的检查中，得到总部首长高度评价。坚持“科技强勤”，总投资285万元的支队、中队两级信息平台基本建成，实现了智能图像分析、自动联动报警、来邦直呼对讲、一屏多点显示、远程微波传输等功能，目标安全在科技强勤中得到保证，受到总部刘副司令员的好评。认真学习宣传贯彻新颁发的《人民武装警察法》，强化官兵依法履行使命的意识。执勤处突任务完成出色，全年共担负临时勤务139起。执勤工作连续24年实现安全无事故。支队司令部被总队表彰为先进司令部。

【军事业务训练】 支队党委坚持以《军事训练大纲》为本，紧贴实战要求严抠细训。采取“理论学习、想定作业、战法研究、网上演习”的方法，加强首长机关室内战术作业训练。以完成“国庆安保”任务为契机，加大防暴分队和应急分队组织指挥、战法研究、紧急出动、一枪制敌、射击技能和人装结合训练。围绕“岗位练兵、防逃制逃、防袭制袭、情况处置”的练兵要求，加大了专勤专训的力度，突出方案演练、哨兵反袭击、岗楼情况处置、兵棋对抗、武装押解等科目训练，加强对“三人应急小组”训练、备勤。组织开展以“练体能、强素质、保中心”为主题的冬季体能训练达标竞赛，坚持每季军事考核。突出抓好新兵上岗前执勤业务训练与考核，大力开展“五小练兵”活动。狠抓军事训练，举办军事比武，组织干部轮训，在总队警官军事比武中获团体第三名。

【部队管理】 认真贯彻依法从严治警方针，深入开展“条令法规学习月”、“安全宣传教育月”、“暑期百日安全”活动，官兵安全发展理念牢固确立。广泛开展“违纪害了谁、守纪为了谁、安全依靠谁”、“目标安全我负责，中队安全我尽责，战友安全我有责”大讨论和“查隐患、防事故、保安全”、“迎大庆、严管理、树形象”作风纪律教育整顿，7次派出工作组赴基层进行安全大检查，清除隐患72处。出色完成科技强勤、科技强管现场会任务，“科技两强”成果全面展示并广泛应用。积极推进士官制度改革，加大士官队伍教育管理力度。加强国庆期间封闭式管理，保持了部队安全稳定。严格人员管理，“八小时”外的娱乐圈、生活圈得到有效管控，基层干部，实际配备率、在位率均达100%。加强车辆管控，为全部车辆安装了GPS车辆监控系统，实现安全行车58万余公里，车辆和驾驶员审验获得总队第二名。支队连续11年被总部表彰为“三无”先进单位。

【基层建设】 坚持把工作重心放在基层，持续掀起新《军队基层建设纲要》学习热潮，不断提高经常性、基础性工作质量。严格落实领导包片、股队挂钩、蹲点指导、重点帮扶等工作制度，基层建设差距再度缩小。一中队被总队树为标兵中队，荣记集体二等功。一中队、三中队、七中队、八中队、警勤中队、二中队三班点均被总队评为先进。指导基层按三大组织工作条例规范运作秩序，一中队党支部、七中队团支部被总队表彰为先进党支部和先进团支部。规范民主公开栏、“双争”评比栏，开展“月评好干部”、“周评好战士”活动。加强基层民主建设，召开第二次军人代表会议，听取官兵对部队建设的意见和建议。建立以人为本关爱机制，“爱兵直通车”、“暖心基金”、送一本好书等“10件实事”全部兑现。狠抓干部队伍、党员队伍和士官队伍建设，“三支队伍”先锋模范作用得到有效发挥。开展“帮建支部、帮带干部、帮教士官”、“中队长日、指导员日、排长日、士官日”和“大练基本功”活动，支队抓干部队伍的做法在总队政工例会上作经验介绍。

【双拥共建】 支队双拥工作坚持走实践主线，在参与驻地“四个文明”建设中形象得到有效拓展，赢得了地方党委、政府和人民群众的信赖。先后参加义务巡诊、义务植树、义务献血、慰问社会福利院、敬老院、志愿军老战士等各类活动80余次，为地方单位军训5000余人，官兵年义务献血80000CC。在抗击台风“莫拉克”中，支队共出动1200余人次，行程共计600余公里，整个抢险救灾行动持续23个小时，成功解救被洪水围困群众78人，装填运送沙袋15600余个，堵管涌12处，加固堤坝1500多米。“百连结对百村，携手共建社会主义新农村”活动产生积极效应。支队各级与驻地多家企事业单位建立了共建关系，95%以上的中队成为当地政府的爱国主义教育基地或德育教育基地。

【后勤建设】 积极适应多样化任务需要，大力加强后勤战备建设，修订完善应急保障预案，适时开展应急保障演练。狠抓后勤队伍能力提升，落实司务长集体办公，组织专业兵集中轮训。严格落实财务、伙食、枪弹、车辆、卫生等管理制度，后勤建设日益规范。一中队、安吉中队食堂被总队后勤部评为先进食堂。支队被浙江省爱卫会评为“无烟先进单位”。严密防控甲型H1N1流感，实现“零传入”目标。加快基层“四项设施”建设，继续狠抓营建工作。二中队、六中队新营房搬迁入住，九中队、安吉中队训练馆和机关大车库建成使用，6个基层单位营房和四中队训练馆陆续开工。支队被总部表彰为“武警部队营区房地产正规化管理达标单位”和“武警部队绿色营区”。

（施文斌）

教　　育

·综述·

【概况】　2009年，湖州市有各级各类全日制学校和幼儿园482所，其中高等学校4所（含成人高校1所），各类中等职业学校（含技工学校2所）21所、普通高中25所、初中105所、小学150所、幼儿园175所、特殊教育学校2所。有专任教师2.56万人。全市有各级各类全日制在校学生和幼儿45.64万人，其中高等学校在校生4.01万人、普通高中在校生4.97万人、初中在校生9.96万人、小学在校生16.31万人、在园幼儿6.69万人、特殊教育在校生484人、中等职业学校（含技工学校）在校生3.65万人。2009年，全市中小学校舍在建项目建筑面积29.63万平方米，完成基本建设投资4.12亿元，年内竣工项目建筑面积19.69万平方米。湖州五中仁皇山校区投入使用。全市有省一级幼儿园20所；省示范小学、初中58所；省级重点普通高中17所（其中省一级重点普通高中10所）；国家级重点中等职业学校7所，国家级技工学校1所；省级重点中等职业学校5所。省示范成人学校22所。2009年，全市中小学校教师申报晋升中学高级教师职务450人，评审通过239人（其中中学高级教师208人、“小中高”教师31人）；评审通过中专高级讲师8人，评审通过教育管理助理研究员5人，高级职务评审通过率53.56%，中级职务评审通过561人，通过率为47.1%。2009年，全市教育系统获得全国教育系统先进集体1人，全国模范教师2名，全国优秀教师3名，全国优秀教育工作者1名，首届浙江省农村教育突出贡献奖7名，省春蚕奖16名，绿叶奖6名。

【教育经费投入】　2009年，湖州市教育经费总投入35.53亿元，比上年增长11.56%。其中，财政预算内教育经费20.86亿元，增长25.92%；各级政府征收的用于教育的税费4.28亿元，比上年下降4.35%；事业收入8.11亿元，比上年增长0.75%；社会捐助集资办学经费0.28亿元，比上年增长44.52%；其他收入2.00亿元，比上年下降22.48%。2009年全市教育经费支出34.81亿元，比上年增加11.57%。

【湖州师范学院召开第二次党代会】　12月26日，召开中国共产党湖州师范学院第二次代表大会，通过了两委工作报告和《中国共产党湖州师范学院代表大会代表任期制实施办法》，选举产生了新一届党委委员和纪律检查委员会委员。

【湖州职业技术学院·湖州电大举行建校30周年庆典】　5月16日，湖州职业技术学院·湖州广播电视大学举行建校30周年庆典活动。校庆期间，中国移动湖州分公司、中国电信湖州分公司、浙江大东吴集团、浙江天蓝太阳能科技有限公司等20余家企业对学校捐资助学或创立基金。省政协主席、湖州市四套班子主要领导以及老校友、企业家、师生代表等参加庆典大会。

【廉政文化进校园】　2009年，湖州市教育系统把敬廉崇洁教育作为青少年思想道德教育的重要内容，重点围绕“培育典型、丰富内容、创新载体”的工作思路，扎实开展各项廉政文化进校园活动。结合庆祝建国六十周年，运用“德育导师制”、“法制副校长”、“检察官导师制”等有效载体，采取专题讲座、主题班会、读廉洁书、讲廉政故事、案例辨析、社会实践、社区教育等形式丰富教育和活动内容。湖州艺术与设计学校、吴兴区湖师附小、南浔区双林庆同小学、长兴县实验小学、德清县第四中学等5所学校被省纪委等八个部门命名为浙江省廉政文化进校园示范点。12月，市教育局与市纪委联合举办了全市中小学生以“崇廉敬廉”为主题的朗诵比赛。

【荣获考核优秀单位称号】　2009年，县（区）教育工作的考核被纳入市委、市政府对县（区）综合考核的指标体系之中，开展了对县（区）教育局教育科学和谐发展业绩考核。在参加省教育厅对设区市教育局进行教育科学和谐发展业绩的考核中，湖州市教育局和德清县教育局、安吉县教育局分别获得“省教育科学和谐发展业绩考核优秀单位”称号。

【市“示范性教育强镇”评估验收】　南浔区善琏镇、德清县新安镇、长兴县林城镇、安吉县溪龙乡、安吉县杭垓镇等5个乡镇通过第五批市“示范性教育强镇”的评估验收。至年末，全市累计有26个市“示范性教育强镇”，占乡镇总数的43.3%。

【农村学校“三进”工程】　根据市政府提出的“以基本实现教育现代化为目标，不断加大投入，全面实施农村学校‘三进’工程，推进城乡教育均衡发展”的要求，从2009年起，在全市农村实施塑胶跑道进乡镇学校、电脑空调进教师办公室和多媒体进普通教室的“三进”工程。2009年，“塑胶运动场进乡（镇）学校”工程初中完成48个运动场，完成率达50%，小学完成39个运动场，完成率为33.6%；“电脑进教师办公室”，中学教师办公室完成配备1473个，完成率达95.1%，小学教师办公室完成配备1538个，完成率为94.6%；“空调器进教师办公室”，中学教师办公室完成配备1283个，完成率为82.8%，小学教师办公室完成配备

1316个，完成率为80.9%；“多媒体进普通教室”工程，初中教室完成配备1503个，完成率为74.7%，小学教室完成配备1539个，完成率为41.6%。

【教师队伍建设】 2009年，湖州市共有中小学和幼儿园专任教师23776人，其中普通中学9755人、小学8874人、中等职业教育学校1597人（含技工学校97人）、特殊教育教师42人、幼儿园3508人。积极开展中小学教师全员培训和其他各种形式的继续教育，不断完善教师招聘考核，强化岗位竞争机制和管理，全市教师队伍素质得到进一步提高。教师学历合格率：幼儿园97.77%；小学99.79%（大专以上占82%）；初中99.33%（本科以上占82。88%）；普通高中97.76%；职业中学92.11%。全市中小学教师中，有239人晋升中学高级职称（其中中学高级教师208人、“小中高”教师31人）。全年全市共培训各级各类骨干教师（校长）近3000人，投入培训经费达1500万余元。有180名省级骨干教师（校长）参加省级培训，563名骨干教师（校长）参加市级培训。

【民办教育】 2009年，全市有各级各类全日制民办学校158家（含集体、行业和企事业单位举办的幼儿园），学生88546人。其中普通高校1所，在校学生7078人；中等职业学校4所，在校学生3986人；普通高中7所，在校学生12820人；初中7所，在校学生8563人；小学16所，在校学生18409人；幼儿园123所，在园幼儿37690人。其中市教育局直接管理的全日制民办教育机构12家，学生18442人（中等职业学校4所，在校学生3896人；普通高中7所，在校学生12820人；九年一贯制学校1所，在校学生1726人。）

2009年，全市共有各类培训机构96家，培训总人数15.96万人次。其中市教育局直接管理的培训机构31家。

全市全日制民办教育为普及学前教育、义务教育、高中教育和高等教育作出了显著成绩。据统计，民办幼儿园、小学、初中、普通高中、中职学校、普通高校的在校人数比例分别达到56.3%、11.29%、8.6%、25.76%、12.08%和29%，全日制民办学校在校生总数达到88546人，占全市学生总数的19.97%。

·基础教育·

【概况】 2009年，湖州市有普通中学130所，在校学生14.93万人。其中：初中105所，招生3.18万人，在校学生9.96万人；高中25所，招生1.73万人，在校学生49739人。小学150所，招生2.49万人，在校学生16.3万人。特殊教育学校2所，招生52人，在校学生484人。幼儿园175所，招生2.2万人，在园幼儿6.69万人。

不断完善幼儿园激励机制，进一步加大对学前教育的奖励力度。安吉县规定，对获得湖州市学前教育先进乡镇的给予10万元奖励。与此同时，结合湖州市农村幼儿园村教学点建设实际，制定了《湖州市农村幼儿园标准化村教学点评估验收实施意见》和《湖州市农村幼儿园标准化村教学点评估验收操作标准》。积极推动全市学前教育均衡发展，确保农村幼儿接受优质的学前教育。

继续落实《义务教育法》，以争创各级各类示范学校和示范性教育强镇为抓手，不断巩固和发展高标准普及九年制义务教育成果；加大对农村中小学的教育投入，进一步改善农村学校办学条件，推进城乡教育均衡发展，使更多的学生享受更高质量、更为公平的义务教育。全市中小学校舍在建项目建筑面积29.63万平方米，完成基本建设投资4.12亿元，年内竣工项目建筑面积19.69万平方米。全市小学生入学率和巩固率均达到100%；初中入学率100%，巩固率99.99%。积极组织开展民工子弟学校与公办学校结对活动，不断提升民工子弟学校办学水平，进一步规范民工子弟学校的教学管理；建立外来务工人员子女就学经费保障机制，将外来务工人员子女的教育经费纳入正常的财政预算支出范围，对接收外来务工人员子女就读的学校给予专项经费补助。2009年全市外来务工人员子女义务教育阶段在读人数47120人，其中在公办学校就读的有32813人，占69.6%，在民工子弟学校就读的有14307人，占30.4%，用于外来务工人员子女同等受教育项目投入资金2276.6万元。

扎实推进普通高中课程改革，全面提高教育教学质量。召开市属普通高中课程改革实施情况和高三毕业班教育教学质量分析会，部署新课改、新高考的各项工作。普通高中课程改革首轮实验受到省教育厅的重视和表扬，省教育厅副厅长韩平、省教育厅课改办主任刘宝剑等领导先后到湖州市调研课改的实施情况。湖州市实施首轮普通高中课程改革的经验材料“让综合实践活动充满生机和活力”、练市中学的经验材料“合理开展人生规划，实现学生差异发展”在10月30日～31日南京召开的全国基础教育课程改革经验交流会上作书面交流。

高中教育质量稳步提高，高考取得历史性突破，上重点线人数2324人，为湖州历年来最高，市区重点线上线人数首次突破千人大关，为1011人，其中菱湖中学的学生傅豪以633分（不含自选综合）的高分位居全国内地西藏班及西藏自治区高考理科第一名，被北京大学录取。

以庆祝建国六十周年和“五四”运动90周年为契机，以爱国主义为核心的民族精神和以改革创新为核心的时代精神为主要内容，开展系列教育活动。制定并下发了《湖州市教育局庆祝新中国成立60周年，深入开展爱国主义教育活动方案》，与市委宣传部联合举办“我爱我的祖国”演讲比赛，开展了庆祝中华人民共和国成立60周年征文比赛。与市人防办联合开展了2008～2009年度人民防空教育工作先进单位和先进个人评比表彰活动；与市禁毒办联合举办了毒品预防教育示范学校评比活动，湖州五中等12所学校被评为首批湖州市毒品预防教育示范学校。各中小学结合学生实际，分别开展了“文明礼仪”教育月、法制教育月、生命教育月、理想教育月、民族精神教育月、节俭教育月和感恩教育月等活动。加强行为规范养成教育，全市中小学以少先队活动、团活动等为载体，通过市行为规范示范学校争创活动，进一步加强对中小学生日常行为规范养成教育和一日常规训练。

加强科技环境教育，进一步提高人文素养。举办了第二十三届市青少年科技创新大赛、市青少年信息学奥林匹克联赛、市中小学生航模竞赛，组织科技教育创新论文评选活动，制定并签订了《科技进步与人才工作目标责任书》，与市环保局共同开展了教师环境教案设计和现场说课评比活动。在全国节能宣传周和市节能宣传月期间，下发《关于组织开展“节能宣传周”的通知》，制定了2009年市教育局“节能宣传周”活动方案，开展中小学生“节能减排”环保征文比赛。5月，市教育局和环保局在湖州二中联合召开全市绿色学校创建工作会议，会议共表彰省第四批绿色学校14所，全年共有32所学校申报创建第五批市级绿色学校，经考核，共有31所学校获“绿色学校”称号。

平稳推进中考改革，严格规范招生行为。实行重点普通高中招生计划定向分配制度，分配比例由上年的30%提高到40%，考试时间由上年的6月11至12日调整至6月13至14日（双休日），中考总分值不变、加分政策基本保持不变，根据省教育厅文件规定，政策类（身份类）加分控制在10分以内，首次采取网上阅卷，报考中职学校涉农专业的学生可提前招生录取。为培养学生的兴趣特长，培育学校的办学特色，实行特长生录取办法，在思想品质特别优秀，体育、艺术、科技等方面具有特长的学生，各高中学校制定本校的特长生优惠招生办法，在中考后予以录取。

进一步加强安全工作，牢固树立“以人为本，安全第一”的思想。紧紧围绕开展“安全生产年、三项行动”等活动主题，强化措施，扎实推进各项活动的开展，市教育局成立了检查组，对17所市属学校进行了安全工作专项检查，共排查出隐患24项，其中一般隐患22项，已整改22项，整改率100%；重大隐患2项，整改销号2项，整改率100%。甲型H1N1流感防控到位，专门下发了13个关于甲型H1N1流感的文件通知，2009年全市中小学及幼儿园，甲型H1N1流感确诊115人，全部治愈。学生接送车管理更规范，12月，在长兴和平中心小学召开了“湖州市2009年学校接送车安全工作研讨会”，专门设计了“车辆接送中小学生情况统计系统”。2009年下半年全市集中接送的中小学生为44019人，接送线路966条，接送车873辆。校园预案演练不断深入，开展“构建校园突发公共事件应急预案演练机制”的课题研究，获市一等奖、省三等奖。全市学校每学期进行安全应急预案演练1～2次，2009年全市各级各类学校开展实战演练723场，有47.9万人次参加演练。5月12日，在湖东小学联合举行了湖州市千校万生应急避险大演练启动仪式。全市共有339所学校创建了“平安校园”。2009年，湖州市学生非正常死亡20人（其中道路交通事故死亡9人）。

【特殊教育】 对市聋哑学校、市衣裳街学校的建设作出了新的规划。安吉县育星培智学校已建立，于10月招生开学，长兴县长广培智学校正在选址筹建。2009年湖州市教育局被评为“扶残助残先进集体”，受到市委、市政府表彰。

【课题研究成果的提炼和推广】 2009年，湖州市共有10所学校（幼儿园）被评为浙江省（2004～2009年度）教育科研百强学校，有11项成果获得省（2008年度）教育科学研究优秀成果奖，有6所学校（单位）被评为省（2007～2008年度）教科研先进集体，有12名教师被评为省（2007～2008年度）教科研先进个人，有25篇科研论文在省优秀科研论文评比中获奖；申报2010年度省规划课题立项42项，其中德清一中申报的《新课改背景下高中社团建设特色学校的实践和探索》被教育部列为国家级课题。

【心理健康教育】 做好湖州市中小学心理辅导等级站的评估推广工作，共有九所市级优秀辅导站挂牌；做好省中小学心理健康教育教师上岗资格C证申报和面试工作；抓好重大考试前后的心理支持和援助；做好心理健康教育辅导课的开设工作，提倡学校逐步形成自己特色的符合学生心理特征的心理辅导活动课校本教材，在地方课程和班团队活动课中开设心理辅导活动课，以满足学生开课的要求和辅导的需求。

【课堂教学研究与实践】 2009年，湖州市高中、初中、小学、幼教各学科共开展各类教学研讨、评比展示等活动近150余次，有500人次教师开设示范课、观摩课，进行专题讲座、专题交流发言人数约280人次，全市中、小学和幼儿教师近万人次参加了教学研讨活动。

【农村中小学教师“领雁工程”】 选拔推荐180名省级骨干教师参加省级培训，均取得合格证书；组织市级骨干教师培训，共培训市级骨干教师（校长）13个学科563名；指导督促县（区）级骨干教师培训，完成培训任务320名。全年培训省、市、县（区）三级骨干教师（校长）1063名，超额完成省教育厅下达的培训任务。

【学生阳光体育运动】 认真组织实施中学生篮球联赛，全市中学参与率达到97.7%，班级参与率达到90.1%，学生参与率达到81.5%。湖州市教育局获浙江省第三届中学生篮球联赛市级赛最佳组织奖（全省唯一），湖州一中在浙江省第三届中学生篮球联赛市级赛中被评为最佳赛区；科学组织开展冬季长跑活动，并把开展冬季长跑活动和开展其他体育活动进行有机结合，湖州市教育局选送参加省首届中小学生阳光体育运动展示活动的12个项目，湖州二中的《百米定向》、南浔区镇西小学的《快乐乒乓》获全省首届中小学生阳光体育运动展示活动优秀推广项目奖；积极组织参加第二届中学生篮球联赛、第十一届中学生足球比赛、第十一届中学生运动会健美操比赛和第十届中学生田径运动会等全省各项体育比赛。此外，湖州市教育局还与市体育局联合举办了全市中小学田径、定向、乒乓球、网球、羽毛球、足球、游泳、健美操和篮球等10项比赛，有力地促进了学校体育群体活动的开展。

【争创省课外文体活动特色学校】

扎实推进省课外文体活动示范区建设。根据全市开展中小学课外文体活动工程的实施推进计划，通过创建示范，以点带面，全面开展实施“体育、艺术2+1项目”。继南浔区成为省首批中小学课外文体活动工程示范区后，安吉县获得省第二批中小学课外文体活动工程示范区的称号。并承办了省第三批中小学课外文体活动工程示范区建设工作会议。德清县和吴兴区被列入省第三批中小学课外文体活动工程示范区试点区名单。2009年，安吉县昌硕高级中学等14所学校新增为省体育特色学校，湖州市艺术与设计学校等10所学校新增为省艺术特色学校。至年末，全市共有36所学校被确认为省体育特色学校、21所学校为省艺术特色学校。

【组织高雅艺术进校园】 2009年，湖州市邀请省内外有关艺术团体进校园（或集中在剧院）开展演出56场，学生观众47000人次；在湖州中学等校开设艺术讲座3个，学生听众1600人。丰富学校艺术教育资源，改善学校艺术教育机制，提高学生人文素养和艺术修养。

【组织全市学生艺术特长水平测试】

湖州市教育局在认真调研的基础上，出台《湖州市教育局关于明确艺术特长水平测试相关问题的通知》，全年共有5946名学生参加测试，分别有563名、624名和727名学生取得了B级、B1级和B2级的合格证书，全市学生艺术特长水平测试工作得到健康有序发展。

【教育科研工作】 积极开展调研分析。《湖州教育装备事业的思考》、《湖州教育信息资源整合的几点建议》、《市属学校中心机房建设现状与对策》、《市属学校通用技术教室建设现状与对策》、《湖州教育网现状与对策》、《2008年度湖州市普通中小学教育技术装备统计分析》等相关调研分析报告提交领导参考，有力地推动了教育装备与信息化工作。2009年，全市已立省级装备规划课题8个、上报省待立现代教育技术实验学校课题33个。获省级研究论文一等奖7个、二等奖8个、三等奖9个。获国家级自制教具一等奖1个，有10件作品获省级奖。教师自制多媒体教具获国家级二等奖1个、三等奖7个，省级奖64个，学生作品共获省级奖83个。

【语言文字工作】 一是4月2日，召开全市语言文字工作会议，有40多个部门（单位）参加会议，表彰了全市语言文字工作的先进单位和个人，市卫生局、市广电总台、市公交总公司和吴兴区政府作了大会交流。二是9月19日至25日，湖州市教育局组织第12届推广普通话宣传周，并开展全市中小学生“啄木鸟行动”；6月22日至23日，组织教师“祖国颂”普通话大赛，有2个节目入围全省教师现场普通话大赛，并获奖；组织中小学生规范汉字大赛，在全国、全省比赛中取得优异成绩，在全国共评出的103名一等奖中，湖州选手就占有5名；获得省一、二、三等奖，分别为19名、22名和63名，另有4位教师被评为首届浙江省大中小学生规范汉字书写比赛优秀指导教师奖。湖州市语委办获得首届浙江省大中小学生规范汉字书写比赛优秀组织奖。三是11月25日至26日，湖州市语委组织对长兴县城市语言文字工作进行评估，并开展第三批市级语言文字规范化示范校创建活动。

·职业教育与成人教育·

【概况】 2009年，湖州市有中等职业学校（含技工学校）20所，招生12244人，在校学生33554人，其中，普通中专4所，招生4192人，在校生10543人；成人中专1所，招生487人，在校生1299人；职业高中14所，招生7565人，在校生21712人。全市有乡镇成人文化技术学校61所，其中，省级示范成校25所、省一级（市示范）成校5所、省二级成校28所、省三级成校3所，有14所成校被市教育局批准为区域性中心成校。成校占地面积651.66亩，校舍建筑面积11.39万平方米，固定资产总值1.31亿万元，专任教师283人。

全市中等职业学校占地面积为199.15亿平方米，校舍建筑面积为7.38万平方米，固定资产总值8.57亿万元，比上年增加9208.44万元，其中用于教学仪器设备新增1266.53万元。全市现有独立设置的中等职业技术学校20所，其中国家级重点职业学校7所，国家级重点技工学校（技师学院）1所，省级重点职业学校4所。75%的中职学生在重点学校就读（全省约50%）。中职毕业生连续五年就业率达98%以上。全市共建成职业学校省级及以上实训基地20个、省级示范专业27个，市级品牌专业10个、市级示范专业41个；市级校外实习基地18个、市级校企合作职工培训基地12个、市级新农村农民培训示范基地12个。

加强校企合作，广开办学之路。2009年，建立校企合作长期合作企业有687家，在企业建立实训基地359个，为中职学校提供资助的企业有33家，资助经费达148.8万元，设备等实物资助价值235.6

万元，企业技术人员到学校兼课149人，教师下企业锻炼416人，中职学校自办企业（基地）年产值682万元，年利润111万元，专业教师被企业聘为技术顾问40人。2009年湖州市中职学校同先进地区加强合作，同先进地区合作学校32家，同先进地区合作招生1451人，同先进地区合作教师互派57人；同西部地区合作学校10家，同西部地区合作招生196人。2009年各中职学校继续探索多种模式的校企合作，特别是在实行工学结合、校企合作、半工半读方面进行了大胆的实践和探索，进一步加强校外实习基地建设，30%学生成为订单培养对象，加速高技能人才培养，确保中职毕业生顺利就业；同时要求各中职学校全面实施承诺制，对本校学生跟踪服务和终身服务，全面提升中等职业学校毕业生质量。

参与技能竞赛，展示学生动手能力。5月，在浙江省教育厅、省人力资源和社会保障厅联合举办的浙江省中等职业学校学生技能大赛暨全国职业院校技能大赛选拔赛中，湖州市共有60人次获奖，其中一等奖11人次、二等奖19人次、三等奖30人次，共有15名中职学生在竞赛中赢得参加全国职业院校技能大赛的代表资格，占浙江省代表队选手名额的25%，这些优秀选手在参加6月27日至30日在天津举行的全国职业院校技能大赛中职组比赛中，共有8人获奖（一等奖2人，二等奖3人，三等奖3人）。10月，湖州市中等职业学校第十三届师生技能节在安吉县举行，来自全市20所中职学校近千名选手参加了共40个项目的比赛，共有514人次获奖。在2009－CCTV《时尚中国》浙江赛区发型化妆比赛中，湖州艺术与设计学校教师茅旭东、周晓虹分别获得时尚新娘化妆第一名和时尚晚宴化妆第二名，10月26日，在北京复赛中，茅旭东获得CCTV时尚中国化妆造型第一名、周晓虹获得CCTV时尚中国化妆造型第二名，并取得了CCTV录制节目资格。11月15日，茅旭东在2009CCTV《时尚中国》决赛中获得最高奖，即唯一的“最佳化妆造型师金化笔奖”。12月，在全省职业学校教师技能大赛中，湖州艺术与设计学校教师王洁获一等奖。

进一步加强成校建设，不断开发农民培训新模式。2009年，湖州市在实施新农村建设素质提升工程中，各县（区）乡镇成校、中职学校紧密结合当地经济和社会发展实际，积极探索新时期农民培训工作的新机制、新模式、新方法，破解农民培训之难，极大地提高农民参加培训的积极性。2009年全市开展成人学历与非学历教育培训42.89万人次。在学历教育中，当年毕业1847人，在校生4590人，其中，高等教育毕业896人、在校生2733人，中专毕业455人、在校生676人。在非学历培训中，当年培训42.25万人，其中农业专业技能培训8.23万人、农民转移就业培训2.07万人、预备劳动力培训2120人、务工农民岗位培训1671人、企业职工岗位培训6.136万人、其他各类培训20.39万人。其中，全市中职学校承担了高中毕业未升学的农村预备劳动力培训962人；在农村劳动力转移培训2850人中，培训后取得职业资格证书2137人，培训后转移就业有2850人。全市各乡镇成校组织实施县区级以上农业科技推广项目68项，实施农科项目面积15.13万亩，开班培训82期，发放宣传资料2.57份，接受培训2.30人次，项目综合效益7.47亿元，人均农民增收500元～800元。大力推广农业科学新技术，德清县三合乡成校《“发酵床养猪法”技术推广与应用》等10个项目成为湖州市第七批百万农民培训示范项目。

【6S管理提升学校内涵建设】 2009年，根据《湖州市中等职业学校专业实训基地建设与管理的实施意见》，湖州市各职业学校的实训基地引进了现代企业现场管理的6S管理法。通过规范现场、现物，营造一目了然的生产现场环境，培养学生（员工）良好的工作习惯，尤其是在标准化的管理下，让学生革除马虎之心，养成凡事认真遵守规定自觉维护卖场环境整洁明了的良好习惯，养成文明礼貌的习惯，培养具有良好职业素养的现代企业员工。4月，浙江信息工程学校、湖州艺术与设计学校联合承办“全省中职学校实训基地建设与管理现场会”，将6S管理先进理念向全省推广。12月，湖州市教育局组织评估组对各校的实训场地管理进行了评估，经过综合考评，确定浙江信息工程学校和长兴职教中心为2009年湖州市中职学校实训基地标准化建设先进集体，进一步推动了实训基地的规范发展。

【开展社区教育】 2009年，湖州市社区教育培训总量达到12.08人次。全市共投入社区教育经费98.60万元，其中政府拨款46.22万元。社区教育机构共有专职工作者128人，兼职工作者725人，志愿者2610人。全市已有1所市级社区大学，3所县级社区学院，全市61个乡镇分别成立了55所社区学校，与成校合建的村（居民区）市民学校506个。其中，国家级社区教育实验区1个，省级社区教育实验区3个。

【提升社区教育质量】 10月，全市社区教育工作研讨会召开，市社区大学、县社区学院、乡镇社区学校等代表就目前影响社区教育发展和如何深入开展农村社区教育等问题进行了研讨，进一步拓展了思路，加深了社区教育与成人教育、终身教育等内涵与关系的理解，为进一步推进湖州市社区教育建设和成人教育健康、持续地发展指出了方向。全市有多个项目被评为省社区教育优秀实验项目，如湖州社区大学承担的“父母大讲堂”公益教育项目、德清县武康镇社区教育分院承担的“欢乐邻里节”项目。吴兴区东林镇社区教育学校承担的“龟鳖养殖污水生物生态净化技术研究与示范”、南浔区善琏社区教育中心承担的“种鸭旱养技术的应用与推广”、德清县雷甸镇社区教育中心承担的“中药滋补生态鳖养殖技术与推广”、长兴县和平镇社区教育中心承担的“和平白茶标准化项目建设与技术推广”被确定为2009年度浙江省社区教育优秀实验项目。这些项目的开展，为湖州市进一步深入实施和优化社区教育实验，丰富社区教育内涵，提升社区教育质量发挥了积极而有益的作用。

完善社区教育体系。2009年，德清县的社区教育在县委、县政府的领导下，在各部门的配合下，已初步形成了“政府统筹领导、教育部门主管、有关部门配合、社会积极支持，社区自主活动，群众广泛参与”的社区教育管理模式和运行机制，社区教育工作走在了前列。12月，国家教育部发文公布德清县社区教育学院成为国家级社区教育实验区。安吉县、长兴县和南浔区练市镇成校为省级社区教育实验区，全市社区教育网络已基本成型，社区教育体系初步形成。农村社区教育的全面开展，有效地促进了社会主义新农村建设。全市大多数乡镇党校、农业科技中心等都与社区教育机构合署，使农村社区教育机构与乡镇成校成为合二为一的多功能、全方位的教育培训活动机构，加强了社区教育的管理力度，整合了区域教育资源，为构建和谐社区和社会主义新农村建设发挥了重要作用。

·高等教育·

【概况】 现有湖州师范学院、湖州师范学院求真学院、湖州职业技术学院和湖州广播电视大学等4所高校。高等教育自学考试全日制自考助学机构1个，即：浙江宇翔外国语专修学院。2009年全市高校招生1.36万人，在校学生4.01万人，毕业学生1.09万人，专任教师1740人。高校占地面积3041亩，校舍建筑面积81万平方米。湖州师范学院和湖州职业技术学院共有副高以上教师500多人，博士硕士600多人。全国23所试点高等学校在湖设立现代远程教育教学点29个，在册学生9000余人。26所省内外高等学校在湖设立函授站36个，在册学生6000余人。高等教育自学考试累计报考人数近1.3万人，报考课次2.2万课。网络高等教学在校学生13001人，年内共招生5259人。

【湖州师范学院】 学校占地1600余亩，校舍总面积38万平方米，绿化面积22万平方米，分东、中、西三个校区，布局合理、环境优美。学校现有全日制本、专科学生16000余人，成教在册函授学生2100余人，教职工1200人，其中，专任教师755人；拥有正高职称人员112人、博士硕士441人。学校现设商学院，社会发展学院，教师教育学院，体育学院，文学院，外国语学院，艺术学院，理学院，信息与工程学院，生命科学学院，医学院等11个下属学院，另设1个独立学院——求真学院。学校综合办学条件优良，教学仪器设备总值达到9032万元，图书总量达到101.23万册；学科门类比较齐全，拥有基础数学、文艺学、理论物理、教育经济与管理4个省级重点学科，设有本科专业43个，拥有数学与应用数学和小学教育2个国家级特色专业建设点，3个省级重点专业，7个省级重点建设专业；拥有国家级精品课程1门，省级精品课程20门；拥有省级实验教学示范中心3个，附属医院4所。

人才培养质量稳步提高。学校坚持以教学为中心，以质量工程为抓手，不断规范教学管理，大力推进教学改革，一年来，教学水平和人才培养质量得到明显提升。专业建设和课程建设取得新进展，新增专业3个，小学教育专业获批国家级特色专业建设点，新增省级重点建设专业4个，省级精品课程3门，省高校重点教材建设项目7项。教学改革成果丰富，新增省新世纪教育教学改革项目6项，立项数位居全省同类高校前列。医学院正式成为浙江省农村社区卫生人才培养基地。强化实践教学与学生创新能力的培养，学科竞赛成绩喜人，获得国家级奖项12项，省级奖励30余项，全国大学生电子设计竞赛TI杯浙江赛区竞赛国家级奖项突破，获国家二等奖1项。96人考取研究生，创历年最高。招生工作整体上扬明显，各科类、各批次考生志愿填报情况均优于上年。在异常严峻的就业形势下，毕业生就业工作圆满完成目标任务，全校毕业生就业率94.60%、签约率88.32%，连续第六年位居全省本科院校前列。

学科建设和科研水平不断提升。2009年，学校坚持“体现特色、服务地方、错位发展、申硕引领”的原则，不断强化学科的龙头地位，扎实推进实施重点学科建设“2+3”工程（生物学、教育学、数学、物理学、中国语言文学），努力培育学科特色和品牌。进一步凝练学科方向，优化学科结构，提升了学科建设水平。2009年，学校实现了省级A类重点学科和省级创新团队零的突破，文艺学被增列为省级A类重点学科，复分析团队被列为省级创新团队。新增伦理学、材料学2个校级优势特色学科和区域经济学、教育学原理、环境生态学3个校重点学科。确定了智能信息处理等15个团队为第一批科研创新团队。全年在科研项目上获得国家级项目8项，获资助180万元，省部级30项，市、厅83项，科研合同经费共计400万余元。获国家级项目及经费比2008年翻了一番。全年在一级刊物发表论文118篇。在科研成果上取得了重要的突破：获得了教育部高等学校科学研究优秀成果三等奖、省哲学社会科学优秀成果二等奖3项、省高等学校科研成果奖5项，其中省哲学社会科学优秀成果奖在省内同类院校中数量排名第一，省科技进步一等奖已通过评审。

服务地方能力明显提升。2009年完成服务地方经费740万余元，创历史新高。学校挂牌成立浙江省新药创制科技服务平台湖州工作站，申请承担建设市级生物医药平台。信息与工程学院的一个科技合作项目，技术水平达到了国际同类产品的领先水平。参与市委、市政府的多项重点课题，为地方政府决策提供咨询服务。深入实施《“两项服务”大联动专项行动工作计划》，开展“百名教授、博士下企业”、“千名学生进社区”等活动。首批13名优秀青年教师在市有关部门、骨干企业挂职调研，为地方经济社会发展提供智力、人才服务。

学生思想政治工作扎实有效。学校校友潘美儿获第42届南丁格尔奖，成为“感动湖州2009年度最具影响力人物”，入选2009感动中国候选人名单。陈芬芳成为“感动湖州2009年度最具影响力人物”和2009年“浙江骄傲”年度最具影响力人物。王超获得“感动湖州提名奖”。

【湖州职业技术学院·湖州电大】 2009年，学校教职工总数511人，其中专任教师398人；拥有教授24人，副高职称110人；研究生学历（或学位）147人；“双师素质”教师200人。3名教师入选省“151”第三层次人才培养工程，2位教师入选浙江省高校教学名师，7位教师入选省级专业带头人，117位教师被企业聘为工程师、项目经理。40名教师成为企业对口专家，占湖州市聘专家数量的40%。2009年，录取高职新生2817名。其中全日制普高招生（含艺术类考生）1599人，安吉分院504人，单考单招285名，“3+2”直升生216名，外省213人。电大开放教育全年招生1408人，秋季招生位居全省10个市级电大第四位；远程网络教育全年招生468人；高职函授招生453人；“中高职自考衔接”试点专科项目招生559人。毕业生共有2610名，专升本11人，就业签约率为95.06%，自主创业30人，服兵役5人。2009届毕业生共有23个专业，其中计算机控制技术、会计、市场营销、文秘和装潢艺术设计等专业的就业率都达到了100%。学校荣获全国普通高等学校毕业生就业工作先进集体。共获得省特色专业建设项目5个，国家级精品课程1门，省级精品课程4门，省新世纪教改项目4项，省重点教材建设项目11部，省级示范实训基地3个。学生在职业技能大赛中获得省级三等奖以上奖项100余项，大学生多媒体作品设计竞赛、电子产品设计及制作、大学生电子商务竞赛等重大竞赛项目继续保持省内领先地位，大学生财会信息化竞赛、数学建模竞赛等项目取得了突破。公开发表科研论文294篇，其中，一、二级核心期刊68篇，SCI、EI、人大转载6篇，出版专著4部，专利2项，主编教材24部；承担各级各类科研项目40项。据《中国高教研究》公布，学校连续六年在全国14家教育类中文核心期刊发表高教科研论文数位列全国高职院校前三。

《湖州职业技术学院学报》根据高等职业院校的学科特点，开辟地方研究专栏，为学校校企合作、融入地方工作搭建平台，服务教师教育科研。全年共收到稿件772篇，实际发表102篇，其中博士稿、教授稿36篇，各级各类基金支持项目33篇，校内稿24篇。2009年共申请专利12项，授权专利3项，其中申请2项发明专利、9项实用新型专利、1项外观专利。

开设各类职业技能培训100余期，培训人次达1.2万。学校成为全省首批十所“中高职自考衔接”试点院校，首开了“农民大学生‘技能+学历’”项目。参与政府政策支持的再就业培训计划和农村劳动力转移培训。湖州社区大学围绕学习型社会建设，构建终身教育体系，创新思路、拓宽渠道，开发了“大讲堂”、“小社区大总管”、“社区淘宝大学”和“蓝领技工考证”等培训项目，获得了全国优秀志愿服务项目等多项荣誉。

投资3500万元的新图书馆大楼已进入项目建设招标阶段；总投资1亿元的湖州市公共实训中心基地项目立项和前期设计工作进展顺利。学校与湖州大唐汽车服务有限公司合作的“大唐一站式汽车服务中心”基建工作已经完成，建筑工程技术实训基地成为学校第二个中央财政支持建设的实训基地。根据市政府部署，完成红丰校区整体搬迁。学校实施了以校园网为载体，融合各项功能的校园一卡通系统项目。

成功创建省高职示范院校。学校顺利通过省高职示范院校评审，成为浙江省示范高职院校。示范性高职院校建设是浙江省全面提升高等职业教育办学质量和办学水平的重要举措，学校结合地方特点和学校实际，精心制订创建方案、认真组织创建活动，成功成为省示范性高职院校建设项目学校。

学校被列入中组部党建课题重点调研高校。5月14日，学校接浙江省委教育工委通知参加中组部党建课题——“党对高校学生和青年教师信仰的吸引力问题”调查研究。参与这次中组部党建课题调研的共有来自全省的21所高校，其中重点调研高校7所，学校为唯一一所被列入重点调研的高职院校。这是学校首次参与国家级党建课题调研，为保证课题调研任务的按时完成，学校抽调专人组建了7人课题组，并研究制定了课题调研方案，分工明确，责任到人。课题调研主要采取在40周岁以下的青年党员教师、非党员教师、学生党员、非党员学生中开展问卷调查、召开专题座谈会形式。

媒体聚焦学校服务地方工作。学校培训中心和湖州社区大学着力增强服务意识，提升学校地区竞争力，引起了各界媒体关注。湖州社区大学“父母大讲堂”大型公益讲座获得了《湖州日报》、《湖州晚报》、湖州电视台、浙江在线网、新浪网等新闻媒体的报道。1月17日，《湖州晚报》以《地方企业如何发展，高校帮忙出谋划策》为题，报道了培训中心举办的企业培训研讨会。2月15日，浙江在线新闻网以《校企合作，搭建“双赢”平台》为题，对学校的培训工作进行了综合报道。

10月22日，在学校人文广场，“路上，我们同行”首届大学生创就业文化节开幕。人文分院的同学展示了“职场时装”，本着“TPO”的原则展示了各个专业在相应职场中的着装。创就业文化节历时2个月，包括创业大挑战、创业文化节标志设计大赛、就业与创业系列讲座、“贫困生就业直通车”、校园供需洽谈会等活动。

机电分院积极探索“双导师制”教学改革。2009年机电工程分院机电一体化专业全体学生，按照“校企合作，工学结合”的人才培养方案，分别到久立、泰伦集团、中机南方等8个湖州骨干企业进行顶岗实习。以2008级机电一体化专业工学结合为载体，按照“双导师制”的模式，每5名~8名学生组成一个学习组，学校为每组同学配备了一名校内指导老师和一名校外（企业）指导老师共同负责学生在企业期间的实习指导。

【高等教育自学考试】 2009年，湖州市的招生考试工作跨入全省先进行列，首次被省教育考试院评为教育考试工作先进集体。全年共组织4次自学考试，累计报考人数为1.27万人次，报考课次为2.17万课，与上年相比，报考人数减少2077人次，课次减少4022课，人次和课次数减幅分别为14.02%和15.65。全年共有340人获得自考毕业证书。

2009年，全市各类非学历教育考试总体规模保持稳定。剑桥少儿英语考试报考人数为1194人，全国英语等级考试报考人数为1322人，全国计算机等级考试报考人数为1464人，以上三项考试比2008年都略有减少；教师资格认证“教育学、心理学”报考人数达到4704人，比上年增加1443人，增幅为44%；全年有359位教师拿到“心理健康基础知识培训证书”。

·办学条件·

【概况】 2009年，全市普通中学学校总占地面积为593.63万平方米，中等职业学校为199.14万平方米，小学为376.78万平方米。普通中学、中等职业学校、小学生均占地面积分别为39.76平方米、59.35平方米、23.10平方米。普通中学校舍总建筑面积为217.03万平方米，比上年下降5.28%；中等职业学校为73.79万平方米，比上年下降5.45%；小学为107.04万平方米，比上年下降8.61%。普通中学、中等职业学校、小学生均建筑面积分别为14.53平方米、21.99平方米和6.56平方米。

全市普通中学体育场（馆）面积达标数、体育器械配备达标数、音乐器材达标数、美术器材达标数、理科实验仪器达标数、建立校园网的学校数占总校数的比例分别为97.7%、98.5%、96.9%、97.7%、97.7%和96.2%。小学上述比例分别为91.3%、91.3%、91.3%、89.3%、90.7%和88%。

全市普通中学拥有图书482.32万册，比上年的467.02万册增加15.3万册，生均图书达32.3册，比上年增加1.7册；中等职业学校图书67.04万册，比上年的67.71万册减少0.67万册，生均20册，比上年增加1.4册。小学图书389.69万册，比上年381.29万册增加8.4万册，生均图书23.9册，比上年增加1.7册。

全市普通中学拥有计算机2.22万台，比上年增长5.2%；中等职业学校6556台，增长11.08%；小学拥有计算机1.48万台，增长8.82%。每台计算机平均使用人数，普通中学、中等职业学校和小学，分别为6.7人、5.1人和11人。

2009年，全市普通中学教职工10803人，其中，专任教师9755人；学生与教职工之比为13.82∶1，学生与专任教师之比，初中为15.43∶1,高中为15.07∶1。具有高级职称的初、高中专任教师分别为778人和822人，占12.05%和24.91%；中级职称的初、高中专任教师，分别为2648人和1081人。合格学历初、高中专任教师分别为99.33%和97.76%；本科以上学历的初、高中专任教师分别为5350人和3141人，占82.88%和95.18%。小学教职工9615人，其中专任教师8874人；学生与教职工之比为16.96∶1，学生与专任教师之比为18.37∶1。具有中学高级职称82人，占0.92%，小学高级职称4613人，占51.98%。合格学历99.79%。专科以上学历为7277人，占82%。中等职业学校教职工1998人，其中专任教师1597人；学生与教职工之比为16.79∶1，学生与专任教师之比为21.01∶1。具有副高以上职称264人，占16.53%；中级职称464人，占29.05%。合格学历为92.11%；本科以上学历1471人，占92.11%。幼儿园教职工4967人，其中专任教师3508人；幼儿与教职工之比为13.48∶1，幼儿与教师之比为19.08∶1。具有小学高级以上职称349人，占9.37%；小学一级职称893人，占23.97。合格学历为97.77%，专科以上学历为2467人，占66.28%。

【扩大低收入家庭学生的资助面】 一是扶贫助学工程：2009年，全市学生12114人次享受“助学教育券”，金额为1699.68万元。其中2009年春季有4845人享受教育券，金额为642.74万元；2009年秋季有7269人享受教育券，金额为1056.94万元。二是爱心营养餐工程：2009年，全市学生40626人次享受“爱心营养餐”，金额为729.44万元。其中2009年春季19925人享受爱心营养餐，金额为354.77万元；2009年秋秋季20701人享受爱心营养餐，金额为374.67万元。三是中职学生资助工程：2009年，中职涉农专业的学生共有1542人次免学费，金额共为246.72万元。其中2009年春季有571人免学费，金额为91.36万元；2009年秋季共有971人免学费，金额为155.36万元。中职学校非毕业班学生（一、二年级学生）享受每人每年1500元的国家助学金。2009年共有40596人次享受国家助学金，享受金额为3044.7万元。其中2009年春季学期有19714人享受1500元的国家助学金，资助金额为1478.55万元；2009年秋季学期有20882人享受1500元的国家助学金，资助金额为1566.15万元。

【现代化教育技术设备发展迅速】 以多媒体技术、网络技术为主体的教育技术装备发展迅速，主要指标比上年有明显提高。2009年湖州市普通中小学教育技术装备经费总投入5961万元，生均教育技术装备经费投入190.73元。全市中小学计算机拥有量41134台，计算机总金额1.72亿元。拥有计算机教室的学校数268所，占中小学总数的98.9%，有256所中小学拥有校园网，占学校总数的94.5%。

【湖州教育网改版】 为适应新形势、新任务要求，"湖州教育网"进行了全面改版，定位更加明确——湖州教育局门户网站、建成综合服务于湖州现代化教育事业、推进现代教育技术转化应用、促进义务教育均衡化实现途径的互动平台。设三大板块：政务公开类、宣传媒体类、教育资源类。据统计，2009年共发布政务公开信息500条，选传信息5000条，教育资源80G，浏览量达到180万人次，日均浏览量超1万人次。

【推进"书香校园"活动】 2009年，湖州市教育局下发《深入实施农村中小学"书香校园"工程切实加强中小学图书馆（室）建设》的通知，推动全市书香校园建设的全面展开，取得了丰硕成果。如长兴县的文学艺术节，安吉县的班级图书角，南浔区的标准图书馆，吴兴区的数字图书馆等都各有特色，全市共得到省级图书码洋196万元，县（区）共加配采购图书资金96万元。全市各中小学结合实际提出创建"书香校园"目标，积极改善图书馆装备条件，探索数字图书馆建设新路子，开设阅读指导课，开展了丰富多彩的阅读活动。全市共有8所学校获省首批示范图书馆称号，共有49件作品获省书香校园活动各类奖项。

【校舍安全工程】 湖州市各类中小学校共计295所，校舍建筑面积371.34万平方米，单体校舍建筑共计2901幢。经过排查鉴定，全市安全类学校115所，需加固的学校91所，需在原址上重建的学校2所，需加固和重建类学校74所，需易地迁建的学校13所。全市改（扩）建所需资金9.01亿元，消防和防雷整改资金分别为2072.9万元和2182.47万元。2009年，全市已完工或即将完工的工程项目数有56个，项目总面积约23.40万平方米，共投入资金（含跨年度工程）约3.82亿元。

（沈新方　吴仁斌）

文化　卫生　体育

·文化（文物）新闻出版·

【概况】 2009年，湖州市文化（文物）广电新闻出版工作紧紧围绕市委、市政府工作大局和“文化湖州”目标任务，以文化人、以文惠民、以文兴业，强化“文化振兴、文化惠民、文化精品、文化创新”四个意识，解放思想、创新创业，繁荣文艺，加强管理，全力推进公共文化服务体系建设，湖州文化软实力不断增强，为全市经济社会发展提供有力的文化支撑。

【公共文化服务体系建设】 1. 文化创建工程。安吉县顺利通过省级文化先进县验收；德清县、长兴县完成“全国文化先进县”复查。全年新创建省级东海文化明珠乡镇2个，省级文化示范村5个、文化示范社区2个，市级文化示范村45个、文化示范社区5个。2. 信息共享工程。加快文化信息资源共享平台建设，完善市、县地方特色文化信息数据库，新建成湖州地方特色数据库2个；配合市委组织部实施远程教育“红色影院”建设工程，启动100个“红色影院”建设试点。3. 农家书屋工程。加强培育与指导，全年全市新建“农家书屋”200家，共送书70230册；在市级机关开展为“农家书屋”建设捐书活动，全市共获捐60个部门单位书籍12247册。4. 文化均等化工程。根据“八有”（有演出、电影、电视、广播、阅报、书籍、室内文化活动室、室外文体活动场）保障工程的要求，至12月底，全市80%以上的行政村都建有文化活动室。市图书馆继续办好“农民工文化之家”和“韵海影院”，为外来民工、留守儿童等特殊群体提供免费的公共文化服务。5. 农村文化繁荣工程。组织市、县群艺馆、文化馆业务干部开展“三个三”活动：与全市1/3的乡镇（街道）文化站结对；全年1/3的时间下基层辅导；全年为联系乡镇（或文体团队）新创作3件文艺作品。至12月底，全市文化干部下基层辅导达745人次，新培育特色文体团队72个，开展文化下乡活动1163场次。

【文艺精品创作】 9月25日～26日，大型风情音舞诗画《太湖之州》在湖州大剧院隆重上演。该演出作为湖州市“新中国成立60周年”爱国主义教育活动暨首届浙江省文化艺术节湖州分会场“祝福祖国”系列活动的“重头戏”，以文艺的形式为新中国建立60周年献上了一份厚礼。《太湖之州》通过绚丽的艺术形式呈现了湖州独特的地域特色和厚重的历史文化，其创编过程及表现形式创下了湖州文化史上的诸项之“最”。7月，湖州市组队参加浙江省“群星奖”首届幼儿舞蹈大赛，获表演、创作一等奖各1个，表演二等奖、三等奖各1个和创作三等奖1个的佳绩。

【“欢乐湖州”文化活动展演】 1. 创新群众文化的内容和形式，精心策划实施元旦、春节期间的文化下乡活动。1月5日，中央电视台《焦点访谈》栏目对湖州市开展文化下乡活动作了深度报道；省委常委、副省长葛慧君对湖州市创新文化工作的做法，作出五次批示。2. 推出“文化走亲”活动。在德清县开展的基础上，逐步在全市县（区）间推广，此活动不仅受到文化部和省文化厅的高度评价，而且入选省委宣传部“三贴近”、“十佳”创新案例奖和首届浙江省基层公共文化服务创新一等奖。12月10日，《浙江日报》在头版显著位置报道了湖州市“文化走亲”活动。3. 提升“广场文化”的内涵与影响力。全市各县（区）分别推出品牌活动，如长兴县“幸福长兴大舞台·周周演”活动，组织全县各部门、各乡镇、社区和学校等，每周五轮番上演精彩节目；吴兴区在“吴兴之星”基础上，在社区普及开展“幸福舞台”活动，形成了人人参与文化、人人共享幸福的和谐氛围。

【文化场馆品牌打造】 市图书馆成功打造“韵海讲坛、韵海影院、韵海信息、韵海展窗”等系列品牌，使之成为“文化客厅、市民学堂”；市博物馆成功打造高端书画展的品牌，相继举办了“又见江南——齐白石书画精品展”和“晋韵流衍——沈尹默书法艺术展”等展览，赢得了社会各界的广泛关注和好评。湖州大剧院全年共引进各类专业演出28场，内容涉及交响乐、音乐剧、儿童剧、越剧和舞剧等多个艺术门类。演出剧团省级以上18个，其中国家级2个，国外著名演出团体8个，接待观众人数27594人次，为提升市民艺术修养、培育市民文化消费意识起到了积极的作用，取得了良好的社会效益。文化部网站、省、市各主流媒体对湖州大剧院“高雅不高价，平价不平庸”实现文化惠民的举措作了专题报道。

【文物保护管理】 1. 加强文物安全工作。从全年检查情况看，湖州市文物安全工作总体情况良好，无文物安全事故发生。2. 第三次全国文物普查工作成绩斐然。至6月底，已完成“三普”野外实地调查工作，实地调查进度走在全省前列。普查地域面积5818平方公里，完成全市60个乡镇、1221个行政村、10135个自然村的野外调查任务，做到实地调查100%全覆盖。共登录文物点4647处，其中，新发现3681处，复查966处；调查登记消失文物共63处。安吉县的“王母山新石器时代遗址”、“半岭古道”及长兴县的“荆竹关战国窑址”已入围“2008年浙江省三普重要新发现”，数量占全省三分之一。3. 大运河（湖州段）遗产保护与申遗成效初显。截至年底，全市共登记涉及大运河的不可移动文物点900余处，遴选4处运河沿线遗产申报全国重点文物保护单位；撰写完成了《大运河（湖州段）结题报告》和《大运河（湖州段）遗产构成与价值评估》。经多次修改完善，《大运河（湖州段）遗产保护规划》于10月编制完成，为开展下阶段大运河保护和申遗奠定了坚实的基础。4. 文物考古有新发现。杨家埠土墩墓葬新出土西晋人物俑、动物俑各1件及一批瓷壶、瓷罐等，其中人物俑在浙江仅发现5件，湖州占其一；犀牛俑为全省首次发现。5. 文物维修工作进展顺利。对市本级古桥进行全面登记的基础上，编制完成6座濒危古桥维修方案，并开始实施维修；胡瑗墓享堂、戴山塔维修进展顺利；陈英士故居维修工程已完工，6月20日开始运行。6. 妥善处理文物保护和基本建设的关系。前置性介入涉及文物的基本建设工程项目，审批通过和上报了武警支队新营房、妙西镇50万伏电站建设、宁杭铁路湖州段、合杭铁路、500kv电路路径、湖苏沪城际轨道建设等工程，并要求项目单位配合做好抢救性考古发掘工作。组织专业人员先后对苕溪清水入湖河道整治、太嘉河工程、杭嘉湖地区环湖河道整治等工程沿线进行踏勘，给设计单位提供工程线路涉及的不可移动文物分布图，并根据不同情况采取相应措施保护沿线文物。

【非物质文化遗产保护利用】 1. 加大对非遗名录的申报与保护。在全面完成非物质文化遗产普查的基础上，加大对省级以上非物质文化遗产名录的申报，2009年，有20个项目入选省第三批保护名录，同时，推荐14个项目申报国家级名录。至年末，湖州市共有39个项目入选国家、省级非物质文化遗产保护名录，“中国蚕桑丝织”已成功入选“世遗”名录。加快全市“非遗”保护中心建设，南浔区已基本完成全省非遗分布图试点工作。2. 开展对外文化交流。年初，南浔“辑里湖丝”作为中国与世博会结缘的第一根红线，亮相伦敦后引起广泛关注；“湖笔”等先后参加北京、杭州、义乌等博览会，并在成都国际非遗节非遗博览会上展示；“双林绫绢”参加中国织绣精品大展；安吉“竹叶龙”、长兴“百叶龙”先后到法国展演，以及长兴“百叶龙”赴京参加新中国成立60周年广场演出等，均获得成功。

【文化遗产保护宣传】 6月，以“保护文化遗产，促进科学发展”为主题，组织开展第四个“中国文化遗产日”展演比赛活动，全方位展示湖州丰富的文化遗产资源，进一步提升市民对本土文化遗产的认识，营造全民自觉保护文化遗产的良好氛围。6月8日起，在市博物馆、市民广场和有关社区、学校举办“主题巡回展”，重点是展示湖州市第三次全国文物普查和非物质文化遗产普查成果；6月10～13日，在市区凤凰公园广场分别举办非物质文化遗产精品节目展演、民乐专场演出和首届戏剧演唱大赛等，受到广大市民的欢迎。

【文化产业发展】 1. 推动电影《湖丝仔》及衍生项目。4月，动漫《湖丝仔》项目正式与上海新汇文化娱乐集团签定合作协议。动漫《湖丝仔》项目进展顺利，影片片花制作完毕，海外录音工作已结束。9月底，动漫《湖丝仔》的衍生项目，《湖丝仔》彩车参加全省庆祝新中国成立60周年文艺汇演。服装、玩具等电影衍生产品项目，配合电影主题逐步推向市场。2. 做好全市文化产业统计上报工作。通过召集业主集中培训，层层分解任务，适时督促、催报等方式，全年文化产业统计上报工作得到落实，每季度文化产业上报率和准确率全市服务业中均名列前三，上报率近100%。全年文化产业增加值达22.6亿元，比2008年增长19.7%，在全市第三产业的九大重点行业中位列第三，创历史增速新高。3. 积极组织参展义乌文博会。配合市委宣传部，组织湖州市11家文化经营单位参展义乌文博会，涉及书画、陶瓷、竹制片、文体用品等多个文化领域。展会期间，湖州展团共接待客户3500多人次，现场交易1.8万元，签订销售合同29份，交易协议额达103万元。长兴新槐紫砂制品公司等4家企业的参展作品分获2009义乌文博会工艺美术作品金、银、铜奖。4. 推动湖州动漫企业发展。对全市动漫企业进行了走访，并与市科技局、湖州经济开发区管委会等部门沟通联系，做好动漫企业认定管理工作。会同市科技局召开了湖州鑫岳动漫公司制作的动画片《湖笔小子》剧本论证会。积极与省版权服务中心联系，整理出《申请原创动漫作品版权登记流程》，帮助、指导各动漫企业相关单位做好版权保护登记工作，服务推进湖州市文化创意产业发展。

【规范文化市场经营秩序】 1. 抓好重要节假日和重要时段的文化市场监管，营造净化有序的文化市场环境，确保庆祝新中国成立60周年期间全市文化市场的安全有序。2. 抓好“扫黄打非”各类专项治理。通过开展对无证地摊、游商、校园周边文化市场、“少儿版人民币”等非法出版物、信息网络有害信息和低俗音像制品等专项整治行动，进一步规范了文化市场经营秩序，提高了广大业主诚信守法经营的自觉性。全年共出动执法人员4976人次，检查场所3194家次，取缔无证经营103家；收缴非法书报刊10005册、音像制品37980张、电子出版物132张。3. 以“知识产权日”、“阳光娱乐主题宣传周”为契机，进一步加强法制宣传，努力营造良好的社会文化环境。5月11日，举行了为期一周的湖州市2009年“阳光娱乐主题宣传周”活动启动仪式。4. 指导组建市印刷行业等协会，强化了行业自律。5. 健全义务监督员制度。至年末，全市共有农村文化市场义务监督员265名（其中中心城区37名），逐步形成了行政执法机构、义务监督员、基层文化站和青年文化志愿者队伍等四个主体监督管理网络。

【加强文化市场规划布局】　1．制订并上报市中心城区文化市场与新闻出版市场的发展规划，为领导决策当好参谋。编制完成《湖州市文化市场和文化产业投资指南》，为文化投资人提供参考。2．对市中心城区网吧实施规模引导并取得初步成效。根据中心城区人口结构和商业网点分布状况，制定实施《湖州市中心城区网吧规模引导试行办法》等，推动现有网吧、娱乐场所向规模型、品牌化方向发展。市中心城区正常经营的网吧由原来的72家整合为54家，电脑台数由5550台增加至6862台，增幅达23.6%；歌舞娱乐场所由75家减少到61家（其中10家暂歇业），下降18.7%，包厢数由750间增加到现在的1041间，上升38.8%。3．按时完成年度文化市场和新闻出版经营许可证的换发工作。至年末，全市共有文化经营单位900家，其中歌舞娱乐场所251家，电子游戏、游艺机49家，网吧320家，音像制品零售、出租244家，演出团体23家，演出场所13家；新闻出版经营单位共有823家，其中，出版物印刷13家，包装装潢印刷250家，其他印刷品印刷269家，复印打印291家。4．严格执行“三级审批”制度，2009年，新审批经营单位160家（次），其中，文化132家，新闻出版28家；办理变更手续50家。

【加强新媒体和广电安全播出监管】　1．主动协调，加强对新媒体的动态监管。通过走访调查，了解掌握IP电视、城市电视等新媒体的现状和运行情况，探索适应发展的新管理方式。与电信、报业部门沟通协调，明确管理职责，指导做好新媒体安全播出工作，防止新媒体、新业务成为安全播出死角。2009年，湖州IP电视的无序竞争状况有所缓解，城市电视的安全播出责任进一步落实。2．上下联动，开展无非法“小耳朵”社区创建活动。联系市综治办出台《创建无非法“小耳朵”社区、村庄实施方案》，将卫地管理纳入地方“平安建设”考核范围，不断探索对非法“小耳朵”的长效管理机制，实现多部门联防联动、群防群治。2009年获全省创建无“小耳朵”乡镇（街道）先进集体。3．多措并举，强化广电安全播出管理。加强督查，建立广电行政部门和各播出机构值班、“零报告”制度，确保长假及特殊时期广电安全播出。加强专项检查，会同市公安、国家安全、旅游等部门，对市区宾馆、饭店的广播信号传输安全进行专项检查，确保宾馆、酒店在广电信号传输及卫地设施使用上的合法、有序。2009年，湖州市圆满完成全国、省、市“两会”、新中国成立60周年和抵御莫拉克台风等重要保障期间安全播出任务，连续多年实现日常安全播出“零插播”。

【广电惠民工作】　1．“村村响”工程建设有序推进。以市政府办公室名义出台《关于进一步做好农村有线广播“村村响”工作的通知》，明确目标任务，落实了建设和维护补助政策；牵头制定验收办法和《关于规范镇广播站和村广播室建设管理标准的意见》。截至年底，“村村响”建设任务已全面完成，实现所有行政村100%有线广播联网率。7月初，投资30多万元的市级对农广播节目正式开播。2．整合资源破解难题。牵头市群艺馆和湖州银都电影娱乐有限公司，对升华音乐厅实施改造，缓解了湖州中心城区老百姓“看电影难”。从4月底开始至年末，已放映1000余场，观众超8万人次；策划实施了每年四场的爱心电影行动，免费为湖城贫困儿童放映电影，组织贫困儿童观影达1000余人次。3．农村数字电影放映广受欢迎。抓住“五一”、“十一”等有利契机，开展《民警王法金》等爱国主义影片展映活动，全市数字电影放映超额完成目标任务。至年底，全市45支电影放映队为农村、社区放映电影14565场，远超上年同期数量。4．韵海影院放映渐成品牌。针对中心城区困难群众和外来人员看电影难现状，坚持每天在市图书馆二楼报告厅免费放映数字电影，全年放映电影百余场，观众达8000余人次。

【干部队伍建设】　以“做一名负责任的文化工作者”为切入点，扎实开展学习实践科学发展观活动，进一步加深对科学发展观科学内涵、精神实质和根本要求的理解和把握，增强了以科学发展观为指导推动湖州文化大市建设的自觉性和坚定性；注重抓好领导班子建设，提高班子战斗力和中层干部的执行，一年中有10名同志得到了提升，走上了新的岗位，文化队伍结构得到优化，干部力量得到充实；开展干部上挂（外借）、下派锻炼工作，促进了干部综合素质的提高和业务本领的加强。特别是6月以来开设的“周一夜校”，以“培训干部、培养干才、培育干劲”为目的，进一步提升了广大党员干部的政治理论水平、管理能力和工作技能素质，推动了工作落实，在系统内外引起广泛影响。

（梅　菊）

·卫生·

【概况】　2009年是深化医药卫生体制改革的开局之年。一年来，全市卫生系统紧紧围绕市委、市政府“保增长、抓转型、增活力、重民生、促和谐、强保障”工作主线，按照国家和省深化医疗卫生体制改革工作要求和市委、市政府的统一部署，以疫情防控和农村卫生为重点，着力加强公共卫生和医疗保障能力建设，努力促进卫生事业协调、可持续发展，较好完成了各项目标任务和医改重点任务。到2009年底，全市共有各级各类医疗卫生机构1284家，其中，市级医院6家（含解放军第九八医院），均为三级医院，其中市中心医院、市三院、九八医院为三级甲等医院；全市共有二级医院17家，三县均有二级甲等综合医院1家；全市共有农村社区卫生服务中心（建制乡镇卫生院）61家。全市共有医疗床位9794张，其中，市级拥有医疗床位3072张；全市共有卫技人员15199人，其中，市级医疗卫生单位3412人，乡镇卫生院2136人；全市平均每千人口拥有床位3.78张，每千人口拥有卫技人员5.86人、医生2.20人、注册护士1.82人。2009年，市级医疗机构门诊总数209.7万人次；全市二级医院门诊总数402.26万人次。衡量一个地区的主要健康指标保持在较高水平，全市孕产妇死亡率为零、5岁以下儿童死亡率5.95‰、婴儿死亡率4.15‰，人均期望寿命达77.02岁。

【深化医药卫生体制改革】 国家、省医改意见和近期重点实施方案相继出台后，市、县（区）、各级医疗卫生单位等各个层面都认真组织学习，深入解读，并结合深入学习实践贯彻科学发展观活动，充分听取广大群众对湖州市贯彻落实医改方案的意见和建议，为深化医药卫生体制改革创造良好的社会和舆论环境。按照市政府统一部署，落实专门处室和专门人员，重点对提高新型农村合作医疗保障水平、实施药品零差价、加强基层医疗机构和公共卫生机构建设、基层医疗卫生单位绩效工资、推进农村公共卫生服务项目等方面进行深入调研分析，科学精细测算，配合牵头的市发改委做好湖州市深化医药卫生体制改革的实施意见和深化医药卫生体制改革2009年~2011年重点任务实施计划。12月，相继出台《中共湖州市委、湖州市人民政府关于深化医药卫生体制改革的实施意见》、《湖州市深化医药卫生体制改革2009~2011年重点任务实施计划》。同时，会同市体育局开展“十二五”规划提高全民健康水平的对策研究工作。

【经受重大疫情的考验】 从2009年初开始，手足口病疫情对安吉县带来了极大的压力，先后出现重症和死亡病例，我们一方面以安吉为重点，派出局领导、疾病控制和医疗救治专家组蹲点帮助和指导安吉县开展防控和救治，另一方面突出重点人群防控，全面摸排并掌握5岁以下婴幼儿的信息和健康状况，通过社区责任医生进行健康监护，对全市464家幼托机构和733家医疗机构进行了多次针对性指导，疫情得到有效遏制。从4月起，又经历了甲型H1N1流感从甲类管理到乙类管理，从外堵输入、内防扩散到加强重症救治、减轻疫情危害的防控策略调整，疫情防控持续时间长、变化因素多、社会压力大，疾病控制、医疗救治和城乡社区按照各自职责全面落实防控措施，充分发挥各级政府联防联控机制和专家组的作用，及时对全市疫情趋势作出正确的研判，既保证了疫情防控的科学性和连续性，又减轻了政府的压力和医疗卫生资源的合理配置利用。同时，积极开展甲型流感疫苗接种工作。

【提高农民基本医疗保障能力】 全面推行具有湖州市鲜明特色的以乡镇小额报销、县区大病统筹、困难群众补助为主要内容的新型农村合作医疗“三条保障线”制度。全市人均筹资水平提高到176元（吴兴、南浔两区和德清、长兴两县各为180元，安吉县为160元），参加率达到97.56%，比2008年的124元提高52元。各级新农合经管机构从事前管理、事中服务、事后监管三方面入手，积极实施定点医疗机构新农合医师服务协议制度、社区卫生服务机构药品集中议价采购统一配送制度、门诊费用分乡镇结算垫付和预留管理等制度。建设并开通了全市新农合报销“一卡通”信息系统，全市参合农民到市级医院及跨县区看病就医刷卡实现实时报销。全市共有416.67万人次的参合农民享受“三条保障线”报销，累计报销金额达2.97亿元，人数受益率达70.10%，住院补偿率达31.85%。认真实施第二轮（2008年~2009年）参合农民免费健康体检，体检率达到65.74%。吴兴区、南浔区分别与安徽省歙县、江苏省吴江市签订跨省新农合合作协议，方便外来农民工和周边群众跨省报销。

【健全城乡基层医疗卫生服务体系】 一是加强社区卫生服务内涵建设。继续开展省级规范化社区卫生服务中心和市级星级社区卫生服务站创建工作，全市已创建12个省级和7个市级规范化社区卫生服务中心，创建市级星级站达到34.3%。并制订具体考评标准，对全市社区卫生服务机构按照一、二、三类不同类别实施分类管理和指导。充分发挥社区责任医生作用，加强社区重点疾病、重点人群管理，做好社区老年人、慢性病人、精神病人等的综合服务工作。全市健康档案户建档率为90.95%，人建档率为93.15%，60岁以上老人建档率为97.26%。二是加强基层卫技队伍建设。确定27家单位作为第一批定向培养农村社区医生临床实习基地，并配合做好第三批58名定向培养生的招生工作。德清县启动“大学生村医”计划，已录用30名大学生村医充实到农村卫生队伍。完成了全科医生规范化培训、岗位培训和第二轮乡村医生注册培训工作。三是加强基础设施建设。基层公共卫生建设、城乡社区卫生服务中心标准化建设等5个项目纳入《湖州市基本公共服务均等化行动计划》，完成投资超过1.7亿元。已完成社区卫生服务中心标准化建设8家，有10家正在建设中。在经济欠发达地区县级医疗机构建设项目上，完成了安吉县中医院门诊楼建设项目，启动了安吉县人民医院病房楼建设项目；在基层公共卫生建设项目上，完成了安吉县卫生监督所、长兴县妇保院迁建工程，长兴县中医院迁建项目主体结顶。南浔人民医院病房楼建设项目已启动。四是加强卫生支农工作。切实加强对口支援帮扶工作，19家市、县级医院与52个社区卫生服务中心结对；市医学会创新开展“村会协作、结对帮扶”活动，22个临床专业委员会与吴兴区和南浔区22个社区卫生服务站结对帮扶。85%的社区卫生服务站、95%的社区医生有上级医院及专人指导。

【提高公共卫生服务和保障水平】 一是切实加强重点传染病为主的疾病预防控制工作。在结核病防治上，争取到全球基金流动人口结核病防治和耐多药结核病防治项目，通过落实查、治、管、奖等措施，继续保持了72.7%发现率和90.1%治愈率的全省先进水平，为结核病患者减轻医药费负担和补助150万余元。在艾滋病防治上，通过宣传教育、高危行为干预、志愿咨询检测、免费抗病毒治疗、感染者和病人关爱和美沙酮维持治疗等措施，全面推进艾滋病防治工作。在血防工作上，以长兴合溪水库、吴兴老虎潭水库建设为契机，以血吸虫病防治卫生学评价为基础，全面开展有螺区域的环境综合整治。在全面实施扩大免疫规划上，积极推动预防接种服务均等化工程，全市一类疫苗接种率继续保持在98%以上，流动儿童接种率达到85%以上，及时完成了15岁以下人群乙肝疫苗查漏补种、部分学生麻疹疫苗强化免疫、0~4岁儿童脊灰糖丸强化免疫等工作，共提供了近150万人次安全有效的预防接种服务。市一院代表长三角承担了国家严重急性呼吸道感染监测任务，市疾控中心承担了国家级流感哨点监测和环太湖水质监测，为公共卫生安全提供了保障。全市在高血压等慢性病防治和综合干预、死因监测、重症精神病患者规范感染和低保精神病人免费送药等方面均取得了良好成效。全市疾控中心实验室投入近1000万元用于实验室装备，至2009年底，市、县实验室A类装备和检验能力均居全省前列。2009年，全市无甲类传染病发生，法定报告传染病总发病率306.89/10万，低于全省平均水平。二是扎实做好卫生监督工作。学校食堂及餐饮单位实施“1+1”管理（量化分级管理和“五常法”管理相结合）达到133家。对全市所有游泳场所和60.8%住宿业实施量化分级管理。推进工矿企业食堂专项整治，全市271家、100人~300人就餐企业食堂已经达标，整治达标率为97.5%。全面开展小餐饮“511”工程创建活动，在全市创建5个示范乡镇、10条示范街和100家示范店，全市7019家小餐饮店中，6080家已达到整规标准，小餐饮店质量安全整规率达到86.62%。实施医疗机构分类监管，对全市1262家医疗机构全部建立了基础档案和日常监督档案，并建立“黑诊所”网上曝光台。加强职业病防治工作，2009年新增职业卫生管理台帐企业617家，累计达1241家。创新推出卫生行政处罚案件“办案思路会诊”制度，提高行政处罚案件办理质量。湖州市有2个案件入选全省“十大案件”，在全省案件质量评比中，市卫生局获得一等奖、吴兴区卫生计生局获得二等奖。三是加强妇幼卫生工作。加强围产保健管理工作，实行重症高危孕产妇个案追踪管理和流动人口孕产妇享受同等服务。全市孕产妇死亡率为零、5岁以下儿童死亡率5.95‰、婴儿死亡率4.15‰。继续做好免费婚前医学检查，婚检率为82.47%。四是加强无偿献血工作。继续保持临床用血100%来自无偿献血。街采率达83.65%，一次献血300ml以上的达75.21%，农民献血率达60.01%，成分输血率达98.99%。五是深入开展爱国卫生运动和健康教育。全面启动以“清洁城乡、健康生活”为主题的“爱国卫生月暨湖州市公民健康素养促进行动”。年内全市新创建49个健康教育示范村（累计147个），有18所中小学校开展健康促进学校创建工作，推进健康教育进社区、进农村、进家庭，提高群众防病治病意识和知识。积极实施农村改厕项目，全市已完成中央重大公共卫生项目11125座的农村改厕项目任务。各县区结合中国和美家园、中国美丽乡村、国际花园城市等创建活动，开展环境卫生集中整治，开展以春秋季灭鼠为主的除“四害”消杀工作，全市农村落实环境消杀人员2288名。全市已累计创建国家、省、市级卫生乡镇52个，占全市总乡镇数86.7%，农村自来水受益率达96.1%，农村卫生厕所普及率达89.04%。

【提高医疗卫生服务水平】 一是加强医疗安全和质量管理。严格新技术、新项目准入制度，启动三年为一个周期的医疗质量持续改进计划，从加强基础管理、核心医疗制度落实和环节管理等多方面入手，强化医疗质量和安全管理。努力探索医患纠纷协调新机制，成立湖州市医患纠纷人民调解委员会，进一步加强与公安等部门的协作配合，妥善处置重大医疗纠纷，切实维护医疗机构正常医疗秩序。二是加强中医药工作。创新开展社区卫生服务机构规范化中药房建设，全市有23家社区卫生服务机构被列入创建单位，建设周期为2年。继续推进中医“治未病”试点工作，发挥中医药优势。启动新一轮名中医配备学术经验继承人工作，基本完成80名农村中医骨干培养工作。积极争取中医药扶持政策，门诊使用中药颗粒剂的医疗费用列入湖州市区企业职工基本医疗保险支付范围。三是着力提高惠民医疗力度。2009年惠民医疗救助金预算安排资金达400万元，比2008年增长45%。优化惠民医疗服务措施，完善二级以上医院“惠民病房”、“爱心门诊”工作，开展抚恤优待对象“一站式”医疗服务，为困难群体提供安全、有效、价廉的医疗服务。市惠民医院为3814人次困难群众提供330.86万元医疗救助；各级公立医院为困难群众减免医药费用88.43万元，5600多人次受益。10月1日起，率先在5家市级医院和解放军九八医院实行门急诊病历“一本通”制度。四是进一步完善医疗设备、耗材、药品部门集中采购工作。完成医疗器械采购项目257个，预算金额9368.05万元，成交金额7854.87万元，节约资金1513.18万元，节资率为16.15%。医用耗材共完成20个品种的招标工作，完成采购金额近1亿元。继续实施22种药品的集中询价采购工作，22种药品共向患者让利2020.4万元，19家医疗机构增加药品净收入8081.9万元。同时全市县级以上医院已按要求执行443种廉价药物的集中采购工作。六是推进节能降耗工作。5家市级医院用电量下降1.52%，用水量下降3.6%，综合能耗比上年下降0.98%，万元业务收入能耗下降19.58%。同时，还制订了市三院搬迁方案，市中心医院后勤综合楼、市一院急诊医技楼建设项目已完成设计，进入招标。

【加强医学科研工作】 2009年，全市共获国家、省、市科技计划立项47项，其中，获国家“十一五”期间新药创制重大专项“候选药物”课题、“十一五”传染病重大专项子课题各1项；获省政府自然科学基金资助项目1项。获省医药卫生科技创新奖9项，其中二等奖1项，在全省设区市名列第四位。完成34项科研项目验收，验收通过率达100%。开展省、市多部门共建省级重点扶持学科项目，获得项目4个；全市拥有市级重点（扶持）学科达46个。在直属单位首次开展医疗卫生专业技术人员公开招聘工作，各市级医疗卫生单位共招聘录用事业编制医疗卫生技术人员48名。完成新一轮名医评选工作，评选出30名市级名医。入选第一批湖州市“1112人才工程”学术技术带头人11名，获“2009年度浙江省有突出贡献中青年专家”荣誉称号1名。

（郭建根）

·体育·

【概况】 2009年，湖州市体育局围绕市委“创业富民，创新强市”战略目标，用科学发展观统领后奥运时期体育工作，努力实现年初提出的各项体育工作任务，不断推进湖州市体育事业科学、和谐、可持续发展。

【开展群众体育活动】 结合国庆60周年庆典和第一个全民健身日，全市全民健身活动联动广泛，内涵扩展，影响扩大，有效推动基层群众体育活动的开展。一是广泛开展以“健康湖州·科学健身”为主题的群体活动。4月，举办了湖州市全民健身中心开张群众大型体育展示活动；6月，举办了以“科学习练健身气功，共同构建和谐社会”为主题的全国百城健身气功交流展示系列活动湖州大会；9月～10月期间，在市全民健身中心广场举办了“迎国庆广场健身展演”活动，在这些活动中，体育爱好者合力献上了腰鼓、柔力球、太极拳、健身气功易筋经、五禽戏、六字诀、八段锦、花式团体操和木兰扇等多项群众性精彩表演，充分展现了湖州市民健康向上的精神风貌。各县（区）组织了丰富多彩的体育活动：德清县组织开展“倡科学健身·塑魅力女性”的木兰健身展示活动、万人健身走、老年文体广场大展示、第二届邻里节社区趣味运动会和“嫂子龙舟队”竞渡等活动；长兴县举办了第二届龙舟大赛、第二届划菱桶比赛等活动；安吉县以“健康安吉，美丽乡村”为主题开展系列群众性体育活动，社区体育大PK活动贯穿全年，全县妇女首届排舞比赛、新引进抖空竹项目进行培训推开，深受群众欢迎；南浔区积极组织了健身舞蹈、袋鼠跳、拔河、练市船拳、划菱桶比赛和趣味运动会等各种形式的全民健身活动。各县（区）的群体活动显示了基层特色和乡村民俗风格。据统计，全市各级各类体育健身竞赛展示活动千余场次，直接参与达20万余人次，科学健身已成为一种时尚，正在全社会扩展。二是群众性体育比赛频频，赛事如潮。市、县（区）组织的各级各类群众性体育比赛丰富多彩。如全市性的“世友杯”（乡镇、企业组）乒乓球比赛、“移动杯”（机关行业组）乒乓球比赛、老年组钓鱼比赛、青少年拉丁舞锦标赛、青少年部足球比赛、第三届体育强镇（乡）乒乓球比赛，浙江体彩三人制篮球赛湖州赛区决赛，全市第二届领导干部乒乓球羽毛球邀请赛等，还承办了2009年浙江省全民健身浙北（湖州）片区“种文化”竞赛活动。德清县社区运动会，长兴县机关运动会、中小学生三棋比赛，安吉县召开了首届残疾人运动会、少数民族运动会、第十届老年人运动会和第二届农民运动会，南浔区精心组织首届区运会，都成功举办。群众体育比赛活跃了群众体育生活。三是群众体育社团交流活动频繁，形式多样。群众体育社团发挥各自优势，通过各类友谊比赛等活动互相学习交流提高。举办了2009“永达杯”浙江省门球锦标赛暨浙江省门球个人争霸赛、浙江省高尔夫球锦标赛暨全国体育大会选拔赛；“威尼斯”首届湖州青少年体育舞蹈比赛，使三县二区的舞蹈爱好者有了展示风采、相互交流的机会；“国合杯”和“羽协杯”全市羽毛球公开赛，为羽毛球运动的普及起到很好的作用，第三届全市传统武术比赛、市高尔夫球协会的月赛、乒乓球等级赛、市老年体协的等级门球赛和桥牌协会的经常性赛事活动受到一致好评。

【农村和社区体育发展】 围绕市委、市政府关于湖州新农村示范区建设的工作大局，抓住发展农村体育这个重点，以体育创强为切入点，城乡体育协调推进。一是完成体育创强任务。明确体育创强的定位、目标，制定规划、措施，形成县、镇（乡）、村联创，全市联动的争创态势。安吉县创建体育强县、7个创建体育强（乡）镇都通过省体育局验收。全市已有五分之二的县（区）和53%的乡镇成为体育强县、强镇，走在全省前列。二是进一步发展和健全体育社团组织。新成立了市游泳救生协会，成立了七幸体育俱乐部、金仕堡体育俱乐部；市极限（户外）运动协会和市乒乓球协会进行了换届；完成4所省级青少年体育俱乐部的申报。在体育社团的组织建设上，坚持规范管理和培育发展二手都要硬的思想，使体总组织网络建设健康有序的发展。全市已登记在册的市级体育社团经年度检查全部合格。市体育局、体育总会已连续二年被市政府民间组织管理领导小组评为“社团管理工作先进单位”。三是扩建基层健身设施。农村在行政村体育设施全覆盖的基础上，2009年又延伸了150个自然村，城市实现了社区“10分钟健身圈”。在全市实施了学校体育场馆向群众开放的工作，对新建住宅小区规定了体育场地建设用地指标，并被列入市委、市政府《关于加强社区工作的意见》中，由城建规划部门具体落实。这两项工作都走在全省前列。

【竞技体育人才培养】 竞技体育着眼于可持续发展，以抓紧备战省运会为契机，实施“金牌战略”，成效明显。一是积极向上输送运动员。紧紧咬住“保八争七”的目标，突出重点向上输送，截至年底，向上输送运动员取得较好成绩(可折算省运会金牌44枚)。其中，湖州市输送31名运动员参加了第十一届全运会预赛，有27人通过预赛获得参加全运会决赛的资格，超过上届的24人，名列全省第七位，创历史最高。在全运会上，湖州市的运动员共取得2块银牌、6块铜牌、2个第四名、1个第五名、3个第六名和2个第七名的好成绩。二是组织运动员实战训练。为积极备战省运会，湖州市派出了25支队伍、61名领队教练、473名运动员参加了全省25项青少年的比赛。期间，湖州市还派出了5个省级体育特色项目学校的6支队伍参加了女排、足球、游泳等3个项目的比赛。在25项青少年比赛中，共获得金牌27.5枚、银牌21枚、铜牌46枚，团体总分1303分，取得了预期的效果，较好地检验了一年来训练成效。三是组织重大赛事活动。承办了第十届全国极限运动会、首届太湖大众帆船赛、全国青年象棋锦标赛、全国男子排球大奖赛、全国BMX冠军赛、全国小轮车冠军赛、全国高尔夫球俱乐部联赛、全国青年象棋锦标赛、首届中国（下渚湖）湿地生存越野挑战赛等九项全国以上赛事，展现了湖州市出色的办赛水平，得到了体育总局领导和全体参赛单位的一致好评。四是加强人才基地建设。组织专家调研，完成《湖州市竞技体育项目设置研究》的专项论文，为湖州市下一步业余训练项目布局调整提供了较好的理论依据。市体校提出了学校项目布局调整的初步方案。各地加大了对业余体校的投入，2009年，市体育局投入250万元，对市体校田径场进行了塑胶铺设；长兴县乘创强的东风，完成业余训练点布局规划，全县各训练点都得到了强有力的经费支撑；德清县投入50万余元对体校进行了改建，新开设的射箭项目初见成效，输送的一名运动员为浙江省代表团在全运会上夺得了射箭项目中唯一的一个名次（男子个人第六名），并在2009年的省比赛中又取得了1金、2银、3铜的好成绩。“二集中”训练模式进一步规范，并取得成效；安吉县抓住体育创强的机会，争取到布局经费60万元和20万元的专项奖励经费，并着手建设凤凰水库皮划赛艇训练基地，极大地改善了湖州市业余训练的基础条件，提高湖州市的整体竞争力。五是重视培训体育人才。市体育总会组织了轮滑、体育舞蹈、跆拳道等三批、85人次的二级裁判员培训班，游泳救生协会组织60人进行游泳救生员的培训；组织10多人次参加了省级教练员、一级社会体育指导员、裁判员的培训。组织了全市短式网球和羽毛球业余教练员培训班，特邀省队高级教练员到湖州授课。全年共审批二级运动员76人，二级裁判员310人。

【城乡体育设施得到提升】 2009年，市、县（区）重视体育场地设施建设，加大投入，大力兴建，体育设施基本形成网络，出现了新面貌。一是各方筹集资金。坚持政府主渠道投入，多方吸纳资金投资兴建体育场地设施，据统计，全年投入体育场地设施建设达3000万余元。二是兴建一批大型公共体育设施。湖州全民健身中心正式开放，总建筑面积2.26万平方米，成为湖州市民的体育公园、群众健身休闲的平台和竞赛训练的中心。长兴县投入近415万元，对原长兴体育馆馆内重新装修，面貌焕然一新。安吉县在建的1.8万平方米的安吉龙山体育中心，集体育馆、训练健身馆、游泳池和户外拓展为一体，已完成土建工程；引资兴建的1万平方米体训大楼工程进展顺利。三是一批特色体育设施彰显魅力。德清县下渚湖青少年户外体育活动营地具有下渚湖防风古国文化园独特的风景优势，于5月10日开营，二期建设新开辟湿地野外生存训练营地、下渚湖乐都农庄团队拓展区等活动基地，共有29批次、2753人次参与了培训，取得了社会效益和经济效益的双丰收。长兴县国家4A级景区——金钉子彩弹射击中心，是浙北地区唯一标准化彩弹射击运动场，享受到世界顶级技术的枪械、装备、设施、专业培训以及一流的服务，体验真人CS真枪实弹对抗。安吉县江南天池高山滑雪场成为华东地区唯一的室外滑雪场；龙王溪乡村俱乐部成为国内山地高尔夫场地精品；中国户外运动大本营已成为“长三角”地区开展户外运动的最佳园区，营地新项目正式签约。

【全民健身中心正常运行】 全民健身中心的建成、试运行到正式开放，是湖州市体育发展史上的一件大事，是体育内部改革的一项成果，收到较好成效。一是以全民健身为己任，坚持有偿服务与无偿对外开放相结合。依托全民健身中心发展健身、竞赛、娱乐为一体的体育服务业、休闲业。立足社会公益为主体，面向大众，坚持经济效益与社会效益并举，实现了市政府提出的“以场养场、以馆养馆”目标。对室外田径场、灯光篮球场、门球馆等都实施免费对市民开放，平均每天达1000余人次，室内场馆每天接待350余人次，全年累计接待锻炼群众达20万余人次。二是发挥场地优势和专业优势，承办全市体育赛事活动和培训工作。开放以来承办全市中小学生乒乓球比赛、工行牡丹卡持卡人乒乓球比赛、全市“深蓝杯”IT行业羽毛球比赛、中国银行羽毛球比赛、全市金融系统羽毛球比赛、全市建设系统乒乓球比赛和全市电力系统乒乓球比赛等各项活动达40余场次，参加人数近千人次。同时开展游泳、乒乓球、羽毛球的队员培训班30多个。三是加强内部管理，保证场馆正常有序运行。为了塑造全民健身中心良好的窗口形象，建立健全了一整套规章制度，加强员工的培训，不断强化服务意识，在运行过程中虚心接受市民的意见和建议，认真采取改进措施，初步赢得了社会的认可。

【拓展体育产业空间】 体育产业进一步围绕体育彩票、体育场馆经营、体育赛事商业运作、发展体育休闲服务等，挖掘市场潜力，开发有形无形资产，结合本体产业和相关产业，拓展空间，引导体育消费，为拉动内需做贡献。一是积极培育发展各类体育健身房和俱乐部。为了不断推进体育社会化和产业化，对各类体育健身房和俱乐部既加强管理，又支持发展，已有个人合资或独资创办的健身房和俱乐部近30家，如七幸体育俱乐部扩大了场地，增加了项目，既满足群众体育需求，又拉动了体育消费。长兴苏红健身俱乐部渐成品牌，成为广大体育爱好者休闲娱乐健身场所，会员已达2000余人。二是扩大体育旅游、运动休闲业的发展空间。长兴县国家4A级景区——金钉子彩弹射击中心、德清县省级青少年体育户外活动营地、安吉县江南天池高山滑雪场等一批大型特色体育场地的建成和扩建，为全市休闲旅游拓展了新的空间，提升了地方的经济效益。安吉县政府出台《关于加快休闲旅游业发展的政策意见》，在项目建设、土地审批、税收优惠等方面都制定了相应的优惠政策，积极鼓励发展体育休闲旅游。使体育与旅游融合更为紧密，百草园“中国山地户外运动基地”的牌子更加响亮，继续拓展运动场，增加休闲运动项目，成为长三角地区开展户外运动的最佳园区。三是体育彩票销售和管理可持续发展。市体彩中心积极应对市场竞争，重视抓好品牌建设，一方面通过强化服务意识，为彩民提高优质高效的服务，举办营销人员的业务培训，加大营销宣传力度，启动“公益体彩在行动”等公益活动，扩大影响力；另一方面更新改造体育彩票销售的硬件设施，电彩网点进行了即开票宣传的试点包装，逐步推开。进一步规范对体育彩票销售点的管理，实行“分县区管理”模式和体彩专管员联系网点制度，在金融危机的不景气环境下，仍然保持了稳中有升的好势头，全年销售彩票达2.6亿元。

（杨亦根）

新闻报刊　广播电视

·新闻报刊·

【概况】　2009年，湖州日报报业集团按照市委的部署和要求，以党的十七大和市第六次党代会精神为指导，认真学习实践科学发展观，认清形势，创新破难，真抓实干，变挑战为机遇，变压力为动力，出新招、出实招、出实效，全力创造，全员创业，扎实完成了各项目标任务，取得显著成效。

【新闻宣传】　2009年，新闻宣传紧紧围绕“深入学习实践科学发展观，全力促进经济社会又好又快发展”这一主题，牢牢把握“保增长、抓转型、重民生、促和谐、强保障”这一主线，精心部署，搞好学习实践活动宣传。一是湖州日报报业集团所属“三报一网”媒体认真研究制定报道计划，精心设计相关栏目，调集精兵强将，全力做好宣传报道。《湖州日报》发挥市委机关报的优势，重点推出《千方百计保增长齐心协力促转型科学发展创新业》主打栏目；组织策划采访团提前赴无锡、常州进行实地采访，刊发了《他山之石》专版2个，报道无锡、常州加快科学发展的成功经验；头版还先后发表了四套班子领导学习苏南经验、加快科学发展的体会文章22篇。集团所属“三报一网一杂志”5家媒体联合开展“科学发展进行时”大型采访报道活动。《湖州日报》头版重点推出《科学发展100例》栏目，报道了一批科学发展的典型实例；《湖州晚报》重点推出《科学发展的民间实践》栏目，刊登了科学发展民间实践的典型报道30余篇。《湖州星期三周报》重点推出《科学发展中的城事》栏目，《让太湖换个方向倾斜》等重点报道引发强烈反响；《湖商杂志》重点推出了《科学发展大讲堂》栏目，诠释湖州市企业家学习实践科学发展观的实践。湖州在线充分利用网络平台，重点推出“千方百计保增长，齐心协力促转型，科学发展创新业”为主题的市党、政领导系列在线访谈，13位市党、政领导与网友进行了互动交流，听民声，汇民意，聚民心，架起党群、干群的连心桥。整个访谈活动参与网友超过100万人次，网友留言1万多条，引导网络舆论产生了良好的效果。省委宣传部《浙江宣传（工作交流）》第96期刊登了《湖州市集中开展网上在线交流提升领导干部运用新兴媒体能力》一文，专题介绍湖州在线开展市党、政领导网上访谈活动的经验做法。二是突出重点，保增长促转型报道。面对严峻的国际金融危机，集团紧紧围绕市委、市政府“千方百计保增长、全力以赴促转型、科学发展创新业”的工作重点，始终把“保增长、促转型”主题报道作为新闻宣传的重中之重，努力创新经济报道，为科学发展创造良好的舆论氛围。推出《千方百计保增长、齐心协力抓转型》重点栏目，报道了一批保增长、促转型的典型。推出《深入学习实践科学发展观全力促进经济社会又好又快发展》栏目，重点报道保增长、促转型，在科学发展中做出突出成绩的企业等典型。据统计，2009年《湖州日报》推出“保增长、促转型”的相关栏目报道155期，其中头版头条98篇，刊登“保增长、促转型、创新业”的典型报道文章及图片535篇（幅），有力地引导社会舆论，为湖州市实施“创业富民、创新强市”发展战略创造了良好的舆论环境。省新闻出版局《报刊审读与管理》第24期以《因势利导强势出击力求大气颇具特色》为题，对《湖州日报》“保增长、促转型”报道进行专题点评，给予表扬和肯定。集团其他媒体也结合各自特点，创新“保增长、促转型”的新闻宣传，取得了积极成效。三是新农村建设成果报道。“新农村建设的‘湖州模式’”已经成为全国新农村建设的一个亮点。新农村建设实验示范区成立之初，《湖州日报》就开设了《携手办好示范区着力建设新农村》栏目，在头版和二版等重要版面报道新农村建设的成果和经验，该栏目被省委宣传部评为服务“三农”宣传提名奖。坚持以《携手办好示范区着力建设新农村》栏目为平台，报道新农村建设的成果，每周报道不少于2期。特别是对湖州市加快推进农房建设取得突出成效的宣传报道，效果良好。《光明日报》在头版头条位置，发表了《湖州日报》记者与该报记者合作采写的长篇通讯《安吉的“中国美丽乡村”建设》，省委书记赵洪祝对《光明日报》刊登的这篇报道作出重要批示：“这是一篇较全面报道安吉新农村建设的文章，湖州要不断加以总结、完善和提高，全省农村许多地方都可以走‘美丽乡村建设’的路子”。四是新中国60周年宣传报道。新中国成立60周年是2009年新闻宣传的重点之一。集团所属各媒体结合各自特点，精心制定报道计划，全力唱好这出“重头戏”。《湖州日报》从多角度出发，结合基层实践，推出了《60乡镇60年》专题栏目，充分反映湖州市60多个乡镇（街道）在这60年中所取得的辉煌成就；结合个人经历，推出《我和60年》专题栏目，通过一个个让人回味和感慨的故事，从普通百姓身上看60年来的变化；结合时代背景和现实意义，推出了《辉煌60年》专题栏目，回顾百姓经历的灿烂与辉煌；4月27日，推出了纪念湖州解放60周年纪念特刊《记住湖州》。《湖州晚报》推出《寻访解放的足迹—纪念解放湖州60周年系列报道》，采访报道湖州解放的亲历者，讲述当年的感人故事，刊出了《我的名字叫“国庆”》等系列报道，引人入胜。湖州在线新闻网站推出“庆祝新中国成立六十周年”专题网页，还积极参与“辉煌60年”全国网络媒体浙江行活动，报道一批湖州各地的特色亮点，展现了湖州60年来的成就等。集团所属媒体还与市其他媒体联合开展了“60年坐标上的湖州故事”——新中国成立60周年大型采访活动，唱响了共产党好、社会主义好的主旋律。五是日常新闻报道。集团各媒体通过精心谋划，提高在日常新闻工作中的创新能力，在日常新闻宣传工作中不断出新出彩出亮点。在做好对口援助四川灾区重建的日常报道同时，抓住湖州市交通规划设计院副总工程师、优秀援川干部张启标这个重大典型，做好重大典型报道，集团派出骨干记者赴川采访，推出长篇人物通讯《不辱使命一“标杆”——记四川省青川县湖州市援建指挥部工程组副组长张启标》，在社会上引起极大反响。太湖蓝藻污染治理，受到国内外广泛关注，为此，在集团党委和编委会的支持下，《湖州晚报》策划发起了“爱心食藻鱼”活动，半个月内，湖州社会各界共认捐了32万元的爱心鱼苗款。市长马以高度赞扬这项活动。湖州晚报还组织百名市民代表，启动了太湖流域迄今规模最大的一次民间放鱼行动，53万尾花白鲢游入太湖。2009年，集团各媒体重视民生报道，通过图片、文字、网络、访谈等多形式、多角度及时报道百姓关注的就业、就医、就学、住房、社会保障等消息，反映市委、市政府对民生问题所做的大量切实有效的工作，产生了良好的社会反响。

【事业发展】 2009年集团产业发展呈现又好又快态势。集团成立后，按照市场化、多元化、产业化发展的要求，各经营口纷纷转变经营模式，从原来的单纯拉广告转变成营造受众市场，制造经营亮点；从原来的单一活动转变成活动链；从单一的“我要广告”转变为“为你做大市场”。经营模式的转变，不仅获得了阶段性的广告经营绩效，而且也赢得了可持续发展的局面。2009年，集团加大投入，城市电视工程纳入政府信息发布平台，终端进了商场、超市、银行、医院，已安装50多台。在中心城市建造了三块大屏后，抓住主要街道整治的契机，承揽了观凤商厦800余平方米的墙体广告位，进行改造；宣传阅报栏建设工程，在城区建成阅报栏200个后，又在织里建成50个，并向其他县区延伸；湖笔博物馆顺利移交后，按照“馆内藏品更精致、展品陈列更现代、旅游环境更优美、内部管理更完善、经营路子更宽泛”的总体要求和思路，实施全方位大规模改造扩建，6月中旬重新开放，以全新的面貌向游客展现湖笔文化的深厚底蕴。集团为进一步繁荣湖州图书编辑出版市场，推进文化大市建设，联合并依托浙江科技出版社的优质出版资源，成立了湖州市图书编辑出版中心。印务有限公司也成功进军商务印刷。

（施泓洁）

·广播电视·

【成立湖州广播电视传媒集团】 10月10日，湖州广播电视传媒集团正式成立。这是湖州加快发展文化产业的一项重大举措，也标志着湖州广播电视事业发展进入了新的阶段。市委书记、市人大常委会主任孙文友出席授牌仪式并启动了湖州广播电视传媒集团的标志。省委宣传部副部长鲍洪俊与市委副书记、市长马以共同为湖州广播电视传媒集团授牌。市委副书记朱坤民宣读了《湖州市委关于同意组建湖州广播电视传媒集团的批复》和集团领导班子任命。市委常委、宣传部长胡菁菁主持授牌仪式。王金根、吴哲勇、沈建平等市领导出席。近年来，广电总台在逐步理顺内部机制的基础上，积极探索产业拓展渠道，形成了以声、屏、报、网、团五位一体的综合媒体，并相继成立了湖州华数数字电视有限公司、湖州广播电视发展有限公司等多个产业发展平台，为湖州广播电视传媒集团的成立奠定了基础。

【新闻宣传】 2009年，广播电视共播发各类新闻报道600多小时，专题1300多期，其中，经济宣传报道占70%以上。广电总台三个自办电视频道的年均市场份额达到23%以上。一年来，市广电总台声、屏、报、网、团围绕中心，服务大局，坚持新闻立台、活动活台、品牌强台理念，良好地完成了各项新闻宣传工作。宣传口围绕“深入学习实践科学发展观，全力促进经济社会又好又快发展”这一主题，牢牢把握“保增长、促转型、增活力、重民生、促和谐、强保障”这一主线，以创新内容和品牌栏目（节目）建设为重点，积极挖掘各类典型，做深做透做细典型宣传，重点策划推出了《贯彻四中全会精神，加快湖州科学发展》、《60年坐标上的湖州故事》、《保增长、促转型、科学发展创新业》、《科学发展大家谈》等重点栏目和系列报道，做到每天有报道，每周有重点，有效发挥了广电主流媒体引导社会舆论的主体作用。在舆论监督方面，继2008年底广电报采写的通讯《市民盼望救救永兴桥》经市委书记孙文友批示，促使永兴桥的修复后，广电报采写的另一内参《养猪出现亏本行业陷入困境——湖州养猪业亟需推广节粮型生态化养殖技术》又获市委书记孙文友重要批示，并引起市委、市政府和市有关部门的高度重视。同时，在配合中心城市建设、四小行业整治、“手足口病”、甲型H1N1流感等社会热点和突发事件的宣传方面，严格按照“主动沟通、统一口径、客观报道、正面引导”的原则，在第一时间及时主动地发布权威信息，严格把关把度，实现“贴得紧、沟通早、动作快、管得住、效果好”的工作目标，彰显了主流媒体的社会责任。2009年通过节目调改和推出20多项大型品牌活动，不断增强舆论引导能力和文化服务能力，特别是由广电总台策划发起的“温暖的黄丝巾”系列活动，得到了中央、省、市媒体的关注，并作为全国新闻界品牌活动的成功案例，在《中国记者》杂志上以《飘扬的黄丝巾》为题向同行推广。大型活动的成功开展不仅提升了广电总台媒体影响力和社会美誉度，也有效地提升了收视率。在中央台和省台强势调整、数字电视发展、样板户调整等情况下，广电总台三个自办电视频道的市场份额平均稳定在23%以上，比广电总台成立之初增长了137%，三套自办频道收视份额均保持在前五名，其中，新闻综合频道排名第一，文化娱乐频道排名第二，公共民生频道列第五。特别是配合广电传媒集团成立的节目调改，效果明显，市场份额在一个月里从调改前的21.5%上升到29.3%，收视份额超过了省台和中央台。

新闻外宣积极有效。2009年在国家级广电媒体共播出96条，在省级广电媒体播出340条，在上海媒体播出70条，在境外共播出电视专题30条。其中，在中央电视台《新闻联播》中播出13条（头条1篇），在《中国新闻》播出15条，在中央人民广播电台《全国新闻联播》和《新闻与报摘》发稿8条，在中国国际广播电台发稿10条，在浙江卫视《新闻联播》发稿125条，在浙江人民广播电台《浙广新闻》发稿60条。另外还新制作完成了3部外宣专题片。《从苕溪到黄浦江》作为2009年重点电视外宣片，分别通过中国黄河电视台、长江（国际）电视联盟、深圳电视台国际频道等电视外宣平台，向海外播出。

精品创优工作成绩突出。通过建立精品创优工程项目制，以精品创优带动节目生产，并实行运行、跟踪、指导、完善的动态机制，同时，把精品创优工程与广播电视节目的创新、日常宣传报道有机结合，全面启动了精品创优培育机制，策划推出了新闻宣传精品创优选题会、广播电视重点节目抽评研讨会，建立精品创优题材库和精品创优品牌建设申报制度，成效明显。在2009年揭晓的2008年度国家级、省级好稿评比中，广电总台共有27件作品获奖。其中，《卡通工作室》获得全国优秀少儿广播栏目鼓励奖；广播剧《我与嫦娥有个约会》荣获中国广播剧专家奖；《飘扬的黄丝巾》荣获全国新闻战线庆祝新中国成立60周年征文活动评选二等奖，成为浙江省唯一的获奖作品；有24件作品荣获浙江省新闻奖、政府奖，其中，一等奖9件，二等奖6件，三等奖9件，位居全省市级媒体获奖的前列。另外，广电总台选送的作品分别荣获省技术质量奖一等奖4件、二等奖4件、三等奖4件。有两件作品分别获得有全国168个城市参加的中国城市电视台电视节目技术质量奖新闻类、专题类一等奖。

【创新机制】　通过广电传媒集团的组建和规范运行，进一步严格规范新闻宣传管理、行政管理、财务管理、广告经营管理等，试行了全成本核算和目标责任管理机制，并加大了双指标考核力度，加强了对两区中心、各乡镇站及各部门的管控，不仅有效提升了执行力，也使相关费用明显下降。全年共节省财务费用约56万元，行政事务经费开支比上年同期下降6%。为进一步深化人事制度改革，充分调动职工的工作积极性，年初，广电总台在对中层职位实行竞争上岗的基础上，开展了全员双向选择，共推出343个岗位，共有331人被聘，岗位交流率达到10%，7人进入待岗、跟岗序列，2人选择从事经营创收工作，营造了良好的用人环境。

【科技事业】　2009年投入736.4万元，完成媒资一期工程、非编网络二期、三期工程、发射台调频广播机房整体搬迁、广播总控数字化改造、电视附属频道播出系统建设、更新了部分数字摄录设备等项目，并有序推进了移动多媒体广播（CMMB）项目建设和单频布点网建设，开播自办节目CMMB频道。广播电视设备数字化率达到95%以上。建设完成了大楼广播备用天线铁塔工程，有效避免了雷击事故的发生，极大地降低了广播节目的停播率；科技事业部通过广告置换方式，建设完成了广电传媒集团LED大屏，成为市广电大楼的一个亮点。完成了电视大型活动录制157场，广播台外直播18场，行风热线嘉宾连线直播45场，全年累计完成广播电视节目播出92055小时，无人为安全播出责任事故，台内停播率达到国家广电总局要求的甲级标准；以媒资管理为核心构建的异构网络制播系统被省广播电影电视局推荐参评国家广播电影电视局技术创新奖。

网络建设和数字电视发展加快。广电传媒集团（总台）所属湖州华数公司加快中心城区的主干网改造，完成6个分前端建设，用户接入网的双向化改造小区65个，双向化改造4万户；并加快面向全市网络全业务的IP城域网建设，中心城区双向化覆盖用户达到6万户，新增开通小区10个，完成搬迁工程7个；为进一步加快推进城乡一体化广电网络双向化、光纤化改造，全年网络传输中心完成双向化改造3.22万户，新增光节点1288个；“村村响”工程至7月就全部完成了7352只室外广播的安装任务，建设镇广播室19个，全年落实村广播室376个，使全市95%以上的行政村实现有线广播联网，有线广播用户收听覆盖率达到80%以上。为确保“村村响”工程能长期响、优质响，广电总台于7月1日起，正式开播了两区对农广播节目。广电总台落实省、市低保工程要求，补贴资金135万元，完成市区共7910户的低保工程任务。

“百件实事惠民生”项目之一的数字电视拓展工作进展顺利。全年完成了两区10万户的整转任务，中心城区和两区乡镇共有数字电视用户20万户，整转率达到95.8%。数字电视增值业务创收比上年增长15倍。为进一步完善数字电视平台建设，湖州华数公司对交互平台、SDH进行了扩容及平台节目源的调整，数字电视平台140套节目及模拟电视平台46套节目安全播出共计154.9万多小时，并确保了各个安全播出期的播出安全。

【产业经营】　按照优先做强媒体主业、努力拓展相关产业、积极寻求合作产业的经营思路，进一步加大了产业拓展力度。实质运营湖州梅地亚文化艺术中心有限公司、湖州广盛商业百货有限公司和湖州广播电视移动多媒体有限公司，投资入股湖州市商业银行股份有限公司，并与美欣达集团联手开发南太湖文化休闲商业项目，该项目已经过专家论证，正在审批过程中。2009年，广电传媒集团（总台）系统总创收1.897亿元，比上年增长16.36%。通过广告结构调整，医疗药品广告比重下降（全年医疗和药品广告的比重控制在20%以内），并成功举办了"浙江省第二届家具装饰暨精品楼盘展"、"湖州市第十届房地产交易会"、"2009湖州市首届家装建材博览会"、"梦幻情人2009"、"湖州市第三届相亲大会"、"湖州市第二届明星企业家颁奖"等大型活动，增加了创收，打响了广电传媒集团（总台）的品牌，提升了广电的社会影响力。全年声、屏、报、网、团（含两区中心）整体广告收入完成7780万元，同比增长12.57%。

【队伍建设】 2009年，通过在新闻宣传、技术服务、数字电视拓展、"村村响"、广告整治等各方面抓服务转型，切实提升服务质量，取得了明显的效果。特别是两区广电中心职能调整后，加大了两区中心的宣传力度，合理调配了人员，改进了技术设备，更好地服务于两区中心工作，得到了区委、区政府的高度评价。吴兴广电中心在区开展的解放思想进行区级部门接受乡镇（街道）公开评议活动中，满意率达到90%以上。市广电系统全年共承办市长热线112件，全部按时办结，满意率97%。数字电视进一步完善客服体系，设立"96371"数字电视全市统一的热线呼叫号码，实施精细化管理，客服满意率为99%以上，对外树立了广电队伍的良好形象。

重视人才培养。广电总台连续两年，每年投入50万元专项资金用于人才培养。建立了首席、导师帮带制度，有8位同志分别获得了主持人、播音、记者等7个专业岗位的首席称号；28位同志分别获得了主持人、播音、记者和编导等14个专业岗位的导师资格，并制定了详细的月度、年度考核办法。2009年，认真组织参加市委宣传部举办的各类培训，安排员工集中性业务培训44次，共1519人次，其中新闻采编人员培训率达到总数的90%。选派25名业务骨干赴浙江卫视、上海新闻中心、新华社和江苏台等地，参加主持播音、新闻采访、电视制作、电视传播和经营管理等多个方面的学习和锻炼，并通过《周三讲坛》，让外派人员交流传播学习经验和体会，扩大对采编、技术、管理人员业务技能培训的覆盖面，努力提升员工队伍的整体素质。2009年，广电总台有1名员工获得市第三届"十大杰出青年"称号，1人获得"年度省模范新闻工作者"称号。在全市"万名群众评机关"活动中，湖州广电传媒集团（总台）名列前十，并被评为"创业创新好班子"。

（高群峰）

民政　社会

·社会救助·

【最低生活保障】　从2009年4月1日起，市区城乡低保标准统一由原来的城镇300元/人月提高到340元/人月，农村低保标准由原来的180元/人月提高至204元/人月。三县城镇低保标准由原来的280元/人月提高到312元/人月（其中德清县为315元/人月），农村低保标准由原来的170元/人月提高到188元/人月（其中德清县为190元/人月）。截至2009年底，全市共有低保户25111户45826人，发放低保金6861.38万元。其中：城镇5780户、10357人，发放低保金2363.52万元；农村19331户、35469人，发放低保金4497.86万元。低保规范化管理不断推进，开展"低保规范化管理文明示范窗口"的创建活动，建立低保规范化建设检查通报制度，从2009年第四季度开始，全面取消了乡镇一级的低保资金配套。2009年，全市有1个乡镇、8个社区居民委员会和1名民政干部被民政部授予"全国基层低保规范化建设先进单位"和"先进个人称号"，长兴县被省政府授予"全省基层低保规范化建设示范县"称号。

【医疗救助】　全市医疗救助筹资标准从2008年的人均6元提高到2009年的人均7元。全市共发放医疗救助金2387.22万元，救助困难群众36308人次。其中，发放"零起点"医疗救助券32678人次、339.34万元，救助住院困难群众3474人次、305.35万元，全市建立了困难群众门诊救助、住院定额救助和大病救助相结合的医前、医中、医后全程医疗救助模式。民政部《中国社会报》刊登了湖州市这一做法，省政府办公厅《专报信息》、省政府《政务工作交流》相继刊发湖州市的经验，并加"编者按"，向全省推荐。

【危房改造】　2009年，继续实施农村困难群众危房改造工程。年初，计划改造1335户，全市各地提前计划，提前筹备，提前动工，克服时间紧、雨水多以及农村建房传统性习惯等不利因素，投资7643.5万元，完成了1610户改造任务。加强了危房改造档案资料的规范化管理，完成了2008年度档案资料建设和2004至2007年各年度档案资料的汇编。民政部《民政信息参考》以"浙江省湖州市扎实做好农村困难群众危房改造工作"专版刊发了湖州市工作经验；《中国建设报》以"'三个推进'促农村危改前行——浙江湖州市农村困难群众安居工程建设纪实"报道了湖州市的做法。

【救灾减灾】　灾害应急救助管理体制机制初步形成。健全市、县（区）、乡镇和行政村四级应急救助网络，结合首个"防灾减灾日"开展了形式多样的宣传活动，长兴县、吴兴区组织开展应急预案的演练。积极推进避灾安置场所规范化管理，着重在设施和制度上作了完善，因地制宜储备了一批必要的救灾物资。接受省民政厅检查组对湖州市2006～2008年避灾场所省级补助资金的绩效评价，市本级以及吴兴区、南浔区的检查结果为优秀。参与了市监察局牵头的"5·12"汶川大地震捐赠资金接收与使用的专项审查。开展2009年第8号"莫拉克"台风的防灾、减灾和报灾工作。

【扶贫济困送温暖】　全市发放困难群众基本生活价格补贴99728人次、777.17万元。贫困家庭大学新生资助工作有序开展，修订出台《湖州市区贫困家庭大学新生资助工作实施意见》，对资助对象、条件、形式、额度，以及工作机制、实施步骤和经费筹措等作了明确规定，2009年共筹集助学款196.9万元，资助困难家庭学生557名。组织开展元旦、春节期间困难群众慰问活动，慰问困难群众1300人次、发放慰问金37万余元。开展一年一度的"送温暖、献爱心"社会捐赠活动，收到社会各界捐赠棉衣15178件、棉被3119件。

【救助管理】　救助管理工作水平不断提高，开通两条24小时求助热线电话，并在织里镇成立了全市首家农村救助服务点。市救助站全年实施救助1916人次，其中，救助流浪未成年人65人次，配合工商部门救助传销人员8批、635人次。积极加强与教育、妇联、团市委等部门的配合，切实维护未成年人的合法权益，依托"阳光之家"教育基地为平台，开展了形式多样的关爱活动。流浪乞讨人员救助城乡一体化管理的工作经验获得省政府领导充分肯定，并被省政府《政务工作交流》转发全省各地。市救助站被市委、市政府授予"全市争创全国文明城市先进单位"称号。

·社会福利·

【福利机构建设】　截至2009年底，市福利院收寄养老人40人，供养孤儿179人，在院孤儿44人。总投资900多万元的老年公寓和综合服务楼改扩建工程投入使用，提高了供养人员生活质量；"明天计划"顺利实施，为9名孤残儿童进行了语言康复训练和唇腭裂修补手术；大型专题活动得到社会各界好评，先后组织开展了"明天会更好——让爱与希望共成长"大型公益活动、"用爱点燃明天的希望"中秋义演、义卖活动和"庆圣诞·迎新年·福彩助学情暖孤残儿童"活动。市福利院全年接待献爱心、捐赠和义工活动共计50余批、500多人次。德清县和安吉县社会福利中心建设项目进展顺利。结合“三合一”场所消防安全工作，对全市养老服务机构开展了综合整治。截至2009年底，全市福利机构共拥有社会福利床位8783张，每万人拥有社会福利床位34.18张。

【敬老院建设】 在全面实施星级敬老院创建的基础上，依托现有的农村敬老院，通过整合农村社会福利、社会救助、慈善及其他帮扶等资源，在全省率先开展了集供养、寄养、社区照料和居家养老服务组织管理及其他社会福利功能于一体的农村综合福利中心建设，逐步实现敬老院向区域性养老服务中心转型。2009年，全市新建农村社会福利中心9家，累计建成19家。认真贯彻《浙江省实施〈农村“五保”供养工作条例〉办法》，深化农村“五保”集中供养机制，配合市审计、财政部门，对湖州市2003～2008年度集中供养专项资金使用情况进行了审计。制定出台的《湖州市加强农村敬老院（综合福利中心）规范化建设的意见》被民政部以《民政部参阅文件》加“编者按”形式向全国民政系统转发，充分肯定了湖州市加强农村敬老院规范化建设、提升“五保”集中供养质量与管理水平的做法。截至2009年底，全市农村“五保”、城镇“三无”对象共2853人，已集中供养2821人，集中供养率达98.9%。

【福利企业管理】 截至2009年底，全市共有福利企业167家，安置残疾职工6320人，占职工总数的37.53%。注销福利企业7家，新办4家，其中，市本级福利企业66家，安置残疾职工2325人，占职工总数的36.93%。全市福利企业残疾职工月平均工资1193.25元，同比增长3.47%，并全部通过银行等金融机构发放。残疾职工月平均投保额448.42元，同比增长17.58%。残疾职工一年以上劳动合同签订率100%。全市福利企业完成工业总产值105亿元，同比减少6.25%，产品销售收入101亿元，同比减少7.33%，利润总额2.65亿元，同比减少8.62%。规范和推动福利企业发展，依托福利企业资质管理信息系统，实行对福利企业资质动态管理，及时督促企业每月按时上传员工名册、工资表、工种安排表等基础数据信息，数据上传率达100%。

【福利彩票发行】 福利彩票继续秉承“扶老、助残、救孤、济困、赈灾”的发行宗旨，狠抓规范管理，努力扩大发行，确保了全市福利彩票发行量的稳步增长，全市全年销售各类福利彩票2.18亿元，为国家筹集社会福利资金7100万余元，超额完成省民政厅下达的年度考核任务。一是规范管理，塑造福彩品牌新形象。在完成全市258家电脑彩票投注站形象化建设的同时，树立样板店投注站8家，以此带动投注站向品牌店过渡，全面提升福彩的品牌形象。二是强化培训，努力提升销售服务技能。多次利用双休日开展新增投注站业务等小范围专题培训班，组织各类培训班数十次，为进一步提升投注站的销量打下了坚实的基础。三是创新格局，开拓即开票发行新市场。至年末，全市258个电脑彩票投注站都已销售“刮刮乐”即开票，开发社会网点52个。6月，通过与邮政部门合作，以邮政报刊亭为网点，销售“刮刮乐”即开票，并分县（区）开展了12场“福彩走进社区”公益宣传活动。

【慈善事业】 大力推进慈善公益事业，广泛开展“慈善一日捐”活动，探索开展了建材义卖活动和“名石唤爱心”大型慈善酒会，全市全年筹集慈善资金达4184.53万元。截至2009年底，市慈善总会各项资金收入1230万元。其中，募集社会资金838.59万元，基金增值287.58万元，募集物资价值6.68万元；支出救助资金796.04万元，物资价值53.04万元，惠及城乡18个社区的公共设施建设和1.8万名困难群众的基本生活。

·社区与社会组织管理·

【城乡社区建设】 社区建设工作得到市委、市政府高度重视，市委、市政府专门召开了全市城乡社区建设工作会议，出台《关于进一步加强城市社区建设的若干意见》和《关于全面推进农村社区建设的若干意见》，民政部以《民政部参阅文件》加“编者按”形式向全国民政系统转发。城市社区建设扎实推进，全市新建城市社区事务中心34个。深入开展和谐社区创建活动，吴兴区飞英街道被授予“全国和谐社区建设示范街道”称号，吴兴区朝阳街道碧浪湖社区被授予“全国和谐社区建设示范社区”称号。社区共建机制不断完善，出台《湖州市中心城区社区结对共建工作考评办法》，促进机关、单位与中心城区社区的结对共建工作更加制度化、规范化。农村社区建设探索进一步深化，全市累计完成乡镇社区服务中心建设20个、农村社区综合服务中心272个；德清县、吴兴区分别出台乡镇、村级社区服务中心建设标准；安吉县在全省率先编制完成农村社区布局规划，德清县出台的《关于进一步加强乡镇（开发区）社区综合服务中心建设的若干规定》，被省民政厅《参阅件》转发全省学习。

【基层民主政治建设】 认真贯彻落实市委、市政府《关于建立健全村级民主监督组织加强村级民主监督工作的意见》，以规范化建设达标为抓手，巩固和深化“三个三”目标任务，长效管理机制初步形成，村务基本实现了“内容、形式、程序”三个到位。在内容上实现党务、村务、财务三公开，在形式上实现设立公开栏和公开内容入户，在程序上实现提议、讨论、公开、反馈四步走。截至2009年底，全市规范化建设达标村有968个，达标率为96.5%，其中示范村30个、示范乡镇10个。

【社会组织管理】 认真做好新社

会组织学习实践活动的指导工作，坚持围绕“党的建设有新突破、自身建设有新加强、功能作用有新发挥”的目标要求，建立了“党委统一领导、民政部门条条指导、业务主管单位具体落实”的社会组织学习实践活动工作机制和分片指导联系制度，有2个社会组织被民政部分别授予“社会组织深入学习实践科学发展观活动先进单位”和“全国先进社会组织”称号。一是在强化工作指导上下功夫。根据市委要求，民政部门牵头成立了市新社会组织学习实践活动指导小组，及时制定学习实践活动指导工作方案，建立联系点22个，切实加强分系统指导工作。市委对新社会组织学习实践活动高度重视，市委常委会专题听取全市新社会组织管理工作和党建工作的情况汇报，市委副书记朱坤民和市委常委、组织部长高玲慧还分别就新社会组织学习实践活动和党建工作情况进行调研，有力地推动了新社会组织学习实践活动的扎实开展。二是在加强新社会组织党的建设上下功夫。针对新社会组织存在的党组织可组建率低、党组织功能不明显、党员作用不突出等问题，从活动一开始，市民政局就坚持把党建工作摆在首要位置，在深入调研、摸清底数的基础上，创新党建工作方式，规范党建工作制度，通过采取联合建、挂靠、结对等多种形式，扩大党的基层组织和工作覆盖面。通过活动开展，全市新社会组织工作人员中新增党员225人，新增新社会组织党组织14个。三是在推动新社会组织自身发展上下功夫。把开展学习实践活动作为提升新社会组织内部管理水平、树立自律诚信形象的良好契机，努力健全完善推动新社会组织科学发展的制度体系。及时制定出台《行业协会民主选举办法（试行）》、《湖州市民办非企业单位诚信评估标准》等一系列规范性文件，引导新社会组织切实完善议事、选举、财务、人事等管理制度，确保新社会组织规范管理、有效运行、健康发展。新社会组织全年共开展各类专题学习活动221次，召开民主生活会、组织生活会106次，解决了一批制约自身科学发展的难点问题。四是在增强服务社会功能上下功夫。按照“更加贴近工作实际，体现实践特色”的要求，积极创新载体，搭建活动平台，拓展新社会组织作用发挥途径。以深化“自律诚信建设”专项行动、“创先争优”活动和“网格化管理、组团式服务”工作为实践载体，先后组织开展了“社会组织进社区”、“迎国庆、讲文明、树新风”志愿者服务下乡等一系列公益活动，引导新社会组织发挥作用，增强服务社会功能。活动开展以来，全市新社会组织共开展公益惠民活动680多次，为困难群众提供各类资助1508.72万元，直接受益群众达96.5万人次。

·双拥优抚安置·

【双拥工作】 一是积极做好“双拥模范城”争创工作，组织召开双拥争创动员大会，通报当前的争创形势，明确了争创目标和工作重点，制定创建工作时间表，部署了全年工作。3月，召开了湖州市军民共建现场交流会，组织全市100多名基层双拥工作联络员，参观基层双拥共建示范点，相互交流基层双拥工作经验，规范了基层双拥档案管理，明确基层双拥工作的职责。根据浙江省双拥模范城（县）考核内容八大项50小项的要求，与20多个部门、单位和驻湖各部队等责任单位沟通协调，收集整理规范各类资料。积极加强双拥外宣，在《人民日报（内参）》、《浙江日报》、《今日浙江》、《浙江国防》等媒体和杂志相继宣传报道湖州市双拥工作，提高湖州市双拥工作的知名度和影响力。1月，市委书记孙文友作为全国五个双拥模范城代表应邀参加了全国迎新春双拥文艺晚会，受到了胡锦涛总书记和中央政治局全体常委的亲切接见。二是继续深化军民共建新农村活动，制定出台《2009年度湖州军民“百连结对百村，携手共建新农村”活动方案》，围绕关注民生、改善环境、提高素质三个方面，重点实施“133计划”。即：创新一项载体、巩固三项成果、开展三项活动。继续组织开展“军民助困改危房”活动，各县（区）双拥办积极组织部队官兵和民兵预备役人员600多人次，帮助200多户困难群众进行房屋改造；联合九八医院、南浔区民政局、南浔区卫生与计划生育局启动了“九八携手驻地——百名农村卫生人员培训”活动，首批80余名医生和农村社区卫生服务站责任医生参加了培训；深入开展“消防护农保平安”活动。消防支队组织小分队深入农村进行新《消防法》的宣传，推进“五个一”消防安全工作，100个村成为新农村消防建设达标村；会同市实践办、驻湖部队联合组织百名共建村党支部书记和部队基层指导员共学科学发展观，交流学习体会，体验部队生活，增强国防观念；湖州军、地联合启动了湖州军民“携手结对奔小康”活动，开展“一联二送三扶四助”活动，春节期间，向农村低收入家庭赠送慰问金及慰问品价值15万余元，资助困难家庭学生530余名，为驻地数百名低收入农民实行免费体检。民政部《民政信息参考》（第77期）和省民政厅《浙江民政信息》（增刊第8期）相继专版刊发了湖州市打造湖州特色双拥模式的经验材料。7月，《人民日报》副主编王赐江专程到湖调研湖州市军民共建新农村活动，在《人民日报情况汇编》撰文“浙江湖州军民共建新农村实现融合式发展”，得到了省委书记赵洪祝、副省长陈加元的充分肯定。

【优待抚恤】 优抚政策得到全面落实和完善。按规定提高了部分优抚对象的抚恤和生活补助标准，指导县（区）完成了优抚自然增长机制提标，检查督促县（区）做好抚恤补助金、义务兵优待金、医疗补助资金的发放。全市全年共发放抚恤补助金3963.83万元，义务兵优待金1879.14万元，医疗补助金349.57万元。积极开展“关爱功臣”活动，组织县（区）96名重点优抚对象到荣军医院进行短期疗休养和体检，为2名复退军人办理了补评残手续，为1名残疾军人提高了残疾等级，为5名残疾军人办理在职改在乡手续。完成了重点优抚对象和优抚事业单位数据更新录入工作，更新录入重点优抚对象6226人，优抚事业单位4个，出台《湖州市抚恤优待对象医疗保障实施办法》。抚恤优待对象“一站式”医疗结报系统建成，并试运行。先后与卫生、劳动部门以及软件开发商、HIS系统运营商进行了几十次磋商和谈判，9月底与各方达成一致，通过了政府采购办完成单一来源采购协议。至年末，全市各县（区）“一站式”医疗结报系统都已建立，正处于调试和基础数据录入过程中。较好地完成了湖州市烈士陵园改扩建工程的前期筹备工作，就兑换地块、补偿金额与有关单位达成一致，划定了红线图，委托评估机构进行了评估，顺利完成土地置换，正着手进行方案设计工作。

【退役士兵安置】 全市2009年度共接收退役士兵1220人，其中，城镇退伍兵320人，农村籍退伍兵801人，转业士官99人（其中德清17人、长兴24人、安吉20人、市区38人）。至年末，城镇退伍兵320人均办理了自谋职业手续，自谋职业率为100%；转业士官99人中，37人安置到行政事业岗位，62人办理自谋职业手续，自谋职业率为62.6%。全年发放安置保障金1438.59万元，其中自谋职业补助金1098.15万元，待安置期间生活费52.19万元，发放农村户籍退役士兵一次性安置补助金288.25万元。

【军休干部工作】 根据省民政厅下达的年度军休干部移交计划，按照“档案清、工资明、手续齐、三见面”原则，顺利完成了6名军队退休干部和1名退休士官的移交接收工作。认真贯彻《关于做好军队离退休干部住房评估、核价和售房、补差等有关经费测算工作的通知》精神，在省民政厅的统一部署下，指导湖州市军队离休退休干部休养所和三县军队离退休干部管理服务站，认真做好军休房改政策有关资料的整理和政策宣传解答工作。至年末，军休干部房改工作已进入评估阶段，委托湖州市中信房地产评估所有限公司对79套已售军队离退休干部住房，按经济适用住房价购买现有住房的实际售价进行了评估，通过了市财政、建设部门的审核。医疗服务更趋规范，多形式地为军休干部提供年度健康体检、建立健康档案、到点诊疗、上门巡诊、门诊就医配药、常规检查等一系列的医疗保障项目。2009年全年门诊8000多人次，其中对内2500人次，对外5500人次。市干休所被评为湖州市“群众满意基层站所”先进单位，并被总政和民政部联合授予“全国军休管理先进单位”称号。

·社会公共事务管理·

【殡葬管理】 生态葬法工作有序开展。全市生态葬法覆盖率保持98%以上，墓地绿化率保持80%以上，治理“三沿五区”坟墓4057穴。加大殡葬执法力度，坚持实行巡查制度，全年取缔违规墓碑、墓料市场和加工窝点3个，整顿丧葬用品商店（摊位）152个。清明节群众祭祀活动安全有序，全市殡葬服务单位共接待群众60万人次，车辆5万余辆，被民政部授予“清明节工作先进集体”称号，有4个殡葬服务单位和4名个人被授予省级清明节工作先进集体和个人称号。

【区划地名管理】 圆满完成平安边界创优工作，按照平安边界创优工作的要求，制定了平安边界界桩固化和警示牌规范的样板和标准，各县（区）完成率达100%。界线联检工作顺利开展，制定了杭州湖州线、长兴安吉线联检方案，会同杭州、宣城、无锡等市分别召开了湖宣线联席会议及苏浙线联席会议。积极稳妥地做好太湖旅游度假区区划调整工作，撤销白雀乡，建立仁皇山街道和滨湖街道，新建立11个社区居委会。继续加强地名公共服务工程建设，地名规范、地名规划、地名标志和数字地名四项任务顺利推进。9月，湖州市地名委员会办公室编撰的《湖州市古旧地图集》由中华书局公开出版发行。

【婚姻收养登记】 切实抓好婚姻登记规范化建设工作。安吉县被授予“全国婚姻登记规范化建设先进单位”称号。及时更新维护婚姻登记系统联网软件，组织各县（区）婚姻登记处系统网络管理员参加省民政厅婚姻登记信息系统网络管理员培训，同时，举办了全市婚姻登记员培训班。认真抓好婚姻登记资料的归档，做好1986年~2003年市本级婚姻登记档案录入工作。截至2009年底，全市办理国内婚姻登记23516对，其中结婚19103对、离婚4413对；办理涉外婚姻登记43对，其中结婚37对、离婚6对。依法开展收养登记工作，根据国家民政、公安、司法、卫生、人口计生委五部委联合下发的文件通知要求，牵头做好集中清理、整顿国内公民私自收养子女工作，认真解决湖州市国内公民私自收养问题，切实有效地保障收养关系当事人的合法权益，规范了收养登记工作。截至2009年底，全市办理收养登记256件。

【水库移民安置】 落实大中型水库移民后期扶持政策，对2008年度大中型水库移民后期扶持直补对象进行重新审核认定，对“转为非农业户口、部队现役士官、大学毕业的、因犯罪服刑的、死亡的”等五类对象进行核减。原核定到户人数60345人，补（漏）登115人，核减715人，复核后人数为59745人。其中德清县5235人、长兴县20680人、安吉县24287人、吴兴区4318人、南浔区4548人、湖州经济开发区677人。加强对后期扶持项目管理，完成了安吉县大中型水库移民后期扶持规划2007年度第三批以及2008年度第二批移民后期扶持项目计划、德清县2008年度大中型水库移民后期扶持项目计划和安吉县2008年度第三批大中型水库移民后期扶持项目计划的审批工作。配合省移民办对安吉县大中型水库移民后期扶持政策落实情况，进行了检查。

（晏宁波）

·老龄工作·

【概况】 2009年末，全市60周岁及以上老年人为47.46万人，占人口总数的18.31%，比上年增加1.59万人，增长3.5%；其中70周岁及以上老人22.61万人，80周岁及以上高龄老人6.96万人，分别占老年人总数的47.64%和14.66%；百岁以上老人27人。人口老龄化程度位居全省第二位（全省平均16.18%，湖州高于省平均2.13个百分点）。

【老年社会保障】 一是企业退休人员养老金标准继续提高。2009年，湖州市再次调整企业退休人员基本养老金，人均增加养老金140元，人均月养老金水平达到1406元，离退休人员养老金按时足额发放。二是建立了城乡居民社会养老保险制度。出台市区城乡居民社会养老保险实施办法，将农村居民和城镇无养老保障居民纳入了社会养老保险体系，实现了养老保险制度的全覆盖。三是被征地农民基本生活保障制度进一步落实。市区被征地农民基本生活保障金和补助金标准分别提高到每人每月345元和265元。新增被征地农民全部实现"即征即保，应保尽保"。四是农村五保、城镇"三无"老人集中供养率及标准稳步提高。农村五保、城镇"三无"老人集中供养达98.7%，供养标准达到上年度农民人均纯收入的65.7%；孤寡、特困老年人全部纳入最低生活保障。五是逐步建立企业职工基本医疗保险门诊统筹制度。从7月1日起对市区参加企业职工基本医疗保险的退休人员门诊医疗实行社会统筹管理，2009年已有10万多人次企业退休人员享受了门诊医疗社会统筹待遇。六是开展第二轮企业参保退休人员和参合农民免费健康体检工作。2009年市区有5万多名企业参保退休人员接受了免费健康体检。参加新型农村合作医疗的老年农民体检率达到70%以上。七是城乡老年医疗服务网络进一步发展。至2009年底，全市已建社区卫生服务中心67个，社区卫生服务站676个。农村60岁以上老年人参加新型农村合作医疗达32.4万人，60岁以上老年人健康档案建档率为97.26%。八是老年人医疗服务优待措施进一步落实。各级医疗机构对70岁以上老人就诊免收普通门诊挂号费，老年人在挂号、就诊、检查、取药、住院、收费等方面实行优先服务；市急救中心为离退休干部开通了120医疗保健服务通道。九是老年医疗救助体系不断完善。2009年，全市医疗救助筹资标准从人均6元提高到人均7元。发放"零起点"医疗救助券32678人次，339.34万元。市惠民医院共救助困难群众和老年人3474人次，提供医疗救助305.35万元；市级医疗机构对60岁以上困难老人医疗减免2.67万人次，减免医疗费用3.58万元；继续实施老年人白内障复明手术"光明行动"。市中心医院、市一院、市中医院等共为120名符合手术条件的老年白内障患者免费实施了复明手术。

【老年福利设施】 一是城乡老年活动设施得到改善。市老干部活动中心与老年大学扩建工程竣工投入使用；市老年活动中心活动功能齐全，成功组织多次大型活动，成为老年人温馨的家园。继续开展农村老年活动室达标创星级活动。全年创市级达标58个，创三星级75个，创省级农村"星光老年之家"242个。至2009年末，全市累计建有各类老年活动中心（室）1038个，其中四星级6个、三星级175个，省级农村"星光老年之家"342个。二是养老机构有新发展。市社会福利中心装修增设休养楼，扩建老年食堂，以满足不同层次老年人入住需求；市福利院完成改扩建工程。加大农村敬老院基础设施改造，各级财政和福利彩票公益金共投入资金2662万元，改扩建农村敬老院9家，其中，有5所农村敬老院经过改造扩建、提升基础设施和服务功能，转型为农村综合福利服务中心，"五保"老人生活质量明显改善。2009年，全市各类养老机构床位数比上年增加1143张，95%的农村敬老院达到星级标准。至2009年末，全市有各类养老机构78所，其中，国办福利院4所，农村敬老院（综合福利中心）59所，民办养老机构15所，总床位8783张，其中，民办养老机构床位2901张，每千名老年人拥有养老机构床位19.3张；各类养老机构收（寄）养老人总数3597人，其中，民办养老机构入住老人913人。

【居家养老服务】 一是对生活困难老人实施政府购买服务。2009年，市、区财政共拨专项经费90万元，为市区1502名生活困难的居家老人实行政府购买服务，其中，低保户、孤寡、独居等特困老人每月享受65.5元，低保边缘户、高龄、空巢、失能等困难老人每月享受33元。老人节前，举行了"湖州市城市社区居家养老服务券发放仪式"。一批低保和高龄老人领到了政府购买的无偿服务和低偿服务券，在指定的服务网点，享受到护理、送餐、送水、送煤气、陪医、陪聊、家政清洁、洗衣、理发等各项服务。二是探索开展居家养老服务"3247"工程。即建立县（区）居家养老服务指导中心、乡镇（街道）居家养老服务中心、社区（村）居家养老服务站三级网络；打造专业护理照料、志愿者服务两支队伍；开展生活照料、精神慰藉、医疗保健、信息咨询等四项服务；推行家庭自助、邻里相助、老年互助、社区扶助、志愿帮助、机构辅助、政府资助的"七助"居家养老模式。至2009年末，全市建成市、县（区）居家养老服务指导中心5个、乡镇（街道）居家养老服务中心38个、城市社区居家养老服务站74个，服务网点81个，初步形成了县（区）、乡镇（街道）、社区（村）三级居家养老服务网络。三是规范完善城市居家养老服务制度。制定实施《湖州市社区居家养老服务实施办法》及《湖州市居家养老服务工作规范化建设考评办法及标准》，在全省率先出台《湖州市居家养老服务机构建设基本规范》，有效地保障了居家养老服务工作的规范化实施。

【精神文化生活】 一是老年教育进一步发展。全市现有老年大学（学校）10所，省老年电视大学分校6所。教学规模不断扩大。市老年大学开设教学班53个，专业涉及文学、医学保健、音乐舞蹈、琴棋书画、健身拳术等，参加各科学习的老年学员达2689人次。面向社会、基层的远程老年教育网络覆盖面进一步扩大。市、县（区）全部建立了老年电视大学分校，中心城市社区老年电大教学点覆盖率75%以上。全市参加老年电大学习的学员22350人次，比上年增长5%。二是老年文化活动丰富多彩。2009年重阳节期间，市民政局、市老龄办在市老年活动中心举办了第二届百位老人金婚庆典活动。市委常委、常务副市长、市老龄委主任吴水霖出席活动仪式，并向金婚老人颁发纪念证书。“全国十大孝亲敬老楷模”、“全国道德模范”刘霆专程到湖州为金婚老人送上祝福。各县（区）老龄委、各文化体育部门老年节期间分别举办了老年文艺调演，专场电影、戏曲晚会、老年登山、扑克比赛、老年书画、摄影展和为高龄老人庆寿等活动。市图书馆、市群艺馆、市博物馆组织举办的各类展览、讲座对老年人免费开放；文化部门新创作老年文艺作品23件，开展送文化下基层活动2725场次；长兴县举办“幸福长兴大舞台·周演”活动；吴兴区“吴兴之星”创新老年文化活动形式，在社区开展老年“幸福舞台”活动，人人参与、共享幸福。三是老年人体育健身活动蓬勃开展。全市经常参加体育健身的老年人达27.7万人，占全市老年总人口的61.7%，比上年增长1.1%，老年体育健身人口逐年增多，有效地提高了老年人的健康水平。各县（区）积极举办老年人运动会及适合老年人参加的比赛活动。2009年，市老年体协举办老年人球类、棋牌、拳操等单项活动13次；县（区）、乡镇、街道举办老年人运动会、单项比赛活动443次，老年人参与人数达3.8万多人次。

【国家级殊荣】 2009年，吴兴区凤凰村强生托老所所长戴汉强、红丰老年公寓党支部书记张顺才、浙江（德清）五龙化工厂董事长宋云昌、长兴县泗安镇老龄办主任匡晓芬、安吉县杭垓镇石番溪中心小学教师饶根宝，在敬老爱老助老服务工作中事迹突出，被民政部、全国老龄办、教育部、国家广电总局、团中央和全国妇联授予“全国孝亲敬老之星”称号。

【创建全国老年友好城市试点】 湖州市被确定为全国6个“老年友好城市”创建试点城市之一，也是浙江省唯一入选城市。全国老龄办领导专程到湖州市考察“全国老年友好城市”试点城市创建工作，认为湖州市有基础、有能力为全国全面开展创建工作探索路子，提供成功模式。市领导对创建工作十分重视，建立了由市政府主要领导及相关部门负责人参加的创建工作领导小组，办公室设在市老龄办，协调创建工作实施。同时，成立全国老年友好城市专家咨询组，对创建标准进行专家论证。通过创建，把湖州市打造成为环境优美，交通出行便利，尊老敬老助老的氛围浓厚，老年福利设施完善，老年人各项优待政策落实，养老保障体系健全，老年医疗保障落实，住房舒适安全，为老服务全面覆盖，文化生活丰富多彩，适合老年人宜养宜居的全国老年友好城市。

（李少明）

·人口和计划生育·

【概况】 2009年，全市共出生18951人，计划生育符合率98.30%，低生育水平继续保持稳定，出生人口性别比保持在正常范围。

【加大综合治理力度】 认真落实市委、市政府关于贯彻《中共中央国务院关于全面加强人口和计划生育工作统筹解决人口问题的决定》的实施意见、《一票否决制》实施意见、《关于实施健康宝宝计划的意见》等重要文件，坚持目标责任制管理，严格执行“一票否决制”。充分发挥领导小组及三个专题协作组的作用，部门责任不断落实，涉及10方面、29项人口计生重点难点工作作为部门办实事项目，得到了统筹推进。建立人口动态通报制度和重大事项决策工作制度，进一步提高人口计生工作重大决策的科学化和民主化。

【营造社会宣传氛围】 充分发挥广播、电视、报纸和网络的积极作用，《湖州日报》人口计生专版共刊出12期、播出电视专栏24期。以庆祝新中国成立60周年为契机，开展了人口计生有奖征文、生育文化建设成果摄影图片征集、人口计生知识电视大奖赛等活动。结合“5·29”计生协会日、“7·11”世界人口日等各类重大节庆日，开展了内容丰富、形式多样的宣教活动。全年共举办各类宣传教育活动410余场次，参与群众达到98万余人次，发放宣传资料200万余份。紧密结合新农村建设，加大生育文化园区创建力度，全市小康示范村中有183个建有人口计生宣教阵地，共建设生育文化园区、长廊190个。积极创新宣教形式，在湖州中心城区推出城市公交电视宣传及大型公益广告宣传。

【开展人口理论研究】 启动全市“十二五”人口发展预规划研究，为科学制定“十二五”人口发展规划做好前期研究工作，并为全市经济社会总体规划提供人口依据。针对工作重点，确立了流动人口服务管理、老龄产业问题、青少年生殖健康等六个课题，建立了由本市人口研究学者、专家组成的课题组开展研究。配合做好《长三角生育政策和管理体制转型研究》课题调研工作。组织了23篇文章参加2009年人口发展理论研究优秀成果评选，为进一步做好全市人口计生工作奠定了理论基础。

【加强技术服务体系建设】 2009年，南浔区成功创建为全国优质服务先进区，实现了“国优”满堂红。全市共创建市级优质服务示范乡镇31个、市级婚育新风示范社区54个。加快推进技术服务机构标准化、规范化建设，共投入建设资金1520万元，全面完成了市、县计生指导站标准化建设，完成了5个乡镇中心站（新市镇、泗安镇、孝丰镇、八里店镇、南浔镇）的规范化建设，有21个乡镇服务站完成了搬迁或改扩建，有741家社区卫生服务站完善了计生服务功能。2009年，市、县服务机构业务总量为34.97万人次，服务人次数比上年增长12.9%。

【强化出生缺陷干预工作】 全面实施“健康宝宝计划”，强化出生缺陷全程干预。2009年，全市符合生育条件对象免费婚检率为87.3%，其中，新婚夫妇免费婚检率达到91.3%，免费孕前优生检测率为70.4%，孕前风险评估率83.1%。对全市105名独生子女进行了免费病残儿鉴定，并对获准再生育的对象实行重点跟踪服务。

【开展优质服务进企业活动】 全面启动“计划生育优质服务进企业”活动，为企业职工“送知识、送服务、送关爱”，积极服务企业发展。2009年，全市服务企业665家，发放生殖健康礼包564个，新建企业冠名基金34个，帮扶结对困难职工464名，组织生殖健康知识讲座168场，参与人数达17318人，免费为40092名育龄妇女提供了生殖健康检查，其中，外来育龄妇女有22362人。深入推进生殖健康服务，组织计生技术服务人员深入农村、社区、企业，为育龄群众提供宣传咨询、避孕节育、健康检查等服务。2009年，全市共为60.5万人次提供生殖健康服务。

【探索实施青春健康教育】 全市人口计生部门和计生协会联合教育、卫生、共青团等部门，在德清一中和南浔浔溪中学开展了青少年生殖健康教育试点工作，并在全市范围内逐步推广。通过构建学校、家庭、社会“三位一体”的教育模式，设立青少年生殖健康服务中心和亲青服务室，建立青春健康服务网络平台，开展“人口文化进校园”主题活动等，加强了青春健康教育，进一步拓展优质服务领域。

【落实奖励政策】 认真做好奖扶特扶的申请、审核、公示、走访等工作，全市享受奖扶、特扶政策人数累计达15388人和1153人，累计发放金额分别达3057.104万元、356.184万元。加强计生家庭社会养老保障制度建设，在市政府出台的关于《湖州市区城乡居民社会养老保险实施办法》中，明确对死亡、伤残、困难独生子女家庭实行补助政策。

【开展“生育关怀”行动】 建立了全市5769名“五关怀”对象基础档案，有针对性地落实帮扶措施。启动企业冠名基金开展生育关怀，全市已累计建立企业冠名基金45个，累计筹集冠名资金3600万元，并以多种途径救助各类计生困难人员8608人。开展唇腭裂患儿筛选工作，全市有16例患儿参加了筛选，平均为每个患儿家庭节省手术费用1～3万元不等。

【推进“少生快富”项目】 积极培育“少生快富”项目点，促进了农村生产发展，群众生活富裕。全市新增省项目5个、市项目5个，落实帮扶资金31万元。2009年，全市共有各类项目500多个，其中，经济型项目200多个。市级以上项目28个、县（区）级15个、乡镇级46个，全市共有近10万名农村群众参与了增收项目，有31037户计生贫困户脱贫致富。

【规范人口计生审批信访工作】 下发《关于下放县部分人口计生行政审批项目权限的通知》，进一步规范人口行政审批工作。严把政策关和程序关，全市共审批符合二孩生育条件3760对，特殊情况再生育审批411对。坚持计划生育有奖举报制，认真做好来信来访日常接待工作，加强敏感时期的人口计生信访工作，做到件件有回音、事事有着落。全年共处理信访1644件，结案率100%。

【依法加强社会抚养费征收】 进一步发挥市社会抚养费征收管理工作协调小组的作用，加强对重点对象违法生育的监管。出台《规范社会抚养费征收自由裁量权工作的实施意见》，继续实行案件评查制度，不断提高依法行政的能力。2009年全市应征收社会抚养费1831.08万元，已征收1169.49万元，金额兑现率63%，比上年提高12个百分点，立案率达92%。

【推进流动人口服务管理】 健全服务管理工作网络，市、县（区）先后成立了流动人口管理服务机构，14个乡镇成立了由公安、计生、劳动等部门合署办公的流动人口管理服务中心，47个乡镇落实了专职流动人口计生管理人员。全面完成全员流动人口信息统计工作，全市71个乡镇（街道）派出所实现了与计生部门的信息交换、信息共享。创新管理服务方法，建立健全双向管理和自我管理机制；完善部门及大镇联席会议制度，定期研究工作、交流经验。加强企业流动人口自我管理，全市新增企业计生协会58家。创新服务管理模式，全面推行“一卡通”或新市民服务卡，全市为13.94万人次的外来育龄妇女提供了免费生殖健康服务，比上年增加了4.54万人次。

【提升计划生育干部素质】 出台《关于加强计划生育干部教育培训工作的意见》，依托中心组学习会、机关学习日等载体，组织干部学习政治理论、法律法规和业务知识，组织系统干部赴上海市开展综合知识培训，提高整体素质。组织开展岗位大练兵活动，通过理论测试、技术比武和业务知识电视大奖赛等形式，决出了综合知识、技术服务和信息化管理“三十佳”能手和先进集体。围绕加强基层服务阵地建设、提高技术服务人员综合素质等问题开展专题调研，并与市人事局、财政局联合下发《关于进一步加强基层计划生育技术服务机构队伍建设的意见》。深化行风评议活动，群众对人口计生工作满意率达90%以上。

（汤晓东）

·老干部工作·

【概况】 截至2009年底，全市共有离休干部1171名，比2008年底减少79名。其中，市本级664名，德清县177名，安吉县142名，长兴县188名。按单位性质分，党政机关414名，事业单位311名，企业单位446名；按职级分，地市级及享受地市级待遇41名，县（处）级及享受县（处）级待遇546名，科级584名；按入伍时期分，抗战前期57名，抗战后期215名，解放战争时期899名。市本级离休干部664名。按单位性质分，党政机关191名，事业单位213名，企业单位260名；按职级分，地市级及享受地市级待遇32名，县（处）级及享受县（处）级待遇326名，科级306名；按入伍时期分，抗战前期38名，抗战后期121名，解放战争时期505名。市本级离休干部平均年龄83岁。参加统筹的省属离休干部19名，外地安置在湖离休干部35名。

【老干部“两项建设”工作】 2009年，全市各级老干部工作部门积极探索和创新工作载体，不断推进离退休干部党支部建设和思想政治建设工作。1. 坚持完善制度建设，着力夯实“两项建设”基础。一是坚持理论学习和读书会制度。市委老干部局抓好每月一次的离休干部例会，全年共举办例会8次，1600人次参加；精心举办地市级老干部读书会，共有30位老干部参加。各县（区）委老干部局认真抓好离休干部的学习，坚持老干部例会、情况通报会制度，全年分别召开各类学习会不少于15次。二是开展重大节庆活动制度。召开湖州市老干部庆祝新中国成立60周年大会，市领导孙文友、马以、高玲慧、吴哲勇、杨金土等参加，市委书记、市人大常委会主任孙文友作重要讲话。会上，市领导向离休干部代表颁发纪念章、赠送纪念品。各县（区）分别召开了新中国成立60周年纪念大会，县（区）主要领导向老同志通报经济社会发展情况等。三是健全离退休干部党支部片组制度。截至2009年底，市区共有离退休干部党支部80个，离退休干部党员1846名，其中离休干部党员407名。全年共召开离退休干部党支部片组长会议3次；建立《关于市区离退休干部党支部片组中心组学习制度》，使片组长的学习交流进一步规范化、制度化。四是坚持参观考察制度。配合有关部门，组织地市级离退休干部参观考察安吉新农村建设和太湖旅游度假区项目建设等。2. 注重典型示范作用，着力加强“两项建设”实效。一是注重树立和宣传湖州市老干部群体中涌现出的先进典型。通过多种形式，广泛深入地宣传湖州市工商系统已故离休干部陈达的先进事迹。同时，会同市委组织部作出了《向陈达同志学习的决定》，号召全市党员干部，特别是广大离退休干部向陈达学习，在老同志中引起强烈反响，教育效果明显。二是注重宣传离退休干部党支部先进典型。市建工集团离休干部党支部被评为“全国先进离退休党支部”，该党支部书记作为浙江省的代表进京参加表彰大会，受到中央领导接见。3. 善于做好结合工作，着力增强“两项建设”合力。一是与学习实践科学发展观活动相结合。在学习实践科学发展观活动中，全市各级老干部工作部门认真组、引导老干部开展学习实践活动。全年共召开各类学习会、座谈会10余次。二是与社区服务相结合。会同吴兴区委老干部局深化延伸社区服务离休干部试点工作，深入飞英街道吉山四社区、朝阳街道红丰社区召开有关老同志座谈会，听取意见、建议。加强指导，进一步做好社区“四就近”服务工作（就近学习、就近活动、就近得到关心照顾、就近发挥作用）。三是与党、团共建相结合。继续开展离休干部党支部与团支部结对共建活动，深入有关离休干部党支部加强延伸了解，积极与团市委联系沟通，不断调整完善，推进结对共建工作深入开展。

【老干部服务管理工作】 全市各级老干部工作部门着眼于老干部工作面临的新情况和新问题，积极开展调查研究，努力探索新时期老干部工作管理机制和工作方法。1. 走访慰问坚持不懈。据统计，元旦春节期间，市委老干部局对212名离休干部和易地安置在湖的老干部进行了走访慰问。同时，对29名生活困难的老干部和45名无固定收入的老干部遗孀进行了走访慰问。各县（区）委老干部局共走访离休干部300余人次。庆祝新中国成立60周年期间，市委老干部局工作人员进老干部家庭657家，进医院看望老干部696人次，进离退休干部党支部60个；各县（区）委老干部局共走访慰问离休干部640余人次。2. 服务管理创新机制。2009年，湖州市不断探索创新老干部服务管理新机制。针对离休干部普遍进入高龄、高发病期的实际，依托市社会福利中心建立了湖州市老干部疗休养中心。该疗休养中心的建立，是全省首创利用社会资源优化对老干部服务的有益探索。3. 用心用情办好实事。一是做好离休干部来信来访。全年，全市各级老干部局共受理各类来信57件次，来访160余人次，做到件件有答复、事事有回音。二是根据相关政策，调整离休干部津补贴。按照中纪委及中央组织部等5部门《关于解决离休人员待遇有关问题的通知》的文件精神，及时、准确发放了市区534名企、事业单位离休干部的津补贴。

三是提高医疗待遇、解决老干部配偶、遗孀医疗费。根据省《关于解放战争时期参加革命工作的离休干部无固定收入配偶的医疗保障有关问题的通知》和《关于提高部分离休干部医疗待遇的通知》的精神，结合湖州市实际，协调有关部门，做好湖州市区离休干部无固定收入配偶、遗孀的医疗保障和提高抗战时期离休干部医疗待遇等前期准备工作。四是启动应急呼叫器的配发工作。为市属离休干部、参加统筹的省属离休干部和四套班子地市级退休干部配发应急呼叫器，积极协调有关部门，落实有关配发、维护、管理办法等工作。

【老干部“两个阵地”建设】 2009年，全市共有老干部活动中心（室）10所，归属老干部局管理的老年大学4所。各级老干部活动中心、老年大学，以满足老干部精神文化需求为出发点，努力促使“学、乐、为”各项工作扎实开展。1. 突出重点，完成基础设施建设。完成市老干部活动中心、老年大学新大楼建设和旧大楼改造工程。2. 围绕主题，开展节庆系列活动。坚持理论学习与趣味比赛相结合。全市各级老干部活动中心积极组织老同志开展以“学习实践科学发展观、庆祝新中国成立60周年”等为主题的知识竞赛、文艺演出、书画展览等活动，有1200余人次参加。9月17日，全市老干部庆祝新中国成立60周年文艺会演在湖州大剧院举行，700余位老同志观看了演出。3. 提高质量，抓好老年大学工作。2009年，全市四所老年大学共有学员3519人，参加各科学习的学员达5000余人次，学员人数比上年增长4.1%。2009年是市老年大学建立20周年，经过多年的发展，截至2009年秋季，市老年大学共开设教学班53个，共有学员1600余人。

【发挥老干部作用】 积极发挥老干部在推动湖州市经济社会发展，促进和谐社会中的作用。市政府召开老同志座谈会，听取部分地市级老同志对《政府工作报告》的意见和建议；学习实践科学发展观活动中，市委召开地市级老同志征求意见座谈会，听取意见、建议，充分发挥老同志在资政育人、党的建设、社情民意等方面联系广泛、经验丰富的优势和作用。一年来，全市各级关工委积极发挥“五老”的优势和作用。全市参加各级关工委工作的老同志对青少年开展各类革命传统教育主题报告241场次，受教育青少年达14万余人次。参加各类调研的老同志318人次，撰写调研报告29篇。运用网站平台，教育载体进一步拓展。截至年底，南太湖火炬网已登载各类信息、材料、讲座573篇。累计点击36852人次。发挥指导组作用，自身建设进一步加强。市属指导组开展调查研究、关爱青少年等活动，围绕新中国成立60周年，编纂青少年思想道德教育教材《湖州革命英烈》一书。夯实工作基础，组织建设进一步健全。注重调查研究、参观典型、分析情况，组织召开全市基层工作经验交流会，表彰先进，推动整体。安吉县充实调整了部门、乡镇以及村级关工委组织建设，建立了一支721名关心下一代工作辅导员队伍。

（孙　赟）

·民族、宗教·

【综述】 2009年，全市有少数民族成分45个，少数民族人口18904人，其中常住人口11888人、外来流动人口7016人（暂住6个月以上）。全市共有宗教教职人员768人。天主教信徒近5000人，基督教信徒近5万人。开放宗教活动场所291处，其中佛教117处、道教57处、天主教6处、基督教111处；有5个市级宗教团体协会，分别是湖州市佛教协会、湖州市道教协会、湖州市天主教爱国会、湖州市基督教“三自”爱国会和湖州市基督教协会。全市有省人大代表1人（畲族），安排市人大代表1人（佛教）、市政协委员9人（少数民族3人，宗教界人士6人，其中基督教、少数民族各1人任政协常委）。

【民族工作】 紧紧围绕“创业富民、创新强市”总战略，突出“共同团结奋斗、共同繁荣发展”主题，以学习实践科学发展观活动为契机，切实把促进民族地区经济社会发展和少数民族群众生产生活提高作为重点任务来抓，民族工作取得新成效。2009年，安吉县郎村和中张村双双荣获浙江省首批“民族团结进步小康村”称号，郎村还成功申报了“国家少数民族特色村寨”项目，争取到项目建设资金30万元。一是按照学习实践科学发展观活动的要求，结合湖州实际，围绕中心、服务大局，积极深入基层群众，掌握了解民族工作的热点、难点问题以及少数民族村经济社会发展、少数民族生产生活情况等，特别是对加快推动民族地区经济社会发展进行了重点调研，为上级部门领导决策提供参考和依据，切实当好参谋助手。召开民族工作座谈会，认真抓好党和国家民族政策的贯彻落实，切实增强做好民族工作的责任感和紧迫感。二是以“民族团结进步小康村”创建为契机，突出民族工作两大主题，积极帮助少数民族村开发畲族风情旅游项目，着力打造民族村经济新的增长点，形成既有畲族历史文化内涵，又有浓厚畲家情趣的特色旅游产业，努力推进民族地区经济社会的跨越发展。2009年安吉县郎村畲族村、中张畲族村年人均收入分别为9100元、7794元，分别比上年增长49.1%和36.7%。三是继续做好扶贫慰问和畲族文化抢救工作。多渠道筹集资金帮扶少数民族贫困户，开展送温暖活动与企业家结对贫困学生活动，全年共筹资5万元，支助少数民族贫困人员46人；争取省民宗委项目建设资金8万元，市政府少数民族发展专项资金20万元，县政府配套专项资金10万元，用于少数民族村经济社会发展；协调九三学社、阿祥集团资助10万元帮助中张村文化背景墙的建设；指导安吉郎村畲族村建设畲族文化博物馆，建立少数民族文化研究会；指导安吉县章村中学和报福中学设立少数民族体育传统项目训练基地。

四是严格把好政策关口，顺利完成少数民族成分认定工作。全年共为40多名少数民族群众办理了民族成分的认定更正，切实保障了少数民族的合法权益。五是切实做好对口帮扶温州市泰顺县7个少数民族村的工作，组织引导各县区统战部、非公有制经济企业与帮扶村进行对接，并筹资35万元作为项目投资资金和安排7万多元帮扶当地贫困学生和困难群众，解决他们的实际困难。

【宗教工作】　2009年，全市宗教工作坚持围绕中心、服务大局，抓和谐、促稳定，宗教领域各项工作稳步推进。一是服务科学发展，提高依法管理宗教事务水平。认真贯彻落实《宗教事务条例》，努力健全宗教管理各项规章制度，组织宗教界人士开展财务管理、场所建设等业务培训，规范宗教场所管理。二是指导完成湖州市佛教协会换届工作，协助《湖州佛教》书画册的顺利出版，成功举办了铁佛寺重辉奠基法会，圆满完成了安吉灵峰寺纪念藕溢大师诞辰410周年纪念活动和慈满方丈升座仪式。三是创新破难、解决热点难点问题，进一步深化完善与公安部门的协作机制，共同做好抵御利用宗教的渗透，坚决制止一切非法活动。做好检查、抽查、排查工作，及时化解宗教内部矛盾，天主教专项活动安全有序。四是积极开展创建“和谐寺观教堂”活动，进一步明确指导思想、目标要求和基本标准，以抓组织领导、抓标准制定、抓宣传培训、抓工作结合、抓制度规范、抓典型示范的“六抓”为切入点，认真落实创建“和谐寺观教堂”任务，选择一批基础条件比较好的寺观教堂45处先行一步作为示范，重点指导，全力创优。五是引导宗教界开展公益慈善活动，全年累计捐款捐物、资助修桥铺路等款项350万元；白雀法华寺设立“湖州白雀法华寺爱心救助金”用于助困、助学、助医、助残、助老、赈灾等慈善公益事业。深化实施“心连心、献爱心、服务新农村”活动，10个宗教活动场所被评为“统战心连心、服务新农村”活动先进单位。

（姬诚诚）

·残疾人事业·

【加快两个体系建设】　一是加快推进残疾人社会保障体系建设。全面实施“残疾人共享小康工程”，进一步落实残疾人生活、医疗、康复、教育等社会救助政策，推进城市廉租房和农村危房改造工作优先照顾贫困残疾人家庭的政策，积极推行残疾人参加社会保险的政府补贴制度，完善残疾人社会福利政策。二是积极推进残疾人服务体系建设。以残疾人享受基本公共服务均等化为目标，针对残疾人特殊性、多样性、类别化的服务需求，建立健全以公共服务机构为主体，其他社会服务机构为补充，社区服务为基础，家庭服务为依托，以生活照料、医疗康复、社会保障、教育就业、文化体育、维护权益等为主要内容的残疾人服务体系。加快残疾人专业服务设施和专职、专业队伍建设，全面提升为残疾人提供公共服务的能力，不断满足残疾人的基本与特殊需求。进一步完善内部管理制度，在全市残联系统开展“首问责任制”活动，不断提高自身素质和服务水平。

【贯彻省委重要文件】　2009年，省委、省政府颁发的《关于加快推进残疾人事业发展的实施意见》是当前和今后一个时期浙江省加快残疾人事业发展的纲领性文件。市委、市政府领导对贯彻落实省委的“实施意见”提出了明确要求，副书记朱坤民和副市长杨建新专程到市残联进行调研，听取汇报，作出重要指示。市残联党组高度重视省委“实施意见”的贯彻，专门召开党组中心组学习扩大会和全市县（区）残联理事长工作会议，就贯彻落实省委“实施意见”进行专题讨论，作出具体安排；建立了贯彻落实省委“实施意见”工作小组，负责文件的起草工作。根据省里的要求，结合湖州实际，按照“标准不降低，范围不缩小，该明确的明确，该细化的细化，需要增加的增加”的原则，草拟了《中共湖州市人民政府政府关于加快推进残疾人事业发展的实施意见》，征求部门、基层和部分残疾人代表的意见。4月，市政府分管秘书长召集相关部门领导，就贯彻实施省委“实施意见”赴县（区）进行了专题调研。经过8次较大修改的湖州市《实施意见（送审稿）》基本成形，于7月29日，市委常委会专题研究通过；7月30日，市委、市政府下发《中共湖州市委、湖州市人民政府关于加快推进残疾人事业发展的意见》。11月19日，市委、市政府召开加快推进残疾人事业发展工作会议，回顾总结湖州市残疾人事业取得的成绩，研究部署今后一个时期工作任务。市委书记孙文友和省残联理事长陈燕萍出席会议并讲话；市委副书记、市长马以主持会议；市委副书记朱坤民宣读了表彰通报；副市长、市政府残工委主任杨建新作关于加快推进残疾人事业发展的报告；会上，表彰了50个市残疾人自强模范、扶残助残先进和残联系统先进工作者等“五十佳”先进集体和个人。截至12月30日，全市各县（区）均出台了贯彻实施意见。

【抓好重点工作】　1. 认真组织实施残疾人共享小康工程。该工程被列为市政府2009年为民办实事项目、公共服务均等化和“百件实事惠民生”项目内容。2009年，全市6331名残疾人享受小康工程的政策优惠。其中，4403名残疾人纳入基本生活保障工程（全额享受低保金2745名，全额享受低保补助金1658名），完成省下达任务的110.08%；1046名重度残疾人享受托（安）养服务（集中托养254名，居家安养792名），完成省下达任务的104.6%。882名残疾人享受康复服务，（白内障免费复明手术363例，免费验配助听器311台，免费验配助视器89台，免费为59名下肢截肢者免费安装假肢60条），完成省下达任务的113%。聋儿听力语言康复训练等全面开展，共享小康工程的进展情况走在全省前列。第二代残疾人证换发工作全面完成。2. 完善县（区）残疾人工作目标责任考核机制。年初，根据残疾人工作要点，及时将目标任务分解落实到各县（区），研究制定了切合实际的残疾人工作目标考核办法。年中，市残联召开全市残联工作会议，回顾总结上半年残疾人工作，研究部署下半年重点工作。为狠抓工作落实，建立了市残联领导联系县（区）督导工作的分工负责责任制，并组织人员到各县（区）对年度工作完成情况进行专题督查和指导。并在全市残联系统推行首问责任制活动。3. 启动“省扶残助残爱心城市”创建活动。按照省政府办公厅印发的《浙江省扶残助残爱心城市（区）创建办法》和省残工委关于开展创建活动的通知要求，及时启动湖州市“扶残助残爱心城市”创建活动。市政府残工委出台《关于扎实推进扶残助残爱心城市（区）创建活动的实施方案》，建立创建工作领导小组和指导小组，制定爱心城市创建工作方案，全市爱心城市创建活动已全面启动，长兴县和安吉县作为争创第一批“扶残助残爱心城市”创建单位已与省政府残工委签订责任书，各项创建工作正分步实施。4. 全面实施“八个一”项目和助残“五进家庭”活动。按照湖州市新农村建设的总体要求，2009 年，继续巩固、完善市区农村残疾人工作“八个一”项目建设（即每个乡镇都要达到八个一：一个扶助残疾人的政府规定，一个残疾人托管托养所，一个残疾人扶贫基地，一个残疾人技能培训站，一个残疾人社区康复站，一个残疾人文化活动室，一个残疾人工作信息化网络，一个残疾人组织体系），形成扶残助残的良好氛围，建立农村残疾人工作的长效机制。重点抓好德清、长兴、安吉三个县的推广普及，进一步提升建设水平。此项工作得到副省长陈加元的充分肯定，在湖州市《建立农村残疾人“八个一”服务新模式有效实现城乡助残事业均衡发展》的信息上作了“湖州市农村残疾人‘八个一’服务新模式系统、全面、实在、具体，有利于城乡残疾人事业的均衡发展。请省残联阅研。”的批示，并在浙江省《政务工作交流》2009 年第 102 期刊发，向全省推广。同时，全市在城镇社区广泛开展助残“五进家庭”活动（康复助残进家庭、家政助残进家庭、通信助残进家庭、文化助残进家庭、心灵助残进家庭），根据残疾人的不同特点和需求，开展个性化和人性化的服务，树立了康复进社区，服务进家庭的新理念，促进了基层残疾人工作规范化。

【开展各项业务工作】 1. 残疾人康复：一是全面完成残疾人各项康复工作目标任务。组织有关部门上街开展“爱耳日”、“爱眼日”、“精神卫生日”宣传教育活动 33 次；举办知识讲座 29 期，发放宣传资料 10935 份；宣传报道 80 篇（次），利用媒体宣传 65 次。市、县（区）残联还组织听力技术人员进社区、进家庭为 250 人进行了免费检测听力，为 298 人调试了助听器，有 66 个社区也开展了宣传活动。二是开展残疾人社区康复服务。全市已有 1219 个村（社区）开展了残疾人社区康复工作，建立残疾人社区康复中心（站）722 个，新建 14 个。已建立残疾人康复服务档案 42999 人，累计为残疾人提供康复服务 37054 人，2009 年新增为残疾人提供康复服务 4712 人，康复训练 383 人。开展了残疾人“人人享有康复服务”目标阶段性达标自查评审及总结工作，长兴县被列入第二批全国残疾人社区康复示范区培育和白内障无障碍县创建县。配送社区康复中心（站）、村（社区）康复训练器材 82 件，投入资金 2.75 万元。三是开展社区康复协调员培训工作。举办康复指导员、康复协调员、残疾人及其家属康复知识培训班 18 期，培训 1781 人次，其中，市残联（吴兴区）、德清县、长兴县、安吉县分别邀请省残联康复协会专家举办社区康复协调员持证上岗培训班 4 期，培训 783 人，有 705 人参加了考试并拿到了上岗证书。四是全市为低保、低保边缘精神病患者开展送医送药（卡），全年共为低保、低保边缘精神病患者送医送药（卡）922 人，为贫困残疾人赠送辅助器具 986 件，其中轮椅 344 辆。五是做好筹建市康复中心的准备工作和残疾人康复需求调查。2. 就业扶贫：一是切实安排好困难残疾人的“两节”生活。早计划、早安排，扎实做好 2009 年元旦、春节期间对困难残疾人的慰问工作。全市共慰问困难残疾人 8419 名，慰问资金和物品合计 396.27 万元。二是广开就业渠道。多渠道、多形式地开展帮扶残疾人就业。通过与绍兴市残联在安吉县举行残疾人就业专场招聘会，在市秋季人力资源招聘会上设立“残疾人招聘专区”等形式，推介残疾人就业，2009 年，全市共推荐残疾人就业 1053 人，新建残疾人扶贫基地 10 个。三是完善残疾人就业审核服务。把残疾人就业每年集中审核 3 个月，改为常年办理，为用人单位办事提供方便。四是按规定落实救助政策。市区已为 1725 名低保残疾人（除已纳入残疾人小康工程）发放生活补助金 82.71 万元，为 422 名低保边缘残疾人发放生活补助金 28.15 万元。为 71 名城镇困难残疾人家庭实施廉租房补助，补助金额 1.43 万元。全市农村贫困残疾人危房改造 168 户，投入改造资金 241.8 万元。个体养老保险补助 103 人，补助资金 17.98 万元。3. 教育培训：继续做好助学培训工作。全市共资助贫困大中专残疾学生 205 人次和残疾人家庭子女 336 人次，助学资金共 167.1 万元，其中市直 32 人次，助学资金 13.2 万元。盲人按摩培训 12 人，盲人电脑培训 11 人，残联干部及服务窗口手语培训共 197 人。为响应“创新强市、创业富民”号召，积极推动全市残疾人创新创业。市残疾人创业者协会在市委党校举办了湖州市残疾人创新创业培训班，残疾人创业骨干和各县（区）分管劳服工作的副理事长、劳服所主任等 40 多人参加了培训。全市有 3488 名残疾人及残疾人工作者参加了各类技能或素质培训。为更好地体现残疾人技能才华，展示残疾人自强风采，提高残疾人竞技水平，市残联与劳动保障局联合首次组织开展全市残疾人职业技能竞赛活动。来自三县二区73位参赛选手参加了计算机程序、WWW网页设计等10个项目的竞赛，竞赛共产生个人10个一等奖，17个二等奖，12个三等奖。全市有8名残疾人拿到了技师证书，29名残疾人拿到了高、中级工证书。4．宣传文体：一是认真组织开展第19次“全国助残日”活动和第18个“国际残疾人日”活动。市委副书记朱坤民出席湖州市庆祝第十九次“全国助残日”暨“爱心相携，快乐成长”特殊教育成果展示活动，各县（区）也纷纷组织形式多样的庆祝活动。二是组织开展了全市扶残助残、残疾人自强模范典型的评选活动，共评出湖州市残疾人自强模范10名、湖州市扶残助残先进集体10个、湖州市扶残助残先进个人10名、湖州市残疾人之家10个、湖州市残联系统先进工作者10名，并在湖州市残疾人事业发展推进会上予以表彰。三是继续办好湖州日报《同在蓝天下》专刊、湖州广电总台《同在蓝天下》专栏，推出《共建爱心城市》专题报道。四是开展市残联成立20周年庆祝活动，举办了市残联成立20周年图片展，编印了《风雨彩虹》宣传画册。四是举办湖州市残疾人事业好新闻评选活动，并推荐14件作品参加省残疾人事业好新闻，其中《湖州日报》《同在蓝天下》助残专版获省残疾人事业好新闻评选报刊类特别奖。六是组织开展了全市第三届残疾人文艺汇演，并参加省第六届残疾人艺术汇演，湖州市获得一等奖2个、二等奖3个、三等奖1个，被评为省第六届残疾人艺术汇演组织奖、团体奖。七是制定了市第五届残疾人运动会比赛方案、竞赛规程，举行了市残疾人乒乓球、羽毛球、飞镖、象棋比赛。市政府领导与县领导签订了全国第八届残运会责任书。明确了各县（区）不少于4名运动员参加比赛，获得金牌不少于1枚。推荐了70名运动员，已有25名优秀残疾人运动员参加省队集训；认真做好省残疾人网球队集训工作，积极备战2010年省第八届残运会。5．信访维权：认真做好残疾人信访工作，切实维护社会稳定。结合“六进活动”开展残疾人法律法规宣传活动，发放法律知识读本20万册。法律援助中心办理残疾人援助案件322件，接待残疾人来信来访657件次，调处涉残纠纷2353件，调处成功率为96%；全市残联系统受理来信72件，办结率100%，接待来访161件，办结率达99%；配合做好残疾人机动车清理整治阶段性工作，有效地维护了残疾人的合法权益。6．组织建设：加强乡镇街道残联组织建设，全市74个乡镇（街道）残联有67个实行了专职理事长，并组织理事长业务培训，提高业务水平。进一步加强村（社区）残疾人协会建设，选聘残疾人专职委员，全市村（社区）残协选聘工作已全面实行。2009年，市残联被评为市“创业创新好班子”争创活动先进单位，并通过市文明单位复评，保持了市级“文明单位”的称号。

【创新创业服务残疾人事业】 1．成立了湖州市残疾人创业者协会。为激励广大残疾人创业创新，市本级和长兴县都成立了残疾人创业者协会，开展残疾人创业、就业情况调研及经验交流，为残疾人劳动就业提供帮助和服务，提供信息和就业指导，提供相互交流和对外交流平台。2．举办了首届湖州市残疾人职业技能竞赛。为更好地展示残疾人技能，提高残疾人竞技水平，在市劳动和社会保障局的大力支持下，市残联积极筹备并组织全市残疾人职业技能竞赛活动，73位来自三县两区的残疾人选手参加了计算机程序设计、海报设计、计算机组装、美发、插花、盲人保健按摩、服装裁剪和制作、CAD制图、网页制作等10个项目的比赛。3．拓展残疾人异地就业渠道。面对就业形势压力，多渠道、多形式开展帮扶残疾人就业。2009年，全市共推荐残疾人就业1053人，新建残疾人扶贫基地10个。市残联与绍兴市残联在安吉县举办残疾人就业专场招聘会，提供残疾人异地就业岗位130多个。4．创办残疾人工（农）疗站（车间）。为解决精神和智力残疾人就业、康复等问题，提出了精神和智力残疾人“工疗站”项目建设课题，并列为市政府创新机制课题调研和实施计划。在建立梅溪镇残疾人“阳光驿站”工疗所、吴兴区“阳光之家”工疗站的基础上，2009年安吉县和德清县依托企业建立了工疗车间，长兴县依托街道社区创办了工疗站。全市已建残疾人工疗站（车间）5个。5．优化了就业管理机制。安吉县残联、国税、地税、民政四个部门联合开发了具有信息共享、业务协同功能的《残疾人就业管理系统》软件，使残疾人就业优惠政策管理向专业化方向发展，简化资料，强化审核，实现了“协同服务，联动管理，网上申报，共同减负”的工作目标。

（王秋云）

县（区）

·吴兴区·

【概况】 吴兴区辖8个乡镇、9个街道（其中，一镇四街道分别委托湖州经济开发区和太湖旅游度假区管理），总面积871.9万平方米。2009年末，户籍人口59.52万人。全区生产总值达到233亿元，比上年增长10.4%；财政总收入18.57亿元，其中，地方财政收入9.62亿元，分别增长10.2%和12.4%；全社会固定资产投资128.67亿元，增长21.6%；全社会消费品零售总额119.58亿元，增长15.2%；规模工业万元增加值综合能耗下降11.8%，化学需氧量排放量下降3.2%，二氧化硫排放量无净增；合同外资3.02亿美元，实到外资1.26亿美元，实到市外注册内资10.2亿元；城镇居民人均可支配收入23242元、农村居民人均纯收入11900元，分别增长6.5%和9.0%。

【经济保持平稳发展】 坚持把保增长作为首要任务，认真贯彻扩内需保增长各项举措，落实增值税转型、高新技术企业税收优惠等政策，设立保增长促转型专项资金，建立“百名领导联系服务百家企业百个项目”制度，政企联手，共渡难关。2009年，全部工业销售收入突破1000亿元；争取中央和省、市扶持资金1.38亿元，新列省重点及重大项目14项。全面开展清费减负行动，区级部门审批收费实行减免优惠，有效协调中介机构降低收费。面对外贸出口严峻形势，主动助推外贸企业提质量、抓订单、拓市场，引导企业积极应对“两反一保”诉讼，自营出口止跌回升。加大先进设备进口力度，完成进口1.92亿美元，比上年增长71.3%。深入开展“金融机构服务企业提升年”活动，积极推动银企合作，有效缓解企业贷款抵押难题。新增贷款41亿元，增长1.3倍。大力拓宽中小企业融资渠道，新增小额贷款公司1家。加快推进土地开发复垦和低丘缓坡开发，发扬“四铁”精神盘活存量土地，荣获全国“双保行动”成效显著单位荣誉称号。争取用地指标3810亩，完成土地开发复垦3928亩，盘活土地4656亩，低丘缓坡开发新增工业平台1.5平方公里。

【持续发展能力不断增强】 坚持招商引资“一号工程”不动摇，坚定不移推进选商引资，招商引资在逆境中保持良好态势，提前一个季度完成合同外资目标。引进投资超1000万美元项目13项，其中超3000万美元项目2项，成功引进中国高纤等重大项目。积极推动与中国节能投资公司、齐二机床集团有限公司等央企的合作。制定实施《工业产业转型升级四年行动纲要》，加快推进“四个二”产业结构调整（即优化提升纺织服装、食品加工两大支柱产业，做大做强金属制品、机械制造两大特色产业，培育发展电子信息、生物医药两大高新产业，彻底治理印染、采矿业）。金属制品、机械制造、光伏新能三大行业占比达到43.7%；传统纺织服装业占比调整到33.3%，下降6.3个百分点。推进织里童装产业集群发展，引导企业着力提升产品质量，连续两年实现逆势快速发展，国内市场份额不断提升。深入开展“项目推进深化年”活动，扎实推进重大项目集中开工、项目竣工百日攻坚，发展后劲不断增强。完成工业性投入66.6亿元，100项投资3000万元以上工业项目全部开工，投资超亿元项目达到30项，竣工投产60项。企业培大育强成效明显，新增规模企业77家，累计达到497家；规模以上工业销售收入333亿元，增长11.8%；营业收入超10亿元企业达到9家。企业股改上市步伐加快，完成股改3家，华港涤纶成为全市首家在海外上市的外商投资企业。品牌建设得到加强，新增国家级品牌1只、省级品牌9只，织里镇被中国纺织工业协会授予“中国品牌羊绒服装名镇”荣誉称号。服务业加快发展，增加值达到105.2亿元，增长12%。服务业重点项目扎实推进，38项重点项目完成投资18.6亿元。织里中国童装城一期工程全面开工建设。深入实施“科技人才四百工程”，科技创新能力不断增强。实施市级以上科技项目40项，其中省重大科技专项10项；新增国家重点扶持高新技术企业9家、省级研发（技术）中心6家，省级高新技术特色产业基地实现“零突破”；高新技术产业产值增长23.8%。吴兴科技创业园通过省级科技企业孵化器认定。深入开展“百名硕博服务吴兴转型升级”行动，“南太湖精英计划”项目签约3项；引进各类人才2136名，其中高层次人才103名。申请专利1168件，被认定为省级知识产权示范创建区。节能减排“十百千万”行动扎实推进，关、停、并、转高能耗、高污染企业10家，110项节能减排重点项目全面实施。

【新农村建设扎实推进】 进一步强化与浙大合作共建，新增区校合作项目37项。都市型现代农业加快发展，农业五大特色主导产业收入17.2亿元，占比提高到66.5%；新增市级现代农业示范园区4个。农业产业化水平不断提高，农业龙头企业达到75家，实现销售收入21.4亿元，建立农产品生产基地17.65万亩。农村改革稳步推进，新增土地流转面积2.7万亩，启动农村宅基地确权发证试点，林权制度改革“一平台三中心”投入运行。加大集体经济薄弱村扶持力度，创新脱贫项目异地集中开发模式，集体经济薄弱村全部脱贫。农村劳动力转移培训步伐加快，培训农民1.5万人次，转移就业率达到88.7%。农村电气化改造、道路交通、水利等工作扎实推进，基础设施不断完善。滨湖大道一期工程路基基本贯通。农村环境不断改善，新增村庄环境整治受益人口3.2万人，创建市级“全面建设小康示范村”4个；完成11个集镇环境卫生整治。生态建设扎实推进，吴兴工业园环境整治通过省级验收；埭溪镇成功创建省级生态镇，道场乡成为市级生态乡，新增市级生态村6个；矿山整治、农业面源污染治理、河道清淤取得新成效，水环境质量得到改善。

【城市化步伐不断加快】 东部新区基础设施不断完善，平台功能得到提升，宜居环境初步显现。完成投入9.7亿元，累计达到64.9亿元，新增道路面积31万平方米、绿化面积16.8万平方米。农民社区建设和征地拆迁安置全力推进，创新融资方式，推行“多层+小高层”安置模式，开工建设农民社区131.3万平方米，东部新区织里、八里店、环渚区域完成农房征地拆迁3016户，八里店区域3300户农户征地拆迁签约率达83.9%。织里镇区基础设施投入力度不断加大，社区管理进一步加强，城市功能品位得到完善提升。西部城镇建设步伐加快，埭溪镇城镇面貌得到明显改善，东林镇完成小城镇综合改造，妙西镇积极推进镇区环境整治。农民违章建房整治长效机制初步健全，拆除违章建筑3万平方米。积极配合杭宁城际铁路、特高压电力线路、川气东输、长湖申航道改造等重点工程建设，全力做好征地拆迁和维稳工作。街道社区服务业加快发展，新增服务业实体7家。社区基础设施得到完善，新建社区“一站式”事务中心13个，完成省、市确定的社区办公服务用房达标任务。老社区改造步伐加快，完成10个老社区和背街小巷整治改造，新建社区文化广场2个，超额完成路面整治、绿化改造、楼道白化年度目标。完成眠佛寺街旧城改造项目，定安街改造拆迁有序推进。特色创建不断深化，市级和谐社区创建实现全覆盖，飞英街道、朝阳街道碧浪湖社区分别成功创建全国和谐社区建设示范街道、示范社区。

【社会事业加快发展】 进一步加大社会事业投入，新增财力的三分之二以上用于改善社会民生。教育投入保障力度进一步加大，全面实施义务教育学校教师绩效工资，教师待遇得到较大提高。扎实推进中小学“三进”工程，办学条件得到改善。投入1025万元在全市率先完成农村学校运动场地“煤改塑”。教师培养力度不断加大，农村中小学教师“领雁工程”扎实推进。积极打造特色教育，素质教育全力推进。启动村点幼儿园标准化建设，学前教育加快发展。切实加强平安校园创建，学校安全管理得到加强。深入开展就业“三送一扶”活动，新增就业1.02万人，城镇零就业家庭保持动态归零，城镇登记失业率控制在3.1%。健全劳动保障联合执法和劳资纠纷调处机制，规范劳动用工管理。“五统一”新型社会救助力度不断加大，发放救助资金2162.9万元，救助困难群众2.1万人次，1019户低收入农户脱贫。启动实施城乡居民社会养老保险制度。积极推进家电、汽车摩托车下乡和家电以旧换新工作。全力做好甲型H1N1流感、手足口病等防控工作，突发公共卫生事件应急处置率达100%。加快推进农村社区卫生服务机构标准化、规范化、制度化和信息化建设，创新财务网络集中化管理和慢性病防治移动随访服务，“六位一体”社区卫生服务（即集医疗、预防、康复、保健、健康教育、计划生育技术指导为一体）内涵得到提升。城乡居民医疗保障水平稳步提高，新型农村合作医疗参合率达96.9%，受益面居全市首位，城镇居民基本医疗保险覆盖面逐步扩大。计生优质服务水平不断提高，“两免”工作全面推进，计生符合率达98.2%。文体事业加快发展，推进“吴兴之星”文体活动“五进”工程，成功举办区首届农村文化节、校园文化节和第二届社区文化节，农村有线广播实现“村村响”。文化市场管理得到进一步加强。全民健身运动深入开展，新增体育基础设施向自然村延伸50个，埭溪镇成为省级体育强镇，妙西镇成功创建省级“东海明珠”工程，朝阳街道碧浪湖社区被评为“全国城市体育先进社区”。

【发展环境得到改善】 以国庆安保维稳为重点，深入开展“矛盾纠纷化解百日行动”，成功调处各类矛盾纠纷4264起，调处成功率98%。健全社会治安综合治理和防控体系，扎实开展“打黑除恶”专项行动，摧毁涉黑恶团伙50个。人民调解、社区矫正等工作得到新推进。充分发挥乡镇（街道）公共安全监管中心作用，扎实开展安全生产“三个年”活动，“三项控制指标”实现零增长。织里童装企业“五位一体”监管取得实效，童装企业实现零火警，税收社会化征管力度不断加大。“十小”行业整治扎实推进，成功创建省级食品安全示范区和农村药品“两网一规范”示范区。扎实开展“百名领导破难题”、“四百四进四促”和“百件实事惠民生”等专项行动，深入学习实践科学发展观活动取得实效。建立健全政府领导约见人大代表、向政协委员通报情况等制度，积极推进政府重大决策事项专家论证、社会征询和恳谈听证。加快行政审批制度改革，实行行政许可职能归并，提高行政审批效率。严格预算管理，深入开展“小金库”专项治理。强化审计监督，提高政府性资金使用绩效。节约型机关建设扎实推进，行政成本得到降低。10件为民办实事项目完成预定目标。128件人大代表建议、意见和政协提案全部办结，问题解决率达到70.3%。

（沈明亮）

·南浔区·

【概况】 2009年，南浔区坚持以科学发展观为统领，围绕“项目建设推进年”和“招商引资攻坚年”两项大活动，全力保增长、调结构、增活力、重民生、促稳定，经济实现平稳较快发展，社会保持和谐稳定，较好地完成了区二届人大三次会议确定的各项目标任务。全区实现地区生产总值195.57亿元，比上年增长9%；完成财政总收入18.17亿元，增长8.3%，其中地方财政收入8.48亿元，增长14.9%；完成全社会固定资产投资91.1亿元，增长12.5%；实现社会消费品零售总额76亿元，增长15.2%；城镇居民年人均可支配收入23242元，农民人均年纯收入11836元，分别增长6.5%和9.2%。

【经济发展保持平稳】 全区完成规模以上工业总产值470.3亿元，比上年增长2.8%。扶大育强成绩显著，新增市级明星企业2家，久立特材成功上市，实现企业上市“零突破”。块状经济发展不断壮大，新型纺织、木业、电磁线、电机、电梯和不锈钢等六大产业实现产值352.88亿元、利税23.38亿元。工业发展势头强劲，完成工业性投入54.37亿元，增长11.8%，其中，开工建设项目20个，竣工投产项目18个。创新步伐明显加快，实施省级以上重大科技项目18个，开发省级以上新产品96只，新认定高新技术企业9家，实现高新技术产业产值160亿元。中电21所浙江分所落户南浔，新增省级高新技术企业研发中心3家，特种不锈钢管产业列入省级高新技术特色产业基地，木业科创服务中心被认定为国家级示范生产力促进中心。世友木业成为全市首家荣获中国专利发明优秀奖企业，湖磨磨具入选全国企事业知识产权试点单位。全区新增省级专利示范企业2家、新增中国驰名商标7件，木业行业成功创建浙江省区域品牌。全区实现农业总产值30.97亿元，增长2.3%。粮食生产保持稳定，新增市级以上示范性农民专业合作社9家、市级现代农业示范园区4个、市级农业龙头企业4家，新增无公害农产品基地3.71万亩、区校合作项目52个，新雅“百千万”水产生态养殖基地、温氏家禽产业化等重点项目稳步推进。全区实现服务业增加值55.8亿元，增长13.9%。全年接待国内游客453.5万人次，境外游客12.5万人次，实现门票收入3351.5万元，分别增长12.6%、3.5%和11.3%。南浔农村合作银行营业大楼开工建设，国际旅游度假中心主体工程基本完工，南浔国际建材城B区、C区竣工交付，巨人通力等4家工业企业完成主辅分离试点。城乡消费设施和服务体系日益完善，新增农村便利店配送中心16家。完成合同外资2.57亿美元、实到外资1.2亿美元、市外内资10.76亿元。完成进出口总额7.59亿美元，其中出口5.52亿美元，东盟、非洲等新兴市场出口额增长30.75%。接轨上海成效明显，编制完成《南浔区全面接轨上海，加快区域合作三年规划》，建立区域合作办公室。全面开展农业、旅游、科技、人才、电机等系列活动，全年引进沪资项目21个，农产品供沪成交额12.2亿元。成功举办“辑里湖丝故乡——南浔迎世博”主题活动，扩大“世博之路、南浔起步”影响力。着力打造“1+4+1”平台，形成湖州市临沪工业区、四大工业功能区和内河临港产业带联动发展局面。全面启动临沪工业区建设，练市、双林、菱湖、和孚四大工业功能区基础设施和配套建设有序推进，平台承载能力逐步提升。编制完成《南浔区内河临港产业发展规划》，确定“一带两区多点”布局，临港产业发展效应日益显现。

【城乡面貌逐步改善】 新区建设步伐加快，行政综合楼基本竣工，行政服务中心、图书档案中心、文化艺术中心完成主体工程，基本完成联谊路和向阳路东段建设，启动建设朝阳西路、万顺路南段。老城区面貌明显改善，完成梅月路、江南路、同心路、永安北路等“四路”改造，全面打通适园西路，街道亮化率达到98%，城区新增绿地面积20.3万平方米。完成农民新村建设85万平方米，中心城区建成面积累计达到14.5平方公里。城乡设施不断完善，练杭高速公路实现通车，建成农村联网公路92.3公里，改造农村公路低承载桥梁43座，实施农村公路大中修80公里。旧馆镇成功创建平原地区首个省级森林城镇。深入实施新农村实验示范区重点区域“1221”行动计划，练和段示范带基本建成。扎实推进“百千工程”，创建市级全面小康建设示范村暨农村新社区4个、省级整治提升行政村42个。新建农村社区服务中心50个，改建农村福利中心8个。创建新农村电气化镇4个、电气化村20个、信息化示范村10个。全区所有行政村实现调频有线广播“村村响”。

【民生事业稳步发展】 新增财政支出1.1亿元，用于义务教育段教师绩效工资改革。投入7500万余元，建设东迁学校等教育项目48个，全区标准化学校占比居全市第二。善琏镇创建为市示范性教育强镇。成功创建国家级计划生育优质服务先进区，计划生育符合率达到98.4%。成功举办全区第一届运动会，和孚镇创建为省级体育强镇，社区体育基础设施实现全覆盖。成立区非物质文化遗产保护中心，蚕桑习俗被列入世界非物质文化遗产保护名录，练市船拳等5个项目被列入省级非物质文化遗产保护名录。开展第三次全国文物普查，南浔区成为全省首个通过验收的县(区)。加快发展广电事业，完成数字电视整体转换6万余户。新增城镇就业1万人，实现失业人员再就业3600人，转移农村劳动力4232人，城镇登记失业率降至3.04%。进一步扩大社会保险覆盖面，城镇居民基本医疗保险参保1.27万人，新型农村合作医疗参保率达98.1%，被征地农民基本生活保障实现全覆盖。深入推进“五费合征”，合计新增参保29125人次。加强住房保障工作，发放廉租房租赁补贴32.6万元，改造危旧直管公房1.7万平方米，完成农村住房改造建设1700户。成功创建省级食品安全示范区和农村药品“两网一规范”示范区。“平安南浔”创建实现“五连冠”。

【**行政效能有效提升**】 自觉接受区人大的法律监督、工作监督和区政协的民主监督，全年共办理人大建议69件、政协提案58件，按时办结率和群众满意率均达到100%。扎实推进依法行政，完善政府工作规则，加快电子政务建设，政府信息公开工作进一步深化。切实加强法制、审计、监察等专项监督，做好区长经济责任审计工作。认真开展“区长热线”接听活动，及时受理群众投诉，来电办结率达到97.8%。政府作风切实加强，扎实开展深入学习实践科学发展观活动，大力弘扬求真务实精神，大兴调查研究之风，狠抓各项政策措施的贯彻落实。认真落实党风廉政建设责任制，反腐倡廉建设取得新进展。切实提升行政效能，行政服务中心审批事项进驻率达到80%以上。严格控制公用经费及领导干部出国（境）支出，加强公车管理，专项经费、会议经费保持“零增长”。

【**成功举办湖州市临沪工业区暨南浔内河临港产业带上海推介会**】 11月10日，南浔区以“积极融入、合作共赢”为主题，在上海隆重举行湖州市临沪工业区暨南浔内河临港产业带上海推介会。推介会重点推介了湖州市临沪工业区和南浔内河临港产业发展布局、重点产业项目、现有产业优势及优惠政策。会上重点推出16个招商项目，完成签约项目9个，其中外资项目6个，总投资34950万美元，注册资本14868万美元，内资项目3个，总投资7.36亿元。

【**荣获第三届“长三角最具投资价值县市（区）”评选最具投资潜力奖**】 在第四届“长三角投资发展论坛”暨第三届“长三角最具投资价值县市（区）”评选中，南浔区从泛长三角区域范围内200多个县（市、区）中脱颖而出，荣获第三届“长三角最具投资价值县市（区）”评选最具投资潜力奖，是22个入选城市中的唯一县级区。

（吴小枫）

·德清县·

【**概况**】 2009年，德清县面对严峻复杂的经济形势，深入贯彻落实科学发展观，坚决贯彻中央和省、市应对危机的一系列重大决策部署，牢牢把握“保增长、抓转型、重民生、促稳定”工作主线，扎实开展“重大项目攻坚年”、“农村改革深化年”和“执行力提升年”等活动，坚定信心、迎难而上、共克时艰，保增长、保民生、保稳定等各项工作取得了明显成效。全县实现生产总值202.4亿元，比上年增长9.6%；全社会固定资产投资110.7亿元，增长20.4%；社会消费品零售总额65.4亿元，增长16.1%；外贸进出口总额10.4亿美元，下降22.6%，其中出口9亿美元，下降23.1%；财政总收入28.4亿元，增长10.2%，其中地方财政收入14.8亿元，增长10%；研究与试验发展经费支出占生产总值比例达到1.4%；单位生产总值综合能耗下降4.5%，化学需氧量排放量下降4.5%，二氧化硫排放量下降2%；城镇居民人均可支配收入25139元，增长9.3%，农村居民人均纯收入12002元，增长9.1%；城镇登记失业率3.5%；人口自然增长率下降0.5‰。

【**经济保持平稳增长**】 扎实开展“重大项目攻坚年”活动，制定实施了工业性投资、政府性投资、物流业投资、房地产业投资等一系列项目建设三年行动计划，全年完成工业性投入65.1亿元，比上年增长18%，在建1000万元以上项目达到188项，其中，3000万元以上项目达到126项，1000万元和3000万元以上项目竣工投产率分别达到50%和40%。设立招商局，抽调128名人员组成招商队伍，大力开展驻点招商、专职招商和产业招商，成功举办“德洽会”、“融入杭州活动周”等活动，全年引进“大好高”项目26个，完成合同外资3.43亿美元，列全市第一；实到外资1.51亿美元，实到内资30.4亿元。举全县之力规划建设临杭工业区，整合提升德清开发区，积极推进德清工业园区，三大平台建设取得重要进展，880户房屋拆迁工作顺利完成，近5平方公里工业平台拉开框架，开工建设。积极向上争取项目，全县共争取项目135项，落实中央、省项目资金1.75亿元。千方百计缓解要素制约，全年共取得用地指标3283亩，农转上报4284亩，盘活存量土地1259亩；新增贷款53.8亿元、中小企业贷款23.9亿元，引进县外金融机构1家，新设小额贷款公司、农村资金互助社各1家。扎实开展“服务企业保增长、助推项目促转型”十项举措百日攻坚行动、“科技帮扶企业、促进转型升级”百名专家教授服务德清企业活动、支持企业拓展国内外市场和深化“温暖工程”缓解微小企业融资难专项行动等一系列帮扶企业活动，严格落实企业减负、稳定出口的各项政策，减征各类税费2.1亿元，落实国家结构性减税1.6亿元，兑现各类扶持资金1.9亿元，办理出口退税6.4亿元，帮助600余家微小企业解决贷款近10亿元，有力地巩固了经济回升向好的势头，全部工业产值实现冲千亿目标，规模企业产值、销售收入和税利实现456.1亿元、431.3亿元和34.7亿元，分别增长10.5%、10.3%和10.2%，新增规模企业31家，达到705家，新引进上市公司1家，达到4家。德清县成功创建国家级生物与医药科技兴贸创新基地。

【**转型升级步伐加快**】 制定出台推进工业集聚发展意见，编制实施工业经济转型升级行动方案，有力地推动了产业集群、企业集聚、用地集约，生物医药、特色机电、新型建材和新型纺织产值分别实现63.9亿元、137.5亿元、70亿元和61.5亿元，四大主导产业规模以上产值占全县规模以上工业产值比重达到72.7%，大力扶持以新材料、新能源、电子信息为重点的高新技术产业发展，高新技术产业对经济增长贡献率达到23.4%。着力培育行业龙头骨干企业，全年新增销售收入超80亿元、超30亿元、超10亿元企业各1家。加大服务业项目引进和推进力度，支持工业企业分离发展服务业，全县完成服务业固定资产投资44.7亿元，比上年增长26.8%，实现服务业增加值62.5亿元，增长13.6%，占生产总值比重比上年上升了1.3个百分点；完成旅游总收入33.5亿元，增长29.2%，德清县成功创建为浙江省旅游经济强县；临杭物流园区被列入省重点扶持物流基地，全县完成物流业销售收入40.2亿元，增长89%；加快推进商贸功能区建设，杭嘉湖家居大市场和杭州后街运行良好，沃尔玛德清店开张营业。大力推进科技创新，新认定国家重点扶持高新技术企业10家，新增省级高技术产业化项目1项、省级科技创新计划项目180项、省级新产品197项，新增省级以上企业技术中心、研发中心8家，专利授权量达到1173项、居全市第一；新增省级名牌4个、复评8个，7家企业参与了14项国家、行业标准制订，新增省著名商标6件、省知名商号2家，全县首个国家地理标志证明商标“莫干黄芽”注册成功；积极筹建科技新城，各项前期工作有序推进，成功引进省级以上科研机构3家；实施“南太湖精英计划”，引进海外创新领军人才及创新团队项目7个。狠抓节能减排，深化完善生态补偿机制，建设完成45个节能项目、15个减排项目，县垃圾焚烧发电项目和7家乡镇污水处理厂建成运行，德清县成功创建为国家生态县。

【城乡统筹加快推进】 编制完成了县域总体规划、中心城区城市设计，进一步完善了宁杭铁路德清站站前新区控制性详规等一批规划设计方案；全年完成基础设施项目投资20亿元，宁杭铁路德清段、德清大道东延、商检大楼、塔山森林公园一期、丰桥港改造和余英溪三期、城南污水处理工程等项目得到有序推进，申嘉湖（杭）高速公路德清段、新五公路、下仁公路、杨禹公路一期建成通车，城南等3个拆迁安置小区和行政中心交付使用；进一步加强城市管理，省示范文明城市创建成果得到巩固。扎实开展“农村改革深化年”活动，制定出台“中国和美家园”建设规划纲要，全力推进“一沿两环”重点区域建设，全年实现农业总产值28.3亿元，比上年增长4.1%，新增县级以上农业龙头企业19家，市级以上示范性农民专业合作社7家，市级现代农业园区4家；建成土地流转三级服务平台和林权流转交易平台，全县新增土地流转面积2.3万亩、山林流转面积2万亩；新增市级以上全面小康示范村16个，新建新农村电气化村30个，成立了全市首家新农村建设投资有限公司，德清县成功创建成为全国首个新农村气象工作示范县。

【人民生活持续改善】 全年累计用于民生支出10.7亿元，确保了新增财力的三分之二以上用于民生。千方百计稳定和扩大就业，全年新增就业11052人，帮助2545名高校毕业生就业，当年初次就业率达到94.5%；帮扶3741名失业人员和170名农村低保家庭人员再就业；帮助29户城镇零就业家庭就业，实现了“基数归零、动态归零”目标。积极推进创业促就业工作，全县有4466名劳动力走上自主创业、自谋职业之路。扎实推进社会保险扩面，全县企业职工基本养老保险、职工基本医疗保险、失业保险、工伤保险和生育保险参保人数分别新增13072人、8461人、6600人、29715人和12824人。全面实施城乡居民养老保险制度，21295名城乡居民踊跃参保，德清县被确定为全国首批新型农村社会养老保险试点县。进一步落实被征地农民基本生活保障、生活补助和城乡居民最低生活保障等政策，被征地农民参保人数新增4053名，城镇居民和农村居民最低生活保障线标准分别提高12.5%和11.8%。扎实推进新型农村合作医疗工作，人均筹资额从上年的112元提高到180元。实施残疾人共享小康工程，为503名重度残疾人发放了低保金或补助金，为143名残疾人免费实施了康复服务，为167名重度残疾人实行了托（安）养，县弃婴、孤儿救助及残疾人康复中心竣工。加大保障性住房建设力度，完成危旧房改造319户，新增廉租住房110套，以货币补贴形式落实经济适用住房170套。启动了中小学校舍安全工程建设，实施了义务教育学校教师绩效工资制度，高考本科重点万人人口上线率列全市第一。深入开展“欢乐德清”系列活动，全年举办各类文化活动1017场，送电影下乡2028场，完成非物质文化遗产普查。启动实施了5家社区卫生服务中心（乡镇卫生院）改造工程，择优录用30名大学生村医充实到社区卫生服务站。有力、有序、有效地开展了手足口病和甲型H1N1流感防控工作。加强人口和计划生育综合治理及优质服务，免费婚检率达到91.7%。广泛开展群众体育活动，成功举办县第二届农民运动会。对口援建的青川县楼子乡中心小学、卫生院等工程交付使用。

【社会保持和谐稳定】 深化“平安德清”建设，切实保障民安，德清县平安创建达到“五连冠”要求，并获得首批“全国平安建设先进县”称号。全面落实信访工作责任制，创新民情恳谈机制，加大社会矛盾纠纷排查和调解工作力度，全年成功调处各类矛盾纠纷2932起，全县未发生影响社会稳定的重大群体性事件。全力做好国庆安保维稳工作，全面开展建设环境专项整治行动，大力规范民间融资行为，严密防范和依法打击各类刑事犯罪活动，刑事发案数比上年下降1.3%，人民群众的安全感满意率进一步提高，德清县再次获全省创建法治县工作先进单位称号。强化公共安全和安全生产管理，加强应急管理，有效维护公共安全。开展“十小”行业等重点行业和领域的专项整治活动，加强乡镇公共安全监管机构建设，安全生产三项指标实现“三下降”，全县未发生重、特大安全生产事故。

【德清经济开发区】 2009年，德清经济开发区继续呈现良好发展势头，全年完成合同外资2.5亿美元，增长29.7%；实到外资1.2亿美元，增长1.2%；实到内资10.5亿元，增长31.2%；实现工业总产值320亿元，比上年增长28%，占全县的30.6%，其中高新技术产业占比35.2%；出口总额6.12亿美元，占全县的58.8%；财政收入10.5亿元，占全县的35%，在省级开发区排名中列第19位。

基础设施投入力度加大，全年累计投入5.4亿元，完成了一、二期道路绿化亮化提升工程、五条道路路面工程及污水泵站建设；低丘缓坡开发利用一期897亩场平工程已基本完成，二期1700亩征地拆迁有序推进，土地制约得到了有效缓解。

截至2009年底，开发区累计批准内、外资企业500多家，总投资363亿元。其中外资企业300多家，主要来自法国、美国、日本和香港等20余个国家和地区。开发区逐步形成了以凯喜雅工业园和艾诗亚特、安泰时装、永欣时装等为代表的新型纺织服装业；以泰普森休闲用品、天堂伞业等为代表的休闲用品业；以天马轴承、运达风力、久胜车业等为代表的先进制造业；以绿能热电、德能天然气、振能天然气等为代表的新能源业；以华莹电子、三以电子、科创电子等为代表的机械电子业；以德华兔宝宝、华之杰等为代表的新型建材业；以佐力药业、欧诗漫集团等为代表的生物医药业等主导产业。

（陈　奇）

·长兴县·

【概况】 2009年，长兴县紧紧围绕“加快建设山水园林型现代化新兴城市、实现全面小康社会”的奋斗目标，牢牢抓住“保增长、抓转型，推改革、促统筹，重民生、保稳定”工作主线，坚定信心，奋力拼搏，攻坚克难，经济发展企稳向好。全县实现地区生产总值242.3亿元，比上年增长11%；财政总收入33.9亿元，增长10%，其中地方财政收入18.5亿元，增长13.3%；规模以上工业产值454亿元，增长12.6%；全社会固定资产投资157.6亿元，增长21.3%；社会消费品零售总额91.2亿元，增长16%；城镇居民人均可支配收入23614元，增长9.3%；农村居民人均纯收入11751元，增长9.4%。

【经济发展企稳向好】 产业结构进一步优化，三次产业比重为9.2:55.8:35.0。实现工业增加值121.2亿元，全年增幅8.5%；新增规模以上企业56家、“亿千”企业20家。扎实开展“产业转型升级年”活动，优化产业政策，大力推进科技创新，经济发展方式逐步转变，发展后劲不断增强。出台《关于加快工业转型升级的实施意见》、《关于加快传统优势产业转型升级的若干意见》。绿色能源、现代纺织、机械汽配、电子电器等主导产业占规模以上工业产值比重不断提高；以蓄电池为主的新能源产业被列入全省“块状经济向现代产业集群转型升级示范区”；高新技术产业完成产值161.8亿元，占规模以上工业产值比重达到35.6%。全年实施政产学研合作项目156项、国家级科技项目29项，新增中国驰名商标1件、省著名商标4件、省级名牌9只、省级商标品牌基地1个，申请注册商标1015件，荣获“浙江省知识产权示范创建县”称号。农业经济实现增加值22.2亿元，比上年增长3.7%，新发展农民专业合作社32家，新增市级以上示范性农民合作组织7家、农业龙头企业5家。县、乡（镇）、村三级土地流转服务网络初步建立，全年流转土地6.2万亩，新建亩收益超5000元的高效农业示范点25个，七大特色产业新发展6.8万亩、总产值达到25.8亿元。新增省级以上无公害、绿色、有机农产品25只，成为“中国果菜无公害十强县”。服务业实现增加值84.9亿元，增长14.3%。总部经济园区、综合物流园区、捷通二期顺利推进，新增2A以上物流企业2家。生产性服务业分离试点工作加快实施，完成试点企业8家。

【对外开放进一步拓宽】 全县完成合同外资3.7亿美元，实到外资1.7亿美元、县外内资43.6亿元，进出口总额6.1亿美元，其中自营出口5.7亿美元。强化专业驻点招商，努力拓宽招商领域，成功举办第九届“长洽会”，先后组织北京、温州、杭州和上海招商推介会。全年引进“大好高”项目40个，总投资57.4亿元，新开工项目440个、竣工投产473个，亿元以上在建项目23个，江森自控、中钢、海信惠而浦等重大项目推进顺利。制定了《进一步加快外经贸发展若干政策》，海关、商检如期开关、开检。鼓励企业拓展国外市场，组织广交会、华交会和巴拿马国际贸易博览会等境内外参展，新增自营出口实绩企业40家、境外投资企业3家。开展“大项目引进百日大会战”，出台《关于加快推进乡镇工业平台建设的实施意见》，开展“奋战一百天，建设大平台”活动，安排财政扶持资金8073.9万元，带动全县工业平台基础设施投入10.4亿元，县开发区基础设施不断完善，乡镇工业平台迅速拓展，新增入园企业130家。

【发展环境不断优化】 大力实施179项重点基础设施项目，投入77.7亿元，完成年度计划的105%。长湖申航道（长兴段）扩建、杭宁高速铁路、318国道长兴段改建等交通重点项目稳步推进，顾渚线等一批乡村道路建成通车，新增农村联网公路90公里，改造农村低等级桥梁52座。加强农田水利和防汛设施建设，合溪水库实现大坝截流，和平水库、二界岭水库等千库保安工程有序推进，建成标准堤防43公里。特高压向上线、葛沪线长兴段完成建设，吕山、祥符220千伏输变电工程进展顺利，新增新农村电气化村20个。新建天然气管网25

公里，新增用户3500户。坚持集约节约用地，努力拓展用地空间，收回闲置用地1693亩，复垦建设用地2706亩、整理5600亩、开发2119亩，实现项目供地7106亩。人才引进培养力度不断加大，共引进人才2620人、培训8300人次，其中培训企业经营管理人员578人次；劳动用工信息平台建设和对外劳务合作不断深化，建立对外劳务合作基地15个，帮助企业招工1.3万人次。矿山企业环境整治力度加大，关闭矿山企业10家；104国道长兴过境段、10省道等路段粉尘治理取得实效。太湖蓝藻防治和苕溪清水入湖整治工作扎实有效，万里清水河道完成清淤143公里；新建城乡污水管网121公里，城市污水集中处理率提高到81.1%，入湖国控断面水质均达到III类水标准。鼓励和扶持企业发展循环经济，完成长兴污水处理厂二期和中水回用项目建设，新增清洁生产企业27家。金融创新不断深化，“走万扶千”、“金融超市”等金融服务活动深入开展，引进县级金融机构1家，年末存贷款余额分别为253.8亿元和218.1亿元，比年初分别增长46.9%和45.5%。新型农村金融体系建设加快推进，增设乡镇银行分支机构2家，新增支农、支小贷款23.2亿元，占新增贷款的34.2%。通信基础网络进一步优化，城乡信息化进程明显加快。

【城乡面貌不断改善】 合力推进新型城市化，促进以城带乡、以乡促城的城乡发展格局加快形成。西太湖（长兴）科教生态城、高新技术园区、回龙山新区、顾渚山茶文化旅游度假区、二界岭乡旅游度假区等完成规划编制，荣获“浙江省规划建设示范城市”称号。龙山新区二期加快建设，画溪大道全线贯通，机关幼儿园、新汽车总站建成启用，护城河整治和城市水面建设顺利完成，旧城改造步伐加快，完成拆迁15万平方米；中心广场、文化馆等城建重点工程顺利实施，第二水厂扩建如期竣工，城市功能不断增强，中心城区扩大到40平方公里，框架拉至50平方公里，城市化水平达到58%。全县森林覆盖率达到51.3%，中心城区绿地率40%、绿化覆盖率45%、人均公共绿地15平方米，成功创建省级生态县和省森林城市。城市精细化管理不断完善，社区物业管理覆盖面提高到75%，城市洁化、亮化、美化水平不断提升。小城镇建设有序推进，9个小城镇基础设施建设投入5.4亿元，其中3个中心镇投入4.2亿元，小城镇镇区规模扩大到30平方公里，新增全国环境优美乡镇3个，煤山镇成为省级森林城镇。高标准启动“魅力乡村”创建活动，106个中心村实现村庄建设规划全覆盖，完成示范提升村6个、整治村31个、全面小康建设示范村10个、省级绿化示范村10个。夹浦月明村成为全省农房改造建设先进典型，北线（城区—水口—夹浦）实验示范带初步建成。自来水通村率达到98%。农村垃圾收集、清运、处理机制更加健全，生活垃圾无害化处理率达到80%。成为“中国全面小康成长型百强县”、全省社会主义新农村建设考核优秀县。

【服务业快速发展】 全年接待国内游客460万人次、入境游客1.7万人次、旅游收入31亿元，主要景点门票收入1120万元，分别比上年增长37%、35.1%、48%和124%。图影高端休闲度假区启动建设，旅游景区配套设施更加完善，农业节庆活动蓬勃开展，乡村旅游品位明显提升，农家乐休闲旅游工作获全省考核一等奖，仙山湖被认定为国家级湿地公园并成为全市首家省级生态旅游区，荣获“中国十大文化休闲旅游县”称号。商贸服务业发展较快，欧尚超市建成开业，9条特色商业街、城北农贸市场改造和建材城二期建设如期完成，新增限额以上商贸企业7家，发展村级连锁便利店28家，覆盖率达到80.2%。全县金融机构年末存贷款余额分别为253.8亿元、218.1亿元，比年初分别增长46.9%和45.5%，银河证券长兴营业部正式营业。

【社会事业取得新进步】 技师学院二期等教育重点工程如期完成，改造农村中小学8所，城乡教育设施、设备日趋完善。制定实施《关于进一步加快学前教育改革与发展，全面提升学前教育质量的意见》，幼儿教育水平进一步提高；小学、初中入学率、巩固率均达到100%；高中段教育质量稳步提升。创建省标准化学校20所、市示范性教育强镇1个。城乡卫生服务机构医疗水平不断提高，新妇幼保健院投入使用，新中医院和卫生监督业务大楼建设顺利推进，全县医疗机构新增床位222张。“农民健康工程”深入实施，新农合参加率达到94.3%。公共卫生网络体系逐步健全，甲型H1N1流感、手足口病等重点传染病防控工作扎实有效。城乡文体事业蓬勃发展，全年组织群众文化活动502场、电影下乡展映3065场；百叶龙在“首都国庆60周年联欢晚会”成功演出，新四军苏浙军区纪念馆成为全国爱国主义教育示范基地和首批国家级国防教育示范基地，广电中心建成启用，国际射击中心主体工程完成结顶，体育馆修缮完毕并投入使用，创建省级体育强镇（乡）2个。人口和计划生育工作扎实开展，人口自然增长率为1.71‰。“五费合征”制度日趋完善，新投入财政资金1.35亿元，企业职工养老、被征地农民基本生活、城乡居民基本医疗、城乡居民最低生活等各类保险保障水平全面提高。筹措各类救助资金6229.6万元，政府救助7.75万人次。荣获“浙江省基层低保规范化建设示范县”称号。开工建设安置房、经济适用房、廉租房和人才公寓18万平方米，竣工11.3万平方米，改造农村困难群众危旧房416户，城乡居民居住条件进一步改善。新建、扩建“星光老年之家”44家，改造农村敬老院1所、重度残疾人托养中心2家，农村五保对象、城镇“三无”人员集中供养率达到99%。民主法治村（社区）创建活动深入推进，全县三星级以上民主法治村、社区，达标率分别达到96.3%和100%。各类违法犯罪活动打击有力，群众安全感满意率为98.5%。安全生产形势总体平稳，安全事故发生数下降22.4%。“十小”行业整治取得积极成效，严肃查处了危害食品安全、传销、制假售假等一批违规违法经营案件。坚持领导干部接访、包案制度，信访工作机制不断完善，各类不稳定因素得到有效化解。人民调解机制不断健全，各类矛盾纠纷调处率100%、成功率98.2%。社区矫正、安置帮教工作稳步推进，法律援助工作不断深化。

【成功创建“省森林城市”】 12月8日，顺利通过“省森林城市”检查验收组验收。近年来，长兴县紧紧围绕建设山水园林型现代化新兴城市的目标，城市建设取得了突破性进展，实现了城市发展与产业积聚、人口集聚的良性互动。中心城区面积达到40平方公里，城市框架拉大到50平方公里，中等城市规模已基本形成，城市水平达到58%。迎宾大道、龙山大道、滨河大道、明珠路、画溪大道等一批高标准的城市主干道先后建成；在全省率先使用天然气，城市道路亮灯率保持在99%以上；城市日供水能力达到9万吨，供水普及率100%；日处理9万吨的污水处理厂和日处理650吨的垃圾处理厂相继投入运行，城市污水处理率达到80%以上，城区生活垃圾全部实现无害化、减量化和资源化处理；全县共建污水处理厂12座，在全省率先实现镇镇建有污水处理厂的目标；每年用于城市绿化的资金投入达到1.5亿元以上，城市建成区绿地总量已达到1050公顷，城市绿化率、绿化覆盖率、人均公共绿地三项指标已分别达到38%、43%、12平方米。

【全省农房改造交流会在长兴召开】 9月8日，全省农村住房改造建设经验交流会在长兴召开。副省长陈加元及市、县领导孙文友、马以、刘国富、章根明等参加会议。期间，与会人员参观了长兴新农村建设示范村——夹浦月明村与县展览馆、图书馆及城市夜景等，并对长兴县的新农村建设取得的成绩给予了高度评价。

【举行长三角与波罗的海合作发展论坛和长兴国际投资贸易洽谈会】 9月17日～18日，由长兴县人民政府与瑞典卡尔马地区委员会共同主办的“第五届中国长三角与波罗的海合作发展论坛”在瑞典成功举行。中国驻瑞典使馆陈明明大使，商务处索鹏二秘和瑞典国务秘书，工商部副部长约兰·海格伦等到会指导。长兴派出30位代表组团参加。在为期二天的论坛中，浙江长兴、上海、山东、江苏南京的36家企业与瑞典、芬兰、英国、波兰、拉脱维亚等国的45家企业进行了对口洽谈，并达成了较多的合作意向。卡尔马地区委员会组织了10场商务研讨会与商务展示活动。10月16日～18日，2009中国·太湖明珠——长兴国际投资贸易洽谈会顺利举行，这是长兴县连续第九届举办长洽会。同时组织举办了国际新能源产业高峰论坛、2009中国·长兴高新（实用）技术成果对接洽谈会、第五届上海国际创意产业活动周长兴论坛、2009国际粉体技术商贸交流大会、长兴休闲产业投资恳谈会以及60多个项目的开、竣工仪式等一系列经贸活动。共吸引了来自美国、澳大利亚、日本、韩国及世界500强企业代表等海内外嘉宾、客商1000多人，进一步促进了长兴的对外开放。在长洽会上共签约项目74个。其中：外资项目21个，总投资5.6亿美元；县外内资项目53个，总投资51.4亿元。项目涉及新能源（光伏电）、机械汽配、电子电器、现代纺织、新型建材、现代农业和现代服务业等主导产业。

【合溪水库工程截流】 10月1日，长兴县隆重举行合溪水库工程截流仪式。合溪水库是《太湖流域综合规划》中首推项目之一，也是省政府确定水资源百亿保障工程的重点项目，集雨面积为235平方公里，总库容1.11亿立方米，是一座以防洪为主，结合供水等综合利用的大（2）型水库。自2007年12月24日开工建设以来，进展顺利，工程将于2010年10月下闸蓄水，2010年底完成全部工程。

【“百叶龙”赴京参加国庆晚会演出】 10月1日晚，在北京天安门广场金水桥前的核心表演区域，在首都国庆60周年联欢晚会“腾飞中国”篇章，长兴百叶龙激情演绎，获得成功，赢得了中央领导、国庆联欢活动指挥部、导演组以及全国观众的一致好评，成为国庆联欢晚会的一大亮点和各大主流媒体争相报道的一个热点。建国60年，长兴百叶龙已二度亮相天安门。

【成立全省唯一“省级绿色动力源产品质量检测中心”】 10月16日，浙江省绿色动力源集成创新公共服务平台暨浙江省绿色动力电源产品质量检测中心落户长兴。检测中心配置了德国迪卡龙公司、安捷伦等目前一流的检验检测装备，能按照国际、国内各类标准，对锂电池、太阳能电池、原辅材料等新能源领域90%以上项目做出权威评价，超出沈阳国家检测中心和国内其他中心的检测能力。

【长兴经济开发区】 浙江长兴经济开发区于1994年经浙江省人民政府批准为浙江省级开发区，规划面积19平方公里，至年末已经开发18.28平方公里，累计投入资金超过51亿元。自2003年以来，已连续6年跻身全省“十强开发区”，并连续两届入围“长三角最具投资价值开发区”。69平方公里的开发区二期正在规划设计中。2009年，全区实现工业总产值278.7亿元，比上年增长17.01%；工业增加值75.3亿元，增长10.35%；自营出口4.37亿美元，下降18.9%；财政收入14.8亿元，增长7.08%；实现合同外资2.26亿美元，下降8.67%；实到外资1.46亿美元，增长10.51%。

开发区西与长兴城区相连，东与美丽的太湖相依；距离杭州萧山国际机场、南京禄口国际机场、上海虹桥国际机场、上海浦东国际机场等四个国际机场均在2小时车程以内；并有两条国道（104国道和318国道）、两条高速公路（杭州—南京的杭宁高速公路、上海—合肥的申苏浙皖高速公路）、四条铁路（江苏新沂—浙江长兴的沂长铁路、宣州—杭州的宣杭铁路、杭州—牛头山的杭牛铁路、南京到杭州的杭宁城市轻轨）和一条黄金水道（长兴—湖州—上海的长湖申河道）在开发区处交汇，交通十分便捷。区内建有日处理6万吨污水处理厂一座、日产6万吨自来水厂一座；建有110千伏的变电所3座；利用电厂余热工程能提供压力为10千克、温度200摄氏度以上、每小时100吨蒸汽的供应能力；已经实施的“西气东输”接口工程使得开发区在原液化气供应的基础上得到了来自西部的天然气供应。已开发区域内，所有管线设施均一次性铺设到位，基本实现了“九通”（通电、通气、通热、通给水、通排水、通排污、通讯、通有线电视、通宽带网），开发区内绿化面积近90万平方米。园区内主干道路宽66米，次干道路宽33米，所有道路均按照国家一级公路标准建设。

开发区内分设南太湖总部经济园、日资工业园、海信工业园、汽配工业园、浙大科技园、高科技产业园等六大专业园区。入园企业484家，其中，外资企业166家，包括美国惠而浦、美国江森自控、美国空气化工、法国欧尚等多家世界五百强企业。开发区累计实现外商投资总额达21.3亿美元，其中，投资额超过1000万美元的项目117个。至年末落户开发区的企业主要有：海信（浙江）空调有限公司、日本波路梦食品有限公司、日本爱侣科技有限公司、努奥罗（中国）有限公司、日本三山实久纺织有限公司、土耳其杜拉克纺织、法国多蒙佳乐服饰有限公司、美国瑞高建筑系统有限公司、意大利诺万特克特种玻璃有限公司、华欣高科技纺织，浙江九川集团、浙江盛邦化纤有限公司以及浙江诺力、天能、昌盛、金三发、新光源、畅通、威达等一批重点骨干企业。集电子电气、机械汽配、高档纺织为主导的高度外向的外资集聚区和经济增长极已初步形成。

（陈吉广）

·安吉县·

【概况】 2009年，安吉县深入学习实践科学发展观，团结依靠全县人民，坚持既定发展思路不动摇，坚定保稳促调目标不松懈，激发热情、主动应对、克难攻坚，实现了经济社会又好又快发展。全年实现地区生产总值159.52亿元，比上年增长11.2%，增幅位居全市首位。完成全社会固定资产投资69.4亿元，增长21.4%。财政总收入达到18.3亿元，地方财政收入达到10.5亿元，分别增长24.3%和27.4%，增幅均列全省第一。城镇居民人均可支配收入22484元，农民人均纯收入11326元，分别增长10.1%和9.5%。城镇登记失业率控制在3.0%以内。万元GDP综合能耗下降3.0%，化学需氧量下降1.2%，二氧化硫排放量下降0.3%。社会消费品零售总额59.5亿元，增长16%。

【对外开放成绩显著】 合同外资、实到外资和实到内资分别达到2.5亿美元、1.1亿美元和28.1亿元，提前一个月完成市下达外资任务，自营出口完成11.1亿美元，列全市首位。成为杭州西博会永久分会场。

【工业结构优化升级】 全年完成工业性投入45.7亿元，比上年增长14.1%，新开工工业项目203项，其中，3000万元以上项目开工44项，亿元以上项目开工5项。全县规模以上企业达到562家，新增产值超亿元企业10家、超10亿元企业1家。成功申报“安吉椅业”集体商标。新增国家高新技术企业8家，新认定省级以上新产品159个。

【发展要素集聚优化】 着力实施加快工业经济转型升级三年行动计划，创新开展季度奋战行动。全年新增中央投资项目23个，争取资金7294万元，新增省重点项目8项。完成平台建设投入11.3亿元，创新开发区与递铺镇镇区合一管理新体制，启动安吉临港经济区建设。强化土地依法有序管理，制定并实施土地和违法建筑执法监察长效管理机制，全面启动新一轮土地总体利用规划修编，推出招商熟地3800亩。全年新增工业贷款15.6亿元，完成村镇银行组建和企业债券发行省级申报。南太湖精英计划实现零突破，成功引进2名领军人才，吸引72名高层次人才落户安吉。成功创建国家可持续发展实验区，竹炭研发项目荣获国家科技进步二等奖。

【美丽乡村创建成效明显】 建成四条精品观光带，完成四个县域出入口改造，美丽乡村创建覆盖面达到50%以上。全面实施村庄环境卫生长效管理机制。白茶、蚕桑、粮食、山地蔬菜四大示范基地建设加快，完成114万亩林地森林认证（FSC）。安吉白茶在33个国家完成国际商标注册，并蝉联省十大名茶之一。完成土地（林权）流转4.5万亩，组建土地（林权）股份合作社10个。林权抵押贷款总额达到1.3亿元。

【城乡基础设施日趋完善】 杭长高速二期安吉段完成投资5.1亿元，13省道青临线安吉段改建工程开工建设，申嘉湖高速西延项目前期正式启动。完成145.9公里农村联网公路建设和22座农村危桥改造，县道安保工程全面完成。建成安吉天然气支线，特高压工程顺利推进。完成县体育中心主体土建工程。9条城市道路建成通车。数字城管投入运营。国家园林县城通过复评。完成8.5公里西苕溪河道标准堤建设、91公里清水河道建设和9座水库保安工程。完成生态修复1万亩。建成高禹和鄣吴水厂，新增受益人口3.2万人。

【休闲产业彰显活力】 成功创建

省首批旅游经济强县，举办首届中国休闲农业与乡村旅游节暨第二届中国美丽乡村节，被农业部和国家旅游局命名为全国首个休闲农业与乡村旅游示范县。率先在全国派送中国美丽乡村共享券，周密部署“7·22”日全食全球最佳观测活动和对外宣传。环灵峰山休闲度假区列入省旅游发展重点项目，建成全省第一个天文观测和科普基地。全年接待游客544万人次，旅游收入22亿元，门票收入8487万元，同比分别增长8.5%、15.6%和18.5%。农村连锁便利店实现全覆盖。

【保障体系不断完善】 新增城镇就业人数10622人。企业工资支付保证金制度进一步完善。成为全省首个村级劳动保障服务平台全覆盖县。完成县福利、康复中心主体工程和45家农村老年活动中心建设，启动扶残助残爱心城市创建。建立昌硕街道办事处。农村社区工作全省领先。完成城镇中低收入困难家庭住房441户，农村困难群众危房改造500户。全面开展“健康安吉”行动，有效防控手足口病和甲型流感疫情，完成14.5万农民免费体检，医疗救助实现全覆盖，新型城乡合作医疗和城镇职工医疗保险参加人数达到41.9万人。全面实施健康宝宝计划，婚检率、人口出生率和自然增长率分别为90.3%、8‰和0.89‰。

【社会运行稳定有序】 社会治安综合治理防控体系进一步健全，治安动态视频监控系统实现全覆盖，平安小区建设扎实推进，刑事、治安、“两抢一盗”案件发案率均低于全市平均水平。强化食品药品安全，农村“十小”行业整治取得积极成效。全面开展安全生产“三项行动”，成功创建全国平安农机示范县，组建乡镇公共安全监管中心，安全生产事故起数、死亡人数和直接经济损失保持“零增长”。

【社会事业协调共进】 深入实施全面改善民生五大行动，和谐社会建设取得新进展。成功创建省级文化先进县和省级体育强县，中国生态博物馆信息资料中心主体工程结顶，建成18个地域文化陈列馆。竹叶龙艺术团代表中国参加第37届法国和平艺术节。完成15所中小学阳光体育运动设施建设，成功举办全国小轮车冠军赛、全国青年象棋锦标赛和县第二届农民运动会。建立城乡教育均衡发展机制，全面落实义务段教师绩效工资，基本化解义务段教育债务。高考上线率首次超过全省平均水平。实现县城数字电视、“村村响”工程和农村有线电视全覆盖。百件实事惠民生专项行动顺利推进。

【安吉经济开发区】 安吉经济开发区成立于1992年，1994年8月经浙江省人民政府批准为省级经济开发区。在安吉县委、县政府的大力扶持下，历经多次体制、区域调整，安吉经济开发区迅速发展壮大，2008年成为全省省级开发区十强。2009年2月，安吉县委、县政府为整合提升、做大做强开发区，将县城递铺镇并入开发区，实行了全省首创的“区镇合一”新体制。整合后的开发区（递铺镇）区位优势明显。距上海220公里、杭州65公里、湖州63公里。区域面积375平方公里，是安吉县面积最大的行政区域和政治经济文化的中心。整合后的开发区（递铺镇）交通便利。杭长高速穿区而过，国家一级公路04、11省道一纵一横贯穿全境，西苕溪、浒溪、龙王溪、西溪四河交汇，年吞吐量20万标准箱的川达物流码头直通上海沪漕港，是安吉县交通枢纽的核心。整合后的开发区（递铺镇）经济实力雄厚。拥有规模以上企业235家，其中超亿元企业25家，财政收入占全县总量一半，是安吉县工业“金三角”的龙头。整合后的开发区（递铺镇）平台规模壮观。拥有全县七大主要工业平台和一个休闲旅游平台，并将其整合规划为城北、城西北两大工业新城和环灵峰山休闲度假区的“两城一区”发展格局，是安吉县经济发展的增长极。一年来，安吉经济开发区以科学发展观为指导，大胆实践“区镇合一”新体制，坚定“拼三年，翻一番”目标，实现了资源的高效整合，突破了发展的瓶颈制约，发挥了新体制的较大优势，推进了全区（镇）经济社会又好又快发展。2009年完成规模以上企业工业总产值122亿元，比上年增长13.3%，新增销售收入超亿元企业8家。完成合同外资1.82亿美元、实到外资8560万美元、实到注册内资4.67亿元人民币。完成财政总收入8.68亿元，增长23.5%。农民人均收入突破13000元。

（刘元义）

统计资料

统　计　图

1991～2009年湖州市生产总值（GDP）增长速度（%）

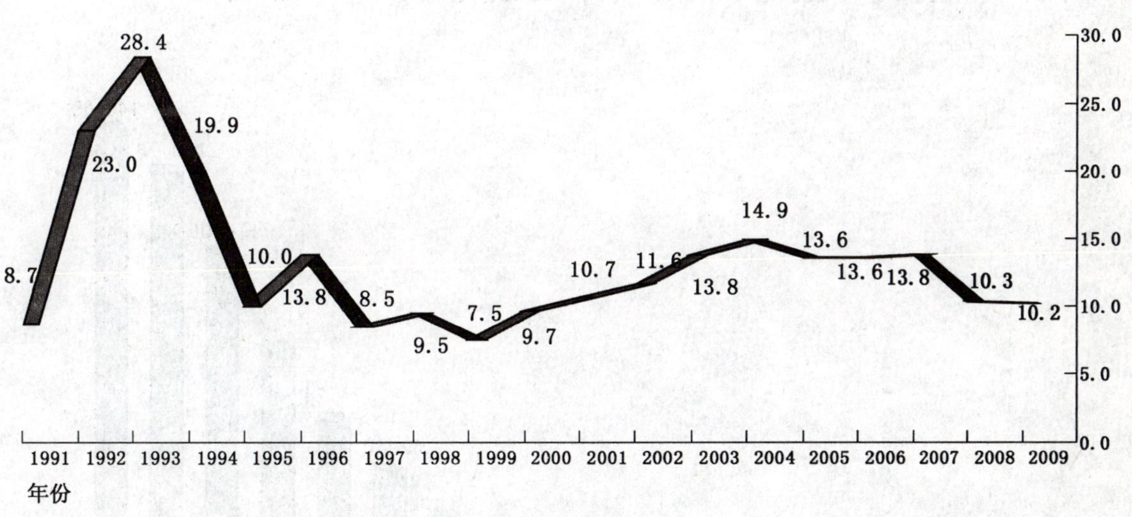

1989～2009年湖州市地区生产总值（GDP，亿元）

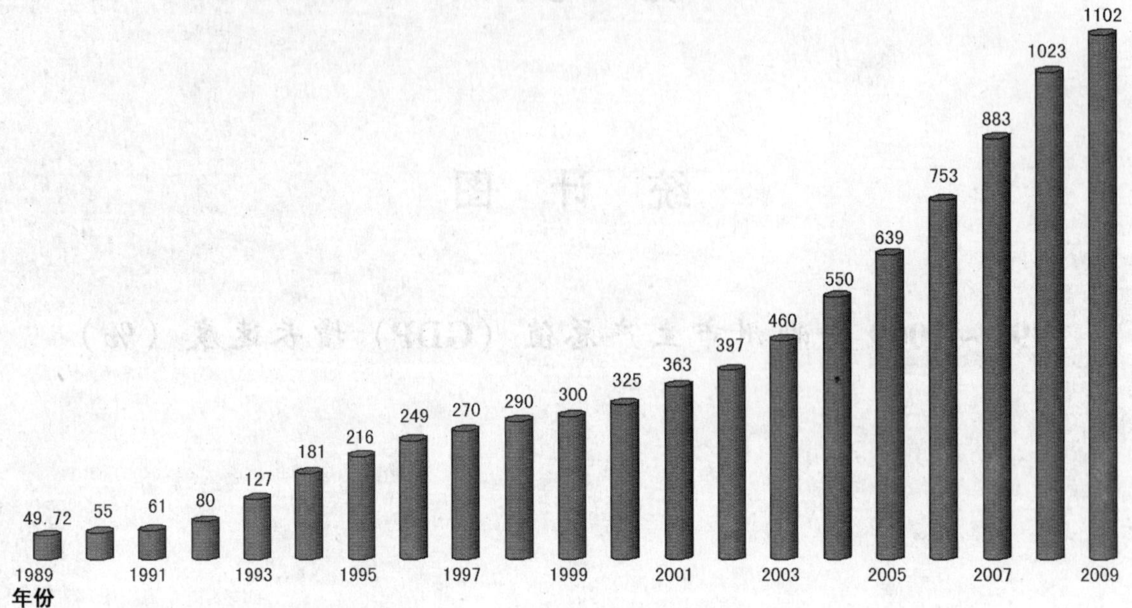

1991～2009年湖州市财政总收入（亿元）

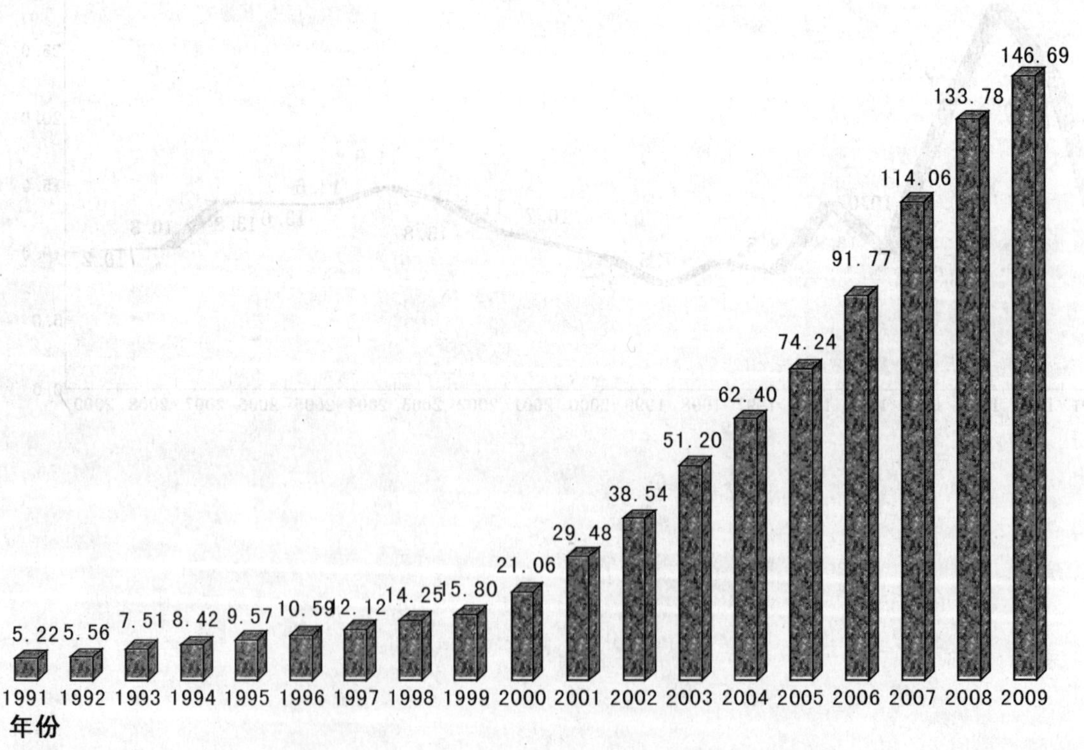

1989～2009 年湖州市全社会固定资产投资（亿元）

11.25
11.75
13.12
24.61
45.53
58.13
72.40
79.92
84.05
94.18
96.29
109.34
145.16
189.64
246.90
327.66
362.95
407.25
458.34
528.79
638.69
1989 1990 1991 1992 1993 1994 1995 1996 1997 1998 1999 2000 2001 2002 2003 2004 2005 2006 2007 2008 2009
年份

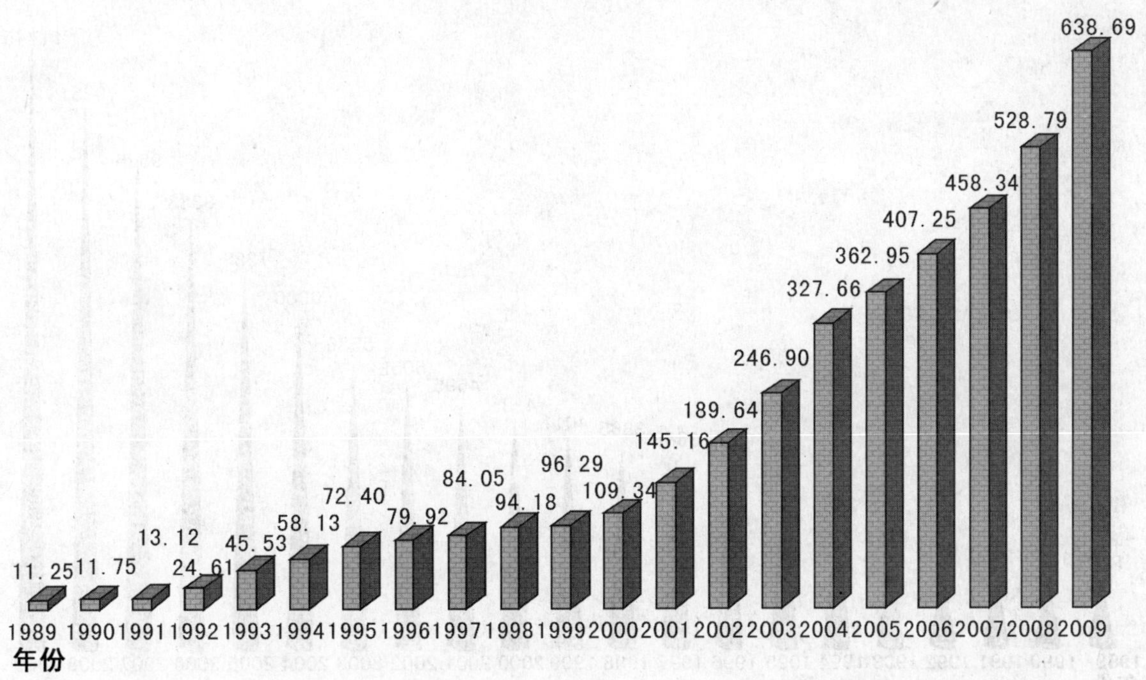

1991～2009 年湖州市城市居民人均可支配收入（元）

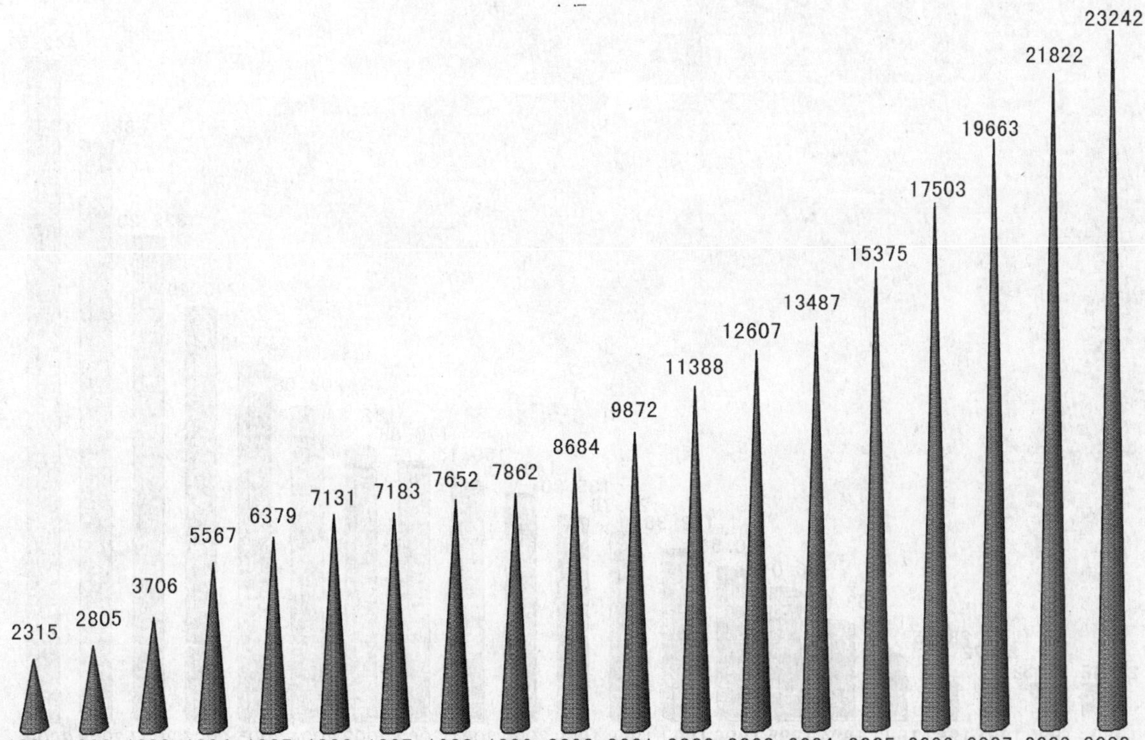

2315
2805
3706
5567
6379
7131
7183
7652
7862
8684
9872
11388
12607
13487
15375
17503
19663
21822
23242
1991 1992 1993 1994 1995 1996 1997 1998 1999 2000 2001 2002 2003 2004 2005 2006 2007 2008 2009
年份

1989～2009年湖州市农村居民人均纯收入（元）

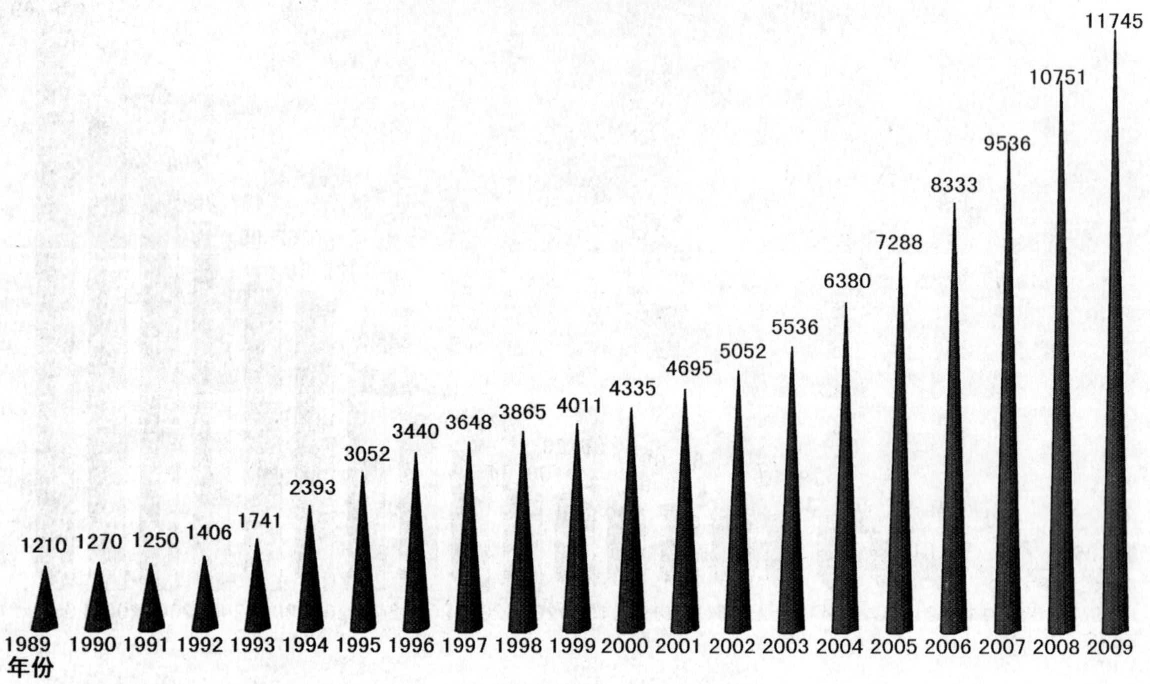

1989～2009年湖州市社会消费品零售总额（亿元）

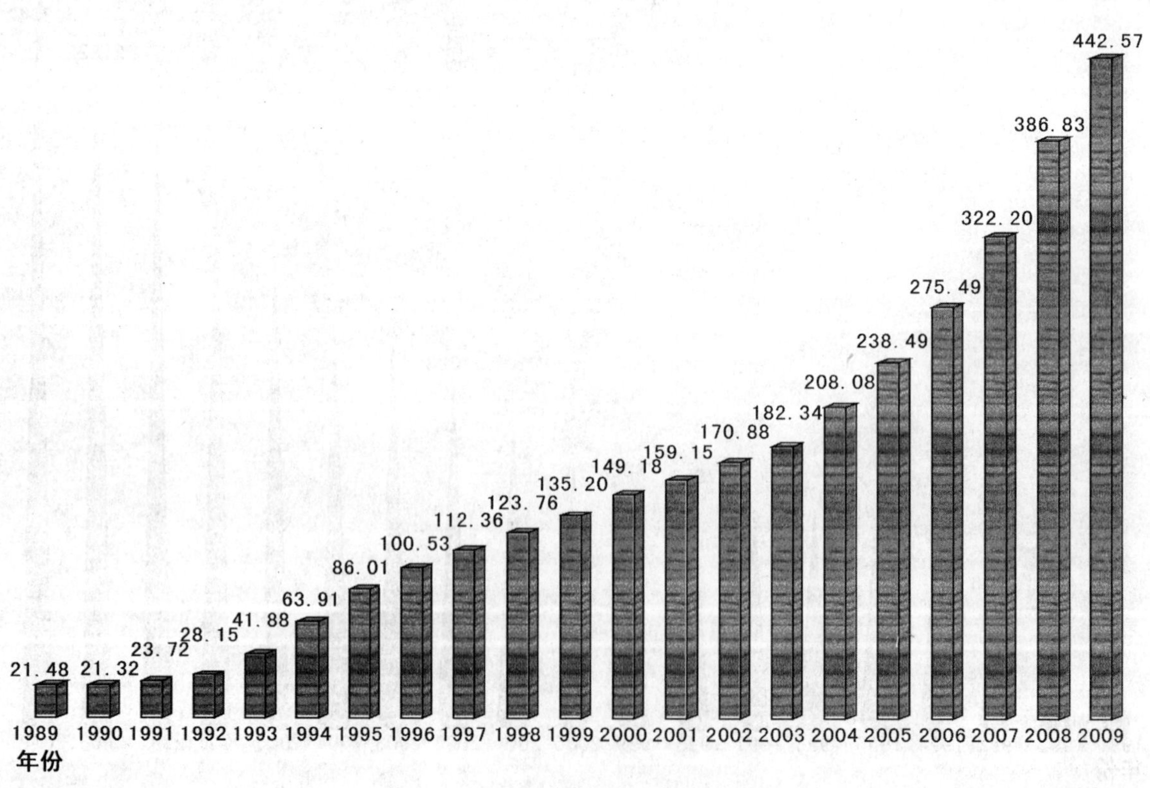

1989～2009年湖州市城乡居民人民币储蓄存款余额（亿元）

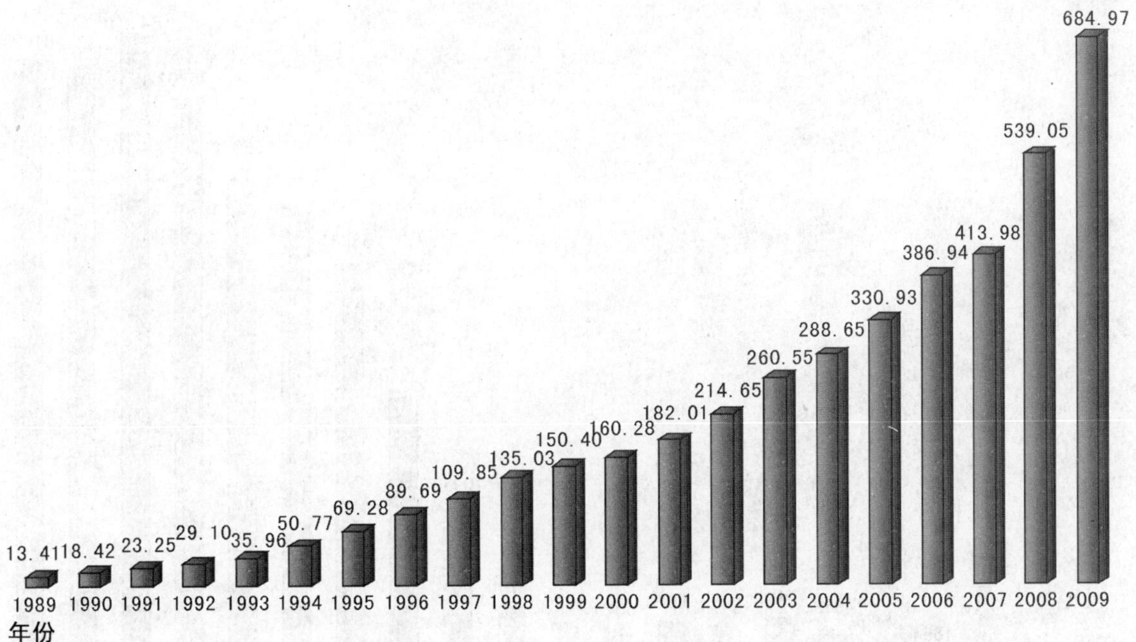

1998～2009年湖州市在岗职工平均工资（不含私营企业，元）

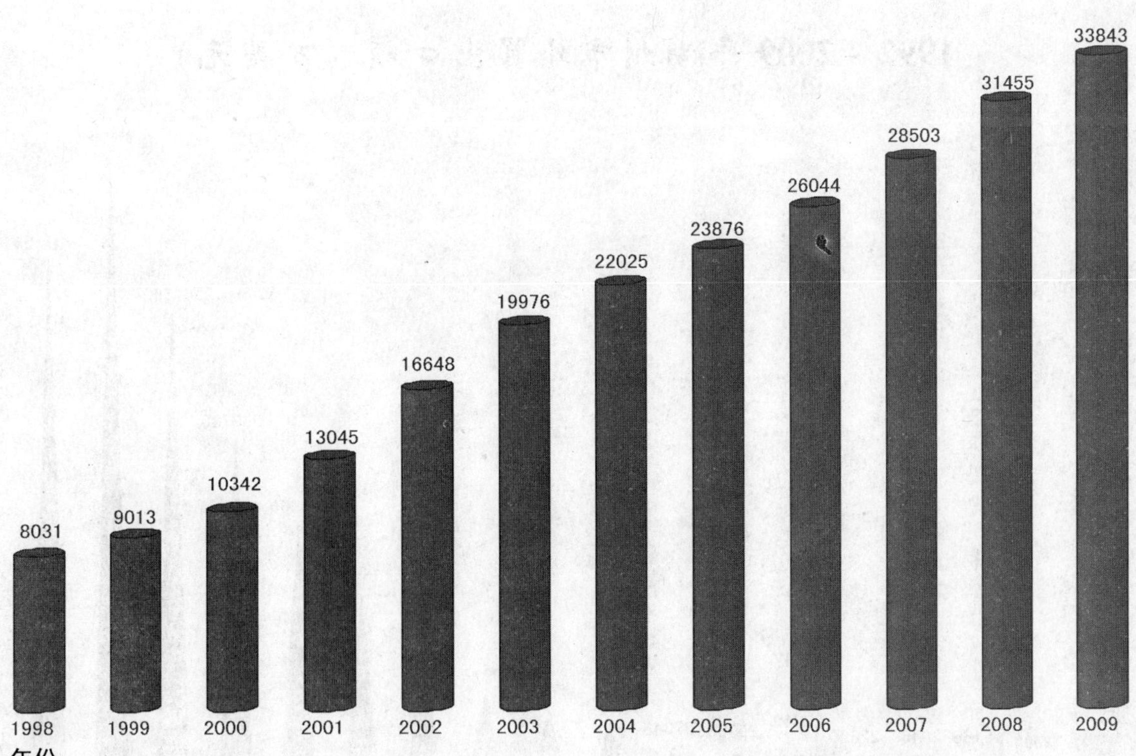

1989～2009年湖州市实际利用外资（万美元）

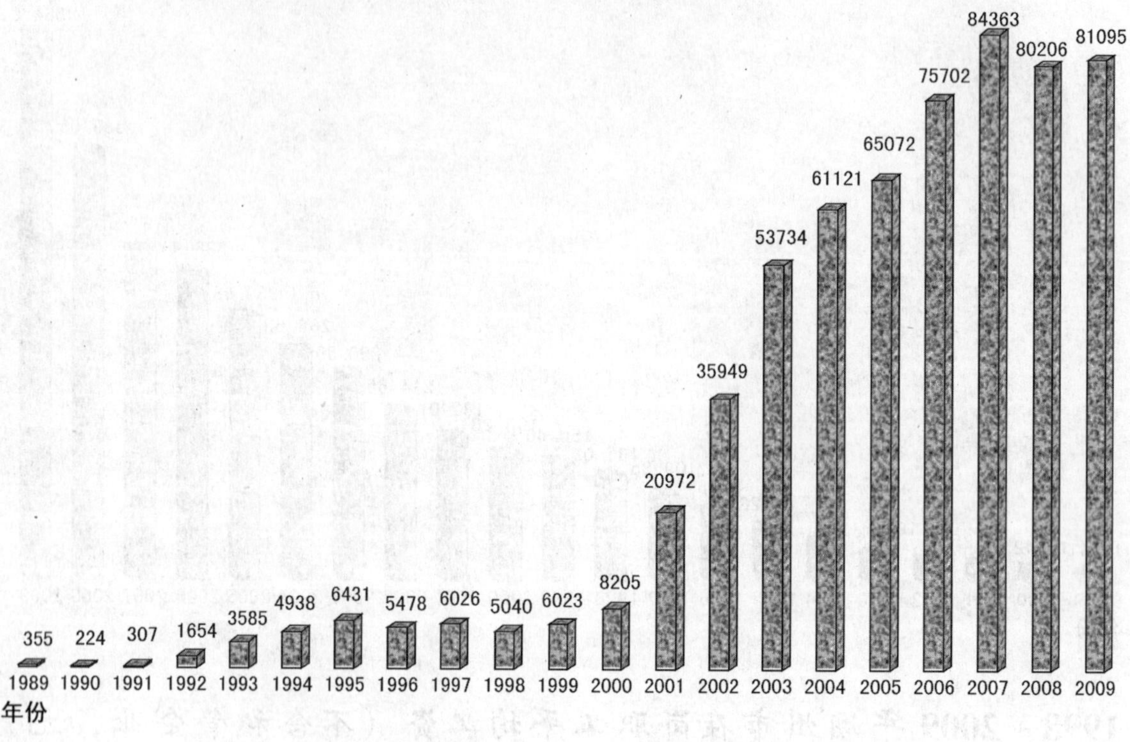

1992～2009年湖州市外贸出口额（万美元）

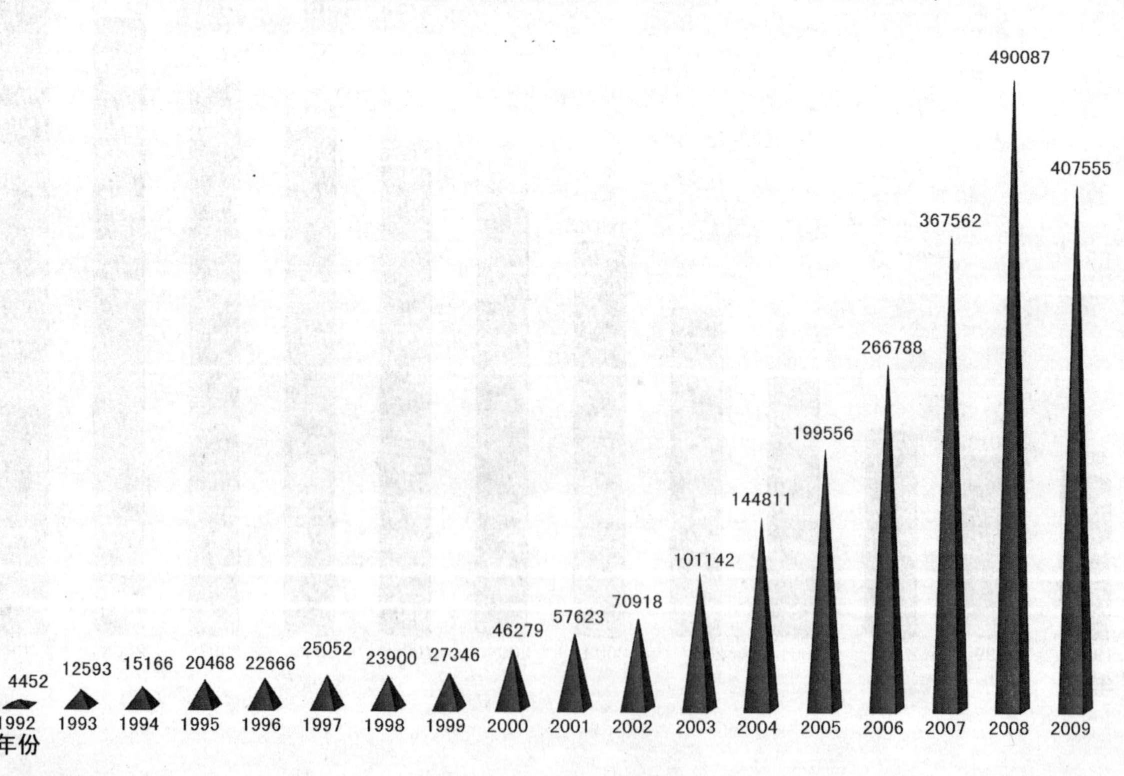

统 计 表

2009年湖州市国民经济主要指标

表6

	单位	2009年	±%
年末总人口	万人	259.17	0.3
#非农业人口	万人	81.84	1.4
生产总值（GDP）	亿元	1101.83	10.2
#第一产业	亿元	90.26	4.6
第二产业	亿元	606.41	8.2
#工业	亿元	542.54	7.7
第三产业	亿元	405.16	14.5
人均生产总值（按户籍人口）	元	42569	9.9
规模以上工业总产值	亿元	2198.09	
规模以上工业利税总额	亿元	174.98	
#利润	亿元	105.14	
农林牧渔业总产值	亿元	153.09	4.7
财政总收入	亿元	146.69	9.7
#地方财政收入	亿元	80.01	11.7
财政支出	亿元	108.51	25.6
社会消费品零售总额	亿元	442.57	14.4
进出口总额	亿美元	48.33	-13.6
#出口	亿美元	40.76	-16.9
进口	亿美元	7.57	10.2
新批利用外资项目个数	个	374	-11.2
合同外资（老口径）	亿美元	17.15	-4.9
合同外资（商务部口径）	亿美元	17.28	-2.3
实到外资	亿美元	8.11	1.1
全社会用电量	亿千瓦小时	123.06	9.4
#工业用电量	亿千瓦小时	95.79	8.8
全社会固定资产投资	亿元	638.69	20.9
#工业性投入	亿元	337.73	16.0
房地产开发	亿元	111.30	4.2
#限额以上投资	亿元	592.59	22.1
商品房竣工面积	万平方米	223.74	22.4
商品房销售面积	万平方米	432.28	120.2
商品房销售额	亿元	219.77	167.1
居民消费价格指数	上年=100	99.2	-0.8
全市城镇居民人均可支配收入	元	23280	7.8
市区城镇居民人均可支配收入	元	23242	6.5
市区城镇居民恩格尔系数	%	36.1	36.1
全市农村居民人均纯收入	元	11745	9.2
全市农村居民恩格尔系数	%	33.15	33.1
客运周转量	亿人公里	32.43	6.2
货物周转量	亿吨公里	188	6.5
内河港口货物吞吐量	万吨	14945.0	4.3
年末民用汽车保有量	万辆	16.77	28.3

续表 6

	单位	2009 年	±%
#私人汽车	万辆	13.32	34.9
#轿车	万辆	8.95	40.5
小型汽车上牌量	万辆	4.05	79.5
金融机构年末本外币存款余额	亿元	1397.69	37.9
#城乡居民储蓄余额	亿元	688.33	27.0
金融机构年末本外币贷款余额	亿元	1150.71	46.4
金融机构年末本外币不良贷款余额	亿元	7.86	-12.9
金融机构本外币不良贷款比例	%	0.68	-0.5
旅游人数	万人次	2349.96	19.1
#入境旅游人数	万人次	28.27	16.0
旅游总收入	亿元	166.24	26.2
#旅游外汇收入	万美元	10285.90	18.4
主要旅游景点门票收入	亿元	1.71	25.3
保险业务收入	亿元	31.45	7.2
#寿险	亿元	20.44	-0.9
财险	亿元	11.01	26.4
保险赔款支出	亿元	6.35	-30.7
#寿险	亿元	1	11.3
财险	亿元	5.64	-33.9
年末证券资金账户	个	125297	-11.6
各项证券业务成交额	亿元	2534.09	101.6
#代理 A 股成交额	亿元	2322.69	117.5
邮政电信业务收入	亿元	26.79	4.7
移动电话用户数	万户	245	21.4
固定电话用户数（含小灵通）	万户	112.52	-4.6
电话普及率	部/百人	138.14	增 19
互联网用户数	万户	39	35.2
#宽带用户	万户	37	30.1
年末上市公司数	家	9	增 3
全年出版各类报纸	万份	3352	-3.1
#《湖州日报》	万份	1600	-0.7
《湖州晚报》	万份	1518	-6.0
《湖州广电报》	万份	234	—
全年有线电视入户数	万户	67	3.5
全年专利申请量	件	6030	23.4
全年专利授权量	件	5165	122.8
#发明专利	件	92	增 35
驰名商标	件	71	增 5
高等教育毛入学率	%	43.10	3.02
高考上线率	%	92.23	3.20
十五年教育毛入学率	%	97.73	0.09
基本养老保险参保人数	万人	66.25	8.9
医疗保险参保人数	万人	49.15	10.2
失业保险参保人数	万人	34.61	10.9
中心城市建成区面积	平方公里	82.60	4.8
结婚登记	对	22897	14.1
离婚登记	对	4900	6.8
城镇登记失业率	%	3.2	-0.1

2009年湖州市地区生产总值

表7　　单位；万元

	2009年	±%
地区生产总值	1101.83	10.2
第一产业	90.26	4.6
第二产业	606.41	8.2
工　业	542.54	7.7
建筑业	63.86	12.6
第三产业	405.16	14.5
交通运输仓储邮政业	42.33	4.9
信息传输计算机服务和软件业	17.86	14.3
批发零售业	79.79	11.6
住宿餐饮业	22.96	13.1
金融业	68.18	17.6
房地产业	55.10	18.3
租赁和商务服务业	14.61	31.5
科学研究、技术服务和地质勘查业	5.36	12.5
水利、环境和公共设施管理业	3.35	25.7
居民服务和其他服务业	18.31	17.5
教育	25.71	16.1
卫生、社会保障和社会福利业	14.43	18.8
文化体育和娱乐业	3.42	17.2
公共管理和社会组织	33.76	11.7
吴兴区	309.75	10.4
南浔区	195.92	8.7
德清县	203.28	9.8
长兴县	240.36	11.1
安吉县	159.03	11.1
△市　区	506.11	9.8

2009年湖州市分县（区）生产总值

表8　　　　单位：亿元

	全　市	吴兴区	吴兴	开发区	南浔区	德清县	长兴县	安吉县	△市区
地区生产总值	1101.83	309.75	226.82	81.90	195.92	203.28	240.36	159.03	506.11
第一产业	90.26	15.62	13.98	1.64	18.05	16.00	22.11	18.48	33.68
农、林、牧、渔业	90.26	15.62	13.98	1.64	18.05	16.00	22.11	18.48	33.68
农业	44.44	7.66	6.83	0.83	6.14	3.37	15.09	12.18	13.80
林业	12.36	1.55	1.53	0.02	0.03	3.30	2.66	4.82	1.58
畜牧业	11.58	2.16	1.84	0.33	4.03	2.84	1.78	0.76	6.20
渔业	17.64	3.57	3.13	0.45	6.21	5.21	2.14	0.51	9.78
农、林、牧、渔服务业	4.25	0.68	0.66	0.02	1.63	1.28	0.44	0.21	2.32
第二产业	606.41	152.22	113.58	44.09	125.78	119.55	134.23	80.52	278.29
工　业	542.54	129.85	95.10	40.40	119.22	108.74	117.92	72.71	249.37
采矿业	26.96	3.90	3.40	0.82	0.00	9.32	6.98	8.12	4.22
制造业	477.91	116.43	87.08	31.73	114.53	95.15	100.09	55.53	230.93
电力、燃气及水的生产和供应业	37.67	9.52	4.62	7.85	4.70	4.27	10.85	9.05	14.22
建筑业	63.86	22.37	18.47	3.69	6.55	10.81	16.32	7.81	28.92
第三产业	405.16	141.91	99.26	36.17	52.09	67.73	84.01	60.04	194.14
交通运输仓储邮政业	42.33	14.54	9.42	2.92	3.50	8.18	12.01	4.92	18.06
信息传输计算机服务和软件业	17.86	5.88	4.01	1.86	3.71	2.62	3.27	2.38	9.59
批发零售业	79.79	28.83	24.54	4.04	12.18	13.12	13.99	11.67	41.01
批发业	41.73	14.72	12.26	2.33	5.43	9.70	7.14	4.74	20.15
零售业	38.07	14.11	12.28	1.72	6.75	3.42	6.85	6.93	20.86
住宿餐饮业	22.96	6.07	4.08	1.96	3.17	3.78	5.14	4.73	9.32
住宿业	3.97	1.26	0.93	0.34	0.29	0.71	0.87	0.85	1.55
餐饮业	18.99	4.81	3.15	1.61	2.89	3.07	4.26	3.88	7.77
金融业	68.18	24.88	19.30	5.95	10.99	10.80	13.23	8.28	35.88
房地产业	55.10	20.51	9.90	5.94	6.65	7.93	10.80	9.09	27.20
租赁和商务服务业	14.61	5.91	4.68	1.23	0.39	2.94	4.31	1.06	6.30
科学研究、技术服务和地质勘查业	5.36	3.76	2.18	1.58	0.33	0.56	0.41	0.30	4.09
水利、环境和公共设施管理业	3.35	－0.06	－0.56	0.50	0.09	0.74	1.66	0.91	0.03
居民服务和其他服务业	18.31	5.16	3.88	1.28	2.84	3.40	3.59	3.32	8.00
教育	25.71	7.81	6.03	1.89	3.29	4.75	6.01	3.85	11.10
卫生、社会保障和社会福利业	14.43	6.55	6.10	0.45	1.44	2.35	2.26	1.84	7.98
文化体育和娱乐业	3.42	0.89	0.51	0.38	0.20	0.54	1.09	0.70	1.09
公共管理和社会组织	33.76	11.18	5.18	6.16	3.31	6.03	6.26	6.98	14.49

2009年湖州市分县（区）生产总值增长速度

表9　　　　单位：%

	全　市	吴兴区	吴兴	开发区	南浔区	德清县	长兴县	安吉县	△市区
地区生产总值	10.2	10.4	10.2	10.2	8.7	9.8	11.1	11.1	9.8
第一产业	4.6	0.8	2.2	-9.6	4.3	5.3	4.8	1.5	2.6
农、林、牧、渔业	4.6	0.8	2.2	-9.6	4.3	5.3	4.8	1.5	2.6
农业	3.6	-4.2	-1.8	-19.8	-0.6	1.8	5.9	0.3	-2.6
林业	2.0	17.9	17.5	55.1	9.3	-2.4	-3.3	3.8	17.7
畜牧业	8.7	4.4	2.1	20.0	10.2	10.9	10.1	2.4	8.1
渔业	6.7	1.0	1.5	-2.3	6.3	12.2	4.7	8.7	4.3
农、林、牧、渔服务业	5.9	11.8	12.2	0.0	4.9	4.4	4.7	8.2	6.9
第二产业	8.2	7.4	7.7	8.0	7.4	8.6	9.9	9.5	7.4
工　业	7.7	7.4	8.1	7.8	7.5	8.6	8.2	8.7	7.5
采矿业	12.7	4.0	12.3	13.1		44.9	5.8	12.7	12.5
制造业	4.4	4.3	7.3	4.2	7.3	4.0	3.0	7.3	5.7
电力、燃气及水的生产和供应业	68.0	72.8	21.2	23.4	-12.2	92.2	107.1	14.2	46.6
建筑业	12.6	7.3	5.6	10.3	5.4	8.5	24.0	17.6	6.9
第三产业	14.5	14.7	14.3	14.2	13.5	13.2	14.7	16.5	14.5
交通运输仓储邮政业	4.9	5.6	5.3	3.0	6.1	7.1	5.1	4.1	5.8
信息传输计算机服务和软件业	14.3	12.9	13.9	10.7	13.7	11.9	17.2	17.6	13.2
批发零售业	11.6	13.5	12.8	11.2	12.4	7.8	10.8	11.6	13.2
批发业	7.7	11.6	11.5	6.0	7.1	5.3	5.5	5.4	10.3
零售业	16.3	15.6	14.1	19.1	17.1	15.8	16.9	16.3	16.1
住宿餐饮业	13.1	13.5	13.8	10.8	14.2	11.5	13.1	11.5	14.6
住宿业	0.7	2.4	1.7	6.5	0.0	0.4	0.2	0.4	2.1
餐饮业	16.6	17.5	18.8	12.0	16.2	15.1	16.8	14.9	18.1
金融业	17.6	14.2	15.1	18.7	19.8	12.7	23.5	23.7	15.8
房地产业	18.3	23.5	18.6	14.3	9.6	11.6	21.8	15.2	19.9
租赁和商务服务业	31.5	24.3	18.9	50.6	29.0	48.0	31.2	35.0	24.6
科学研究、技术服务和地质勘查业	12.5	13.2	14.5	11.4	10.5	6.2	15.5	14.2	12.9
水利、环境和公共设施管理业	25.7	-9.8	87.3	112.5	-3.7	25.8	12.2	62.1	10.7
居民服务和其他服务业	17.5	16.2	19.5	7.3	11.4	24.3	12.7	24.2	14.5
教育	16.1	13.0	15.5	12.3	16.4	20.3	17.9	14.7	13.9
卫生、社会保障和社会福利业	18.8	20.2	19.9	23.3	8.7	26.2	13.2	21.1	18.0
文化体育和娱乐业	17.2	15.7	18.0	12.9	4.2	12.2	13.9	34.9	13.4
公共管理和社会组织	11.7	12.8	17.3	12.2	14.5	8.0	5.1	18.4	13.2

2009年湖州市人口、婚姻及计划生育

表10

	单位	全市	±%或千(百)分点	△市区	吴兴区	南浔区	德清县	长兴县	安吉县
总户数	户	850017	0.49	344871	199422	145449	135659	213807	155680
总人口数	人	2591694	0.26	1085624	595223	490401	428494	620516	457060
#农业人口	人	1773256	-0.24	650494	280528	369966	303410	459027	360325
非农业人口	人	818438	1.35	435130	314695	120435	125084	161489	96735
#男	人	1297842	0.09	540276	296510	243766	213477	314923	229166
女	人	1293852	0.43	545348	298713	246635	215017	305593	227894
#18岁以下	人	405852	-2.46	160466	93119	67347	65832	107367	72187
18~35岁	人	555801	1.21	230503	137337	93166	87536	134553	103209
35~60岁	人	1155421	-0.48	479753	254514	225239	195177	273782	206709
60岁以上	人	474620	3.46	214902	110253	104649	79949	104814	74955
出生人口	人	19282	0.89	7727	4631	3096	2868	5014	3673
人口出生率	‰	7.45	0.05	7.12	7.81	6.30	6.73	8.13	8.09
死亡人口	人	18866	1.25	8545	4195	4350	3076	3992	3253
人口死亡率	‰	7.29	0.07	7.88	7.08	8.85	7.22	6.47	7.17
自然增长人口	人	416	-12.97	-818	436	-1254	-208	1022	420
人口自然增长率	‰	0.16	-0.02	-0.75	0.74	-2.55	-0.49	1.66	0.93
迁入人口	人	21911	-9.96	8187	5626	2561	5463	4336	3925
迁出人口	人	15586	-13.78	6824	5557	1267	3549	2782	2431
结　婚	对	22897	14.10	9009	5747	3262	3225	6389	4274
离　婚	对	4900	6.80	1880	1173	707	935	1101	984
计划生育率	%	98.3	0.13	98.22	98.12	98.37	97.59	98.26	99.07
独生子女有效领证率	%	43.94	1.22	49.54	52.91	45.6	41.96	36.46	43.50

2009年湖州市农林牧渔业总产值及农作物播种面积

表11　　　　单位：万元、公顷

	全　市	吴兴区	南浔区	德清县	长兴县	安吉县	△市区
农林牧渔业总产值	1530907	248477	316710	289848	400803	275069	565187
一、农　　业	676188	100002	95361	48533	260820	171472	195363
1．粮食作物	199445	31308	54959	22450	57396	33332	86267
2．油　　料	25511	4751	5565	965	11504	2726	10316
3．药材类	2857	313	99	0	1824	621	412
4．蔬　　菜	140792	46293	20727	7448	48262	18062	67020
5．茶、桑、果	204224	6937	7171	13031	75037	102048	14108
6．花卉园艺	84916	8522	6387	2544	56480	10983	14909
7．其　　他	11206	1151	433	345	7344	1933	1584
8．采集野生作物	3749	385	0	282	1538	1544	385
二、林　　业	188782	22356	487	50132	44209	71598	22843
三、牧　　业	338789	63966	109986	93814	51124	19899	173952
#蚕茧	29070	2922	12385	6995	2719	4049	15307
四、渔　　业	264187	52554	87145	77997	37633	8858	139699
五、农林牧渔服务业	62961	9599	23731	19372	7017	3242	33330
农作物播种面积总计	231523	35347	46563	20280	88419	40914	81910
一、粮食作物合计	135005	19554	32607	14299	42381	26164	52161
二、油　料	32432	5142	6292	1159	16042	3797	11434
三、棉花（皮棉）	124	—	17	87	15	5	17
四、麻类	—	—	—	—	—	—	—
五、甘蔗	99	—	—	56	20	23	—
六、药材类	1300	48	22	1	415	814	70
七、蔬菜	37483	8474	5751	3154	13746	6358	14225
八、果用瓜	6807	513	473	759	3780	1282	986
九、花卉园艺	11838	921	750	573	8064	1530	1671
十、其他作物	6434	695	650	192	3956	941	1345

2009年湖州市分县区农作物产量及畜牧业生产

表12

	单位	全市	吴兴区	南浔区	德清县	长兴县	安吉县	△市区
一、粮食作物合计	吨	914187	141471	238918	103788	274982	155028	380389
1. 谷物	吨	820017	125995	204737	88456	265530	135299	330732
2. 豆类	吨	49172	9800	19636	8260	3858	7618	29436
3. 薯类	吨	44998	5676	14545	7072	5594	12111	20221
二、油料	吨	71808	12915	15917	2608	32754	7614	28832
1. 油菜籽	吨	69988	12903	15817	2568	31939	6761	28720
2. 花生	吨	1275	—	5	4	475	791	5
3. 芝麻	吨	545	12	95	36	340	62	107
三、棉花（皮棉）	吨	265	—	20	212	27	6	20
四、麻类	吨	—	—	—	—	—	—	—
五、甘蔗	吨	4165	—	1	2748	598	818	1
六、药材类	吨	5800	754	108		2128	2810	862
七、蔬菜（含菜用瓜）	吨	859453	290075	121039	47371	291637	109331	411114
八、食用菌	吨	2804	171	—	321	2250	62	171
九、果用瓜	吨	170396	14607	10758	16270	96408	32353	25365
年末生猪存栏数	万头	85.81	9.48	19.24	43.31	8.89	4.89	28.72
肥猪出栏数	万头	145.17	18.07	39.76	62.97	16.11	8.26	57.83
生猪全年饲养量	万头	230.98	27.55	59.00	106.28	25.00	13.15	86.55
年末牛存栏数	头	6542	121	80	1349	2486	2506	201
牛出栏数	头	2601	26	70	74	1203	1228	96
年末羊存栏数	万只	30.48	6.49	11.17	5.19	6.40	1.23	17.66
羊出栏数	万只	31.07	7.13	10.92	3.47	7.80	1.75	18.05
年末家禽存栏数	万羽	1841.37	606.22	582.52	366.72	194.09	91.82	1188.74
家禽出栏数	万羽	4913.84	1850.81	1753.82	647.37	347.04	314.80	3604.63
年末兔存栏数	万只	28.57	1.03	19.61	5.32	0.48	2.13	20.64
兔出栏数	万只	44.84	2.95	29.04	7.04	0.59	5.22	31.99
肉类产量	吨	180528	40445	55604	56836	18507	9136	96049
禽蛋产量	吨	55263	5027	19718	16440	12401	1677	24745
蚕茧总产量	吨	13836	1387	5880	3355	1291	1923	7267

2009年湖州市分县区规模以上工业产值

表13　　　　单位：亿元

	全　市	吴兴区	吴兴	开发区	南浔区	德清县	长兴县	安吉县	△市区
规模以上工业总产值	2198.09	545.33	336.16	207.32	472.69	458.18	461.90	259.99	1018.02
#轻工业	917.12	189.78	147.88	41.02	135.00	186.28	257.34	148.72	324.78
重工业	1280.97	355.54	188.28	166.30	337.70	271.90	204.57	111.27	693.24
#国有控股企业	226.54	74.95	7.51	67.44		34.41	93.30	23.89	74.95
#大型企业	69.23	19.36	19.36	0.00		11.39	38.47	0.00	19.36
中型企业	717.96	197.48	119.50	77.98	151.62	116.03	172.86	79.98	349.10
小型企业	1410.89	328.48	197.29	129.34	321.08	330.76	250.57	180.00	649.56
按登记注册类型分									
内资企业	1702.40	858.82	290.35	174.84	379.27	286.17	363.11	206.81	846.32
#国有企业	115.88	149.85	6.12	63.13		20.49	19.61	6.53	69.25
集体企业	22.13	393.62	0.48	1.90		15.41	3.42	0.92	2.38
股份合作企业	3.66	80.60	1.07	0.05		2.32	0.08	0.14	1.13
有限责任公司	408.64	391.25	95.06	35.80	62.66	60.57	121.68	31.79	194.59
股份有限公司	176.20	79.48	35.67	3.08	63.70	41.10	31.93	0.19	102.98
私营企业	975.89	260.39	151.95	70.88	252.92	146.27	186.40	167.23	475.99
港澳台商投资公司	243.05	40.73	25.80	14.93	38.00	86.52	56.09	21.71	78.73
外商投资企业公司	252.64	37.56	20.00	17.55	55.42	85.49	42.70	31.47	92.97

2009 年湖州市主要工业产品产量

表 14

产品名称	单位	2009 年	±%
发电量	亿千瓦小时	129.00	2.1
精制食用植物油	万吨	7.07	10.4
饲料	万吨	23.04	2.2
罐头	吨	145898	37.4
饮料酒	千升	200556	25.3
#啤酒	千升	100355	6.4
黄酒	千升	99116	52.5
软饮料	吨	87183	21.8
冷冻饮品	吨	13199	-9.7
精制茶	吨	61855	13.0
化学纤维	吨	191327	68.4
纱	吨	95773	31.3
布	万米	110880	12.5
#棉布	万米	15943	10.1
化学纤维布	万米	86944	10.8
印染布	万米	305400	19.1
生丝	吨	4742	-11.2
丝织品	万米	17804	-4.2
无纺布	吨	44868	14.1
服装	万件	16781	9.7
梭织服装	万件	10176	13.9
#儿童服装	万件		
针织服装	万件	6605	3.8
皮革服装	万件	106.80	-12.7
人造板	万立方米	92.35	-5.6
人造板二次加工装饰板	万平方米	5157.30	6.8
实木地板（木地板）	万平方米	3558.37	2.1
家具	万件	3440.30	22.5
#金属家具	万件	2583.74	29.4
机制纸及纸板	万吨	24.78	18.0
纸制品	吨	208867	29.3
合成氨	吨	36091	-12.1
农用化学肥料（折纯）	吨	25217	-17.0
氮肥	吨	21704	-15.7
磷肥	吨	3513	-24.3
化学农药原药（折有效成分 100%）	吨	45471	-36.3
涂料（油漆）	吨	88586	19.7
颜料	吨	178716	13.4
化学原料药	吨	23929	14.7
塑料制品	吨	136431	26.9
水泥熟料	万吨	1354.62	6.3
水泥	万吨	1336.14	9.7
#散装水泥	万吨	1110.18	12.9
商品混凝土	万立方米	369.03	10.5
日用玻璃制品	吨	94150	-1.4
耐火材料制品	万吨	96.46	15.0
钢材	万吨	198.44	38.3
铝材	万吨	26.25	20.8
日用不锈钢制品	吨	8508	-5.4
输送机械	吨	6844	-66.9
收获机械	台	1373	-72.0
通信及电子网络用电缆	对千米	3600274	-3.0
光缆（光纤通讯电缆）	芯千米	2113121	50.9
酸性蓄电池	万千伏安时	1517.17	16.6
电光源（灯泡）	亿只	4.94	63.5
冷柜	万台	37.62	35.6
房间空气调节器	万台	38.16	-43.3

2009年湖州市分县区全社会固定资产投资

表15　　　　单位：亿元、万平方米

	全市		吴兴区	吴　兴	南浔区	德清县	长兴县	安吉县	△市区
	2009年	±%							
一、全社会固定资产投资	638.69	20.9	200.39	128.75	91.24	110.56	157.71	69.25	301.18
#工业性投入	337.73	16.0	88.22	66.61	54.37	65.09	78.29	45.67	148.68
1. 全部限额以上	592.59	22.1	189.49	117.93	76.71	103.37	148.85	64.63	275.74
#工业性投入	313.10	17.0	81.20	59.68	45.35	62.58	73.46	44.42	132.64
房地产开发投资	111.30	4.2	53.30	23.54	9.78	15.24	22.70	10.27	63.09
2. 限额以下	27.31	8.0	7.43	7.34	10.49	3.05	5.01	1.34	17.92
3. 农户投资	18.78	8.6	3.47	3.47	4.04	4.13	3.85	3.29	7.51
二、房地产开发投资									
房屋施工面积	1139.31	14.1	510.69	254.12	101.19	154.30	254.48	118.65	611.88
#住宅	831.45	11.3	357.86	179.78	59.75	130.27	186.58	96.98	417.61
房屋竣工面积	223.74	22.4	112.98	92.26	21.64	31.54	32.89	24.69	134.62
#住宅	171.54	23.8	93.00	73.62	15.22	22.97	23.09	17.26	108.21
商品房销售面积	432.28	120.2	201.78	117.34	31.02	61.75	83.69	54.05	232.79
#住宅	363.54	131.1	171.98	93.88	25.77	53.45	72.49	39.84	197.75
商品房销售额	219.77	167.1	105.44	52.95	11.69	34.17	44.85	23.62	117.12
#住宅	184.93	186.3	91.77	43.43	9.09	30.21	37.87	15.99	100.86
空置面积	100.10	0.5	43.00	38.32	16.65	15.30	14.07	11.08	59.66
#住宅	38.30	－13.9	20.94	18.74	9.21	1.53	4.43	2.18	30.16

2009年湖州市全社会用电量

表16 单位：亿千瓦小时

	2009年	±%
总　计	123.06	9.4
吴兴区	29.15	8.2
南浔区	22.24	6.8
德清县	23.68	6.9
长兴县	35.26	14.7
安吉县	11.89	13.1
△市　区	52.24	6.4
1. 工　业	95.79	8.8
吴兴区	19.86	7.8
南浔区	18.06	6.9
德清县	19.22	5.7
长兴县	29.58	13.9
安吉县	8.22	13.5
△市　区	38.77	5.8
2. 商业、住宿和餐饮业	4.24	13.9
3. 农林牧渔业	1.85	7.7
4. 城乡生活用电	13.15	11.7
城　市	6.62	13.5
乡　村	6.54	10.0
5. 其他用电	8.03	13.4

2009年湖州市社会消费品零售总额及限额以上贸易业销售额

表17 单位：亿元

	2009年	±%
社会消费品零售总额	442.57	14.4
1. 按销售地区分		
市的零售额	226.49	12.9
县的零售额	98.48	17.1
县以下的零售额	117.60	15.2
2. 按行业分		
批发零售贸易业	387.46	16.4
餐饮业	49.36	12.8
其　他	5.75	6.4
德清县	65.41	16.1
长兴县	91.15	16.0
安吉县	59.52	16.0
△市　区	226.49	12.9

2009 年湖州市全社会客货运运输量

表 18

	单位	2009 年	2008 年	±%
公路通车里程（含村道）	公里	7747.00	7386.11	4.9
#公路通车里程（不含村道）	公里	3809.58	3798.85	0.3
#高速公路	公里	263.97	235.39	12.1
客运量	万人	9752	9366	4.1
#公路	万人	9735	9360	4.0
内河	万人	16.80	5.70	194.7
客运周转量	万人公里	324275	305379	6.2
#公路	万人公里	324189	305345	6.2
内河	万人公里	86.2	34.2	152.0
货运量	万吨	16353	15956	2.5
#公路	万吨	6332	6144	3.1
内河	万吨	10021	9812	2.1
货运周转量	亿吨公里	187.60	176.21	6.5
#公路	亿吨公里	32.92	30.43	8.2
内河	亿吨公里	154.68	145.79	6.1
内河港口货物吞吐量	万吨	14945	14323	4.3

2009 年湖州市旅游业情况

表 19

	单位	2009 年	2008 年	%
接待国内外旅游者人数	万人次	2349.96	1972.80	19.1
#吴兴区	万人次	370.75	340.40	8.9
南浔区	万人次	469.56	414.78	13.2
德清县	万人次	504.31	403.04	25.1
长兴县	万人次	461.72	336.58	37.2
安吉县	万人次	543.61	501.00	8.5
接待入境旅游者人数	人次	282690	243656	16.0
#吴兴区	人次	48712	42852	13.7
南浔区	人次	130600	120700	8.2
德清县	人次	32107	16849	90.6
长兴县	人次	17232	12755	35.1
安吉县	人次	54039	50500	7.0
旅游总收入	亿元	166.24	131.72	26.2
#吴兴区	亿元	26.29	22.67	16.0
南浔区	亿元	34.05	29.17	16.7
德清县	亿元	35.57	26.36	34.9
长兴县	亿元	31.76	21.89	45.1
安吉县	亿元	38.56	33.10	16.5
旅游外汇收入	万美元	10285.90	8687.55	18.4
#吴兴区	万美元	1758.84	1421.91	23.7
南浔区	万美元	3974.27	4598.98	-13.6
德清县	万美元	1784.54	684.16	160.8
长兴县	万美元	356.02	384.76	-7.5
安吉县	力美元	2412.23	1597.75	51.0
主要旅游景点门票收入	亿元	1.71	1.36	25.3
星级饭店	家	55	57	-3.5
#三星级以上	家	30	28	7.1
省级绿色饭店	家	1	17	-94.1

2009年湖州市预算内财政收支

表20　　　　单位：万元

	全市	±%	△市区	吴兴区	南浔区	德清县	长兴县	安吉县
预算内财政收入总计	1466857	9.7	661066	185688	181688	283800	338916	183075
（一）上划中央收入	666751	7.3	299330	89458	96850	135565	154213	77643
（二）地方预算收入	800106	11.7	361736	96230	84838	148235	184703	105432
#增值税（25%部分）	147374	9.1	62645	21834	24172	32552	34698	17479
营业税	216984	16.9	107798	26561	17883	30826	49098	29262
企业所得税（40%部分）	92747	-3.8	44367	11415	9944	15176	22507	10697
#地税企业所得税	33781	-16.7	15388	3902	2504	4930	9858	3605
国税企业所得税	50054	8.4	25361	7513	7440	8768	10148	5777
个人所得税（40%部分）	45926	9.9	20973	4149	3991	8348	10765	5840
城市维护建设税	40338	10.8	20147	5264	4288	6574	8599	5018
耕地占用税	18911	-1.0	12634	5772	4479	1073	1550	3654
契税	57363	6.3	27959	4243	4874	9480	9451	10473
罚没收入	41671	12.2	20826	901	710	3421	8753	8671
排污费收入	3408	3.8	1326			423	1403	256
教育费附加	19731	14.0	8585	2357	2201	3552	4737	2857
预算内财政支出总计	1085102	25.6	496511	79388	77508	189125	226974	172492
一般公共服务	161050	5.9	64064	9845	8307	38724	33905	24357
公共安全	82685	3.4	44392	3134	3193	11813	14281	12199
教育	215076	18.8	93301	27579	27681	33784	51037	36954
#教育附加支出	20236	6.4	9349	2225	2016	3182	4771	2934
科学技术	32490	15.4	15456	1806	1639	4461	7627	4946
文化体育与传媒	18592	13.9	8021	543	547	2829	3915	3827
社会保障和就业	50807	7.4	21232	3928	3663	9596	9688	10291
医疗卫生	64696	31.5	29423	6596	6256	12224	13514	9535
环境保护	68005	16.5	31770	7075	8013	10746	12294	13195
#排污费支出	4353	-25.6	2144			760	648	801
城乡社区事务	71054	19.0	44555	4989	6446	9284	7173	10042
农林水事务	99930	34.6	39676	7488	5122	12507	29372	18375
交通运输	112572	389.6	63813	847	823	19631	23316	5812
工业商业金融等事务	79641	16.7	28589	3684	2759	21819	17915	11318
其他支出	28504	7.3	12219	1874	3059	1707	2937	11641

2009年湖州市金融机构信贷收支情况

表21 单位：万元

	全市	比年初增减	
		2009年	2008年
一、金融机构本外币存款余额	13976868	3799354	2022316
企业存款	4440407	1692198	396891
储蓄存款	6883264	1452818	1248180
金融机构人民币存款余额	13838212	3780013	2005172
企业存款	4337948	1675911	377982
财政存款	97615	26295	17272
机关团体存款	580504	191751	4511
储蓄存款	6849715	1450543	1250735
#活　期	2839177	741951	438230
定　期	4010538	708592	812504
农业存款	832789	308956	8412
二、金融机构本外币贷款余额	11507123	3588882	1177971
金融机构人民币贷款余额	11220724	3404232	1254910
短期贷款	6172172	1673446	579435
#工业贷款	1823222	284573	127201
商业贷款	339779	57287	24895
建筑业贷款	141900	11551	27541
农业贷款	1284462	324018	202054
乡镇企业贷款	1039230	308798	159074
三资企业贷款	23084	10246	-703
私营企业及个体贷款	435344	141806	52799
个人短期消费贷款	384086	191602	-8878
中长期贷款	4774144	1591782	603981
#基本建设	1831241	447166	126335
技术改造	44182	11853	-7531
个人中长期消费贷款	1560430	570235	202702

2009年湖州市进出口总额

表22　　单位：万美元

	2009年	2008年	±%
进出口总额	483284	558845	-13.6
出口	407555	490087	-16.9
#吴兴区	46929	75810	-36.7
南浔区	55221	63005	-14.3
开发区	25694	25033	-0.9
德清县	90348	117463	-23.1
长兴县	56790	66810	-15.0
安吉县	111409	112218	-0.7
△市　区	149008	193607	-23.0
#亚　洲	113877	132020	-13.9
#日　本	23147	24028	-3.7
印　度	12406	14352	-14.0
非　洲	22216	34131	-35.2
欧　洲	133082	156952	-15.3
拉丁美洲	28124	37387	-24.8
北美洲	99810	116064	-14.0
#加拿大	12575	12863	-2.3
美　国	87234	103200	-15.5
大洋洲	10445	13543	-22.9
#澳大利亚	9340	12385	-24.6
#纺织原料及纺织制品	149547	156116	-4.3
机电产品	108749	124814	-13.0
化工产品	31542	63405	-50.3
农副产品	50374	60674	-17.0
高新技术产品	8908	25144	-64.6
机械设备	51191	61287	-16.6
其他	65821	83816	-21.8
进口	75729	68748	10.2

2009 年湖州市利用外资情况

表 23

	单位	2009 年	2008 年	± %
外资审批项目数	个	374	421	-11.2
#新批企业	个	179	173	3.5
增资项目	个	120	164	-26.8
减资项目	个	75	84	-10.7
外资项目总投资	万美元	284151	291292	-2.5
外资项目注册资本	万美元	189271	195028	-3.0
合同外资	万美元	171470	180294	-4.9
实到外资	万美元	81095	80206	1.1
#吴兴区	万美元	12122	14585	-16.9
南浔区	万美元	12063	7160	68.5
开发区	万美元	14785	14960	-1.2
德清县	万美元	15068	15020	0.3
长兴县	万美元	15856	17101	-7.3
安吉县	万美元	11201	10215	9.7
△市　区	万美元	38970	37870	2.9
#第一产业	万美元	2337	1546	51.2
第二产业	万美元	61459	64934	-5.4
第三产业	万美元	17299	13726	26.0
#香　港	万美元	46686	38648	20.8
英属维尔京群岛	万美元	5149	16335	-68.5
美　国	万美元	6841	4647	47.2
新加坡	万美元	5169	1741	196.9
日　本	万美元	2864	2384	20.1
全市累计批准外商投资企业数	个	3298	3119	5.7
总投资	亿美元	250.82	222.40	12.8
注册资本	亿美元	165.66	146.73	12.9
合同外资	亿美元	146.33	129.18	13.3
实到外资	亿美元	60.82	52.71	15.4

2009年湖州市每百户城乡居民家庭耐用消费品拥有量

表24

	单位	2007年	增减数
一、市区城市居民家庭			
摩托车	辆	34	2
助力车	辆	53	4
家用汽车	辆	15	2
洗衣机	台	96	1
电冰箱	台	97	1
彩色电视机	台	179	4
家用电脑	台	67	4
组合音响	套	27	2
摄像机	台	10	4
照相机	架	33	2
钢琴	架	3	0
其他中高档乐器	件	4	0
微波炉	台	85	1
空调器	台	185	8
沐浴热水器	台	88	3
消毒碗柜	台	9	1
健身器材	套	6	2
移动电话	部	159	4
固定电话	部	95	－2
二、全市农村居民家庭			
洗衣机	台	101	1
电风扇	台	308	－20
电冰箱	台	90	7
空调器	台	113	13
抽油烟机	台	62	6
吸尘器	台	7	0
微波炉	台	32	9
热水器	台	70	5
自行车	辆	105	－13
电动自行车	辆	66	10
摩托车	辆	122	3
汽车	辆	7	2
固定电话	架	109	－5
移动电话	架	210	15
彩色电视机	架	175	9
摄像机	台	4	0
影碟机	台	52	2
组合音响	台	26	0
照相机	架	20	1
家用电脑	台	35	7

2009年湖州市社会保险福利情况

表25

	单位	2009年	2008年	±%
一、基本养老保险				
年末基本养老保险参保人数	万人	66.25	60.84	8.9
#企业	万人	39.26	36.33	8.1
事业	万人	7.18	7.08	1.5
其他	万人	19.80	17.43	13.6
年末基本养老保险缴费人数	万人	49.43	45.49	8.7
#企业	万人	31.72	28.91	9.7
事业	万人	5.02	4.99	0.7
其他	万人	12.68	11.58	9.5
基本养老保险金发放额	亿元	19.04	16.85	13.0
二、农村养老保险				
年末在保人数	万人	8.45	8.63	-2.0
保险金收入	万元	136	135	0.4
保险金支出	万元	234	262	-10.5
年末积累基金总额	万元	4257	4356	-2.3
三、医疗保险				
年末城镇职工基本医疗保险参保人数	万人	49.15	44.59	10.2
年末工伤保险参保人数	万人	54.18	50.76	6.7
年末生育保险参保人数	万人	33.64	31.18	7.9
四、失业保险				
年末失业保险参保人数	万人	34.61	31.20	10.9
发放失业保险金人次	万人次	4.34	4.68	-7.2
发放失业保险金额	万元	2484	2426	2.4
五、最低生活保障				
年末享受低保人数	人	45855	44710	2.6
#城镇居民	人	10378	10342	0.3
农村居民	人	35477	34368	3.2
发放低保保障金额	万元	6936.6	5575.5	24.4
六、被征地农民生活保障				
年末参保人数	万人	16.40	14.53	12.8
年末领取基本生活保障补助金人数	万人	8.47	7.34	15.5
七、社会福利				
社会福利机构	个	80	82	-2.4
床位数	张	8995	7640	17.7
年末在院人数	人	3796	3501	8.4

2009年湖州市区分月气象

表26

	平均气温（摄氏度）	最高气温（摄氏度）	最低气温（摄氏度）	日照总时数（小时）	降雨天数（天）	降水总量（毫米）
1月	2.9	14.5	-7.1	145.2	8	36.3
2月	8.6	27.8	0.9	54.8	16	173.9
3月	10.6	27.2	1.9	139.5	13	103.8
4月	16.8	31.8	4.0	200.3	8	73.6
5月	22.2	36.4	12.6	229.1	11	40.7
6月	26.5	36.9	17.9	178.8	15	145.2
7月	28.7	39.2	20.6	206.1	12	219.1
8月	27.9	37.2	19.3	145.9	17	158.5
9月	24.9	33.5	19.0	164.3	8	131.7
10月	19.9	29.0	9.9	163.4	4	80.4
11月	9.7	27.4	-1.4	152.9	15	55.3
12月	5.5	15.0	-4.2	144.8	9	68.1
全年	17.1	39.2	-7.1	1918.1	136	1235.0

文 件 选 编

中共湖州市委　湖州市人民政府
关于进一步加强城市社区建设的若干意见

湖委发［2009］22号　（2009年5月14日）

为切实做好新形势下的社区建设工作，全面推进我市和谐社区建设，根据省委、省政府《关于推进和谐社区建设的意见》（浙委［2007］64号）精神，现就进一步加强我市城市社区建设提出如下意见：

一、进一步完善社区党建工作机制

加强和巩固社区党组织在社区居委会、业主委员会、物业服务企业等社区各类组织中的领导核心地位，进一步发挥社区党组织在社区建设中统揽全局、协调各方，推动发展、服务群众，凝聚人心、促进和谐的重要作用，为和谐社区建设提供坚强组织保证。积极采取升格社区党组织、建立楼道党支部和特色党支部、党小组等办法，调整优化社区党组织设置。扎实开展新一轮“五好”社区党组织创建活动，着力培育省、市、县（区）三级示范群。全面推行社区党组织“公推直选”办法，积极探索党内无候选人直接选举方式，着力带动基层民主政治建设。进一步落实在职党员到社区报到制度，健全设岗定责、志愿服务和结对帮扶制度。认真落实基层党建工作责任制，各级党组织定期研究社区党建工作，把加强社区党建工作纳入向上级党委定期报告党建工作情况的重要内容。

二、进一步完善社区便民利民服务机制

加强公共财政投入，加大服务业发展专项资金对社区服务业发展项目的支持力度。加快街道（镇）社区服务中心、社区事务中心建设，为社区居民提供社会保障与社会救助、社区就业、社区卫生、社区安全、社区教育、社区文化等公共服务。加强社区体育健身配套设施建设，新建住宅区体育健身配套设施室外用地面积不得少于人均（按设计居住人口计算）0.3平方米。扶持发展市场化的社区便民利民服务和物业管理服务。培育和引导公益性社区社会组织开展社区自助互助服务。积极探索政府向社会组织购买服务，扩大公共服务的供给，提高服务质量。建立健全社区志愿服务组织和激励机制，推行社区志愿者注册制度，力争到今年底全市城市社区志愿者人数占社区居民总数的10%以上。加强对社区服务信息平台的整合、升级，构建市、县（区）、街道（乡镇）、社区多层次的政府公共服务网、社区管理服务网、便民利民服务网。整合民政、劳动保障、公安、城管、教育、卫生、人口计生等部门在社区的信息资源以及各类服务热线，更好地为社区居民提供各类信息服务。

三、进一步完善社区居民自治机制

加强社区居民委员会组织建设，健全社区党组织领导下的充满活力的社区群众性自治机制，支持和指导社区居委会依法履行自治职能，完善民主选举、民主决策、民主管理、民主监督制度。积极探索社区居委会干部和社区工作者选聘分离制度，依法保障社区居民民主权利。建立健全社区居民（成员）代表会议制度、议事协商制度、居务公开制度、考核评议制度，推动社区居民参与民主自治的制度化；开好社区民情恳谈会、社区事务协调会、社区工作听证会、社区成效评议会，畅通社情民意沟通渠道。加强业主委员会建设，充分发挥业主委员会作用，监督和协助物业服务企业履行物业服务合同。全面推广开展社区“邻里节”，广泛开展寓教于乐、丰富多彩的健身、文娱、教育等活动，不断提升社区居民文明素质。

四、进一步完善社区结对共建机制

深入开展社区结对共建活动，党政部门、企事业单位和社会组织要充分发挥本单位优势，积极支持和主动参与社区开展的各项工作和活动。完善共建机构建设，把结对共建工作列入本单位年度工作计划，成立共建工作班子，明确分管领导，落实联络员。充分发挥驻社区单位和社区成员在和谐社区建设中的作用，积极参与社区共建工作，将文化教育、卫生体育、休闲娱乐及其他便民设施资源参与社区共建活动，积极创造条件免费或优惠向社区开放，实现资源共享。完善机关部门社区结对考核机制，把结对共建工作作为机关部门年终考核与文明单位、文明机关考评的内容，组织社区工作者参与“群众满意单位”评选，提升机关部门参与、支持社区建设的责任感和主动性。结合深入学习实践科学发展观活动，着力为结对社区办实事，解难题，求实效。建立市、县（区）领导联系社区制度。

五、进一步完善社区社会组织培育发展机制

优先发展和重点培育符合经济社会发展需要的公益类、服务类社区社会组织；大力培育发展一批能满足社区居民生活需求、质量高、信誉好、服务周到的便民类社区社会组织。建立社区社会组织资助机制，落实专项资金，通过政府购买服务、制订扶持政策、开展社会资助以及项目委托、协助管理等多种形式扶持社区社会组织发展。通过转变原资金直接投入方式，优先把相应职能移交给一些基础好、发挥作用好的社区社会组织，发挥和激活社区社会组织在社区服务、社区福利、社区救助等工作中的载体功能，提高服务水平。落实现有各项优惠政策，鼓励企业、个人和社会力量支持社区社会组织，推进其健康快速发展。

六、进一步完善社区专职工作者培养激励机制

各级党组织要加强社区专职工作者的思想政治教育，关心社区专职工作者的成长，及时吸收他们加入党组织。建立社区工作者教育培训体系，不断提高社区工作者职业化、专业化水平。组织社区专职工作者参加国家职业评定考试，鼓励社区专职工作者参加学历教育。对按规定取得高级社会工作师、社会工作师和助理社会工作师职业水平资格证书并被聘为相应专业技术职务的，分别给予适当职称津贴补助；对取得大学本科以上学历证书的给予适当的学费补贴。坚持面向基层、关注一线的选人用人机制，通过政策倾斜、定向招考等办法，让更多社区工作者报考事业单位或街道（乡镇）级领导岗位。社区专职工作者被国家机关或事业单位录用的，原在社区签订合同且缴纳养老保险的工作年限，可合并计算为连续工龄，并按同等条件人员确定工资待遇。

七、进一步完善社区工作服务用房保障机制

编制完善城市社区布局规划，优化社区布局，完善社区服务功能。切实加强社区工作服务配套用房的建设，新建社区和旧城区改建社区，社区工作服务用房总面积按每百户不低于30平方米配置，但每个社区最少不得低于350平方米。社区工作服务用房要相对独立，集中配置，合理布局，设置单独出入口，楼层一般在二层以下，尽量减少对邻近业主的影响。建设、国土资源等部门要加强对项目规划、用地、建设和竣工验收等环节的监督，所在社区主管部门及街道办事处应参与工程验收，确保社区工作服务用房与小区建设和旧城改造同步规划、同步设计、同步检查验收、同步投入使用。社区工作服务用房不得出租、转让或者抵押，对原先一些零散、面积过小等无法综合使用的社区工作服务用房，可通过置换、换租等方式调整。健全和完善社区工作服务配套用房产权登记制度，由街道（镇）或县（区）社区主管部门作为登记主体申请房产登记。

市规划建设部门要将市区社区工作服务用房作为公共设施配套纳入房地产开发用地公开出让项目的规划设计条件中，在建筑初步设计和施工图中注明面积和具体位置，征求相关街道（镇）意见后，明确由开发商建设并无偿提供；国土资源部门负责在项目公开出让标书中和出让合同中予以明确。对同一个社区涉及两个以上开发商开发的住宅小区，由市规划建设部门按照集中配置要求，做好相关开发商的协调工作。

八、进一步完善社区工作经费保障机制

建立健全社区工作经费与地方财政相适应的增长机制。社区专职工作者年收入不低于当地上一年职工平均工资（含规模以上私营单位）水平，并参照企业有关标准享受养老、失业、医疗、工伤、生育等社会保险待遇和住房公积金。从2009年起，每两年对社区工作者安排一次健康体检。建立社区工作者节假日值班、轮休和错时上下班制度，社区工作者年休假、婚假、探亲假等按照国家对企业的有关规定执行。

社区工作经费的核拨以上年底社区常住（户籍）人口为基数（新建社区户数不足1000户的，按1000户计算），按每百户每年不低于2500元标准核拨，每年递增5%。社区党建经费按组织建制核拨，设党委的社区每年安排党建工作经费2万元，设党（总）支部的社区，每年安排党建工作经费1万元；社区党委、党总支部下设党支部的专职书记按每人每年不低于1200元标准补助工作经费。暂住人口的工作经费以上年底公安部门的统计数据为准，按每人每年不低于10元标准核拨。

市财政要加大对区财政的转移支付力度，在现有财政体制和专项转移支付的基础上，对社区专职工作者每人每年增加1200元；从2010年起，对每个社区工作经费补助1.5万元，其中社区党建经费补助0.5万元。

九、进一步完善社区工作申报准入机制

政府职能部门、党群部门和其他有关单位凡拟将组织机构、工作任务、评比考核等项目进社区的，严格实行申报准入制度。申请准入实行分级管理，市级部门单位由申请单位向市城乡社区工作协调小组办公室提出书面申请，对于组织机构、工作任务、评比考核等项目进社区的，实行定期集中办理，由市城乡社区工作协调小组联席会议负责审批；县（区）部门单位由申请单位向县（区）城乡社区工作协调小组办公室提出书面申请。对于举办培训、开展调查等项目进社区的，采取即时审批的办法。经审批同意进社区的，申请单位要按照“责权利相统一，人财物相配套”的原则，在进入期限内落实必要的人员和经费。

社区室外只挂社区党组织、社区居委会、社区事务中心三块牌子。对原已悬挂室外的牌子，由相关部门（单位）自行摘除。对准入社区的部门（单位）如确实需要挂牌，应集中统一悬挂在室内，并落实必要的人员或工作经费。

中共湖州市委　湖州市人民政府关于全面接轨上海加快经济社会发展的若干意见

湖委发［2009］23号　（2009年5月21日）

为深入贯彻落实党的十七大和省、市党代会精神，全力打造浙江省全面接轨上海的先行区，深度融入长江三角洲，加快建设现代化生态型滨湖大城市，现就我市全面接轨上海、加快经济社会发展提出如下意见：

一、目标任务

1．总体要求。坚持以科学发展观为统领，紧紧抓住国家推动长三角地区科学发展、和谐发展、率先发展、一体化发展的重大战略机遇，按照省委、省政府“主动接轨上海、积极参与长江三角洲地区合作与交流”的战略部署，以转型升级、差异发展为主线，以企业主体、政府推动为着力点，以产业接轨、要素互动为重点，全方位、多层次、宽领域接轨大上海、融入长三角，努力实现经济社会又好又快发展，加快建设现代化生态型滨湖大城市。

2．主要目标。通过若干年努力，把湖州建设成为与上海产业发展紧密配套的先进制造业基地、现代农业基地、现代物流基地、旅游度假胜地和长三角地区产业资本、生产要素、创新资源的重要集聚区域，建设成为浙江省全面接轨上海的先行区和承接上海辐射内地的门户城市，努力形成开放合作、互补共赢的新局面。到2011年，累计引进沪资工业项目100项，实到资金50亿元；年均供沪农产品销售额50亿元以上，农产品出口年增长8%以上；年接待上海游客500万人次以上，实现旅游门票收入5000万元，旅游总收入40亿元，年均分别增长12%、15%和20%；每年从上海引进各类人才500名以上，其中高层次人才50名以上。

二、全面提升先进制造业融合发展水平

3．主动承接产业转移。加快建设承接上海产业转移的工业平台，借鉴周边地区开辟“临沪经济区（产业带）”经验，创造条件设立临沪、临杭产业园，加快沿边经济发展，打造接轨新平台。着力完善道路、供电、供水、供热、通讯和排污等基础设施建设，积极推进省级开发区扩容升级，努力提升乡镇工业功能区项目承载能力。立足差异化发展，进一步明确具有较强区域竞争力的优势产业，积极承接上海先进制造业的转移和扩散。

4．加速科研成果产业化。鼓励企业与上海高校、科研院所建立产学研联合体，开展多种形式的技术合作，促使更多的科研成果在湖州实现产业化。围绕生物医药、电子信息、新能源及节能等高新技术领域，加快在湖州建设上海科技成果的转化、应用、推广基地，承接更多的高新技术产品产业化任务。加强与上海张江等高科技园区的对接与合作，大力引进已经进入产业化或产业扩张期的高新技术企业。

5．提升配套加工能力。围绕上海市大力发展的电子信息、装备业、汽车制造、海洋和船舶装备、石油化工和精细化工、精品钢材、航空航天、新能源、新材料、生物医药等10大先进制造业，充分发挥我市块状经济突出，中小企业多、加工能力较强、经营机制灵活的优势，吸引更多上海企业将生产加工中心放在湖州，加快建设上海主导产业和重点企业的加工基地。继续扩大工业品供沪市场份额，提升配套能力，到2011年供上海市场或通过上海市场转销国内外的工业品销售收入占比达到30%以上。依托华交会等展览展示平台，做好工业产品外向拓展、扩大出口工作，力争华交会的参展摊位每年递增5%，成交金额每年递增10%。

三、积极扩大农产品供沪规模

6．加快农产品生产基地建设。到2011年，新建高效生态现代农业示范园区80个；重点培育扶持3—4个农产品加工功能区，培育建设8~10个农产品（上海）配送中心。大力培育农业龙头企业，不断提高农业组织化程度。继续加大农业招商力度，到2011年累计实到外资4亿美元，实到内资60亿元。

7．提升农产品质量。继续加强农业标准化生产，到2011年主导产业农业标准化应用覆盖率80%以上，新增省级以上生态高效（无公害绿色）农产品生产基地60万亩以上。大力推进农产品品牌建设，新增国家无公害农产品80只、绿色食品40只。加强农产品质量安全体系建设，建立健全与上海的农产品质量检测相互认证体系。

8．强化农产品市场开拓。继续开展湖州名优特新农产品展示展销活动，积极鼓励农业龙头企业进入上海超市的采购网络，在上海设立专卖店、经营部等营销窗口，努力提高湖州农产品在上海市场的占有率和知名度。认真做好农产品的技术开发和深加工，提高产品技术含量和附加值。

四、加快推进现代服务业发展

9．突出发展旅游业。以上海和长三角地区为主要客源地，加大旅游产品开发力度。继续加快“三带

十区”景区景点建设；整合全市和市区旅游资源，筹划推出重点品牌旅游线路；提升发展农业休闲观光旅游景区景点和农家乐。加快旅游设施建设。提升湖州旅游集散中心功能，加强旅游信息中心建设，加快完善旅游服务网络；建设一批高星级酒店，鼓励发展连锁型、经济型酒店，到2011年新建、扩建10家左右四、五星级宾馆饭店，新增房间数1000间。着力打造“宜居湖州”品牌。吸引上海和长三角城市居民来湖居住置业，加快发展以上海居民养老服务为重点的“银色产业”，加大教育培训、健身娱乐、拓展训练等基地建设力度。努力提升旅游推介服务水平。

10. 加快发展创意产业。依托上海的人才、研发优势，大力推进动漫游戏、设计服务、现代传媒等创意产业发展，尽快促进我市创意产业成规模、成气候。规划建立一批功能定位合理、产品特色鲜明的创意产业园区。重点抓好一批依托上海、杭州，在长三角区域有一定影响力的龙头企业发展。加强与上海合作培训工作力度，引进和培养一批创意产业人才。注重加强创意产业链建设，逐步形成创意研发、创意产品生产和推广销售等环节相互衔接的创意产业链。加大知识产权保护力度，为创意产业健康发展营造良好的外部环境。

11. 着力发展现代物流业。依托上海国际航运中心，全力建设湖州西塞作业区，整合湖州物流园区和南浔、长兴、安吉、德清四个物流中心，加快构建长三角区域物流中心。加快引进国内外知名物流企业，积极培育现代物流市场，大力发展第三方物流。加强物流信息平台建设，整合边检、海关、货运、外贸、财税、银行等管理服务环节，实现与“大通关”信息平台联网，建成长三角地区高效、便捷、智能的中转和物流基地。

12. 加快发展现代商贸业。为提升商业服务能力，进一步加大商贸设施规划建设力度，完成爱山广场、衣裳街区等项目建设，切实提升中心城区商业品位。培育建设中心城市中央商务商贸集聚区和商品交易市场集聚区。积极引进新型商贸业态，争取引进大型连锁企业5~8家，引进高档酒店3~5家，在中心城区、长兴、德清、南浔等培育发展中心商务区4~5个。企业为主，市场运作，筹建并运行湖州商品上海展馆。

五、不断增强区域发展支撑能力

13. 加快交通基础设施建设。完成宁杭城际铁路湖州段以及湖州综合交通枢纽工程建设，并投入运行；进一步深化湖苏沪城际铁路、湖嘉乍（沪）铁路项目前期工作，争取尽快实施。完成申嘉湖杭高速公路练杭段建设并投入使用，积极推进杭长高速公路二期和北延、申嘉湖高速公路西延工程建设，尽早启动杭宁高速公路拓宽工程。完成长湖申线航道湖州段改造，加快京杭运河湖州段建设。整合港口资源，大力建设吴兴、南浔、长兴、德清、安吉、太湖旅游港区，把湖州港建设成六大港区优势互补、功能完善、资源共享、品牌统一的全国内河大港。到2011年建成500~1000吨级泊位59个。

14. 强化环境保护和生态建设。加快推进生态市建设，进一步提升城市可持续发展能力和生态环境竞争力。加强源头控制，严格执行项目准入标准。突出抓好高耗能、高污染行业和重点企业的节能减排工作，深入实施节能技改和污染减排重点工程。加强太湖流域水环境综合治理。加快建设城乡污水处理和生活垃圾处理设施，并强化运行监管。加强饮用水水源地保护和建设。

15. 大力加强科技合作。充分利用上海科技资源，做好湖州企业与上海大专院校、科研院所的科技对接，加快引进一批近期能产业化的重大科技成果项目。注重集成创新和引进消化吸收再创新，不断加大科技成果转化的投入，切实增强自主创新能力。加快科技创新公共服务平台、企业技术研发平台建设，努力提高区域创新能力。到2011年累计从上海引进科技成果500项，签订技术合同100项，合同金额达到10亿元；累计引进或共建科技创新载体5家，联合培养高层次科技人才30名。

16. 积极开展金融合作。鼓励上海等地金融机构来湖设立分支机构，积极拓展引入市外资金的渠道。加强与上海等地金融机构联合开发金融产品，改善资金清算环节，提高企业资金运行效率。建立完善湖州融资项目库，积极向上海及其他外地银行提供融资需求信息，促进创投基金、风投基金、私募基金等投向我市。继续加快推进企业上市工作。

17. 加快引进优质人才资源。加强人力资源市场建设，建立与上海及长三角城市人才市场的信息互联共享机制。建立湖州经济社会发展急需人才库，提高与上海及长三角区域高层次人才资源的共享度。坚持刚性引进与柔性引进相结合、项目引进与人才引进相结合。积极开展与上海等地高校的合作办学，进一步提升我市高等教育、职业教育办学水平，增进湖沪及长三角城市间的学术交流与合作。积极选送党政机关干部、公共服务机构业务骨干到上海挂职锻炼、进修培训。鼓励企事业单位负责人和业务骨干到上海交流学习。

六、积极推动区域经济一体化进程

18. 深入推进合作“办博”。制订全市对接世博、发展世博经济的行动计划，制订农业、旅游业、会展业等方面的具体实施方案。加强与上海世博局的沟通联系，探索有效的合作方法与途径。认真落实《上海世博会事务协调局与湖州市人民政府全面合作框架协议》，积极组织实施项目对接，扩大合作成果，争取更多的旅游休闲点、特色产品列入世博局统一营销产品，争取一批农产品列入世博会专供基地。积极参与上海“筹博”、“办博”有关活动，宣传推介湖州，发展世博经济。

19. 努力推进公共服务一体化。以市场一体化为核心，加快推动质量互认、资格互认制度的对接，促进商品、产权、资金、技术、人才等要素无障碍流动。加强与上海等地海关、检验检疫部门的合作与交流，进一步完善关检合作机制，提高流通效率。稳步推进社保卡、高速公路收费卡、公交卡及各项公用事业收费卡互通共用，加快区域公共服务一体化。加强与上海的文化合作与交流，推进我市文化资源的保护与开发。

20．着力强化信息互通共享。加快电子政务和企业信用信息系统建设，积极与上海合作，共同开发建设综合性或专门的信息交换平台。加快企业信息化建设，加强网上技术市场、科技信箱、企业电子商务建设，实现与长三角城市间的信息互通共享。加强与各国驻沪领事馆、国内外驻沪商务机构、中央企业、大企业大集团的信息对接，积极开展委托招商、中介招商。完善统计分析制度，加强对上海及长三角地区有关信息的收集、分析、研究和利用。

七、切实强化接轨上海工作机制

21．健全组织领导机制。强化市接轨上海工作领导小组对全市接轨上海、融入长三角工作的统一领导，全面深化区域合作与交流。建立市级接轨上海联席会议制度，协调解决接轨上海过程中出现的新情况、新问题。市接轨办要加强力量，积极主动抓好协调、监督、总结、考评等日常工作。组织开展深化接轨上海战略研究，进一步明确工作思路，进一步细化工作目标，进一步落实工作措施，推动接轨上海工作再上新台阶。各县区要设立相应工作机构，各有关部门要安排相应工作人员，认真抓好接轨上海各项工作。加强市政府驻上海联络处的建设，强化信息对接，提升参谋功能。

22．强化工作责任机制。全市制定接轨上海、加快经济社会发展年度推进计划，细化、量化接轨上海工作目标，切实将责任落实到县区、部门和责任人。各县区、市级有关部门分别制定接轨上海工作年度计划，明确责任和分工。将接轨上海工作纳入对县区和市级机关部门年度考评体系，制定相应的考核评分细则。建立三级对接工作机制，市、各县区、市级有关部门在2009年底前与上海相应部门、单位建立相对稳定、经常性的对口联系机制。在加强政府层面接轨工作的同时，充分发挥企业主体作用，引导和推动企业主动接轨上海。

23．创新宣传引导机制。广泛宣传接轨大上海、融入长三角的重要意义，树立接轨工作的先进典型，切实增强全社会接轨上海的自觉性和主动性。增强湖沪两地信息互动交流，一方面要加强与上海等地在传媒领域的合作，广泛宣传湖州，增强宣传效果，努力扩大湖州知名度和影响力；另一方面要利用市委中心组学习及“南太湖人文大讲堂”等平台，邀请上海市有关部门领导、专家学者来湖讲学，及时了解上海经济社会发展的新思路、新规划、新动态、新需求，使接轨上海工作更加务实、更有针对性。开展以“接轨上海、服务世博”为主题的系列宣传活动，统筹安排全市大型宣传活动，强化全市互动、部门联动。建立激励机制，对在接轨工作中有突出贡献的单位和个人给予表彰。

中共湖州市委　湖州市人民政府
关于加快生物医药产业发展的意见

湖委发［2009］27号　（2009年6月12日）

为进一步加快我市生物医药产业发展，促进经济转型升级，提出以下意见：

一、鼓励企业技术创新

（一）鼓励企业加大研发投入。企业开发新技术、新产品、新工艺所发生的研究开发费用，未形成无形资产计入当期损益的，按照研究开发费用的50%加计扣除；形成无形资产的，按照无形资产成本的150%摊销。企业立项后，按发生额自主申报扣除。企业符合条件的技术转让所得不超过500万元的部分，免征企业所得税；超过500万元的部分，减半征收企业所得税（市财政地税局、市国税局）。

（二）加大对重大项目的支持力度。加大对项目的支持力度。对承担国家新药创制、863计划、973计划、国家支撑计划等项目并落户湖州进行产业化的企业，根据国家补助额给予1∶1配套支持，配套最高限额200万元；对实施科技型中小企业创新基金、国家重点新产品、国家火炬计划项目、省重大科技专项及优先主题等项目并落户湖州进行产业化的企业，根据国家或省补助额给予1∶0.5配套支持，配套最高限额50万元。对实施生物医药产业市级重大科技专项的，每项原则上支持50—100万元（市科技局）。

（三）加大对“三重”的支持力度。每年评定生物医药产业的重点企业、重点产品、重点项目，实施动态管理，对列入的重点企业、重点产品、重点项目优先支持和服务。对重点企业，自列入当年起3年内，增值税环比增量的市得部分给予50%幅度补助。对重点产品，自列入当年起3年内，该产品的企业所得税环比增量的市得部分给予50%的补助。重点产品的企业所得税按重点产品销售额占总销售额的比例和企业应交所得税进行计算，并以企业当年应交所得税比上年增加额为限。对重点项目，投资1000万元以上的新项目，其中设备投资额在500万元以上的，按其设备投资额的4%奖励，奖励最高限额100万元。实际固定资产投资5000万元以上的新项目，竣工后奖励100万元；实际固定资产投资一亿元以上的新项目，竣工后奖励200万元（市经委）。

（四）加大对高新技术企业的培育力度。积极支持符合条件的生物医药企业申报高新技术企业，对认定为国家重点扶持的高新技术企业，按15%的税率征收企业所得税。对列入国家、省创新型试点企业的，分别给予100万元、30万元的科技项目经费支持。对经认定列入市科技型初创企业、科技型小巨人企业、高新技术产业领航企业培育计划的，分别给予10万元、20万元、50万元的科技项目支持或科技项目贷款贴息补助（市科技局）。对列入优质企业的，授予主要经营者湖州市优秀企业家荣誉称号并给予10万元的奖励（市经委）。

（五）鼓励资产加速折旧和摊销。由于技术进步，产品更新换代较快的固定资产，或者常年处于强震动、高腐蚀状态的固定资产，可以采取缩短年限或者采取加速折旧的方法（市财政地税局、国税局）。

（六）鼓励企业新药创制和提升质量管理水平。凡企业新获得国家一类新药证书的给予200万元奖励，获得二类新药证书和三类医疗器械证书的给予50万元奖励。凡企业新通过GMP、GAP以及ISO9001质量管理体系认证的，由县区财政给予奖励。凡新创由国家工商、质检行政管理部门认定的“中国驰名商标”、“中国名牌产品”的企业一次性奖励50万元；新创由省工商、质检行政管理部门认定的省级著名商标、省级名牌产品的企业一次性奖励10万元（市经委）。

二、鼓励招商引资和企业培育

（七）鼓励招商引资。重视招商引资工作，改善生物医药产业结构，突出重点领域，大力引进具有带动作用的“大好高”项目，完善生物医药产业链（市外经贸局）。

（八）加大对新办企业的支持力度。对新办的生物医药企业，经部门审定，从开办年度起当年企业所得税实缴10万元以上的企业，地方分得部分前两年给予100%的奖励，后三年给予50%的奖励。纳税确有困难的企业，报经批准后，可优先减征或免征城镇土地使用税、房产税、水利建设专项资金（市财政地税局、国税局）。

（九）鼓励企业做大做强。对税收大户给予奖励，当年实缴企业所得税、营业税、增值税合计2000万元以上5000万元以下的企业，以上年三税市得部分为基数，按当年三税市得部分超过当年人代会市财政预算法定增幅以上部分给予50%的奖励；当年实缴三税合计超过5000万元的企业，以上年三税市得部分为基数，按当年三税市得部分超过当年人代会市财政预算法定增幅以上部分给予100%的奖励（市财政地税局、国税局）。

（十）重大项目一事一议。对湖州市生物医药产业发展具有拉动作用的重大投资项目，可采取一事一议方式，给予更加优惠的政策扶持。（市生物医药产业发展领导小组办公室）

三、鼓励创新平台的建设

（十一）加大对公共技术服务平台的支持力度。通过与有关大学、科研院所的合作，建立为广大生物医药企业服务的公共技术服务平台。对建立运行的平台，按设备投入额20%以内给予补助，最高限额300万元。

对新认定的国家生产力促进中心、省区域科技创新服务中心等公共技术服务平台，分别给予100万元、40万元的项目补助（市科技局）。

（十二）加大对专业孵化器的支持力度。对新建成并投入运行的省级以上生物医药专业孵化器，经考核验收后，给予200万奖励（市科技局）。2010年前，对符合条件的孵化器，其自用及无偿或出租方式提供给孵化企业使用的房产、土地免征房产税和城镇土地使用税，向孵化企业出租场地、房屋及提供孵化服务的收入免征营业税。对进入孵化器的企业，自营业之日起，3年内免收行政性费用，获利年度起2年内给予相当于企业所得税市得部分的奖励（市财政地税局、国税局）。

（十三）加大对研发机构的支持力度。鼓励生物医药企业建立各类研究开发中心，对新获得国家工程技术中心或省级企业研发中心、技术中心的企业，投入实质性运作一年有实绩，并经考核合格的，分别给予150万元、30万元奖励（市经委、市科技局）。

四、保障生物医药产业孵化器、园区和企业发展用地用房

（十四）优先供地。凡符合国家产业政策和供地定额指标的生物医药项目，其建设用地优先纳入土地利用年度计划管理，优先保证用地指标、优先预审报批、优先供地（市国土资源局）。生物医药项目使用新增建设用地的，土地出让收入扣除征地成本、省以上税费和提取社保专项资金外，市得部分全额补助给项目所在地政府（或管委会），用于支持企业发展。若企业在不足五年（含五年）的经营期内转让土地使用权或变更使用用途的，原享受的政策优惠或奖励予以退交（市财政地税局、国税局）。

（十五）优先供房。凡来湖创办生物医药企业及研发平台的，优先在南太湖科创中心及市、县区各级孵化器中安排用房；符合引进人才要求的，优先在人才公寓中安排住房（湖州开发区、市科技局）。

五、鼓励招才引智和人才创业

（十六）鼓励人才创业。重点支持专家、学者和技术人员带项目、资金、技术来湖投资创业。大力实施南太湖精英计划，对领军人才在科研启动经费、研发用房、住房和融资等方面给予重点支持。企业发生的合理的工资薪金，在企业所得税前准予全额扣除（市委组织部、市人事局、市财政地税局、国税局）。

（十七）实施个人所得税奖励。对高层次的科技人才，经有关部门认定，其工资薪金收入缴纳的个人所得税在三年内给予市得部分奖励；其技术参股分红收入缴纳的个人所得税自技术参股年度起三年内给予市得部分50%的奖励（市人事局、市财政地税局、国税局）。

（十八）提供良好的工作条件。凡引进紧缺急需的各类人才，被相关生物医药企业正式聘用的，可根据用人单位的申请优先办理入户手续，其配偶、子女可随迁（市人事局）。

六、加强政府的指导和服务

（十九）成立产业发展领导机构。成立市生物医药产业发展领导小组，领导小组的职责主要是组织制定产业发展规划和有关政策，协调辖区内各级政府及其部门为落户我市的生物医药企业及其发展项目提供有效服务。领导小组下设办公室，负责推动生物医药产业发展的日常协调、管理和服务工作。

（二十）加大政府资金引导力度。设立市生物医药产业发展专项资金3500万元，由有关专项资金整合和财政预算安排组成，以后视财力情况逐步增加。

（二十一）提供项目专项服务。由市及县区政府组织专项工作小组对固定资产投资在1000万元以上、科技含量高的生物医药项目，实行绿色通道，提供优质服务。

（二十二）优先支持企业融资。鼓励和引导商业银行、担保公司、创投公司、私募股权基金等重点介入生物医药企业。各级政府为符合条件的生物医药企业在国内外上市融资、发行股票和企业债券优先提供必要的条件和服务。对成功上市的企业一次性奖励人民币100万元。

七、附则

（二十三）本意见中生物医药产业，是指生物技术和医药产业。

（二十四）本意见中财政补助奖励政策仅限市本级范围，涉及市、区财政分级承担的，按财政体制规定的市、区共享收入分成比例分担，在具体操作上按有关专项资金管理办法执行，三县参照执行。

（二十五）本意见实行最高限额原则，对企事业单位同一事项涉及多项补助扶持的，按最优惠一项执行。

（二十六）本意见自发布之日起执行，由市生物医药产业发展领导小组办公室和市财政局负责解释。原有政策规定与本意见不符的，以本意见为准。

中共湖州市委　湖州市人民政府关于进一步加强和改进招商引资工作的若干意见

湖委发［2009］40号　（2009年8月4日）

为进一步扩大对内对外开放，提高招商引资工作质量和水平，促进全市经济持续平稳较快发展，根据《中共湖州市委关于深化改革开放，推动科学发展的实施意见》（湖委［2009］5号）精神，现就进一步加强和改进我市招商引资工作提出如下意见：

1. 全面实行内外资考核并轨。在考核办法上，实现招商引资统一下达目标、内外资统一进行考核，根据内外资年度目标任务的完成情况统一进行测算（今年参照县区综合考核办法，按外资占60%、内资占40%进行测算）。对内资、外资企业一视同仁，一并享受我市出台的各项政策及优惠措施。

2. 优化整合招商资源。对全市各办事处和驻外招商处进行优化组合，整体提升招商引资的工作能力；对目前我市设立的美国联络处和香港招商处充实力量，充分发挥境外源头招商的最大效应。

3. 切实强化产业招商。围绕大力培育发展生物医药、新能源、装备制造等先进制造业，休闲旅游、现代物流、文化创意、现代商贸等现代服务业以及高效生态现代农业，进一步完善重点产业前后道政策与配套措施，强化招商力量配置，增加重点产业引进在招商引资考核中的权重，切实加大产业招商力度。完善现有产业招商方式，由市级相关部门和开发区园区等平台共同组成产业招商组，实现产业招商与平台的无缝对接。

4. 健全完善“大好高”项目推进服务机制。围绕招引“大好高”项目（合同外资3000万美元以上的外资项目、协议资金5亿人民币以上的内资项目），建立项目评审评估机制，对重大项目和重要信息预先进行综合评估，科学评判项目的综合效益及发展前景，制定帮扶措施和优惠政策。完善项目协调推进机制，由市领导定期召开全市各县区项目汇报例会，“两办”定期对项目完成情况进行专题信息通报和督查督办；调整充实8+X协商机制成员，提高协调效率，及时解决项目引进和建设过程中的各类问题。健全项目优质服务机制，进一步完善和深化“一条龙”、“一站式”全程服务和重大项目联系服务制度，特别是要突出“大好高”项目的开工、融资、建设、投产等重点环节，建立有效的帮扶措施和切实可行的操作程序。

5．不断创新招商方式方法。继续加强驻点招商、专业招商、委托招商，积极探索“合作共建园区”、网上招商、集群招商等新方法，切实增强招商引资的针对性和实效性。精心组织重大对外招商活动，着力提高洽谈项目质量。加大对沪杭温等国内重要区域的招商力度，主动承接周边地区产业转移。进一步做好以民引外、以外引外、以商引商工作，针对性地选择一批有引资意愿、有一定规模和发展前景的民营企业与跨国公司、大型国企、行业龙头企业加强对接，引进资金、技术和人才。积极引导现有外资企业增资扩股，加快做大做强。

6．加快推进开发区、园区整合提升。围绕“两带”（南太湖产业带、临杭产业带）建设，进一步优化全市7个省级开发区（园区）、17个市级乡镇工业功能区的规划布局，提升平台功能，形成合理的梯度平台体系。科学确定各园区的主导产业和产业布局，建立更趋合理有效的评价考核指标体系，切实形成全市“一盘棋”的发展格局。大力支持湖州经济开发区、长兴经济开发区申报争取“国家级经济技术开发区”，积极做好吴兴工业园区更名“省级经济开发区”申报准备工作，加快推进南浔、德清和安吉等地临沪产业园、临杭工业区和内河临港产业园规划建设。各开发区要积极利用国家新一轮土地修编的契机，主动加强与全省开发区布局规划修编的衔接，突出抓好土地“三规合一”工作，高效集约利用土地资源，优化平台发展空间结构，力争形成2－3年的项目储备用地，为引进“大好高”项目作好战略准备和用地保障；抢抓当前有利时机，积极用好、用足各类资金，适度举债加强基础设施建设，加快整合提升步伐。鼓励省级开发区与乡镇工业功能区综合规划、分片实施建设，拓展发展空间，增强承载能力。

7．着力提升招商队伍能力水平。完善招商人才引进措施，积极引进紧缺的专业招商人才。加强招商人才培育，定期或不定期对招商人员进行培训，提高专业化招商水平。进一步完善招商人员的考核奖励制度，全市统筹部分津补贴向招商一线倾斜，作为招商引资的工作奖励；加大对招商引资工作成绩突出、贡献较大人员的培养和使用力度，进一步调动招商人员的工作积极性。

8．进一步加大组织领导力度。各级各部门要充分认识进一步扩大对内对外开放、加快发展开放型经济的重要性和必要性，始终把招商引资摆在经济工作的突出位置，坚持招商引资“一号工程”不动摇，切实增强抓好招商引资工作的责任感和紧迫感。各级主要领导要亲自抓、分管领导要具体抓、各有关部门要主动服务抓，进一步强化招商引资的财力和人力保障，切实形成举全市之力推动招商引资工作的新格局。做好“抓两头”的工作，定期或不定期在发展较快或相对缓慢的县区、开发区召开现场会、评议会，加强新闻舆论宣传，鼓励先进、鞭策后进，努力形成全市各地你追我赶的良好局面。

中共湖州市委　湖州市人民政府关于加快推进湖州金融业创新发展的若干意见

湖委发［2009］41号　（2009年8月4日）

根据省政府《关于浙江金融业深化改革加快发展的若干意见》（浙政发［2008］34号）和《中共湖州市委关于深化改革开放，推动科学发展的实施意见》（湖委［2009］5号）精神，现就进一步加快推进我市金融业创新发展提出如下意见：

一、明确目标，着力推动金融创新发展

1．总体要求。围绕建设现代化生态型滨湖大城市的总体要求，坚持改革创新、扩大开放、科学发展，制定实施我市金融业发展中长期战略规划，把金融业发展成为我市的重要支柱产业，努力把湖州建设成为信用良好、质量优良、体系完善、创新活跃的全国一流金融生态城市。

2．主要目标。力争到2012年末，全市金融业增加值占GDP的比重达到5%，占第三产业增加值的比重达到15%。全市银行业金融机构存贷款增速、新增存贷比超过全省平均水平，信贷资产质量稳定在全省平均水平。融资渠道进一步拓宽，直接融资比重有较大提高，上市公司数量快速增加，债券融资规模明显扩大。以市场为主导的金融创新机制与创新能力显著提高，金融机构进一步多样，金融产品进一步丰富，金融风险处理机制进一步完善，金融生态环境明显优化。地方金融机构资本充足，抗风险能力明显增强，基本建立起功能完善、结构合理、高效安全的现代金融服务体系。

二、深化改革，健全完善金融服务体系

3．积极吸引异地银行机构进入我市设立分支机构。进一步加大引进异地银行机构力度，至2012年末，全市引进6家以上全国性或区域性股份制商业银行在我市设立分支机构。

4．做优做强地方法人银行业金融机构。积极推动湖州市商业银行提高资本充足水平和公司治理水平，努力发展成为具有一定影响力的区域性股份制商业银行。各农村合作金融机构要继续深化改革，积极开展股份制改革试点，努力提升经营管理服务水平。

5．大力支持在湖银行分支机构的改革发展。鼓励各商业银行分支机构深化改革，加快发展。鼓励各商业银行细分市场和客户，推行差异化战略。引导全市金融机构优化服务网络布局，鼓励股份制商业银行分支机构向县区及中心镇延伸。

6．稳步推进新型农村金融组织发展。积极创造条件组建村镇银行、小额贷款公司、农村资金互助社等新型农村金融组织，争取至2012年实现全市各县区新型农村金融组织全覆盖，全市设立村镇银行2家以上、农村资金互助社1家以上、小额贷款公司10家以上。

三、创新服务，着力缓解小企业贷款难

7．深化小企业贷款“六项机制”建设。一是不断增强风险定价能力，做到既有效覆盖风险，又尽可能合理确定小企业的利息负担。二是改造小企业授信流程，建立一套符合本地实际、区别于大中型企业、适合小企业特点的授信管理体系。三是改革内部核算体制，探索建立小企业授信的分账核算、单独考核体系。四是健全激励约束机制，建立科学合理的贷款责任追究制度，激发小企业授信管理、营销人员的积极性。五是扎实抓好小企业营销队伍的培训力度，加强同业间的小企业资信情况的共享，增强整体风险防控能力。六是依托银行业协会，进一步完善贷款违约信息通报机制。

8．加快推进小企业金融服务创新。推进服务机制创新，建立专业化的小企业金融服务机构和营销队伍，提高对小企业金融服务的专业化水平。推进担保抵押方式创新，力争在各类权利质押、动产质押、企业联保、集体土地使用权抵押等方面取得突破。

9．加快推进金融产品创新。各金融机构要大力推动现有新型金融产品发展，探索创新信贷产品或贷款方式，率先开展新业务的全国全省试点。积极参与金融市场产品和交易方式创新，争取在短期融资券和中期票据的发行上取得突破。

10．进一步健全融资担保体系。各级政府要根据财力逐步建立合理的资本金补充机制，严格按照《关于进一步推进全市中小企业信用担保体系建设的若干意见》（湖政办发［2008］110号）的要求，建立和完善担保机构风险补偿机制，充分发挥公共财政对信贷资源配置的杠杆调节作用。各担保机构要充分发挥职能，积极为有市场、有效益、有信用的企业开展担保业务。到2012年，经主管部门登记备案的担保机构达到60家，注册资金20亿元，平均注册资金达到3000万元以上，担保贷款总额达到50亿元，全市年担保总额达到5亿元以上的担保行业龙头企业3－5家。

11．继续实施贷款风险补偿。进一步加大财政支持力度，完善对农业、小企业、就业创业新增贷款的风险补偿机制，将小企业贷款风险补偿对象范围扩大到服务业，扶持农业龙头企业、微小企业加快成长，鼓励多种形式就业创业，充分发挥财政激励机制正向引导作用。

四、加快培育，努力构建资本市场体系

12．大力发展直接融资。推动优质企业多渠道、多形式进入资本市场，鼓励上市公司并购重组，积极推动债券融资，大力发展私募股权融资。到2012年末，我市上市公司力争达到20家，债券市场融资额达到80亿元。

13．培育和发展市场主体。积极吸引优质证券公司、期货公司、信托公司来我市设立经营机构。积极培育金融租赁公司，有效服务中小企业技术改造和创新。

14．培育发展基金投资类组织和产权交易市场。鼓励建立民营资本为主体的创业（风险）投资公司，合理引导民间资金支持我市经济发展。积极培育产权交易市场，充分发挥其在促进产业资本流动、多渠道吸引民间资本等方面的作用。

五、扩大覆盖，充分发挥保险业“稳定器”作用

15．大力发展保险机构。积极引导各类资本投资设立地方法人保险公司，鼓励市外优质保险公司落户湖州，促进各类保险公司发展。大力支持在湖各保险公司分支机构合规经营，提升风险管理能力和服务水平。

16．支持扩大保险业务。继续推进政策性农业保险试点，扩大政策性农村住房保险覆盖率。探索政府补贴与商业运作相结合的保险发展模式，加快建立多层次农业保险体系。着力拓展责任保险，逐步落实强制责任保险制度，为学校、高危行业、旅游、食品安全、环境保护和公共场所等领域的安全事故提供保险保障。加快养老和健康保险发展，推动社会养老和医疗保障体制改革，逐步建立起包括商业保险在内的多层次养老、医疗保障机制。大力推进保险创新，鼓励开发支持中小企业发展、高科技项目开发、重大设备更新和关键技术攻关等保险产品，不断提高保险业服务经济社会发展的能力。

六、健全机制，努力实现金融安全运行

17．完善风险预警和应急处理机制。健全金融风险预警监测机制，提高金融风险的预测能力。加强政府部门与人民银行、监管机构的沟通与合作，建立重大事项和金融风险预警通报制度，实现金融业发展信息共享。进一步完善金融突发事件应急预案，明确和落实各有关部门在风险应急处置中的职责。

18．规范民间融资运行机制。增强政策透明度，鼓励民间融资合规有序地进入符合国家产业政策的行业，发挥其对正规金融的补充作用。加强监督和管理，及时监测分析民间融资在投向、利率、规模等方面的情况，防止民间资本参与赌博、高利贷、黑社会等非法活动，引导其健康发展。

19．健全金融市场有序竞争机制。推动金融市场体系建设，维护市场秩序，依法严厉打击逃废银行债务、金融欺诈、高利贷等违法违规行为，坚决取缔非法集资、地下钱庄、地下保单和非法外汇交易等非法机构及非法活动，加大反洗钱工作力度。强化小额贷款公司、担保机构、典当行、寄售（寄卖）行等运行监管，促进规范发展。

20．加强社会征信体系建设。以企业与个人征信系统为基础，大力推进征信体系建设，整合金融、工商行政管理、税务、海关、质监、公安等部门的信息资源，促进信用信息运用共享。持续推进中小企业信用体系建设，征集与更新中小企业信用档案。稳步推进农村信用建设，开展农村经济主体电子信用档案建设，逐步建立适合农村经济主体特点的信用评价标准。推广应收账款质押登记公示系统应用，促进应收账款质押融资业务稳步发展。

七、完善政策，加大改革创新支持力度

21．鼓励引进金融机构。对新进入我市的银行业金融分支机构，在开业前期给予税收、选址等方面的支持，对年度金融机构引进工作中有突出贡献的市级相关部门给予表彰奖励。

22．鼓励金融机构支持地方经济发展。建立金融贡献评价制度，每年末根据金融机构对本市的贡献情况，按照相关办法由市政府对支持本市经济发展贡献较大的金融机构给予精神和物质奖励，奖励资金由财政安排。

23．支持银行业金融机构处置不良资产。授权金融机构对符合一定条件的中小企业和涉农贷款进行重组和减免，允许金融机构对债务进行展期或延期，减免表外利息后，进一步减免本金和表内利息。允许涉农贷款和中小企业贷款税前全额拨备损失准备金。简化税务部门审核金融机构呆账核销手续和程序，加快审核进度，提高审核效率，促进金融机构及时化解不良资产。

24．落实小额贷款公司扶持政策。认真落实省政府《关于促进小额贷款公司健康发展的若干意见》（浙政办发［2009］71号）精神，对服务“三农”和小企业贡献突出、经省考评优秀的小额贷款公司，其缴纳的所得税地方留成部分和营业税，经批准3年内可由同级财政予以全额补助。

25．加大对担保公司的支持。建立中小企业信用担保风险补偿和银保共担机制。对当年达到湖政办发［2008］110号文件规定标准的单个担保机构，给予一次性10万元奖励。对其中注册资金已达到3000万元（含3000万元）以上的单个担保机构，每增加注册资金500万元再奖励5万元，最高奖励限定20万元。对促进中小企业发展成绩显著者，给予担保机构当年平均担保额3‰的奖励。进一步发挥好奖励资金的激励效应，对与担保机构建立风险比例分担机制的银行业金融机构，给予一次性10万元的奖励，并视风险实际发生情况再给予实际损失额10%的风险补助。

八、加强领导，确保金融业创新发展顺利推进

26．进一步强化政府在金融业发展中的组织协调作用。加强市政府金融工作领导小组对全市金融业发展的统筹协调作用，建立市政府金融办与人民银行、银监分局等部门定期联系会议制度，强化与金融管理部门和各类金融机构交流沟通，建立协同管理、共促发展的组织协调机制。各有关部门要加强对金融业的支持，帮助支持金融业做大做强，为金融机构及其从业人员提供优质高效服务，为金融业发展营造良好的环境。

27．明确相关部门工作职责。市人民银行要加大窗口指导力度，引导各金融机构既有效执行货币政策，又实现自身的快速发展。银监部门要加强监管，鼓励、支持各类银行业金融机构的设立，推动形成竞争性金融市场。银行业协会、保险业协会、担保公司协会、小额贷款公司协会要加强行业自律，提高服务水平。

28．强化金融人才支撑。积极创造条件，加快金融人才培养和引进。对来我市发展的金融人才特别是中高级金融管理人才，在个人所得税、住房，包括配偶就业、子女就学等方面给予适当的政策支持。加快建设金融人才培训平台，引导金融机构加强与高校、专业培训机构的合作，开展形式多样的教育培训，不断提高金融从业人员素质。

中共湖州市委　湖州市人民政府
关于推进旅游业转型升级
加快建设旅游经济强市的意见

湖委发［2009］52号　（2009年9月17日）

为深入学习实践科学发展观，全面贯彻省委、省政府《关于推进旅游业转型升级加快建设旅游经济强省的若干意见》（浙委［2009］49号）精神，现就大力推进我市旅游业转型升级，加快旅游经济强市建设，提出如下意见：

一、发展目标和指导原则

1．发展目标。力争旅游经济总量五年翻一番，质量明显提升。到2012年，全市旅游接待人次达到3000万人次，旅游总收入超过230亿元、占全市国民生产总值的13%以上，进一步建设成为产业繁荣、设施完备、布局合理、特色鲜明、服务高效、环境和谐、开放程度较高的旅游经济强市和重要的旅游目的地。

2．指导原则。发挥政府主导作用，提供有力保障；不断加大改革力度，创新体制机制；发挥区域特色优势，增强旅游竞争力；坚持扩大对内对外开放，加快旅游业国际化进程；坚持旅游资源开发与保护并重，实现可持续发展；坚持各级各部门齐抓共管，形成推进合力。

二、规划布局和发展重点

3．推进旅游业态多元化。大力发展休闲旅游、商贸旅游、文化旅游、生态旅游、工业旅游，突出发展红色旅游、乡村旅游、体验旅游、会展旅游、节庆旅游，积极推动探险旅游、康体旅游、科技旅游、自驾旅游、温泉旅游、体育旅游和邮轮游艇旅游等新兴业态发展，形成形式多样、特色鲜明的多元旅游业态。

4．扩大旅游对内对外开放。加强市内旅游合作，以政府为主导、以企业为主体、以产品为基础、以市场为纽带，大力推进旅游跨地域、跨景区的协作，不断提升市内旅游合作水平。加快推进长三角和全市无障碍旅游区建设，健全跨区域的旅游协调组织，建立区域联络协调制度，实现全市旅游规划、旅游设施、旅游线路、旅游市场、旅游营销、旅游政策、旅游执法等一体化。深化接轨上海，积极服务世博，加强与周边城市的旅游合作，推进与长三角等区域的旅游合作。学习借鉴国外旅游发展的成功经验，开发符合外国游客需求的旅游产品。全面开放旅游市场，鼓励外商投资我市旅游项目，吸引国际著名企业进入我市旅游市场，吸纳国外资金、管理、技术和人才参与我市旅游产业的发展。鼓励市内有实力的旅游企业“走出去”，构筑跨国界、跨地区的营销体系，支持有实力的旅游企业到境外投资。

5．健全旅游规划体系。根据《浙江省旅游发展总体规划》，进一步完善《湖州市旅游发展总体规划》，科学编制各类旅游专项规划，重点编制《湖州城市旅游规划》、《湖州城区水上景观与水上旅游规划》、《全市生态（乡村）旅游发展纲要》、《妙峰山——西塞山生态文化景区规划》等规划，积极探索研究自驾游和散客自助游服务体系规划，并做好《总规》与湖州经济、社会、城市等规划的衔接工作。完善旅游交通规划。以提高旅游通达便捷为目的，加快完善主要旅游景区、旅游度假区、旅游集散地、乡村旅游地的景区交通规划，并统一纳入交通道路总体规划和建设管理。

6．优化旅游区域布局。推进旅游产业集群化，加大旅游资源整合，按照“布局优化、资源共享、优势互补、区域联动”的要求，以城市为中心，以资源为依托，以项目为支撑，构筑旅游经济“三带十区”的发展格局。加快形成湖州历史文化名城旅游、南太湖生态文化休闲度假旅游、安吉竹乡生态文化旅游、德清名山湿地古镇旅游、长兴古生态茶文化旅游、南浔水乡古镇文化旅游等六大板块。培育建设十大品牌景区，打造十大精品线路。积极推进市区旅游资源整合提升工作，充分利用并提升法华寺、万寿寺、莲花庄、飞英公园、飞英塔、铁佛寺、中国湖笔博物馆等市区现有景点，挖掘赵孟頫、陈英士、沈家本等名人资源，引入新的旅游主题和内涵；充分利用市民广场和旄儿港公园等设施，重点策划推出大型水景夜游项目，吸引市民和游客夜间游览消费，形成仁皇山新区的旅游和商业氛围，打造市区旅游新亮点，精心打造湖州历史文化名城旅游品牌；充分依托太湖旅游度假区，打造南太湖风情旅游度假品牌；整合挖掘妙峰山茶文化景区、西塞山等名人名山名词资源，规划妙峰山——西塞山生态文化景区项目，打造融名人观光、茶文化旅游、乡村休闲等于一体的精品旅游区；构筑市区历史文化、太湖度假、南部生态、东部工贸旅游于一体的休闲度假中心和旅游目的地。加大旅游重大项目推进力度，至2012年，全市共实施50个重大项目，总投资200亿元。五年内争取建成一批国际化程度高、市场竞争力强、旅游功能完备的大型旅游综合项目。以创建A级旅游区为抓手，五年内新增4A级以上旅游区3家，全市形成以4A级旅游区为主体的大旅游景区格局。

7. 强化旅游目的地建设。以中国优秀旅游城市和中国魅力城市为依托，全面实施《湖州建设长三角休闲旅游中心行动计划》，实施“1121”工程，即要以优化目的地环境为基础、以完善目的地产业为核心、以加大目的地营销和提升目的地服务为两大抓手、以强化目的地管理为保障，按照“显山、露水、旺城、荣镇、兴村”的理念，大力发展山地度假、积极推进滨水休闲、全面建设城市游憩、努力深化古镇体验、稳步提升乡村旅游，有效实施旅游联动机制，加快推进太湖旅游度假区、中心城区旅游景点改造、南浔古镇改造提升和下渚湖湿地风景区、长兴古生态茶文化旅游区、安吉竹乡生态文化旅游区等六大旅游目的地建设。

8. 健全旅游交通和公共服务体系。完善旅游交通网络，加快高速公路至重点旅游区（点）的等级公路建设，优先安排新开发旅游区（点）的交通道路建设，2012年基本建成中心城市通往3A级以上旅游区的高等级公路以及旅游指示牌。旅游景区交通部门在新建、改建公路时应把设置旅游区（点）指示牌纳入公路建设规划；已建成的公路由旅游部门提出设置方案，经交通部门审批后共同组织实施。整合现有市集散中心、咨询中心、培训中心等，建设并运行新的集集散、自驾游和商务服务、咨询、投诉等功能于一体的市级旅游公共服务平台，建设现代化的旅游公共服务中心，进一步推进旅游惠民工程。加强旅游咨询服务，逐步在车站、码头、高速公路服务区以及城市商业区、旅游景区等地设立旅游咨询服务中心。加强旅游信息提示，在旅游城市、星级宾馆、A级景区全面推行国家标准的旅游图文标识，入境游客集中的城市和旅游区要推行多国语言标识。加强旅游集散中心、旅游厕所、公共电话和一卡通等公共服务设施建设，完善城市旅游交通、通讯、金融、卫生等相关配套服务，推进自驾车营地、汽车旅馆等自助旅游服务设施建设。各县区也要结合实际，尽早启动旅游公共服务平台建设。

9. 健全旅游营销和市场体系。加强旅游整体营销，建立健全旅游、外经贸、外宣、文化、新闻等多部门组成的宣传促销体系和机制。建立旅游经济运行分析制度，对客源市场分析研究，维护好现有客源市场网络，进一步开拓以上海为龙头，杭宁为两翼的长三角客源市场；大力拓展华东、珠三角、环渤海湾客源市场。特别是以2010年上海世博会为契机，积极服务世博，挖掘湖州与世博的渊源，开发以生态旅游、文化旅游、乡村旅游等为重点的世博旅游产品，吸引更多的游客来湖休闲、度假、旅游，提升湖州整体形象。加强海内外市场的宣传推介工作。紧紧抓住海峡两岸实现“三通”、空中航线“截弯取直”、旅游成本降低的机遇，充分发挥湖州现有的名人效应，打造历史文化旅游产品，逐步开拓以台港澳为主体，东南亚、欧美等为重点的境外旅游市场。加强与境内外旅游部门、旅游企业、华人华侨社团的交流合作，到2012年争取在上海等主要客源地设立湖州旅游办事处。

10. 加快推进旅游创强工作。县区、乡镇、村三级联动，积极创建旅游经济强县、旅游经济强镇及特色旅游村，力求旅游创强工作与新农村实验示范区建设相结合、与旅游项目建设相结合、与乡村旅游发展提升相结合、与旅游服务设施完善相结合。加大力度，推进农家乐向乡村旅游、生态旅游的转型。县区政府部门要在组织保障、旅游基础设施完善、旅游发展扶持政策落实等方面给予扶持。根据省“十一五”期间“十百千工程”的发展目标，推行“313”计划，即经过三年的努力，建设3个省级旅游经济强县（区），10个省级旅游经济强镇（乡），30个省级特色旅游村。

11. 做强做大旅游企业。积极鼓励以大旅行社、大饭店为主体的旅游企业兼并重组、做大做强，使之上规模、上档次，向集团化发展，创造条件，引导培育“十大旅游企业集团”，逐步推进旅游企业上市。大力实施“引进来”、“走出去”的双向开发战略。积极扶持和培育一批旅游企业做大做强，鼓励有影响力、有实力的旅游企业抢占国内乃至国际市场。支持旅行社向其他旅游行业发展渗透。加快高星级饭店建设，大力提高旅游接待设施档次和旅游服务水平，使星级饭店的整体结构更趋合理化。

12. 加强从业人员队伍建设。建立健全与旅游经济强市相适应的教育体系和培训体制。加强旅游人才队伍建设，大力引进酒店管理集团、旅游营销策划机构和旅行社的高层次人才。推进旅游职业经理人队伍建设，建立健全旅游职业经理人市场。实施旅游行业人才培训工程，加强旅游在职人员培训，每年选派旅游行业管理和专业技术人才到旅游发达地区学习培训，并列入全市现代服务业人才培养计划。优先将“农家乐”经营户纳入“千万农村劳动力素质培养工程”。深化旅游企业劳动用工改革，加强旅游从业人员社会保障，依法规范旅游业从业人员，特别是导游人员的劳动用工管理，建立和完善工资形成机制和正常增长机制。

三、扶持政策

13. 执行全民休假制度。认真贯彻实施带薪休假制度，依法保障机关事业单位和企业职工带薪休假权利。鼓励城乡居民根据自身实际，参加形式多样的旅游休闲、健康疗养等活动，力争到2012年我市公民人均年出游次数达到2次以上，2020年达到3次。

14. 加强旅游宣传推广。鼓励旅游部门到境外开展旅游整体宣传推广。旅游部门工作人员根据实际工作需要开展境外宣传推介活动，出国（境）审批部门要在手续办理方面提供便利，开通绿色通道。除国家明令禁止的以外，国家机关、企事业单位和社会团体的公务考察、来访接待、会议展览等公务活动中食住行等社会化服务可委托旅行社代理，旅游部门要会同财税、监察等有关部门制订相关实施细则。

15. 加大财政投入支持力度。在2009年市政府安排1000万元旅游发展资金的基础上，以后根据财力逐年增长，重点用于市区旅游建设项目和景点景区的贴息补助、旅游市场的开拓、重大旅游规划编制和旅游企业上规模、上等级的奖励。对首次进入年度全国百强、首次进入年度全省50强和对被评为市级“十大品牌旅行社”的旅行社分别给予一定的奖励；对新评定三星级以上和对被评为市级“十大品牌饭店”的旅游饭店分别给予一定的奖励；对新评为3A级以上和被评为市级“十大品牌景区”的旅游景区分别给予一定的奖励；对被评为国家旅游休闲度假示范区、国家生态旅游示范区和国家乡村旅游示范区试点的分别给予一定的奖励；对列入省、市重点旅游投资项目（不含酒店）的市本级企业，按当年实际发生投资额给予一定的贴息。市政府每年对各县（区）旅游业发展业绩进行考核，成绩突出的予以表彰。各县（区）政府也要建立旅游发展资金。

16. 强化税收优惠扶持。对在我市设立总部的旅游企业、景点类旅游企业，纳税确有困难的，可按照税收管理权限报经批准后，给予减征房产税、城镇土地使用税。省内跨市、县分支机构的企业所得税纳税管理，按照浙财预字［2009］1号规定，50%由总部机构所在地分享，50%由各分支机构所在地分享。

17. 实行旅游规费减免。旅游宾馆饭店、景区等旅游企业用水（除桑拿、洗浴等行业外）、用气价格不高于一般工业企业。旅游饭店使用银行卡结算的，手续费率按照商业超市的费率标准执行。宾馆安装有线电视，按不高于实际终端数的50%收取。

18. 支持旅游建设用地。各级政府和国土部门要大力支持旅游业，在新一轮土地利用总体规划修编过程中，要充分考虑旅游业发展用地的规划安排。旅游建设项目以拍卖、挂牌出让和租赁等方式取得土地使用权后，可视项目规模和档次，在地方土地收益中给予支持。以出让方式取得土地使用权的，可以依法转让、出租和抵押。以租赁方式取得土地使用权的，土地租金可以按年度缴纳。对开发建设所涉及的城市基础设施配套费，凡属城市规划区外的予以全部减免，属规划区范围内的减免50%。

19. 加大旅游金融支持。引导和鼓励各类金融机构开发和推广适应旅游业发展需要的个性化金融产品。允许旅游景区、旅游饭店、旅游车船公司等旅游企业探索以特许、营运、收费等经营权和股权质押贷款的方式进行融资。鼓励金融机构逐步加大对旅游业的信贷支持力度，加大对符合条件的重点旅游企业的授信额度。鼓励产业投资基金、私募股权基金（投资公司）、创业投资机构以及合格的信用担保机构积极面向中小旅游企业开展业务。发挥农村金融机构、小额贷款担保公司的作用，增加对旅游中小企业、“农家乐”经营户进行融资。积极支持符合条件的旅游企业通过发行股票和企业债券、项目融资、产权置换等多种方式筹集资金。引导和鼓励民间资本加大对旅游业的投入。

四、体制机制和组织领导保障

20. 完善旅游管理体制。各级政府要切实加强对旅游业发展的协调、引导、管理和服务，充分发挥政府的宏观调控和市场监管作用。大力推行行政管理体制改革，创新政府管理模式，优化管理资源，积极推动市级实行风景与旅游、文化与旅游等旅游资源一体化管理的发展体制。

21. 完善旅游市场管理机制。健全旅游安全与质量保障体系，强化旅游安全和危机管理，建立覆盖全行业并与相关部门、行业联动的安全预警和旅游应急救援机制。积极推进旅游标准化工作，加快制定和推广旅游设施标准和经营服务标准，鼓励旅游企业、行业协会参与旅游行业标准制订修订，提高旅游标准化应用水平。加强旅游执法工作，建立完善旅游部门牵头，工商、交通、质监、物价等相关部门参与的旅游市场联合执法机制。市、县区要加强旅游质监队伍建设，加强对旅游市场的监管，完善旅游投诉处理机制，严肃查处无证经营、价格欺诈、毁约失信等违法违规行为，切实维护旅游消费者和经营者的合法权益，努力营造良好的旅游市场发展环境。

22. 加强组织领导。各级党委、政府要高度重视旅游发展，把旅游工作列入重要议事日程，把旅游产业发展纳入国民经济和社会发展总体规划，建立健全旅游发展工作协调机制，实行目标责任考核，将建设旅游经济强市的年度目标任务分解落实到各地和成员单位，对建设旅游经济强市贡献突出、成效显著的部门单位、旅游企业及个人给予表彰奖励，确保各项工作任务落到实处。市旅游发展领导小组要加强对全市旅游工作的组织协调，及时研究和解决旅游业发展中的重大问题，督促落实旅游业发展的各项工作任务。市旅游局承担领导小组办公室的日常工作，加强与各职能部门的联系和沟通，建立市旅游发展工作部门联席会议制度，定期研究和协调旅游发展中的有关事项。

23. 形成合力兴旅的良好氛围。各级各部门要各司其职，各负其责，加强工作协作和配合，形成合力兴旅的工作机制。发改、财政、金融、国土、规划、环保等部门要积极支持旅游企业发展和旅游项目建设；建设、交通、通信、供电、供水、供气等部门要积极支持旅游资源的合理开发和利用；教育、人事等部门要协助制定、实施旅游人才培育和引进计划；公安、消防、工商、物价、卫生、质监等部门要加强对旅游运输、安全、价格、市场秩序、食品卫生、环境卫生等的监督管理，合力推进湖州旅游业又好又快地发展。

中共湖州市委 湖州市人民政府关于建立健全重点特色产业培育发展机制的若干意见

湖委发［2009］59号　（2009年10月21日）

为加快培育发展重点特色产业，加快建立现代产业体系，促进全市经济持续平稳较快发展，根据《中共湖州市委关于深化改革开放，推动科学发展的若干意见》（湖委［2009］5号）、《湖州市人民政府关于加快工业转型升级的若干意见》（湖政发［2009］18号）精神，现就建立健全重点特色产业培育发展机制提出如下意见：

一、基本原则

——坚持做大总量与提高质量相结合。加大重点特色产业招商力度，鼓励支持现有企业扩大规模，着力做大总量。积极引导企业推进制度创新、技术创新和管理创新，加快转型升级，提高运行质量和效益，增强核心竞争力。大力促进产业链上下游合理分工、密切合作，大力推动传统块状经济向现代产业集群提升。

——坚持生产发展与生态保护相结合。牢固树立资源能源节约和环境友好的理念，大力发展循环经济、清洁生产、绿色制造，走高科技、高效益，低消耗、低污染的新型工业化道路。——坚持突出重点与整体推进相结合。牢固树立“一切围绕重点、一切服务重点”的理念，有效整合各种资源要素向重点特色产业倾斜，加大工作推进力度，努力实现新的突破，并以重点特色产业的突破带动全市工业的全面发展。

——坚持市场主体与政府引导相结合。充分发挥市场对产业发展各种要素的基础性配置作用，充分发挥政府在规划引导、政策扶持、典型示范等方面的导向作用，合力推动重点特色产业加快发展。

二、重点特色产业和目标

根据国务院有关产业调整振兴规划、省工业产业转型升级规划，结合我市工业发展现状，确定生物医药、新能源、装备制造、金属管道与不锈钢、特色纺织品和木地板六大重点特色产业，加快培育发展。

1．生物医药。重点是生物生化制品、生物化学农药及微生物农药、生物兽用药品、酶及酶制剂、医疗设备及器械制造、医药中间体、中成药。

2．新能源。重点是太阳能光伏系统、太阳能热能利用、风力发电系统、生物质能利用、动力与储能电池（汽车动力电池、风能与太阳能储能电池）、储能材料、LED制造与利用。

3．装备制造。重点是整机设备及关键零部件。

4．金属管道及不锈钢。重点是金属管道管件、不锈钢及其制品。

5．特色纺织品。重点是羊绒羊毛制品、真丝针织品、产业用化纤、家用纺织品。

6．木地板。重点是实木地板、实木复合地板、强化地板、地板用复合材料。

到2015年，六大重点特色产业规模以上产值比2008年翻两番，主要经济指标在工业经济中的比重明显提高，基本建立高科技含量、高附加值，低能耗、低污染，自主创新能力较强、产业布局相对集中的六大现代产业集群。

三、主要措施

1．加强组织领导。切实加强对六大重点特色产业振兴升级的领导，成立由市委书记、市长任组长的市重点特色产业培育发展领导小组，有关市领导、有关部门主要负责人为成员，下设领导小组办公室（设在市经委）和六个重点特色产业专项协调推进小组。市领导小组办公室负责定期组织召开协调会议，通报六大产业的进展情况，商议解决产业发展中的突出问题。各重点特色产业专项协调推进小组负责调查研究产业基本状况，制定产业发展规划、推进计划、政策措施，协调解决产业发展中存在的困难和问题，检查督促产业政策和推进计划落实情况。

2．建立推进机制。在市重点特色产业培育发展领导小组的统一领导下，建立六大重点特色产业培育发展推进机制，即：一个重点特色产业由一名市领导牵头、一个部门主推、一个专项协调推进小组主抓、一个发展规划引导、一个保障体系扶持、一个工作计划推进的重点特色产业振兴升级“六个一”推进机制。

3．强化要素保障。突出对六大重点特色产业发展的要素资源保障，整合优化市、县（区）各类各层次要素资源，加大土地资源、信贷资金、财政资金等优质资源向六大重点特色产业的倾斜力度，培育一批龙头企业、抓好一批“大好高”项目，扶持和促进重点特色产业加快发展。与工业经济相关的市级各类专项资金，每年用于六大重点特色产业不低于70%。加强人力资源引进与企业经营管理者队伍建设，建立专家咨询组、产业招商组。

4. 营造良好环境。优化行政审批服务，减少审批环节，减轻涉企收费，提高服务效率。建立健全领导联系服务企业长效机制，积极帮助企业解决生产经营中遇到的实际困难。充分发挥行业协会作用，加强行业自律，提高服务水平。

湖州市人民政府关于公布莫干山牌木质门等83种产品为2008年"湖州名牌产品"的通知

湖政发［2009］1号　（2009年1月14日）

各县区人民政府，市府各部门、市直各单位：

根据《湖州名牌产品认定和管理办法》（湖政办发［2004］120号），经企业自愿申请，各县区名牌战略推进委员会审核推荐，市名牌战略推进委员会全体会议审议，并向社会公示通过，共有莫干山牌木质门等83种产品为2008年"湖州名牌产品"。现予以公布：

一、工业产品61种（其中新评47种）

浙江升华云峰新材股份有限公司莫干山牌木质门

德清县智星实业有限公司智星牌合成纤维笔头

浙江瑞明节能门窗有限公司瑞明牌纯木门窗

德华集团控股股份有限公司兔宝宝牌重组装饰单板

德清县双马木业有限公司莫干湖牌装饰单板贴面人造板

浙江鼎力机械有限公司（图形商标）剪叉式高空作业平台

湖州广能蓄电池有限公司鹰霸牌电动助力车用密封铅酸蓄电池

浙江泰达微电机有限公司（图形商标）高磁导体ACFAN

德清洛洋游艇制造有限公司洛洋牌玻璃钢游艇

浙江升华拜克生物股份有限公司（图形商标）延胡索酸泰妙菌素

浙江拓普药业股份有限公司拓普牌双氢苯甘氨酸邓钠盐

华之杰塑料建材有限公司华之杰牌未增塑聚氯乙烯塑料护栏

华之杰塑料建材有限公司华之杰牌未增塑聚氯乙烯装饰板

德清伊唯尔袜业有限公司伊唯尔牌袜子

浙江依蕾毛纺织有限公司依蕾牌精梳毛针织绒线

浙江昌盛玻璃有限公司（图形商标）玻璃制品

浙江湖州威达纺织集团有限公司长欣牌气流纺粘纤及混纺纱

浙江天能电池有限公司天能牌镍氢电池

长兴永达电源有限公司杰能牌电动助力车用密封铅酸蓄电池

浙江畅通电动车有限公司（图形商标）电动自行车

长兴长广蓄电池制造有限公司光辉牌电动助力车用密封铅酸蓄电池

浙江长日酿酒有限公司太湖明珠牌黄酒

安吉超亚家具有限公司（图形商标）办公椅

浙江博泰家具有限公司BJTJ牌办公椅

安吉县苍石制扇公司昌硕牌工艺扇

浙江通凌家具有限公司通凌牌弯曲木座椅及配件

浙江金贸竹木家具有限公司江南牌竹凉席

浙江东来天然生物制品有限公司DONGLAI牌银丝保片

湖州盛义铜管工业有限公司盛义牌铜及铜合金管材

浙江鸿峰铝业有限公司东狮牌铝合金建筑型材

湖州金洁实业有限公司金洁牌实木地板

湖州豪得利制衣有限公司妙萌牌儿童服装

湖州玲珑宝贝服饰有限公司玲珑宝贝牌儿童服装

湖州春芽针织制衣有限公司誉尔赛牌羽绒服

湖州好运来食品有限公司好运牌凉果类蜜饯

湖州德宏汽车电器系统有限公司申湖牌汽车用交流发电机

湖州岱兴电器制品有限公司吉力牌微晶玻璃面板

湖州乾昌酒业有限责任公司乾昌牌黄酒

湖州郎立电工器材制造有限公司丝得莉牌漆包圆绕组线

湖州佳力机电科技有限公司嘉仑牌电动自行车

浙江屹立电梯有限公司YLDT牌电梯

湖州福马木业有限公司福马牌实木复合地板

湖州佳佳乐装饰材料有限公司佳佳乐牌实木地板

湖州宝丰木业有限公司丰旺牌实木地板

湖州豪威富木业有限公司豪威富牌实木地板

湖州天龙木业有限公司（图形商标）实木地板

湖州柏尔木业有限公司柏尔牌实木地板

浙江升华拜克生物股份有限公司（图形商标）氧氯化锆（复评）

浙江省德清县胶辊实业公司峥嵘牌造纸胶辊（复评）

浙江德升木业有限公司大力猫牌胶合板（复评）

浙江铁鹰电线电缆厂铁鹰牌电线电缆（复评）

浙江永达电力实业股份有限公司永达牌环形混凝土电杆（复评）

浙江洁美电子科技有限公司洁美牌电子载体纸带（复评）

浙江五星家具有限公司鼎星牌座椅（复评）

浙江红鹰集团股份有限公司红鹰牌复合型绝热板（复评）

湖州市丁莲芳食品有限公司丁莲芳牌千张包子（复评）

浙江　宝饲料股份有限公司　宝牌水产饲料及水产饲料粘合剂（复评）

浙江怡达和谐电梯有限公司怡达牌电梯（复评）

浙江中立电子有限公司（图形商标）电位器（复评）

湖州红星建筑防水有限公司（图形商标）防水材料（复评）

浙江华盛惠业家具有限公司 BANLU 牌办公家具（复评）

二、农业产品 20 种（其中新评 12 种）

德清县莫干天竺蚕种有限责任公司莫干天竺牌桑蚕种

德清县苎溪洋水产养殖有限公司苎溪洋牌鳙鱼

德清县雷甸镇国兴瓜菜专业合作社雷甸牌西瓜

长兴县兴藤葡萄研究所兴藤牌葡萄

长兴县桃花　有机茶厂新桃花　牌紫笋茶

长兴县云峰果蔬食品厂云野牌多味笋

浙江省长兴泰明食品有限公司长明牌栝楼子

长兴县南淙特种水产养殖有限公司天行牌鳜鱼

安吉县天荒坪天池茶场江南天池牌安吉白茶

安吉县三官东坞林茶场龙王山牌安吉白茶

湖州味源饮料食品有限公司叶源牌果蔬汁

湖州丰泽食品有限公司美顺牌酱卤禽肉制品

长兴县意蜂蜂种场汝民牌蜂王浆（复评）

长兴大洋生物饲料有限公司金丹牌饲料（复评）

浙江安吉东光食品有限公司安景牌果蔬罐头（复评）

安吉圣氏生物制品有限公司个个健牌竹叶黄酮饮料（复评）

安吉县天壤科技咨询有限公司寿康牌土鸡（复评）

安吉县正新牧业有限公司申农牌生猪（复评）

湖州小麻子食品有限公司小麻子牌炒货（复评）

湖州练市方氏农庄方示牌黄花菜（复评）

三、服务业产品 2 种

湖州市浙北大厦有限责任公司浙北大厦牌零售服务

湖州市浙北大厦有限责任公司浙北大酒店苕上人家牌饭店服务

湖州市人民政府关于印发湖州市区城乡居民社会养老保险实施办法的通知

湖政发［2009］40 号　（2009 年 12 月 7 日）

各县区人民政府，市府各部门，市直各单位：

《湖州市区城乡居民社会养老保险实施办法》已经市政府研究同意，现印发给你们，请结合各地实际，认真贯彻执行。

湖州市区城乡居民社会养老保险实施办法

第一章　总　则

第一条　为进一步健全我市社会养老保险制度，建立覆盖城乡居民的社会保障体系，促进城乡统筹协调发展，根据《浙江省人民政府关于建立城乡居民社会养老保险制度的实施意见》（浙政发[2009] 62号）精神，制定本实施办法。

第二条　各级政府应当加强对城乡居民社会养老保险工作的领导，将其纳入经济社会发展规划和年度计划，作为政府目标责任考核的重要内容。

第三条　基本原则。建立健全城乡居民社会养老保险制度坚持"保基本、广覆盖、有弹性、可持续"的基本原则。一是从实际出发，筹资和待遇标准与经济社会发展水平及各方面承受能力相适应；二是个人（家庭）、集体、政府合理分担责任，权利与义务相对应；三是政府主导和城乡居民自愿参保相结合，引导城乡居民普遍参保；四是社会统筹与个人账户相结合；五是湖州市区基本政策统一，各区分别管理，独立核算。

第四条　参保范围。具有湖州市市区户籍，年满16周岁（全日制学校在校学生除外），非国家机关、事业单位、社会团体工作人员，未参加职工基本养老保险的城乡居民，均可在户籍地参加城乡居民社会养老保险。

第二章　基金筹集和个人账户

第五条　个人缴费。参加城乡居民社会养老保险的人员应当按规定缴纳养老保险费。湖州市区缴费标准根据市区农村居民人均纯收入和城镇居民人均可支配收入水平设8个档次，参保人自主选择档次按年缴费。目前，各档次的年缴费标准为第一档为200元、第二档为400元、第三档为600元、第四档为800元、第五档为1000元、第六档为1200元、第七档为1400元、第八档为1600元。今后，缴费标准的调整由市劳动和社会保障局公布。

第六条　集体补助。有条件的村（社区）集体经济组织应当对参保人缴费给予补助，补助标准由村民委员会（社区居民委员会）召开村（居）民会议民主确定。鼓励其他经济组织、社会公益组织、个人为参保人缴费提供资助。

第七条　政府补贴。社会养老保险统筹基金由财政提供，主要用于支付基础养老金、参保人个人缴费补贴、缴费年限养老金、复员退伍军人优待养老金、丧葬补助费以及个人账户用完后的个人账户养老金等。各区的社会养老保险统筹基金除国家、省财政补助以外的剩余部分，由市财政补助50%。

政府财政对参保人缴费给予补贴，每人每年补贴标准为：第一档、第二档补贴40元，第三档、第四档补贴60元，第五档、第六档补贴80元，第七档、第八档补贴100元。对重度残疾人、低保对象，政府缴费补贴为每人每年150元（可以抵缴个人缴费）；对家庭人均收入在低保标准100%－150%之间的其他持证残疾人以及计划生育独生子女家庭伤病残、死亡和困难户（具体标准由市人口和计划生育委员会、市财政局、市劳动和社会保障局制定）等缴费困难群体，政府缴费补贴为每人每年100元（可以抵缴个人缴费）。

政府缴费补贴根据省政府文件及湖州市区经济社会发展水平适时进行调整。

第八条　个人账户。国家为每个城乡居民社会养老保险参保人建立终身记录的养老保险个人账户。个人缴费，集体补助及其他经济组织、社会公益组织、个人对参保人缴费的资助，政府对参保人的缴费补贴，全部记入个人账户。个人账户储存额的计息按国务院、省政府的规定，目前每年参考中国人民银行公布的金融机构人民币一年期同期存款利率计息。

参保人因特殊原因中断缴费的，其个人账户给予保留，并不间断计息。续缴时可选择续缴当年的缴费档次补缴中断缴费年限的养老保险费（补缴的中断缴费年限不享受政府缴费补贴）。

第三章　养老保险待遇和领取条件

第九条　养老金待遇标准。城乡居民养老金待遇由基础养老金、个人账户养老金和缴费年限养老金三部分组成。

基础养老金月标准为：每人60元。

个人账户养老金月标准为：个人账户全部储存额除以139（与现行企业职工基本养老保险个人账户养老金计发系数相同）。

缴费年限养老金月标准为：缴费年限养老金按缴费年限分段计发。缴费5年以下（含5年）的参保人，其月缴费年限养老金按每年1元计发；缴费6年以上（含6年）、10年以下（含10年）的参保人，其月缴费年限养老金从第6年起按每年2元计发；缴费年限11年以上（含11年）的参保人，其月缴费年限养老金从第11年起按每年3元计发。

按本办法规定已领取养老金待遇的参保人员，死亡时可享受一次性丧葬补助费。一次性丧葬补助费标准为参保人死亡当月享受的基础养老金的20个月金额。参保人死亡后，其个人账户中的资金余额，除政府补贴外，可以依法继承。政府补贴余额用于继续支付其他参保人的养老金。

第十条 退伍军人养老金计发办法。对参加城乡居民社会养老保险的复员退伍军人（含制度实施时60周岁以上的人员），军龄视同缴费，在享受基础养老金、个人账户养老金、缴费年限养老金待遇的同时，每人每月再加发40元优待养老金（优待养老金标准由省里统一调整）。

复员退伍军人的军龄可按一定的标准账户化。具体为：以复员退伍军人领取养老金待遇当年湖州市区城乡居民社会养老保险平均缴费额加上政府缴费补贴为基数，乘以其军龄（不满1年按1年算，下同）计算账户化额度，该额度计入个人账户储存额。

复员退伍军人的缴费年限为军龄与其个人实际缴费年限之和。

复员退伍军人的基础养老金按其领取养老金待遇当年湖州市区的统一标准发给，个人账户养老金和缴费年限养老金的计发办法与其他参保人相同。

第十一条 养老金待遇领取条件。年满60周岁，未享受国家机关、事业单位、社会团体离休、退休、退职待遇和职工基本养老保险待遇的湖州市区户籍的城乡居民，符合下列条件的，可以按月领取养老金：

（一）城乡居民社会养老保险制度实施时，已年满60周岁（即1949年12月31日前出生）的，不用缴费，可以按月领取基础养老金，但其符合参保条件的子女应当参保缴费。

（二）城乡居民社会养老保险制度实施时，未满60周岁且距领取年龄不足15年（即1950年1月1日－1964年12月31日出生）的，应按年缴费，也允许补缴，补缴年限根据补缴当年各档缴费标准的平均缴费额折算（补缴年限不享受政府缴费补贴），累计缴费年限不超过15年，在年满60周岁的次月起可以按月领取养老金。

（三）城乡居民社会养老保险制度实施时，距领取年龄超过15年（即1965年1月1日后出生）的，应按年缴费，累计缴费年限不少于15年，在年满60周岁的次月起可以按月领取养老金。

参保人被判处拘役及其以上刑罚或在劳动教养期间，不缴纳养老保险费，不享受各种养老保险待遇。服刑或劳动教养期满后，可按本办法继续缴费或按规定享受养老保险待遇（待遇不能追补）。

第十二条 养老金调整机制。建立养老保险待遇正常调整机制，根据省政府的规定，结合湖州市区经济社会发展水平，适时调整基础养老金标准。缴费年限养老金标准的调整按省政府文件执行。

第四章 制度衔接和异地转移

第十三条 与原农村社会养老保险制度的衔接。原农村社会养老保险制度（以下简称老农保）与城乡居民社会养老保险制度实行并轨。在本办法实施时，凡已参加老农保、年满60周岁且已领取老农保养老金的参保人，在继续领取老农保养老金的同时，享受城乡居民社会养老保险基础养老金。凡已参加老农保、未满60周岁且已领取老农保养老金的参保人，可继续领取老农保养老金，在年满60周岁的次月起同时享受城乡居民社会养老保险基础养老金；也可在继续领取老农保养老金的同时，按本办法规定参加城乡居民社会养老保险。对已参加老农保、未满60周岁且没有领取养老金的参保人，应将老农保个人账户储存额按本办法实施当年湖州市区各档缴费标准的平均缴费额（900元/年）折算缴费年限（折算的缴费年限最长不超过15年，下同）并继续缴费，老农保个人账户全部储存额并入城乡居民社会养老保险个人账户。折算的缴费年限不享受政府缴费补贴。

第十四条 与职工基本养老保险制度的衔接。城乡居民社会养老保险制度实施后，已参加职工基本养老保险的人员，期间因就业状况发生变化而中断缴费的，如职工基本养老保险缴费年限累计不满15年的；或者因各种原因造成到达职工基本养老保险法定退休年龄时缴费年限累计不满15年的，可将职工基本养老保险关系转入户籍地参加城乡居民社会养老保险，职工基本养老保险个人账户资金转入城乡居民社会养老保险个人账户，缴费年限的折算办法为：缴费年限＝转入的个人账户储存额/转入当年湖州市区平均缴费额（折算的缴费年限不满一年的按一年计算）。折算的缴费年限不享受政府缴费补贴。

城乡居民社会养老保险制度实施后，参加了城乡居民社会养老保险、后因就业又参加了职工基本养老保险的城乡居民，可将城乡居民社会养老保险关系转入职工基本养老保险，转入职工基本养老保险后，缴费年限的折算办法和个人账户的计账办法分别为：职工基本养老保险缴费年限＝转入的个人账户储存额/转入时湖州市区个体劳动者参加职工基本养老保险的缴费标准（缴费年限计算到月，不满一个月的按一个月计算），职工基本养老保险个人账户额＝转入的个人账户储存额×（8%/转入时湖州市区个体劳动者参加职工基本养老保险的缴费比例）。

第十五条 与被征地农民基本生活保障制度的衔接。既符合参加城乡居民社会养老保险条件又符合参加被征地农民基本生活保障（补助）制度条件的居民，可以同时参加城乡居民社会养老保险和被征地农民基本生活保障（补助）制度。

第十六条 与其他保障待遇的衔接。符合享受湖州市区城乡居民社会养老保险待遇条件的人员，如符合享受被征地农民基本生活保障（补助）、水库移民后期扶持政策、最低生活保障、计划生育家庭奖励扶助、社会优抚、农村“五保”和城镇“三无”人员供养、精减职工和遗属生活补助等待遇条件，可同时叠加享受。

第十七条 跨地区转移。湖州市区城乡居民社会养老保险参保人跨地区转出的，如转入地已实行城乡居民社会养老保险制度，可将其城乡居民社会养老保险关系及个人账户储存额转入新参保地；如转入地尚未实行城乡居民社会养老保险制度，可将其个人账户储存额（政府补贴除外）退还本人，同时终止其养老保险关系。外地城乡居民社会养老保险参保人跨地区转入湖州市区的，其城乡居民社会养老保险关系及个人账户储存额转入户籍落户地，按本办法规定继续参保缴费并享受相应待遇。湖州市区城乡居民社会养老保险参保人在市区各区之间转移的，其城乡居民社会养老保险关系及个人账户储存额转入新参保地，按本办法规定继续参保缴费并享受相应待遇。

第五章 组织管理和经办服务

第十八条 组织管理。市政府建立市城乡居民社会养老保险工作领导小组，负责这项工作的组织协调。市劳动和社会保障部门会同市财政等有关部门负责市区城乡居民社会养老保险的政策制定和工作指导，督促检查各区的组织实施情况。

区政府根据市政府的统一政策负责本区的城乡居民社会养老保险工作；区人力资源部门具体承担本区的城乡居民社会养老保险工作，并负责管理城乡居民社会养老保险经办机构。

第十九条 经办服务。各区应建立城乡居民社会养老保险经办机构，具体办理城乡居民社会养老保险参保登记、个人账户管理、社保档案管理、待遇审核、待遇发放等事务。

各区应健全城乡居民社会养老保险基层工作网络。乡镇、街道劳动和社会保障所（站）应配备城乡居民社会养老保险工作专职人员；村、社区应落实工作人员，专职从事就业和社会保障工作。

各区应建立城乡居民社会养老保险信息管理系统，纳入社会保障信息管理系统建设，并与其他公民信息管理系统实现信息资源共享。应大力推行社会保障卡，方便参保人持卡缴费、领取待遇和查询本人参保信息。

城乡居民社会养老保险工作经费及人员经费纳入同级财政预算，不得从城乡居民社会养老保险基金中开支。

第六章 基金管理和监督

第二十条 基金征收和待遇发放。城乡居民社会养老保险费由区城乡居民社会养老保险经办机构征收，也可由区政府委托有关机构征收。城乡居民社会养老保险待遇发放，由区城乡居民社会养老保险经办机构负责。

第二十一条 基金管理。市、区财政部门负责对区城乡居民社会养老保险经办机构拟订的城乡居民社会养老保险基金预、决算草案进行审核，并将各自应承担的社会统筹基金纳入当年财政预算。

各区应建立健全城乡居民社会养老保险基金财务会计制度。城乡居民社会养老保险基金以区为单位，纳入区社会保障基金财政专户，实行收支两条线管理，单独记账、核算，专款专用，并按有关规定实现保值增值。个人账户基金不得用于支付个人账户养老金以外的项目。

第二十二条 基金监督。市劳动和社会保障部门应切实履行基金的监管职责，加强对各区城乡居民社会养老保险基金的监督检查。各区人力资源部门应切实履行对本区基金的监管职责，制订完善各项业务管理规章制度，规范业务程序，建立健全内控制度和基金稽核制度，对基金的筹集、上解、划拨、发放进行监控和定期检查，并定期披露基金筹集和支付信息，做到公开透明，加强社会监督。

市、区的财政、监察、审计部门应按各自职责对基金实施监督，严禁挤占挪用，确保基金安全。

区城乡居民社会养老保险经办机构和村民委员会、城镇社区居民委员会每年在行政村和社区范围内对参保人缴费和待遇领取资格进行公示，接受群众监督。

对运用不正当手段多领、冒领养老保险待遇的，追缴有关当事人的非法所得；构成犯罪的，依法追究刑事责任。

第七章 附 则

第二十三条 湖州开发区、太湖度假区人员的参保。湖州开发区、太湖度假区辖区内的城乡居民参加吴兴区的城乡居民社会养老保险。区管委会负责做好本辖区城乡居民社会养老保险的宣传发动、调查摸底等相关工作，并做好应承担的财政资金与吴兴区的结算工作。

第二十四条 吴兴区、南浔区按本办法规定制定具体实施细则。

第二十五条 本办法由市劳动和社会保障局负责解释。

第二十六条 本办法自 2010 年 1 月 1 日起施行，《湖州市农村社会养老保险暂行办法》（湖政办［1995］43 号）同时停止执行。

名　　录

·光荣榜·

2009年，我市广大企业面对国际金融危机带来的严峻挑战，全力保增长，积极谋转型，取得了来之不易的成绩，并涌现出一大批守法经营、诚信纳税，对经济社会发展作出重要贡献的先进典型。为激发创业创新热情，鼓励依法诚信纳税，市政府对2009年度全市纳税1000万元以上的企业予以通报表彰。希望受表彰的纳税大户珍惜荣誉、再接再厉，努力创造更好的效益，取得更大的发展；希望全市广大企业以纳税大户为榜样，勇于开拓、奋力进取，为我市经济社会又好又快发展作出新的贡献。现刊登湖州市本级2009年度纳税1000万元以上的企业名单如下：

湖州市本级2009年度纳税大户名单（共85家）

一、纳税超亿元企业（共2家）

浙江省烟草公司湖州市公司
湖州新城工贸有限公司

二、纳税超5000万元企业（共9家）

浙江省电力公司湖州电力局
浙江南浔农村合作银行
湖州市商业银行股份有限公司
永兴特种不锈钢股份有限公司
巨人通力电梯有限公司
浙江天外包装印刷股份有限公司
浙江栋梁新材股份有限公司
湖州市浙北大厦有限责任公司
浙江泰仑电力集团有限责任公司

三、纳税超3000万元企业（共12家）

香飘飘食品有限公司
浙江久立特材科技股份有限公司
湖州吴兴农村合作银行
浙江杭宁高速公路有限责任公司
浙江金洲管道工业有限公司
浙江美欣达印染集团股份有限公司
湖州市城市建设投资集团公司
湖州飞剑杆塔制造有限公司
湖州信业佳房地产开发有限公司
湖州汇鑫置业有限公司
浙江金洲管道科技股份有限公司
湖州中大房地产开发有限公司

四、纳税超1000万元企业（共62家）

湖州美欣达房地产开发有限公司
交通银行股份有限公司湖州分行
谱拉歌世服饰有限公司
湖州新开元碎石有限公司
湖州世纪栋梁铝业有限公司
中国石油化工股份有限公司浙江湖州石油分公司
湖州美欣达房地产开发有限公司仁皇山分公司
美欣达集团有限公司
浙江湖州市建工集团有限公司
湖州数康生物科技有限公司
中海石油金洲管道有限公司
湖州升华房地产开发有限公司
湖州久立挤压特殊钢有限公司
浙江欧美环境工程有限公司
中国电信股份有限公司湖州分公司
湖州百盛置业有限公司
湖州嘉业房地产开发有限公司
浙江尤夫高新纤维股份有限公司
湖州彩蝶纺织有限公司
浙江世友木业有限公司
浙江湖州泰祥房地产开发有限公司
湖州永兴物资再生利用有限公司
湖州中天房地产开发有限公司
湖州长运汽车运输有限公司
湖州天外绿色包装印刷有限公司
浙江大东吴集团建设有限公司
湖州展望药业有限公司
浙江长城电工科技有限公司
久盛电气股份有限公司
浙江南方通信集团房地产开发有限公司
湖州珍贝羊绒制品有限公司
湖州佳乐福商城有限公司
浙江久盛地板有限公司
湖州万佳房地产开发有限公司
湖州菁诚纺织品有限公司
湖州江南华博房地产开发有限公司
浙江德宏汽车电器系统有限公司
浙江东方达多置业有限公司
湖州德加利房地产开发有限公司
中国移动通信集团浙江有限公司吴兴分公司
湖州丰华矿业有限公司
中国建设银行股份有限公司湖州分行
浙江省疏浚工程有限公司
湖州市美的房地产开发有限公司
湖州东方蓬莱置业有限公司
浙江正导电缆有限公司
湖州市南浔新城投资发展公司
湖州安达汽车配件有限公司
湖州金冶房地产开发有限公司
浙江富钢金属制品有限公司
湖州泰仑电力器材有限公司
湖州市石化石油有限公司
湖州美欣达房地产开发有限公司南浔分公司
浙江彩蝶实业有限公司
浙江永吉木业有限公司
湖州金马房地产开发有限公司
浙江大东吴集团建材构配件有限公司
浙江洪波线缆股份有限公司
湖州新伦送变电工程有限公司
湖州久久纺织印染有限公司
湖州日月置业有限公司
华煜建设集团有限公司

·光荣榜·

2009年，全市上下按照中央和全省经济工作会议精神，深入学习实践科学发展观，围绕市委六届七次、八次全体（扩大）会议提出的目标，紧紧围绕“深入学习实践科学发展观，全力促进经济社会又好又快发展”这一主题，牢牢把握“保增长、抓转型、增活力、重民生、促和谐、强保障”这一主线，坚定信心，振奋精神，攻坚克难，开拓创新，在全球金融危机面前毫不动摇、迎难而上，全力打好保增长、促转型攻坚战，着力调整经济结构和转变发展方式，着力推进自主创新和加强节能降耗，着力推进项目建设和优化发展环境，全市工业经济实现了平稳较快发展，并涌现出一大批先进单位和个人。现予以通报表彰。

一、2008年度湖州市明星企业和明星企业家

升华集团控股有限公司　夏士林
浙江栋梁新材股份有限公司　陆志宝
浙江天能电池有限公司　张天任
金洲集团有限公司　俞锦方
浙江大东吴集团有限公司　吴仲清
永兴特种不锈钢股份有限公司　高兴江
久立集团股份有限公司　周志江
德华集团控股股份有限公司　丁鸿敏
超威电源有限公司　周明明
浙江诺力机械股份有限公司　丁　毅
大港纺织集团有限公司　朱新康
美欣达集团有限公司　单建明
浙江长城电子科技集团有限公司　顾林祥

二、2008－2010年度湖州市优质企业和优秀企业家

浙江海久电池股份有限公司　陈　刚
浙江杭化科技有限公司　吴海燕
浙江金恒数控科技股份有限公司　王万鑫
浙江东立控股有限公司　沈利明
浙江五龙化工股份有限公司　宋云昌
中利达集团控股有限公司　陈银中
浙江中山化工集团有限公司　李俊辉
浙江锦诚耐火材料有限公司　朱国平
海德箱包（浙江）有限公司　臧平洪
浙江长兴前进机械铸造有限公司　来焕祥
浙江奇达纺织有限公司　林国荣
浙江兄弟路标涂料有限公司　朱建新
浙江强龙椅业股份有限公司　戚志强
浙江安吉县乌毡帽酒业有限公司　吴烈虎
浙江中味酿造有限公司　陈卫忠
湖州新开元碎石有限公司　张继江
浙江金利宝羊绒制品有限公司　沈建民
浙江家业控股集团有限公司　沈坚强
浙江江南工贸集团股份有限公司　沈震林
丝绸之路控股集团有限公司　凌兰芳
湖州新耀华不锈钢管有限公司　张梅根
浙江方圆木业有限公司　董国平
浙江格尔森木业有限公司　蒋雪林
浙江湖州正导线缆有限公司　仲　华
湖州雀立混凝土制品有限公司　吴建新

三、2009年度湖州市“成长之星”企业

浙江省德清县浦森耐火材料有限公司
德清县东来化学有限公司
湖州航达工业炉制造有限公司
浙江三志纺织有限公司
安吉迪亚办公家具有限公司
浙江万合管道科技工程有限公司
湖州加成金属涂料有限公司
湖州市星光农机制造有限公司
浙江创盛汽车配件有限公司
湖州生力液压有限公司

四、浙江省工业行业龙头骨干企业

浙江诺力机械股份有限公司
永兴特种不锈钢股份有限公司
久立集团股份有限公司
浙江升华拜克生物股份有限公司
美欣达集团有限公司
浙江天能电池有限公司
浙江泰普森休闲用品有限公司
浙江栋梁新材股份有限公司
浙江金洲管道科技股份有限公司

五、2009年湖州市重点骨干企业名单

德清县

升华集团控股有限公司
德华集团控股股份有限公司
浙江欧诗漫集团有限公司
华盛达控股集团有限公司
浙江五龙化工股份有限公司
浙江泰普森休闲用品有限公司
浙江新市油脂股份有限公司
德清南方水泥有限公司
浙江天和建设材料有限公司
德清县龙奇丝绸炼染有限公司
漂莱特（中国）有限公司
德清乾元南方水泥有限公司
德清县浦森耐火材料有限公司
浙江顺通金属制品有限公司
浙江华美电器制造有限公司
浙江华立涂装设备有限公司
德清华宝玻璃有限公司
浙江海久电池股份有限公司
安泰（德清）时装有限公司
德清伊唯尔袜业有限公司
浙江金恒数控科技股份有限公司
浙江德清华丝纺织有限公司
德清县金磊耐火有限公司
直立汽配有限公司
浙江天堂实业有限公司
浙江达奇铁合金有限公司

德清县三星塑料化工有限公司
浙江佐力药业股份有限公司
浙江胜辉服饰有限公司
德清新市南方水泥有限公司
浙江瑞明节能门窗有限公司
浙江华诺化工有限公司
浙江明泉工业涂装有限公司
浙江兆龙线缆有限公司
湖州新天纸业有限公司
浙江德能天然气发电有限公司
浙江伟博包装印刷品有限公司
中电科技德清华莹电子有限公司
德清高德旺玻璃有限公司
浙江拓普药业股份有限公司
浙江亚特丝绸印染有限公司
湖州跃华铸锻有限公司
德清县瑞胜带钢有限公司
德清新康化工有限公司
德清县中能热电有限公司
浙江振能天然气有限公司
浙江深蓝轻纺科技有限公司
浙江汉昇科技有限公司
浙江华夏杰高分子建材有限公司
浙江东立控股有限公司
浙江杭化科技有限公司
浙江华元汽轮机械有限公司

长兴县

超威电源有限公司
长兴昌盛电气有限公司
浙江天能电池有限公司
长兴诺力电源有限公司
九川（浙江）科技股份有限公司
浙江诺力机械股份有限公司
湖州南方水泥有限公司
长兴新大力电源有限公司
浙江湖州威达纺织集团有限公司
浙江振龙电源股份有限公司
浙江省长兴丝绸有限公司
浙江长兴玻璃有限公司
浙江金三发新纺织集团有限公司
湖州白岘南方水泥有限公司
浙江多蒙佳乐服饰有限公司
浙江盛邦化纤有限公司
浙江湖州父子岭耐火集团有限公司
浙江三狮集团长兴金钉子建材有限公司
浙江志超电源有限公司
湖州煤山南方水泥有限公司
浙江远大高分子材料有限公司
浙江长兴前进机械铸造有限公司
浙江奇达纺织有限公司
浙江嘉业商品混凝土制品有限公司
浙江恒鑫纺织印染有限公司
湖州小浦南方水泥有限公司
长兴众成电源有限公司
长兴鸿运织造有限公司
湖州志鑫纺织印染有限公司
长兴虹波纺织有限公司
长兴丽伟纺织有限公司
浙江永达电力实业股份有限公司
长兴县超强丝绸有限公司
浙江汉维通信器材有限公司
浙江瑞琦仕科技股份有限公司
浙江正宇纺织印染基地有限公司
湖州宝华不锈钢管有限公司
浙江锦诚耐火材料有限公司
湖州诚鑫纺织印染有限公司
浙江兄弟路标涂料有限公司
长兴盛鑫印染有限公司
浙江盛发纺织印染有限公司
长兴锅炉耐火器材厂
浙江省长兴京兴天然气有限公司
湖州景兴纺织印染有限公司
浙江新大力电光源科技股份有限公司
长兴新明华化工建材有限公司
湖州氮化硅制品有限公司

安吉县

安吉南方铜业有限公司
浙江安吉新祥铝业有限公司
浙江华特斯聚合物科技有限公司
浙江恒林椅业股份有限公司
浙江永艺控股集团有限公司
浙江利豪控股集团有限公司
浙江兆山新星集团安吉水泥有限公司
浙江阿祥亚麻纺织有限公司
安吉超亚家具有限公司
浙江强龙椅业股份有限公司
大康控股集团有限公司
浙江永裕竹业股份有限公司
浙江金贸竹木家具有限公司
嘉瑞福（浙江）家具有限公司
浙江美能电气有限公司
浙江富和家具有限公司
安吉天振竹木开发有限公司
安吉万安家具有限公司
浙江国华家具有限公司
浙江强盛椅业有限公司
安吉奇辰竹业有限公司
安吉中源工艺品有限公司
浙江大东方家具有限公司
翰桥五金制品有限公司
安吉雅风竹业有限公司
浙江洁美电子科技有限公司
浙江欣远竹制品有限公司
安吉天威钢塑制品有限公司
浙江安吉县乌毡帽酒业有限公司
安吉万荣家具有限公司
浙江博泰家具有限公司

吴兴区

浙江大东吴集团有限公司
金洲集团有限公司
浙江栋梁新材股份有限公司
浙江金冶实业集团有限公司
浙江美欣达印染集团股份有限公司
浙江飞剑控股有限公司
大港纺织集团有限公司
浙江振兴阿祥集团有限公司
浙江中味酿造有限公司
浙江金利宝羊绒制品有限公司
浙江红鹰集团股份有限公司
湖州金洁实业有限公司
浙江誉华控股集团有限公司
湖州德马物流系统工程有限公司
湖州和盛染整有限公司
湖州珍贝羊绒制品有限公司
浙江米皇羊绒股份有限公司
浙江中新毛纺织有限公司
湖州金牛纺织印染实业有限公司
湖州新南海织造厂
浙江华港涤纶实业有限公司
湖州新开元碎石有限公司
湖州味源饮料食品有限公司
浙江家业控股集团有限公司
湖州金泰科技股份有限公司
浙江汇德木业有限公司
湖州驼山坞矿业有限公司
高鸿不锈钢（浙江）有限公司
湖州织里长和热电有限公司
浙江元昌漂染有限公司
浙江环球轻纺有限公司
湖州埭溪振华工贸有限公司
浙江蓝鸽实业有限公司
湖州复兴纺织印染有限公司
浙江江南工贸集团股份有限公司
浙江晶日照明科技有限公司
湖州唐人纺织有限公司
湖州其乐丝绸有限公司
湖州立方实业有限公司
丝绸之路控股集团有限公司

南浔区

浙江长城电工科技有限公司

浙江富钢金属轧制有限公司
浙江洪波线缆股份有限公司
久立集团股份有限公司
浙江先登电工器材股份有限公司
浙江南方通信集团股份有限公司
浙江巨人控股有限公司
浙江世友木业有限公司
浙江久盛地板有限公司
浙江永吉木业有限公司
浙江格尔森木业有限公司
浙江尤夫高新纤维股份有限公司
浙江好运木业有限公司
浙江红利富实木业有限公司
浙江方圆木业有限公司
浙江贝亚克木业有限公司
湖州新元泰微电子有限公司
浙江彩蝶实业有限公司
浙江国林地板有限公司
浙江恒基电源有限公司
湖州冶鑫铜材机械有限公司
浙江沃克斯电梯有限公司
中林南星（湖州）合板有限公司
浙江创鑫木业有限公司
浙江湖州正导线缆有限公司
谱拉歌世服饰有限公司
湖州佳佳乐装饰材料有限公司
湖州天龙木业有限公司
浙江申浩兔业发展有限公司
浙江世康木业有限公司
湖州振伟纺织有限公司
浙江天湖裘皮制品有限公司
湖州丰泰不锈钢管业有限公司
湖州展望药业有限公司
湖州宝丰木业有限公司
湖州星光农机制造有限公司
湖州金騄印染实业有限公司
浙江奥特服饰有限公司
湖州协鑫环保热电有限公司
湖州蓝达金属材料有限公司
湖州菁诚纺织品有限公司
湖州新仲湖针织制衣有限公司
浙江中茂家庭用品有限公司
湖州合顺不锈钢管有限公司
浙江菱化集团有限公司
湖州郎立电工器材制造有限公司

湖州开发区

永兴特种不锈钢股份有限公司
浙江香飘飘食品有限公司
湖州久盛电气有限公司
浙江天外绿色包装印刷有限公司
湖州大洋电子科技有限公司
中机南方机械股份有限公司
湖州机床厂有限公司
湖州德宏汽车电器系统有限公司
湖州数康生物科技有限公司
湖州新奥燃气有限公司
浙江中维药业有限公司
湖州新兴汽车部件有限公司
湖州岱兴电器制品有限公司
浙江达多耐火材料集团有限公司
统一能源（湖州）热电有限公司
湖州万德电子工业有限公司
湖州雀立混凝土制品有限公司
湖州五丰冷食有限公司

六、2009年度湖州市纳税前五十名企业

升华集团控股有限公司
永兴特种不锈钢股份有限公司
浙江南方通信集团股份有限公司
浙江美欣达印染集团股份有限公司
浙江天能电池有限公司
金洲集团有限公司
久立集团股份有限公司
浙江栋梁新材股份有限公司
湖州天外绿色包装印刷有限公司
浙江超威电源有限公司
浙江巨人电梯有限公司
浙江山鹰建材集团有限公司
浙江五龙化工股份有限公司
德华集团控股股份有限公司
浙江大东吴集团有限公司
长兴昌盛电气有限公司
浙江飞剑控股有限公司
中利达集团控股有限公司
浙江香飘飘食品有限公司
浙江诺力机械有限责任公司
浙江三狮集团公司
漂莱特（中国）有限公司
长兴奇达集团公司
湖州泰普森休闲用品有限公司
安吉县恒林家具有限公司
浙江彩蝶实业有限公司
浙江湖州大港纺织印染集团有限公司
浙江兆山新星集团安吉水泥有限公司
浙江多蒙佳乐服饰有限公司
浙江德清华丝纺织有限公司
华盛达控股集团有限公司
谱拉歌世服饰有限公司
浙江利豪家具有限公司
湖州新开元碎石有限公司
永达集团公司
湖州振兴阿祥集团有限公司
浙江长兴水泥有限公司
湖州数康生物科技有限公司
新明华集团公司
浙江达多耐火材料集团有限公司
浙江长城电子科技集团有限公司
浙江伟博包装印刷品有限公司
德清县金磊耐火有限公司
浙江永艺家具有限公司
浙江佐力药业股份有限公司
浙江尤夫高新纤维股份有限公司
长兴县锦诚耐火材料有限公司
湖州机床厂有限公司
丝绸之路控股集团有限公司
浙江海久电池有限公司

七、2009年度湖州市新认定省级企业技术中心

浙江世友木业有限公司企业技术中心
浙江升华云峰新材股份有限公司企业技术中心
浙江海久电池股份有限公司企业技术中心
浙江泰普森休闲用品有限公司企业技术中心
大康控股集团有限公司企业技术中心
浙江大东吴集团建设有限公司（建设行业技术中心）

八、2009年度湖州市工业强镇

南浔镇
雉城镇
八里店镇
武康镇
递铺镇
织里镇
双林镇
钟管镇

九、2009年度湖州市创建现代产业集群示范区名单

长兴蓄电池
南浔木地板
安吉椅业
织里童装
德清生物医药

十、2009年度湖州市工业性投入优秀乡镇

雉城镇

织里镇

八里店

镇武康镇

递铺镇

十一、2009年度湖州市工业转型升级示范项目

湖州好运来金属科技有限公司年产2000万平方米胶印版材生产线

湖州华圣医药中药饮片有限公司年产痛克搽剂1300万瓶及河蚌滋阴胶囊10000万粒

浙江久盛地板有限公司年产1000万平方米强化复合地板

浙江沃克斯电梯有限公司年产3000台电梯制造项目

永兴特种不锈钢股份有限公司不锈钢长材技改项目

微宏动力系统有限公司年产150000KW. h磷酸亚铁锂电池及电池组生产基地项目

德清天马轴承有限公司年产1100万套精密滚子轴承项目

浙江诺力机械股份有限公司年产25000台电动仓储物流车辆项目

海信惠而浦（浙江）电器有限公司年产100万台冰箱，200万台洗衣机项目

浙江申吉钛业股份有限公司年加工3500吨钛合金、镍基合金、特殊不锈钢材项目

湖州船舶交易市场有限公司

湖州船舶交易市场有限公司由浙江船舶交易市场有限公司与湖州市港航交通发展有限公司联合组建，2009年7月注册成立。公司目前经营范围包括：代理船舶买卖、租赁，代办船舶各类证书，船舶设计、船用技术开发、咨询服务，货物和技术的进出口等。服务覆盖范围主要涉及湖州市及周边地区。

公司自成立以来，坚持热情服务，规范运作，遵循“公开、公平、公正”的交易原则，为湖州地区航运企业和船户提供船舶交易平台及配套信息技术服务，深受广大客户好评。目前公司正致力于探索内河船舶交易服务与管理，搭建信息交流平台，为航运企业和船户提供船舶交易鉴证、船舶估价等服务，力争打造内河地区规模最大、服务功能最为完善的专业船舶交易市场。

公司积极围绕浙江“港航强省”的战略和湖州“加快建设港航强市”的目标，坚持立足于服务航运业和船舶工业，积极围绕规范船舶交易，完善配套服务功能，做大做强市场实力，塑造一流市场品牌，努力为加快浙江省航运业和船舶工业的发展发挥更多更大的作用。

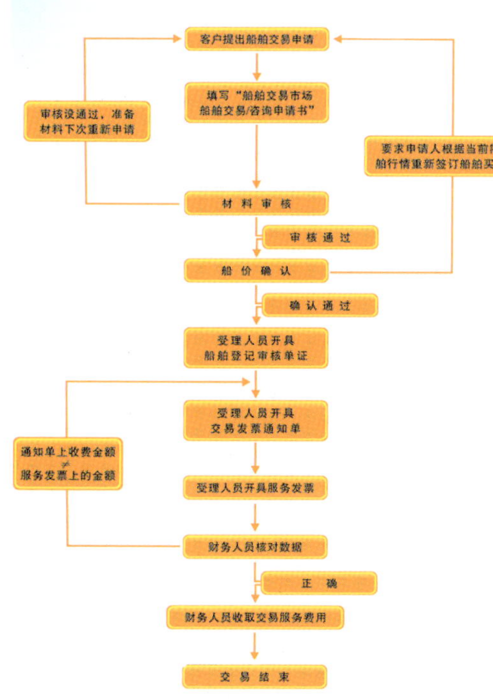

公司地址：湖州市吴兴区莱花径路167~169号
联系电话：0572-2072797，2072798
传　　真：0572-2072796

湖州市气象局

中国气象局局长郑国光在市、县领导的陪同下考察德清气象为农服务模式。

湖州市委副书记、市长马以视察湖州气象工作。

湖州市气象局成立于1956年，下辖长兴、安吉、德清三县气象局。现有在职职工163人，中级以上技术职称58人，其中高级职称9人，硕士研究生9人。近年来，全市气象干部职工深入实践科学发展观，坚持“解放思想抓创新、面向需求抓服务、统筹规划抓发展、求真务实抓落实”的服务理念，切实转变气象事业发展方式，气象防灾减灾体系建设进一步完善，公共气象服务能力不断提升，气象服务领域不断拓展，气象社会化管理和公共服务职能不断增强，人才队伍建设机制不断优化，党的建设和党风廉政建设取得新成效，气象事业走上了快速、协调、可持续发展的道路，为湖州的经济社会发展作出了积极的贡献。先后获“全国青年文明号”、中国气象局“全国文明台站标兵”、“全国重大气象服务先进集体”和“全国气象部门廉政文化示范点”、浙江省“抗洪抢险先进集体”、浙江省“气象系统先进集体”等称号及“气象科研开发奖”，连续多年被评为湖州市“模范集体”和市级文明机关。

新建成的湖州
国家基本气象站

正在建设中的
湖州多普勒雷达

▼湖州市气象防灾减灾指挥中心

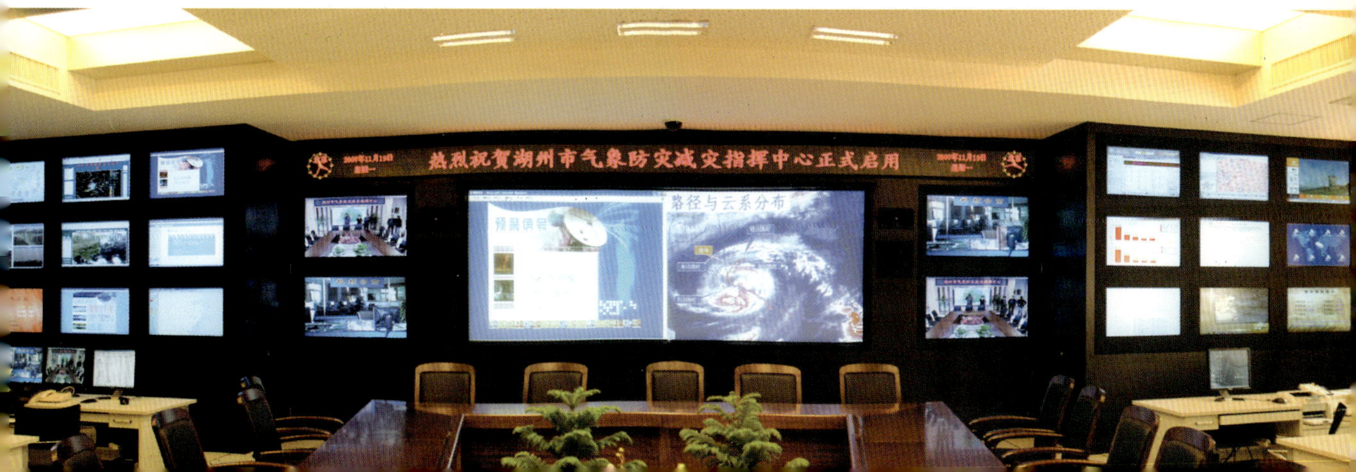

中国人民解放军

第九八医院

中国人民解放军第九八医院创建于1912年，前身为吴兴福音医院，是美国人创办的一所教会医院。新中国建立后，由中国人民解放军接管。经过近百年的发展，已成为集医疗、教学、科研、预防于一体的综合性、现代化、数字化医院。

医院开放床位700余张，年收治住院病人1.5万余人次，手术近万例。拥有各类工作人员1000余人，其中高中级技术人员160多名，硕士、博士以上高学历人才近30名。开设烧伤整形科、骨科、显微骨科、神经外科、普外科、医学整形美容科、心肾内科、呼吸消化内科、神经内科等近30个专科；设有检验科、病理科、放射科等9个医技科室。拥有全军创伤骨科功能修复重建中心和军区计算机应用培训中心，其中创伤急救、骨科、显微骨科、神经外科、心内科、烧伤科、皮肤性病、放射介入、外科腔镜治疗、整形美容、皮肤科等专科特色明显，在浙北特区享有盛誉。在烧伤救治、脊柱与关节矫形、断肢（手）再植、心脏射频消融、冠脉造影检查、冠脉扩张内支架植入、二尖瓣球囊扩张、房（室）间隔缺损封堵、重型脑外伤救治、腹腔镜胆囊摘除、皮肤性病、医学整形美容、以及放射介入治疗各种顽固性出血、血栓溶解、股骨头无菌性坏死等方面技术优势十分显著，是湖州市首批医疗保险定点医院、湖州市三县两区大病统筹医疗和农村合作医疗定点医院、湖州市110急救中心。

医院先后被评为全军先进医院、三总部综合治理先进单位、全军白求恩优质服务竞赛先进单位、全军医疗器械设备管理先进单位、全军文明卫生营院、全军绿化环保先进单位、为部队服务先进单位、科研先进单位、浙江省拥政爱民先进单位和全国"军民共建社会主义精神文明"先进单位。

建院九十八周年院庆

王伟明院长组织下部队巡诊

湖州市第四届显微骨科学术会暨南京军区第六期四肢创伤修复重新新技术学习班召开

联勤部政治部首长为全军创伤骨科修复重建中心揭牌

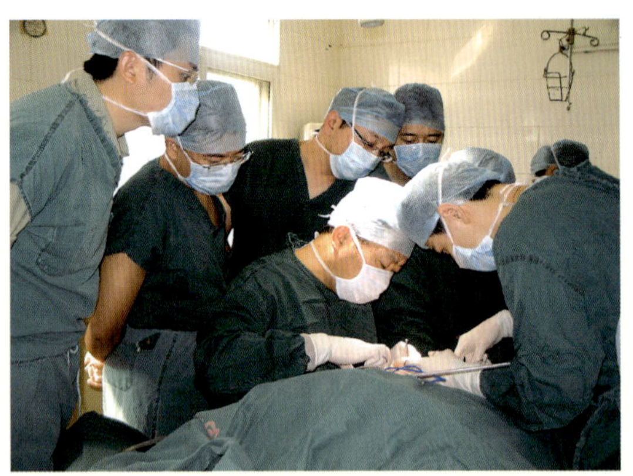

手术示范

解放军第98医院全军创伤骨科修复重建中心医务工作者（前排左五为吴水培主任）

全军创伤骨科修复重建中心

该院在湖州市率先设立骨科，于1994年成为南京军区显微骨科中心，2008又升格为全军创伤骨科修复重建中心。该中心从50张床位发展成为今天拥有7个病区300张床位，由20多名医护人员，发展成为近百名医护人员，40名医师为本科以上学历，学历结构逐步优化。年收治住院病人近8千人次，手术6千余例。中心技术力量雄厚，现有主任医师1名，副主任医师5名，中级职称16名，硕、博学历12人。

十几年来，该中心在吴水培主任医师的带领下，立足临床，充分利用医院创伤救治优势，积极开展四肢创伤修复，早期、晚期功能重建，如断肢（指）再植，游离足趾再造拇手指，多种复合皮瓣联合修复严重 组织缺损、脊柱侧弯的畸形、脊柱创伤内固定、膝关节镜治疗膝关节创伤与疾病、复杂性人工髋、肩关节置换等临床应用研究，展开四肢复杂性骨折内固定与四肢绞轧毁损伤修复重建、脊柱创伤及脊柱侧弯矫治，紧密结合未来战争条件下创伤救治临床研究的课题攻关。为倡导科技领先，降低肢体伤残率，造福广大患者做出应有的贡献。

湖州职业技术学院

校领导班子（左4为校党委书记杨柳，左5为校长胡世明）

湖州职业技术学院是一所经浙江省人民政府批准成立的全日制高职院校，由湖州市人民政府主办。现为浙江省示范性高职院校立项建设单位、教育部教育发展研究中心“应用型人才培养实验研究项目学校”、浙江省职业教育先进单位、全国精神文明建设先进单位和浙江省平安校园、全国高校毕业生就业工作先进集体。

校园总占地601亩，建筑面积17万平方米。拥有教学设备总值5200万余元，图书馆藏书45万余册。师资力量雄厚，现有教职工521人，其中，副高以上职称128人，双师素质教师224人，其中享受国务院特殊津贴1人，省“151”人才4人，省级教学名师3人，省级专业带头人7人；有国家级教学团队1个，省级教学团队2个；下设人文与旅游分院、国际贸易与外国语分院、工商管理分院、机电工程分院、建筑与艺术分院和远程教育学院等6个二级学院31个专业，覆盖了浙北地区主要支柱产业和特色行业。学校拥有省级重点专业1个，省示范重点建设专业4个，省特色专业5个；有国家级职业教育实训基地2个，省级示范性实训基地3个；国家级精品课程4门，省级精品课程17门，省级教学成果一等奖1项，二等奖2项。学校面向全国12个省（市）招生，现有全日制在校生8300余人。2009年，学校师生在省级以上技能竞赛中共获奖120余项。

省、市领导出席建院三十周年庆典大会。

国家级职业技术实训中心——建筑技术实训中心

湖州市现代农业技术学校

汪永靖校长

湖州市现代农业技术学校创办于上世纪五十年代中期，1988年开始招收涉农专业学生，至今毕业生累计达2000余名，活跃在社会主义新农村建设第一线。

学校现有教学班26个，在校学生1103人，教职工近90人，其中专任教师46人，高级职称14人；文化课教师20人，专业课教师26人；“双师型”教师26人。现有实验室15个，实训基地290亩，分五大基地(农业新产品新技术推广中心、湖州市名优苗木培育基地、湖州市现代农业技术学校养殖基地、淡水养殖基地和农技服务部)。学校建有职业资格技能鉴定所，鉴定园艺工、绿化工、农艺工等工种。

该校于2001年被评定为省一级重点职业学校，2007年被确定为“浙江省中职农经专业教研大组理事学校”，并被列入“2007年度湖州市新农民培训示范基地”名单，2008年园艺专业被评为省级示范专业，现代农业(园艺)实训示范基地被评为省级示范基地，学校现为市级文明单位。

省教育厅副厅长鲍学军（前排左3）到学校视察

学生在基地实习

教师看望实习生

金洲集团

金洲集团成立于1981年，是一家主营管道制造、兼营生态旅游的大型民营企业集团，集金属、塑料、复合三大类管道于一体的全国最大的管道生产及科研基地之一，现配备多套国内领先的自动化生产线，具有年产石油天然气、新型建筑给排水等各类管道100余万吨的生产能力，拥有八大系列数百个规格品种的产品，已跨入国家重点高新技术企业、中国制造业企业500强、中国石油石化装备制造业50强和浙江省工业行业龙头骨干企业等行列。

“金洲”商标在国内同行业中首先荣获“中国驰名商标”，在56个国家和地区成功注册。产品畅销全国26个省、市、自治区，出口30多个国家和地区，已形成科技含量高、品种规格齐、综合性能好、应用范围广的经营格局，广泛应用于石油天然气长输管线、城市管网、化工、大型输水管线、核能和超高压电力铁塔等国内外重大建设工程。2005年，投资建成具有世界一流先进水平的ERW630直缝焊管生产线，结束了我国海底管道依赖进口的局面；2006年，和“中海油”合资成立中海油金洲管道公司；2009年，联合中国石油集团石油管工程技术研究院，创建了“金洲管道技术联合研究中心”，为产业升级提供了强有力的技术支撑；2010年，集团控股子公司“金洲管道”在深圳证券交易所A股市场挂牌上市，成功登陆资本市场。

金洲集团响应国家开发“老、少、边、穷”地区的号召，于1995年在浙江省乃至全国民营企业中率先进军西部地区，投资数亿元创建了云南金孔雀旅游集团，培育了西双版纳原始森林公园、野象谷景区、“中缅第一寨”勐景来、云南野生动物园、基诺山景区等，开发了澜沧江——湄公河的“金三角豪华商务游轮跨国游”，成为云南省旅游业龙头企业之一，为促进边疆地区经济发展，保护生态资源和少数民族文化作出了积极的贡献，荣获了“兴滇十大品牌企业”称号。

金洲集团始终高度重视环境保护和可持续发展，注重清洁生产、污染防治和生态保护的有机结合，实现烟囱不冒烟和“三废”资源化、无害化综合利用，获得“全国环境保护先进单位”、“浙江省绿色企业”和“浙江省节能先进单位”等称号；始终坚持社会责任高于一切，积极参与捐资助学、扶贫助困、抗震救灾等社会公益事业，累计为捐款3000余万元，荣获“中国优秀诚信企业”、“浙江省最具社会责任感企业”和“浙江省慈善奖”等称号。

2009年5月，国务院副总理张德江在全国“企业家活动日”亲切接见董事长俞锦方。

2009年9月，全国政协副主席、中国企业联合会会长王忠禹在省、市领导陪同下视察金洲集团。

2009年10月，省委副书记、省长吕祖善在市领导陪同下视察金洲集团。

2010年7月6日，湖州市市长马以和金洲管道董事长沈淦荣在深交所敲响开市宝钟。

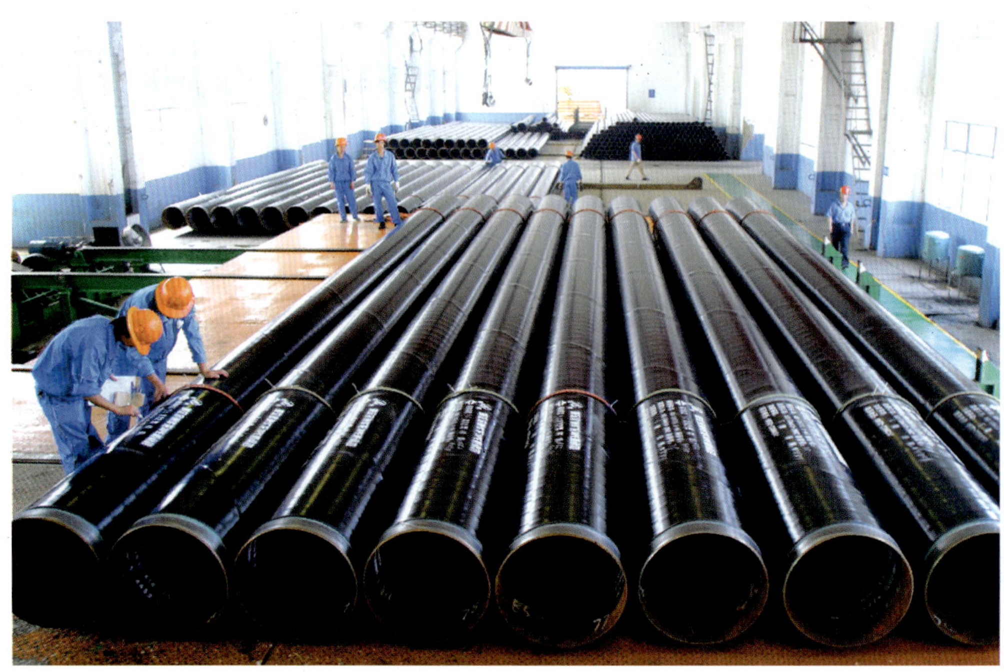

大口径螺旋焊钢管

螺旋焊钢管生产线

ERW 高频直缝
焊管生产线

金洲集团投资亚洲野
象唯一的栖息地——野象谷

湖州长运祥瑞物流中心有限公司

湖州长运祥瑞物流中心有限公司成立于2001年11月。公司目前分两个园区，一个是八里店物流园区，总占地面积156亩，其中经营业户用房12000平方米，仓储面积24000平方米，停车场8000平方米。目前，园区已吸引50多家物流及工商企业进驻，园区内常驻工作人员近500人，是目前浙北地区规模较大、综合设施较完善的专业物流园区。另一个织里祥瑞物流中心是2008投资建设的，占地近100亩，一期总建筑面积23586平方米。其中物流综合用房9454平方米；物流综合楼11152平方米；物流配送中心2860平方米，主要为湖州特色产业织里童装和棉布市场提供物流运输服务，该中心将于2010年竣工投入使用。公司始终秉承“物流优泽天下，诚信共赢八方”的服务宗旨，为您提供仓储及办公楼、整车及专线运输、三方物流管理、城乡配送、金融物流（仓单质押）等服务。

公司创建八年多来，在激烈的市场竞争中茁壮成长，经济与社会效益日益提升。2006~2009年连续4年被湖州市政府授予“湖州服务业百家优强企业”称号；市各大银行实施金融物流项目指定合作企业；2007年被省交通厅列为2007~2009年度道路货运省级重点联系企业；2008年2月顺利通过中国物流和采购协会的2A级物流企业评审；2008年，被省总工会授予“抗震救灾先锋号”称号；2009年5月，“祥瑞”商标 正式注册，开创了湖州物流业拥有自主品牌的先河。

公司地址：湖州市八里店镇陆旺村
服务热线：0572-2265003
网　　址：www.hu56.com

市委书记、市人大常委会主任孙文友在长运总部董事长陈志强的陪同下，到祥瑞物流园区进行服务业发展情况专题调研。

市政府副市长周杰和市发改委、市交通局、运管处的领导在董事长陈志强的陪同下，对三方物流项目进行现场指导。

2006年度
湖州市服务业百家优强企业
湖州市人民政府
二〇〇七年三月

2007年度
湖州市服务业百家优强企业
湖州市人民政府
二〇〇八年二月

2008年度
湖州市服务业百家优强企业
湖州市人民政府
二〇〇九年三月

CFLP
AA
物流企业

2008年
抗震救灾抢运输先进单位

抗震救灾
工人先锋号
浙江省总工会
二〇〇八年六月

商标注册证
李建昌

浙江省物流与采购协会
常务理事单位
第三届理事会

信息大厅

公司三方物流管理中心的员工在认真、安全、熟练的操作家电下乡的装卸工作。

公司党支部组织全体员工向四川地震灾区捐款献爱心

浙江德宏汽车电器系统有限公司

浙江德宏汽车电器系统有限公司是致力于汽车发电机研究开发的专业生产制造商，是国家科技部认定的国家级高新技术企业、中汽协会车用电器委员会副理事长单位、中国内燃机工业协会电机电器分会副理事长单位、省级创新型试点企业、省级诚信示范企业、市重点骨干企业、市级优质企业和市级劳动保障诚信示范单位。

产品主要为国内20多家汽车整车制造厂及发动机厂配套。其中江铃汽车股份有限公司、道依茨一汽(大连)柴油机有限公司、保定长城内燃机有限公司柴油机、北京福田康明斯发动机有限公司为该公司独家配套，占100%的份额，重汽集团占70%以上的份额，部分产品出口至北美、东南亚地区。

据汽车工业协会发布的统计报表反映：德宏公司的产品占全国配套市场的12%，在国内同行业中排位第三，特别是带泵电机占全国市场的70%以上，在国内同行业中排位第一。

2009年10月1日，国庆60周年庆典阅兵式导弹装备方队引导车上搭载的东风朝柴QD32发动机，配装了该公司自主研发的JF1105-061发电机。产品的成功配套具有重大历史意义，公司为建国60周年交出了一份满意的答卷，并为国家的国防事业做出贡献。

总装车间

金工车间

调节器

浙江尤夫高新纤维股份有限公司

浙江尤夫高新纤维股份有限公司成立于2003年10月，是一家专业从事涤纶工业长丝的研发、生产和销售的高新技术企业。公司于2010年6月8日在深圳证券交易所中小企业板上市，自此，公司成功进入资本市场。公司是国内主要的涤纶工业长丝生产企业之一，国内产能排名由2007年初的第五提升到2009年末的第三，并进入全球产能前十行列。

公司重视差别化、功能性涤纶工业长丝的研发与生产，产品和技术处于国内领先水平。目前取得1项发明专利的使用权、2项实用新型专利，并有5项发明专利正在申报中。公司自主研发的“超高强超低缩涤纶工业长丝”、“拒海水型涤纶工业长丝”、“一步法5000D涤纶工业长丝”等产品被评为浙江省高新技术产品，“拒海水型涤纶工业长丝”已于2008年通过美国船级社（ABS）的认证，产品性能获得国际客户的认可。公司正在研发的“新型高强聚酯工业丝的研制及其产业化”课题被国家科技部列入国家科技支撑计划。

由于对技术创新的持续投入，公司产品系列现已扩充到两大类近百个规格型号。依托于丰富的产品系列与先进的工艺技术，公司与众多国内外知名客户建立了稳定的购销关系，产品销售规模不断扩大，已经成为国内外产业用纺织品加工生产厂商的首选原料供应商之一。经过多年的积累和发展，公司以稳定的产品质量和卓越的产品性能，在下游客户中赢得了良好的声誉，产品一直供不应求。公司产品产销率始终保持在96%以上。

上市仪式

2010年6月8日，湖州市市长马以和尤夫股份董事长茅惠新在深交所敲响开市宝钟。

尤夫股份赠送深交所礼品

深交所回赠尤夫股份礼品

省、市、区领导在启动亮灯仪式上

浙江科达磁电有限公司

浙江科达磁电有限公司座落于德清县经济开发区，成立于2000年9月，是浙江省高新技术企业。目前是国内最大、品种最多的金属磁粉芯生产厂家，主导产品列入国家重点新产品4项，技术研发实力雄厚。主要产品有铁粉芯、铁硅铝磁粉芯、硅铁磁粉芯、高磁通铁镍磁粉芯和铁镍钼磁粉芯。

2002年，公司通过ISO 9001：2000国际质量体系认证。按照“以质量为本，以科技取胜，使顾客满意”的经营理念，使公司的产品和服务不断完善。

2003年，该公司设立了磁材技术中心，该实验室与浙江大学、上海大学、中国计量学院等国内知名各大专院校合作，主要研发磁性材料新产品，为公司作技术储备，使公司的技术在磁性领域中处于世界领先地位，以实现公司对磁性材料不断进步的承诺。同时也依据客户提出的特殊要求进行研发生产，以满足客户新的要求。

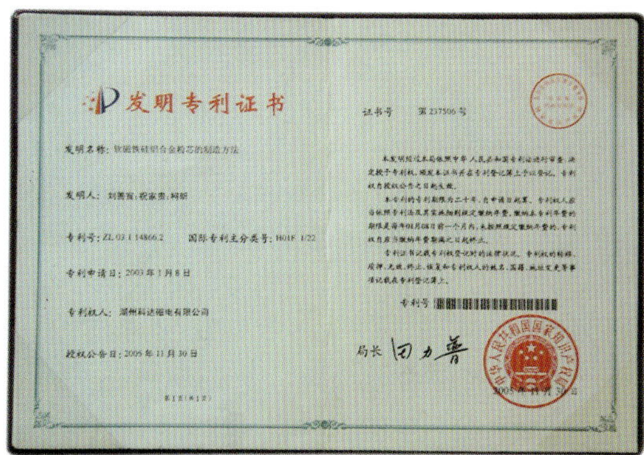

SI-FE CORES 硅铁磁粉芯

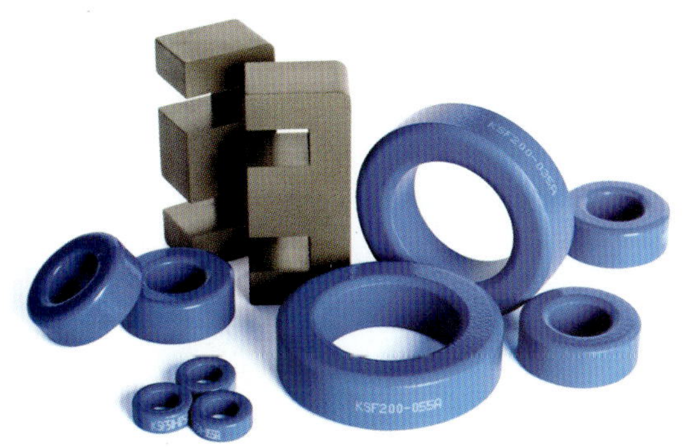

环型磁芯 Toroidal Cores

Size:From 6.35mm OD to 132mm OD

KSF025-KSF520

Material: -060

SUPER IRON POWDER CORES 超级铁粉芯

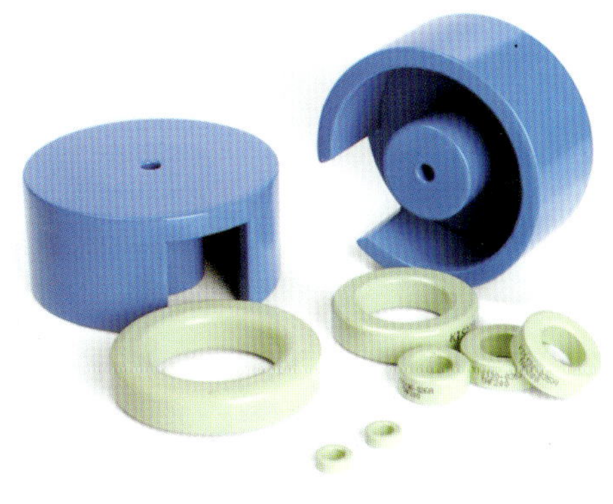

环型磁芯 Toroidal Cores

Size:From 6.35mm OD to 132mm OD

KTS025-KTS520

Material: -026 -035 -060

湖州港华燃气有限公司

湖州港华燃气有限公司成立于2004年11月16日，位于湖州经济开发区国威路8号，是由140多年历史的香港中华煤气有限公司与湖州环太湖集团有限公司合资组建的中外合资企业。注册资本1050万美元。经营区域为：除西南工业区、西塞港储区外，包括凤凰工贸区、凤凰西区、杨家埠重工业区、仁皇山新区和湖州太湖旅游度假区在内的开发区其他区域（以西笤溪、环城河、新塘港、长兜港为界）。主要经营管道燃气输配管网和相关设施的建设、管理和经营；管道燃气的生产输配和销售；燃气设备、炉具等相关配套设施的生产和销售。现有员工50余人，天然气中压输配管网约100公里，居民用户15000多户，工商（含公福）用户70多家，年天然气供气量达3000万立方米。2009年实现销售额1亿元人民币。

湖州新奥燃气有限公司

湖州新奥燃气有限公司成立于2003年12月，是经浙江省人民政府商外资浙府资字〔2003〕0368号批准设立的中外合资企业。

公司由湖州市城市建设发展有限总公司和新奥（中国）燃气投资有限公司共同出资组建，注册资金910万美元，经营期限30年。公司现有员工200余人。公司经营范围包括燃气的生产、输配和销售；燃气设施的设计、安装和服务；燃气设施与燃气器具的生产、销售和维修。

公司接受的上游来气为国家西气东输浙江段支线气源。公司现负责湖州市中心城市及吴兴区范围内天然气的开发、建设和经营。固定资产超过2亿元，建设了各类中低压管线400多公里，建成全省首个门站和加气（母）站各一座。现年供气量达到7000多万立方米。公司CNG加气站2007年1月投入使用，现已有出租车正使用CNG的近600多辆。公司还拥有1000立方米液化气储配站一座，下设9个供气点，1个配送站。是湖州主要燃气供应窗口单位。目前，川气门站项目正在有序办理中。

2009年9月，投资成立湖州新奥万丰燃气有限公司，注册资本3500万元，并取得南浔区30年城市管道燃气经营权。

燃气 抢险
ISUZU

湖州南浔城市新区
建设投资有限公司

湖州南浔城市新区建设投资有限公司是经湖州市南浔区人民政府批准，由湖州市南浔区国有资产投资控股有限责任公司出资设立的国有独资公司，主要承担南浔城市新区的开发建设工作。公司于2006年4月正式成立，注册资本10000万元，主要经营范围为：负责南浔新区城市基础设施建设；新区城市建设用地“三通一平”前期开发；受让南浔新区建设用地；新区建设资金的筹集、管理；房地产开发、经营；建筑材料销售等。

南浔城市新区建设是贯彻落实市委、市政府“增强‘三力’、率先崛起，加快建设现代化生态型滨湖大城市”总体目标的重要举措，是南浔区“十一五”规划重点建设项目。新区自2006年启动建设以来，在区委、区政府的正确领导下，在各部门的关心支持下，加强工程建设管理，拓宽融资渠道，目前道路框架已逐步拉开，行政中心等重大基础设施已基本完工，新区建设保持健康发展的良好态势。

南浔城市新区效果图